"十一五"国家重点图书出版规划项目

经济科学译丛

宏观经济学

（第十二版）

Macroeconomics

(Twelfth Edition)

罗伯特·J·戈登（Robert J. Gordon）／著
姜广东／译
张　军／校

中国人民大学出版社
·北京·

《经济科学译丛》总序

中国是一个文明古国，有着几千年的辉煌历史。近百年来，中国由盛而衰，一度成为世界上最贫穷、落后的国家之一。1949 年中国共产党领导的革命，把中国从饥饿、贫困、被欺侮、被奴役的境地中解放出来。1978 年以来的改革开放，使中国真正走上了通向繁荣富强的道路。

中国改革开放的目标是建立一个有效的社会主义市场经济体制，加速发展经济，提高人民生活水平。但是，要完成这一历史使命绝非易事，我们不仅需要从自己的实践中总结教训，也要从别人的实践中获取经验，还要用理论来指导我们的改革。市场经济虽然对我们这个共和国来说是全新的，但市场经济的运行在发达国家已有几百年的历史，市场经济的理论亦在不断发展完善，并形成了一个现代经济学理论体系。虽然许多经济学名著出自西方学者之手，研究的是西方国家的经济问题，但他们归纳出来的许多经济学理论反映的是人类社会的普遍行为，这些理论是全人类的共同财富。要想迅速稳定地改革和发展我国的经济，我们必须学习和借鉴世界各国包括西方国家在内的先进经济学的理论与知识。

本着这一目的，我们组织翻译了这套经济学教科书系列。这套译丛的特点是：第一，全面系统。除了经济学、宏观经济学、微观经济学等基本原理之外，这套译丛还包括了产业组织理论、国际经济学、发展经济学、货币金融学、公共财政、劳动经济学、计量经济学等重要领域。第二，简明通俗。与经济学的经典名著不同，这套丛书都是国外大学通用的经济学教科书，大部分都已发行了几版或十几版。作者尽可能地用简明通俗的语言来阐述深奥的经济学原理，并附有案例与习题，对于初学者来说，更容易理解与掌握。

经济学是一门社会科学，许多基本原理的应用受各种不同的社会、政治或经济体制的影响，许多经济学理论是建立在一定的假设条件上的，假设条件不同，结论也就不一定成立。因此，正确理解掌握经济分析的方法而不是生搬硬套某些不同条件下产生的结论，才是我们学习当代经济学的正确方法。

本套译丛于 1995 年春由中国人民大学出版社发起筹备并成立了由许多经济学专家学者组织的编辑委员会。中国留美经济学会的许多学者参与了原著的推荐工作。中国人民大学出版社向所有原著的出版社购买了翻译版权。北京大学、中国人民大学、复旦大学以及中国社会科学院的许多专家教授参与了翻译工作。前任策划编辑梁晶女士为本套译丛的出版作出了重要贡献，在此表示衷心的感谢。在中国经济体制转轨的历史时期，我们把这套译丛献给读者，希望为中国经济的深入改革与发展作出贡献。

《经济科学译丛》编辑委员会

序 言

同以往的版本相同，这一版本同样以经济周期、失业和通货膨胀作为开端。经验告诉我们，学生们想知道当今世界发生了什么，全球经济危机为什么会发生，以及为什么在经济复苏的前两年失业率仍高达 9%以上。学生们对什么是当前经济失误的好奇心在很大程度上将他们与学科问题紧密联系起来，因为他们懂得经济的好坏会在他们毕业后影响他们的就业前景。通过将经济周期部分前置，这本书的前几章已经满足了学生的这种好奇心。长期增长的经济学非常重要，但是应当在学生了解了模型、答案和经济周期的谜团后进行学习。

本版新在何处?

● 本书的组织为系统诊治全球经济危机提供了一个理想工具，这次危机是自大萧条以来最重要的单个经济事件。它对中级宏观经济学教师提出了挑战，这些教师的学生正期盼着关于这次危机的答案，不仅是危机的原因而且包括复苏如此缓慢的理由。所幸的是本书的前几版能够使对危机与复苏的治理恰如其分地适用于现有的组织构架。第 4 章的 *IS*-*LM* 模型总是以“货币与财政政策的强弱效应”为结尾。

● 新书的第 5 章“金融市场、金融管制与经济稳定”介绍了与房地产泡沫和金融市场崩溃相关的概念，包括风险、杠杆化、证券化和泡沫。资产负债表被引入具有金融领域“狂野西部”之称的反传统的银行，其贷款并非来自存款而是来自借款。2001 年后的房地产泡沫堪比导致“大萧条”的 1927—1929 年股市泡沫。

● 金融市场的概念被整合进货币政策弱化的 *IS*-*LM* 分析。“零利率底线”被解释为实现充分就业之前的与横轴重合的水平 *LM* 曲线，经济中出现的问题被描述为 *IS* 曲线左移的结果，它将充分就业均衡的利率推向低于零利率底线的负区域。另外，由于后泡沫对需求（取消抵押品赎回权和过度消费债务）和供给（过多滞销的房产）残存着影响，*IS* 曲线左移并且变得更加陡峭，也就是对利率的变化缺乏敏感性。

● 期限溢价与风险溢价加重了美联储的问题，激发了量化宽松的政策。传统教科书将重心放在由政府债券利率作补充的单一短期利率，由于期限溢价，它将超过短期利率。由于风险溢价，为企业提供融资的公司债券的利率将超出政府债券利率。这两种溢价为美联储尝试的“量化宽松”概念提供了语境。对于短期利率而言，零利率底线的失效将会降低期限溢价和风险溢价。

● 银行与联邦储备银行的资产负债表的重要性与日俱增。图示表明不仅 2008 年 11 月大家所熟知的美联储的资产激增，而且与之相对应的负债也迅速扩大。也就是说，出现了超过 1 万亿美元的超额储备。经过比较可以看出，2009—2010 年的超额储备与 1938—1939 年的超额储备在 GDP 中占有同样的比例。这是《全球经济危机与大萧条》一书中的众多比较之一。

● 第 6 章提出了一个问题：“财政政策能够拯救经济吗?”它包括了从前几版里关于赤字—GDP 和债务—GDP 比率、结构性赤字、自动稳定器与相机抉择政策以及避免长期内爆发债务危机的稳定条件等内容中得到的一些材料。奥巴马刺激计划促使我们在本书中用一个新的章节去解释为什么财政政策乘数与单一类型政策条件的乘数不同，以及为什么设计一个新的刺激计划如此困难（例如，减税乘数也许较小，缺乏足够的准备就绪的计划）。本书独有的一套图形比较了 1933—1941 年与 2005—2010 年之间的财政政策。

●“产出缺口”与“失业缺口”这对孪生概念被引入第 1 章。这样学生们从本书的开端就熟悉了总需求冲击的概念。一些章节里的图表比较了 1980—1986 年以及 2006—2011 年期间的产出、劳动力市场行为，学生们可以认识到战后两次最大周期性繁荣的原因与治理的完全不同之处。

● 在课文中设立了新的题为“全球经济危机聚焦”的迷你专栏。这是一种新的教学工具，以危机的现身说法使学生们在学习全书的过程中充满了活力。以每章 2～3 个的频率出现的关于“全球经济危机聚焦”的迷你专栏分布在全书的许多章节。这些迷你专栏不仅用于加强关于危机原因与治理的教学，而且给学生一个触动，使他们能够关注和理解与危机直接相关的正在阅读的基本概念。仅在前 3 章包括导言与度量的章节里就有三个这样的迷你专栏。

●“国际视角”专栏。除了这些迷你专栏，书中的每一章都有一个以上的主题专栏。本书延续了前几版的传统，其中一些主题专栏名为“国际视角”并强调了各国之间的热点差异。本版中，所有的“国际视角”专栏都逐一作了更新，提供了与理解危机相关的最新资料。

● 新的“了解全球经济危机”的主题专栏。几个主题专栏与解释全球经济危机直接相关。在靠前章节中的一个例子是“财富变化如何影响消费支出”，跟踪了房地产与股市崩溃余波对居民资产、负债、净财富和居民储蓄率的影响。在第 5 章的例子是“两次泡沫：1927—1929 年的股票市场与 2000—2006 年的房地产市场”。

● 理论叙述被简化。在第 3 章与第 4 章中关于凯恩斯 45°线模型和 $IS-LM$ 模型的图形的许多例子已经被移除，在简化了阐述的同时，保留了正文中与章末问题中的例子。在第 8 章中对短期总供给（SAS）曲线的扩展也被简化，删除了表示劳动力需求与供给的图形。

● 移动某些章节是为了改善本书的组织构架。金融制度的引言部分从第 13 章移至新的第 5 章。关于债务—GDP 比率以及偿债能力的材料从原来的第 12 章移至新的第 6 章。为了给关于危机的新内容腾出地方，原来第 12 章的最后部分（供给方经济学与社会保障）

被删除。

● 独特的与专门制作的图形。本书一直延续了一个传统，那就是提供与众不同的数据图，这些图形与其他教科书从政府数据网站上下载的标准图形大不相同。从第 1 章开始，学生还可以看到一系列专门制作的图形，例如表示产出—失业缺口概念、欧洲与美国 2007 年后失业与生产率增长迥然不同的现象、20 世纪 30 年代后期和 2009 年后美国两个零利率底线时期的比较的图形。而独特的图形则涉及大萧条时期的价格水平与产出缺口、与整体通货膨胀率相比较的实际与名义油价、现实的与自然的失业率、许多穷国经济趋同的失败以及许多其他问题。

本书的原理指南

本书从一开始就包括了五大组织原理，从第十二版开始，对每一部分做了进一步拓展。

(1) 宏观问题有了答案。在对宏观疑问寻求答案时，传统宏观经济模型得到了充分的运用。与其他教科书不同，本书在第 1 章的前几页里就引入了自然产出水平与自然失业率的概念。学生们从一开始就可以学到产出与失业缺口的反向移动，能够弄清楚为什么产出低的同时，失业水平如此之高。同样，在第 9 章充分挖掘的动态通货膨胀模型说明了我们对通货膨胀率在 20 世纪 70 年代如此之高与 20 世纪 90 年代如此之低的困惑找到了一个明确答案。

当经济模型失灵时，它不是被掩藏起来，而是被用于模型里错过的热点问题的分析，如在第 11 章被生动论述的"索洛（增长）理论不能解释的困惑"。索洛理论的失灵开创了一个与众不同的学术争论的先河，也就是，新制度经济学与热带区域学说之间关于穷国向富国收入水平趋同的争论。

(2) 经济周期与通货膨胀的前期治理。学生们在宏观经济学课堂上十分关注现实经济问题，首先关注他们及其家庭成员怎样能够避免失业的问题。作为对这种好奇心的回应，本书的一个核心原则是保证学生们首先接触到关于经济周期的理论而不是枯燥、抽象的古典经济学和增长理论。因此，本书在头两个引言性质的章节后马上引入了 *IS*-*LM* 模型，目的是在每一版本中，在第 100 页左右就能够看到 *IS* 与 *LM* 的交叉图。这部分是一个综合的分析，将标准的货币、财政政策乘数与货币及财政政策的强弱联系了起来。马上后续的部分是新的第 5 章，将 *IS*-*LM* 框架与资产负债表、杠杆作用、证券化与泡沫连接起来。

在对国际经济学与汇率进行了深入分析后，*AS*-*AD* 模型对大萧条与最近发生的全球经济危机的相似性与差异进行了深入阐释。静态的 *AS*-*AD* 模型然后自然过渡到 *AS*-*AD* 模型的动态版本，也就是 *SP*（短期菲利普斯曲线）和 *DG*（需求增长）模型。这本书里的论述能让我们解释 20 世纪 70 年代通货膨胀与失业同时居高不下和 20 世纪 90 年代这两者同时走低的原因。而其他大多数中级宏观经济学教科书都将这两者等量齐观（一个问题的两个方面）。在第 9 章末，学生们能够学习到经济周期和通货膨胀的核心理论，然后转到增长理论、索洛理论不能解释的困惑、经济增长的重大问题以及穷国收入的非趋同性。

(3) 模型的整合。许多教师面对的挑战是大多数中级宏观经济学教科书过度使用简单模型，每一章或两章提供一个新的模型而不告诉学生这些模型之间的联系及其相互作用。本教科书汲取了解释经济周期及其防范措施的短期宏观与致力于解释经济增长的长期宏观的优点。

本书的独特之处集中体现在宏观经济学的概念上。总需求曲线可由 *IS*-*LM* 模型明确地推导出来，短期菲利普斯曲线可由短期总供给曲线推导出来。在讨论经济增长的最大问题——为什么许多国家依然贫穷这一问题时，本书将索洛增长理论中的生产函数与增加的元素如人力资本、政治资本（例如法律体制与财产权）、地域因素和基础设施进行了整合分析。

(4) 简单的图形能够表达重要的研究成果。这本书里的图形在许多维度上超越了典型宏观经济学教科书，包括原始数据的使用、与概念相关的上下对应的双图形的叠放、表达概念的线段与线段之间的阴影的深度使用（例如正负产出缺口）等。

(5) 从头至尾都是对开放经济的分析。学生们在学习宏观经济学时十分关注开放经济。他们拿着中国制造的 iPhone 手机，担心将来的工作是否会外派（外包）到印度，将来美元的进一步贬值是否会使他们的欧洲之旅泡汤。本书避免了对封闭经济与开放经济的错误划分。如前述内容一样，储蓄、投资、政府预算与对外借贷之间的联系被贴上了“魔术方程”的标签，彰显了基本会计恒等式的重要性。在总需求的 *IS*-*LM* 模型中，净出口开始就被当作不稳定的来源，财政赤字可由外国借款进行融资，但是国际挤出与日益增大的国际债务将会降低将来的生活标准。

教学法

□ 继续探讨教学法的特性

第十二版保留了以往版本中有助于学生们理解的主要教学法特征：

- **关键术语**以醒目的方式表达了出来，并且在每一章的末尾列举了出来。
- **自测题**被安排在每一章的中间部分，因此，学生们马上能够清楚是否掌握了他们所学过的东西，自测题的答案列示于每一章的末尾。
- **学习识图**专栏涉及了每一部分的重要内容：*IS*、*LM*、*AS*、*AD* 和 *SP*，并且讨论当它们发生作用时，它们的倾斜原因、是什么使它们旋转和移动、曲线之上与曲线之外哪是正确的。这里也有总结性专栏，它们包括：对 2007—2009 年需求的消极冲击原因的总结分析以及对开放经济中货币与财政政策的不同影响的分析。
- **章末内容**包括：小结、关键术语、问答题、思考题和自测题答案。
- 书末的**术语表**列出了每一个重要术语的定义。

目 录

第 1 部分

引言与度量

第 1 章 什么是宏观经济学

生意总是有好有坏。

——Calvin Coolidge，1928

1.1 宏观经济学怎样影响我们的日常生活

宏观经济学（macroeconomics）是关于你自己、家庭和你所认识的每个人的财富如何决定等重大经济问题的经济学。它们当中的每一个都涉及整个国家的经济绩效而不是个体是否比别人赚得更多或更少的问题。

一个国家的宏观经济绩效十分重要，这不仅缘于其本身的原因，而且因为很多人会感受到它所带来的结果。2007 年末开始的**全球经济危机**（global economic crisis）带来了数百万美国家庭收入与工作上的损失。在 2010 年末不但几乎 1 500 万美国人失去了工作，而且许多人放弃寻找工作，被迫去打零工，或经历了减薪和在失去工作时赋闲在家的日子。据估计，2007 年后超过一半的美国家庭经历过家庭成员失去工作、减薪或被迫打零工的情形。

在 20 世纪 70 年代年通货膨胀率达到 10%时，宏观经济绩效还能决定通货膨胀是否侵蚀了家庭储蓄的价值。现在的学生也会关心经济增长，它能够决定在他们将来的生活中，他们是否比他们的父母拥有更高的生活标准。

□ 宏观经济学的三大概念

在总体经济与个人生活之间的每一种联系都涉及在本章介绍的宏观经济学的中心概念——失业率、通货膨胀率和生产率增长。宏观经济学的基本任务是研究这三个宏观经济变量表现好坏的原因，为什么每一项对社会个体来说都非常重要，以及政府如何才能改善宏观经济绩效。同时，也有其他大量重要的宏观经济概念，我们在一开始仅将目标集中于三大宏观经济概念。

（1）**失业率**（unemployment rate）。整个失业率越高，每个人寻找工作就越困难。当国家失业率居高不下时，例如，2009—2010 年期间，希望毕业后找一份好工作的高年级大学生比低失业率时，例如 2005—2007 年期间，可能得到的就业机会就会更少。所有成年人都害怕高失业率，高失业率增大了被解雇、不能支付账单、小汽车被收回、失去健康保险甚至由于抵押品赎回权被取消而失去家园的风险。在经济不景气时，随着失业率的提高，犯罪、精神疾病和自杀率也会随之增加。对失业众口一词的说法——失业是最重要的宏观经济问题——又被2009—2010年令人失望的劳动力市场推上了风口浪尖。当时足有一半失去工作的人失业时间超过了六个月，同时，人们对失业形成危害的认知并没有变化。罗伯特·伯顿，一位英国牧师 1621 年写道："就业之于人类幸福如此重要——懒惰孕育了痛苦。"

(2) **通货膨胀率**（inflation rate）。高通货膨胀率意味着价格在平均水平上迅速增长，而低通货膨胀率则意味着价格在平均水平上增长趋缓。零通货膨胀率意味着价格月复一月地基本上保持一致。在通货膨胀时期，已经退休的人与即将退休的人失去的最多，因为他们的收益微薄的储蓄随着价格的上升而贬值。当房屋、膳食、教材等的价格上升时，在校大学生也会受损，因为这会侵蚀他们在假期与课后打工积累下来的储蓄。当高通货膨胀率损害了进行储蓄的人们时，却会给借钱的人带来好处。最大的损害来自反复无常的通货膨胀，它会通过剥夺一部分人而补贴另外一部分人。人们总是想使他们的生活具有更多的可预期性，而通货膨胀却使个人在决策中不知所措，带来普遍的不确定性。

(3) **生产率**（productivity）增长。生产率是一个国家在生产商品和劳务的活动中，每一时间单位的工作所能提供的总量产出。2010 年美国的每个工人每小时的生产率是 61 美元。总生产率增长得越快，每一个社会成员改善其生活水平就会越容易。如果美国 2010—2030 年之间生产率年均增长 3%，那么，每个人工小时的生产率就可以从 61 美元上升到 111 美元。当将所有的雇佣者数量乘以所有工作小时时，每个人工小时的额外的 50 美元将可能使一个国家拥有更多的住房、小汽车、医院、道路、学校，能够抵抗使全球变暖的温室气体的排放。

但是，如果生产率的增长率不是 3%而是零，美国的生产率将会在 2030 年保持在 61 美元。如果想得到更多的房子与小汽车，我们将不得不作出一些牺牲，建立更少的医院和学校。没有生产率增长的经济被称为"零和社会"，因为一个人对商品与劳务享用量的增加相当于从其他人那里拿走相同的东西。许多人认为：生产率的迅速增长与零和社会的成功规避形成了对宏观经济学的最重要挑战。

三大宏观经济概念的前两者——失业率与通货膨胀率经常出现在每天的报纸上。当经济状况恶化时——如 2009—2010 年——报纸的头条宣称一家或多家大公司正裁减数以千计的工人；正像在过去的 2006—2008 年石油价格迅速蹿升时，通货膨胀率的急剧提高也上了报纸的头条那样。第三个主要概念——生产率增长，作为改善美国生活标准的来源，1995 年以来受到了广泛的关注。当然，所谓改善主要相对于欧洲与日本而言。

宏观经济概念也在政治学中扮演了重要角色。当失业率与通货膨胀率都相对较低时，执政党得益。例如，1964 年林登·约翰逊和 1972 年理查德·尼克松取得了选举的压倒性胜利。不能取得连任胜利的总统常常是糟糕经济的牺牲品。例如 1932 年的赫伯特·胡佛总统、1980 年的吉米·卡特总统和最近 2008 年的乔治·布什总统。2000 年戈尔被乔治·布什击败是一个例外，2000 年良好的经济状况本应该有助于戈尔所在的民主党获得总统席位。

☞ 全球经济危机聚焦

什么造就了它的独特性?

开始于2008年的全球经济危机被许多人描述为20世纪30年代大萧条以来最严重的经济下滑。它的严重性在许多方面表现明显：2009—2010年高达10%的失业率、失去工作的人遭受了相当长的失业煎熬、也许在2015年或2016年之前预期不会回归到5%左右的失业率。因此，全球经济危机主要影响了三个宏观概念之一——失业率，与此同时，通货膨胀率并不高，生产率增长相对强劲。

1.2 宏观经济学的定义

□ 如何区分宏观经济学与微观经济学?

多数经济学论题中都会将宏观经济学与微观经济学两个部分放置在一起。macro来自希腊语，意思是大；micro意味着小。换句话说，宏观经济学处理经济中的**总量**（aggregate）或加总量，微观经济学处理个量。在所有的经济总量中，至关重要的总量就是在一开始引入的三个中心概念。

微观经济学专门用来解释经济中不同个体之间的关系，例如，我们在微观经济学中试图阐释不同类别的工人工资与薪酬的不同。例如，为什么教授的薪酬高于秘书的薪酬而低于投资银行家的薪酬？相反，宏观经济学要问为什么老百姓的总收入在一些时候增长快而在另外的时间却会下降。

□ 经济理论：一种简化的过程

经济理论帮助我们化繁为简地了解经济，理论仅仅将我们关注的中心集中于几个关键关系上。宏观理论主要考察总体行为，比如失业率和通货膨胀率，同时将单个家庭之间的差异忽略不计，它研究个别国家层面上全球经济危机产生的原因及其治理方法，而不是试图解释为什么在一些国家比其他国家更容易丢掉工作。

化繁为简的过程使经济学的学习充满了乐趣。通过学习几个最基本的宏观经济关系，你能很快地懂得怎样过滤新闻中为数众多的琐碎之处，以便将焦点放在几个关键条目上，它们能告诉你一个区域的经济走势。你也将开始懂得哪个国家或个人的经济目标能够实现，哪一个是镜花水月。你也会懂得对总统在经济上丰功伟绩的赞扬和对总统糟糕业绩的谴责是否公正。

1.3 现实的与自然的实际 GDP

我们已经知道三大宏观经济概念是失业率、通货膨胀率与生产率增长，将它们中的每一个联系起来的是经济中的产出总水平。产出水平越高，失业率越低。产出水平越高，通货膨胀率越具有加速的趋向。最后，对于任何给定的工作时数，产出水平越高，每小时的产出会自动扩大，这就是所谓的生产率。

经济中总产出的官方测算被称为**“国内生产总值”**（gross domestic product），缩写为“GDP”。正如将在第 2 章所学到的，实际 GDP 包含所有在既定时间内所生产出的市场上销售的物品与劳务，它不包含特定其他类型的经济活动。形容词“实际的”意味着对总产出的测算，它只反映生产的数量，能够纠正任何价格的变动。

现实实际 GDP（actual real GDP）是在任何给定时间内一个经济的实际生产总量。但是我们需要一些标准去判定现实实际 GDP 的合意性。也许现实实际 GDP 过低，引起较高的失业率；也许现实实际 GDP 过高，产生了较大的通货膨胀上升压力。那么，哪一种实际 GDP 更合意呢？是既不过低也不过高的 GDP 吗？这个折中的实际 GDP 被称为“自然实际 GDP”，这个实际 GDP 水平既不会使通货膨胀率上升，也不会使通货膨胀率下降。

图 1—1 显示了现实实际 GDP、自然实际 GDP 与通货膨胀率之间的关系。在上图中，灰线代表现实实际 GDP，下图显示出的是通货膨胀率。由细的垂直虚线连接上下两个图。第一条垂直虚线表示时间 t_0 期。请注意，在下图中，t_0 期的通货膨胀率始终不变，既不加速也不减速。

为什么过多的实际GDP是不合意的？

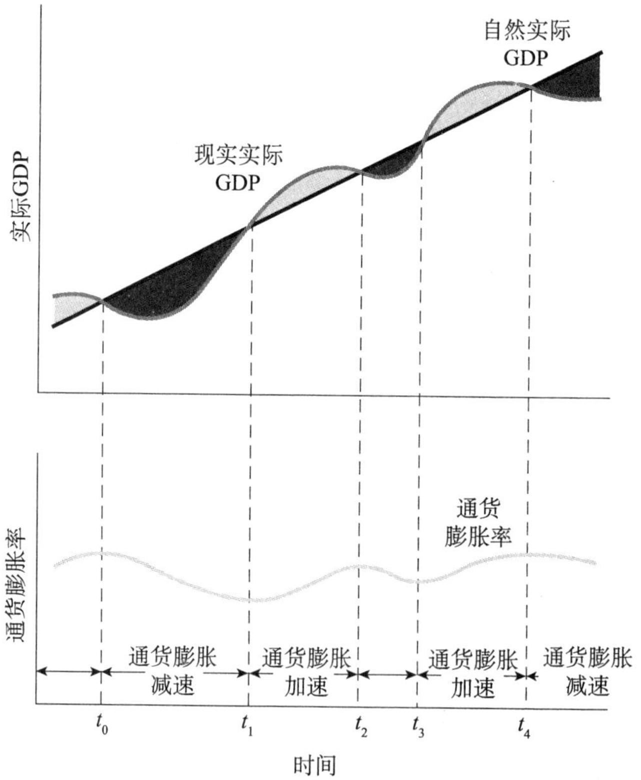

图 1—1　现实和自然实际 GDP 以及通货膨胀率之间的关系

注：在上图中，黑色线表示自然实际 GDP 稳定地增长——经济在既定通货膨胀率下的产出量。灰色线表示现实实际 GDP 的路径。在上图中的深灰色区域，现实实际 GDP 低于自然实际 GDP。因此下图中显示的通货膨胀率趋缓。在浅灰色区域，现实实际 GDP 在自然实际 GDP 之上，因此，下图中通货膨胀率加速。

根据定义，当通货膨胀率不变时，**自然实际 GDP**（natural real GDP）等于现实实际 GDP。因此，在上图中的点 t_0，灰色的现实实际 GDP 曲线被黑色的自然实际 GDP 曲线穿过。在点 t_0 的右方，现实实际 GDP 下降到自然实际 GDP 之下，并且，我们可以看到，在下图中通货膨胀趋缓。这种状况一直持续到 t_1 期，这时，现实实际 GDP 与自然实际 GDP 再次相等。在这里，通货膨胀率停止下降，在开始上升之前的瞬间是不变的。

这样的状况循环往复，只有当现实实际 GDP 等于自然实际 GDP 时，通货膨胀率才保持不变。鉴于此，自然实际 GDP 是被挑选出来的受到特别关注的 GDP 折中水平。现实实际 GDP 的低谷期被设定为深灰色区域，现实实际 GDP 的高涨期被设定成浅灰色区域，这时，通货膨胀率加速。

□ 失业：现实的与自然的

当现实实际 GDP 较低时，许多人失去了工作，如图 1—2 显示的那样，失业率上升。

失业周期是实际GDP周期的镜像

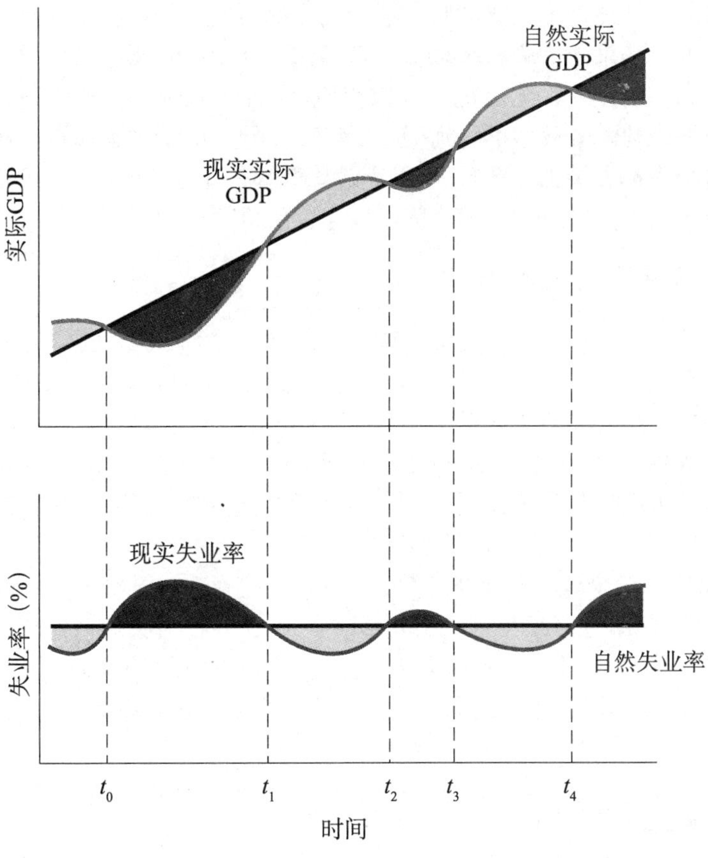

图 1—2　现实与自然实际 GDP 的跨时期表现与现实和自然失业率

注：当现实实际 GDP 降至自然实际 GDP 之下时，如上图中深灰色阴影区域，现实失业率提升至自然失业率之上，如下图所示。浅灰色阴影区域描述了相反的情形。当我们比较图 1—1 和图 1—2 的深灰色阴影区域时，可知失业较高时的时间间隔（图 1—2），也表示通货膨胀率减缓时（图 1—1）的时间间隔。与此相似，浅灰色阴影区域代表通货膨胀加速和失业降低时的时间间隔。

图 1—2 的上图精确地复制了图 1—1，是现实实际 GDP 与自然实际 GDP 的比较。下图中的灰线是现实失业率的百分比，宏观经济学三大核心概念之首。连接上下两个图的较细的垂直虚线告诉读者，只要上图中的现实与自然实际 GDP 相等，那么，在下图中，现实失业率就等于**自然失业率**（natural rate of unemployment）。

自然失业率的定义严格对应于自然实际 GDP，它描述了这样一种状况：通货膨胀率没有任何变化的趋向。现实失业率越高，现实实际 GDP 就会越低（上下两图中深灰色阴影显示的部分），通货膨胀下降。现实实际 GDP 越高和经济越繁荣，现实失业率就越低（上下图中浅灰色阴影显示的部分），通货膨胀加速。这很容易使我们想起实际 GDP 和失业率的镜像。我们使用速记标签**“GDP 缺口”**（GDP gap）表示现实实际 GDP 与自然实际 GDP 之差的百分比，我们使用类似的速记标签**“失业缺口”**（unemployment gap）表示现实失业率与自然失业率之差。在衰退期，GDP 缺口是负的，失业缺口为正；两个缺口在图 1—2 中以深灰色阴影部分再次被表示出来。在经济高度繁荣时期例如 20 世纪 90 年代末，GDP 缺口是正数，失业缺口是负数，正如图 1—2 中浅灰色阴影部分所指出的。GDP 缺口的另外一个名称为“产出缺口”。

图 1—1 和图 1—2 概括了试图同时实现低失业率与低通货膨胀率的政府政策的制定者所面对的基本困境。如果通货膨胀率较高，降低通胀的代价是现实实际 GDP 的降低以及现实失业率的提高。这样的状况曾发生在 20 世纪 80 年代初期。当时，通货膨胀率如此之高以至政府处心积虑地将失业率推高到了 20 世纪 30 年代以来的最高点。相反，如果政策制定者试图为每个人都提供工作岗位，将现实失业率保持在低位，通货膨胀率就会加速，正如 20 世纪 60 年代与 20 世纪 80 年代曾经发生过的事情一样。

□ 实际 GDP 和三个宏观概念

作为经济中的产出总量，现实实际 GDP 与本章早些时候引入的三大宏观经济学中心概念密切相关。首先，如我们在图 1—2 中所看到的，现实和自然实际 GDP 之差与现实和自然失业率之差之间反向移动。现实实际 GDP 越高，失业率越低；反之亦然。

其次是与通货膨胀的联系。当现实实际 GDP 高于自然实际 GDP 时，通货膨胀（见图 1—1）趋于加速。再次是与生产率的关系，生产率被定义为每小时的现实实际 GDP。在计算生产率时，现实实际 GDP 的数据是必需的。

现实实际 GDP 与三个核心宏观经济学概念的每一关联都需要现实实际 GDP 与其他事物的比较，以便更有意义。它必须与自然实际 GDP 进行比较以对失业和通货膨胀提供一种连接，或者说，它必须除以众多的工作时数来计算生产率。如果没有任何其他比较，现实实际 GDP 本身毫无意义，这就是为什么它没有被列入三大主要宏观经济概念之列的原因。

自测题 1—1

1. 当现实实际 GDP 超出自然实际 GDP 时，现实失业率是高于、低于还是等于自然失业率？

2. 当现实实际 GDP 低于自然实际 GDP 时，现实失业率是高于、低于还是等于自然失业率？

3. 当现实失业率等于自然失业率时，现实通货膨胀率等于自然失业率吗？

1.4 短期与长期的宏观经济学

宏观经济理论与争论的主题主要可划分为两大类：(1) 关注经济短期稳定性；(2) 关注长期增长率。许多分析关注与短期相关的第一大类话题。通常将短期定义为 1～5 年的时间段，而且，关注的焦点为第 1.1 节引入的前两个宏观经济概念：失业率与通货膨胀率。为什么失业率与通货膨胀率在为期若干年的周期内有时上升有时下降，而不总是如我们所愿的处于低位？这些升降通常被称为“经济波动”或**经济周期**（business cycles）。本书的许多部分关注了形成这些周期的原因以及旨在为减缓或消除周期的可选择政府政策的效力。

宏观经济学的另一个主要课题是长期问题，它是一个大致在十几年到几十年的更长的时期，试图阐释在第 1.1 节引入的第三个关键概念：生产率的增长，或更为通行的说法是**经济增长**（economic growth）。懂得增长的原因能够帮助我们预测美国的下一代是否能够比他们的前辈过得更好，以及为什么世界上的一些国家如此贫穷而另外一些国家却如此富裕。中国的经济在过去以每年 8%～9%的速度连续实现了 30 多年的增长所取得的骄人业绩为经济增长提出了一个新问题：中国要花费多长的时间才能够赶上美国的实际人均 GDP？

□ 短期：经济周期

宏观经济学家在短期内主要关注的问题是失业率与通货膨胀率的最小化波动，这需要达到实际 GDP 波动的最小化。

图 1—3 对比了两种虚构的经济体：左图中的“振荡国”和右图中的“稳定国”。两个图中黑色的自然实际 GDP 线绝对一致。两个经济的唯一区别在于经济波动的幅度，通常以 GDP 缺口的大小表示。缺口是指用深灰色阴影与浅灰色阴影表示的现实实际 GDP 与自然实际 GDP 之间的差额。

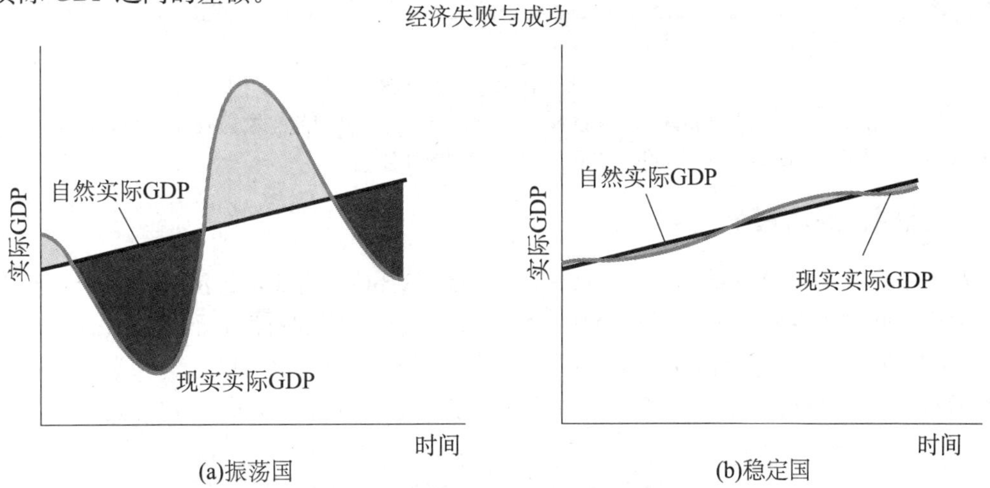

图 1—3 振荡国与稳定国的经济周期

注：左图中显示了振荡国的剧烈波动的经济周期。短期宏观经济学试图抑制经济周期，因此现实实际 GDP 的路径尽可能靠近自然实际 GDP，如右图的稳定国所示。

在左图中，振荡不定成为宏观经济的地狱，它伴随着严重的经济波动和现实与自然实际 GDP 之间的巨大缺口；在右图中，稳定是宏观经济的天堂。它伴随着温和的经济波动与较小的 GDP 缺口。所有的宏观经济学家都更喜欢右图描绘的经济状态，而不是左图的经济状态。但是，宏观经济学派之间的争论早在我们提问如何达到右图中的经济状态时就开始了。是实施积极行动的政策还是无为放任的政策？这两种派别都有支持者，更多的经济学家是二者兼顾。但是每一位经济学家都承认，稳定是比振荡更加成功的经济标志。要实现稳定，就必须寻找一条消除巨大实际 GDP 缺口的方法。

经济周期的标志是它们的普遍性特征，它们会在同一时间影响不同类型的经济活动。这意味着它们一次又一次地发生，但并不总是规则地发生，或者说它们的发生间隔并不是均匀的。过去，经济周期发生的长度在 1 年到 12 年之间不等[①]，图 1—4 显示出了两个继发的经济周期的实际产出。尽管是一种简化的说法，图 1—4 包含了最贴近现实世界的经济周期两大普遍的元素：第一，扩张延续的时间长于衰退。第二，图中显示的两大经济周期的长度不同。

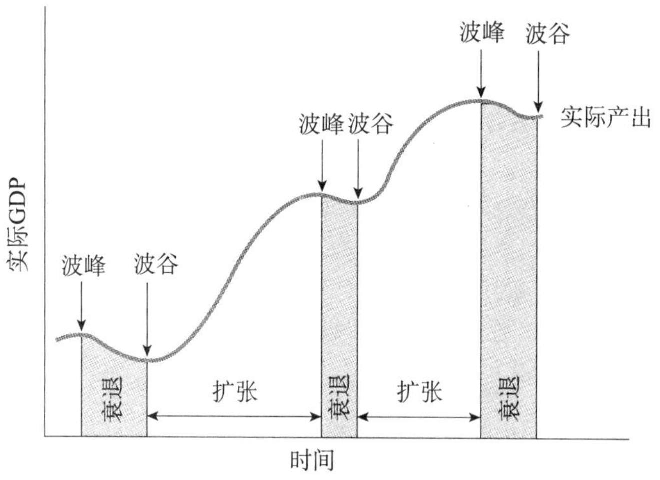

图 1—4　基本经济周期概念

注：实际产出线显示出经济周期的典型延续过程，每一次周期中产出达到的最高点被称为波峰，最低点被称为波谷。衰退处于波峰与波谷之间；扩张是波谷与下一次扩张之间的时期。

□ 长期：经济增长

对于一个社会来说，要提高生活水平，人均总产出必须增长，经济增长是宏观经济学长期关注的问题。看图 1—5，其中对比了两个经济，每一个都有温和的经济周期波动，与图 1—3 中的稳定国类似。但在图 1—5 中展现了一个被称为“停滞国”的国家，它在经历着实际 GDP 十分缓慢的增长。相反，右图描绘了一个“加速国”，伴随它的是加速的实际

① 历史上经济周期数据和年表以及不同经济学家的研究论文的综合来源见 Robert J. Gordon 所编的 *The American Business Cycle*：*Continuity and Change*（Chicago：University of Chicago Press，1986）。更新的年表和关于 2007—2009 年衰退的讨论可见 www. nber. org/cycles/cyclesmain. html。

GDP 的增长。如果我们假定每个国家的人口增长相同，那么，人均产出的增长在加速国更快。在这样的国家，每一个人能够购买更多的消费品，有大量的剩余产出可以用来提供更好的学校、公园、医院和其他公共服务。停滞国的百姓必须持久地面对争论：如果将更多钱用于学校与医院，那么，就必须牺牲老百姓的消费品。

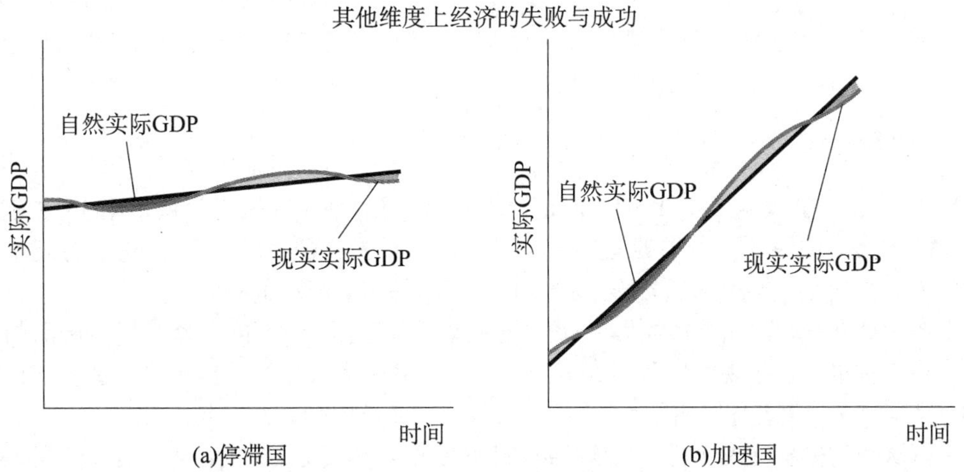

图 1—5　停滞国与加速国的经济增长

注：在左右两个图形中，经济周期都是温和的，但是，在左图中几乎不存在经济增长，而在右图中经济增长特别迅速。加速国一切都更加丰裕；同时，左图中的停滞国则是一个“零和社会”，在这个社会中，一类经济活动的增长，需要以牺牲其他经济活动作为代价。

在过去的十几年中，类似于停滞国的国家包括德国、意大利与日本。类似于加速国的有中国和印度。美国则处在这两个极端之间。

我们怎样才能实现人均产出方面的快速经济增长？在第 11 章与第 12 章我们会研究经济增长的源泉以及有助于美国将来提高生活水平的推进增长的政府政策的作用，以及一些国家持续贫困的原因。

自测题 1—2

指出下列每一项是更接近于短期（经济周期）宏观还是更接近于长期（经济增长）宏观的特征：

1. 美联储在衰退时降低利率以降低失业率。
2. 联邦政府为高校学生引入国家标准，试图提高数学和科学的考分。
3. 裁员的新闻使他们担心失去工作，消费者开始缩减支出。
4. 联邦政府给州和地方更多的钱去修筑更多道路、桥梁和学校。

1.5 案例研究：怎样比较全球经济危机与以往的经济周期？

这一部分考察美国 20 世纪早期以来的美国经济史。你可以看到，在过去近 50 年的时间内，失业没有接近过 20 世纪 30 年代的极端状况。

□ 实际 GDP

图 1—6 的安排类似于图 1—2，但是图 1—2 表明的是一种假说关系，图 1—6 表明的则是实际的历史记录。在顶端的框架中，黑色的实线是自然实际 GDP，它是对既不会引起通货膨胀加速也不会引起通货膨胀减速时经济体每年生产总量的估计。

上图中的灰线描绘了现实实际 GDP，它是以 2005 年不变价格估算的每年产品与劳务的总产出。你能分辨出现实实际 GDP 与自然实际 GDP 大致相等的年份吗？这些年份分别是 1900 年、1910 年、1924 年、1964 年、1987 年、1997 年和 2007 年。

在深灰色阴影标注的年份，现实实际 GDP 跌至自然实际 GDP 之下，最大的无效率发生在 1933 年，当时，现实实际 GDP 仅仅相当于自然实际 GDP 的 64%，大约 35%的自然实际 GDP 被"浪费"掉了，就是说没有被生产出来。一些年份现实实际 GDP 超出自然实际 GDP，如浅灰色阴影部分所示。最大的浅灰色区域出现于 1942—1945 年之间的第二次世界大战期间。

□ 失业

在图 1—6 中间的图形中，灰线描绘了实际失业率。迄今为止，最为极端的一幕出现在"大萧条"时期，当时，现实失业率高出 1931—1940 年期间自然失业率的 10%以上。其中的黑线为自然失业率，也就是避免通货膨胀加速的失业率可达最低水平。浅灰色阴影部分标明了现实失业率低于自然失业率的年份；深灰色阴影部分标明的是失业率超出自然失业率的年份。

现在注意图 1—6 上图与中图之间的关系，两个图中的深灰色阴影部分被设定为低产出、低实际 GDP 与高失业时期，例如 20 世纪 30 年代的大萧条；两个图中的浅灰色阴影部分被指定为高产出、高现实实际 GDP 和低失业时期，例如，第二次世界大战和其他战争时期。

☞ **全球经济危机聚焦**

与 1982—1983 年有什么不同？

图 1—6 中的下图由于以 1970 年而不是 1990 年为开端描绘出来，因而放大了中图。在过去的 40 多年时间里，有三次伴随着失业达到波峰的大衰退，它们分别是 1975 年、1982—1983 年和最近的 2009—2010 年。近来的高失业由于多种原因比 1982—1983年更加严重、具有更大的危害性。注意失业率从 1983 年到 1984 年急剧下降，而 2011—2012 年的失业率被预测具有缓慢降低的趋向。就最近发生的情况看，失业者中的大部分是 6 个月或更长的时间失去工作，与 1983 年相比，更多的失业者被迫依赖非全日制工作而不是他们想要的全日制工作。

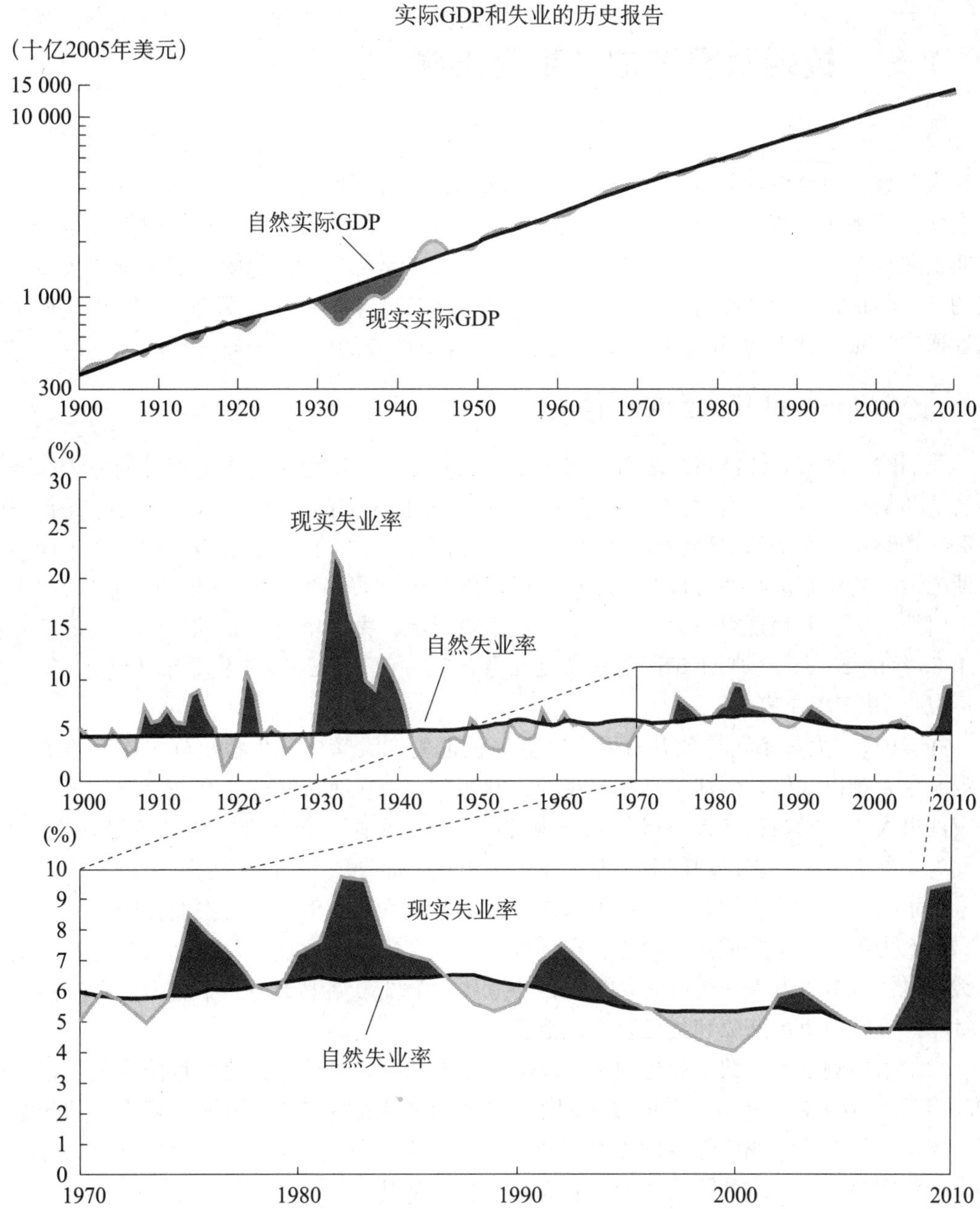

图 1—6　1900—2010 年的现实和自然 GDP 与失业

注：该图显示了两个重要经济量值的历史记录。在上图中，黑线表示自然实际 GDP，灰线则表示现实实际 GDP。在 20 世纪 30 年代的大萧条时期，现实实际 GDP 明显低于自然实际 GDP，在第二次世界大战期间则明显高于自然实际 GDP。在中图中，黑线表示自然失业率，灰线表示现实失业率。20 世纪 30 年代大萧条时期的现实失业率大大高于这个世纪的任何其他时期。下图放大了中图，将焦点集中于 1970 年以后的失业上。这里我们看到，2009—2010 年的失业程度相当于 1982—1983 年。然而，由于我们分析的经济始于一个较低的失业率，2007—2010 年失业的增加大于 1980—1982 年。

1.6 极端状况下的宏观经济学

大多数宏观经济学分析相对规范的经济活动：经济周期的发生、失业的起伏、失业率的变化。经济在一些时期显示出比其他时期更快的增长率。可是，有许多时期经济行为处于非正常状态，宏观经济学的正常机制被打破，结果是可怕的。与宏观经济学三大概念有关的三个非正常的宏观经济学例证分别是：20 世纪 30 年代的“大萧条”、20 年代德国的恶性通货膨胀、过去 50 年里两个亚洲国家之间经济增长的巨大差异。

□ 1929—1940 年大萧条时期的失业

我们的三大宏观经济概念之首是失业率。在有记录的历史中与失业相关的最为极端的经济活动是 20 世纪 30 年代的“大萧条”。正如在上一节的图 1—6 中清楚看到的一样，1929—1933年间实际 GDP 暴跌，失业率急剧蹿升。图 1—7 提供了对 20 世纪 30 年代整个时期的近距离观察。与 20 世纪 30 年代相反，黑线显示了 1998—2010 年的失业率。“大萧条”时期的失业率表现得极为不同，如灰色线段所示，失业率由 1929 年的 3.2%迅速蹿升至 1933 年的 25.2%，1941 年以前从来没有降至 10%以下。2010 年失业率达到 9.5%，几乎可以与 1941 年比肩。

在美国，“大萧条”导致几百万个就业岗位消失。大学毕业生找不到工作。猎取工作的艰辛令人难以置信，但却是真实存在的。例如，一个在底特律就业办公室门外等候了一整夜的男人才可能在第二天早晨的队列中排第一，一个阿肯色人要走 900 英里寻找工作，因此，在历史上第一次出现因对“找工作失去勇气”而导致移出美国的人超出了移入美国的人。事实上，每天大约有 350 位美国人申请移居俄罗斯。由于没有失业保险，失去工作后靠什么为生呢？结婚戒指被卖掉、家具被典当、人寿保险被抵押，没办法时则要向亲戚借钱或讨钱。数百万人一无所有，漫无目的地从一个城市流浪到另一个城市，有时甚至乘坐货车。有些城市用路障和猎枪阻止流浪者。①

大萧条影响了大多数工业化国家，以美国与德国最为严重。大萧条直接导致了希特勒 1933 年在德国接管了政权，并间接引起了第二次世界大战中 5 000 万人的死亡。是什么引起了灾难性的萧条？我们怎样做才可以避免它？首先，我们需要学习基本的宏观经济学；其次，我们要在第 5 章和第 8 章考察造成大萧条的原因。

□ 1922—1923 年德国的恶性通货膨胀

恶性通货膨胀可以被定义为：月通货膨胀率达到 50%或 50%以上的失业率。如果一个巨无霸汉堡在 1 月要花费 2 美元，50%的月通货膨胀率将会使 2 月份的价格提升至 3 美元，3 月份的价格为 4.50 美元，4 月份的价格为 6.75 美元，依此类推，12 月份巨无霸的价格将会

① 本段的详细内容来自 William Manchester, *The Glory and the Dream: A Narrative History of America, 1932—1972* (Boston: Little-Brown, *1973*), pp. *33-35*。

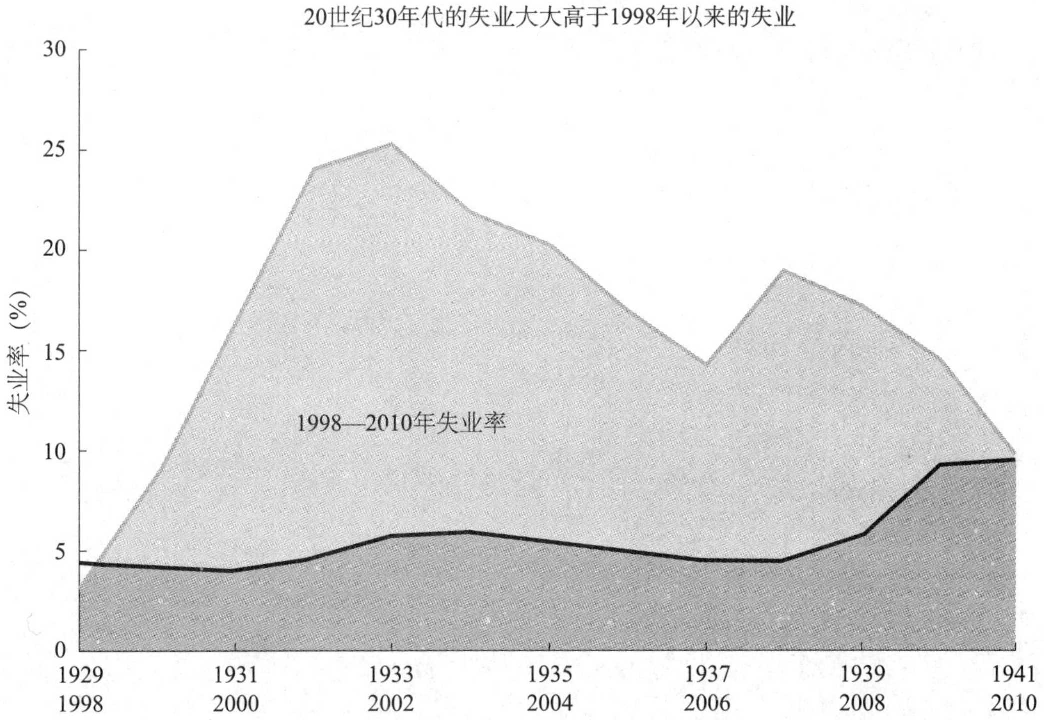

图 1—7　1929—1941 年与 1998—2010 年失业率比较

注：黑线表示 1998—2010 年的失业率，其中，2000—2010 年的失业率居于 4%～10%之间。作为对比，灰色线展示出了大萧条时期的失业率。1931—1940 年间，失业率从未跌至 14%以下。

资料来源：Bureau of Labor Statistics.

达到 173 美元。在 20 世纪有几个恶性通货膨胀的例证，大多数与第一次世界大战和第二次世界大战后欧洲国家的经历有关。最为著名的就是德国的恶性通货膨胀事件，月通货膨胀率在 1922 年 8 月至 1923 年 11 月之间达到了 322%；1923 年的 10 月达到了最终的峰值，月通货膨胀率达到 32 000%！图 1—8 显示了德国 1920—1923 年的价格水平。价格水平从 1920 年和 1921 年初的略高于 1，上升到 1922 年末的 550 和 1923 年末的100 000 000 000。

德国恶性通货膨胀的基本原因在于《凡尔赛条约》，该条约终止了第一次世界大战，并且要求德国向英、法支付巨额战争赔款。德国人不愿意通过增税的办法获取赔款基金，而代之以通过发行纸币来为大笔政府赤字融资。当人们认识到了这些赤字的含义时，他们便不再愿意持有这些货币；货币供给的迅速上升与货币需求的持续下降的组合点燃了恶性通货膨胀。①

通货膨胀毁掉了普通德国人的储蓄。一位将土地卖了 80 000 马克作为其养老金（nest eggs）的农民在几年后用这些货币简直难以购买一个三明治。年龄大的德国人依然能够回忆起 1923 年的那些日子：

---

① 数据来自 Philip Cagan，"The Monetary Dynamics of Hyperinflation，" in Milton Friedman，ed.，*Studies in the Quantity Theory of Money*（Chicago：University of Chicago Press，1956），Table 1，p. 26。

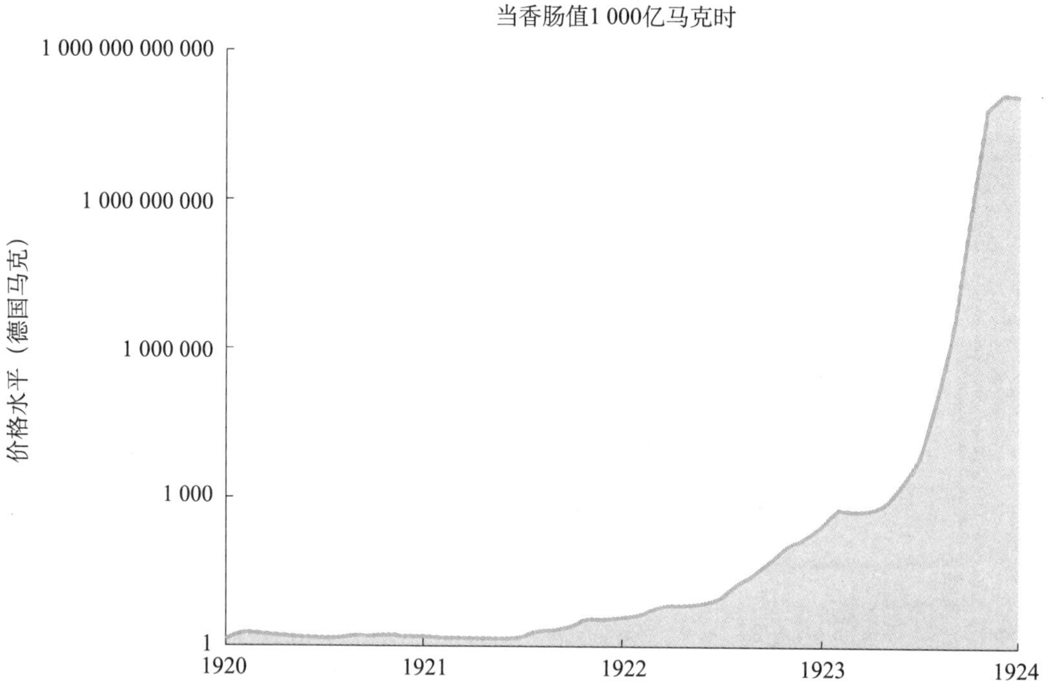

图 1—8　1920—1923 年德国的价格水平

注：灰色线表示德国的价格水平。它从 1920 年和 1921 年的略高于 1，增加到 1922 年末的 550 和 1923 年 11 月的 100 000 000 000。

> 人们用纸箱与洗衣篮装着货币到银行。由于我们不能点清这些钱，我们只能分堆将它们称重。我还看到我的兄弟礼拜六带着成堆的货币回家。当商店周末后重新营业时，他们甚至买不到一顿早餐。许多人情愿拿钱买醉，因为到星期一它们将一文不值。①

正如“大萧条”制造了对当时政府的怨恨从而使人们将选票转投给希特勒的纳粹党一样，10 年前在恶性通货膨胀中失去储蓄的痛苦记忆变成了人们对希特勒越来越强烈的支持。汹涌的通货膨胀并不是与今天毫无关系的古文物。

在整个 20 世纪 80 年代和 90 年代，几个拉丁美洲国家遭受到了 1 000%或更高的通货膨胀率的侵袭。近年，毁灭性的通货膨胀在南部非洲的津巴布韦爆发，在那里每年的通货膨胀率达到了百分之两千一百亿。因为政府已经不能够根据价格上升的巨大百分比来提高教师与医院员工的工资，这个国家在 2007—2009 年处于崩溃状态，学校与医院关闭。2009 年初，恶性通货膨胀如此严重以至政府将所有类型的货币与价格都削减 12 个零，人们用一张币值为 1 000 000 000 000 的银行券才能兑换一张币值为 1 的新银行券。在如此混乱的环境中，越来越多的国民转而使用其他国家的货币，特别是南非的兰特。我们在第 10 章再回到津巴布韦的悲惨故事中，它已经变成了一位宏观经济管理失

① Alice Siegert, “When Inflation Ruined Germany,” *Chicago Tribune*, November 30, 1974.

误的“海报女郎”。

□ 亚洲的快增长与慢增长

“大萧条”与德国的恶性通货膨胀在十几年或更长的时间对美国人与德国人的生活水平都没有什么明显的影响。要理解在几十年里真正重要的影响，我们要看一下三大宏观经济概念的第三个：生产率增长。当初显示的生产率的微小差异在几十年中会逐步放大，制造出从个人到国家之间任何经济单位生活水平的巨大差异。图 1—9 显示了快速增长的一个经典例子，图中显示了在 1960—2010 年期间韩国与菲律宾的人均实际 GDP。

1960 年，菲律宾的人均实际 GDP 比韩国高出 20%，韩国人均实际 GDP 以每年 5.6%的速度增长，与此相比，菲律宾的人均实际 GDP 的年增长率仅为 1.4%。图 1—9 显示出了韩国与菲律宾生活水平的较大差距。2010 年，菲律宾的人均实际 GDP 仅为 4 357美元，而韩国为 30 175 美元。由于它超纪录的经济增长，2010 年韩国人均储蓄或消费几乎 7 倍于菲律宾的人均水平。换成另一种说法，韩国人可以消费到菲律宾人所享受到的所有东西，还有几乎 6 倍的剩余。韩国这一额外的剩余部分在图 1—9 中用灰色阴影表示出来。

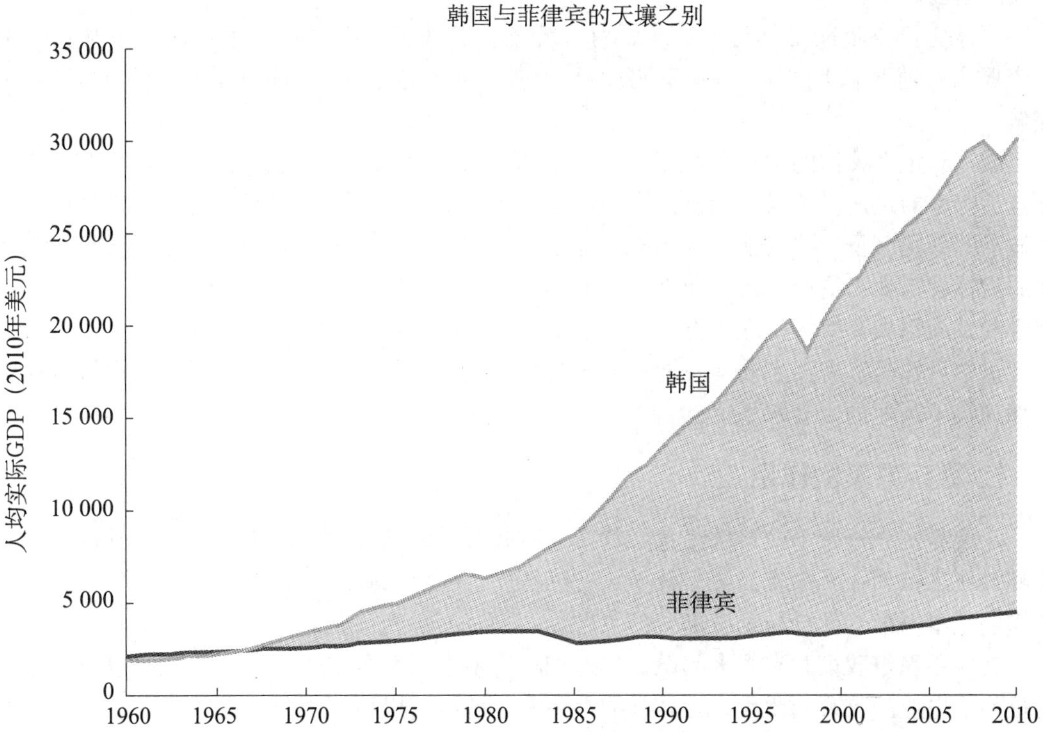

图 1—9　韩国与菲律宾以 2010 年美元计算的 1960—2010 年人均实际 GDP

注：1960—2008 年菲律宾的人均实际 GDP 罕有增长；这些年间，年均增长率仅为 1.4%。相比之下，韩国的增长率为 5.6%，从而使人均实际 GDP 扩张到 1960 年的 16 倍水平。

资料来源：Groningen Growth and Development Center.

韩国的突出成就被东亚的几个国家和地区复制，最著名的有中国香港、新加坡和中国台湾以及近来的中国大陆。韩国人学会了菲律宾政府和百姓没有掌握的关于经济增长的什么秘诀呢？经济增长的成功与失败是第 11 章与第 12 章在等待我们的引人入胜的故事。

1.7 驯服经济周期：稳定政策

宏观经济分析家有两大任务：分析重要总量变化的原因以及预测可供选择的政策变化的结果。在政策的讨论中，社会最为关心的一组总量——通货膨胀、失业和长期生产率的增长被称为目标或**目标变量**（target variable）。当目标变量偏离了其意愿值时，可选择的**政策工具**（policy instruments）可以被用来尝试达到合意的变化。工具可分为三大类：一是**货币政策**（monetary policy），包括对货币供给与利率的控制；二是**财政政策**（fiscal policy），包括政府支出和税率的变化；三是其他政策，包括为使工人有能力寻找工作提供的技能培训。

目标变量及政策工具与本章开始引入的三大宏观经济概念存在怎样的关系呢？全部三个概念：通货膨胀率、失业率与生产率增长是社会最为关注的关键经济政策目标变量。

政策制定者关注的生产率增长目标很简单，那就是尽可能地使生产率的增长越快越好。生产率的迅速增长没有消极的影响，实际上，世界上每一个国家都想实现前面图 1—9 所显示的韩国（及一些其他东亚国家和地区）的增长成就。可是，政策制定者没有将失业率的目标看得那么简单，将失业降至零的尝试将可能引发通货膨胀的明显加速。如果政策制定者试图将失业率维持在过低的水平，实现温和的通货膨胀是不可能的。政策制定者的一个折中目标是努力达到现实失业率等于自然失业率，因为这将会使通货膨胀率保持在既不加速也不减速的固有水平上。

□ 稳定政策的作用

宏观经济分析始于简单的信息：货币与财政两种**稳定政策**（stabilization policy）之一能够被用来抵消在私人支出方面不合意的变化，货币与财政政策对价格水平和实际 GDP 的影响是本书第二部分与第三部分的主题。

在应用稳定政策时有很多问题。迅速和精确地控制总需求也许是不可能的事情，旨在对抗当前失业的政策刺激也许在较长的和不确定的滞后以后才能扩大总需求。经过这段时间后，刺激也许不再必要，各种政策变化的影响也可能高度不稳定。20 世纪 90 年代的日本与 20 世纪 30 年代末和 2009 年后的美国都不得不面对这样的问题。利率不能为负，因此，一旦货币政策将利率降至零，货币政策会丧失进一步刺激经济的能力。

☞ 全球经济危机聚焦

货币与财政政策的新挑战

2008 年秋天美国经济的突然崩溃给货币和财政政策的制定者带来了前所未有的挑战，银行和金融体系几乎陷于停顿，贷款几乎不可能获得。房屋价格迅速下滑，许多家庭要么失去了对房子的抵押品赎回权，要么发现他们所欠下的抵押贷款超出了他们房屋的价值。货币政策的作用迅速将短期利率降至零，但随后其不稳定性的影响将利率降至零以下。由于利率不能为负，财政政策的作用也受到了日益增长的公债的约束，公债的增长源于为抵御衰退而实施的赤字支出。货币和财政政策采用的新奇且富有争议性的战略将在第 5 章与第 6 章以及本书的其他地方研究。

☞ 国际视角

全球经济危机及其之前美国与欧洲的不同

宏观经济国际化的一个结果是人们对世界主要地区或国家，例如美国、欧洲和亚洲的相对经济绩效的日益增长的关注，我们从这种比较中知道了随时间流逝而产生的差别。与欧洲相比，美国在 1960—1985 年的表现不尽如人意。而在 1995 年后情况开始发生变化，美国比欧洲表现得更加出色，这种状况至少延续到始于 2007 年的全球经济危机。

好的经济绩效意味着低通货膨胀、低失业和高生产率增长。本专栏中的两个图比较了美国与欧洲的失业率和生产率增长率。[a] 我们没有包括第三大概念：通货膨胀率，因为美国与欧洲的通货膨胀率相差甚微。

下页的图 1 显示出欧洲在整个 20 世纪 70 年代的失业率低于美国，但在 1980 年后高于美国。事实上，在 1999 年欧洲的失业率双倍于同期的美国。欧洲失业率急升的原因已经成为宏观经济学界最为重要和最令人兴奋的研究课题。欧洲能够采用什么样的政策来降低其失业率？我们将在第 10 章回溯这一困惑。请注意，2010 年欧洲的失业率尽管略高于美国，但在 2008—2010 年全球经济危机期间，欧洲失业率的上升远低于美国。为什么？包括德国、荷兰的一些欧洲国家采用了“工作分享”政策，人们可以保留他们的工作职位，但是工作时间缩短了。结果，在 2008—2010 年欧洲的失业不如美国增长得快。但是，在工人免于遭受解雇的痛苦时，欧洲的产出陷入低谷。在美国生产率蒸蒸日上时，欧洲的生产率却举步维艰。

下页的图 2 显示出了美国和欧洲的相同组别国家生产率的增长率状况。1996 年前，欧洲的生产率增长快于美国，此后，美国的生产率增长加速而欧洲则趋于下降。1995 年后，美国的增长加速常被归因于其计算机和互联网技术的加速应用，但这也提出了一个大难题，因为计算机和互联网也在欧洲普及。我们将在第 12 章回答这一难题。请注意，2008—2009 年欧洲的生产率增长降到了 1%以下，而同期美国生产率增长重新发力。至少与美国相比，这主要源于欧洲企业和政府在某种程度上保护了工人免遭大批解雇，而美国的企业在危机中被恐慌笼罩，解雇了数以百万计的工人。现在依然不清楚2008—2010年美国在生产率方面令人印象深刻的收获是否能够延续，以及美国在生产率表现方面领先于欧洲的优势在1998年后是否会扩大。

欧美的比较

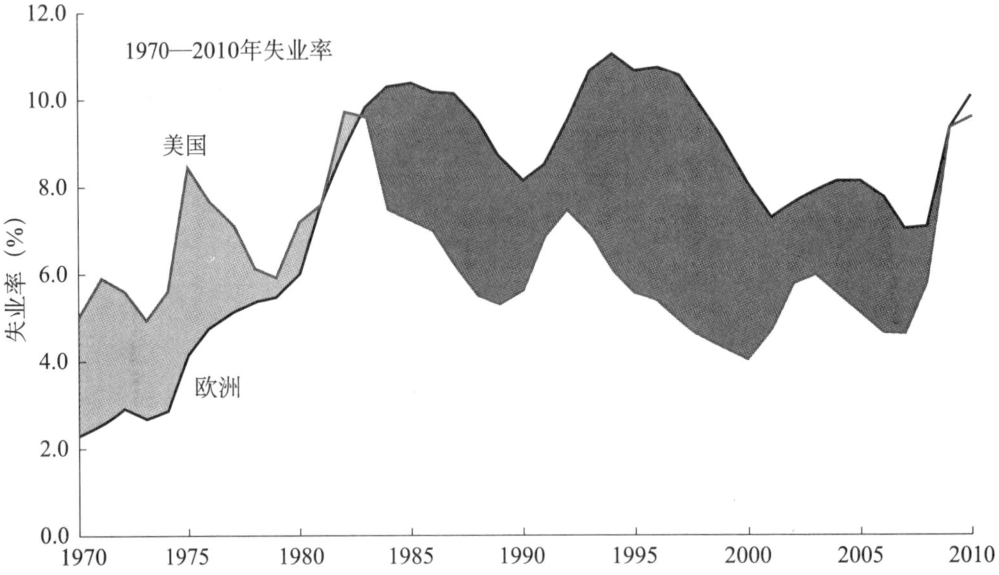

图 1

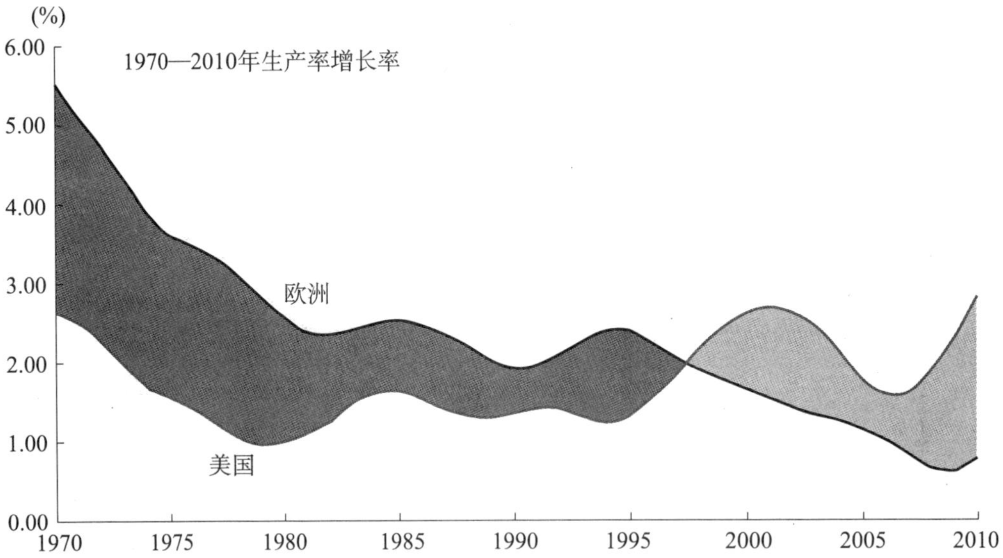

图 2

a. 欧洲的所有数据皆为欧盟于2004年5月1日扩大为25个成员国之前的15国数据。

自测题 1—3

1. 稳定政策的任务是将失业率维持在零水平上吗？为什么？

2. 稳定政策的作用是将通货膨胀率维持在零水平上吗？为什么？

3. 用稳定政策控制总需求时遇到的两大问题是什么？

1.8 宏观经济学的国际化

与以往相比，宏观经济学越来越成为一个国际化的话题。当美国的稳定政策的影响作为一个孤立的话题来分析、不考虑这些对外影响的不良后果时，所谓的国际化渐行渐远了。美国作为一个**封闭经济**（closed economy）的旧观点在20世纪初的年份或第二次世界大战后已经化为现实。在20世纪四五十年代，贸易仅占美国经济的5%，汇率是固定的，美国与其他国家的资本流动是不自由的。

美国日益成为一个**开放经济**（open economy）。进口占到美国GDP总量的17%，美元汇率在1973年后一直灵活变动，并且波幅比此前任何一个预测都要大得多。计算机在东京、伦敦、纽约和芝加哥等主要金融中心以闪电般的速度发送买卖股票、债券、外汇的信息，因此，国际资本的流动规模巨大而且持续不断。

在2008—2009年全球经济危机爆发时，世界经济日益一体化的趋向已经十分明显。正如我们将在第5章学到的，全球经济危机始于美国，但当美国的金融崩溃蔓延至欧洲和亚洲的银行与金融机构时，它迅速波及世界其他各个角落。

全球一体化与相互依存的一个简单的例证出现于世界经济危机爆发很久以前。追溯至2005—2007年（衰退出现前），美国出现了大规模的贸易赤字，进口远远超过出口，进口产品的多数来自中国。它很高兴将钱借给美国用来继续购买中国制造的对美国的出口品。为什么中国乐于将钱借给美国来购买它的产品？我们在第7章将谈到，简单的答案是中国奉行低价出口政策，进而为中国工人提供数以百万计的工作岗位，尽管要达到这一点中国必须将大量美元借给美国。

小结

1. 三大宏观经济概念最大限度地影响着人们的日常生活，它们是失业率、通货膨胀率和生产率增长。

2. 宏观经济学以总量分析为着眼点，它分析经济中各种经济活动的总和，以此区别于微观经济学。宏观经济学中的理论是将最重要的经济关系简化的过程。

3. 国内生产总值（GDP）是衡量总体经济规模的一个指标。尽管它不会直接影响人们的日常生活，但 GDP 行为能够帮助我们了解影响人们日常生活的三大宏观经济概念。

4. 既非过多也非过少的实际 GDP 是合意的，一个最佳的折中水平被称为自然实际 GDP，它对应着一个不变的通货膨胀率。当经济在自然实际 GDP 水平上运行时，也可以被定义为在自然失业率水平上运行。

5. 经济周期的主题是研究 1～5 年内的短期宏观经济现象，经济增长的主题是研究十几年乃至几十年的长期现象。

6. 当大多数宏观经济分析关注相对正常的经济活动时，对宏观经济学的挑战是解释极端和非正常的经济活动怎样发生。这其中的两种是 20 世纪 30 年代的大萧条和 1922—1923 年发生的德国的恶性通货膨胀。另外一种挑战是去理解世界同一区域的两国之间如韩国与菲律宾的经济增长率为何如此不同。

7. 在本世纪，高失业率时期与低实际 GDP 时期巧合在一起，“大萧条”时期这两方面的表现都不尽如人意。

8. 三个核心的宏观经济总量（失业率、通货膨胀率和生产率增长）都是稳定政策的主要目标。如果通货膨胀与失业水平都高位运行，那么，稳定政策在改善民生方面将起不到有效作用，并且，稳定政策的生效将会存在一个较长的时滞或者高度不稳定的影响。

9. 宏观经济学是一个国际性的课题，国际反响影响财政与货币政策作用的方式，以及通货膨胀运行的过程。世界上所有的国家都面临与美国一样的问题，即在政府赤字与政府债务没有大幅增加的条件下，如何治愈低产出与高失业。

关键术语

宏观经济学	现实实际 GDP	目标变量
全球经济危机	自然实际 GDP	政策工具
失业率	自然失业率	货币政策
通货膨胀率	GDP 缺口	财政政策
生产率	失业缺口	稳定政策
总量	经济周期	封闭经济
国内生产总值	经济增长	开放经济

问答题

1. 阅读全周的《华尔街日报》或商业性周刊例如《商业周刊》或《经济学家》，判别与微观经济学问题相关的三个故事以及与宏观经济学问题相关的三个故事，并解释你将每一个故事归于微观经济学范畴或宏观经济学范畴的原因。

2. 利用 1947—2010 年间的季度数据，判断图 1—4 描述的经济周期的衰退与扩张阶段。（注意：经济周期每一阶段的起始是由国民经济研究局经济周期数据委员会确定的。该委员会在决定每一阶段的发生时间时观察比简单 GDP 更丰富的数据，并且以月份而不是季度为时间段，因此，你的回答就只能适应官方的衰退与扩张阶段。关于该委员会决定每一阶段发生时间和经济周期的官方数据的方式的详情，请登录 www.nber.org/cycles/main.html。）

3. 使用你对第 2 题的答案，比较 1947—1982 年与 1983—2007 年两个阶段衰退与扩张阶段的长短。比较 2007—2009 年衰退期与第二次世界大战后其他衰退期的长短。

4. 自然实际 GDP、自然实际失业率与通货膨胀率存在怎样的关系？

5. 在 2003 年 6 月与 2005 年 6 月间，美国失业率从占劳动力的 6.3%下降到 5%，美联储——国家货币政策决策当局，从 2004 年 6 月开始实施积极的经济政策，提高短期利率。是什么推动了政策制定者提高了利率？他们希望实现什么？

6. 在 2000 年 4 月，经季度调整后的失业率是 3.8%，到 2001 年 6 月，失业率上升到 4.5%。美联储降低短期利率的标准在这一阶段开始实施，事实上，失业率继续上升。是什么激发了政策制定者的谨慎行为？

7. (a) 宏观经济学的三大概念是失业率、通货膨胀率与生产率增长。讨论哪一种概念主要与下列时期中的经济行为存在较强的相关性：（Ⅰ）在短期，（Ⅱ）在长期。

(b) 利用图 1—3 与图 1—5 作为指导，讨论自然实际 GDP 如何被用于估算短期与长期的经济行为。

8. 解释为什么生产率的提高不仅可以使社会以更多商品与劳务的形式拥有更高的生活标准，而且可以提高人均寿命中上学、度假、退休或在其他非职业性活动中的比重。

9. 解释实际 GDP 相对于自然实际 GDP 怎样被决策制定者用于决定目标变量值的变化。

10. 在 1960—2007 年和全球经济危机以来，与欧洲相比较，美国的经济业绩如何？

思考题

1. (a) 假如当前实际 GDP 每年是 970 亿美元，当前自然实际 GDP 为 1 000 亿美元。以百分比衡量，GDP 缺口是多少？

(b) 假如自然实际 GDP 以每年 40 亿美元的速度增长，两年后，实际 GDP 必须提高多少才能弥补 GDP 缺口？

2. 出口与进口的总和作为国内生产总值的百分数有时被用来衡量一个经济的开放程度，特别是这个百分数越大，被用来作为开放程度越大的标志。用下列数据计算美国经济在 1960 年、1970 年、1980 年、1990 年、2000 年和 2009 年的开放程度，讨论什么数据体现了 1960 年以来美国经济的国际化程度。

	1960	1970	1980	1990	2000	2009
GDP	2 830.9	4 269.9	5 839.0	8 033.9	11 226.0	12 880.6
出口	98.5	175.5	351.7	600.2	1 188.3	1 490.7
进口	114.5	236.6	344.7	673.0	1 639.9	1 853.8

自测题答案

自测题 1—1

1. 当现实实际 GDP 高于自然实际 GDP 时，现实失业率低于自然失业率。

2. 在相反情况下，现实失业率高于自然失业率。

3. 不存在自然通货膨胀率这回事。当经济在自然失业率上运行时，通货膨胀率不变。但是由过去延续下来的通货膨胀水平是不变的，它可能是零、每年10%或每年100%。

自测题1—2

1. 短期。

2. 长期。

3. 短期。

4. 短期与长期。（在衰退时，货币能够创造就业机会，但是也会刺激长期生产率的提高。）

自测题1—3

1. 稳定政策不可能在不引发通货膨胀加速的条件下将失业率降至零或低于自然失业率水平。

2. 稳定政策只有在付出衰退和失去部分产出的可观成本时才可能将通货膨胀率降至零。

3. 两大问题是时滞与不确定性。政策的改变只有在较长的与不确定的滞后以后才能影响总需求，并且不同政策变化的影响也是高度不确定的。

第 2 章 收入、价格与失业的测度

曾有人说，数字统治着世界，或许，我相信数字可以告诉我们这个世界被统治得好还是坏。

——Johann Wolfgang Goethe，1830

我们首要的任务是发掘一个简单的理论模型来解释实际产出（GDP）和价格水平。在我们过渡到第 3 章以前，我们必须在第 2 章澄清几个定义。什么是 GDP 和价格水平？怎样测度？什么产品与劳务应该包括在 GDP 中？什么产品与劳务应该被排除在 GDP 之外？私人储蓄、私人投资、政府赤字和经常项目的赤字彼此之间的关系是什么？通货膨胀率与失业率应该如何测度？

2.1 我们为什么关心收入？

在第 1 章里，我们澄清了在实际 GDP 与宏观经济学的三大核心概念之间的两种关键的联系。第一，我们注意到，失业缺口的移动与 GDP 缺口的平行移动是反方向的。不过，理解失业（第一个核心概念）变动的关键是现实实际 GDP 的变化。

第二，我们的生活标准水平与增长率由生产率（第三个核心概念）测度，定义为产出与工作时数之间的比率。产出等同于实际 GDP。可是，任何关于美国生产率的表现与美国历史上生产率的表现以及与其他国家生产率表现相互比较的讨论都需要对实际 GDP 资料的了解。

本章以对什么应该被包括在 GDP 中以及为什么被包括在 GDP 中的提问作为开端。然后，我们再学习以购买衡量的 GDP 总量在经济中各个不同部门的分布和以收入衡量的 GDP 中各种不同类型收入的来源。我们学习价格水平和通货膨胀率是怎样被测算的。最后，我们学习失业率的测算方法、全球经济危机引发的家庭痛苦的重要性为何没有被考虑进失业率的官方测算中。

2.2 收入与支出的循环流量

我们的分析以家庭和企业两部门的简单经济作为始点。我们假设家庭花费完它的全部收入，没有储蓄，也不存在政府。[1] 图 2—1 描述了简单经济运行的状况，方形图的左侧代表了家庭的行为，右侧代表了企业的行为。在家庭与企业之间发生两类交易。

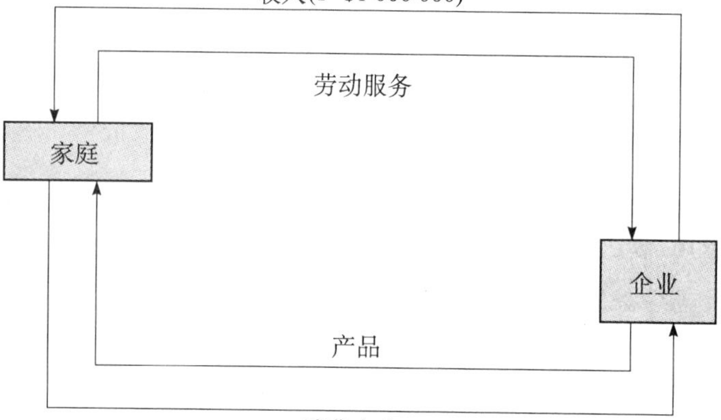

图 2—1　收入与消费支出的循环流量

注：在一个简单的想象的经济中，家庭消费它们全部的收入。没有税收、政府支出、储蓄、投资和外国部门。

首先，企业向家庭或居民户销售产品和服务（产品），例如面包和鞋子，这一行为由图2—1中处于较下方的线表示，代表产品的流动。面包与鞋子不是礼品，它必须对应支付的货币流（C），每年为 1 000 000 美元，代表了消费支出。

其次，家庭成员必须工作赚取收入来购买消费品，他们为企业工作，出卖他们的劳动技能，正如上方代表劳动服务的线条显示的那样。家庭成员只有在能从企业那里赚取每小时工作得到的货币流（通常称为工资）时才愿意工作。工资是收入（Y）的主要组成部分，由上方的线条表示。

由于家庭被假设花费完所有收入，企业被假设支付全部的以家庭收入形式表示的销售收入，由此可知，收入（Y）与消费支出（C）是相等的。同样的原因，劳动服务换取的收入等于企业向家庭出售产品和服务换取的消费支出货币流。

收入（Y）＝劳动服务＝消费支出（C）＝产出

在上述方程中四个元素的每一个都是流量的放大，任何的经济放大都由每个时间单位

① 因为家庭没有储蓄，没有资本或财富，所有家庭收入都表现为劳务工资。

测算，例如美国每年的 GDP。流量不同于存量，存量是在一个特殊时点上测算的，比如在 2011 年 9 月 11 日正午你钱包里的纸币数量。

自测题 2—1

1. 想象一下，一个叫埃里克的学生用 10 美元钞票购买了标价为 10 美元的理发服务，用语言描述一下学生购买的理发服务是怎样被计入图 2—1 中四个流量的每一个中去的。

2. 想象一下一个叫埃里森的学生获得了一个 7 月和 8 月夏令营救生员的工作职位，每小时的工资是 8 美元，夏令营从参加夏令营孩子的父母那里收取的费用为埃里森开工资。用语言描述收取的费用和救生员工作将怎样被计入图 2—1 中的四个流量中。

2.3 GDP 是什么？GDP 不是什么？

国民收入与产出账户（National Income and Product Accounts）（也被称为 NIPA 或简称为国民账户）是美国的所有收入和支出流量的法定政府账户。下面的专栏给出了政府数据的来源指南。

□ 定义 GDP：什么被计入？什么被排除在外？

在我们的市场经济中，产品与服务在市场上被出售的事实是它们能满足一定人类欲望和需要的标志，否则，人们便不会为它们支付价格。因此，被包含在 GDP 中的唯一的东西是通过市场出售的、被支付价格的产品，因此，我们可以清楚地确定满足人类需要的 GDP 的大多数构成部分，计算**最终产品**（final goods）（或 GDP）的项目必须具备三个主要条件：在当期通过市场出售的并且不能被再次出售的由最终产品构成的所有当期生产的产品和服务。

当期生产 首当其冲的规则——应该是最终产品，当期生产的产品——有助于我们弄清楚什么不是 GDP。GDP 不包括出售的二手产品例如房屋和汽车，因为它们不在当期生产。同样，也不包含金融产品的交易，比如债券和股票的买卖。由于金融资产的买卖都不计入其中，GDP 在定义上将金融资产买卖中的利差即资产利得排除在外。GDP 也不包括只支付货币而没有相应产品和劳务回报的交易，在美国被排除在国民收入以外的**转移支付**（transfer payment）是政府对私人的支付，例如社会保障、医疗保险和失业救济。

市场出售 第二个规则——在市场出售并以市场价格计算价值的最终产品——意味着我们以市场上人们愿意为产品和劳务支付的价格来核算最终产品的价值。我们假定一辆梅赛德斯奔驰给人们带来的满足相当于一包剃须刀片的 10 000 倍，因为它花费了相当于剃须刀片 10 000 倍的价格。通过这个例子我们从 GDP 中排除了在市场没有出售的人们在从事某项活动时花费的时间价值（通常称为“家庭产品”，这包括了花费在做饭、修剪草坪、油漆、维修上的时间），也排除了环境污染、水污染、酸雨带来的成本或其他无显性费用生产过程产生的副产品的补贴。在这个类别中最后被扣除的是非法的经济活动例如典型买卖个案中的非法毒品的销售。一些以现金支付的其他活动可能被排除，因为这些活动很难被测算，包括：以现金支付的家庭帮工和他们的雇主不对他们的行为支付社会保障税。

非再售 第三个规则——必须不在当期被重新出售的最终产品——对被计入条件做了进一步的限制。在经济中许多被生产出的产品和服务具有两种使用方式。一些产品例如小麦主要用作制造其他物品如面包的原料。任何被购买者进行再出售的物品都是**中间产品**(intermediate goods)，不被计入 GDP 中。

☞ **何处寻找数字：数据指南**

时间的推移与资料修订的发生：如何应付

你需要搞清楚如何去寻找没有被包括在教科书附录中以及在教科书出版后才被发布的数据，这就需要到互联网上查找数据，从那里可以发现近期的综合性的数据来源。

三大机构

使用互联网是迄今为止最为方便的收集数据的方式，无论是相对简单的数据例如实际 GDP 和最近的消费者价格指数，还是相对详细的数据例如年龄在 20～24 岁之间的男性失业率或美国的消费者花费在殡葬方面的费用都可以找到。上述或其他的数据系列都可以到编制数据的政府机构的网站之一进行查找。三个最重要的网站是经济分析局（BEA，隶属于商务部）、劳动统计局（BLS，隶属于劳工部）和联邦储备委员会（Fed，通常称呼它的昵称：联储）。

BEA：国民收入数据。所有关于 GDP 和相关收入与产出的系列数据都由 BEA 编制进有组织的目录体系中，被称为国民收入与产出账户（NIPA）。在 BEA 的网站 www. bea. gov 上，可以获得 1929 年以后的年度数据和 1947 年以后的季度数据，并且这些数据定期更新。这里不仅可以找到 NIPA 目录，还可以找到近期的新闻发布、产业数据和国际以及区域系列数据。

BLS：劳动力市场价格和工资数据。BLS 是关于就业、失业、消费与生产价格和工资率等数据的主要编制者。BLS 主持着几项大型调查，每个月与数以千计的家庭保持着联系以了解它们的就业、失业状况，还与数以千计的零售企业保持联系，追踪价格的变化。所有 BLS 的数据系列都可以由 www. bls. gov 提供。

Fed：金融市场数据。联邦储备系统编制关于利率、货币供给和其他关于银行与金融体系的数据。区域性的联储之一，圣路易斯联邦储备银行支持被称为 FRED（research. stlouisfed. org/fred2）的在线数据库。这个数据库提供美国经济与金融方面的历史数据，包括：每天的利率、货币与商业指标、汇率、国际收支平衡表和选择性的区域数据。联邦储备委员会的官方网站（www. federalreserve. gov）也十分有用。

以上列出的机构没有包括所有统计机构的先祖——人口普查局，它执行每十年一次的全国性的人口普查和每五年一次的企业机构的经济普查。普查数据为 BEA 创制国民收入账户的许多工作提供了原始材料，更不用说为经济学家从事宏观与微观问题的研究所提供的方便了。请看 www. census. gov。

需要知道的国际网址

经济合作与发展组织：www. oecdwash. org/DATA/online. htm

世界银行：www. worldbank. org/data

国际货币基金组织：www. imf. org/external/data. htm

格罗宁根增长与发展中心：www. ggdc. net/databases/index. htm

更多的网站可以从 google. com、yahoo. com 与 ask. com 等搜索引擎找到。

□ 中间产品、最终产品与增值

与中间产品相对应的是最终产品，即不能被再出售的产品。杂货店销售的面包是最终产品，这些产品被消费者使用，像其他被消费者购买的产品一样。举一个卖 2 美元的面包的例子。我们假定生产面包的原料是小麦，面包店从小麦农场主那里以 0.5 美元的价格购买制作一块面包所需的小麦，剩余的 1.5 美元代表面包店雇员的工资、面包店的租金和雇主的利润。在这个过程里只有花费在最终产品——一块面包上的 2 美元才被计入 GDP 中。

我们不能将中间产品计入 GDP，因为这会造成重复计算。小麦的价值已经被包括在面包的价格中，因此，我们不能将小麦的 0.5 美元的价值与面包的 2 美元价值都计入 GDP，因为最终加总的总和多于消费者为面包支付的价格。

计算 GDP 的另外一种方法是将每一生产阶段的**增值**（value added）部分加总起来。增值被定义为企业产出的价值减去为中间产品支付的价值总量。假设种植小麦的过程没有涉及中间产品。在这个例子中，小麦种植者有 0.5 美元的增值部分，面包店有 1.5 美元的增值部分（包括工资、利息与利润）。GDP 总量是所有企业增值部分的加总和，农场主的 0.5 美元和面包店的 1.5 美元。根据定义，价值 2 美元的最终产品等于同样的增值部分。GDP 既等于最终产品总量，又等于价值增值总量。

表 2—1 概括出了什么应该被计入 GDP，什么应该被排除在 GDP 之外。注意：二手资产如小汽车、房屋如果对二手车经纪人和不动产代理机构的现期收入产生影响，就会对 GDP 产生影响。

表 2—1　　　　什么被计入和什么不被计入 GDP

类别	应计入的部分	未被计入的部分
当期生产	产品和劳务	二手资产的销售 * 金融资产的销售 ** 转移支付
市场出售	市场产品	家庭产品 环境污染 非法经济活动 一些未申报的现金支付
非再售	最终产品和劳务	中间产品和劳务

* 二手车经纪人与不动产代理机构赚取的费用和佣金被计入 GDP。

** 金融机构赚取的费用和佣金被计入 GDP。

□ 国内生产总值中“国内”的含义

GDP 包括了在美国 50 个州生产出的所有最终产品与劳务，无论它们是否在 50 个州内销售或者出口。在其他国家生产出的进口商品不被计入 GDP。如果我们想知道美国人赚取了多少收入，我们需要一个不同的概念：**国民生产总值**（gross national product，GNP）。一旦我们了解了 GDP，我们就可以通过加上美国人在国外取得的要素收入（工资、租金与利润）、减去美国人对其他国家要素收入的支付来得到。

$$GNP = GDP + \begin{matrix}\text{其他国家对美国}\\ \text{支付的要素报酬}\end{matrix} - \begin{matrix}\text{美国人对其他国家}\\ \text{支付的要素报酬}\end{matrix} \tag{2.1}$$

例如，宝洁公司在遍布全球的工厂制造汰渍洗衣粉和佳洁士牙膏，洗衣粉和牙膏的价值被计入工厂所在地国家的 GDP，从日本到英国，而不是美国 GDP 的一部分。但是，宝洁工司从这些工厂带回美国的部分利润被计入“他国对美国的要素支付”，并且相对于 GNP 来说提高了美国的 GDP。相反，日本人的工厂在美国生产了数以百万计的小汽车，这些汽车的价值被计入美国的 GDP，但是这些工厂是盈利的，利润的一部分会返回日本，这部分利润被看做美国对其他国家的要素支付。这一部分必须从 GNP 中减除，使 GNP 小于 GDP。

总之，美国得到的要素支付例如麦当劳、宝洁从海外赚取的利润和由美国支付的本田和丰田赚取的利润大致在规模上是相等的。因此，GNP 在规模上非常接近于 GDP（2009 年美国的 GNP 仅比 GDP 高出 0.7%）。但在其他国家比如爱尔兰，因为许多工厂由外国公司所有，它的 GNP 规模明显小于 GDP。在科威特这样的国家，因为科威特公民在其他国家拥有大量的银行存款和其他资产并因此得到大量的利息与红利收入，其 GNP 的规模明显高于 GDP。

□ 国内生产总值中“总”的含义

GDP 包括了**折旧**（depreciation），它是企业为替代被磨损和过时的建筑物和设备留下的部分，比如仍在工作但是其速度和内存已经不能处理目前日益复杂的软件的计算机。在国民收入账户中，折旧被称为“固定资本的消费”。由于它属于经营成本，因此，为了核算经济活动的净结果，这一部分必须被扣除。扣除后的净结果被称为**“国内生产净值”**（net domestic product，NDP）。

术语**“总”**（gross）和**“净”**（net）通常分别指包括和排除了折旧部分的结果，总投资和净投资之差或总储蓄与净储蓄之差严格等同于 GDP 与 NDP 之差。

2.4 支出的构成因素

□ 投资类型

被企业生产出的、在当期不能被作为中间产品再次出售给其他企业和消费者的商品和劳务，按照我们的规则才可以被称为最终产品。但是，企业不消费它们。企业为自身的发展而保留的最终产品被称为**“私人投资”**（private investment）或“私人资本的形成”，这些商品增加到能带来收入的国家资产的存量，私人投资由存货投资与固定投资构成。

存货投资（inventory investment）　在本期由面包师生产的、没有销售给消费者的、在面包店货架上的面包增加了面包店的存货。因为生产出的所有面包都被计入 GDP，我们必须定义支出以便包含面包，无论它是被售出还是保留在货架上。通过将存货的变化计入支出的一部分，我们确保 GDP（也就是总产出）在定义上等于总支出。当存货增加时，GDP 中存货的投资部分是正数；当存货投资减少时，GDP 中存货的构成部分是负数。

自测题 2—2

想象面包店在 2010 年 12 月 31 日打烊之时，还有 10 块面包未卖出，以每块面包 2 美元的市价计算价值，面包店存货的价值是 20 美元。在 2011 年 3 月 31 日打烊之时，面包店货架上有 15 块或 30 美元的面包。

1. 2010 年 12 月 31 日面包店的存货是多少？2011 年 3 月 31 日又是多少？

2. 2011 年第一季度面包店的存货变化了多少？

3. 在 2011 年第一季度，面包店存货对 GDP 的贡献值意味着什么？

固定投资（fixed investment）　固定投资包括企业购买的所有最终产品，而非存货。固定投资的主要类型是建筑物（厂房、办公楼、购物中心、公寓、住宅）和设备（冷藏陈列柜、计算机、卡车）。新建并售卖给私人的房屋和公寓被计入固定投资——在国民收入账户中家庭被看做拥有房屋的企业，这个企业将房屋作为资产并将房屋租给它自己。①

□ 投资和储蓄的关系

图 2—1 描述了简单的想象中的家庭消费全部收入的经济，图 2—2 将投资引入经济，花费在最终产品上的总支出与以前相同，但是被分成了两部分：一部分是家庭消费支出（C），另一部分是企业购买的投资品（I）。家庭只消费收入的一部分，并将其余部分储蓄起来。

家庭收入中没有被消费的部分被称为**个人储蓄**（personal saving）。被储蓄起来的收入部分将来做什么？这部分资金以两种基本路径被引入企业。

（1）家庭购买企业发行的债券和股票，然后企业用钱购买投资品。

（2）家庭将没有用于消费的收入（储蓄）存入银行和其他金融机构，银行将钱借给企业。企业用这部分钱购买投资品。

在其中任一情况下，企业都可得到资金购买投资品。在图 2—2 中标注的“资本市

① 拥有房屋的个人在国民收入账户中被当做分割开来的个体对待：一方面作为一个企业，另一方面作为一个消费家庭。我的左边是一个拥有我住房的商人，从我的右边收取想象中的租金，消费者居住在我的房子里。NIPA 将这些想象中的租金支付判定为“自有住房的租金”，这使租金成为在市场上出售的被计入 GDP 中的商品的最大例外。

除作为投资出现的支出流中的漏出

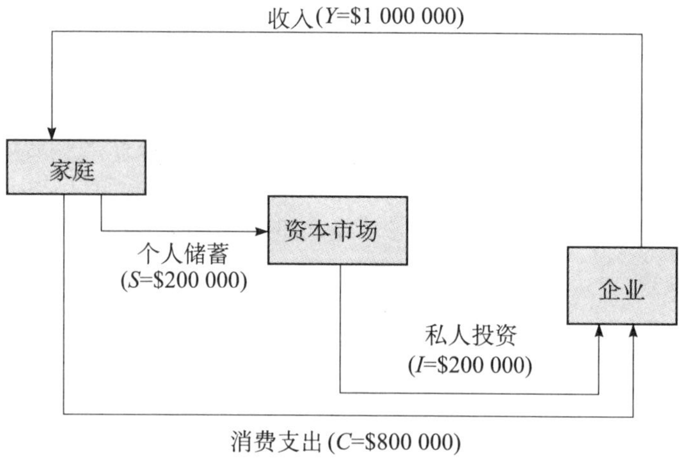

图 2—2　将储蓄和投资引入流量循环图

注：从简单的想象经济（图 2—1）出发，我们现在假定家庭储蓄其 20%的收入，企业投资占总支出的 20%。我们再假定不存在税收、政府支出和外国部门。

场”，象征着个人储蓄转换为企业对投资品的购买。

换句话说，储蓄是用于消费支出的收入的漏出，支出流中的这部分漏出一定与作为私人投资的非消费支出是平衡的。

□ 净出口与净对外投资

出口（exports）是外国对美国生产的产品与服务的支出，这部分支出在美国创造了收入但并非美国居民对消费与投资的支出部分。**进口**（imports）是美国居民对国外生产的产品与服务的支出但不创造美国国内的收入部分。例如，美国制造的雪佛兰汽车出口到加拿大算作美国的产出与收入但属于加拿大的消费，德国制造的奔驰汽车出口到美国是德国产出与收入的一部分但属于美国的消费。如果出口创造的收入大于进口商品花费的收入，其净效应是更高水平的国内产出与收入。不过，出口与进口之差——**净出口**（net exports）——是最终产品和 GDP 的构成部分。

净出口的另一名称是**对外净投资**（net foreign investment），我们可以给出一个与国内投资一样的经济解释，为什么？对内与对外投资都是国内产出与收入的组成部分。国内投资创造了国内的资本资产，对外净投资创造了美国对外国人向美国人出让未来收入流的一种要求权。美国出口到日本用日元进行支付，它可以存入日本的银行账户或用来购买日本的部分工厂，相反的情况也可能发生。当美国的进口大于出口时，正像 1981 年以来每年发生的情况一样，对外净投资是负数，美国为进口产品支付的美元使外国投资者可以用来购买美国的工厂、饭店和其他资产（包括在美国的银行账户）。

□ 政府部门

至此，我们只是考察了由家庭和企业等私人部门组成的经济。现在，我们将政府加进来，它从私人部门征税，并且进行两项支出，政府购买商品和服务（坦克、战斗机和学校用书）创造产出与收入。政府也能够对家庭进行支付，社会保险、医疗保险和失业救济金是这些转移支付的典型。之所以称为“转移”，是因为对于政府对获取者进行的支付，获取者并不提供任何服务作为回报。如在第 2.3 节学到的那样，转移支付不被计入 GDP。

图 2—3 中将政府（联邦、州和地方）因素加进了图 2—1 和图 2—2 的想象中的经济，税收收入（R）流从家庭流向了政府[①]，政府用其来购买产品与服务（G）。

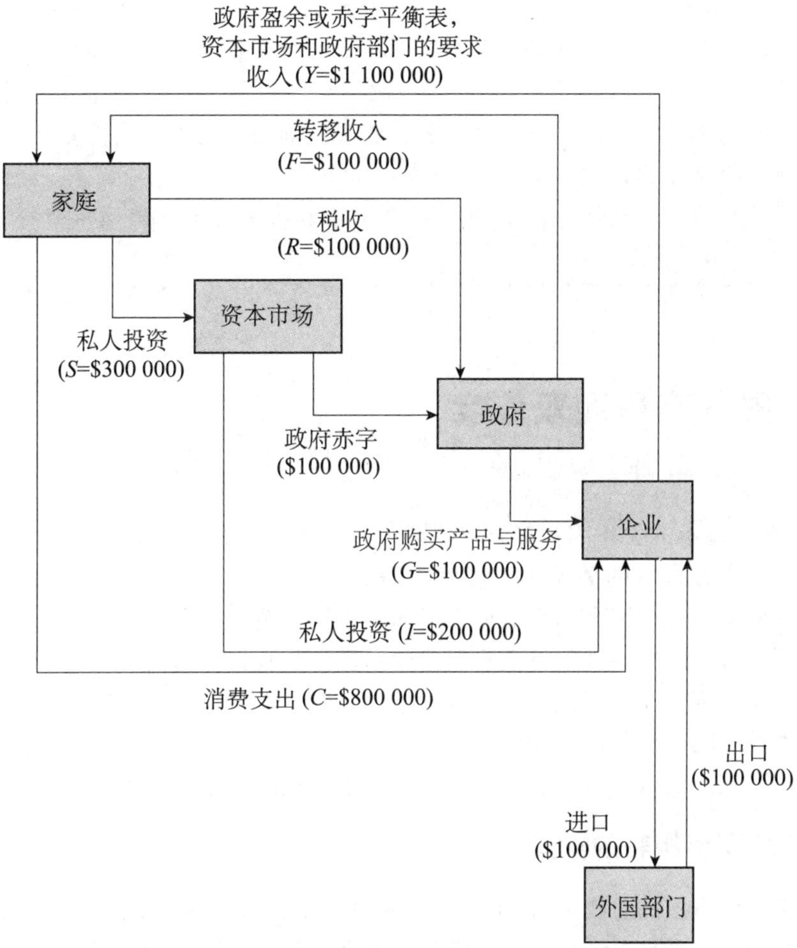

图 2—3　将税收、政府支出和外国部门引入循环流量图

注：一个包括政府部门的简单的假想经济，通过征税获取了 10 万美元的税收收入，对家庭的转移支付为 10 万美元，购买了 10 万美元的产品和劳务。总支出（20 万美元）超出了税收收入（10 万美元），留下了 10 万美元的赤字，需要向家庭出售政府债券进行融资。

此外，政府还要从事转移支付活动，例如福利支付、对家庭提供的支付，余下的赤字必须以融资进行补偿。要做到这些，政府需通过资本市场向私人家庭出售债券，正如企业向家庭出售债券和股票为其投资计划融资的道理一样。

亦如图 2—3 所示，在右下角是外国部门，进口已经被计入消费和投资支出，因此，

① 在现实世界中，家庭与企业纳税。为了简化分析，我们将税收限定为个人所得税。

进口在图中被视为漏出，表示为指向下方外国部门方块的箭头。出口是对国内产品的支出，如图中从外国部门指向企业部门的箭头所示。为使图形简化，假设出口等于进口。[①]

☞ 全球经济危机聚焦

在全球经济危机中，GDP构成中的哪一部分下降最快？

在图1—4中，我们定义了经济周期的波峰与波谷。在最近一次的经济周期中，经济在2007年第四季度达到了波峰，在2009年第二季度跌入了波谷（实际GDP的最低点）。在这六个季度中，GDP的各个不同组成部分表现得大不相同。实际消费支出在六个季度中仅下降了0.8%，实际政府支出增加了6.6%，净出口全部为负数，但是下降到很小的负值，对经济产生了刺激作用。那么，问题出在哪里呢？在于投资的崩溃，投资下降了惊人的31.7%！当我们学习了更多的关于全球经济危机的知识时，我们再回望投资的崩溃、消费的相对稳定性和金融市场问题在引发衰退中的作用。

2.5 魔术方程和双赤字

在图2—3中显示的关系因为其解释主要宏观经济概念的不稳定性可被概括为一个简单的被称为“魔术方程”的关系式，**魔术方程**（magic equation）有助于我们理解投资、私人储蓄、政府盈余或赤字和净出口盈余或赤字之间的关系。

当前美国经济中的主要现象是政府支出远超过税收收入，政府担负着大量的赤字。同时，美国经济中的进口远大于出口，这意味着大量的国际赤字（负净出口）。双赤字怎么弥补呢？如果政府的盈余与国际赤字处于同一水平问题又有什么不同？当国际赤字为零而政府赤字保持在较高的水平时将会发生什么？魔术方程能够帮助我们回答这些问题。

□ 收入与支出相等的含义

根据定义，创造出的总收入（Y）等于对最终产品的总支出（E）。为什么根据定义这是正确的？因为收入来自总产出，支出既包括出售给最终使用者的产品，也包括没有售出的产品（例如存货的变化）。我们可以指出使用三条线的等号定义这种关系是正确的，这一等号被称为“恒等号”。

$$Y \equiv E$$

对最终产品的支出有四个类型：消费支出（C）、私人国内投资（I）、政府对产品和劳务的购买（G）和净出口（NX）：

$$E \equiv C+I+G+NX \tag{2.2}$$

① 如果进口超过出口，存在一个流量等于从外国部门方块流向资本市场方块的差额。这是外国资本的流入，可供私人投资和为政府赤字融资。

家庭所获得的个人总收入包括来自产出的收入（Y）和来自政府的转移支付（F），这一总量可用于消费品的购买（C）、进行私人储蓄（S）和税负的支付（R）：

$$Y+F\equiv C+S+R$$

如果两边同时减去 F，可得到一个同等的表示：

$$Y\equiv C+S+R-F \qquad (2.3)$$

转移支付（F）可以被看做负税收，相应地，我们将净税收收入（T）看做税收（R）减去转移支付（F），将方程（2.3）转换成更为简单的表达方式：

$$Y\equiv C+S+T \qquad (2.4)$$

□ 漏出与注入

由于 $Y\equiv E$，方程（2.4）的右边等于方程（2.2）的右边，可以得到：

$$\begin{array}{rcl} C+S+T & \equiv & C+I+G+NX \\ -C & & -C \\ \hline S+T & \equiv & I+G+NX \end{array} \quad \text{从两边减去 C} \qquad (2.5)$$

方程（2.5）的最后一行可以被翻译成一个一般规则：

> 由于收入等于支出，收入中没有被消费的部分（储蓄加上净税收）一定等于对最终产品（投资加政府支出加净出口）支出的非消费部分。

换句话说，可用于购买消费品的收入的**漏出**（leakages）（$S+T$）一定可以被非消费支出的**注入**（injection）（$I+G+NX$）所平衡。

方程（2.5）在宏观经济学中是一种最重要的关系，并且会经常出现在接下来的几章中，我们将其称为魔术方程，它的学术化的名称是漏出—注入恒等式。这个关系的重要性在于显示出了在宏观经济学中一些最基本的概念比如私人储蓄、政府支出与税收、国内投资和净出口怎样由定义连接起来。

□ 政府预算与双赤字

魔术方程显示，政府预算盈余产生的资金派上了什么用场？在表示政府怎样为预算赤字融资方面同样有用，我们可以用方程（2.5）显示出政府预算盈余的用处

$$T-G\equiv (I+NX)-S \qquad (2.6)$$

在这个定义的左边是政府的预算盈余，如果左边是负的，则政府正在经受着预算赤字。右边显示的是过度投资部分，包括了国内的（I）与外国的（NX）超出私人储蓄（S）的部分。

如果政府支出大于净税收收入，正像在过去三十多年大多数年份曾经发生的那样，政府经受着赤字。如方程（2.6）所示，其中有三个可能的含义：首先，政府预算赤字使国内投资小于其他部分。其次，政府预算赤字需要私人储蓄一定上升至能够抵消国内外投资总和（$I+NX$）下行的压力。最后，如果私人储蓄没有增加，为了避免国内投资的下降，必须从国外借更多债务（净出口的一个更大负数），或减少流向国外的借款。

	$T-G\equiv (I+NX)-S$
1993	$-1.9\equiv (17.6-1.2)-18.4$
2000	$4.3\equiv (20.9-4.1)-12.5$
2010	$-6.8\equiv (15.5-3.6)-18.8$

在 2000 年，政府的预算盈余等于 GDP 的 4.3%，与占 GDP 4.1%的向外借款一起使国内投资占到了 GDP 的 8.4%，大于储蓄。相反，1993 年与 2010 年都存在着政府的预算赤字，由于储蓄在这两年中大致相同（分别为 GDP 的 18.4%与 18.8%），与 1993 年相比，2010 年更大的政府预算赤字由投资的降低（从占当年 GDP 的 17.6%降至 15.5%）和三倍于此前的外债所弥补（从占 GDP 的 1.2%升至 3.6%）。

由于魔术方程［方程（2.5）或方程（2.6）］是一种定义，它不能判断相关变量的因果关系的方向。例如，在 2000 年，由于国内投资过于旺盛导致了政府的预算盈余，还是由于政府存在预算盈余而导致了过度投资呢？2000 年到 2010 年的投资锐减引发了政府赤字还是政府赤字因其他原因发生？

在 2000 年以来的多数时间内，美国经历着双赤字，即政府预算赤字伴以外债（负净出口）。2000 年预算盈余伴随着外债则是一种例外而不是常态。不过，2000 年的状况告诉我们，这时的赤字已不再是双赤字。

☞ **全球经济危机聚焦**

衰退中的鸡与蛋？

前面所提到的魔术方程中的数字显示出 2000 年的繁荣状况与 2010 年的萧条状况之间的巨大反差。唯一相似的因素是净出口约占 GDP 4%的水平。最戏剧性的变化在政府预算方面，从盈余占 GDP 4.3%的水平到赤字占 GDP 6.8%的水平，赤字移动了 GDP 的 11.1%的水平。数字表明这是一个巨大的变化，GDP 的 5.4%代表着投资的下降和储蓄以 6.3%的速度增加。哪一个是鸡哪一个是蛋？我们将会懂得，当政府的税收和支出政策明显影响预算时，存在着对预算的一个重大的经济影响。因此弱投资和强储蓄同时削弱了 GDP 进而政府的税收收入。

2.6 家庭收入来自何处

□ 收入、漏出和循环流量

循环流量图如图 2—3 的重要课程是 GDP 支出的方面（消费、投资、政府支出和净出口）创造了收入，这部分收入可用于另一轮支出，家庭所获得的只是企业生产的 GDP 的一部分，以政府税收和储蓄形式出现的循环流量中的漏出部分为资本市场提供了资金。自方程（2.5）回忆一下，总漏出（税收与储蓄）在定义上等同于总的非消费支出部分，也称为“注入”。

表 2—2 对收入从企业流向家庭的路径提供了一个简明的概括。表中左边向下排列的是各种不同的总收入概念，这些不同取决于哪些税收与储蓄漏出被包括进来。其余三个栏目用于判定储蓄与税收漏出的类型以及转移支付（反过来说，哪种工作喜好税收）。

第一行以 GDP——国内生产创造的收入总量作为开端。在第二行，首当其冲的漏出是前面曾定义的折旧，它是企业为替代磨损和过时的投资品而留出的部分。

折旧扣除以后余下的部分是国内生产净值（NDP），就是第 3 行显示的部分。

接下来，在表 2—2 第 4 行扣除了企业间接税，包括国家与地方的销售与财产税，这部分转移支付不可作为家庭和企业的收入，只有剩余部分即称为**国内收入**（domestic income）（第 5 行）的部分才可用于为生产当前产出的国内生产要素（劳动与资本）提供净收入。

至此，国内收入最重要的部分是向雇员提供的报酬（包括工资、薪金和附加福利），接下来是净利息收入、业主的收入（来自小企业的收入，例如农场与小店铺）、公司利润和租金收入。

表 2—2 **家庭所得扣除全部漏出后的剩余部分**

概念	漏出进入储蓄	漏出进入税收	从政府获取的转移支付
1. 国内生产总值（14 745.1）			
2. 减		折旧（固定资产的消费，1 871.9）	
3. 等于：国内生产净值（12 873.2）			
4. 减		企业间接税（1 002.2）	
5. 等于：国内收入（11 871.0）			
6. 减：	未分配利润（474.4）		
		社会保险税和公司税（1 439.2）	
7. 加：			转移支付与利息（2 635.2）
8. 等于：个人收入（12 592.8）			
9. 减：		个人所得税（1 177.7）	
10. 等于：个人可支配收入（11 415.1）			
11. 个人消费支出（10 366.3）	分配包括：个人储蓄（678.8）		
12. 利息与个人转移支付（370.0）			

注：2010 年第三季度以 10 亿美元表示的数量显示在括号中，几个小项目被包括进大项目中。

资料来源：www. bea. gov，NIPA tables 1. 7. 5，1. 12 and 2. 1.

□ 从国内收入到个人收入

不是所有的国内收入都支付给家庭并转化成个人收入，个人收入也包括一些被家庭获取但没有被计入 GDP 和个人收入的部分。表 2—2 的第 6 行和第 7 行解释了这些差别。第一，部分国内收入以未分配利润的形式被公司持有，也就是没有被作为股东红利支付或作为向政府支付的公司税的部分公司利润。未分配利润是储蓄漏出的一种类型，它为资本市场的金融投资支出提供资金支持。

接下来，有一个大的流量以公司税和社会保险税的形式流向政府，又以转移支付例如社会保险和失业补贴等形式从政府流回家庭。政府的资金也用来支付国债的利息。通过扣除和注入调节后的国内收入产生了**个人收入**（personal income），即支付给家庭的收入总量（第8行）。个人收入代表了购买力从企业的生产活动和政府部门的转移支付向家庭的现时流动。

并非所有的个人收入都可用于家庭支出，首先因为家庭必须向政府缴纳所得税，余下来的部分是在国民收入账户中最重要的概念之一——**个人可支配收入**（personal disposable income）（第10行）。这可供家庭在三个方面使用，如表2—2的底部所示：消费支出、利息与个人转移支付以及个人储蓄（第11行和第12行）。

总储蓄和税收漏出（转移支付被看做负税收）在方程（2.5）中被形式化为$S+T$。根据定义，这个方程向我们显示，它们必须等于非消费支出（注入），用式子表现为$I+G+NX$。这是漏出—注入恒等式，我们使用一个更好记的名字——魔术方程。

2.7 名义GDP、实际GDP和GDP平减指数

在迄今为止的分析中，国民收入账户中的所有项目与关系都适用于特定的时期（一个季度或一年），并且以家庭和企业当时实际支付的价格来衡量。任何以现实支付价格衡量的经济量值都可以用形容词**“名义的”**（nominal）来描述。例如，**名义GDP**（nominal GDP）是以市场上实际支付的价格表示的当前产出总量。

□ 实际和名义量值

当人们购买更多的有用物品和服务（如汽车、牛排和理发）时，或当价格上升时，名义总量会上升，因此，名义量对经济分析并不是一个有用的指标。我在消费品上的名义支出从2010年的40 000美元增加到2011年的50 000美元时可能意味着我能够购买更多的东西，或直接意味着在2011年购买2010年同样的东西不得不支付更高的价格。名义量值的变化隐含的东西多于它所揭示的东西，因此，经济学家注重于实际量值的变化，它消除了年与年之间价格变化的影响，反映了数量、规模和购买商品质量方面的实际变化。

□ 实际GDP和实际产出

我们需要实际国内生产总值的实际的测算或者实际GDP，像任何其他实际量值一样，实际GDP可用任意选择的一个基年的价格表示出来。当前，美国官方GDP的测算以2005年作为基年。每年的实际GDP无论是1929年还是2010年都是以2005年不变价格计算出的本年度的产出测算的。例如，如果每一件商品都以2005年的价格销售，以2005年价格测算的2011年的实际GDP代表了2011年实际产品与服务产出的费用总量。

由于价格经常每年提升，在2005年后，名义GDP往往高于实际GDP。同理，在2005年前名义GDP低于实际GDP。在表示1900年以来每年名义和实际GDP的图2—4中，你可以看到这类规则的排列（pattern），只有在2005年名义GDP与实际GDP才是相等的。

名义GDP与实际GDP的百分比率是被称为**GDP平减指数**（GDP deflator）的价格指数。在图2—4中显示为灰色线条，GDP平减指数衡量在特定年份现实支付的价格与在

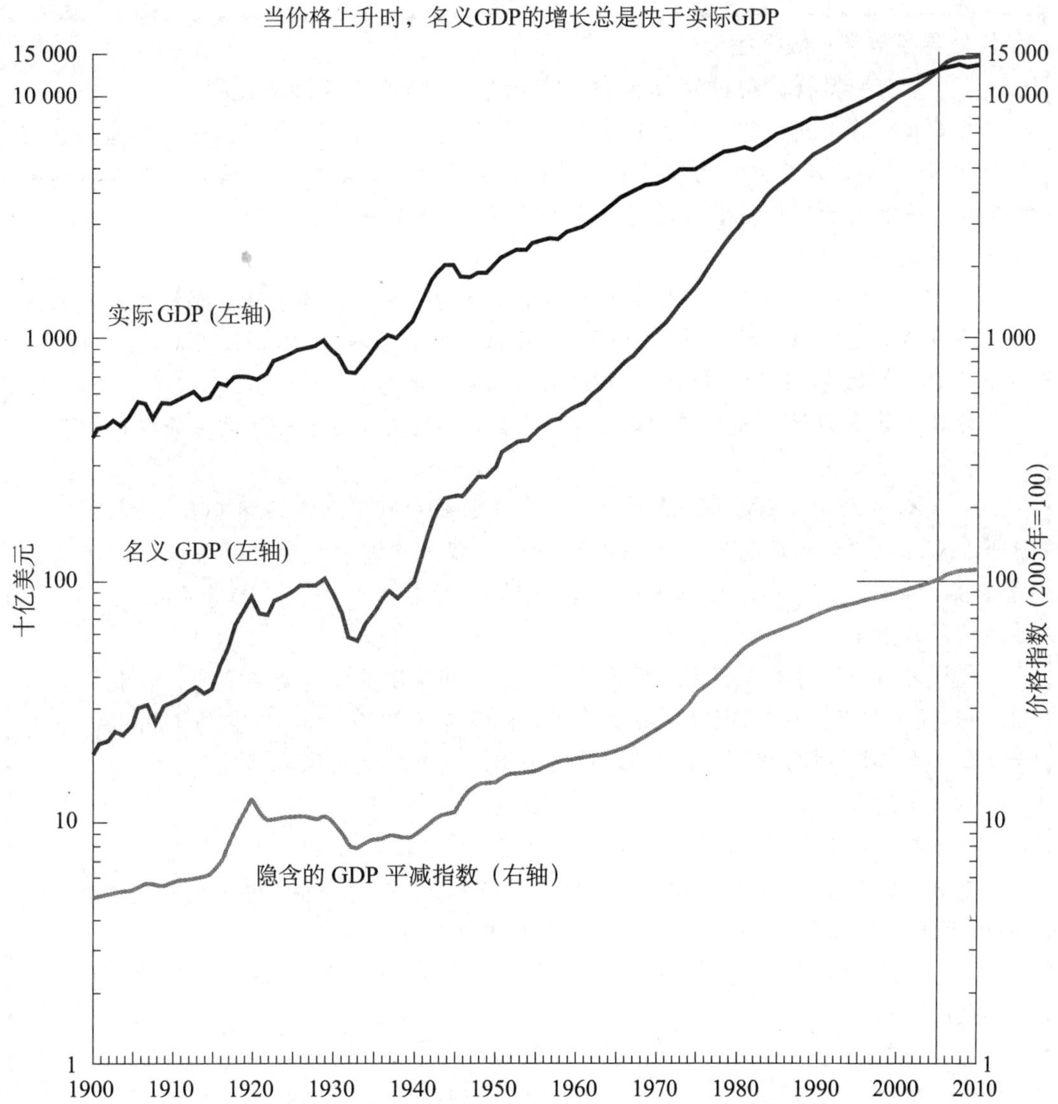

图 2—4　名义 GDP、实际 GDP 和 GDP 平减指数，1900—2010 年

注：注意名义 GDP 线在 2005 年前位于实际 GDP 线之下，但在 2005 年后位于实际 GDP 线之上。它反映了这样一个事实：在 2005 年之前，用于测算名义 GDP 的当期价格较低；在 2005 年后，用于测算名义 GDP 的当期价格高于 2005 年的测算价格。注意，2005 年名义 GDP 线与实际 GDP 线相交，同年 GDP 平减指数保持为 100。

2005 年基年支付的价格之间的比率。例如，在 1959 年的名义 GDP 大约相当于实际 GDP 的 18%，这说明在 1959 年实际支付的价格大约相当于 2005 年购买同量商品所支付价格的 18%。

以后，我们将思考其他实际量值，比如实际消费与实际货币供给。表达实际量值的可选择的标签是不变价格；反之，名义量值通常被称为当期价格，总结如下：

可选择量值标签

以单个年份如 2005 年的价格衡量的商品	不变或实际美元
以每个分割的年份实际支付的价格衡量的商品	当期或名义美元

☞ **何处寻找数字：数据指南**

怎样计算通货膨胀率、实际 GDP 增长或其他增长率

经常地，你会想计算一个百分数增长率，无论是美国几个年度的通货膨胀率、实际 GDP 增长率，还是你自己收入的增长率。在这部分，我们将会学习一个非常简单的方程，它有助于你计算经过任何时期的任何东西的增长率，无论时期的长短都可以将之转换成年度比率。

在本书中，我们将使用小写字母 x 标出变量的增长率，增长率水平标注为同样的大写字母 X。我们说，我们得到 2008 年 GDP 平减指数值为 108.5，2009 年 GDP 平减指数值为 109.8，我们还要计算 2009 年的通货膨胀率。

计算变量 X 从若干年以前的时期 s 到当期 t 年增长率的百分数的一般方程如下：

一般形式	数例
$X_t=100\text{LN}\ (X_t/X_{t-s})\ /s$	1.19=100LN(109.8/108.5)/1.0

这里 LN 表示“自然对数”，是在任何科学计算器上都能够找到的功能键，例子的答案可由 109.8/108.5=1.012 0 比率很容易找到，然后按下“LN”键生成 0.011 9，最后用结果乘上 100。

严格来讲，同样的方程可以用于计算两个相邻季度的年通货膨胀率。让我们先给出 2009 年第四季度的 GDP 平减指数水平，缩写为“2009：Q4”，它是 109.92，下个季度 2010：Q1 的指数值为 110.23。这两个季度间的年通货膨胀率是多少？

一般形式	数例
$X_t=100\text{LN}\ (X_t/X_{t-s})\ /s$	1.09=100LN(110.23/109.92)/0.25

方法是完全相同的，唯一的区别是我们正在比较的是两个相邻季度而不是两个相邻年份，因此 $s=0.25$（一年的四分之一），而不像此前的 $s=1$。

我们最后的练习是计算美国实际 GDP 从 1875 年到 2010 年的平均年增长率，利用相关的数据计算可得：

一般形式	数例
$X_t=100\text{LN}\ (X_t/X_{t-s})\ /s$	3.32=100LN(13 238.6/138.9)/135

再则，这是一个完全相同的方程，由于从 1875 年到 2009 年之间有 135 年，$s=135$。尽管事实上 2009 年的实际 GDP 比 1875 年大 88 倍，在这两个时点之间，这么长的时间其年增长率仅仅是 3.32%。

在这里讨论的极端有用的方程可用于任何涉及增长率的计算，不仅仅用于宏观经济概念比如价格水平或实际 GDP，而且可计算一笔投资在任何时间段甚至一天的年收益率。

□ 我们为什么关注实际 GDP 和 GDP 平减指数

我们关注实际 GDP 是因为它的变化制造出了一个反方向的镜像变化，那就是失业率，曾经在第 1 章介绍的宏观经济学三个关键概念之一。进一步讲，我们关注实际 GDP 的准确测算，因为它对于测算生产率或小时产出也就是核心宏观概念的第三个是十分必要的。

我们关注 GDP 平减指数是因为它是测算通货膨胀率的基础，从第 1 章开始回忆，通货膨胀率是指整个经济层面上我们用 GDP 平减指数测算的平均价格水平上涨的百分比。将 GDP 平减指数转换成通货膨胀率，我们使用通用方程计算增长率，如前面的专栏所示。

进一步讲，我们关注 GDP 平减指数是因为过快的通货膨胀会摧毁社会，正如发生在德国的恶性通货膨胀。快速通货膨胀之所以不好，是因为它引发了直接危害，并且会带来间接危害，因为阻止通货膨胀需要花费测算成本。要测算通货膨胀率，需要应用 GDP 平减指数。

第 2 章附录提供了你理解怎样从特定价格和私人产出量中计算实际 GDP 和 GDP 平减指数所需要的详细资料。

自测题 2—3

不看图 2—4，你现在应该能够回答下列问题：

1. 在 2005 年以前的各年份与 2005 年以后的各年份，GDP 平减指数是大于 100% 还是小于 100%？
2. 哪一年的 GDP 平减指数严格等于 100%？

2.8 失业的测算

失业率处于我们第 1 章介绍的核心宏观概念之首，家庭惧怕由解雇引起的财务与心理危机，因此，失业率提高的新闻会引发公共关注以及现任政治家的支持率急转直下。鉴于广泛的公共关注，失业率一般被认为是最重要的宏观经济概念，在这部分中，我们将要学习怎样测算失业率。

□ 失业调查

许多人不知道政府如何决定这样的事实，例如，“2010 年 10 月青年失业率为 27.1%”，因为他们从未向政府机构诉说过他们自己的失业、就业和就学的经历。在一个国家的广大范围内，每个月都去联系每一个人得不偿失，政府只能在每十年一次的人口普查中入户收集信息。作为一种妥协，每月 1 500 名人口普查局的工作人员与 60 000 个家庭见面，或在全国每 1 400 个家庭中抽取一个。每一个月样本中有四分之一的家庭被替换，因此，在一次安排中，不会有家庭超出四个月被约见。统计规律显示，这种规模的家庭样本调查得来的平均数十分接近于耗资巨大进行的完全普查揭示出的真实数字。

□ 调查中的提问

调查人员对每一位 16 岁以上的单个家庭成员首当其冲的提问是：“上一周你做得最多的是工作、家政、上学还是其他事情？”过去一周完成任何得到报酬的工作［非全日制(即使每周一小时)、全日制或临时工作］的任何人，都被计入就业。

对于那些说自己没有工作的人，接下来的问题是 ："你在上一周是临时没有上班还是被解雇?"如果被调查的人处于解雇待召回状态或得到一个新的工作但等待就职状态，他或她将被计入失业。

如果被调查者既未工作也未缺席某项工作，那么下一个问题是"在过去四周你一直在找工作吗?"如果这样，在过去的四周你为找工作做了什么？如果一个人没有生病，并且为寻找工作正在向雇主提出申请，在就业机构登记、向朋友查证或正在进行其他特定的求职活动，将被计入失业。余下的既未受雇也未失业的人员、未寻找有偿工作的家庭主妇、学生、残疾人员和退休人员都被算作非劳动力。

□ 基于采访的定义

尽管约谈者提出的问题错综复杂，但是概念却十分简单：得到工作的人是就业者，没有工作且正在寻找工作的人是**失业者**（unemployed）；不能满足劳动力市场检验标准的人被排除在劳动力市场的范围。所有被雇佣的人、军人和未被雇佣的人统称为**劳动力总量**（total labor force）。因此，所有 16 岁以及以上的人口可分为以下类别：

1. 劳动力总量

a. 就业者

b. 军人

c. 失业者

2. 非劳动力

现实**失业率**（unemployment rate）被定义为一个比率：

U＝失业人数/（就业者＋失业者）

例如，在 2010 年 10 月，BLS 报告了 9.6％的失业率。它被计算为一个百分比率：

U ＝100× ［失业人数/（就业者＋失业者）］

＝100× ［14 843 000/（139 061 000＋14 843 000）］

或者

U＝9.6％

劳动参与率是指劳动力总量与 16 岁及 16 岁以上的人口总量的比率。未加入劳动力市场的人包括 15 岁以上仍在求学的人、退休者、因抚育孩子或其他选择待在家里而没选择工作的人和因疾病、残疾而无法工作的人或放弃寻找工作的人。2010 年 7 月的劳动参与率为 64.5％。

□ 定义的缺陷

政府通货膨胀的测算听起来简单易懂，但遗憾的是它所揭示出的信息与它掩盖的信息一样多。将要看到的"了解全球经济危机"专栏解释了一些官方失业定义的缺陷和在 2007—2009 年衰退中对未被官方计入失业的工人所造成的伤害程度。

☞ 了解全球经济危机

隐性失业

定义的缺陷

遗憾的是，关于失业的官方定义揭示出的信息与掩盖的信息一样多，首要的问题是失业率高估了失业对社会造成的危害。但更为严重的是第二个问题，即这个失业大大低估了衰退及其余波造成的负面影响所波及的人数。

(1) 失业率本身不是一个衡量失去工作引发社会不幸的尺度。缺少工作和正在寻找工作的人被计入“1.0 失业人群”，失业的社会影响对抚养许多依赖他的人的一家之长是十分严重的。而对 16 岁的仅仅寻找每周十小时零工赚取零花钱的人的影响并不足为虑。进一步看，许多在正常时间失业的正搜寻工作的人并非因为他被解雇了，而是因为年轻人在学年之间的暑期进入劳动力市场、孕产期妇女离开又重新返回劳动力市场，或因为有些人自愿离职寻找新工作而被计入失业。在 2007 年的繁荣期只有少数失业者是以非自愿的形式失去了工作。

(2) 官方失业概念遗漏了正在工作但仍然受到衰退伤害的数以百万计的劳动者。数百万名被雇佣者实际上想要全日制的工作，但只能被迫从事非全时工作。在 2009 年和 2010 年，这类人特别多。

(3) 缺少工作但必须在最近的四周内积极寻找工作的人。怎样理解这些已经在找工作以及被确信为无所依托的人？如果他们停止寻找工作，他们就会被纳入失业者行列，轻描淡写地消失在劳动力市场上，被划入“非劳动力”类别。这部分放弃寻找工作的群体被称为“失去信心的工人”和“被掩盖的失业者”(disguised unemployed)。政府正将他们视为一个特殊类别——“边缘上的附属工人” (marginally attached worker) 给予关注。

全球金融危机的隐性牺牲品及其余波

下图追踪了官方定义为失业的两类人，还有不符合定义的两类人。图形底部的浅灰色区域代表被官方计入失业的人，这些人并不意味着主要的社会问题，他们包括第一次进入职场的年轻人、重新进入职场的母亲和选择离开原有职位寻找更好工作的人。尽管在 1975—1985 年和 2009—2010 年之间的相对高水平反映着疲弱的劳动力市场使进入、重新进入和离职寻找工作的人面对更多困难，但是，浅灰色区域的变化是极其微小的。白色区域代表着失去工作或仅完成临时性工作的人，处于白色区域中的每一个人都被官方计入失业范畴，这些人是衰退最明显的受害者，你可以观察到白色区域在 1975 年、1981—1982 年和 2008—2009 年向上猛烈突出的部分，也可以观察到在 1990—1991 年和 2001 年温和的衰退中白色部分减弱的程度。白色部分一个共同的特征是即使在衰退结束以后，它也倾向于保持相对高的水平。也应该注意到，白色区域从未消失。

失业从来都是一个滞后指示器，在产出停止降低（参考图 2—4，它显示出产出停止下降后衰退结束形成的经济周期的“水槽”）的许多月份里，失业有时依然保持在高位。

注意白色区域在 1984—1985 年迅速下降，但在 1991—1994 年、2002—2004 年下降得较为缓慢。当期的预测认为失业不止在 2009—2010 年而是在此后至少 2～3 年保持在近期记录的高水平上。

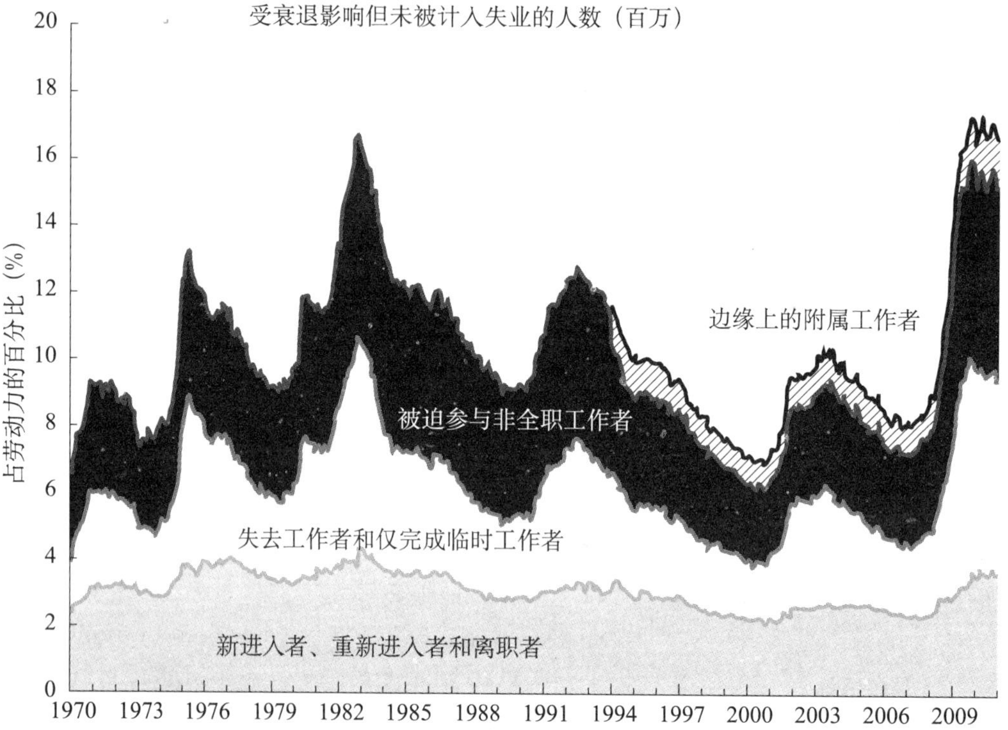

由衰退引发的两种类型的隐性危害通过黑色和斜纹区域显示出来，黑色区域代表想要全职工作却被迫参与非全职工作的人数比率，在衰退期增长而在产业扩张期缓慢缩减。在2009—2010年期间大量存在的被迫参与非全职工作的工人导致对2010年后的悲观预期。企业可以通过变动从事非全职和全职工作的雇员的身份轻而易举地增加劳动时间，大量非全职工作的工人的存在使得雇主延迟对失业者或边缘上的附属工人产生任何新的需求。

斜纹区域是基于1994年伊始的数据（这就是在图形的左半部分不存在斜纹区域的原因）。边缘上的附属工人包括放弃寻找工作的劳动力。在衰退期，这部分人数在增长，在复苏与扩张期它是劳动力的一个相对稳定的百分比。处于黑色与斜纹区域的这些人恰似白色区域一样是衰退的牺牲品。

当人们未被雇佣时，他们失去了收入。如果他们未被雇佣的时间太长，他们将用尽一生的储蓄，走到以信用卡或通过其他形式借债的边缘，那么，他们此后依赖什么生存？2010年关于拓展失业者其他收益（向未被雇佣的人提供转移支付）的议案引发了一场大的政治争论。一些反对扩展失业收益的人认为大量的政府预算赤字和不断增长的债务形成的危害超出了继续需要救助的失业者的需要，长期失业持续延长的征兆开始显示出与大萧条的相似迹象。我们应该将争论转移到关于如何帮助失业者和如何救治经济方面（参见第5章、第6章）。

小结

1. 本章关注支出与收入的定义与测度——什么应该被包括进和排除在实际 GDP、通货膨胀与失业率的测算范围外？为什么？

2. 流量大小是每一个时间单位内从一个经济单位流向另一单位的任何货币支付、商品与劳务的数量。这一流量不同于股票，股票是个人与企业瞬时所占有的经济量值。

3. 最终产品（GDP）是本期生产的、在市场上销售但不能重复出售的产品与劳务。通过单次计算中间产品或仅仅包含最终购买，我们避免了重复计算，保证了最终产品的价值与总收入相等。

4. GNP 等于 GDP 加上本国要素在国外取得的收入支付减去外国要素在本国取得的收入支付。

5. GDP 包含了折旧。一旦折旧从 GDP 中扣除，我们就得到国内生产净值，或称 NDP。

6. 用于消费的收入漏出在定义上一定与非消费支出的注入是平衡的。这一漏出与注入相等的关系在定义上被确保是正确的。

7. 同样的道理，总收入（消费加上漏出）在定义上等于总支出（消费加上注入）。非消费支出的注入被划分为三个类别：国内私人投资（企业机器设备、私人住房与存货累积）；外国投资或净出口；政府对产品与服务的购买。定义要求私人储蓄超出私人投资（国内的与国外的）的部分等于政府赤字总量。

8. 国内生产净值从国内生产总值扣除折旧部分得到。从国内生产净值中扣除企业间接税可以得到国内收入，也就是在当期产量的生产中国内生产要素获得的净收入总和。如果我们扣除了公司未分配利润、公司所得税和社会保险税再加进转移支付，我们可以得到个人收入即所有支付给个人的收入总和。个人可支配收入是扣除个人所得税后的个人收入。

9. GDP 平减指数被定义为以当期价格计算的名义 GDP 除以实际 GDP。

10. 如果 16 岁及 16 岁以上的人暂时被解雇或想要一份工作并且采取特定行为寻找工作就会被计入失业。失业率是失业人数占就业者和失业者总人数的一个百分比。

关键术语

消费支出
流量大小
存量
国民收入与产出账户
最终产出
转移支付
中间产品
最终产品
增值
国民生产总值（GNP）
折旧（固定资本的消费）
国内生产净值（NNP）
个人储蓄
出口
进口
净出口
对外净投资
魔术方程
漏出
注入
国内收入
个人收入
个人可支配收入
名义的

总值
净值
私人投资
存货投资
固定投资
名义 GDP
GDP 平减指数
失业者
劳动力总量
失业率

问答题

1. 解释流量与存量之间的区别，将下列标注为流量或存量。

(a) 折旧；(b) 存款；
(c) 财富；(d) 政府债务；
(e) 政府赤字；(f) 经常账户赤字；
(g) 储蓄；(h) 货币供给；
(i) 劳动力；(j) 劳务；
(k) 净出口；(l) 净税收。

2. 确定下列每笔交易是否都被包含在 GDP 中。如果被包含在 GDP 中，确定它代表最终支出的哪一部分。如果交易被排除在 GDP 之外，说明原因。

(a) 你当地的冰激凌制造商购买桃子来制作桃味冰激凌。

(b) 你从当地的冰激凌制造商购买了新的改进了的冰激凌机。

(c) 你当地的冰激凌制造商那里购买了桃味冰激凌。

(d) 你当地的冰激凌制造商向提供桃冰沙的餐馆卖出了桃味冰激凌。

(e) 你在加拿大的表妹从你当地的冰激凌制造商那里购买了桃味冰激凌。

(f) 你购买了学习制作桃味冰激凌的旧书。

(g) 你购买了桃子为自己制作桃味冰激凌。

(h) 你购买了新的冰激凌机为自己制作桃味冰激凌。

(i) 当表妹从加拿大访问回来时，你将一些桃味冰激凌送给了她。

3. 说明下列中的每一项是否被包含在美国的 GDP、GNP 或两者中。

(a) 在日本为本田公司（一家日本公司）工作的美国人的薪金。

(b) 本田公司从其在俄亥俄州的汽车生产中赚取的利润。

(c) 美国微软公司向位于日本的本田公司总部销售软件。

4. 说明为什么在美国度假的欧洲人购买的产品与劳务的价值被计入美国的出口，而美国人花费在国外旅游的钱则被计入美国的进口部分。

5. 假设美国的 GDP 两倍于中国的 GDP，你能否根据这个信息总结出美国平均每个人的富有程度两倍于中国人？为什么？

6. 术语“地下经济”包含了由于非法或逃避税收而未报告的经济活动。尽管地下经济的规模是未知的，但它应是国家 GDP 相当大的一部分。那么，地下经济怎样影响官方估算的 GDP、失业和生产率以及政策制定者任务复杂程度的准确性？

7. 使用第 2.3 节的专栏中关于从何处寻找经济数据的信息，登录一个合适的网站获取下列最近月份或季度的数据。

(a) 两年期国库券和十年期国库券的利率。

(b) GDP 平减指数。

(c) 失业人数、就业人数、劳动力人数、失业率和非农在职人数。

(d) 名义与实际 GDP 和名义与实际个人消费支出。

8. (a) 储蓄与税收被称为漏出。它们从哪里漏出，又流向何处？进口也是漏出。它从哪里漏出，又流向何处？

(b) 国内私人投资和政府对产品与劳务的购买被称为注入。它们注入进什么？从何处而来？出口是一种注入。它注入进什么？从何处来？

9. 当政府承受预算赤字时，随着政府通过发行债券从资本市场借钱，资金从资本市场流向政府。

10. 在国民收入与产出账户中，个人收入是通过从国民收入中减除任何赚得但未收到的收入再加上任何收到但非赚得的收入。解释这句话。

11. 轮胎制造商生产了400只轮胎，2010年12月以每只75美元的价格卖给通用汽车公司。2011年2月通用汽车公司将这些轮胎用于新生产的100辆汽车上，并以30 000美元的价格卖出。描述2010年与2011年的交易对GDP所作的贡献。（假设所有其他的汽车部件都是2011年生产的。）

12. 以图2—3描述的状况为基础，假设公司生产了另外价值500 000美元的物品，其中仅450 000美元为当年购买的。下列类别中哪些是新增价值？

(a) 收入　　(b) 消费支出

(c) 个人储蓄　　(d) 投资

13. 假设私人储蓄量下降，解释为什么必然会发生至少下列情形之一：政府储蓄一定能够增加；国内私人投资一定减少；外国净投资一定减少。

14. 如果你知道2011年的名义GDP大于2010年的名义GDP，关于这一时期的产出水平的变化、价格水平的变化你知道些什么？如果实际GDP在2011年增加了，你怎样解释这一变化？

15. 在2003年末与2004年初，美联储关注通货紧缩的可能性，也就是价格水平的普遍下降。如果通货紧缩发生，是名义GDP还是实际GDP上升得更加迅速？

16. 说明落入隐性失业行列的人与一个被官方计入失业的人之间有何不同。根据隐性失业的严重程度与失业的时间长度，比较全球经济危机与早期的衰退。

17. 如果政府宣布就业中包含了非民众就业，也就是以军队与民众就业作为失业率的分母，那么，失业率将会发生什么变化？

18. 由于衰退，ABC公司销售业绩下滑。为了减少损失，ABC解雇了10%的劳动力，包括唐、艾伦与弗兰克。ABC公司承诺将在两个月内召回全部员工。在下面每一种情况下，说明一个人是处于就业、失业还是非劳动力状态。

(a) 唐打算利用这两个月的时间到蒙大拿钓鱼。

(b) 艾伦对ABC公司是否会真正将他召回感到迷茫，因而他很快找到了另一份工作。

(c) 弗兰克的妻子决定重返工作职位，但迫使他回到学校，他同意并且辞去了在ABC公司的职位，他也决定在学校努力学习。他的妻子开始寻找工作来支持他们一家的生活。

思考题

提示：解答带星号的问题需要参考第2章的附录。

1. 使用下列数据回答问题（所有数据都以十亿美元为单位）。

项目	数量
政府购买	1 721.6
出口	1 096.3
其他国家的要素收入	382.7
折旧（固定资产的消费）	990.8
净固定资产投资	688.2
公司所得税	265.2
消费支出	6 739.4
企业间接税	664.6
进口	1 475.8

续前表

项目	数量
向其他国家支付的要素收入	343.7
存货变化	56.5
社会保险贡献	702.7
未分配公司利润（留存收益）	130.3
政府转移支付与利息支付	1 366.3
个人利息支付	286.2
个人税	1 235.7

(a) 国内生产总值是多少？

(b) 国民生产总值是多少？

(c) 国内生产净值是多少？

(d) 国内收入是多少？

(e) 个人收入是多少？（提示：个人利息支付是表 2—2 第 12 行"利息与个人转移支付"中的一部分。）

(f) 个人可支配收入是多少？

(g) 个人储蓄是多少？

2. 假设国内私人总投资是 8 000 亿美元，政府（州、地方与联邦政府的总称）当期承受了 4 000亿美元的赤字。如果居民户与企业储蓄为 10 000亿美元，净出口值是多少？使用方程（2.6）解释你的答案。

3. 橘农将 150 亿美元收成销售给橘子汁制造商，60 亿美元收成卖给超市。橘汁制造商向超市销售 180 亿美元的货品，超市向消费者出售价值 80 亿美元的橘子、180 亿美元的橘子汁，向餐馆出售 40 亿美元的橘子汁，餐馆向消费者出售 80 亿美元的橘子汁。

(a) 计算橘子与橘子汁对 GDP 总量的贡献。

(b) 计算橘农、橘子汁制造商、超市和餐馆的价值增值。

*4. 假设一个国家只生产两种产品，即汽车与快速个人电脑（PC）。在第一年，每辆汽车的价格是20 000美元，每台个人电脑的价格是 3 000 美元；有1 000辆汽车与 10 000 台个人电脑被生产出来。在第二年，汽车的价格上升到了 22 000 美元；由于新的更快的个人电脑将要被引入，快速个人电脑的价格下降到了 700 美元。在第二年，1 000 辆汽车和15 000台个人电脑被生产出来。

(a) 在下表中填空：

	第一年	第二年
名义 GDP（以当期美元计算的支出总和） 实际 GDP (1) 以第一年的固定价格计算 (2) 以第二年的固定价格计算		

(b) 以环比加权技术计算第一年与第二年之间实际 GDP 百分比的变动。

(c) 计算第二年的 GDP 平减指数。

5. 如果名义 GDP 是 10 608 美元，实际 GDP 是 10 400 美元，GDP 平减指数的值是多少？

6. 假设 GDP 平减指数等于 100，实际 GDP 等于 10 000，计算名义 GDP 的值。

7. 假设 GDP 平减指数等于 102.5，名义 GDP 等于 11 200，计算实际 GDP 的值。

8. 用下列数据计算年增长率的百分数：

(a) 生产率增长测算每工作小时的产出增长。在 1973 年的第一季度每小时产出是 54.0，1996 年第一季度为 75.4，2010 年第一季度为 111.0（2005 年为 100）。计算 1973—1996 年间以及 1996—2010 年间的生产率年均增长率。用你的答案解释这两个时期的生活水平，哪一个时期提高得更快？

(b) 1974 年的 GDP 平减指数是 30.7，1979 年为 43.8，1984 年为 59.8，1989 年为 69.5，1994 年为 79.9，1999 年为 86.8，2004 年为 96.8，2009 年为 109.6。哪一个五年期的年通货膨胀率最高？哪一期最低？在 20 世纪的最后一个季度通货膨胀的趋势如何？（提示：通货膨胀率是 GDP 平减指数年百分比的变化。）

(c) 2005 年第二季度的实际 GDP 为 12 587.5，2006 年第二季度的实际 GDP 为 12 962.5，2006 年第三季度为 12 965.9。计算 2005 年第二季度与 2006 年第二季度之间以及 2006 年第二季度与第三季度之间的年均增长率，解释你的结论。

9. 如果 GDP 以下列速度增长，翻一番需要多长时间？

(a) 每年 4%；

(b) 每年 6%；

(c) 每年 8%。

10. 2009 年，民众就业数量为 139 877 000，失业人数为 14 265 000。失业率是多少？

自测题答案

自测题 2—1

1. 支付给理发师的 10 美元钞票是以标注为消费支出的线表示出来的，为学生理发的供给是用标注为产品的线表示出来的。理发的 10 美元收入是用标注为收入的线表示出来的。理发师的服务供给是用标注为劳动服务的线表示出来的。

2. 埃里森为夏令营提供服务，用标注为劳动服务的线表示出来，换回的收入（每小时 8 美元）用标注为收入的线表示出来，父母支付的夏令营费用是消费支出的一部分，用标注为消费支出的线表示出来，夏令营服务是产品的一部分，用标注为产品的线表示。

自测题 2—2

1 和 2. 2011 年第一季度被计入 GDP 的是 2010 年 12 月 31 日至 2011 年 3 月 31 日面包店存货价值的变化，它是 30 美元减去 20 美元，为 10 美元。如果存货水平下降，而不是如例子中的增长，存货投资将为负。

3. 面包店存货的变化为 2011 年第一季度的 GDP 贡献了 10 美元。

自测题 2—3

1. 2005 年前每年小于 100%；2005 年后每年大于 100%。

2. 2005 年等于 100%。

第 2 章附录　我们怎样测算实际 GDP 与通货膨胀率

很清楚，名义 GDP 本身是毫无意义的，我们必须寻找一些方法来将实际 GDP 引起的变化与通货膨胀引起的变化分离开来。只有我们成功地分解了名义 GDP 的变化，我们才能分别证实总产出或实际 GDP 的增长与通货膨胀率的变化。

□ 我们怎样计算实际 GDP 的变化

实际 GDP 不能直接被观察到，没有人能够看到、感受到或接触到它。有一个古老的说法认为：你不能将橘子与苹果相加。实际 GDP 将这种说法推到了一个极限，因为实际 GDP 不仅由苹果和橘子组成，而且包括电脑、电器、理发、餐馆用餐和不能直接加进去的其他千万种商品。将不同商品结合在一起的唯一方法就是将商品价值计入 GDP 的各个组成部分。这需要使用生产出的产品和服务的价格，然而，由于价格是变化的，我们对 GDP 及其变化的测算依赖于我们选定的 GDP 各个部分的计价日期。

下表显示出了实际 GDP 在第一年与第二年间的变化取决于所使用的价格。第 1 行与第 2 行表示一个假想的两种商品的简单经济中苹果与橘子的价格。注意，橘子的价格在两个年份中提高了一倍，同时，苹果的价格上涨了 25%，结果，第二年橘子的消费下降，同时，苹果的消费上升了一倍。正如你将会看到的，第一年与第二年实际 GDP 测度的变化取决于我们所安排的橘子消费的大幅度下降与苹果消费的大幅度上升的重要程度。

以往被使用过的计算美国实际 GDP 的一种方法是将所有年份生产出的商品的价格固定为某一单个年份的价格。花费在橘子、苹果和所有其他水果上的现实美元在图表中第 3 行表示出来。以第一年固定价格计算的支出在第 4a 行中表示出来。这导致实际 GDP 第二年（以第一年不变价格计算）增长 20%，因为第二年支出与第一年支出的比率（6 美元/5 美元）是 1.2。这可让我们得到第 5a 行，表示实际 GDP，使用第一年的价格，指数从第一年的 1 增加到第二年的 1.2。

在只生产橘子与苹果的假想经济中实际 GDP 与 GDP 平减指数的计算

	第一年	第二年
1. 价格（美元）		
a. 橘子	0.10	0.20
b. 苹果	0.20	0.25
2. 数量		
a. 橘子	30	20
b. 苹果	10	20
3. 当期美元支出（美元）		
a. 橘子（1a 乘以 2a）	3.00	4.00
b. 苹果（1b 乘以 2b）	2.00	5.00
c. 总量：名义 GDP	5.00	9.00
4. 每年的不变美元支出（美元）		
a. 以第一年作为固定价格	5.00	6.00
b. 以第二年作为固定价格	8.50	9.00
5. 实际 GDP（指数，第一年=1.00）		
a. 以第一年作为固定价格	1.00	1.20
b. 以第二年作为固定价格	1.00	1.06
c. 环比加权（几何平均数，5a 与 5b）	1.00	1.13
6. 另外的指数，第一年=1.00		
a. 名义 GDP（3c）	1.00	1.80
b. GDP 平减指数（6a/5c）	1.00	1.59

每行的数据来源
4a 第一年等同于 3c 第二年（$0.10\times20+0.20\times20=6.00$）
4b 第二年等同于 3c 第一年（$0.20\times30+0.25\times10=8.50$）
5a 第二年除以 4a 第一年，6.00/5.00=1.20
5b 第二年除以 4b 第一年，9.00/8.50=1.06
5c 第二年是来自上两行第二年的几何平均数，$\sqrt{1.20\times1.06}$

但是，如果我们以第二年为不变价格来计算每一年的不变美元的支出，就会得到不同的答案。如第 4b 行所示，第二年的支出从 8.50 美元增加到 9.00 美元。这会导致第二年实际 GDP 增加 6%（以第二年的不变价格计算），因为第二年支出与第一年支出的比率为 1.059（=9.00/8.50）。为什么第二种方法带给我们一个对实际 GDP 增长更低的估计？这是因为第二年苹果的价格相对低于橘子的价格以及第二年价格的使用弱化了苹果消费大幅跳跃的重要程度。

这个例子表达了一个一般趋向：选择后面年份的价格倾向于让我们得到实际 GDP 的较低增长，因为后面的年份给出了一个迅速增长的较低的数值。这在近几年实际 GDP 的现实计算中十分重要，因为一些产品的价格例如个人电脑、电视机与电话设备相对于其他许多商品与服务持续上升的价格正在迅速下降。

□ 实际 GDP 的环比加权计算

在这个例子中，关于实际 GDP 增长的测算哪一部分是正确的？是 20%还是 6%？令人惊诧的是对这个问题没有统一的答案。因为每年的价格作为核算现实生产数值的一个可选择方法是有效的。一个适当的妥协是将两种答案结合起来。为做到这一点，经济学家早就认识到平均数的最好类别是几何平均数，通过将两个答案相乘然后开平方能够得到这个数字，它是：

$$\sqrt{1.20\times1.06}=1.13$$[①]

美国目前使用几何平均技术来计算实际 GDP，跨越几百种不同种类的产品，其结果被称为“环比加权实际 GDP”，因为权数逐年不断向前变动。例如，2007 年与 2008 年之间实际 GDP 百分比的变动使用 2007 年和 2008 年价格权数的几何平均数。然后，2008 年和 2009 年间实际 GDP 百分比的变化移到 2008 年和 2009 年价格权数的几何平均数。结果，百分比变化被连接在一起成为实际 GDP 指数，以 2000 年作为基年向前或向后滚动。

□ 隐含的国内生产总值平减指数

表格中的第 5c 行显示出的方法衍生出了实际 GDP 核算的环比（chained）加权法，隐含的国内生产总值平减指数是名义 GDP 与环比加权实际 GDP 之间的比率。

隐含的平减指数，即在图 2—4 中重点标注出来的部分，告诉了我们任何单个年份的实际价格（比如 1959 年）占基年 2005 年价格的百分比。举例说明，1959 年隐含的 GDP 平减指数是 18.3，也就是当时名义 GDP（5 066 亿美元）与实际 GDP 之间的百分比率，实际 GDP 是用 2000 年价格测算的同年的花费（27 625 亿美元）：

1959 年隐含 GDP 平减指数＝18.3＝100×（5 066 亿美元/27 625 亿美元）
＝100×（名义 GDP/实际 GDP）

总的来说，这个方程表明，1959 年隐含的 GDP 平减指数是 18.3，因为 1959 年的名义 GDP 是 1959 年实际 GDP 量值的 18.3%。这个百分比反过来反映了这样一个事实：1959 年价格的平均水平大约是 2005 年平均水平的五分之一。

简单来说，通货膨胀率是环比加权 GDP 平减指数的百分比增长率。第 2.7 节的专栏解释了怎样计算任何量值的增长率。

① 使用科学计算器检查你的答案，1.20 乘以 1.06 再取开平方根等于 1.128。可以得到同样精确答案的另一方法是对 1.20 和 1.06 取自然对数，分别为 0.1823 和 0.0583，然后加总（0.2406），再除以 2（0.1203），然后对答案取反对数（e^x），等于 1.128。

第 2 部分

短期：经济周期和政策反应

第 3 章 收入与利率：凯恩斯交叉图模型和 *IS* 曲线

一个诚实的人是懂得其花费不能大于其产出的人。

——Ayn Rand，1966

我们在第 1 章宏观经济学导言部分区分了两个主要的问题，它们分别是短期的经济周期问题与长期的经济增长问题。从本章开始双重分析将贯穿第 3～10 章，挖掘经济周期理论；考察财政与货币政策在平抑周期波动波幅方面的潜在作用。然后，我们将在以后几章关注经济的短期行为，并且在第 11 章回到长期增长源泉的分析。

3.1 经济周期与收入决定论

如我们在第 1 章所学的，实际 GDP 增长的快慢时期交替出现。本章我们开始学习经济周期波动的来源，我们将引发经济无常变动的诸多因素并入一个简单模型中。

□ 反复无常的经济波动：大稳健后的全球经济危机

货币与财政政策的目标是为经济波动降温，向理想世界靠拢，也就是实现实际 GDP 从一个季度到另一个季度的稳定增长。图 3—1 所示的真实世界远不同于理想世界。用实线标出的部分是实际 GDP 相对于同一年里上个季度的变化，实际 GDP 四个季度的增长率高者至 1950 年的 12.6%，低者至 2009 年的－3.9%。

我们从图 3—1 得出的第一印象是 GDP 增长中重复出现的以涨落为特征的残酷的反复无常。然而，如果我们观察得更细致，我们可以看到，在 1985 年与 2007 年期间实际 GDP 的增长显示出明显的稳定性，其间，只有 1990—1991 年和 2001 年出现过两次温和的衰退。在 1986—2007 年相对稳定的增长时期被称为“大稳健”(Great Moderation)，宏观经济学家一直在争论它的原因：是对经济的冲击较小还是政府的政策管理的效果更好？抑或两者兼而有之？

当经济跌入自 20 世纪 30 年代大萧条以来的最为严重的衰退时，对“大稳健”的洋洋自得在 2007 年遭到了冲击，这次经济规模的大幅跌落我们称之为全球经济危机，它引发了对“大稳健”期间货币或财政政策是否存在任何的根本改善的质疑。当我们回顾到

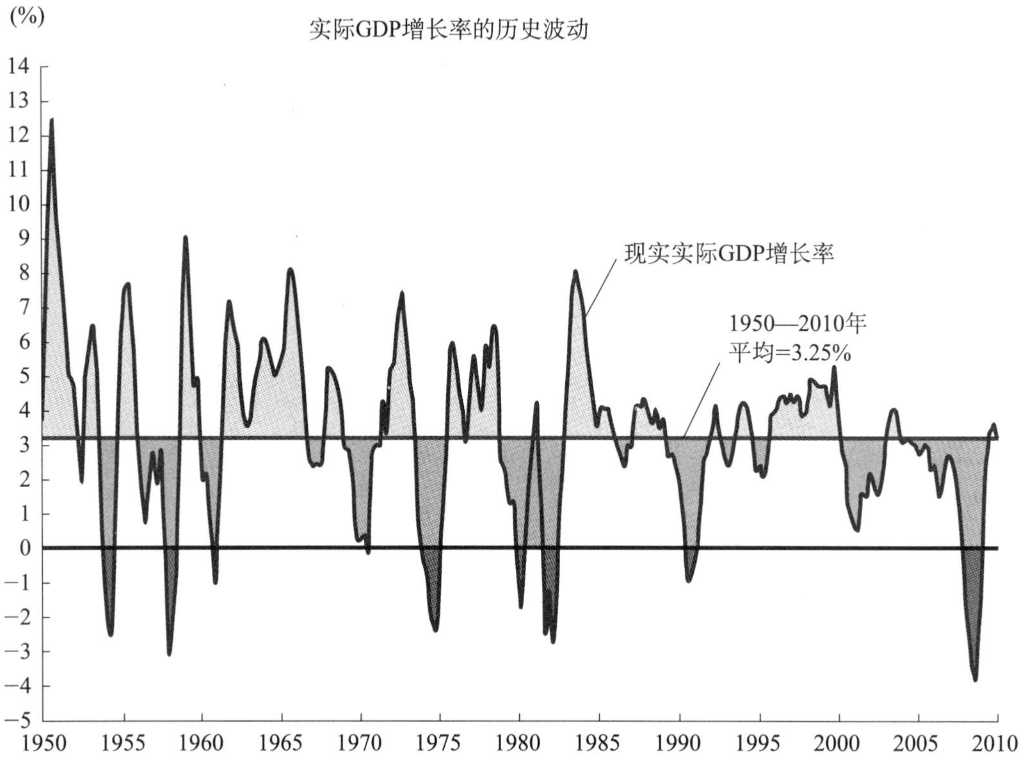

图 3—1　美国的实际 GDP 增长，1950—2010 年

注：阴影部分表示实际 GDP 增长（描述为 4 个季度以前的变化），它可以被分成三个不同类型的表现。黑色阴影时段代表现实增长率快于 61 年的平均 3.25%的增长率。浅灰色阴影时段表示现实增长率慢于 3.25%但大于零的增长率。深灰色阴影时段指实际 GDP 的负增长。

1985—2007年由于冲击温和其经济状况表现良好而 2008—2009 年经济受到一系列未能预料到的冲击时，这一点似乎是正确的。

在本章，我们开始对一些冲击作出判断，这些冲击包括消费者信心和企业乐观情绪、居民住房价格与股票价格的变化、外国对美国生产的产品与服务需求的变化。这些对**总需求**（aggregate demand）的冲击［也称为**需求冲击**（demand shock）］是经济剧烈波动的基本诱因。

货币与财政政策意图稳定经济，但是，有时却可能成为其他冲击的根源，比如，货币政策所确立的利率过高或过低、财政政策特别是军费支出的变化。收入决定模型在本章与下一章进一步扩展，这表明需求冲击影响到乘数效应，它恶化了任何既定的需求冲击对实际 GDP 的影响。我们也会理解货币与财政政策的稳定作用的强弱取决于经济中的特殊关系。

☞ **全球经济危机聚焦**

什么冲击导致 2008—2009 年的经济危机如此严重?

全球经济危机源于美国的金融市场，始于 2008 年 9 月的这些市场正常功能的丧失在全世界迅速扩散。这次金融市场的冲击是一种新类型的需求冲击。20 世纪 20 年代后期以来，它并非是经济不稳定的重要来源。金融市场冲击的几个元素相对较新，包括金融市场创新激发的房地产价格的快速增长，创新带来的低收入家庭举债的便捷性以及诱使全世界的投资者通过新型的金融投资提供抵押融资，这种新型的金融投资会产生比投资者意想到的更大风险。简言之，源于美国金融市场的冲击在 2008—2009 年迅速降低了总需求，从而降低了实际 GDP，同时提高了失业率。

3.2 收入决定、失业与价格水平

失业是经济波动在实际 GDP 中的反映，或者说是现实实际 GDP 与自然实际 GDP 之间缺口变化的更精准的反映。（参考第 1 章图 1—2。）当经济扩张时，缺口提升至正的区域，失业率下降；当经济滑向衰退时，缺口变为负值，失业率上升。然而，理解失业率波动原因的关键是发掘出实际 GDP 波动理论。实际 GDP 缺口的巨大负值导致在 2008 年以后的年份失业率畸高。

□ 收入决定与价格水平

对总需求的冲击要么改变实际 GDP 或价格水平（GDP 平减指数），要么两者同时改变。稍后我们将会学到总需求的变化在实际 GDP 变化与价格水平变化之间的分摊同时取决于对总需求和总供给的冲击。**总供给**（aggregate supply）即企业在任何价格水平下愿意提供的总产量。为了集中分析总需求的变化，我们将给出一个大胆但极实用的简单假设：价格水平在短期内是固定的。由于价格水平是固定不变的，总需求的全部变化会自动引起实际 GDP 同方向的等量变动。

实际 GDP 的变化＝总需求的变化/固定价格水平　　(3.1)

现实世界的许多特征支持价格在短期内是固定的和总需求的变化直接转化为实际 GDP 的变化的假设。餐馆的价格印制在重印费用十分昂贵的菜单上，超市内许多商品的价格标签的更换并不频繁，在下一个目录打印出来之前，邮购目录的价格在整个季度内是不会发生变化的。许多企业的重要成本是支付给员工的工资与薪金，而薪资水平通常每年度仅变动一次，部分工资是由工会合约确定的，它要持续三年之久。

诚然，超市中蔬菜的价格与泵装汽油的价格能够每天发生变动，但通过坚持一个有用的简化可以洞察事情的本质，那就是所有价格像邮购目录一样在一系列时期内是固定不变的。当我们使用这一简化去学习总需求冲击和货币与财政政策在稳定经济方面的潜在作用时，我们将乐于允许价格水平随总需求与总供给冲击而变动。

□ 什么需要解释？什么被置于既定？

经济学中的任何理论模型对试图解释的内容都确定限定条件，数目有限的被解释变量被称为**内生变量**（endogenous variables），被作为既定或没被解释的大量变量被称为**外生**

变量（exogenous variables）。

在宏观经济理论中，在开始的分析中我们将部分变量置于内生的范畴，将大多数变量作为外生变量。当我们的理论更加贴近现实时，我们会逐渐将一部分变量由外生转为内生范畴。在第 3 章的第一部分，我们将发展出一个只解释消费与实际 GDP 两个内生变量的简单模型。所有其他重要的宏观经济变量都没有得到解释，也就是说，它们被作为外生变量。

在我们对经济周期的所有研究中，货币与财政政策的关键工具依然被作为外生变量看待，或者置于既定。这些变量包括：货币供给、政府支出和税率。决定美国出口量的外国的实际 GDP 以及需求冲击的潜在原因如消费者和企业信心的变化、金融授信制度意愿的变化也被置于外生范畴。现在，我们转向收入决定论的最简单版本，仅将消费与收入（或实际 GDP）作为内生变量，其他全部为外生因素。

3.3 计划支出

在第 2 章我们对国民收入核算体系的研究中，证实了 GDP 由四部分支出构成。根据定义，以总支出表示的 GDP（E）等于四个构成部分之和：消费（C）、投资（I）、政府对产品与劳务的购买（G）和净出口（NX）。

$$E \equiv C+I+G+NX \tag{3.2}$$

□ 消费函数

在分析伊始，我们将消费支出作为内生变量，或用理论加以解释，并且将其他三个类型的计划支出作为外生变量。解析消费的一个明确的思路是当收入提高时，人们的花费会增多，反之亦然。关系到消费决策的收入是税后的收入或称为个人可支配收入，这可以描述为实际总收入（Y）减去个人所得税（T），或 $Y-T$。①

家庭怎样将它们的可支配收入在消费与储蓄之间分配呢？家庭消费包括一个不依赖于可支配收入的固定数量加上每一块钱可支配收入的一个比例：

$$C=C_a+c\ (Y-T) \tag{3.3}$$

这一固定数量被称为自发性消费，缩写为 C_a，它完全不依赖于可支配收入，每增加一美元可支配收入引起的消费支出的增加总量被称为**边际消费倾向**（marginal propensity to consume），缩写为（c）。方程（3.3）的意思是消费支出（C）等于自发性消费（C_a）加上边际消费倾向乘以可支配收入 [$c\ (Y-T)$]，后一部分的另外一个名称是**引致性消费**（induced consumption）。

消费函数也可以以几何的方式表示出来，如图 3—2 所示，粗黑线表示纵轴上的总消费量与横轴上的可支配收入之间的关系。这条线沿点 H、点 F 到点 D 向上倾斜，因为沿水平轴逐步提高的实际可支配收入会增加纵轴上的实际消费支出。当收入（$Y-T$）为零时，消费为正数（C_a）。

① 本章 T 的含义与第 2 章一样，表示税收总量减去转移支付。

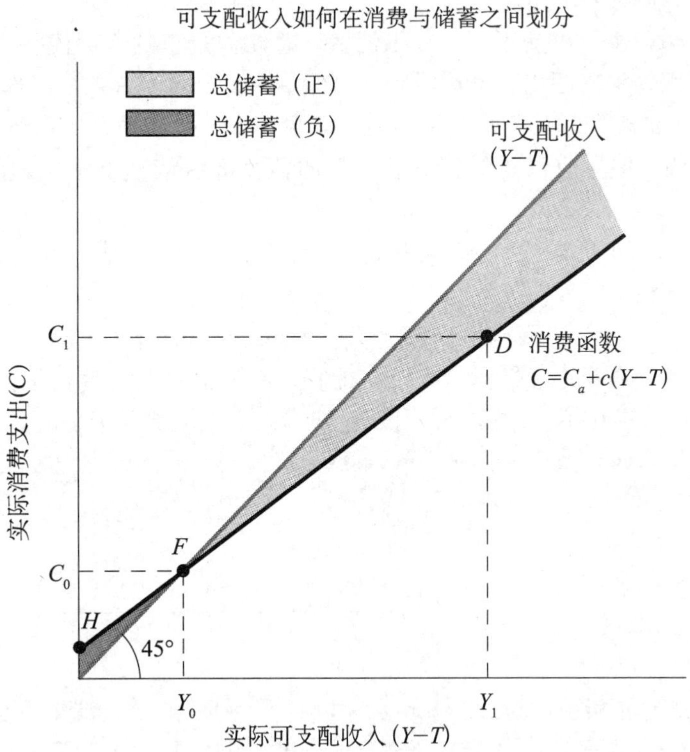

图 3—2　关于消费行为的简单假说

注：通过点 F 与点 D 的黑线表示消费函数，它表示消费为边际消费倾向（c）乘以（C_a）可支配收入加上与可支配收入无关的自发性支出部分。浅灰色阴影区域表示收入超出消费的正储蓄部分；深灰色区域表示消费超出收入的负储蓄部分。

例如，自发性消费（C_a）在点 H 上可能是 5 000 亿美元。我们假定边际消费倾向 c 是 0.75，如果在点 Y_0 的收入是 20 000 亿美元，那么，在点 F 上的消费是 5 000 亿美元加 0.75 乘以 20 000 亿美元。与此相似，如果在点 Y_1 收入是 8 000 亿美元，那么，消费是 5 000亿美元加上 0.75 乘以 80 000 亿美元或在点 D 上的 65 000 亿美元。

自测题 3—1

1. 如果个人可支配收入是零，在方程（3.3）中个人消费支出水平是多少？
2. 为什么个人可支配收入为零时，个人消费是正数？假设在没有收入时你仍要购买东西，你会作出什么样的选择？

□ 引致性储蓄与边际储蓄倾向

表示储蓄量的最简单的方法是类似于图 3—2 的图形，灰色的粗线条表示在横轴与纵轴方向上可支配收入的数量，这条线通常被称为“45°线”。由于黑色的粗线条表示消费函数，两条线之间的距离表示储蓄总量。

在点 F 的右边，由于可支配收入超出消费，总储蓄是正的；由浅灰色阴影部分表示。在点 F 的左边，因为消费超出可支配收入，总储蓄为负；由深灰色阴影部分表示。储蓄怎能为负呢？当个人的消费超出他们的所得时，至少在一定时期内，人们可通过从储蓄账户内取钱、卖出股票和债券或借贷维持消费。负储蓄在许多依赖助学贷款的大学生中十分典型。

在黑线与灰线之间的浅灰色阴影区域的垂直距离代表个人储蓄（S），也就是个人可支配收入和消费之差[①]：

$$S=Y-T-C=Y-T-C_a-c(Y-T) = -C_a+(1-c)(Y-T) \tag{3.4}$$

储蓄函数发端于储蓄的定义即个人可支配收入减去消费，它替代了方程（3.3）中的消费函数。最后一行简化了储蓄函数，可表述如下：个人储蓄等于负的自发性消费（$-C_a$）加上**边际储蓄倾向**（marginal propensity to save）（$1-c$）乘以可支配收入（$Y-T$）。

自测题 3—2

1. 在点 F 的消费与可支配收入水平如何取决于自发性消费（C_a）和边际消费倾向（c）？你能够推导出对这个关系的一般性表述吗？

2. 如果在图 3—2 中的可支配收入处于点 Y_0 与 Y_1 之间，那么，储蓄是正还是负？

□ 自发性消费、利率、资产价值和金融市场

到现在为止，我们明白了，消费支出的变化依赖于收入的变化，但是，也依赖于任何引发自发性消费（C_a）变化的因素。这些因素是什么？最重要的因素之一是利率，就像我们本章上一部分所学习的一样，当利率下降时，自发性消费上升；反之亦然。2001—2004 年的低利率刺激了汽车与房屋的消费。与此相似，2004—2006 年利率的提升积压了消费者对汽车与房屋的购买。到 2007 年，许多家庭难以承受被银行取消抵押品赎回权而付出的高额代价，这意味着他们因为不能支付高昂的抵押物利息不得不搬出他们的家。

影响自发性消费的第二个因素是**家庭财富**（household wealth）。它由所有的家庭资产构成，特别是房屋、股票、债券和银行账户减去所有抵押贷款、信用卡余额或其他负债。当财富增加时，即使他们的收入是固定的，家庭支出也更多，因而扩大了自发性消费并减少了储蓄。

第三个影响自发性消费的主要因素是一套金融市场机构，这些机构决定着家庭是否易于得到购买房屋、汽车以及类似于大屏幕电视机等产品的主要购买行为所需要的贷款。在 2001—2006年由于在第 5 章即将学到的原因，贷款非常容易获得。假如金融市场的情况转

① 注意区分“savings”与 saving，前者表示家庭在储蓄账户或床垫下的资产存量；后者表示每个时间单位个人可支配收入中的漏出以及不能用于消费品购买的流量。也就是用符号 S 表示的储蓄流。为方便复习，可参考前面流量与存量的定义。

换到 2007—2008 年，获取贷款将十分困难或根本不可能，因为对于一个家庭来说，为购置房屋与汽车全部支付现金过于昂贵。从金融机构贷款对于供给房屋、汽车和其他“大件”商品行业的机能发挥显然至关重要。

☞ **全球经济危机聚焦**

金融市场的不稳定性是全球经济危机的主因

全球经济危机源于美国的金融市场，在 2001—2007 年，金融创新使低收入家庭获取抵押贷款更加容易。日益上涨的房价允许各种收入水平的家庭以升值的房子为基础提高抵押债务的总量，并且通过偿清比如说 20 万美元抵押获得大量现金（通过撤回房屋产权套现），并且以 25 万美元的新抵押代换它。当房屋价格在 2006 年后崩溃时，借贷者不能通过抵押融资，并且经常发现他们自己遭遇麻烦，即欠债高于家庭财富的数量。这仅仅是 20 世纪 30 年代以来制造出最大负面需求冲击的金融市场不稳定的元素之一。

3.4 经济中均衡的收入与支出

在此以前，我们一直看到消费支出水平取决于自发性消费和可支配收入，但是，迄今为止，我们对“收入水平实际是什么”不甚了解。在消费函数以外，我们需要一个额外的因素去构建我们的收入决定论。

这个附加的因素是计划（也即是意愿的）支出与非计划（也就是非意愿的）支出之间的差额。回想一下总支出的四个组成部分是消费（C）、投资（I）、政府购买（G）和净出口（NX）。从第 3.3 节复制方程（3.2），表示为：

$$E \equiv C+I+G+NX$$

在 E 的四个组成部分中，我们将 C、G 和 NX 方面的支出确定为计划数量，只有投资要么是计划的（I_p），要么是非计划的（I_u）。

在我们的收入决定论中，最重要的附加因素是企业在非计划投资没有消除以前会调整生产。如果非计划投资为正（$I_u>0$），产出将降低。如果非计划投资为负（$I_u<0$），产出将增加。只有当经济处于均衡状态时，才没有变化的压力。只有当产出（Y）等于计划支出（E_p）亦即 $Y=E_p$ 时，均衡才会发生。产出一定等于：

$$E_p=C+I_p+G+NX \tag{3.5}$$

在方程（3.5）中支出的四个构成部分除投资使用了 p 作为下标外，严格等同于方程（3.2），我们不需要为 C、G 或 NX 安排 p 作为下标，因为现实的支出量总是计划的数量。

下一步是将出自方程（3.3）与出自方程（3.5）的计划支出的定义结合在一起。

$$E_p=C_a+c\ (Y-T)\ +I_p+G+NX \tag{3.6}$$

用语言描述，这表示计划支出等于自发性消费加上引致性消费，加上计划投资的定值、政府购买与净出口。

参数（parameter）意味着既定的数值，不仅包括外生变量，而且包括函数中的固定因素。以消费函数为例，其中有两个这样的固定元素 C_a 和 c，我们将它们设为既定。此外，计划支出中除了消费以外的三个构成部分（I_p，G，NX）可以同时被考虑为外生变量与参数。

□ 自发性计划支出

如果我们将方程（3.6）中的所有元素都设定为不依赖于总收入（Y）的，并称之为自发性计划支出（A_p），有助于简化我们随后的分析。

$$A_p = E_p - cY = C_a - cT_a + I_p + G + NX \tag{3.7}$$

用语言表述，自发性计划支出由不依赖于收入的（也就是说除了引致性消费以外的）所有计划支出的元素构成。概括来说，自发性计划支出的五个组成部分是：自发性消费（C_a）、自发性税收对降低消费的影响（$-cT_a$）、计划投资（I_p）、政府购买（G）和净出口（NX）。比较方程（3.6）与（3.7），注意，我们替换了税收部分（Ta），这反映了所有税收都是自发性的假定。

总的来说，我们已经知道总量计划支出（E_p）由两部分构成：自发性计划支出（A_p）和引致性消费（cY）：

$$E_p = A_p + cY \tag{3.8}$$

自测题 3—3

1. 为什么 I_p 用 p 作为角标，而其他自发性计划支出的构成部分（如 Ca，$-cTa$，G 和 NX）则不然？

2. 为什么（cTa）项以负号显示出来，而其他各项之和则用正号显示出来？

3. 为什么要用 c 乘以 Ta 项，其他项则不然？

☞ 了解全球经济危机

我们看到有三种因素能够改变自发性消费（C_a），它们是利率、家庭财富、从金融市场获取贷款的难易程度。如果这些因素中的任何因素提高了自发性消费，就会降低私人储蓄率，也就是个人储蓄总量与个人可支配收入之间的关系。在这个专栏中，我们会学习更多关于家庭财富及其波动的知识，以便理解为何家庭并不总是储蓄它们可支配收入中的一个固定部分。这意味着，家庭财富的变化能够创造出总需求冲击并加剧周期性波动。

家庭财富被定义为家庭资产减除家庭负债的值，下图描述出了 1970 年以来作为可支配收入百分比的家庭财富的构成。上方的黑线表示 1999 年与 2006 年依次出现的总资产与可支配收入比率的“双高峰”。在 20 世纪 90 年代末，黑线的上移反映出了“互联网”股票市场的泡沫。1999—2002 年财富的迅速下降，反映了这个时期股票价格的崩溃。同时，2002—2006 年的第二次上移反映出这个时期股市复苏以及房价迅速蹿升的共同作用。

股价的变化通常用标准普尔 500 股指来衡量。按照这个衡量，股价的百分比记录

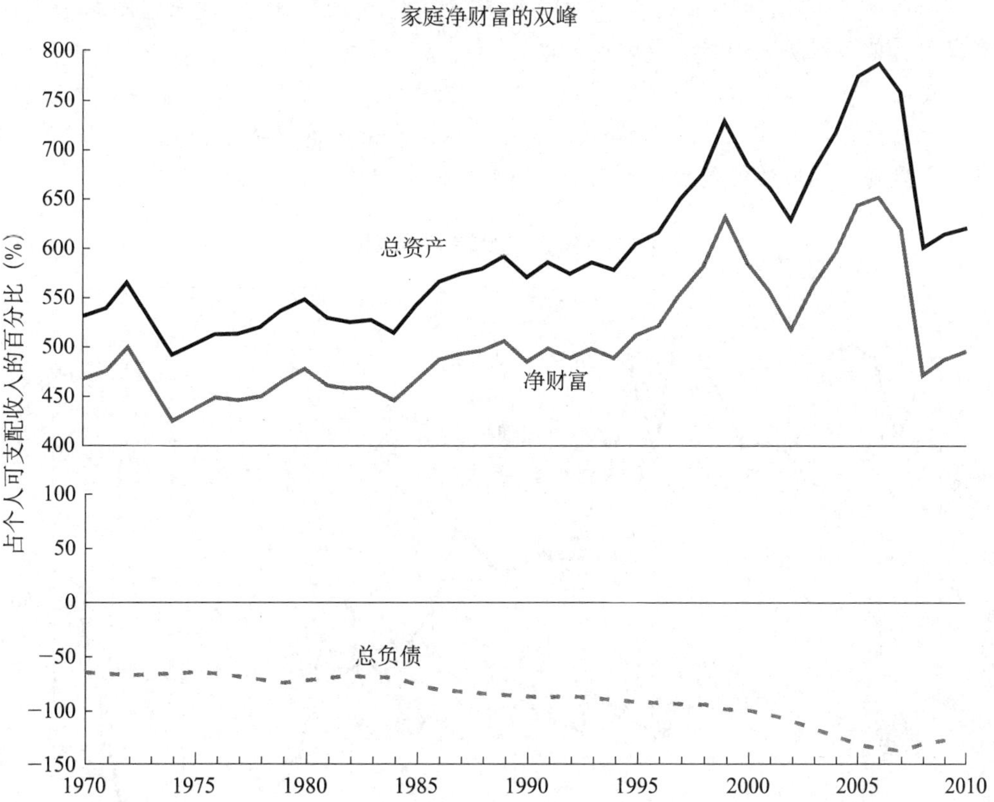

从 2003 年 2 月到 2007 年 10 月提高了 60%，随之而来的是此后直至 2009 年 3 月的月度低谷——下跌了 71% 。在家庭财富中加入不稳定因素是 2000 年 1 月与 2006 年 4 月之间凯斯-希勒（Case-Shiller）房价指数激增 82%，接踵而至的是此后直至 2009 年 5 月的低谷时期 40%的下挫。

为了得到家庭净财富或净价值，我们必须剥离出家庭以各种形式所欠债务总量，例如，家庭抵押、汽车贷款、信用卡和其他形式的信用。图中底端框架中的虚线表示在过去三个时期，家庭负债稳步增加，从 1984 年占可支配收入的 70%上升至 2007 年的 138%，然后，微幅降至 2009 年的 129%。为了计算净值，由于负债被从总资产中剥离出来，虚线显示了作为永久增长的负数的负债占可支配收入的百分比。

当我们将虚线从黑线中剥离出来后，我们得到灰色的净值线，它模拟了黑色总资产线巨大的双峰。在 2006—2009 年，对可支配收入的净值比从 650%降至 490%。转换成另一种方法，如果家庭拥有与 2006 年一样的净值比，2009 年它们的净值将会是 1.7 万亿美元，高于现实价值，这种差额每个家庭为 149 000 美元。难怪财富的如此损失殃及 2008—2010 年的消费支出。

下图绘出了对应于个人储蓄率的同样的灰色净值线，右侧的纵轴表示净值率。无论何时，资产价格的提高增加了汽车消费，如 20 世纪 90 年代末和 2003—2006 年，我们都预期个人储蓄率下降。这恰恰是同样的图形所表达的内容，图中个人储蓄率被描绘成对应于左边的量值。

储蓄率从 1982 年顶峰时的 10.9%下降至 2005 年的 1.4%。正如我们所看到的，家庭财富值不断提升相对于收入而言增加了汽车的消费，因此，20 世纪 90 年代末股票市场的兴旺成为储蓄率下降的原因。此后 2001—2006 年的房地产泡沫使家庭财富进一步增大，导致 2000—2005 年的储蓄率下降。房地产价格的提升允许人们为抵押、提现再融资，这能够使他们增加消费支出，即使他们的收入并没有增长。

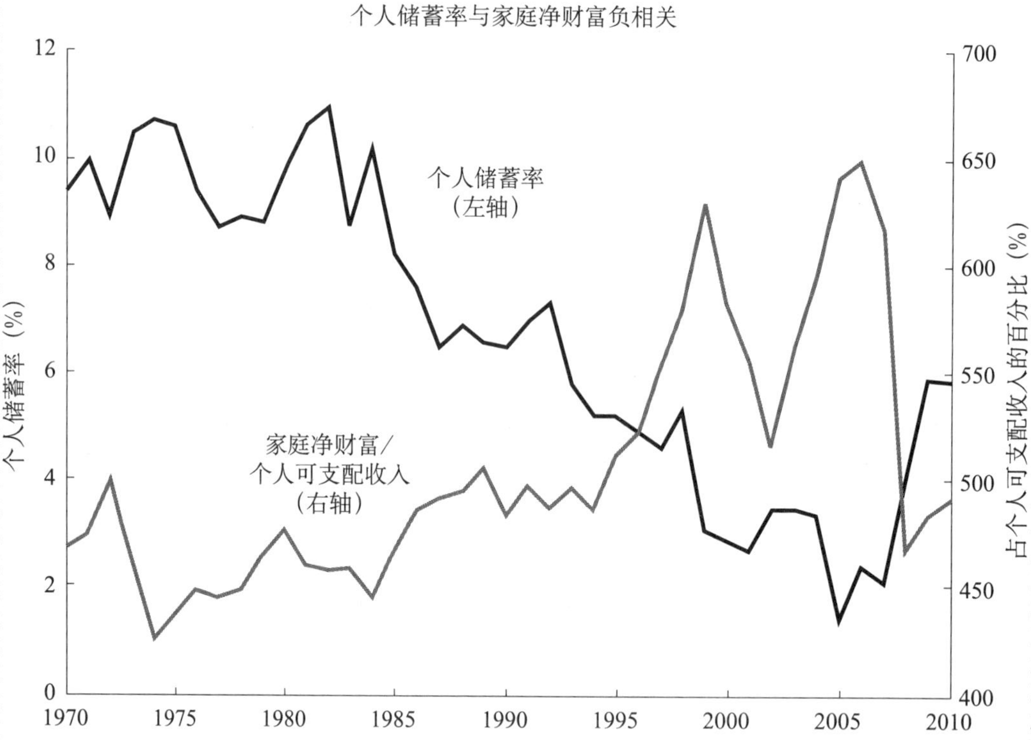

最后，当 2006 年房价停止增长并转而开始下降，并且在 2007 年 10 月后股市以 50%的速率急转直下时，晚会趋于终结。家庭消费支出的提升速度不再快于通过以抵押再融资进行变现提高的可支配收入的速度。在 2007 年结束前，宽松的信用状况降低了家庭储蓄率，我们并不惊讶地发现紧缩信用状况与抵押股权撤回套现提高了 2008 年与 2009 年的储蓄率。目前消费比个人可支配收入增长得缓慢，使 2008—2009 年的衰退恶化并且拖住了自 2009 年复苏的脚步。正如我们的理论所预测的，储蓄率回弹是家庭净资产急剧萎缩的后果，从 2005 年的 1.4%到 2009 年和 2010 年的 5.9%。

□ 经济何时处于均衡状态

均衡（equilibrium）是一种不存在变化压力的状态。当经济处于失衡状态时，产出与收入和计划支出不一致，企业被迫提高或降低产量。当经济处于均衡状态时，产出与收入等于计划支出，一般而言，企业乐于维持当前的生产水平。

这个思想被描述在图 3—3 中。像在图 3—2 中一样，灰线具有 45°的倾斜角，在这条线上的任何一点，在横轴上表示的收入水平等于在纵轴上表示的支出水平，因此灰线被标注为 $E=Y$，黑线是由方程（3.8）给出的计划支出水平（E_p），也就是 A_p 加 cY。

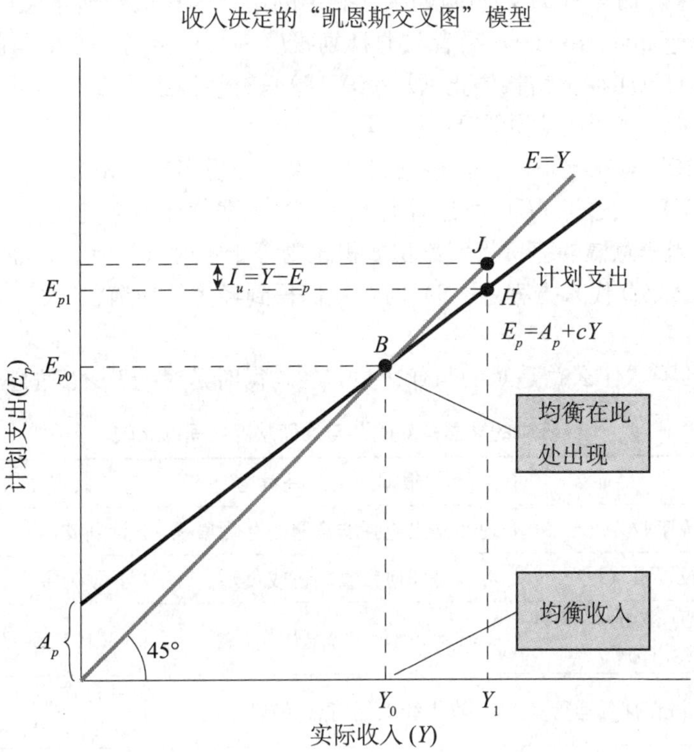

图 3—3　均衡收入如何决定

注：经济在点 B 处于均衡状态，此处，黑色的计划支出（E_p）线与 45°收入线相交。在任何其他的收入水平上，经济都处于非均衡状态，引起企业增加或减小产出和收入的压力。

□ 均衡与失衡的凯恩斯交叉图模型

只有在灰线与黑线的交叉点 B，收入等于计划支出，不存在变动的压力。因为经济在灰色的 45°线与黑色的计划支出线的交点处于均衡状态，收入决定论在伟大的英国经济学家凯恩斯后常被称为“凯恩斯交叉图”模型。我们将在第 8 章学到更多关于凯恩斯的内容。

在图 3—3 中的点 B 上，经济处于均衡状态，因为家庭与企业在收入为 Y_0 时想要花费 E_{p0}。这个数量的收入是由家庭与企业想要购买的商品与劳务的产出 E_{p0} 创造的。[①]

□ 失衡会怎样?

经济在 45°线上除点 B 以外的所有点都处于失衡状态。例如，在点 J 上，收入是 Y_1。

① 注意图 3—3 的横轴是收入（Y）而不是图 3—2 中的可支配收入（$Y-T$）。这反映了我们的假设：收入是自发性的并且被包括进纵轴上的 A_p 中。

当收入为 Y_1 时，家庭与企业想要花费多少呢？

黑色 E_p 线垂直部分的点 H 表示计划支出低于收入（沿灰线表示）的距离 JH，由于 J 数量被生产出来，而只有 H 数量被购买，剩余的产出累积成为**非意愿的存货投资**（unintended inventory investment），后者与非计划投资（I_u）相同。产出与收入将会削减直至不一致消失和非意愿存货增长停止（$I_u=0$）。这只有经济到达点 B 时才会发生。只有在点 B 企业才会严格生产出市场所需要的数量。

在点 J，像在所有状况下一样，根据定义，收入与现实支出相等：

$$收入（Y）\equiv 支出（E）\equiv 计划支出（E_p）+非意愿的存货投资（I_u） \qquad (3.9)$$

反之，只有当非意愿的存货投资累积或积压物等于零时（$I_u=0$），经济才会处于均衡状态。当我们将 $I_u=0$ 代入方程（3.9）时，我们得到经济的均衡状况：

$$Y=E_p \qquad (3.10)$$

表 3—1 概括了"什么总是对的与什么只有在均衡时是对的"之间的区别。

表 3—1　经济中的"总是对的"与均衡状况之间的比较

	根据定义总是对的	只有在均衡时才是对的
1. 什么支出概念等于收入	现实支出包括非意愿的存货累积	计划支出
2. 非意愿的存货投资量（I_u）	可以是任何数量（正或负）	必须为零
3. 什么方程是有效的，方程（3.9）还是方程（3.10）？	（3.9）$Y=E=E_p+I_u$	（3.10）$Y=E_p$
4. 在图 3—3 中经济在何处运行？	45°收入线上任何点（例如点 J）	只有在点 B 处 E_p 线相交于 45°收入线
5. 非均衡与均衡状况，图 3—3 的例子	在点 J，$Y_1=E_{p1}+I_{u1}$	在点 B，$Y_0=E_{p0}$

自测题 3—4

1. 在图 3—3 中，当收入小于 Y_0 时会发生什么？

2. 描述能够将经济后移至均衡点 B 的因素。

□ 决定均衡的实际 GDP

我们怎样计算实际 GDP 的均衡水平？我们已经使用了画凯恩斯交叉图的方法，如图 3—4 所示，但是，使用简单的方程计算均衡实际 GDP 水平更为便捷。我们以方程（3.10）的定义作为开端。我们将方程（3.10）与方程（3.8）结合起来。在方程（3.10）中，收入（Y）等于计划支出 E_p，而在方程（3.8）中，计划支出等于自发性计划支出（A_p）加引致性消费（cY）。

$$Y=A_p+cY$$

方程的两端同时减去引致性消费：

$$(1-c)\,Y=A_p \qquad (3.11)$$

因为边际储蓄倾向等于 1 减去边际消费倾向（$s=1-c$），我们将方程（3.11）重写为

$$sY=A_p \tag{3.12}$$

这个方程可以表述为**引致性储蓄**（induced saving）（sY）等于自发性计划支出。现在，方程（3.12）两边同除以边际储蓄倾向（s）：

$$Y=A_p/s \tag{3.13}$$

3.5 乘数效应

迄今为止，均衡收入发生于图 3—3 中点 B 的结论，取决于自发性计划支出是用 Ap_0 标注的特殊数量的假设。为表示 Ap 变化的影响，我们应该假定企业变得更加乐观并且将投资支出从 Ap_0 增加到更高的数量 Ap_1。

□ 计算乘数

我们能够使用方程（3.13）在新旧两种情况下计算均衡收入水平。注意只有 A_p 变化而不存在边际储蓄倾向（s）的变化：

新的状况	$Y_1=A_{p1}/s$	
减旧状况	$Y_0=A_{p0}/s$	
等于收入的变化	$\Delta Y=\Delta A_p/s$	(3.14)

这个算式的最上面一行计算新的收入水平，第二行计算原有的收入水平，收入的变化标注为 ΔY，简单地说，就是第一行减掉第二行。**乘数**（multiplier）k 被定义为收入变化（ΔY）与引发收入变化的自发性计划支出变化（ΔA_p）之间的比率：

$$\text{乘数}\ (k)=\Delta Y/\Delta A_p=1/s \tag{3.15}$$

在图 3—4 中，我们可以看到，为什么乘数（k）是 $1/s$。图 3—4 由图 3—3 原有的状况演化而来，自发性计划支出在原有水平 A_{p0} 上。

因为只有 25%的收入部分被储蓄起来，收入一定以 A_p 增量的 $1/s$ 倍提高，产生了必要的额外引致性储蓄量。根据被横线分割开来的最后一行：

$$\text{乘数}\ (k)=\Delta Y/\Delta A_p=RJ/RB=1/s \quad (\text{因为}\ s=RB/RJ)$$

□ 乘数效应的现实例证

乘数的魔力怎么发挥出来？一种答案是实际生活中的例子提供的。让我们考虑一下西南航空公司 2010 年通过购买 40 亿美元波音 737 飞机增加计划投资的决策。一开始，40 亿美元的新投资支出将会提高收入，因为它被位于西雅图的波音公司的工人获取。但是，使用我们此前边际消费倾向为 0.75 的例子，波音公司的工人将会很快地花掉 40 亿美元的 75%或 30 亿美元，去购买西雅图商店里的产品和服务，商店将不得不订购 30 亿美元的其他商品，引起全国各地供应西雅图商店商品的厂家的生产与收入的增加。这些供应商的员工也具有同样的边际消费倾向，增加了另外 22.5 亿美元的支出与收入。至此，在支出的前三轮中，收入上升到 40 亿美元加上 30 亿美元加上 22.5 亿美元，总计是 92.5 亿美元。但是这个过程还在持续，在每一个相继而起的支出轮次中，引致性消费都会增加。最终，收入增加的总量将

四倍于计划投资的初始增量，或者说是 160 亿美元 [$=40\times(1/0.25)$]。①

现实中的乘数效应

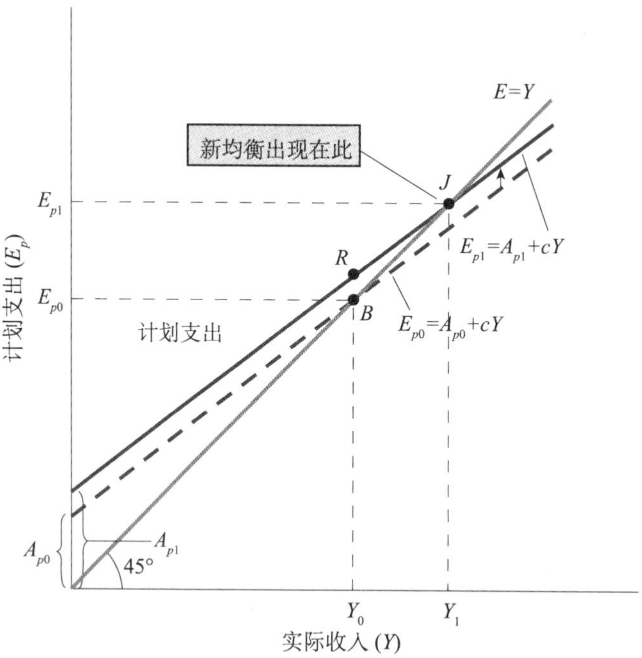

图 3—4　5 000 亿美元自发性计划支出的增加带来的均衡收入的变化

注：自发性计划支出（A_p）的增加被表示为：黑色的计划支出线在纵轴上的截距从 A_{p0} 增加到 A_{p1}，如图左下角所示。黑线的上移动摇了均衡位置，黑色计划支出线与灰色 45°线的交点从点 B 移向点 J。A_p 的这种变动具有乘数效应，将实际收入从 Y_0 提升至 Y_1。

3.6　计划支出移动的原因

随自发性计划支出变动的产出的乘数扩张与紧缩是否合适？在第 1 章，自然实际 GDP 被定义为合意的实际 GDP 水平。然而，无论何时现实实际 GDP 下降至自然实际 GDP 之

---

① 可以使用几何方法证明每一轮支出中 ΔA_p 加上引致性消费肯定等于乘数 $1/1-c$ 乘以 ΔA_p。第一轮消费为 $c\Delta A_p$，第二轮是 c 乘以第一轮，c（$c\Delta A_p$），或 $c^2\Delta A_p$。不过，ΔY 总量是一系列不限定轮次的支出：

$$\Delta Y=\Delta A_p+c\Delta A_p+c^2\Delta A_p+\cdots+c^{\infty}\Delta A_p \quad (a)$$

将方程（a）右边的公因数 ΔA_p 提取出来：

$$\Delta Y=\Delta A_p\ (1.0+c+c^2+\cdots+c^{\infty}) \quad (b)$$

方程（b）两边同乘以 $-c$：

$$-c\Delta Y=\Delta A_p\ (-c-c^2-\cdots-c^{\infty}) \quad (c)$$

（b）与（c）之差为：

$$(1-c)\ \Delta Y=\Delta A_p \quad (d)$$

由于任何分数提升至无穷大量时都为零，我们可以将 c^{∞} 忽略不计，方程（d）两边同除以（$1-c$），我们可以得到一个近似值：

$$\Delta Y=\frac{\Delta A_p}{1-c}=\frac{\Delta A_p}{s}$$

下，都会带来工人的岗位损失与失业率的提高，正像在 2008—2009 年发生的状况一样。政策制定者都试图避免现实实际 GDP 下降至自然实际 GDP 之下。

什么可能引起现实实际 GDP 降至合意水平之下？计划投资作为 A_p 的主要构成部分下滑可能或已经成为现实中实际世界衰退与不景气的原因。例如，在大萧条期间，固定投资下降 81%，这导致现实实际 GDP 在 1929—1933 年下降 27%。

这部分内容最为重要的一点是自发性计划支出有五个构成部分［如方程（3.7）］以及其中的任意部分都可能变化。自发性消费、计划投资和净出口变动通过乘数使实际 GDP 上升或下降，这是需求冲击导致经济周期的一个例子。至少从原则上讲，如果政府的行动足够迅速，政府政策能够抵消任何自发性消费、计划投资或进出口的非合意的移动，政府通过对政府支出与自发性税收的控制产生一个自发性计划支出在反方向上的抵消作用。

□ 政府支出与税收

方程（3.7）表示自发性计划支出是其五个构成部分之和。它也意味着自发性计划支出的变动部分等于每一构成部分变动之和。如果我们将变量符号 Δ 插入方程（3.7）中每一部分之前，我们可以将其表述为方程。没有 Δ 符号的唯一元素是边际消费倾向（c），我们假定它是不变的：

$$\Delta A_p = \Delta C_a - c\Delta T_a + \Delta I_p + \Delta G + \Delta NX \tag{3.16}$$

总体上说，A_p 变化的五个原因是：

（1）自发性消费（C_a）1 美元的变化导致 A_p 同方向上 1 美元的变化。

（2）自发性税收收入（T_a）1 美元的变化导致 A_p 向 1 美元的 c 倍的反方向变化。

（3）自发性投资（I_p）1 美元的变化引起 A_p 同方向 1 美元的变化。

（4）政府支出（G）1 美元的变化引起 A_p 同方向 1 美元的变化。

（5）净出口（NX）1 美元的变化引起 A_p 同方向 1 美元的变化。

当从上述一系列关系中计算出 A_p 的变化时，方程（3.14）中基本的乘数表述决定了均衡收入的最终变化：

$$\Delta Y = \Delta A_p / s \tag{3.14}$$

如方程（3.15）的内容所示，乘数是 $1/s$。如果边际储蓄倾向（s）等于 0.25，那么乘数是 4.0。在 A_p 的任何构成部分 1 美元的变化将使 Y 发生 4 倍于这个数字的变动。

自测题 3—5

1. 注意，在方程（3.16）中 c 之前没有 Δ，为什么？

2. 注意，在方程（3.14）中 s 之前没有 Δ，为什么？

3. 如何按照 c 对 s 进行定义？

□ 财政扩张

在图 3－4 中，较高的实际收入水平 Y_1 是合意的水平，但是，经济停滞在 Y_0 上，这个水平太低。在 Y_1 上，实际收入的合意水平是 80 000 亿美元，在 Y_0 上的合意水平只有60 000亿美元。为了刺激另外 20 000 亿美元的实际收入，政策制定者可以使用乘数原理。如果乘数是 4.0，政策制定者需要提高自发性计划支出 20 000 亿美元的四分之一。不过，由于乘数被假定为 4.0，5 000 亿美元政府支出的增加将会对实际收入与 GDP 产生20 000 亿美元的扩张作用。如果乘数更高，所需要的政府支出增量更小；如果乘数更低，所需要的政府支出的增量更大。

A_p 增加也能够通过削减税收实现，因为自发性税收 ΔT_a 降低通过边际消费倾向产生倍数作用，在例子中它为 0.75。而后，A_p 增加 5 000 亿美元，税收必须降低 5 000 亿美元除以 0.75，也就是 6 670 亿美元。

□ 政府预算赤字及其筹资

政府支出或税收的任何变化都会影响政府预算的结果，政府预算盈余已经与另一个量值联系起来了，也就是第 2.5 节的魔术方程。税收减去政府支出（$T-G$），根据定义等于投资加上净出口减去私人储蓄①：

$$T-G \equiv I+NX-S$$

与此相似，魔术方程左边的变动必须与右边的变动相平衡：

$$\Delta T-\Delta G \equiv \Delta I+\Delta NX-\Delta S \qquad (3.17)$$

当政府扩大其支出，自发性消费、投资和净出口不变（$\Delta C_a=\Delta I=\Delta NX=0$），以及税收为零（$\Delta T=0$）时，方程（3.17）中唯一变动的元素是 ΔS 和 ΔG，ΔG 的值是财政刺激。但是，ΔG 的值是多少？储蓄以边际储蓄倾向乘以可支配收入的变化幅度发生变化，$\Delta S=s(\Delta Y-\Delta T)$。使用这一对储蓄的表述，我们可以将例子中的数值代进方程（3.17），并且得到：

$$\Delta T-\Delta G=\Delta I+\Delta NX-s(\Delta Y-\Delta T)$$

$$0-\Delta G=0+0-s(\Delta Y-0)$$

产出的增加导致了额外的储蓄，每 1 美元额外的储蓄都可供家庭购买政府债券，政府必须卖掉它们为政府预算赤字融资。政府赤字的结果是收入的扩张，将收入提高到其合意的水平。

□ 税收乘数

对政府支出增加 5 000 亿美元以刺激经济的另一种替代方案是，将税收降低 6 670 亿美元。如我们所知，这两种行为产生了同样的影响，扩大自发性计划支出 5 000 亿美元，通过乘数效应，将收入提高了 20 000 亿美元。

在我们的例子中，税收乘数是 $-c/s$ 或 -3.0，相比较而言，政府支出和自发性计划支出的其他构成部分的乘数为 $1/s$ 或 4.0。税收的乘数效应明显较小，因为税收并不是支出的一部分，只有通过它们改变消费的数量，税收才改变支出。

① 方程（2.6）也为 1993 年、2000 年和 2010 年魔术方程的值提供了现实世界的例证。

自测题 3—6

1. 如果政府支出降低了 5 000 亿美元，边际储蓄倾向为 0.25，储蓄总量会变化多少？

2. 当存在预算盈余时，政府正在做什么？私人储蓄者会做什么反应？

3. 如果税收提高了 6 670 亿美元，边际储蓄倾向是 0.25，储蓄会变化多少？家庭如何支付更高的税收？

□ 平衡预算乘数

在前例中，政府可以通过将政府支出提高 5 000 亿美元或削减税收 6 670 亿美元来使收入扩大 20 000 亿美元。不过，哪一种方法都会导致政府赤字的大量增加，这也许是人们不乐意看到的。但是，令人惊讶的是即使需要保持预算平衡，政府也能够刺激经济。看这里，我们简单地将政府支出乘数（$k=1/s$）和税收变化乘数（税收乘数$=-c/s$）相加：

$$\text{平衡预算乘数}=1/s+(-c/s)=(1-c)/s=1.0 \tag{3.18}$$

这表明无论 c 值如何，平衡预算财政扩张乘数永远是 1！为什么？因为政府支出 1 美元将使自发性计划支出正好增加 1 美元，产生了正的乘数效应。但是税收增加 1 美元仅仅使自发性计划支出降低 c 乘以 1 美元。c（边际消费倾向）正常而言大体上小于 1，因此，政府可以通过政府支出的足量增加，同时伴以税率同量增加实现任何合意的收入与实际 GDP。[①]

3.7 货币政策如何影响计划支出

到目前为止，财政政策似乎是政府用以对付自发性消费、计划投资和净出口变化引起的需求冲击的唯一政策工具。货币政策适用于何处？现在我们准备降低简化条件，不合现实的自发性消费与计划投资为外生变量的假定除外。在以下两部分我们将学习利率如何以及为什么能够影响自发性计划支出。在利率低时提高支出，如 2001—2004 年时的情形；在利率高时削减支出，如 1981 年和 1989 年时的情形。

□ 利率的功能

利率能够帮助经济将储蓄配置于各种不同用途上。对于储蓄者来说，利息是放弃消费或延迟消费的报酬。利率越高，对储蓄的激励越强。对于借款者来说，利息是借钱投资和购买消费品的成本，在较高的利率水平上，人们将会借更少的钱，购买更少的商品。

利率是货币政策作用的重心，因为政府通过联邦储备委员会能够影响利率，它能够影响私人借款的成本。

① 本章附录显示：平衡预算乘数的这一简单表述不适用于税收与进口依赖于收入的现实世界。

□ 利率的类别

银行可以对支票与储蓄账户提供不同的利率。一些类别的账户允许顾客迅速获取利息，另一些则需要顾客在存款账户中保留一年或一年以上的存款。“短期利率”一词是指向存款支付的三个月或三个月以下的利息；“长期利率”是指向存款支付的一年或一年以上的利息。

另外，除了银行存款的短期利率外，还包括政府（国库券利率）、企业（商业票据利率）和银行（联邦基金利率）为借款支付的利率；与此相似，除了银行存款的长期利率外，还包括政府（国库券利率）、企业（公司债券利率）和家庭（抵押贷款利率）向贷出者支付的长期利率。

一个好理论的标志是关注重要关系和忽略不必要细节的能力。对于大多数目标而言，不同利率之间的差别在于其详细分类而不在于利率的平均水平。不过，本章所讨论的这个利率被称为在上一部分内容中列出的各种不同利率的平均值。

3.8 自发性计划支出与利率之间的关系

企业试图通过借钱购买投资品——办公楼、购物中心、工厂、机械工具、计算机、飞机——牟取利润。很明显，只有当投资品的收益至少足以支付借款利息时才会进行经营（或吸引足够的投资者保证新股的发行）。利率越低，企业购买的投资品越多；利率越高，企业购买的投资品越少。

自发性消费（C_a）取决于利率，如计划投资支出一样。家庭会经常购买新车，而且会购买更大与更昂贵的家用车，因为对于任一款车，利率的降低会降低月供。与此相似，车贷的高利率将迫使一些家庭购买小型车或二手车而不是新车。总而言之，计划投资、自发性消费与利率反向变动。

□ 作为需求的自发性计划支出

早些时候，我们学过自发性计划支出（A_p）有五个组成部分：计划投资、自发性消费、政府支出、自发性税收对消费的影响以及净出口。现在我们看到，计划投资与自发性消费都取决于利率；两类支出都受低利率的刺激。

在图 3—5 中，我们绘出了自发性计划支出的构成与利率之间的关系。政府支出、自发性税收对消费的影响、净出口之和（$G-cT_a+NX$）不依赖于利率，所以，在图 3—5 中被画成黑色垂直线。

自发性计划支出总量也由自发性消费（C_a）和计划投资（I_p）构成，这两者都与利率负相关。因此，加到前三者上的这两个组成部分之和取决于利率，利率越低，C_a 与 I_p 越大。五个构成部分的总和用右边标注为“A_p需求曲线”的灰线表示出来。这一曲线关系显示，自发性计划支出总量取决于利率。

□ A_p 需求曲线的移动

自发性计划支出的任何构成部分的变动都会使 A_p 需求曲线向右方移动。政府支出或净

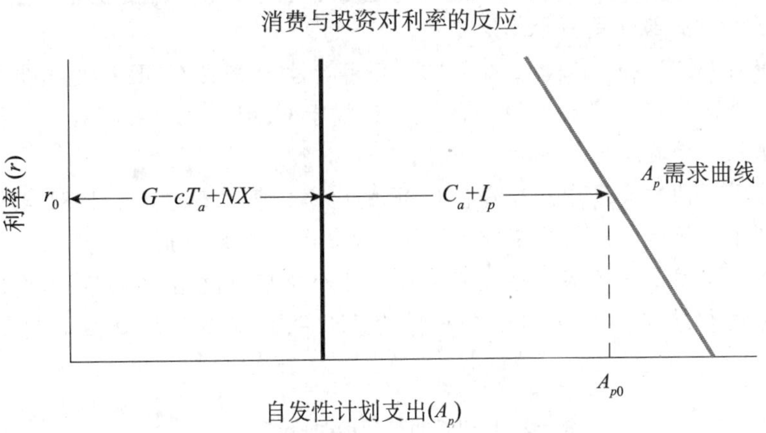

图 3—5　自发性计划支出的几个组成部分与利率的相关性

注：垂直的黑线表示自发性计划支出的三个组成部分不依赖于利率，它们是政府支出（G）、自发性税收的影响（$-cT_a$）和净出口（NX）。斜线表示自发性消费（C_a）和计划投资（I_p）与利率负相关。因此，作为总需求的自发性计划支出，如 A_p 需求曲线所示，也与利率具有反向关系。

出口的增加和自发性税收的下降将使这条曲线向右移动。在既定的利率水平上，自发性消费或计划支出总量的任何提高，例如消费者信心或企业对未来利润的乐观预期也将会使 A_p 需求曲线向右移动。自发性计划支出任何构成部分的反向变化都将会使 A_p需求曲线向左移动。

自测题 3—7

解释 A_p需求曲线会对下列活动作出怎样的反应，是向左移动、向右移动还是没有反应？

1. 当美国制造的小汽车的质量改进时，从日本进口的汽车数量下降。
2. 通过降低抵押贷款利率对现有房市进行刺激。
3. 为减少预算赤字，政府征收更高税收。
4. 为保证机场的安全，政府增加支出。
5. 由于房屋价格的迅速下降，家庭财富净值大幅减少。

☞ **了解全球经济危机**

经济周期的主要解释是投资的起伏不定

图 3—5 显示出，自发性计划支出与收入都与利率成负相关，这个负相关允许货币政策在需要稳定经济时改变利率。但是，图 3—5 包含了另外一层含义：在既定的利率下，自发性计划支出的下降、A_p需求曲线左移和乘数效应的影响使 IS 曲线左移都能使经济下行发生。什么会引发 A_p需求曲线和 IS 曲线的大幅左移？我们已经知道，自发性消费（C_a）下降不仅来自高利率（沿着既定的 A_p需求曲线向左上方移动），而且来自 A_p需求曲线的左移，这源自消费者信心的下降、较低的家庭财富净值、从金融机构获取信用的难度增大。计划投资（I_p）更加脆弱，它比其他 GDP 或

总支出的任何组成部分更易于起伏不定。

总投资占 GDP 的比重从 12%到 20%不等，当投资占 GDP 的比重上升或下降时会产生乘数效应。在衰退时，投资的下降远快于 GDP，由于乘数效应，投资的猛然掉头下行拖累了消费支出，使消费下降。

下图显示了两次衰退中总投资占 GDP 的比率。两次衰退始于 1981 年年中和 2007 年年末。图中的线显示出总投资占 GDP 的百分比只是衰退最初季度的一部分，图中所描述的时间跨度是从经济周期顶峰之前的 4 个季度到之后的 12 个季度。这就是为什么浅灰色线与深灰色线在图中在纵轴为 100 并且横轴为顶峰后季度标注为零时相等。

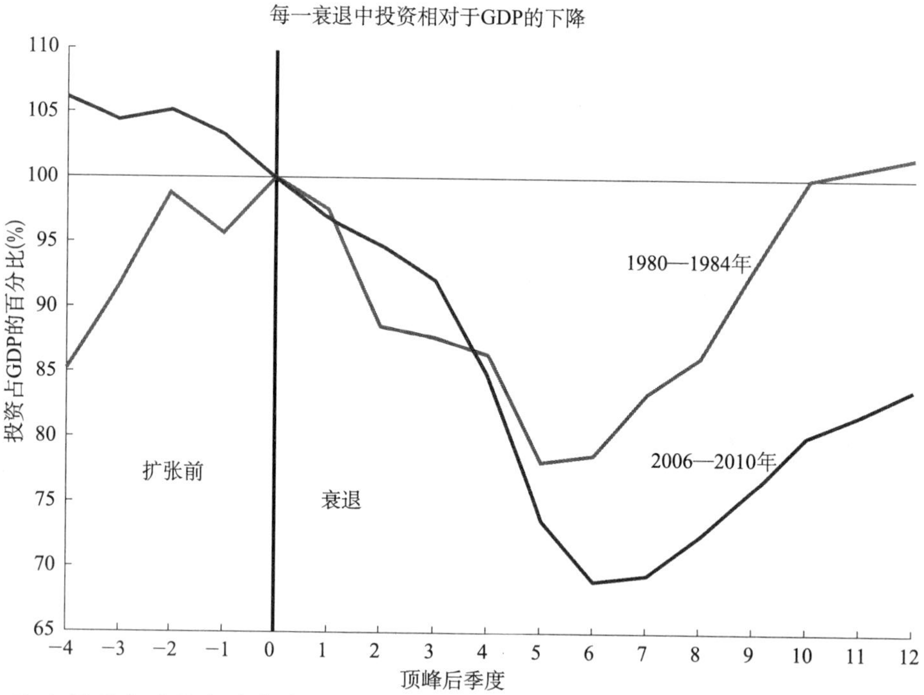

这个图形中透露出的突出信息是总投资与 GDP 的比率在两次衰退期间迅速下降。然后，经济中的其他构成部分在乘数效应的作用下随之下行。浅灰色线表示的是 1981—1982 年的衰退，15 个季度中投资与 GDP 之间的比率降至 78%，也就是，自顶峰下降了 22%。始于 2007 年末的最近的衰退中投资的崩塌进一步恶化。深灰色线表示的是 2007—2009 年的衰退，投资与 GDP 的比率降至 69%，也就是说，自顶峰下降了 31%。

很清楚，投资的起伏不定意味着，*IS* 曲线位置的移动与 *IS* 曲线的斜率同样重要。投资与 GDP 比率的大幅下降，如图所示的 1981—1982 年和 2007—2009 年，支持了这样一种观点：理解投资行为是理解经济周期的关键。与浅灰色线相比，深灰色线有另外一个有趣的方面，描述投资与 GDP 比率的两条线迅速下降然后回升，注意 1980—1984 年的经济周期比 2006—2010 年的回升要快得多。如图所示，最近一次衰退的显著特征是比 1981—1982 年最严重的一次衰退更深重、更持久。

为什么在 2006—2010 年的投资下挫如此严重？我们已经学习了一种原因，即 2001—2006 年推进住房建设（总投资的一部分）的房地产价格泡沫的不可持续，当房地产价格泡沫在 2006—2007 年破灭后，住房与共有权投资陡然下降。在 2006—2009 年，住房结构的建设下降了 75%。

引起投资崩溃的另一个因素是金融市场的崩溃引发了几乎每个企业的恐慌意识，不仅在美国，其他国家也是如此。什么引发了金融市场的恐慌？我们会在第 5 章转回去探讨金融市场的变化在图 3—5 中对自发性计划支出和 *IS* 曲线快速左移的影响。2009 年后投资的脆弱复苏为政策制定者带来了困境，因为正如后两章我们要学习到的，财政和货币政策抵消投资弱化的能力可能是有限的。事实上，在大萧条时期，总投资在 1929—1933 年下降了 74%，直到 1941 年也没能恢复到 1929 年的水平。

3.9 *IS* 曲线

如图 3—5 所示，自发性计划支出（A_p）取决于利率。图 3—4 已经表明，实际 GDP 与实际收入取决于自发性计划支出。现在，如果将这两种关系放在一起，我们可以得出这样的结论：实际 GDP 与实际收入一定取决于利率。在这一部分内容中，我们衍生出一个图表，它表示在企业与消费者信心状况、边际储蓄倾向、政府支出、税收以及净出口等给定的情况下，利率与实际收入能够实现均衡的各种可能的组合。这个图形就是 ***IS* 曲线**（*IS* curve），代表投资与储蓄。

□ 怎样推导出 *IS* 曲线

图 3—6 左边的部分复制了图 3—5 中的 A_p 需求图，它表示在不同的利率水平上用不同的自发性计划支出表示的需求。例如在点 *C* 上，利率是 r_0，自发性计划支出水平是 A_{p0}①；在点 *D* 上，低利率 r_1 刺激了横轴上以 A_{p1}表示的自发性计划支出。

在图 3—4 和方程（3.4）中，我们已经学习了较高水平的 A_p 由于乘数作用（$\Delta Y=k\Delta A_p$）提高了产出。在图 3—6 的右方，纵轴上的利率与左边图形相同，横轴表示实际收入与产出。

如果在左图中利率由点 *C* 下降到点 *D*，那么，自发性计划支出会从 A_{p0} 上升到 A_{p1}。这时实际收入会有多少回应？我们已经学过，产出的反应等于自发性计划支出的增量乘以乘数，因此，利率从点 *C* 下降到点 *D*，在右图中产出会从 Y_0 提高至 Y_1。因为乘数大于 1，在本章的例子中它等于 4，右图中 *Y* 的水平增加远大于左图中 A_p 的水平增加。例如，如果左图中 A_p 的水平增量为 500，乘数（$k=1/s$）为 4，右图中产出（*Y*）的水平增加将是

① 比如，我们假定在图 3—6 左边的象限，A_p 需求图的方程为：$2\,500-100r$ 。不过，当利率处在点 *C*（为 10%）时，处于该曲线上的自发性计划支出水平是：$2\,500-(100\times10)=1\,500$。如果乘数是 4，那么，右图中的 *IS* 曲线上点 *C* 的实际收入水平是 4 乘以 1 500，即 6 000。

2 000或 4 倍于 A_p 的增量。

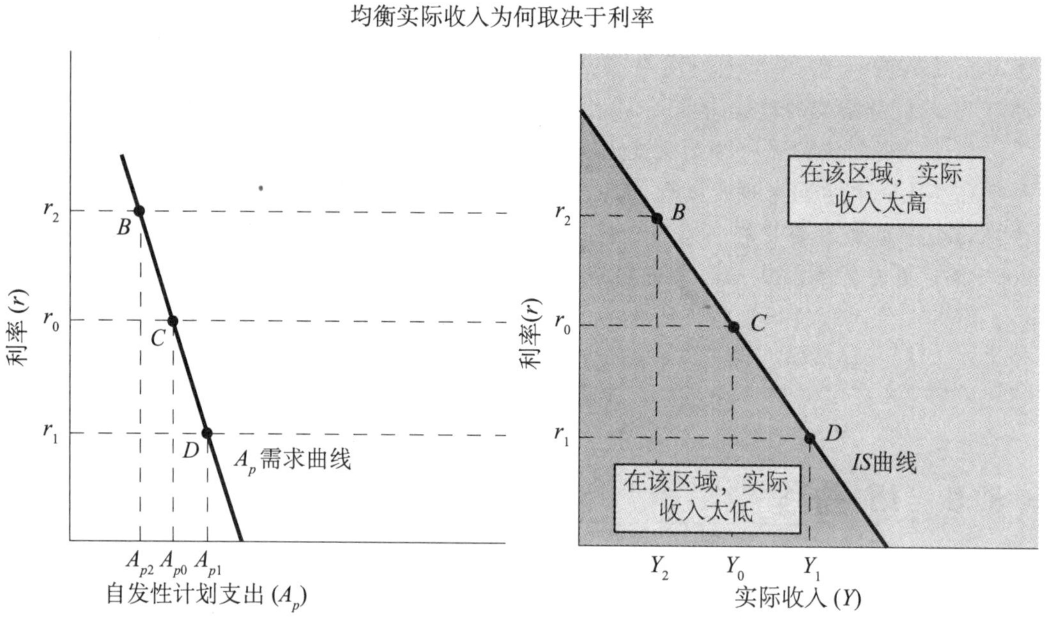

图 3—6 *IS* 曲线与自发性支出的总需求之间的关系

注：在左图中，A_p 需求曲线表示自发性支出的总需求依赖于利率，右方的框图展示了 *IS* 曲线，它表示实际 GDP 与利率之间的负相关关系，右图中的点 *B* 在水平位置上等于左图中的点 *B* 乘以乘数，点 *C* 和点 *D* 同样如此。

自测题 3—8

1. 在图 3—6 中，当经济从点 *C* 移向点 *B* 时，描述利率、自发性计划支出、收入会怎样变化。

2. 如果利率为 r_1，经济在图 3—6 中右边的哪一个点上运行？

□ *IS* 曲线说明了什么？

IS 曲线表明经济中商品（产品与服务）市场处于均衡状态时利率（*r*）与收入（*Y*）的各种不同组合。只有当收入等于自发性支出时均衡才会发生，在任何偏离 *IS* 曲线的点，经济都会处于均衡之外。

注意在图 3—6 的右方，*IS* 曲线的左下方区域用浅灰色阴影表示，右上方区域用深灰色阴影表示。在 *IS* 曲线上的点 *B*、*C*、*D* 和其他点的位置代表均衡位置，这里收入与产出才是正确的，给定利率，产生足够的等于收入水平的计划支出。[①] 然而，深灰色区域中的

① 我们称 *IS* 图形为“曲线”，尽管我们已经将其简化为直线，因为在现实世界中，这种关系可能是一种曲线。同样，术语“*IS* 曲线”自约翰·希克斯爵士晚年在其经典论文《凯恩斯先生与古典经济学：一个支持性解释》[*Econometrica*, Vol. 5 (April 1937), pp. 147—159] 中提出以来早已为几代经济学家所熟知。

点并非均衡点。对于任何给定的收入水平，如点 C 上的 Y_0，低于点 C 的任何位置将拥有更低的利率，并且这将计划支出提高至收入水平之上，导致负的非计划投资，使企业提高产出。在浅灰色区域位于点 C 之上的任何位置，将有更高的利率、较低的计划支出和需求不足，从而得以避免正的非计划投资并削减产出。简言之，偏离 IS 曲线的深灰色与浅灰色区域上的任何位置，产出总量都存在变化的压力。

3.10 结论：迷失的关系

IS 曲线像一份菜单，它提供给我们组成商品市场均衡的利率与收入的无数个不同组合。但是，我们应该选择菜单上的哪一个项目？这里没有足够的信息让我们作出抉择。我们需要寻找其他关系将收入与利息联系起来以便限定 IS 曲线上经济的位置。以基础代数中熟悉的语言来说，我们有两个未知数，但只有一个方程。在下一章，我们将提供一个迷失的方程，去还原一个关于收入与利率被决定的完整理论。①

实际收入和利率之间的迷失方程（除 IS 曲线之外）会产生于货币市场，是经济中融资部门的一种一般表述。货币市场的运作提供了解释利率怎样被决定的一个至关重要的迷失关系。在下一章的开端，我们将会学习货币市场怎样在实际收入和利率之间创造出第二个正向倾斜的关系。我们将会学习美联储通过对货币供给的控制向前或向后移动这种正向关系，部分或全部抵消移动 IS 曲线位置的需求冲击的影响（例如企业或消费者信心的变化）。我们还将学习货币、财政政策怎样能够结合起来决定利率和收入水平。

☞ **学习识图**

IS 曲线

由于 IS 曲线是如此重要与实用，我们将暂作停顿以便进一步了解它（在第 4 章附录中给出了 IS-LM 模型的完整的代数推导）。

图形的构成和倾斜原因

纵轴是利率，横轴是收入水平。

IS 曲线从其他两个图形中采集了信息，这两个图形是 A_p 需求图和引致性储蓄与自发性计划支出均衡图。由于 A_p 取决于利率，并且由于均衡收入是 A_p 的倍数（k），均衡收入变成了利率的负函数。

IS 曲线的水平位置（均衡收入）等于 A_p 需求图的水平位置乘以乘数 k。

因为收入是 A_p 的倍数，而 A_p 需求又与利率反向变动，所以 IS 曲线向下方倾斜。

① 尽管其名字如此，但是 IS 曲线并不只是与投资（I）和储蓄（S）存在联系，无论 A_p 需求图是否移动，它都会移动。这可能由政府支出、税收或转移支付、净出口的变动以及企业与消费者信心变化引起。

A_p 对利率的反应越敏感，乘数越大，IS 曲线变得越平坦。相反，乘数越小，IS 曲线变得越陡峭。

什么因素使 IS 曲线发生移动与转动?

IS 曲线的位置等于依赖于利率的 A_p 水平乘以乘数（k）。移动 A_p 需求图的任何因素都在同样的方向上移动 IS 曲线，导致 IS 曲线右移的因素包括企业与消费者信心的提高、家庭财富的增加、金融机构准贷愿望的提升、政府支出或净出口的增加以及税收的减少（或转移支付的增加）。相反的变动将会使 IS 曲线左移。

A_p 需求图的右移引起 IS 曲线的右移，移动的幅度等于 A_p 移动的幅度乘以乘数。乘数 k 将 A_p 需求图转换成 IS 曲线。乘数的提高（比如，因为较小的边际储蓄倾向）使 IS 曲线围绕着垂直的利率轴上的截距向外转动，因此，乘数越大，IS 曲线越平坦。

使消费或投资需求对利率产生更小敏感度的任何因素（例如，企业倾向于用内部资金而不是借贷来支付投资品价格）都会使 IS 曲线围绕着水平的收入轴截距向上转动，因此，自发性支出对利率的反应的敏感度越小，IS 曲线越陡峭。

***IS* 曲线以外的点的实质**

IS 曲线左方的全部区域的特征是产出与收入都低于经济处于均衡时的水平，这里存在着非意愿的存货累积（负的非计划投资，I_u）。

IS 曲线右方全部区域的特征是产出与收入高于经济处于均衡时的水平，同样存在着非意愿的存货累积（正的非计划投资，I_u）。

在偏离 IS 曲线的任何点都存在企业调整产出直至回归 IS 曲线的压力。

小结

1. 本章给出了解释实际收入决定的简单理论，这一重要的简化假设包括了不变的价格水平。

2. 可支配收入被分成消费与储蓄，可支配收入中每一美元的消费量是一个被称为自发性消费的固定量（C_a）加上边际消费倾向 c 乘以个人可支配收入即税后收入。增大自发性消费的任何因素一定会降低个人储蓄在个人可支配收入中的比率。

3. 个人储蓄占个人可支配收入的比率从 1984 年的超出 10%迅速下降为 2005 年的 1.4%。其主要原因在于自 20 世纪 90 年代末以来，特别是 2003—2007 年间令许多家庭受益的股市与房地产价值的迅速增加。2007 年后股价与房价的崩溃将个人储蓄率提升至 20 世纪 90 年代的水平。

4. 产出与收入（Y）在定义上等于总支出（E），它被分成计划支出与非意愿的存货累积。当 I_u 不为零时，我们通过假定企业调整产出将定义转换成理论。只有当不存在非意愿的存货增加或降低时经济才会处于均衡状态，这时不存在调整产出的压力。

5. 自发性计划支出 A_p 等于总计划支出减去引致性消费，自发性计划支出的 5 个组成部分是自发性消费（C_a）、计划投资（I_p）、政府支出（G）、净出口（NX）和自发性税收（$-cT_a$）对消费的影响。

6. 自发性计划支出（ΔA_p）的任何变化都会产

生乘数效应：初始需求的增加使收入和引致性消费超出 A_p 初始扩大的部分。收入必须增加直至诱发足够的额外储蓄（$s\Delta Y$）来平衡额外自发性计划支出（ΔA_p）的注入。因为这个原因，乘数——收入变化与自发性计划支出变化之比（$\Delta Y/\Delta A_p$）——是边际储蓄倾向的倒数（$1/s$）。

7. 同样的乘数对于表达 A_p 中任何构成部分的变化都是合适的。可是，如果 A_p 中私人支出部分是脆弱的，政府会增加支出或削减税收去维持 A_p 进而实际产出的稳定。

8. 利率将储蓄者提供的资金分配给借款者，不仅仅是购买消费品与投资品的私人家庭和企业，而且政府也可以通过借贷为预算赤字融资。

9. 私人自发性计划支出（A_p）部分取决于利率，利率越高，A_p 越低。

10. 私人自发性计划支出（A_p）在任何既定的利率水平下对消费者和企业更高的乐观情绪、更多的家庭财富、金融机构对准贷的更大愿望的反应是向上移动。

11. *IS* 曲线表示经济中的商品市场处于均衡状态时利率和实际收入的所有组合，在曲线以外的任何点上，商品市场都是失衡的。

提示：星号标注的关键术语、问答题与思考题需要参考第 3 章附录。

关键术语

总需求	边际消费倾向	非意愿的存货投资	需求冲击	引致性消费
引致性储蓄	总供给	边际储蓄倾向	乘数	内生变量
家庭财富	*IS* 曲线	外生变量	参数	* 边际漏出率
均衡	* 自动稳定器	自发量值		

问答题

1. 解释外生变量与内生变量的区别。若有，请解释参数与外生变量之间的区别。对于本章使用的最完整的模型，下列哪一个是内生变量？哪一个是外生变量？

(a) 自发性税收；　(h) 利率；
(b) 消费；　(i) 投资；
(c) 边际消费倾向；(j) 税收收入；
(d) 出口；　(k) 可支配收入；
(e) 净出口；　(l) 储蓄；
(f) GDP；　(m) 外贸盈余（赤字）；
(g) 价格水平；　(n) 政府预算盈余（赤字）。

2. 为什么我们要区分自发性消费与引致性消费？

3. 解释房价从 2000 年到 2006 年 4 月以及股价从 2003 年到 2007 年到达顶峰之后的价格崩溃怎样影响了家庭财富、消费支出和最近十多年的个人储蓄率。

4. 解释为何存货在衰退开始之前，并且在企业对将来的经济扩张变得更有信心时会趋于上升。

5. 当非意愿的存货投资为正或负时，什么因素促使经济移向均衡？

6. 假设自发性投资增长了 1 000 亿美元，较高的边际消费倾向还是较低的边际消费倾向对均衡的实际 GDP 水平产生较大影响？

7. 为什么政府增加赤字的行为是扩张性的财政政策？什么样的行为会降低赤字？

8. 为什么 *IS* 曲线会向右下方倾斜？解释沿 *IS* 曲线移动与移动 *IS* 曲线的差别。

9. 1980—1984 年以及 2006—2010 年投资与 GDP 之间比率的上升和下降怎样移动了 *IS* 曲线？利

用第 3.8 节的框图中给出的数据，比较在每一次衰退期间以及衰退结束后的时期 *IS* 曲线移动的幅度。

10. 解释下列每一项怎样影响 *IS* 曲线的移动。

(a) 20 世纪 80 年代早期到中期的美元升值导致的美国农产品对外国出口的下降。

(b) 1990 年秋消费者信心的崩溃以及此后 1990 年 8 月伊拉克入侵科威特后能源价格的迅速上升。

(c) 在 2000 年股市与互联网泡沫崩溃后，企业信心的滑落。

(d) 2007—2009 年金融危机后，一些银行车贷和房贷不尽如人意的增长。

11. 1985 年以来，美国经济日趋稳定的假说之一是需求冲击变得越来越小，越来越不重要。解释为什么需求冲击被认为是 *IS* 曲线的移动。然后根据 *IS* 曲线移动讨论关于需求冲击与美国经济日趋稳定的假说。

下列三个问题设定了与第 3 章附录相关的知识：

*12. 给定一个消费函数：$C=C_a+c(Y-T)$ 和 $T=T_a+tY$，写出扩展的消费函数方程，以及由消费函数表示的扩展的储蓄函数方程。

*13. 边际漏出率相对较高或较低在问题 6 中的答案变化是什么？请解释。

*14. 当所有税收与净出口都是自发性的时，平衡预算乘数是 1。当所有税收都是自发性的，但净出口是由自发与引致两部分构成时，找出平衡预算乘数。新的平衡预算乘数小于、大于还是等于 1？

思考题

1. 考虑这样一个经济，其中所有税收都是自发性的，下列自发性消费、计划投资、政府支出、自发性税收和边际消费倾向的值都是给定的：

$C_a=1\ 400$　　$I_p=1\ 800$

$G=1\ 950$

$T_a=1\ 750$　　$c=0.6$

(a) 当收入水平等于 10 000 美元时，消费水平为多少？

(b) 当收入水平等于 10 000 美元时，储蓄水平为多少？

(c) 当收入水平等于 10 000 美元时，计划投资水平为多少？实际投资水平是多少？非意愿的存货投资水平为多少？

(d) 当收入水平为 10 000 美元时，说明注入与漏出。

(e) 当收入水平为 10 000 美元时，经济是否处于均衡状态？如果不是，本题中所描述的经济的均衡收入是多少？

(f) 在均衡的收入水平上，政府预算是存在盈余还是赤字？是多少？

2. 考虑一个经济，其中税收、计划投资、政府购买和净出口是自发性的，当利率改变时，消费与计划投资随之变动。给定下列关于自发性消费、边际消费倾向、计划投资、政府购买和净出口的信息（单位：十亿美元）：

$C_a=1\ 500-10r$　　$c=0.6$　　$T=1\ 800$

$I_p=2\ 400-50r$　　$G=2\ 000$　　$NX=-200$

(a) 计算边际储蓄倾向的值。

(b) 给定利率等于 3，计算自发性计划支出 A_p 的量。

(c) 假定利率为 3，计算均衡的收入水平。

(d) 假设无论家庭财富发生了什么变化，自发性消费都变动 4%。2006—2009 年房屋市场价格下降和 2007—2009 年股价跌落使家庭财富下降了 3 万亿美元，计算家庭财富的下降导致的消费减少量。

(e) 假定利率等于 3，计算新的自发性支出 A_p 的数量和新的均衡收入水平。

(f) 使用你对 c～e 题的回答，计算乘数的值。

(g) 财政与货币政策的制定者对家庭财富的减少作出的反应是将收入恢复到初始的均衡状态，

财政政策的制定者可以增加政府支出、减税或两者同时并举，货币政策的制定者可以降低利率。给定乘数值、税收乘数、平衡预算乘数，计算：

假定税收和利率不变，为将收入恢复到初始均衡水平，政府支出一定会增加。

假定政府支出或利率不变，为将收入恢复到初始均衡水平，税收必定削减。

假定政府预算平衡或利率不变，为将收入恢复到初始均衡水平，政府支出和税收必定增加。

假定政府支出或税收不变，为将收入恢复到初始均衡水平，利率必定降低。

3. 考虑一个经济，其中税收、计划投资、政府购买和净出口是自发性的，但是消费和计划投资随利率变化而变化。给定下列关于自发性消费、边际消费倾向、计划投资、政府购买和净出口的信息（单位：十亿美元）：

C_a=1 500−20r　　c=0.6

I_p=2 450−60r　　G=1 980

NX=−200　　T=1 750

(a) 算出边际储蓄倾向的值。

(b) 当利率分别为 0、2、4、6 时，计算自发性计划支出 A_p 的数量。

(c) 当利率为 0、2、4、6 时，计算均衡收入水平。画出 IS 曲线。

(d) 假设政策制定者决定减少阿富汗驻军的数量，这将会导致政府支出减少 80。当利率为 0、2、4、6 时，计算新的自发性支出 A_p。

(e) 当利率为 0、2、4、6 时，计算均衡收入水平。画出 IS 曲线。

(f) 假设政府保健方面的支出扩张引起支出从 1 960 增加到 2 120，总量增加达到 160。当利率为 0、2、4、6 时，计算新的自发性支出 A_p。

(g) 当利率为 0、2、4、6 时，计算均衡的收入水平，画出新 IS 曲线。

(h) 假设初始利率等于 4，经济在自然实际 GDP 上处于均衡水平，GDP 为 10 900。如果货币政策的制定者想将收入保持在自然实际 GDP 水平，解释作为阿富汗减撤驻军或扩大保健支出的结果需要利率变动多少。

*4. 假设一个经济中，边际消费倾向 c 是 0.8，所得税税率 t 为 0.2，GDP 中进口的比重 nx 是 0.04，自发性消费 C_a 是 660，自发性税收 T_a 是 200，自发性净出口 NX_a 是 300，计划投资 I_p 是 500，政府支出 G 是 500。

(a) 自发性计划支出 A_p 是多少？

(b) 乘数是多少？

(c) 均衡收入的值 Y 是多少？

(d) 处于均衡时的消费是多少？

(e) 表示漏出等于注入。

(f) 假若政府支出下降 150，描述 Y 达到新均衡值的经济过程。

(g) Y 的新均衡值是多少？

5. 考虑一个经济，其中，税收、计划投资、政府购买、净出口是自发性的，当利率改变时，消费与计划投资随之变动。给出以下关于自发性消费、边际消费倾向、计划投资、政府购买和净出口方面的信息（单位：十亿美元）：C_a=1 400−5r；c=0.5；I_p=2 350−35r；G=1 940；NX=−200；T_a=1 600。

(a) 计算乘数值。

(b) 从自发性计划支出表 A_p 中推导出方程。

(c) 从 IS 曲线中推导出方程 $Y=kA_p$。

(d) 使用 IS 曲线方程，在利率等于 0、3、6 时计算均衡的收入水平。

(e) 使用你对 d 部分的回答，计算 IS 曲线的斜率 $\Delta r/\Delta Y$。

(f) 假设自发性消费上升了 40，因此，C_a=1 440−15r。解释自发性消费的增加是否由消费者信心的波动引起。得出新的 IS 曲线的方程。

(g) 使用新的 IS 曲线方程，计算在利率为 0、3、6 时，收入的新均衡水平。

(h) 利用你对 d 和 g 部分的回答，解释自发性消费上升时 IS 曲线是向左还是向右移动。解释为什么 IS 曲线的水平移动等于乘数乘以自发性计划支出的变化。

6. 这个问题的目的是学习 IS 曲线斜率的变动怎样作为乘数变动以及自发性计划支出对利率变动反应的结果。在初始层面上，使用问题 5 给出的信息。

(a) 假设边际消费倾向从 0.5 上升至 0.6，计算新的乘数值。

(b) 推导出新的自发性计划支出 A_p 的方程。

(c) 推导出 IS 曲线 $Y=kA_p$ 的新方程。

(d) 使用新的 IS 曲线方程，计算在利率为 0、3、6 时新的均衡收入水平。

(e) 使用你对 d 部分的回答，计算新的 IS 曲线的斜率，$\Delta r/\Delta Y$。

（f）给定 $c=0.6$，设定计划投资支出的方程是 $I_p=2\ 350-45r$。推导出新的自发性计划支出 A_p 的方程。

（g）推导出新的 IS 曲线 $Y=kA_p$ 的方程。

（h）使用新的 IS 曲线方程，计算在利率为 0、3、6 时新的均衡收入水平。

（i）使用你对 h 部分的回答，计算新的 IS 曲线的斜率 $\Delta r/\Delta Y$。

（j）使用你对问题 5 中 e 部分以及本题中 e 和 i 部分的回答，解释当下列情况出现时，IS 曲线是变得更平缓还是更陡峭：（1）乘数提高；（2）自发性计划支出对利率提高的反应。

*7. 在一个经济中，当收入变化时，消费、税收和净出口都随之变化。此外，消费与计划投资随利率变化。给出关于自发性消费、边际消费倾向、计划投资、政府购买和净出口的信息：$C=C_a+0.85\ (Y-T)$；$C_a=225-10r$；$I_p=1\ 610-30r$；$G=1\ 650$；$NX=700-0.08Y$；$T=100+0.2Y$。

（a）计算乘数值。

（b）推导出自发性计划支出 A_p 的方程。

（c）推导出 IS 曲线 $Y=kA_p$ 的方程。

（d）使用 IS 曲线的方程，计算在利率为 3 时，均衡的收入水平。

（e）在利率为 3 时的均衡收入水平上，表示出漏出等于注入。

自测题答案

自测题 3—1

1. 在一般线性形式上 $C=C_a$，在数字例子中，$C=5\ 000$ 亿美元。

2. 你的选择是借钱、减少储蓄，以及出售股票、债券或任何你拥有的其他资产。

自测题 3—2

1. 在点 F，消费和可支配收入相等。而消费 $C_a+c\ (Y-T)$等于可支配收入 $Y-T$。在确定了这两个等式后，我们可以从 $Y-T$ 中减去$c\ (Y-T)$，得到 $C_a=\ (1-c)\ (Y-T)$。除以 $1-c$，我们可得到答案：可支配收入 $(Y-T)$ 等于 $C_a/\ (1-c)$，即消费。

2. 储蓄是正的。

自测题 3—3

1. 我们将计划投资写为 I_p，p 为下标，以反映出我们的假设：消费者、政府、出口者与进口者总是能够实现他们的计划，因此，不会出现自发性非计划消费、自发性非计划税收、非计划政府支出或非计划净出口。只有企业被迫制定非计划支出，比如投资 I 不等于它们计划进行的 I_p，但也包含了非计划存货（I_u）。

2. cT_a 会有负号的标志，因为税收的增加会降低而不是增加自发性计划支出部分，也就是，税收乘以税收被消费而不是被储蓄的部分。

3. 因为税收不是 GDP 的一部分，所以 T_a 要乘以 c。如果税收能够改变消费，才能改变 GDP。对消费的影响用 $-T_a$ 乘以边际消费倾向表示。

自测题 3—4

1. 计划支出由黑线超出收入部分表示，为满足需求迫使企业降低投资部分。

2. 企业增加产出以替代耗尽的存货，提高实际收入（Y）。

自测题 3—5

1. 我们假定边际消费倾向不变。

2. 当我们假定边际消费倾向不变时，边际储蓄倾向也不会变动。①

3. $s=1-c$。

自测题 3—6

1. 收入将下降 20 000 亿美元，储蓄将下降 20 000亿美元的四分之一，也是政府支出下降的确切数量。

2. 税收超出政府支出。私人储蓄者不再购买政

① 使用微积分方程计算比率的变化。当 A_p 和 s 被允许变化时，收入的变化为：$\Delta Y=\Delta A_p/s-A_p\Delta s/s^2$。在此处被简单处理为零。

府债券。私人储蓄等于总投资超出政府盈余的数量。

3. 如果税收提高 6 670 亿美元，储蓄严格下降6 670亿美元。通过降低储蓄水平，私人家庭将支付更高的税收。

自测题 3—7

1. 进口的下降将提高净出口水平，并使 A_p 需求曲线向右移动。

2. 利率的变动将使经济沿需求曲线移动而不是位移。

3. 高税收减少了消费，使 A_p 需求曲线向左移动。

4. 较高的政府支出使曲线向右移动。

5. 家庭净财富的减少将降低自发性消费，并使 A_p 需求曲线左移。

自测题 3—8

1. 在图 3—6 左边的框图里，当经济从点 C 移动到点 B 时，利率从 r_0 增加到 r_2，自发性计划支出水平从 A_{p0} 下降到 A_{p2}。A_p 增加的乘数效应引发实际收入从 A_{p0} 到 A_{p2} 的倍数下降。在右边的图形中，乘数效应以收入从 Y_0 下降到 Y_2 的大幅左移表现出来。注意右图中点 C 与点 B 之间的水平距离因为乘数作用而明显大于左图中点 C 与点 B 的水平距离。

2. 如果利率是 r_1，右图中经济运行于点 D。

第 3 章附录　允许所得税与所得独立于净出口

□ 所得税的影响

当政府以所得税［除自发性税收（T_a）以外］提高其税收（T）时，其总税收是

$$T=T_a+tY \tag{1}$$

首要的构成部分是自发性税收，我们继续使用符号（T_a）。位居其次的构成部分是所得税收入，税率 t 乘以收入 Y。可支配收入（$Y-T$）是总收入减税收：

$$Y_D=Y-T=Y-T_a-tY=(1-t)Y-T_a \tag{2}$$

从支出流中漏出的部分 当总收入（Y）发生任何变化时，可支配收入仅以（$1-t$）的部分变化。总收入的任何变化（ΔY）都被划分成引致性消费、引致性储蓄和引致性税收。ΔY 中被归入消费的部分是可支配收入中的边际消费倾向（c）乘以收入中的可支配收入部分（$1-t$）。总收入变动的细节由下表给出：

细分成：	
1. 引致性消费	$c(1-t)$
2. 引致性储蓄	$s(1-t)$
3. 引致性税收	t
加总	$(c+s)(1-t)+t=1-t+t=1.0$

如方程（3.10）所示，当收入等于计划支出时经济处于均衡状态：

$$Y=E_p \tag{3}$$

像以前一样，我们从均衡条件两边减去引致性消费。根据已经列出的表格，收入（Y）减去引致性消费等于引致性储蓄加上引致性税收。计划支出（E_p）减去引致性消费是自发性计划支出（A_p）。然后，均衡条件是

$$\text{引致性储蓄}+\text{引致性税收}=\text{自发性计划支出}(A_p) \tag{4}$$

按照表中给定的条件，方程（4）可以用符号表示为：

$$[s(1-t)+t]\,Y=A_p \tag{5}$$

左边括号内的项目是不能转化成引致性消费的收入部分——也就是转化成引致性储蓄 $s(1-t)$ 和政府税收（t）的部分。括号内的这两部分之和被称为**边际漏出率**（marginal leakage rate）。当方程两边同除以括号内的内容时，Y 的均衡值可以被计算出来：

$$Y=\frac{A_p}{s(1-t)+t} \tag{6}$$

□ 所得税和乘数

收入的变动（ΔY）是自发性计划支出变动（A_p）除以边际漏出率：

$$\Delta Y=\frac{\Delta A_p}{s(1-t)+t} \tag{7}$$

乘数（$\Delta Y/\Delta A_p$）是 1.0 除以边际漏出率，当不存在所得税时乘数是 $1/s$。现在考虑所得税因素：

$$\text{乘数}=\frac{1}{\text{边际漏出率}}=\frac{1}{s(1-t)+t} \tag{8}$$

不过，所得税的提升降低了乘数，反之亦然。这给政府稳定收入提供了一个新的工具。当政府想刺激经济提高收入时，它能够通过削减在方程（6）中的所得税税率提高收入，在方程（8）中提高乘数值。此类事情最近分别发生在 2001 年、2003 年、2008 年和 2009 年，并且，当政府想抑制经济时可以提高所得税税率，如最近的 1993 年。

□ 政府预算

政府预算盈余像以前定义的一样，等于税收减去政府支出，$T-G$。用方程（1）替代定义，它表示税收为自发性与引致性税收之和。我们将政府盈余表述为：

$$\text{政府预算盈余}=T-G=T_a+tY-G \tag{9}$$

而当收入水平扩大时，政府预算盈余水平会自动提高，这种所得税作用的结果有时被称为**“自动稳定器”**（automatic stabilization）。这个名称反映了税收随收入的升降而自动升降。当收入上升时，所得税上升，在家庭花费之前一部分收入被吸走；与此相似，当收入下降时，所得税下降，使可支配收入的下滑最小化，这就是为什么所得税使乘数变小的原因。

□ 自发性与引致性净出口

方程（6）中的收入决定论认为，均衡收入等于自发性计划支出（A_p）除以边际漏出率。当美国与外国存在贸易时，美国厂商将部分国内产出作为出口品售出，家庭与企业从国外购买进口品，所以美国的部分支出不会创造美国的产出。

出口与进口如何影响收入的决定？我们在第 2 章学到过出口与进口之差被称为净出口，属于 GDP 的一部分。当出口增加时，净出口增加；当进口增加时，净出口减少。用 NX 表示净出口。我们将净出口与收入（Y）之间的关系表述为：

$$NX=NX_a-nxY \tag{10}$$

净出口包含了自发性因素（NX_a），它反映了这样的事实：出口水平主要取决于外国的收入水平（它是外生的，并不能被我们的理论解释）而不是国内收入（Y）。净出口也包含了引致性因素（$-nxY$），它反映了如果国内收入提高，进口将上升，从而降低净出口。nx 的含义也可以被描述成“GDP 中的进口部分”。

由于现在我们有一个自发性支出的新构成要素，净出口的自发性因素（NX_a），我们可将 A_p 的定义重新表述如下：

$$A_p=C_a-cT_a+I_p+G+NX_a \tag{11}$$

由于进口依赖于收入（Y），净出口中的引致性因素（$-nxY$）会对均衡收入产生相同的影响，其乘数作用与所得税相同，进口代表了从支出流中的漏出。这部分收入的变化并非美国公民可支配收入的一部分，因而不能用于消费。花费在净出口（nx）上的收入变动部分是经济中边际漏出率的一部分。

漏出的类型	边际漏出率
仅有储蓄	s
储蓄与所得税	$s(1-t)+t$
储蓄、所得税与进口	$s(1-t)+t+nx$

□ 均衡收入与乘数的完整方程

当我们将方程（6）、方程（11）和表格结合在一起时，均衡收入变为：

$$Y=\frac{A_p}{\text{边际漏出率}}=\frac{C_a-cT_a+I_p+G+NX_a}{s\ (1-t)\ +t+nx} \tag{12}$$

收入变动变为：

$$\Delta Y=\frac{\Delta A_p}{\text{边际漏出率}}$$

此处，$\Delta A_p=\Delta C_a-c\Delta T_a+\Delta I_p+\Delta G+\Delta NX_a$，边际漏出率与方程（12）的分母相同。

□ 平衡预算乘数

在第 3 章的方程（3.18）中，通过以边际漏出率替代分母上的 s，得出了平衡预算乘数：

$$\text{平衡预算乘数}=\frac{1-c}{\text{边际漏出率}}$$

第4章 在 *IS*-*LM* 模型中政策的强弱影响

钱总是在那里，但钱袋变了。

——Gertrude Stein

4.1 引言：货币和财政政策的力量

上一章我们考察了商品需求的决定因素，也就是说产品与服务构成了实际 GDP。我们知道，当总产出或实际 GDP 等于家庭、企业、政府和外国人想要购买的商品也就是计划支出时，经济处于均衡状态。当任何计划支出的决定因素发生变化时，企业将通过提高或降低产出作出反应，经济将会经历经济周期而不是实际 GDP 的平稳增长。

上一章我们概括说明了向下倾斜的 *IS* 曲线中均衡实际 GDP 与利率之间的关系，沿 *IS* 曲线上的任意一点，商品市场都处于均衡状态，不存在非计划存货的累积或短缺。*IS* 曲线的位置取决于自发性计划支出的构成和乘数，斜率取决于乘数和计划支出对利率变化的反应。

但是，这个单一几何图 *IS* 曲线并不能决定两个未知变量：实际 GDP 与利率。不知道利率的值我们就不能确定实际 GDP，反之亦然。在确定实际 GDP 之前，我们也不能确定利率。

要同时决定实际 GDP 与利率，我们需要它们之间的第二个独立关系，第二个关系称为 *LM* 曲线，由货币市场提供。在货币市场上美联储控制的货币供给与家庭和企业影响的货币需求交互作用。在 *IS* 曲线与 *LM* 曲线的交点，经济中均衡的实际 GDP 与均衡利率同时实现，商品市场与货币市场均处于均衡状态。

4.2 收入、利率与货币需求

货币市场是对经济中金融部门的一般表述，事实上，金融部门的产品由除货币以外的几种资产构成，包括短期公司和政府债务以及债券、股票和共同基金。在本章我们将注意力集中于金融部门的一部分，通常被称为“货币”。在下一章我们将在金融部门近观更大范围的资产。

货币供给（money supply）（M^S）由两部分构成：现金和银行与储蓄机构的支票账户。货币供给可以被看做美联储可随意控制货币数量的一种政策工具。正如我们所假设的，政府可以精确确定财政政策工具的水平，也就是政府购买与税收。

在本章，理论的扩展确定了货币供给、收入与利率之间的联系，连接货币供给、收入与利率之间的命题可以表述为人们对货币的实际需求数量取决于收入与利率。为什么家庭会放弃利息收益而持有不付利息的货币余额？主要原因是为便利交易需要持有最低限度的货币量。

□ 收入与货币需求

以股票和债券形式存在的资金可以获取利息但不能用于交易，在购买任何东西以前人们不得不持有现金或在银行账户中有存款以便开出支票。（即使他们使用信用卡也需要在银行账户中存钱，以备继续维持其信用卡账单。）因为富人会进行更多采购，他们一般需要更多现金和更多的银行存款。不过，当每一个人都变得更加富有时，也就是当实际收入总量增加时对**实际货币余额**（real money balances）的需求会增加。

实际收入的变化将会改变货币的实际需求，也就是说，价格水平会对变动作出调整。我们假设实际货币余额需求（M/P）等于实际收入（Y）的 h 部分：

$$\left(\frac{M}{P}\right)^d = hY$$

上标 d 意味着“货币需求”。

如果实际收入（Y）是 Y_1，实际货币余额 $(M/P)^d$ 的需求将为 hY_1，如图4—1中垂直线（L'）上 $(M/P)^d$ 所示。这条线是垂直的，因为我们开始假设实际货币余额需求 $(M/P)^d$ 不依赖于利率（r）。

□ 利率与货币需求

然而，L' 线是不现实的，因为在10%利率与0利率情形下，人们不可能持有同量的货币。为什么？因为纵轴上表示的利率是对资产而非货币支付的报酬，比如债券和储蓄券。持有生息金融资产（非货币）的报酬（r）越高，持有的货币就越少。

在图4—1中，当利率从0升至 r_1 时，L_1 线经过点 F 和点 D 向下倾斜，人们将削减货币持有至点 D 的数量。当利率在 r_0 的更高位时，其货币持有量将进一步削减至点 F 的数量。新的 L_1 线可以被概括为：实际货币需求是收入的一个比例 h 减去 f 乘以利率：

$$\left(\frac{M}{P}\right)^d = hY - fr$$

利率的变化会使经济中的实际货币需求上下移动，无论实际产出（Y）（如图4—2所示）是向左还是向右移动。在任何给定的利率上，货币需求量的变化由下列方程给定：

$$\Delta\left(\frac{M}{P}\right)^d = h\Delta Y$$

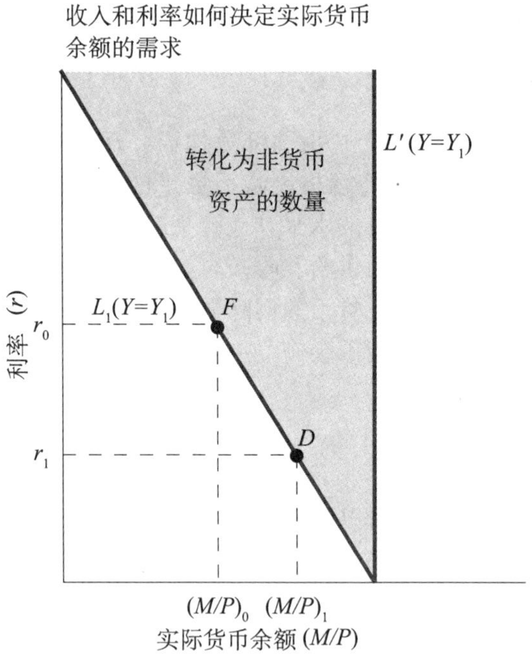

图 4—1　货币需求、利率与实际收入

注：垂直线 L'是在不现实的假定条件下画出的，即对实际货币余额的需求不依赖于利率而是实际收入的固定比例 h，也就是（M/P） $d_1=hY_0$。其他可供选择的向下倾斜的 $L1$ 曲线具有同样的收入水平和同样的横轴截距（M/P）$d_1=hy_0$。但是，当利率从零上升至点 D、点 F 时，对实际余额的需求会减少。阴影区域表示转移至其他资产的数量，当利率增长时，该数量增大，因而作为货币而持有的数量越来越小。

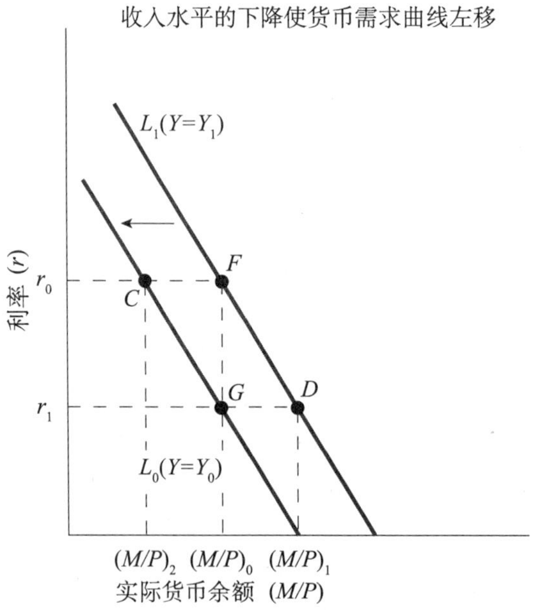

图 4—2　实际收入的下降对货币需求的影响

注：L_1 线是从图 4—1 复制过来的，表示假定实际收入固定在 Y_1 水平时不同利率水平下实际余额的需求，实际收入从 Y_1 下降至 Y_0 会引起实际货币需求以实际收入乘以 h 的幅度下降。在利率给定的条件下，在 L_0 的任何一点上的货币需求都低于原来的 L_1 线。

在点 F 与点 C 之间，利率相同，产出从 Y_1 下降至 Y_0，货币需求下降 h 乘以收入的变动量。

自测题 4—1

1. 实际货币需求的两个决定因素是什么？
2. 每一个因素对实际货币需求的影响是什么？
3. 若任意决定因素发生变化，IS 曲线会移动吗？

□ 移动货币需求曲线的其他因素

至此，我们仅考虑了移动货币需求曲线的一种因素——实际收入。事实上，除实际收入外，还有其他因素能够移动这条曲线。回忆我们在本章使用的“货币”，它包括了现金、支票账户，并且我们将其他资产如储蓄账户、股票和债券称为“非货币资产”。这里我们介绍一些其他的移动因素，在本章末将回过来考察它们对收入和利率决定的影响。

财富 如果由于储蓄增加或房价提升、持有股票，人们变得更加富有，那么，这些财富的一部分可能增加货币的额外持有。然而，事实上，财富增加的大部分都会以非货币资产的形式持有，例如储蓄账户、股票和债券。回顾第 3 章，较多的财富也会增加自发性消费并使 IS 曲线向右移动。

预期未来通货膨胀 如果人们预期将来价格水平迅速上升，他们知道将来货币的购买力减弱，将力图持有尽可能少的货币。他们会尝试将货币转换成非货币资产，作为高通胀的结果将会提高价格水平，包括股票和房屋。

支付技术 改变人们购买商品的支付方式或货币与非货币资产之间转换的方便程度的任何技术进步都能够影响货币需求。例如，ATM 机到处存在，当需要时，它能够很容易地提取现金，所以，人们携带的现金越来越少。在 ATM 机被发明之前，现金只有在银行上班时才能亲自在银行柜台提取。同样重要的是信用卡的发明，它允许更多交易可以在不使用现金的情况下进行。ATM 机和信用卡都在任何给定的利率上降低了货币需求。

4.3 *LM* 曲线

至此，我们已经学习了受美联储控制的货币供给（M^S），家庭决定的货币需求（$M/P)^d$ 取决于收入与利率。现在通过假定货币市场总是处于均衡状态（没有变化压力的情况），实际货币供给等于实际货币需求，我们将两种关系连接在一起。货币市场的这种均衡状态让我们引申出一种关系，称为 LM 曲线。① 要在货币市场达到均衡，实际货币供给（M^S/P）必须等于实际货币需求（$(M/P)^d$）：

$$\frac{M^S}{P}=\left(\frac{M}{P}\right)^d=hY-fr \tag{4.1}$$

货币的供给不取决于利率，因此，M^S/P 被画在图 4—3 左边的框图里。它是一条垂直线，两条货币需求线 L_0 和 L_1 都是从图 4—2 中复制过来的。

□ 怎样导出 LM 曲线

左图中倾斜的货币需求曲线（L_1）假设收入值 Y_1 在点 F 与垂直的货币供给线相交，将视线转向右图，同样的利率用点 F 表示出来，这一点被标注在水平轴的点 Y_1 上。

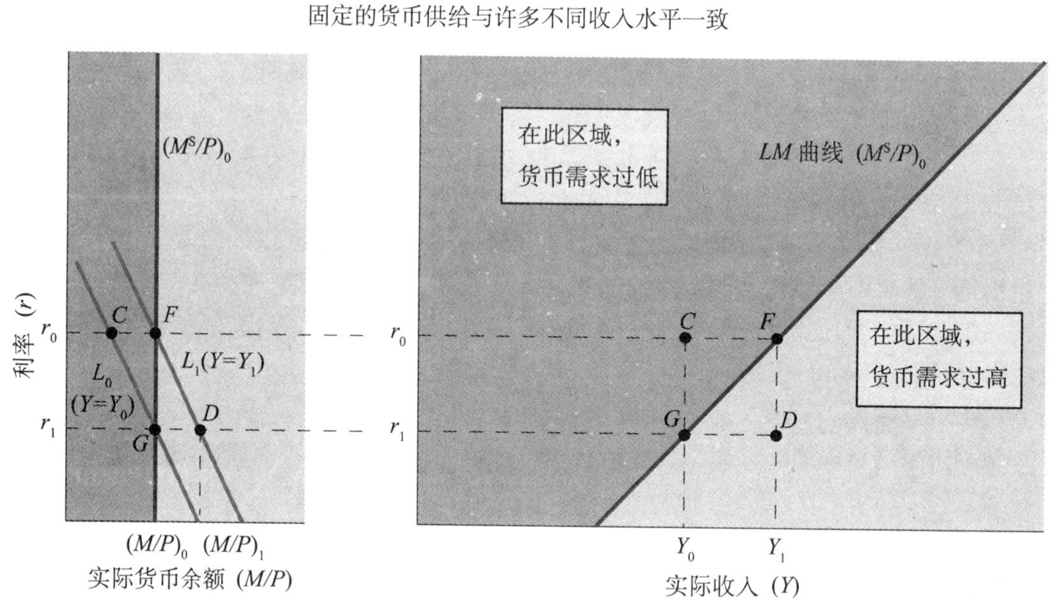

图 4—3　LM 曲线的推导

注：左图中的 L_0 线与 L_1 线是从前一图形中复制过来的，垂直的 M^S/P 线表示由政府提供的可供使用的货币供给。货币市场在货币供给线 M^S/P 与货币需求线 L_0 或 L_1 的交点处于均衡状态。当收入为 Y_1 时，在右图中的对应之处，均衡发生于点 F。当收入为 Y_0 时，在右图中均衡发生于 L_0 与 M^S/P 相交的点 G。LM 曲线表示货币市场处于均衡状态的 Y 与 r 的组合。

与此类似，在左图中的点 G 处货币供给等于收入为 Y_0 时画出的货币需求曲线 L_0。在右图中点 G 是在同样的利率和收入水平 Y_0（低于 Y_1）的条件下得到的。

□ LM 曲线表示什么？

在图 4—3 的右边，连接点 G 与点 F 的线被称为 **LM 曲线**（LM curve）。LM 曲线代表

① LM 曲线的名称源自两个词："流动性"（L）和"货币"（M）。流动性是大多数其他资产所缺乏的货币特征，也就是迅速取得其全部价值的能力，与非流动资产如房屋相反，后者只能在不确定的时间以不确定的价格售出。因此，字母"L"在传统上被用于讨论货币需求，如图 4—1 和图 4—2 所示。

货币市场处于均衡状态时的所有收入（Y）与利率（r）的组合，也就是说，在这里，实际货币供给等于实际货币需求。

在 LM 曲线以外的任何一点，比如点 D，货币市场都不处于均衡状态。在浅灰色阴影部分，点 D 与其他任何点的问题是货币需求超出了可供使用的货币量。在深灰色阴影区域，点 C 与其他任何点上过多的货币供给超出了需求。

当货币市场处于非均衡状态时，例如点 D，经济怎样调整才能使政府给定的货币供给恰好等于货币需求？通过提高利率，经济能够从点 D 达到货币市场均衡，这将会使经济从点 D 向点 F 移动，减少货币需求。或者在利率保持一定时，收入下降。这将引起向点 G 的移动，也会减少货币需求，或者引发其他组合产生，部分为收入的下降，部分为利率的上升。这些可能的结果取决于 IS 曲线的斜率，像我们即将在下一部分所看到的。

自测题 4—2

当经济在图 4—3 的下列两点之间移动时，描述货币需求的变化。

1. 从点 D 到点 F；
2. 从点 D 到点 G；
3. 从点 C 到点 F；
4. 从点 C 到点 G。

☞ **学习识图**

LM 曲线

LM 曲线像第 3.9 节描述的 IS 曲线一样重要和实用。这个专栏解释了 LM 曲线的斜率以及使之发生位移和旋转的因素。

图形的构成和倾斜原因

纵轴是利率，横轴是收入水平（和 IS 曲线一样）。

LM 曲线表示货币需求与一个既定数量的货币供给相等时各种不同利率与收入的组合。因为在 LM 曲线上任何一处货币需求都是固定的，但是向右方伸展时收入随之增加，“某些事情”必须发生才能抵消来自高收入的更高的货币需求。这个所谓的某些事情就是更高的利率，它诱使人们将货币转换为非货币资产，将可供使用的固定数量的货币解脱出来用于更高水平的交易。

沿着任何给定的 LM 曲线，实际货币余额水平（M^S/P）是固定的，但实际收入（Y）是变化的。实际收入与实际余额之比被称为“货币速度（V）”

$$速度\ V=Y/(M^S/p)=PY/M^S$$

其右侧表示速度等于名义收入（PY）除以名义货币供给（M^S）。利率越高，货币流速就越快。为什么？如果 r 提高，人们想要持有更少的货币，但货币供给是固定的，为了在货币市场上保持均衡，收入必须相应增加以诱使家庭持有固定的现有货币数量。当 M^S/P 固定时，任何导致经济沿 LM 曲线涨跌的因素都会通过改变 Y 使速度变化。

什么因素使 LM 曲线发生移动和转动？

LM 曲线是在实际货币供给（M^S/P）固定的情形下画出的。若名义货币供给（M^S）增大，LM 曲线向右移动；若名义货币供给降低，LM 曲线向左移动。价格水平提高将使 LM 曲线左移，反之亦然。

正如当货币供给增加或当价格水平下降时，LM 曲线右移一样，当任何决定因素而非利率和实际收入（各自处于纵轴与横轴上）发生变化导致货币需求下降时，曲线向右移动。这些因素如课本里所讨论的包括对货币支付的利息的下降、财富的下降、预期通货膨胀的提高、技术创新如 ATM 机与信用卡的出现。

降低货币需求对利率敏感度的任何因素都使货币需求曲线 $L(Y)$ 和 LM 曲线更加陡峭（围绕其横轴截距向上旋转）。使货币需求缺乏对收入变化响应程度的任何因素都使 LM 曲线更加平坦和向外移动。

LM 曲线以外的点的实质

在 LM 曲线左边的全部区域里，存在超额的货币供给，因为收入低于创造与货币供给相匹配的充足的货币需求所需要的数量。LM 曲线右边的全部区域拥有超额的货币需求，因为收入高于匹配货币需求与固定的货币供给所要求的数量。

在 LM 曲线以外的任何点上都存在着利率变化的压力。例如，当存在超额货币需求时，人们会试图通过出售债券和其他金融资产获取货币，这将推高债券和其他金融资产的利率。

4.4 IS 曲线与 LM 曲线相交

现在，我们准备考察经济的一般均衡。一般均衡考虑的是商品市场与货币市场的行为，我们将图 3—6 中的 IS_0 曲线和图 4—3 中的 LM_0 曲线合并在一起。

商品市场的均衡仅仅发生于 IS 曲线上。图 4—4 复制了图 3—6 中的 IS_0 曲线，在 IS_0 曲线以外的任何一点，例如点 G 和点 F，商品市场都处于非均衡状态，点 C、D 和 E_0 都代表实现商品市场均衡的各种不同的组合，在哪一个均衡点经济将趋向于稳定？单个的 IS_0 曲线并不能提供足够的信息来决定收入和利率，必须两条曲线才能确定两个未知变量的均衡值。LM 曲线提供了必要的附加信息，表示在一定实际货币供给情况下货币市场处于均衡状态的收入与利率组合。图 4—4 从图 4—3 复制了 LM_0 曲线，在 LM_0 曲线以外的任何一点，例如点 C 和点 D，货币市场均处于非均衡状态。货币市场的均衡仅仅发生于点 G、F 和 E^* 上，每一点都代表实际货币需求等于实际货币供给时收入与利率的组合。

经济如何在点 E^* 上实现**一般均衡**（general equilibrium）呢？如果商品市场处于失衡状态，非自愿存货的累积或不足将会发生，企业将会增大或削减产出，推动经济从一个方向向点 E^* 推移。如果货币市场失衡，将存在调整利率的压力，无论如何，经济都会在点 E^* 实现均衡。

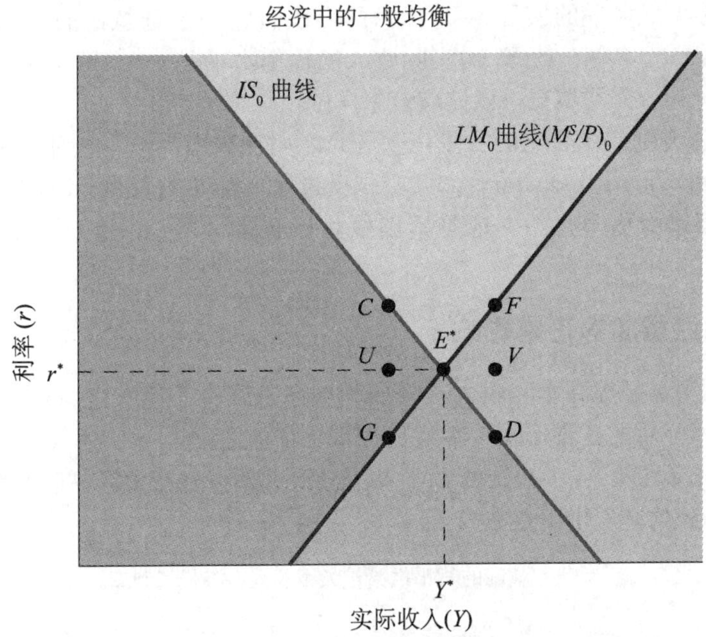

图 4—4　*IS* 曲线与 *LM* 曲线最终相交

注：IS_0 曲线从图 3—6 复制过来，LM_0 曲线从图 4—3 复制过来，只有在点 E_0 处于一般均衡状态。在这种情况下，商品市场（沿 *IS* 曲线）和货币市场（沿 *LM* 曲线）都达到均衡状态。在点 *U*、*V*、*G* 和 *F*，商品市场处于非均衡状态，在点 *U*、*V*、*C* 和 *D* 货币市场处于非均衡状态。

☞ **全球经济危机聚焦**

IS 曲线向左移动的原因

IS-*LM* 模型有助于搞清经济波动特别是 2008—2009 年全球经济危机。迄今为止，引发经济周期最重要的原因是使 *IS* 曲线左移的因素在起主导作用，然后就会引起衰退。这些移动因素包括消费者乐观情绪、家庭净财富和从金融机构获取信贷的难易程度等的变化对自发性消费的影响。更为重要的是企业的乐观主义与悲观主义对计划投资的影响，包括居民住房抵押贷款和非居民住房商业贷款获取条件放松的影响。

4.5　货币政策的应用

IS-*LM* 模型使用了两种关系（或曲线）来决定两个内生变量：实际收入与利率，模型不能解释的外生变量是企业和消费者的乐观情绪、家庭实际净财富水平、从金融市场获取贷款的难易程度、单一的货币政策工具（货币供给）、财政政策的两种工具（政府支出与税收）和净出口。无论何时，只要一种外生变量发生变化，结果是两个内生变量——实际收入（GDP）和利率——的其中一个或两个同时变化。在这一部分我们将会看到联储改变货币供给的决定将正式导致实际 GDP 和利率的变动。

联储想实现什么水平的实际 GDP？我们应该假定一个合意的收入水平即自然实际 GDP 是 Y_1。在图 4—4 中，点 E_0 的实际收入的均衡水平是 Y^*。可是在现实和自然实际 GDP 之间有一个缺口需要填充，联储应该怎样做？

要将 GDP 提升到一个合意的数量，联储只能增加货币供给，这种行为被称为**扩张性货币政策**（expansionary monetary policy）。反过来，如果自然实际 GDP 低于现实实际 GDP，联储能够减少货币供给，这是**紧缩性货币政策**（contractionary monetary policy）的一个例子。

□ 货币供给增加的正常影响

货币供给的增加是提高实际收入、降低利率还是两者兼而有之？如果 *IS* 曲线和 *LM* 曲线有图 4—4 所显示的正常形状，答案是两者兼而有之。

图 4—5 重复了图 4—4 中初始的 LM_0 以及 IS_0 曲线。经济中的一般均衡也就是商品与货币市场同时达到均衡发生于点 E^*。

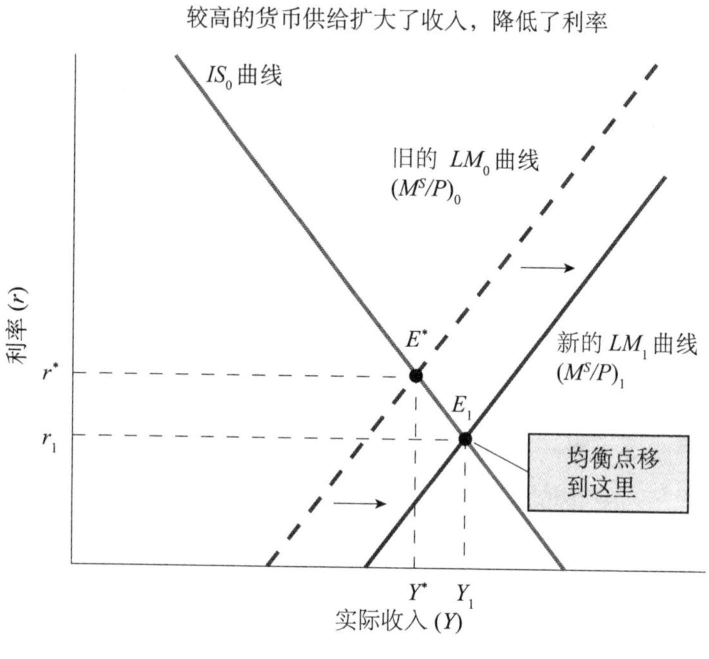

图 4—5　在正常 *LM* 曲线中货币供给增加的影响

注：实际货币供给从旧的 LM_0 曲线上的 $(M^S/P)_0$ 上升到新的 LM_1 曲线上的 $(M^S/P)_1$。为保持商品与货币市场的均衡，均衡收入必须提高，均衡利率必须下降，如 E^* 到 E_1 的变动所示。

假定联储提高名义货币供给量，只要价格水平固定为 1.0，实际货币供给同量增加，*LM* 曲线向右移动。那么，经济中怎样创造能够平衡新增货币供给的实际货币需求的增减呢？

人们发现当自己拥有超出自身所需要的货币时，就会将一部分货币转移至储蓄账户，用其中一些购买股票、债券和商品，这会提高股票、债券的价格，降低利率。较低的利率将会提高合意的自发性消费和投资支出，这需要产出的增加。只有在点 E_1，货币与商品市场同时处于均衡状态。与起始点 E^* 相比较，实际货币供给的增加引起了实际收入的增加和利率的降低。

□ 货币需求的变动也能移动 *LM* 曲线

到目前为止，我们已经解释了图 4—5 中货币供给增加所造成的 *LM* 曲线的右移，但是，严格来说，*LM* 曲线的右移同样可由货币需求的降低引起。在给定的利率与实际收入水平下，一些降低货币需求的因素在本章前面已介绍过。这些因素包括财富的减少、预期未来通货膨胀率的上升、降低人们现金携带量的新支付技术如 ATM 机和信用卡的出现。任何这些变化都将会使 *LM* 曲线向右移动，相反的变化都将会使 *LM* 曲线向左移动。

当这些移动表现为货币需求时，如果联储想避免实际 GDP 和利率的变动，那么，它需要向同方向变动货币供给。联储必须将货币供给量降低至 *LM* 曲线当初向右移动的数量。

4.6 财政扩张怎样挤出私人投资

在上一部分，我们通过沿固定的 *IS* 曲线移动 *LM* 曲线考察了货币政策的变化对实际收入和利率的影响。现在，我们将做相反的考察，沿着固定的 *LM* 曲线移动 *IS* 曲线，原来的 *IS* 曲线取自图 4—4，在图 4—6 中被标注为“旧的 IS_0 曲线”。

挤出效应削弱了财政乘数

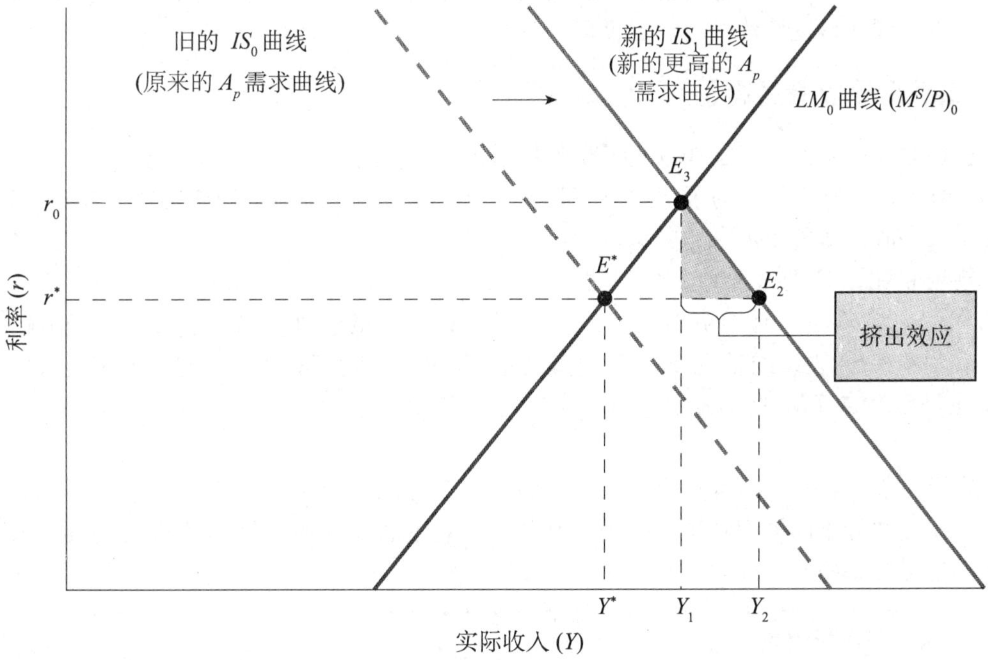

图 4—6　政府支出的增加对实际收入与利率的影响

注：沿着旧的 IS_0 曲线，经济的均衡发生在 E^* 的位置，政府支出的增加使 *IS* 曲线右移至 IS_1。经济的均衡点沿着 *LM* 曲线从点 E^* 移向点 E_3。如果利率没有变化，如第 3 章乘数方程假定的那样，经济将向右方移至点 E_2 而不是点 E_3。如图所示，从 E^* 到 E_2 乘数的一半被为将经济保持在 *LM* 曲线上，也就是保持货币市场的均衡的挤出效应所吞噬。

□ 扩张性财政政策移动 *IS* 曲线

扩张性财政政策以政府购买增加的方式使 *IS* 曲线向右移动，旧的与新的 *IS* 曲线之间的水平距离不仅代表较高的政府支出扩大了 A_p 的影响，而且代表 *IS* 曲线以 A_p（$\Delta Y = k\Delta A_p$）的倍数右移的乘数效应。

图 4—6 显示出扩张性财政政策对实际收入的影响在原来的第 3 章乘数（$k=1/s$）中被高估了。这个完整的财政政策乘数将使经济从图 4—6 中的点 E^* 向右平移到 E_2。相应地，利率下降，收入增长减少。利率必须上升的原因是 *IS* 曲线的右移增加了收入，收入的增加提高了货币需求，但是，根据假定实际货币供给在 *LM* 曲线上保持不变。

□ 挤出效应

一些经济学家和新闻工作者用术语**“挤出效应”**（crowding out effect）去比较图 4—6 中的 E_2 与 E_3。在点 E_2 与点 E_3 之间，实际 GDP 的差别来自较高的利率挤出了投资与消费支出。点 E_2 被用来计算挤出效应的大小，纯粹是经济无法达到或没有达到的假设位置。实际上，私人总支出在新的均衡位置 E_3 比在原有的位置 E^* 上更高，远离挤出。不仅政府支出的增加直接扩张了 GDP，而且它还能提高消费与投资的乘数效应。但是，还有两种抵消效应可被用来解释为什么新的均衡点 E_3 比 E_2 有更低的收入。高利率降低了自发性消费和计划投资足以抵消大多数（并非全部）由增加政府支出刺激的引致消费的增加。没有利率的提高，我们将会倒退到第 3 章的模型，在那里，政府支出的增加将增加引致性消费而没有抵消任何自发性消费与计划投资。

□ 挤出可以避免吗？

挤出效应的基本原因是在收入提高和货币供给一定的情况下货币需求对收入增加的正面响应导致的利息上升。为了抵消由高收入引起的货币需求增加，利率必须提高，并且足以抵消较高收入对货币需求的影响。

规避挤出效应的最简单方法是联储增加货币供给，允许 *LM* 曲线与 *IS* 曲线以相同的幅度向右移动。对于挤出效应而言，另一种可能的例外是货币需求是否依赖于收入。在另外一种假设的情况下，挤出效应在 *IS* 曲线为垂直的（也就是，支出对利率的反应是零）或 *LM* 曲线为水平的（也就是，货币需求对利率的反应是无限的）时是可以避免的。

在下一部分，我们将考察货币政策与财政政策在通常情况下到底是强还是弱。并且，我们要研究两种不同类型政策之间的相互作用。弱的货币政策能被强的财政政策抵消吗？相反的情况又怎样？

☞ **全球经济危机聚焦**

在 *IS*-*LM* 模型中货币政策怎样是无效的？

在下一部分，我们将提供一个关于货币政策与财政政策可能十分弱或十分强的分析。这是一个与 2008—2009 年全球经济危机具有很高关联性的话题，因为一旦联邦基金利率在 2008 年 12 月接近于零，联储就会失去对利率的控制。在 1935—1940 年大萧条的上半程，美国也无法使用货币政策去刺激经济。在过去的 20 多年里，日本的情况也是如此。下一部分的理论分析将帮助我们理解全球经济危机。我们要在本章下一专栏和第 5 章中继续这一话题。

4.7 货币政策的强弱影响

我们已经在图 4—5 中看到正常的货币刺激产生的影响，货币供给量的增加需要经济进行调整以达到增大货币需求。提高货币需求的任务在图 4—5 中是由收入水平的提高（货币需求提高）和利率水平的降低（也提高货币需求）共同承担的。

但是，有一种可能性，货币刺激对收入的影响可以大于或小于图 4—5 所显示的，有可能货币政策变得如此之弱以至于失去提高产出的能力。我们也将会看到，财政政策对产出的影响可能是强的、弱的或不存在。

□ 货币扩张的强势影响

货币扩张的结果取决于 IS 曲线与 LM 曲线的斜率。图 4—7 中上半个框架呈现的是正常倾斜程度，经济从 E^* 移动到 E_1。货币供给将收入从 Y^* 扩展到 Y_1 的幅度越高，利率从 r^* 下降到 r_1 的幅度就越低。正如在图 4—5 中经济的均衡点从 E^* 移动至 E_1 一样，高收入与低利率足以扩大货币需求以至于与假设联储创造的货币供给量相匹配。

对货币供给量不同于正常状态的同量增加的影响，他会怎样面对？从一方面的变种来说，货币扩张对收入有不同寻常的强烈影响，这发生于 LM 曲线比较陡峭的状况下。（货币需求对利率的反应不灵敏。）在图 4—7 的下半部分显示的是同样的开端 E^*，并且 IS 曲线与框图的上半部分一模一样。但是，现在旧的与新的 LM 曲线都是垂直的，这意味着货币需求对利率的反应程度是零的极端状况。如图形上半部分一样，货币供给量的增加将会使 LM 曲线移向新的 LM 线。（注意：在上下两图中 LM 曲线的水平移动与标注出来的 E^* 到 E_2 是等距离的。）结果，在图 4—7 的下图中，经济从点 E^* 移动到点 E_4。下面框图中的收入增长两倍于上面的框图，同时，利率的下降也是双倍的。

为什么在图 4—7 的下图中货币政策发挥了更大的刺激作用？在两个图中，货币供给的增加量是相同的，货币需求同样如此。但是在下图中，货币需求总体来说对利率的下降是不敏感的。因此，所有扩张货币需求的工作一定是通过高收入完成的。由于低利率对扩张货币需求没有提供帮助，收入与下图相比一定进一步上升。并且，为了保持商品市场沿着固定的 IS 曲线实现均衡，为了实现收入的必要扩张，利率的进一步扩张是必要的。

为什么垂直的*LM*曲线使货币政策更加有效

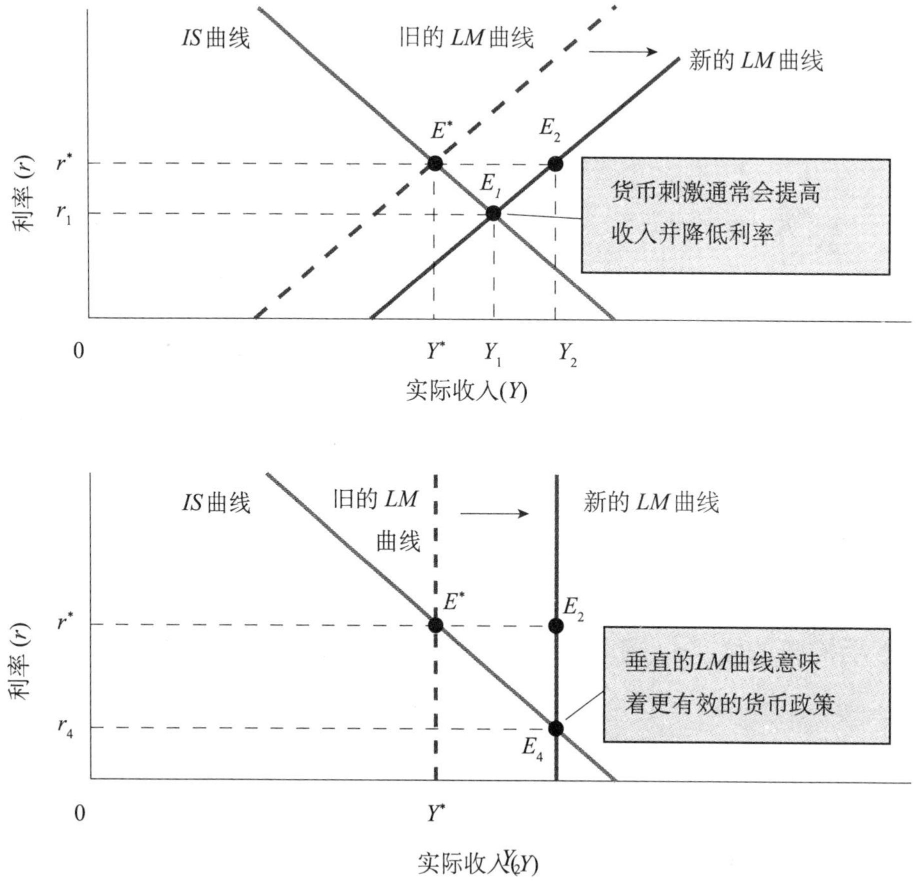

图 4—7　在正常与垂直的 *LM* 曲线的情况下，货币供给增长的影响

注：上图显示的是实际货币供给增加的正常影响，其结果是提高了实际收入，降低了利率。在下图中，*LM* 曲线是垂直的实际货币供给的同样增加会导致更大的利率下降和更大的实际收入的增加。

□ 货币政策的弱影响

当联储认为收入太低时，它将扩大其货币供给。但是在一些情况下，货币政策的影响是如此之弱，以至于不能够将实际收入水平充分扩展至合意的水平 Y_1。这部分复习两种情况：第一，利率的变化可能对自发性计划支出只产生弱的影响；第二，货币需求对利率变化具有极端的敏感性，这将弱化联储降低利率的能力。

陡峭的 *IS* 曲线　第一种情形在图 4—8 上图中显示出来。A_p 对利率的零反应意味着 *IS* 曲线是垂直的。当企业对未来存在悲观预期，即使利率较低也不选择扩大投资支出时，这种情况就会出现。其结果是低利率并不能提高均衡收入。收入对类似于图 4—7 中 *LM* 曲线右移的反应是黏着的。在图 4—8 的上半部分较高货币供给的唯一影响是经济从点 E^* 垂直下降到 E_5形成的低利率。由于实际收入黏住 Y^*，扩大货币需求的所有工作必须要由低利率实现。

☞ 了解全球经济危机

货币何以制造了房地产泡沫及其破灭

货币政策是由联邦储备系统（Fed）实施的，大致每六个星期联邦公开市场委员会（FOMC）举行一次重要会议，在东部时间下午2：15，FOMC就决定是否提高、降低或不变动联邦基金利率发布一个公告，联邦基金利率是银行之间相互拆借银行储备所支付的利息（见第13章）。

在第3章和第4章的模型中，只有一种利率。实际上，存在着两种主要的利率：联储控制的联邦基金利率和10年期债券利率，由下图中的黑线表示。

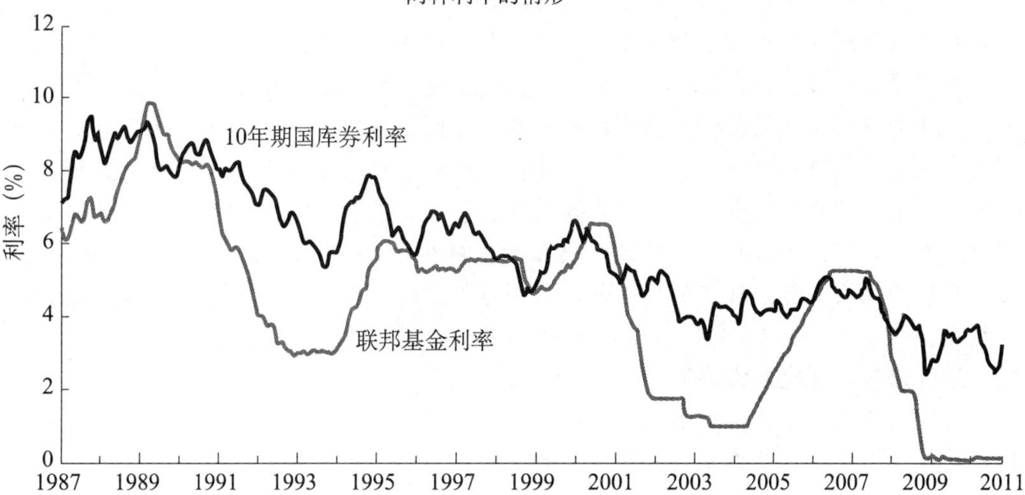

10年期国库券利率是由芝加哥商品交易所每日的拍卖决定的，联储仅对它存在间接的影响。但是这个利率是极其重要的，因为家庭抵押贷款的利率是基于此决定的。确定10年期国库券利率的交易者受到他们对联储未来政策预期的影响。交易者预期联储将联邦基金利率保持在低位的时间越长，10年期国库券利率就会越低。

在上图中，灰线描绘了联邦基金利率，黑线描绘了财政部10年期国库券利率。灰线显示出联邦基金利率一系列持续的高峰与低谷，主要的低谷出现于1991—1994年、2002—2004年和2008年12月。黑线显示出10年期国库券利率长年累月地摇摆不定，总体上与联邦基金利率相比，既没有上升也没有下降。不过，联邦基金利率对10年期国库券利率存在着清晰的影响，在灰线上出现大幅下降之后，紧随其后的是黑线的下挫。

联储怎样引发了2003—2006年的房地产价格泡沫

在正文中，联储刺激支出使*LM*曲线沿着向下倾斜的*IS*曲线向右移动从而使利率下降。作为一个例证，2001—2003年联邦基金利率的下降允许汽车公司对汽车贷款提供更低的利率，结果立竿见影，购车者纷纷涌向汽车展室购买汽车。较低的抵押贷款利率允许家庭购买者有资格进行抵押，或者允许他们购买更大的住房，刺激了新住房的建设，这些成为实际GDP的一部分。

资产例如房地产的价格泡沫可能发生于价格上升快于被“基准”如家庭收入、为公寓支付的租金总量证明是正当的速度时。联储在2002—2004年将联邦基金利率保持在1%的低水平上使人们为房屋融资如此简单以至于他们热衷于购买房屋和公寓，他们的热情引发了2000—2006年间房价与个人可支配收入之间的比率几近成倍地上升。

房价飙升，许多新单元特别是公寓不是作为住房而是作为投机性投资被购买。当购买者将赌注压在房价持续上升时，新购买的公寓很容易“快速翻动”，在高价时迅速卖给新的购买者。联储的低国库券利率政策使借贷机构在低的短期利率上借入再以高利率进行抵押变得容易起来。在抵押经纪行业，利润制造了新的疯狂。渴望丰厚佣金和费用的经纪人对借款者挖空心思，“次级”抵押贷款部门开发出新的产品，诱导低收入家庭以最低首付办理贷款，但是，实际上没有任何就业和收入证明。

泡沫的本质最终是不得不停止的旋转木马，因为房价相对于家庭收入而言并不能永远上升。不仅购买活动和公寓楼的快速换手取决于价格永远上升，而且家庭抵押再融资史无前例的数量也取决于价格永远上升。联储的低利率政策让许多人以抵押的方式再融资（以新贷还旧贷，通常涉及借款数量的增加）。当2003年利率趋于稳定时，因为房价的提高，再融资依然持续着，因为房价越高，房屋的拥有者可以借的金钱数量越多。

泡沫破裂，住宅建设崩溃

当联储将联邦基金利率从2004年中期的1%提升到2006年中期的5.25%时，旋转木马开始减速，这使得贷款机构准贷额度的利润降低，因此它们将利率提高到次级贷款者可以承受的水平之上。最终，房价的上升减缓，2006年中期停止，并且开始跳水。

一旦房价下跌，许多家庭突然发现它们陷入困境，开始大幅削减其消费支出。旨在高价时快速脱手的购买公寓的投机者发现他们反而被公寓套住了，公寓的价值低于当初借来的抵押债务（这被称为“溺水”）。当房价滑落而非上升时，家庭便不再能从抵押中得到现金。当从2006年转入2007年和2008年时，房价下跌更加猛烈，许多房主发现他们不再能够维持他们的抵押还款。

下图显示，房价泡沫的后果是住房投资的大幅上扬以及随后的剧烈下跌，它是计划投资和自发性计划支出（A_p）的一个主要的构成部分。当住房建设崩溃延续至2006年时，它带来了A_p需求曲线和IS曲线的明显左移。2000—2009年间的住宅周期是一个关于投资波动是整个经济周期最重要的单项驱动力的经典案例。如发生于1972—1975年和1978—1982年的住房投资下跌50%并非不正常。20世纪30年代的大萧条后美国最大的房市坍塌发生于2006年末至2009年中期，当时，新建住宅数从2006年初的210万套下降到2009年初的仅50万套，大幅下滑76%。

由于允许房地产泡沫的发生，联储应该间接为全球经济危机的灾难负责。在下一章，我们将讨论一个更复杂的问题：联储采取什么样的必要行动来避免崩溃？即使房地产泡沫正在发生，由于经济中的其他方面脆弱，联储在2002—2004年间保持了较低的联邦基金利率。我们将会学习，联储的一大错误是将自身局限于单一的政策工具，即对联邦基金利率的控制。大多数其他国家的房地产市场没有经受下图中记录的美国房地产市场的同样的不稳定。其他国家有什么不同做法？美国又需从中学习什么？

1970—2010年季度住房开工量

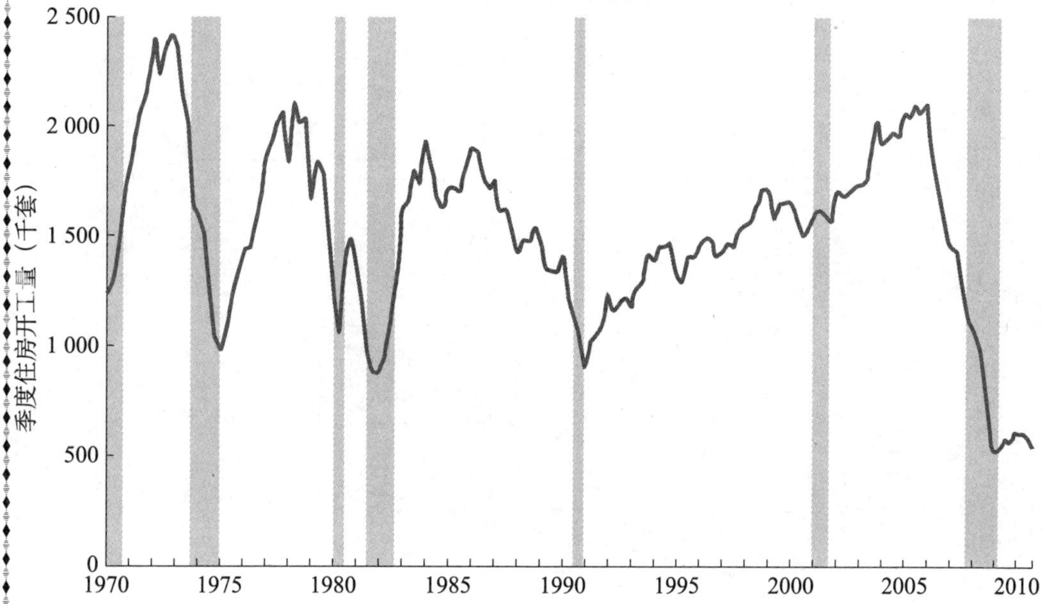

平坦的 *LM* 曲线 当货币需求对利率极度敏感时，弱的货币政策的第二种情形便会发生。正如图 4—8 中下图所示，这将使得 *LM* 曲线变得十分平坦。重来一次，货币供给像以前一样同量上升，*LM* 曲线在点 E^* 与点 E_2 之间水平移动。但是，现在 *LM* 曲线是如此平直，以至经济的均衡位置在 E^* 和 E_6 间几乎难以移动。在利率的下降不足以刺激自发性计划支出以前，它已经低到足以扩大货币需求并进一步下降的程度。在水平 *LM* 的极端情况下，联储对产出与利率失去控制，产出与利率对高货币供给的反应保持不变。这种情况称为**"流动性陷阱"**（liquidity trap），意味着中央银行对利率失去控制。一些经济学家认为日本在 1998—2002 年经历了流动性陷阱。[①]

零利率底线 如果联储已经将利率推低至零，联储对实际产出失去控制的第三个原因将会出现。这个限制被称为"零利率底线"。为什么？当利率为正时，你借钱需付给银行利率，但是如果利率为负，银行借给你钱还要付给你利息。在负利率上，对贷款的需求将是无限的！本章后面的"国际视角"专栏将讨论三个由于利率逼近于零而导致货币政策失

① 正常说来，货币供给的增加会降低利率，因为人们会通过购买债券和其他金融资产消耗掉过多的货币，因此，提高了债券和其他金融资产的价格，降低了利率。在存在流动性陷阱的极端情形下，人们相信债券和其他金融资产的价格居高不下以至于下降，因此他们持有任何额外的货币，拒绝购买任何金融资产。结果，联储（或日本银行）对利率失去了控制，*LM* 曲线变成了水平线，不再移动其位置对更高的货币供给作出反应。关于日本政策弱化的讨论详见本章后面的"国际视角"专栏。

效的史例。[①]

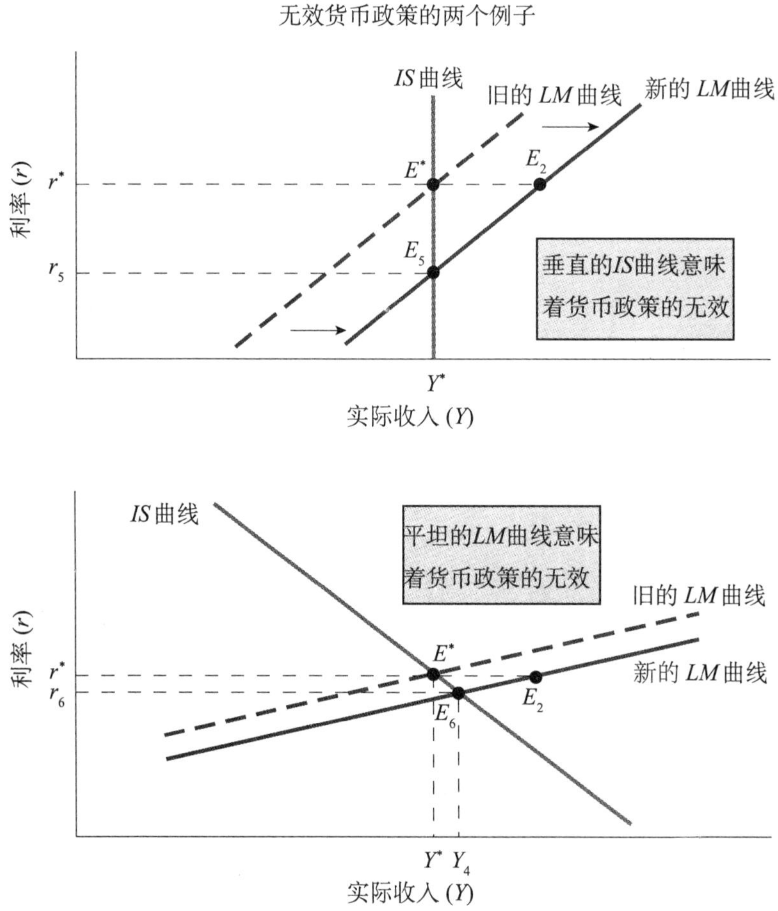

图 4—8　在支出对利率零反应和较高货币需求利率弹性下实际货币供给同量增长的影响

注：在上图中，较高的货币供给并不能刺激支出，因为支出被假定为并不依赖于利率，也就是 *IS* 曲线是垂直的。在下图中，*LM* 曲线是如此平直，以至于货币供给量的同样增长（如本图的上半部分或图 4—7 的全部图形中一样）难以降低利率，因此实际收入也很难增加。

自测题 4—3

1. 如果货币需求独立于利率，*LM* 曲线是垂直的还是水平的？

2. 当 *LM* 曲线比正常水平更陡峭时，货币供给的增加有更强还是更弱的影响？

3. *LM* 曲线何时比正常水平更加平坦？

---

① 零利率底线只应用于名义（或现实）利率，它不能应用于实际利率。它等于名义利率减去通货膨胀率。例如，名义利率位于零利率底线，但通货膨胀率为 2%，这意味着一个−2%的实际利率。

4.8 财政政策的强弱影响

如货币政策一样，财政政策的强弱影响对实际收入的刺激取决于 *IS* 曲线和 *LM* 曲线的斜率。当货币需求具有较高的利率敏感度时，如图 4—9 上图所示，财政政策的作用较强。在水平 *LM* 曲线的极端状况下，乘数变成了第 3 章中的简单乘数（k）。由于利率保持不变，因此不存在挤出效应。

为什么货币需求的利率反应
对财政政策的有效性特别重要?

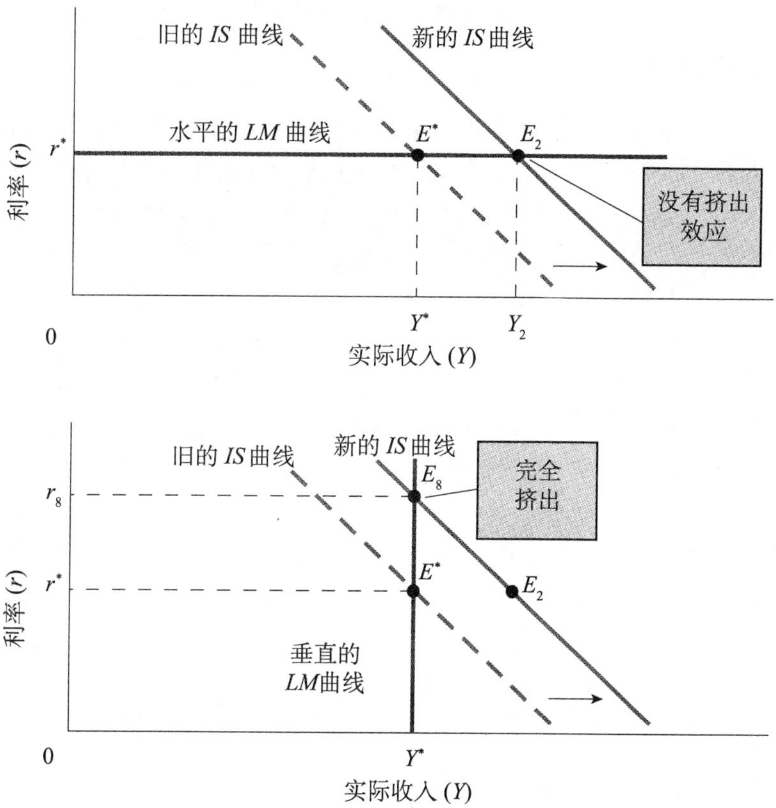

图 4—9　货币需求具有无限和零利率敏感度时财政刺激的影响

注：在上图中，无限利率敏感度意味着利率是固定的，无挤出效应发生；相反，当利率的敏感度是零时（下图），相同的财政刺激对收入不产生影响。由于高利率的释放，没有额外的货币支持高收入，收入水平完全取决于实际货币供给的规模。由于财政刺激在 E_0 与 E_8 之间没有引发任何收入的增长，挤出效应是完全的。

当货币需求的利率敏感度为零使 *LM* 曲线为垂直的时，相反的情况便会发生。在图 4—9 下图中，政府支出的增加使 *IS* 曲线向右移动与上图里从 E^* 移动至 E_2 完全相同的距离，但是，在货币市场没有脱离均衡的状态下，实际收入不会增加。为什么？实际收入的增加将把货币需求提高至固定的货币供给之上。

但是，由于货币需求的零利率敏感度，无利率的提升能够保持货币需求平衡于固定的货币供给和更高的收入水平。但是，只要货币供给是一定的，实际收入便不会高于其初始位置 Y^*。在这种情况下，财政刺激的唯一影响是提升利率。挤出效应是完全的，高利率使自发性私人支出削减的数量恰好等于政府支出增加的数量，自发性总支出处于不变的状态。

哪一种情况是对固定实际货币供给下扩张性财政政策影响的确切描述？是图 4—6 的正常状况还是图 4—9 的极端状况？无数的历史场景证明，图 4—6 中的初始分析是确切的，挤出效应是局部的而非完全的或不存在的。进一步讲，统计表明货币需求的利率敏感度既不是零也不是无限的。鉴于这一理由，我们应该将图 4—6 作为扩张性财政政策影响的可信例证。图 4—9 所描述的是两个人为设定的或极端的案例，不存在现实可行性。

□ 挤出效应总结

挤出效应产生的基本原因是财政刺激引发的利率的提高。当 *IS* 曲线右移时，只有在不存在利率上行压力的情况下，挤出效应才可以避免。这需要货币供给一定即 *LM* 曲线像图 4—9 上图中那样是水平的。在这个框图中存在零挤出。像我们在下一部分将要看到的，另一种可能是联储通过将货币供给提高到必要数量来保持利率不变，即使 *LM* 曲线拥有正常的正斜率，也会避免挤出效应的出现。

挤出效应既不是局部的，也不是完全的。作为对财政政策刺激的反应，假如实际收入有任何增加，挤出效应将是局部的，如图 4—6 所示。作为对财政政策刺激的反应，假如实际收入没有任何增加，那么，挤出效应是完全的。这样的事情发生在图 4—9 下图中。相对于初始的均衡点 E^*，在新的均衡点 E_8，绝对没有任何收入的增加。

自测题 4—4

在下列情况下，指出挤出效应是零、局部的还是完全的：

1. 自发性计划支出的零利率敏感度。
2. 货币需求的零利率敏感度。
3. 货币需求的无限利率敏感度。

4.9 财政和货币政策的混合使用

至此，我们已经用 *IS*－*LM* 模型考察了：第一，货币扩张的影响；第二，财政扩张的单独影响。但是，两种类型的政策并不总是单独发生作用的。联储的货币政策形成于华盛顿的“西边”，而财政政策的冷热形成于华盛顿的“东边”①。

□ 财政政策的乘数作用依赖于货币的反应

收入对财政刺激（财政政策乘数）的反应如何依赖于联储？基本道理很简单：联储货币扩张越多，财政政策乘数越大；联储货币紧缩越多，财政政策乘数越小。如果联储货币紧缩得足够多，财政政策乘数甚至可能为负。

图 4—10 显示了三种情况。在左上图中，我们重复了图 4—6 的标准状况。当联储保持货币供给量一定时，*LM* 曲线保持在原有的位置上，财政刺激要么由政府支出的增加构成，要么由减税构成，它们将促使 *IS* 曲线向右移动至“新的 *IS* 曲线”。因为货币供给是固定的，由提高收入带来的更高的货币需求迫使利率上升，挤出了一些投资和消费支出，经济从点 E^* 走向点 E_3，如图 4—6 中一样。

右上图显示了第二种可能。如果联储的目标是保持利率不变，*IS* 曲线无论何时移动，货币供给一定被动跟随变动。如果联储允许货币供给变动从而使利率保持在 r^* 的不变水平上，它一定会使 *LM* 曲线向右移动。财政刺激的结果与第 3 章乘数（k）无异，这里忽略了货币市场与利率变化的影响。经济从 E^* 走向 E_2，与图 4—9 上图中新的均衡位置一样。当试图稳定利率、允许货币供给对任何 *IS* 曲线的移动存在被动反应时，联储被认为是在“适应”财政政策。实际上，华盛顿的东边控制了西边。

在下面的“国际视角”专栏中讨论的日本的两难处境说明将货币与财政政策同时使用存在着其他的优势——必要的财政赤字可由货币创造来融资，避免了任何由家庭、银行和企业持有的国债的增加。*IS*-*LM* 模型应用的含义与美国为从 2007—2009 年全球经济危机中复苏而进行的斗争几近相同。

□ 财政—货币政策的混合与经济增长

回到图 4—10，左下图显示，*IS*-*LM* 模型包含着关于经济增长的一个十分重要的课题。通过货币与财政政策的混合变动，政府的政策制定者能够在不改变实际收入的情况下改变利率。一般而言，在实际收入或实际 GDP 给定时，利率越低，GDP 中实际投资的构成部分就会越大，实际消费的构成部分就会越小。较高的投资倾向于将来扩展经济的增长。

让我们看图 4—10 的左下部分。政府如何在实际收入保持在不变的初始 Y^* 水平上时引发利率水平的改变？如果联储想将收入水平保持在 Y^* 上，经济应能够对财政刺激作出反应，也就是让 *LM* 曲线做与 *IS* 曲线相反方向的移动。然而，如果政府支出增加，联储一定降低货币供给。在图 4—10 的左下方，经济从 E^* 移动到 E_8（同图 4—9 下图一样的位置）。当联储以这种方式行动时，财政政策不再对收入水平有任何的控制，只对利率水平产生影响。财政政策的影响是将利率水平从 r^* 提高至 r_8，因为联储将货币供给降低至足以将收入保持在初始的 Y^* 水平上。

这阐明了货币与财政政策的要义。一旦政府确定了一个合意的收入水平，它能够用许

① 货币政策形成于联邦储备大楼，大约位于华盛顿纪念碑以西的 7 个街区。财政政策的形成不仅在白宫（靠近华盛顿纪念碑），而且形成于国会大厦以及附近的参议院与众议院办公大楼，大约位于华盛顿纪念碑以东的 15 个街区。

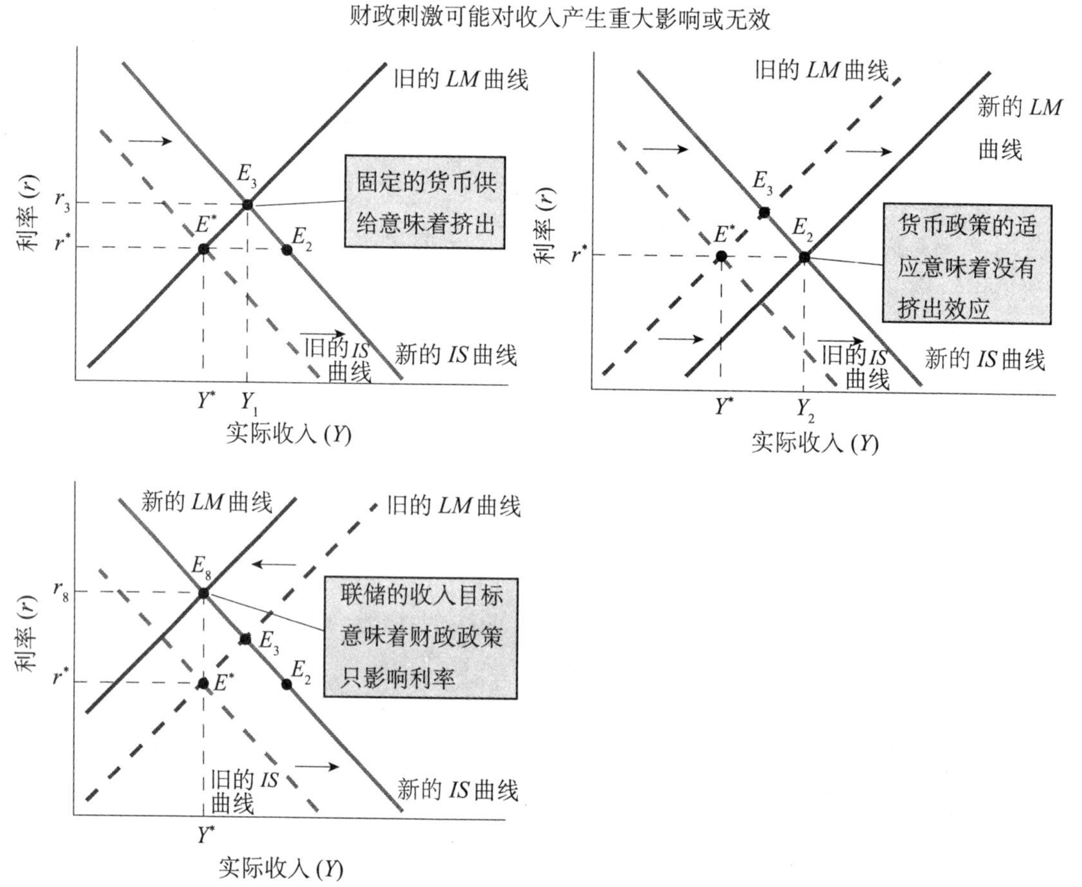

图 4—10　可由三种货币政策相匹配的财政刺激对实际收入的影响

注：在左上图，实际货币供给保持不变，针对实际收入的财政刺激产生部分挤出效应（如图 4—6 所示）。在右上图，联储保持了不变的利率，消除了挤出效应（如图 4—9 上图所示）。在框图的左下方，无论 *IS* 曲线何时向右移动，联储试图通过 *LM* 曲线的移动使实际收入保持不变，这意味着完全挤出。在这种情况下，财政政策只影响利率而不影响实际收入。

多种不同的利率达到这个收入水平。我们可以假定 E^* 和 E_8 不仅分享着同样的收入水平，而且承担着相同的失业率。这之间的不同是什么？

假设财政刺激表现为更高水平的政府支出，通过降低货币供给，在点 E_8 上抵消了财政政策的刺激。相反，点 E^* 有一个更高的实际货币供给（*LM* 曲线被推向更右方），但紧缩性财政政策组合（*IS* 曲线被推向更左方）。点 E_8 的高利率与下方 E^* 的利率水平相比挤出了计划投资和自发性消费。这是为更高的政府支出水平腾出空间。

在混合的货币与财政政策中，点 E_8 与点 E^* 被认为是不同的。点 E^* 是“松货币、紧财政”的**政策混合**（policy mix）；点 E_8 是与之相反的“紧货币、松财政”的混合。社会更加偏爱哪一种混合？在点 E^*，投资较高，为将来的经济发展奠定了基础，也就是将来生产率增长水平将会较高。在点 E_8，政府支出高于点 E^*，而投资较低。社会是偏爱点 E^* 的产出较快增长还是点 E_8 的较高的公共服务水平？

这是宏观经济学的核心问题，其答案取决于政府支出大部分是由政府消费（国防、警察和消防）构成还是由政府投资（高速公路、学校）构成。如果在 E_8 增加的政府支出主要由政府消费构成，那么，在 E_8 和 E^* 之间的选择主要取决于社会对当前消费（E_8）还是未来消费的偏好。因为在 E^* 处，较高的投资策略只有在将来才可能产生更高的消费。如果在 E_8 处额外的政府支出主要由政府投资构成，两者之间的选择取决于社会能从政府投资（其中较多在 E_8 上）还是私人投资（其中较多在 E^* 上）中取得较高的收益。如果财政刺激采取减税的方式，同样的标准也适用。它既可能刺激私人投资，也可能刺激私人消费，这依赖于减税的类型。

□ 货币——财政政策互动的总结

货币政策与财政政策一同操作比单独操作更加有效，伴随货币扩张的财政刺激比伴随固定或紧缩的货币政策更加有效。从图 4—10 的左上图与右上图可以看出不同：挤出效应在左边明显存在，在右边由于货币供给增加而被消除。1995 年以来日本的滞胀是一个充分的例证（在下面的专栏中讨论）：当忽视了货币政策与财政政策一起发生作用的可能性时，货币政策与财政政策可能会丧失作用。

在 2010—2011 年，美国面临着相同的困境：经济复苏势头不足以至于不能迅速达到失业率下降所需要的程度。美国经济是否达到了如日本“失去的十年”早期和大萧条期间的严重程度？我们在下一章再回到这个问题上来。

☞ **国际视角**

在日本与美国货币政策冲击零利率底线

我们已经知道货币政策在三种状况下失去了作用：在图 4—8 的上图 *IS* 曲线垂直于横轴；在图 4—8 的下图 *LM* 曲线接近于水平；联储控制的利率贴近零利率底线。这三个因素在三种重要的历史场景中摧毁了货币政策，使之陷于无能为力。其中两种涉及美国，一是 20 世纪 30 年代后期，二是当前的萧条和复苏无力。第三种涉及日本，它经历了收入低增长的“失去的十年”，并且日本的病态持续超过了 10 个年头。

专栏中的三个例子提供了一个噩梦式的剧情：经济不景气、失业高企、实际 GDP 增长乏力，可是中央银行（联储或日本银行）无力挽回经济。这是一个不存在假说的理论，接近于零的增长率和乏力的 GDP 增长在现实中切实可见。

例 1：美国经济在 1935—1940 年之间的衰落

在大萧条时期，美国的失业率在 1930—1940 年间保持在 10%以上，只有在 1940—1941 年美国为扩军增加政府支出后才回落到 10%以下。图 1 显示，货币政策无所作为，当冲击到零利率底线后于 1935 年反弹。当短期利率冲击到零底线时，货币政策便无所作为。

例 2：1992 年以来的日本

图 2 显示了 1995 年以来日本短期利率的低水平。货币政策已经无力将利率推至更低，可是财政政策的制定者在实现更大的财政刺激时感受到了压力。为什么？他们

反对进一步的赤字支出，因为日本的公债与 GDP 之比已经超出了 100%，远高出美国 2010 年的数字。

然而，对日本政策的大量批评将 *IS*－*LM* 模型作为日本走出政策困境的理论支持。如图 4—10 右上图所示，财政政策与货币政策的组合刺激使 *IS* 曲线和 *LM* 曲线同量右移，在不降低利率的条件下扩大实际 GDP。同样的政策组合也不必增加公众持有的政府债务，因为要实现货币扩张，作为增大财政赤字的结果，中央银行能购买政府发行的债券。由央行持有的债券保留在政府内部，它不是政府所欠国内和国外私人以及金融机构的债务。

例 3：2009 年以来的美国

联储控制的联邦基金利率在 2009 年 1 月以来贴近于零，如图 3 所示。这削弱了联储通过降低短期利率刺激经济活动的能力。如我们在下一章将要看到的，联储尝试推行一种非惯例性的被称为“量化宽松”（quantitative easing）的政策以试图降低长期利率。

为什么政府抵制货币政策与财政政策的合力?

三个场景总体上都在说明一件事情：政策制定者在当时有一种不能被理解却能够提振经济活动的政策方案，包括 1935—1940 年的美国、1998—2006 年的日本和 2009 年以后的美国。这个方案就是设计一个由持续不断的货币政策刺激提供资金来实施的规模巨大的财政政策刺激。这个扩张性货币与财政政策组合由图 4—10 右上图准确地表达出来。*IS* 曲线与 *LM* 曲线一起右移。

这种类型政策组合的反应马上解决了所有的政策困境。由于这不能降低利率，央行是否会心存疑虑？不会，因为它会一直购买政府发行的债券来为不断增加的公共债务融资。

那么，公众应该担心日益增加的公共债务吗？不必，因为公债中唯一重要的部分在政府以外持有，当政府的财政政策刺激由联储购买政府债券融资时，如同 *IS* 曲线和 *LM* 曲线持续右移所发生的状况一样，如图 4—10 右上图所示，利率没有增大，也不存在挤出效应。

事实上，人们关于美国 2010 年与 2011 年财政刺激的争论并不符合具体情况。人们过度担忧公债的增长以及美国纳税人未来的利息负担，而这完全是杞人忧天。只要增加的财政赤字由联储购买政府债券融资（如同持续不断的 *IS* 曲线和 *LM* 曲线右移产生的结果），国债可以无限增加，同时不会增加未来纳税人在国债上的利息负担。

一种由来已久的担忧是财政赤字由中央银行埋单会引发通货膨胀。这也是一个错误的看法，这有许多历史背景可以证明，包括 2001—2007 年布什政府的赤字政策在减除食品与能源价格因素后没有引发任何通货膨胀。尽管 2010 年存在着财政赤字与零联邦基金利率，也没发现通货膨胀加速的倾向。相反，通货膨胀（“核心通货膨胀”减除食品与能源价格）反而在这个时期减缓下来。

在第 5 章，我们将回到这个话题上来。在全球经济危机后，经济如何才能复苏？在零利率底线上，财政政策的反应是至关重要的，但是财政刺激的规模应该多大呢？

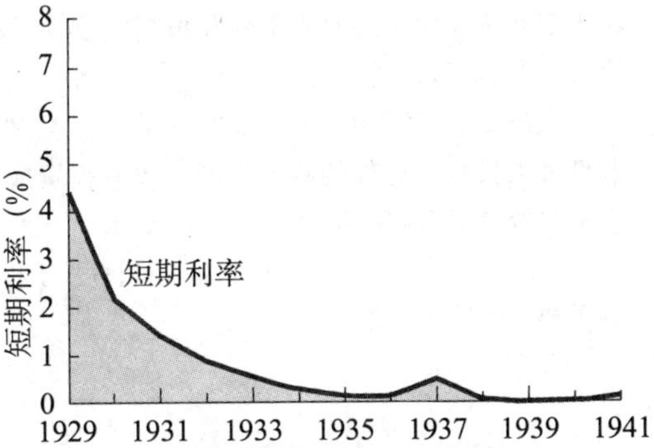

图1 美国，1929—1941年

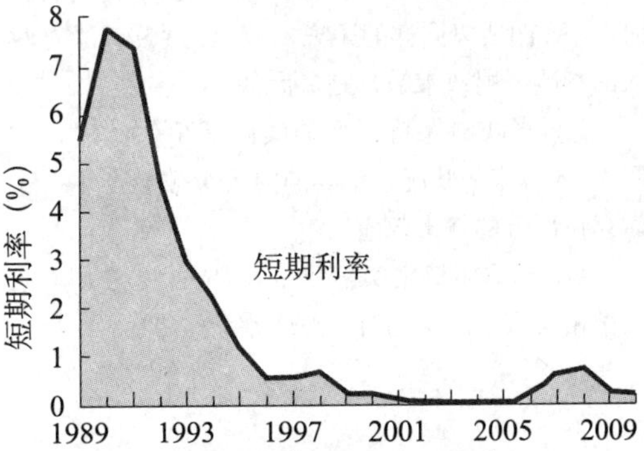

图2 日本，1989—2010年

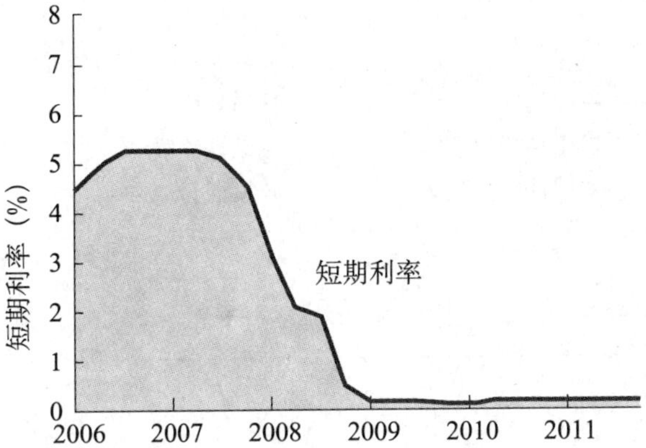

图3 美国，2006—2011年

小结

1. 货币的主要功能是作为交换媒介、价值储存与核算单位来使用。

2. 人们所需要的货币的实际量取决于实际收入和利率，货币市场的均衡要求实际货币供给等于对实际货币与余额的需求。

3. *LM* 曲线代表货币市场处于均衡时实际收入与利率的所有组合。

4. 当 *IS* 曲线具有正常负斜率与 *LM* 曲线具有正常正斜率时，货币供给的增加会提高实际收入，降低利率。

5. 如果货币供给不变、*IS* 曲线与 *LM* 曲线都保持正常斜率，财政扩张会提高实际收入和利率，引发挤出效应。

6. 当货币需求对利率的敏感度相对较小时（*LM* 曲线陡峭），货币政策对实际收入具有较强的影响。当货币需求的利率敏感度较高（*LM* 曲线较为平坦）或当自发性计划支出对利率的敏感度极低（*IS* 曲线陡峭）时，货币政策的影响较弱。

7. 政府支出增加或税率降低的财政政策刺激的正常效果是同时提高收入和利率。由于计划投资与自发性消费的部分挤出效应，财政政策乘数低于第 3 章的乘数（k）。

8. 当货币需求的利率敏感度相对较高（*LM* 曲线平直）或计划支出的利率敏感度相对较低（*IS* 曲线陡峭）时，财政刺激的效果相对较强；在相反的利率敏感度的搭配（*LM* 曲线陡峭和 *IS* 曲线平直）情形下，财政刺激的效果较弱。

9. 假如联储试图稳定利率，由于这需要货币供给被动地对财政刺激作出调整（当 *IS* 曲线右移时，*LM* 曲线以同样的距离右移），财政刺激对收入的影响（财政乘数）是最大的。

10. 当联储保持不变的实际货币供给时，如图 4—6 本来的状况，中等的财政乘数会产生，这时存在部分的挤出效应。

11. 当联储稳定实际收入，*IS* 曲线与 *LM* 曲线做相反方向的移动时，财政乘数是零。

12. 通过变化货币—财政政策混合，政策制定者能在不同的利率水平上保持既定的实际收入水平。“松货币、紧财政”组合产生低利率，刺激了私人投资。“紧货币、松财政”组合产生高利率和低私人投资。另外的政府消费、政府投资或私人消费等的组合取决于财政政策的选择。

提示：星号标注的关键术语、问答题与思考题需要参考第 4 章附录。

关键术语

货币供给	一般均衡	挤出效应
实际货币余额	扩张性货币政策	流动性陷阱
LM 曲线	紧缩性货币政策	政策混合

问答题

1. 当经济的当前状况偏离 *IS* 曲线时，描述经济中产生的自动调节机制。

2. 当经济的当前状况偏离 *LM* 曲线时，描述经济中产生的自动调节机制。

3. 为什么自发性支出与引致性支出之间的区分对于理解挤出效应至关重要？

4. 在什么情况下政府（联邦、州和地方）的花费会被挤出？你认为这种情况可能吗？

5. 当经济沿着给定的 *LM* 曲线移动时，货币流速（本章第 4.3 节的专栏所定义）会发生什么？

6. 使用图 4—4 判断下列每种情况发生在哪一点？经济如何进行调整？

(a) 计划支出超出收入和过度货币供给。

(b) 非意愿的存货投资为正，实际货币需求少于实际货币供给。

(c) 非意愿的存货投资为负和存在过度货币需求。

(d) 计划支出小于收入和实际货币需求超过实际货币供给。

7. 2002—2004 年的货币政策怎样点燃了房地产泡沫？2004 年中期到 2006 年中期的政策变化如何导致了房地产泡沫的破裂？

8. 下列中的哪一项发生变化将引起 *LM* 曲线移动、旋转或兼而有之？哪一项不会影响 *LM* 曲线的位置与斜率（见第 4.3 节的专栏）？

(a) 名义货币供给（M^s）。

(b) 货币需求对利率的反应。

(c) 货币需求对收入的反应。

(d) 企业与消费者信心。

(e) 利率（r）。

(f) 2001 年，欧洲的许多国家将本国的货币转换为欧元，在每一个国家，产品与服务的价格以及支票账户的数量将根据每一种可以被转换成欧元的单位数量按比例进行调整。

(g) 人们从使用支票转向使用借记卡购买产品与服务。

(h) 人们从使用支票转向使用贷记卡购买产品与服务。

9. 在 20 世纪 80 年代，联邦政府的债务规模变得如此之大，以至于利息支付成为联邦总支出的一个巨大比例，结果，众参两院的许多议员认为需要削减联邦赤字。如果政府支出（G）对利率变化的敏感度变为负，这会对自发性消费与计划投资被挤出的数量产生什么影响？如果自发性税收（T_a）对利率变化的敏感度变为正，这会对自发性消费与计划投资被挤出的数量产生什么影响？

10. 假设私人部门的支出对利率的变化具有较高敏感度，根据提高和降低实际GDP的程度比较货币与财政政策产生的影响。

11. 假设货币需求对利率的变化具有较高的敏感度，根据提高和降低实际GDP的程度比较货币与财政政策产生的影响。

12. 假设议会提高了自发性税收。税收的增加怎样影响实际收入、利率、消费和计划投资？

13. 1985—2007年之间的“大稳健”可能源于比1985年之前较小的需求冲击或者1985—2007年之间货币政策的制定者在面对与1985年之前发生的同样的需求冲击时使用了更好的应对措施。可以通过考察“大稳健”期间的利率决定这些争论中哪一个是正确的。如果“大稳健”源自需求冲击，那么，实际GDP的较小变化将伴随着利率的较小变化。另一方面，如果“大稳健”源自货币政策制定者对此前发生的同样货币冲击的更好应对，那么，实际GDP变化的缩小将伴随着利率变化的放大。用 *IS-LM* 模型评价这些争论。

14. 假设联储并不担心通货膨胀，但确信失业太高。使用 *IS-LM* 模型解释联储可能采取什么行动去保证削减失业的减税政策对私人部门产生的挤出效应尽可能小。

15. 你在第1章学过，当现实实际GDP超出自然实际GDP时通货膨胀会加速。假设政策制定者相信现实实际GDP超出了自然实际GDP，并且害怕通货膨胀提高。比较下列两种政策对私人部门支出产生的影响：(a) 只有货币政策的制定者能够采取行动来使现实实际GDP与自然实际GDP彼此保持一致；(b) 货币与财政政策的制定者能够一起采用“紧货币、紧财政”的政策混合来降低现实实际GDP，这是相对于自然实际GDP而言的。

16. 假设联邦储备委员会决定维持目前的实际GDP水平。如果国会通过了500亿美元的个税减税方案，联储将不得不采取什么行动？描述国会和联储的行为对下列各项的影响：

(a) 利率。

(b) 产出构成。

(c) 未来GDP的增长率。

17. 使用 *IS-LM* 模型评价以下争论：当消费者和企业的信心提高以及经济繁荣时，利率也处于高位。因此，在萧条时期，如果联储使用货币政策提高利率能够促使收入水平提高。

18. 解释联储控制的零利率底线如何对货币政策的有效性产生影响。讨论当存在零利率底线时，什么样的货币与财政政策混合可以用于提振经济活动。最后，评价当达到零利率底线时，反对政策混合的正确性。

思考题

1. 给出下列实际货币需求的方程：$(M/P)^d = 0.25Y - 50r$。

(a) 计算当收入等于11 940美元、12 000美元、12 060美元、12 120美元和12 180美元时，下列每一利率条件下货币的需求量。

$r=4.4$　$r=4.7$　$r=5.0$　$r=5.3$　$r=5.6$　$r=5.9$　$r=6.2$

(b) 当收入等于11 940美元和12 180美元时，给出 (a) 部分的答案，画出货币需求曲线。

(c) 假设实际货币供给 M^S/P 等于2 750美元。给出 (a) 部分的答案，找出货币市场处于均衡时的利率与实际收入水平。使用利率与实际收入的这些组合画出 *LM* 曲线，给定实际货币供给等于2 750美元。将这条曲线标注为 LM_0。

(d) 假设实际货币供给增加至2 780美元。给出 (a) 部分的答案，找出货币市场处于均衡时的利率与实际收入的组合。使用这些组合画出新的 *LM* 曲线，给定实际货币供给现在等于2 780美元。将这条曲线标注为 LM_1。

(e) 假设实际货币供给降至2 720美元。给出这个条件下（a）部分的答案，找出货币市场处于均衡时的利率与实际收入的组合。使用这些组合画出新的 LM 曲线，给定实际货币供给现在等于 2 720 美元。将这条曲线标注为 LM_2。

2. 给定商品市场的下列信息：税收、计划投资、政府购买和净出口是自发的，但是消费和计划投资随利率的变动而变动。

$C_a=2\,180-20r$　$c=0.6$　$I_p=2\,400-60r$　$G=2\,000$　$NX=-300$　$T=1\,800$

在问题 1 所描述的货币市场情形下，

（a）计算边际储蓄倾向 s 和乘数 k 的值。

（b）推导出自发性计划支出 A_p 的方程。

（c）推导出 IS 曲线的方程，$Y=kA_p$，画出当利率等于 4.7 、5.0、5.3、5.6 和 5.9 时的 IS 曲线。

（d）使用你在问题 1 中（c）部分和本题中（c）部分的答案，解释在什么利率和实际收入水平上商品与货币市场同时处于均衡状态。

（e）在 2003 年上半年由于失业率过高以及害怕通货膨胀进一步降低导致通货紧缩，联储改变了货币政策。假如自然实际 GDP 等于 12 060 并且（c）部分的均衡近似于 2003 年的经济状况，使用你在问题 1 中（d）或（e）部分和本题中（c）部分的答案解释联储应该怎样改变实际货币供给以使实际收入向自然实际 GDP 靠拢，以便降低失业率并且避免通货膨胀率的进一步下降。

3. 货币与商品市场与问题 1 和 2 中描述的相同，实际货币供给等于 2 750 美元，那么，经济中的均衡与问题 2 中（d）部分的初始情况相同。

（a）在 2010 年国会选举期间，A 党主张政府在路桥的建设方面增加 120 美元支出，并且增加相同数量的税收为支出埋单。如果 A 党的主张付诸实施，推导出自发性计划支出 A_p 及 IS 曲线 $Y=kA_p$ 的新方程。画出当利率等于 4.7、5.0、5.3、5.6 和 5.9 时的 IS 曲线。

（b）使用你在（a）部分的答案，解释在 A 党的主张下，在什么样的利率和实际收入水平下商品与货币市场同时处于均衡状态。

（c）在 2010 年同样的竞选活动期，B 党主张削减 80 美元的税收，而不改变政府支出。如果 B 党的主张得以实施，推导出自发性计划支出 A_p 及 IS 曲线 $Y=kA_p$ 的新方程。画出当利率等于 4.7、5.0、5.3、5.6 和 5.9 时的 IS 曲线。

（d）使用（c）部分的答案，解释在 B 党的主张下，在什么样的利率和实际收入水平下商品与货币市场同时处于均衡状态。

（e）在 A 党与 B 党的主张下，经济是相似的还是存在区别？

4. 货币与商品市场与问题 1 和 2 中描述的相同，实际货币供给等于 2 750 美元，那么，经济中的均衡与问题 2 中（d）部分的初始情况相同。

（a）为降低石油的消费，财政政策的制定者决定增加政府在替代能源研发方面的支出，数额为 48。给定能源支出，推导出自发性计划支出 A_p 及 IS 曲线 $Y=kA_p$ 的新方程。画出当利率等于 4.7、5.0、5.3、5.6 和 5.9 时的 IS 曲线。

（b）给定能源支出的增长，使用你在（a）部分的答案，解释在什么样的利率和实际收入水平下商品与货币市场同时处于均衡状态。

（c）使用你画出的新的 IS 曲线和（b）部分的答案，计算能源支出的增加挤出了多少实际收入。使用你的自发性计划支出方程计算能源支出的增加挤出了多少私人部门自发性支出。

（d）假设联储想防止能源支出增加的任何挤出效应，使用问题 1 中（d）部分或（e）部分的答案，解释联储为避免挤出效应应该怎样改变实际货币供给。鉴于联储不愿意冒提高通货膨胀率的风险，自然实际 GDP 的最低水平是多少？

（e）假设自然实际 GDP 等于 12 000，并且联储不愿意能源支出增加引起通货膨胀率的提高，使用问题 1 中（d）部分或（e）部分的答案，解释联储为避免挤出效应应该怎样改变实际货币供给。

*5. 假设下列方程概括了经济结构：

$C=C_a+0.85(Y-T)$

$C_a=260-10r$

$T=200+0.2Y$

$(M/P)^d=0.25Y-25r$

$M^S/P=2\,125$

$I_p=1\,500-30r$

$G=1\,700$

$NX=500-0.08Y$

（a）计算乘数值。

（b）推导出自发性计划支出 A_p 的方程。

(c) 推导出 IS 曲线的方程。

(d) 计算 IS 曲线的斜率，$\Delta r/\Delta Y$。（提示：使用 IS 曲线的方程计算 $\Delta Y/\Delta r$，然后使用 IS 曲线的斜率 $\Delta r/\Delta Y$ 等于 $\Delta Y/\Delta r$ 的倒数这一条件。）

(e) 推导出 LM 曲线的方程。

(f) 计算 LM 曲线的斜率，$\Delta r/\Delta Y$。[要做到这一点，使用与 (d) 部分相同的提示。]

(g) 计算均衡利率 (r)。

(h) 计算均衡实际产出。

*6. 利用在问题 5 中给出的信息，计算新的均衡的实际产出与利率。

(a) 假设政府支出 160。扩张性财政政策挤出的自发性支出的数量是多少？

(b) 假设 $G=1\ 700$，但实际货币供给增加了 100。

*7. 使用问题 5 中给出的信息，计算如果联储想避免问题 6 中扩张性财政政策的挤出效应，它必须增加多少货币供给？

*8. 假设经济中的实际货币需求变为 $(M/P)^d=0.2Y-75r$，实际货币供给变为 $M^S/P=1\ 431.9$，但商品市场的结构与问题 5 相同。

(a) 推导出新的 LM 曲线的方程，并且验证均衡利率和实际产出分别与问题 5 中 (g) 部分和 (h) 部分计算出的结果相同。

(b) 计算新的 LM 曲线的斜率，$\Delta r/\Delta Y$。

(c) 与问题 5 中的货币需求曲线相比，货币需求对利率的敏感度是越来越小还是越来越大？LM 曲线是更加陡峭还是更加平坦？货币需求对利率敏感度的变化怎样改变扩张性财政与货币政策变化的结果？

(d) 如果政府支出增加了 160，计算新的均衡利率与实际产出。

(e) 如果 $G=1\ 700$，实际货币供给等于 100，计算新的均衡利率和实际产出。

(f) 本题 (d) 和 (e) 部分的答案与问题 6 中 (a) 与 (b) 部分分别有怎样的不同？为什么？你的预测在本题 (c) 部分被证实了吗？

*9. 假设在问题 5 中描述的经济中的自发性消费与计划投资改变为 $C_a=470-15r$，$I_p=1\ 700-60r$。商品与货币市场结构的所有其他方面与问题 5 相同。

(a) 推导出新的 IS 曲线，验证均衡利率和实际产出分别与问题 5 中的 (g) 部分和 (h) 部分相同。

(b) 计算新 IS 曲线的斜率，$\Delta r/\Delta Y$。

(c) 与问题 5 相比，自发性消费与计划投资对利率的变动更加敏感还是迟钝？IS 曲线是更加陡峭还是更加平坦？自发性支出对利率敏感度的变化怎样改变了扩张性财政、货币政策变动后实际产出的变化数量？

(d) 如果政府支出增加 160，计算均衡利率与实际产出。

(e) 假定 $G=1\ 700$，实际货币供给增加 100，计算出新的均衡利率和实际产出。

(f) 本题 (d) 和 (e) 部分的答案与问题 6 中 (a) 与 (b) 部分分别有怎样的不同？为什么？你的预测在本题 (c) 部分被证实了吗？

*10. 假设下列方程概括了经济结构：

$$C=C_a+0.8(Y-T)$$
$$C_a=260-10r$$
$$T=200+0.2Y$$
$$(M/P)^d=0.25Y-25r$$
$$M^S/P=2\ 000$$
$$I_p=1\ 900-40r$$
$$G=1\ 800$$
$$NX=700-0.14Y$$

(a) 推导出 IS 曲线方程。

(b) 推导出 LM 曲线方程。

(c) 计算均衡利率 r 和实际产出 Y。

(d) 假设消费者与企业市场信心下降，导致自发性消费和计划投资分别下降 40 和 60，推导出新的 IS 曲线方程，计算出新的均衡利率 r 和实际产出 Y。

(e) 假设自然实际 GDP 等于你在 (c) 部分计算出来的实际产出量，计算为消除消费者和企业信心的下滑、将实际产出恢复至自然实际 GDP 水平所需削减的自发性税收数量。

(f) 假设用货币政策取代财政政策来将实际产出恢复至自然实际 GDP 水平，计算政府要达到这一目的需要增加的货币供给。

(g) 计算与 (e) 和 (f) 部分描述的政策相关的自发性消费与计划支出的数量。解释哪一种政策可能导致长期实际产出的更高增长率。

自测题答案

自测题 4—1

1. 收入水平 Y 以及资产而非货币利率（r）是实际货币需求 $(M/P)^d$ 的两个决定因素。

2. Y 增加提高了实际货币需求，利率的提高则降低了实际货币需求。

3. 两个决定因素都不能移动 IS 曲线，因为 IS 曲线上的两个轴正是两个决定因素 Y 和 r。

自测题 4—2

1. 从点 D 到点 F，收入水平是不变的，但是当利率从 r_1 上移至 r_0 时，货币需求下降。

2. 从点 D 到点 G，利率不变，但是当收入从 Y_1 下降到 Y_0 时，货币需求下降。

3. 从点 C 到点 F，利率不变，但当收入从 Y_0 上升至 Y_1 时，货币需求增加。

4. 从点 C 到点 G，收入水平不变，但当利率从 r_0 下降至 r_1 时，货币需求增加。

自测题 4—3

1. 如果货币需求独立于利率（纵轴上的变量），那么，LM 曲线是垂直的。

2. 当 LM 曲线比正常水平更陡峭时，如图 4—7 下图所发生的一样，货币供给的增加会产生较强的影响。

3. 当 LM 曲线比正常水平更平坦时，如图 4—8 下图所示，货币供给的增加会产生较弱的影响。

自测题 4—4

1. 零挤出效应，因为扩张性财政政策导致利率提高，但不会降低计划投资和自发性消费。

2. 完全挤出效应，如图 4—9 下图所示。

3. 零挤出效应，如图 4—9 上图所示。

第 4 章附录　*IS*－*LM* 模型的基本代数分析

当你看到 IS 曲线与 LM 曲线相互交叉时，比如在第 4 章正文中，你知道交叉点决定了均衡的收入水平（Y）与利率水平（r），如图 4—4 中的点 E_0 所示。但是如何计算出均衡的收入水平和利率水平的具体数字？无论何处你看到两条线相交决定了两个变量比如 Y 和 r，通过解代表两条线的联立方程都能得到相同的解释（solution）。

在第 3 章的附录中，我们发现均衡收入等于自发性计划支出（A_p）除以边际漏出率，因此，自发性支出乘数（k）等于边际漏出率的倒数（$k=1/MLR$）。

$$\text{乘数 } k=\frac{1}{\text{边际漏出率}}=\frac{1}{MLR} \tag{1}$$

在本附录中，我们将继续使用与第 3 章和第 4 章正文一样的例子，也就是 $k=4.0$。

一旦我们在上面的方程（1）中确定了乘数，我们可将实际收入简化为：

一般线性形式	数例	
$Y=kA_p$	$Y=4.0A_p$	(2)

在第 3.7 节，当利率（r）提高时，自发性计划支出 A_p 下降的假设被引入。如果 A_p 的量在零利率时被写为 A_p'，那么，A_p 的值可以被写为：

一般线性形式　　　　数例

$$A_p = A_p' - br \qquad\qquad A_p = A_p' - 100r \qquad (3)$$

b 表示 A_p' 对利率的敏感度，在我们的例子中，利率增加一个百分点时，A_p 下降1 000亿美元。将方程（3）代入方程（2），我们可以得到 IS 曲线方程：

一般线性形式　　　　　　　　　　数例

$$Y = k(A_p' - br) \qquad\qquad Y = 4.0(A_p' - 100r) \qquad (4)$$

如果 $A_p' = 2\,500$，$r = 0$，IS_0 曲线与横轴相交于 10 000。

LM 曲线表示实际货币供给（M^S/P）等于取决于 Y 和 r 的实际货币需求（$(M/P)^d$）时收入（Y）与利率的所有组合（r）。货币市场的这种均衡情况以前在课本中被写为：

一般线性形式　　　　　　　　　　数例

$$\left(\frac{M^S}{P}\right) = \left(\frac{M}{P}\right)^d = hY - fr \qquad \left(\frac{M^S}{P}\right) = 0.5Y - 200r \qquad (5)$$

在这个例子中，h 是实际货币需求对较高的实际收入的反应程度，f 是实际货币需求的利率敏感度。利率每增加一个百分点，实际货币需求下降 2 000 亿美元。方程（5）两边加上 fr（或 $200r$），然后除以 h（或 0.5）。当 M^S/P 为 2 000 时，我们可得到 LM 曲线的方程：

一般线性形式　　　　　　　　　　数例

$$Y = \frac{\frac{M^S}{P} + fr}{h} \qquad\qquad Y = \frac{2\,000 + 200r}{0.5} \qquad (6)$$

我们可以保证在方程（4）中，无论何时 Y 与 r 都具有相关性，商品市场处于均衡状态。在方程（6）中，无论何时 Y 与 r 都具有相关性，货币市场处于均衡状态。若两个市场处于均衡状态，两个方程的条件需要同时被满足。

方程（4）与方程（6）联立构成了一个经济模型。在经济学中求出两个未知变量的值十分像烤蛋糕。首先是准备一份原料单，也就是模型中的参数（已知）：A_p、M^S/P、b、f、h 和 k。然后用烹饪工具将这些原料搅拌在一起，在这个案例中也就是方程（4）和方程（6）。结果是未知变量 Y 和 r 的值。烤制经济蛋糕的规则是方程数（烹饪工具）必须等于被决定的未知量个数。在这一例子中，有两个方程和两个未知量（Y 和 r），参数不是无限制的，原材料的数量事先已知，这里有 6 个参数，但是我们可以有 7 个、10 个或任意个参数。

将模型中的两个方程转换成一个方程，根据 6 个已知参数得出未知数 Y 的具体值，将方程（6）代入方程（4）。为了做到这一点，我们重置方程（6）使利率位于方程左边，然后将 r 的表达式代入方程（4）中。首先，在方程（6）中将 r 移至左边。[①]

---

① 首先，方程（6）两边同乘以 h：

$hY = M^S/P + fr$

然后两边减去 M^S/P：

$hY - M^S/P = fr$

现在两边同除以 f：

$\frac{hY - M^S/P}{f} = r$

翻转方程的两边得到方程（6a）。

$$r=\frac{hY-\frac{M^S}{P}}{f} \tag{6a}$$

其次，将方程（6a）中右边部分对 r 的描述代入方程（4）中：

$$Y=k(A_0-br)=k\left[A'_p-\frac{bhY}{f}+\frac{b}{f}\left(\frac{M^S}{P}\right)\right] \tag{7}$$

现在，在方程（7）中两边加上 $kbhY/f$，并且两边除以 k。

$$Y\left(\frac{1}{R}+\frac{bh}{f}\right)=A'_p+\frac{b}{f}\left(\frac{M^s}{p}\right)$$

最后，两边同除以左边括号内的部分：

$$Y=\frac{A'_p+\frac{b}{f}\left(\frac{M^S}{P}\right)}{\frac{1}{k}+\frac{bh}{f}} \tag{8}$$

方程（8）是我们主要的一般均衡收入的方程，它将 IS 曲线和 LM 曲线的所有信息组合在一起；当方程（8）被满足后，商品与货币市场都处于均衡状态。为计算出未知收入，将6个右边的已知参数值代入方程（8），它可以被用于计算实际收入水平的任何情况。[①]

由于我们将注意力主要集中于 A'_p 和 M^S/P 的变化对收入的影响，我们可以将方程（8）简化为：

$$Y=k_1A'_p+k_2\left(\frac{M^S}{P}\right) \tag{9}$$

将方程（8）转换为方程（9），我们已做的所有工作是对 A'_p 和 M^S/P 的收入乘数效应 k_1 和 k_2 给出新名称。k_1 和 k_2 的定义和数值是：

一般线性形式	数例	
$k_1=\dfrac{1}{\frac{1}{k}+\frac{bh}{f}}$	$k_1=\dfrac{1}{\frac{1}{4.0}+\frac{100\ (0.5)}{200}}=2.0$	(10)
$k_2=\dfrac{b/f}{\frac{1}{k}+\frac{bh}{f}}=\left(\frac{b}{f}\right)k_1$	$k_2=\dfrac{100\ (2.0)}{200}=1.0$	(11)

使用方程（10）和方程（11）中的数字，简化的方程（9）可被用于计算实际收入值：

$$\begin{aligned}Y&=k_1A'_p+k_2\left(\frac{M^S}{P}\right)\\&=2.0(2\,500)+1.0(2\,000)\\&=7\,000\end{aligned} \tag{12}$$

这是一个收入值如何作为一个特殊数字被计算出来的例子。当政府财政政策或企业以及消费者信心变化引起 A'_p 发生变化或当名义货币供给量的变化引起 M^S/P 变化时，用方程可以非常容易地计算出 Y 值的变化。请记住，无论如何，在方程（10）和方程（11）中

---

① 在给出的练习中，参数被设定为给定或已知。参数不仅包括乘数（k）、自发性计划支出和货币需求对利率和收入的反应（b、h 和 f），而且包括零利率时的自发性计划支出（A'_p）和实际货币供给（M^S/P）。多数练习涉及考察单个参数如 A'_p 或 M^S/P 的变化的影响。

的 k_1 和 k_2 的定义都取决于对参数 b、h、f 和 k 值的特殊假设。

第 4.8 节和第 4.9 节的重点是财政和货币政策的变化对收入可能存在的强弱影响取决于下列问题的答案：

(1) A'_p 对收入变化、乘数 k_1 产生的影响怎样取决于 b 和 f 的值（商品与货币需求对利率的反应）？

(2) M^S 的变化对收入、乘数 k_2 产生的影响怎样取决于 b 和 f 的值？

例子：我们把 M^S/P 从 2 000 提高到 3 000。我们知道使用方程（10）时 k_1 的值是 2.0，使用方程（11）时 k_2 的值是 1.0，因此，使用方程（9）可得收入是：

$$Y = k_1 A'_p + k_2\left(\frac{M^S}{P}\right)$$
$$= 2.0(2\ 500) + 1(3\ 000)$$
$$= 8\ 000$$

使用方程（6a），我们知道在新方程中的利率是：

$$r = \frac{[\ (0.5)(8\ 000) - 3\ 000]}{200} = 5.0$$

如图 4—7 上图所示，在这个例子中，货币供给的增加提高了实际收入，降低了利率。如果曲线是垂直的，图 4—7 的下图显示了可选择的收入。当货币需求的利率弹性为零时（$f=0$），这样的现象就会发生。

$$k_1 = \frac{1}{\frac{1}{k} + \frac{bh}{f}} = \frac{1}{\frac{1}{4} + \frac{100\ (0.5)}{0}} = 0$$

$$k_2 = \frac{h}{\frac{f}{k} + bh} = \frac{100}{\frac{0}{4} + 100\ (0.5)} = 2.0$$

然而，在图 4—7 下图中，在点 E_4 上的新均衡状况表示那里没有特殊数字，如下面当实际货币供给沿旧 LM 曲线从 3 500 增加到新 LM 曲线 4 500 时一样：

$$Y = k_1 A'_p + k_2\left(\frac{M^S}{P}\right) = 0(2\ 500) + 2.0(4\ 500) = 9\ 000$$

由于分母（f）是零，我们不能用方程（6a）解释利率。取而代之，我们能够用方程解释 IS 曲线上的利率。当用方程（4）解释利率时，我们可以得到一般的表述：

$$r = \frac{A'_p - Y/k}{b} = \frac{2\ 500 - 9\ 000/4}{100} = \frac{250}{100} = 2.5$$

在图 4—7 下图中，较低的利率用 E_4 表示。简言之，图 4—7 中上下图之间的比较显示，在 $f=0$ 时，与在 $f=200$ 时一样，货币供给一定的增加（数例中为 10 000 亿美元的变化）将会产生加倍的影响。

第 5 章 金融市场、金融管制与经济稳定

原子或系统陷于毁灭，现在泡沫破裂，现在只有一个真实的世界。

——Alexander Pope，《论人》，1733

5.1 引言：金融市场与宏观经济学

全世界的家庭都受害于全球经济危机，当失去工作的机会增大、找到新工作的机会大幅降低时，人们的实际收入会降低。

美国的经济活动在 2007 年晚些时候达到顶峰，源于纽约华尔街的金融危机在 2008 年 9 月真正开始了下行势头。货币与财政政策迅速作出反应，并且使用两种标准的政策行为和史无前例的决策可能避免类似 20 世纪 30 年代大萧条的发生。通过宏观经济学的反复争论，逐步达成一个共识：2008 年秋和 2009 年的政策反应是迅速、有力和适当的。

可是在 2008 年金融危机两年后的时间里，这些富有挑战性的政策措施未能将世界经济与美国经济带回正常水平。2010 年末，美国一半的失业者失去工作达 6 个月之久或超出 6 个月，150 万人失去工作超过两年的时间。数千万人感到囊中羞涩、退休之梦被迫延迟，因为求职困难，大学教育之利受到侵蚀。大学毕业生能够得到的好工作大大减少。

□将金融市场整合为 *IS*－*LM* 模型

前两章中引入的 *IS*－*LM* 模型乍看起来已经提供了解释经济下行的简单方法。如果 *IS* 曲线与 *LM* 曲线的交点过于靠左，不充分的产出不足以创造出人们所需要的工作岗位，有一个简单的解决方法。当财政政策的制定者向右移动 *IS* 曲线时，货币政策的制定者也向右移动 *IM* 曲线。我们在第 4 章学到，在极端状况下，货币政策或财政政策无能为力，我们也知道当它们被一前一后共同使用时，它们的合力是无限的。

然而，2010 年经济停滞与高失业的现实远远超出了关于 *IS*－*LM* 模型所能提出的基本问题：我们迷失在什么地方？本章介绍了根源于金融市场的宏观经济不稳定的原因。金融市场对经济的影响部分要通过财富效应实现。在第 3 章我们已经学习了实际家庭财富的

下降降低了自发性消费、提高了储蓄，并推动 *IS* 曲线向左移动。实际财富的下降不仅与股市崩溃以及房地产泡沫破裂有关，例如在 2007—2008 年，而且，假如家庭负债过度使得债务—收入比率提高到前所未有的程度，这样的事情也会同时发生。

除了财富对自发性消费的影响外，第 3 章也介绍了金融市场作为一种独立的因素对自发性消费乃至进一步对 *IS* 曲线的影响。当金融市场头寸宽松时，*IS* 曲线向右移动，反之，则向左移动。2002—2006 年借贷购房和买车变得容易时，*IS* 曲线向右移动，但是在 2008—2010 年借钱变得困难时，*IS* 曲线大幅向左移动。

除了对 *IS* 曲线的影响，金融危机改变了对 *LM* 曲线的解释，危机明显提升了对家庭与公司贷款所收取的利率，这一水平高出联储确定的联邦基金利率水平。本章我们将超越简化的 *IS*-*LM* 模型只有一种利率的假设。当经济如 2008 年处于困境当中时，市场的参与者相信所有贷款的风险都高于以前并且将贷款利率提高至联邦基金利率水平之上。风险对 *LM* 曲线的影响是金融危机降低实际 GDP 的第二个通道。

□ 泡沫、风险和杠杆作用

由于全球经济危机仅发端于美国相对狭小的区域而非世界范围内的多个源头，金融市场即所谓“次级抵押贷款”允许贷款者拥有低收入和不良信用记录。要理解如此狭小的金融市场如何衍生出了如此严重的后果，本章我们就开始学习银行的传统业务及抵押市场在多数正常时间如何运作，然后我们将考察金融市场在 2000 年后如何通过抵押市场金融创新的变化最终制造出了市场的不稳定以至于走向崩溃。

金融危机并不是什么新鲜的事物，事实上，在过去 800 年都有据可查。[①] 金融危机的一些特点是价格泡沫，资产例如股票和房地产价格迅速蹿升至公司所得与家庭收入的基本面以上。本章考察三次重大泡沫及其余波的异同，其中最近的一次是 2000—2006 年的房地产泡沫以及此后的崩溃和引发的金融危机。

本章的一般论题是归咎于全球经济危机的几宗罪。一些评论家认为联储因在 2002—2004 年长时间保持了过低的利率而应受到指责。另一些人指责金融创新提高了风险与杠杆作用，风险与杠杆作用是本书后面将定义与考察的两个新概念。还有一些人指责对冒险性金融创新的管理松懈到如此程度以至于削弱了货币与财政政策稳定经济的能力。

5.2 案例研究：全球经济危机的维度

在我们试图理解全球经济危机的产生原因之前，我们应该先考察一些衡量严重程度的尺度。首先，我们比较美国、欧洲、日本的产出缺口指标，这会为我们提供危机并不仅限于美国而是波及整个世界的令人信服的证据。接下来我们考察美国劳动力市场的几个令人

---

① 金融危机的历史可追溯到 800 年之前，参见更前沿的以及更新的书，Carmen M. Reinhart and Kenneth S. Rogoff，*This Time Is Different*. Princeton University Press，2009。

沮丧的指标。美国2010年劳动力市场的一些指标达到了20世纪30年代大萧条以来的最糟糕的情形。

□ 世界范围的经济下行趋势

世界经济的所有区域都经历持续不断以及同步发生的经济周期是不正常的，然而，这的确是2008—2009年所发生的事情，每一个经济体的产出一同暴跌。任何经济转向下行影响的关键指标都是产出缺口，也就是，现实与自然实际GDP的对数百分比。[①] 当现实实际GDP恰好等于自然实际GDP时，产出缺口是零。在经济繁荣时期，现实实际GDP在自然实际GDP之上，产出缺口为正。在2008—2009年经济转折下行时，产出缺口为负。

图5—1比较了美国、欧洲与日本的产出缺口。[②] 2007年设定产出缺口为零，当年是没有过度供给和过度需求的正常年份。这三个经济体在2007年之前表现不同，2007年之后产出缺口一同下降的趋势显而易见。三条线像瀑布一样急转直下。向下移动的同时性为这样的观点提供了支持：全球经济危机有一个共同的原因。

另一个令人震惊的事实是：2010年和2011年美国、欧洲、日本在预测产出缺口复苏时存在微小的差异。全球经济危机独一无二的遗产是它同时袭击了所有的国家。此外，对于所有国家而言，经济复苏是脆弱的，产出缺口要从不小的负百分数完全回复到零似乎需要花费几年的时间，而不是像以前的衰退时期一样，只需要一两年。接下来在本章的末尾，我们将要提出问题：为什么危机会发源于美国住房抵押市场又很快蔓延到其他国家？

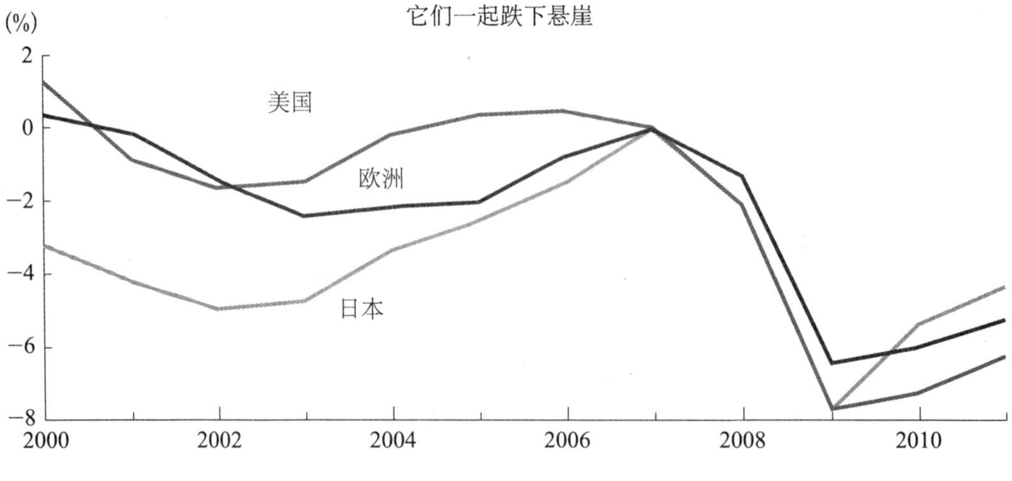

图5—1 2000—2011年美国、欧洲和日本的对数百分比产出缺口，2007年指数为零

注：图形显示，2007年经济周期顶峰之前的三年里美国的产出缺口略高于零。2007年之前欧元区的缺口是负数，日本的数字更低。但是，在2007年之后，三个产出缺口几乎以相同的数量持续下泻，经历2009年低谷后复苏仍然缓慢。

资料来源：OECD *Economic Outlook*.

---

① 第1章给出了GDP缺口的定义，产出缺口与GDP缺口是同义词。

② 在本书中的此处与其他地方，“欧洲”是指欧元区成员国。

□ 2007—2011 年与 1981—1985 年相比较：美国经济危机的严重程度

到此为止，我们已经知道，美国、欧盟与日本的产出缺口共同经历了持续的自由落体运动和 2010 年、2011 年不尽如人意的缓慢回升。通过比较 2007 年后的衰退和 1981—1985 年经济周期早期的复苏可以对美国进行一个有益的观察。1981—1985 年的经济周期在以前被认为是自大萧条以来最糟糕的一次下滑。

1981—1985 年与 2007—2011 年的衰退和复苏相比原因大不相同。但它们的量度表现近似，至少在衰退阶段是如此。图 5—2 显示了两个以往始于扩张时期顶峰季度的季度产出缺口，也就是 1981 年第三季度开始的场景和 2007 年第四季度最近的经济活动。1981—1985 年的黑色线条始于负值并在衰退的第五个季度降低到－8.2%的低点；同时，2007—2010 年的灰色线条始于正值，然后快速持续下降，在衰退的第七个季度达到－7.1%的低点。

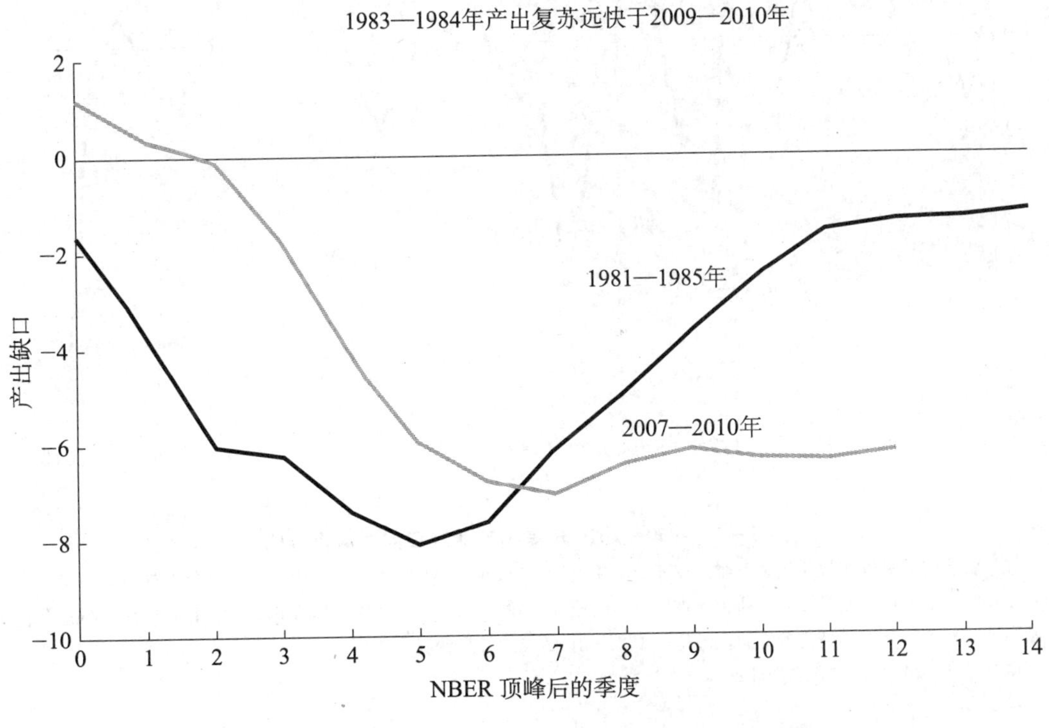

图 5—2　美国在 1981—1985 年以及 2007—2010 年两个时期中产出缺口的对数百分比

注：描述美国产出缺口的两条线中，黑线始于以往的扩张季度顶峰 1981 年第三季度，灰线始于最近经济周期的季度顶峰 2007 年第四季度。黑线表明开始低于 2007 年的产出缺口，在 5 个季节后（1982 年第四季度）速度加快。灰线展现出在第二个季度与第七个季度（2009 年第三季度）期间下降加速，然后缓慢复苏。

资料来源：NIPA 表 1.1.6 和作者的计算。

但是，在近期的衰退中，就业缺口在 2009 年最糟糕的第四季度进一步下降到－7.3%。为近期衰退贴上“20 世纪 30 年代以来最糟糕”标签的不是图 5—2 中产出缺口的比较、图 5—3 中就业缺口下滑的深度，而是对 2010 年后 5～6 年就业缺口将持续为负值可能性的广泛预测。相反，在 1981—1985 年的衰退中就业缺口从 1983 年第三季度的最糟糕值

−5.1%在5个季度后迅速上调至1984年第二季度的−1.4%。

2010—2011年经济复苏乏力也有助于说明为什么这么多的失业者找不到新工作，这与1983—1984年的复苏尤其不同。两个经济周期完全不同的是2010—2011年失业时间在不断延长。在图5—4中，1981—1985年的黑线表明超过26周（6个月）的失业人数在大约两年的时间达到2.6%的顶峰状态，在接下来的年份中下降，直至1.1%。相反，2007—2010年的灰线表明失业人数在2010年末尚未达到周期的顶点，而失业百分比几乎两倍于1983—1984年的百分比。

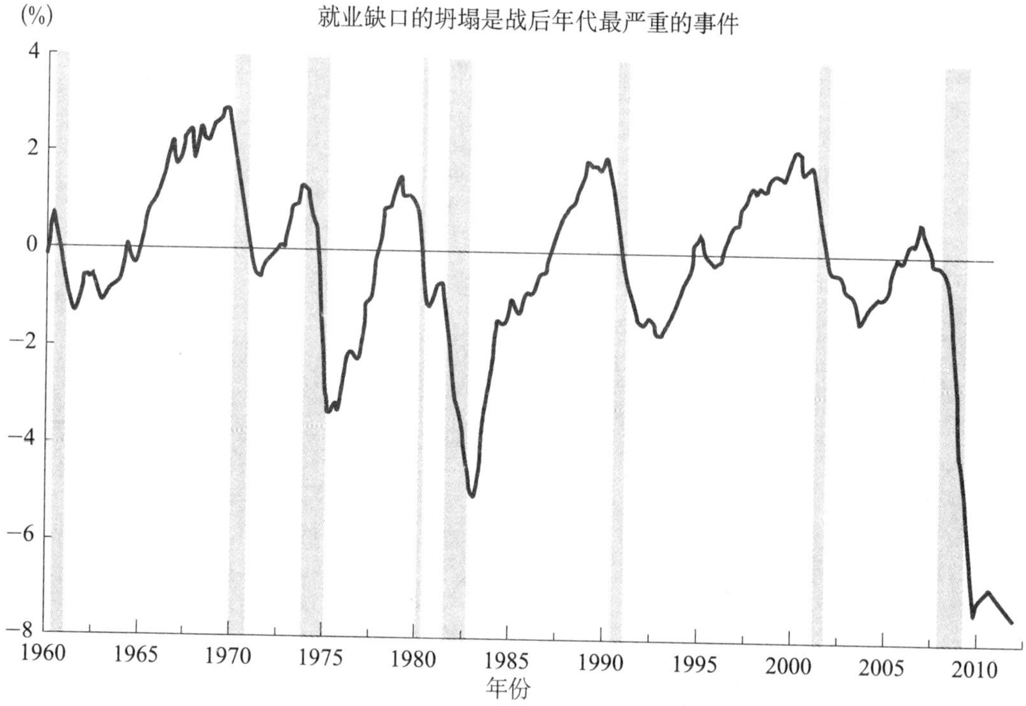

图5—3　1960—2010年美国就业缺口的对数百分比

注：就业缺口是现实就业相对于经济在零产出缺口下运行时的就业水平的对数比率。衰退时期就业缺口的急剧下降主要反映了上升的失业以及当劳动者因丧失信心而放弃寻找工作时，劳动参与率的下降。发生于2008—2009年的就业缺口的陡然下降是战后最为糟糕的，远超过1981—1982年的最坏状况。

资料来源：bls. gov 和作者的计算。

是什么使2009年后美国经济复苏如此引人注目以至于本书对引发全球经济危机的原因及其解决方案频繁关注？图5—4提供了一个与此前主要衰退的关键对比。在前一个经济周期顶峰以后的三年，长期的就业变得更加糟糕，毫无起色。数百万人在一年以上的时间处于失业状态。绝望与悲观情绪蔓延，而这数百万人本来是可以利用他们的教育背景和工作经验重新找到工作的。重新找到工作的人经常只能领取相当于此前一半或更低的工资率。为寻找工作绝望地挣扎在战后是没有先例的，在一些方面开始类似于20世纪30年代的长达十年的大萧条。

2008年后的经济危机是大萧条以来最为重要的宏观经济活动，本章的其余部分对危机原因进行了统一分析，并且将这种分析与第3章及第4章中的 $IS-LM$ 模型联系起来。

关于解决方法的研究在本章开始，并在以后几章中延续下去。

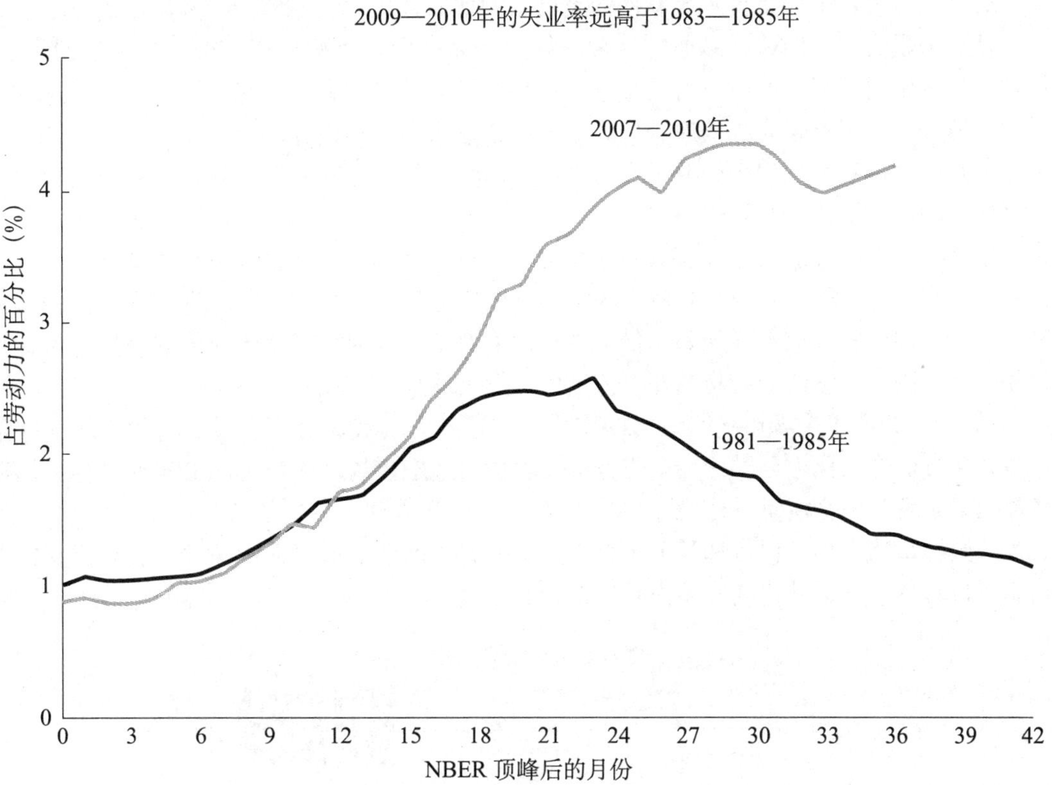

图 5—4　在 1981—1985 年与 2007—2010 年两个时期劳动力失业超出 26 周的百分比

注：劳动力失业超出 26 周的百分比在 1981—1982 年衰退的开端与 2007—2009 年衰退的开端相同。在前 16 个月中这个百分比在两个衰退中都有同样的增长，大约从 1%增加到 2%。但是在前一衰退中百分比水平呈现平稳的状态，随后下降至 1%的水平，然而，在近期的衰退中，这个百分比持续上升至 4%以上。

资料来源：bls. gov.

5.3　金融机构、资产负债表和杠杆

一些家庭与企业现期花费的要比赚取的多，因此需要借钱。其他家庭与企业现期赚取的比花费的多，因此需要场所进行储蓄。**金融市场**（financial market）履行了一个必要的功能，也就是沟通资金的剩余者（储蓄者）与资金的需求者（借款者）。本部分我们学习银行与其他金融机构如何对家庭与企业创造出多倍于自身净资产（资本净值）的贷款方面的基础理论。

□ 金融机构与金融市场

资金直接或间接从储蓄者流向借款者，直接的渠道是通过金融市场，在这个市场上买卖证券或金融工具。当借款者直接向储蓄者发行证券时，金融市场提供直接融资，证券如通用汽车公司的股票或债券是借款者（通用汽车公司）的负债或债务和储蓄者的资产。

间接渠道的操作要通过**金融中介**（financial intermediaries），比如花旗银行以它自己的名义发行负债，中介机构平衡它们的负债（例如储蓄账户）与资产（例如贷款）。

什么因素决定了储蓄者是通过金融市场还是通过中介机构融通资金？简单的回答是，储蓄者只希望通过直接渠道也就是金融市场购买证券，借款者必须最大限度地建立起归还借款的信誉。大多数企业和政府部门直接通过金融市场发行证券。

但是，大多数个人和小企业不会这么做，因为他们没有建立起市场信誉；个人也许愿意将他们的储蓄委托给花旗银行，但是，他们不愿意接受像他们那样的其他个人出具的借据。中介机构能够分散风险和有效地收集信息。花旗银行向许多借款者提供贷款，但只有其中的一小部分不能向其归还贷款。为了弥补这部分损失，花旗银行会划拨出专门的意外基金，将这部分资金成本增加到向借款者收取的费率上，因为花旗银行能够雇用专家评估信用风险，因此，它向个人贷款比个人彼此之间贷款承担的风险更小。

图 5—5 说明了金融市场与机构的作用。左边的方块代表储蓄者，右边的方块代表借款者，上方的方块代表金融中介，下方的方块代表金融市场。方块之间的连线是指从储蓄者流向借款者的资金流量。注意金融中介不仅直接向借款者提供资金（向个人贷款），而且购买金融市场工具。银行和其他金融中介掌握着价值数十亿美元的债券，除允许直接向借款者进行的贷款以外，其中多由政府发行。

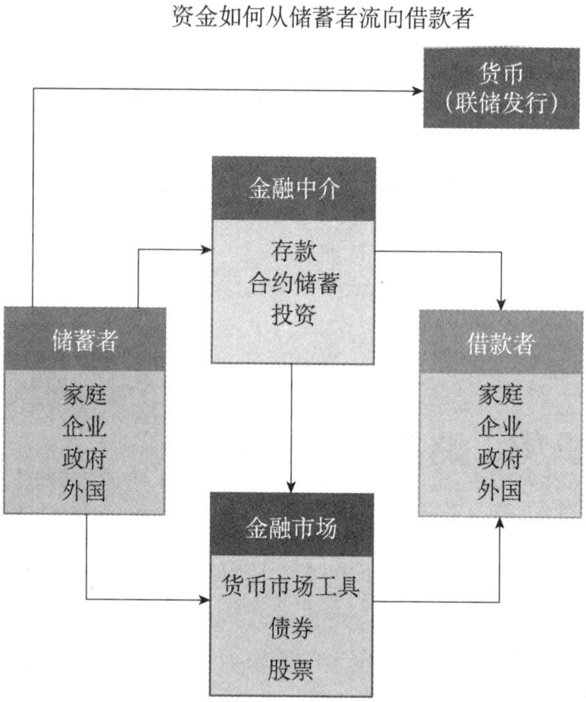

图 5—5　金融中介与金融市场的作用

注：图的左边显示的是储蓄者——任何拥有剩余资金的经济单位，箭头显示的是储蓄者使用资金的方向。它们可以作为货币被持有、可以存入金融中介或用于直接从金融市场购买货币市场工具、股票、债券。金融中介既购买金融市场工具，也向借款者放贷。因此，借款者有两种资金来源。两个指向借款者方块的箭头表示分别从中介的借款和来自金融市场的资金。

□ 资产负债表与杠杆作用

每一个经济单位都有总结该单位的资产—负债的资产负债表。如果资产大于负债，经济单位拥有正的净资产；如果资产小于负债，经济单位拥有负的净资产。多数家庭拥有正的净资产，当人们为他们的退休生活而储蓄时，资产将随年龄而增长。60 多岁的老年人明显比 20 多岁的年轻人拥有更多净资产。当年轻人的少量资产被大量学生贷款的负债所淹没时，许多年轻人就会拥有负的净资产。

正如每个家庭都拥有资产负债表一样，每个公司也有其资产负债表。表 5—1 给出了假设的第一可靠银行（First Reliable Bank）的资产负债表。资产列于表 5—1 左边，负债列于表的右边。资产包括抵押贷款、汽车贷款和企业贷款；负债则为银行欠其他机构的金额。

在表 5—1 右下方显示的是总资产与总负债的差额，称为银行**净资产**（equity），与净值相同。注意将资产与负债分开的垂直线与在“资产”和“负债”标题下的水平线相交形成了“T”的形状，因此资产负债表也被称为“T 账户”。“第一可靠银行”拥有 10 亿美元的资产和 9 亿美元的负债，因此，银行的净资产为 1 亿美元。银行净资产与资产净值具有同样的含义，有时被称为“银行资本金”。

任何银行的主要资产都由各类贷款构成，大多数银行也对政府债券与私人证券进行投资，例如抵押贷款证券。任何证券都是借款人每年要支付一定利息的承诺。当市场状况改变时，在一定时期以后这些承诺的数字是可以改变的。当借款者受到经济衰退和失业的影响时，他们所发行的证券的价值就会下跌。

当银行觉察到借款者无力归还贷款的潜在**风险**（risk）时，银行倾向于降低贷款并增加投资。这时银行转而进行它们认为安全的投资，包括美国政府发行的债券。正如我们在后文将要看到的，银行也相信私人机构发行的抵押贷款证券是安全的，但是，房地产业的崩溃大幅度降低了这些证券的价值。

其他类型的银行资产是库存现金，这部分是为了应对存款者提款以及满足央行法定准备金要求的储备。银行拿出 10%的银行存款作为现金与准备金，因此该银行持有 9 000 万美元的现金与准备金，这一数值是银行 9 亿美元存款的 10%。表 5—1 中第一可靠银行的资产被细分成 9.1 亿美元的贷款与投资，保留了 9 000 万美元的现金和准备金，合起来为 10 亿美元的总资产。

表 5—1　　第一可靠银行初始的资产负债表　　单位：百万美元

资产		负债	
贷款与投资	910	存款	900
准备金（包括现金）	90		
总资产	1 000	**总负债**	900
		净资产（资产净值）	100

银行的主要负债是所欠储户的存款，一些存款是支票和正常储蓄存款，随时可以支取。为了满足这种不可预期的取款的需要，银行在联储保留的现金和准备金可能会超出联储正常的法定准备金要求。其他存款例如一年期或三年期的定期存款在期满以前是不能提取的，存期越长，支付的利率越高。

除了满足联储法定准备金的要求外，银行还需要保留资本准备，也就是其净资产与总资产价值之间的比率。在第一可靠银行的例子中，资本比率是净资产数量（1 亿美元）除以总资产（10 亿美元），也就是 10%。

□ 杠杆作用：金融市场崩溃中的核心因素

银行依靠贷款利率高于支付给储户的存款利率获利，银行每一美元的净资产准予贷款的数量越多，银行净资产的回报率就越高。**“杠杆作用”**（leverage）一词广义上是指“以最少博取最多”（making the most out of the least），这种情况使银行的贷款与投资相对于净资产尽可能增大。第一可靠银行的案例中的杠杆作用是 9 亿美元的负债除以 1 亿美元的净资产，或者说 9 比 1。与此相似，如果住房所有者用 5%的首付（1.5 万美元）购买了价值 30 万美元的房子，其余依靠借款（28.5 万美元），杠杆率是 285/15 或者 19 比 1。

杠杆作用的一般特征是当投资价值上升时放大了利润，当投资价值下降时压低了利润甚至消灭了利润。对于房主而言，如果房价从 30 万美元上升至 35 万美元，贷款依然是 28.5 万美元，但是现在净资产上升至 6.5 万美元，这表示初始仅仅 1.5 万美元的投资产生了 5 万美元的利润。但是，如果房价下跌 5%，也就是从 30 万美元下降至 28.5 万美元，净资产将降至零。如果房价进一步下降至 25 万美元，房屋将比贷款价值低3.5万美元，净资产将是负数。这时，房屋所有者将处于“溺水”状态，欠债将大于房屋价值。

引发净资产损益大幅波动的关键因素是贷款数值固定不变时，资产的市场价格可以自由上下浮动。[①]家庭的例证可以很容易地应用于银行的情况，灵活的资产价格可以在不引起存款任何变化的情况下改变银行投资的价值。在我们的例子中如果贷款与投资从 9.1 亿美元上升到 10.1 亿美元，1 亿美元的资产增加将使净资产（净财富）扩大 1 亿美元，因为银行负债没有发生变动，银行贷款和投资 11%（=100/910）的回报被放大为净资产 100%（=100/100）的所得。无论投资价值何时上升，由于杠杆作用，银行在净资产上获得的百分比回报都要大于资产价值百分比的增加。

如果投资价值下滑而不是上升，杠杆作用也会制造灾难。当投资价值下跌时，在上一段我们观察到的放大作用也会发生。表 5—2 表明在贷款和投资价值从初始的 9.1 亿美元下降至 8 亿美元也就是 12%的损失产生后第一可靠银行的情况。在 2007 年后的几个季度里，银行已经看到了它们的贷款与投资价值下降的情形。向濒临破产的企业贷款的银行经常会失去大部分或全部目前正在进入破产程序企业贷款的价值，并且，当借款者因失业和其他原因停止贷款支付时，银行发现在抵押贷款证券方面的投资在贬值。

表 5—2　　在贷款与投资价值下降到 8 亿美元后第一可靠银行新的资产负债表　　单位：百万美元

资产		负债	
贷款与投资	800	存款	900
准备金（包括现金）	90		
总资产	890	**总负债**	900
		净资产（资产净值）	—10

① 这里我们忽视了多数房屋抵押需要借款者最终偿付本金，也就是借款的数量。但是“仅限利息”的抵押贷款也可以得到，它无须偿还任何本金。

□ 银行破产和存款保险

无论什么原因引发了银行贷款与投资价值的下降，结果都是很清楚的。当负债不变时，资产下降 1.1 亿美元引起了初始 1 亿美元的净资产的消失，取而代之的是 1 000 万美元的负的净资产。当其净资产或资产净值达到零或转为负值时，银行或其他金融机构破产。当这种情况发生时，银行被称为“倒闭”。

存款者是否应该始终监控银行的状况并且搞清楚它们是否有充分的净资产？在 1929—1932 年的大萧条开端、经济崩溃时，存款者因担忧银行的偿付能力而冲进银行提取存款，从而导致数以千计的银行遭受了**挤兑**（bank run）。但是，没有银行在其金库中存有足够的现金来满足提款者的需要，因为若想获利并留在行业内，它必须使用大部分银行存款去放贷和投资。当金库里的现金耗尽时，排在末尾的其他提款者就要走霉运。1930—1932 年期间银行的倒闭导致几百万美国人一生的储蓄化为乌有，而这使大萧条向纵深发展。

1933 年罗斯福新政第一法案的内容之一是建立美国联邦存款保险公司（FDIC），以保护银行存款使其不受损失。FDIC 现在保证为储户的存款额提供的完全保护值上升至 250 000美元，保险赔付的正常保险金由系统内所有银行承担。

FDIC 不仅为银行存款提供保险，而且为缺乏偿付能力而倒闭的银行负责。在 2009 年有 140 家银行倒闭，2010 年的数字预计会更大。而在全球经济危机发生前的 2007 年只有 3 家银行倒闭。

□ 非银行金融机构：金融领域中野蛮的西部

尽管联储调整了银行准备金和杠杆率，但它不能阻止银行进行风险投资，例如，银行在已经超建过多公寓的本地房地产市场发放更多公寓建设贷款。更进一步讲，金融市场不仅包括银行，而且包含许多其他类型的经营风险投资的非金融机构。它们的资金不仅主要来自存款，而且来自从其他金融机构借入的资金，包括国内与国外的资金来源。非银行金融机构包括两个纽约市的、2008 年倒闭的机构。它们分别是 3 月份倒闭的贝尔斯登公司和 9 月份倒闭的雷曼兄弟公司。雷曼兄弟的垮台引发了全球经济危机。

表 5—3 显示了假设的有毒资金的资产负债表，这部分资金专门用于购买风险投资品，其中许多是后来被描述成有毒资产的抵押贷款证券，因为证券是由无力承担的人办理的个人抵押贷款池支持的。一些抵押借款者的收入太低以至于没有资格进行正常的抵押贷款，并且发现当一个或更多家庭成员失业时便不能应付每月的支出。

表 5—1 中的银行和表 5—3 中的非银行金融机构之间有三个主要的差别。首先，非银行金融机构不会保留任何准备金，因为它不受联邦储备银行和其他任何政府实体的管制。其次，它不是通过吸储得到资金来购买投资品而是通过借贷。最后，它要持有最低限度的资产。因为表 5—3 显示 3.4 亿美元的负债仅需 1 000 万美元的净资产，杠杆率是 34 比 1。投资价值仅 10%的提高将会使总资产从 3.5 亿美元增加到 3.85 亿美元，但是这将引起净

资产从 1 000 万美元猛升到 4 500 万美元，这是一个巨大的回报率。

但是，如 2007—2009 年的既成事实，即使投资品价值仅从 3.5 亿美元下降到 3.15 亿美元（即 10%的下降）也将彻底毁掉净资产，而且会带来 2 500 万美元的负资产。

杠杆率越高，当资产价值增加时利润会越高；当资产贬值时，企业对负资产的地位醒悟得更快并且加快进入破产程序。

表 5—3　　有毒资金的资产负债表　　单位：百万美元

资产		负债	
投资	350	借款	340
总资产	350	**总负债**	340
		净资产（资产净值）	10

自测题 5—1

1. 在图 5—5 中，是金融中介还是金融市场出售债券和股票？

2. 银行净资产是资产还是负债的一部分？

3. 杠杆率是（a）资产—负债比率、（b）贷款—净资产比率、(c)存款—贷款比率还是(d) 负债—净资产比率？

5.4　屡见不鲜的故事：泡沫与破裂

在过去的一个世纪里，总需求经历了两次悲剧性的内爆：第一次是始于 1929 年的大萧条，第二次是始于 2008 年的全球经济危机。这些危机的共同特征是以资产泡沫为先导。**泡沫**（bubble）被定义为相对于基本状况，资产价格明显上升以及泡沫被针刺破时价格大跌的情形。

最为普遍的泡沫类型表现在股价与房地产价格方面。当股价的提升远在其基本值也就是公司利润之上时，股价泡沫就会产生。如果公司利润在一个时段连续多年以 20%的速度增加，同时股价以 100%的速度提高，那么，很有可能股价泡沫正在发生。

在过去的世纪里，最大的股市泡沫发生于 1927—1929 年和 1996—2000 年。20 世纪 20 年代末期发生的股市泡沫接踵而至的是大萧条。在 20 世纪 30 年代的整个十年，失业率都保持在 10%以上。紧随 20 世纪 90 年代后期发生的股市泡沫的是股价下跌一半，但不存在严重的经济周期灾难。泡沫并不总是制造严重的经济周期。

泡沫也可以表现在房地产价格方面。房地产泡沫可以通过考察房屋价格与其最贴近的替代物之间的比率来判断，这个可选择的替代物是租用一套公寓的价格。2000—2006 年间美国住房的价格泡沫在战后美国的历史上是独一无二的，随之而来的是破灭，它制造了全球经济危机。

□ 双泡沫的考证：1996—2000 年的股价和 2000—2006 年的房价

图 5—6 描绘出了 20 世纪 90 年代晚期的股价泡沫。图形显示出了自 1970 年以来四十多年股价与公司利润之间的比率。显示的是基于 1995 年价值的数据，这是低股市估值与高股市估值之间的转折点。

股价在 20 世纪 70 年代与 80 年代受到抑制，因为宏观经济伴随着高失业与高通货膨胀。

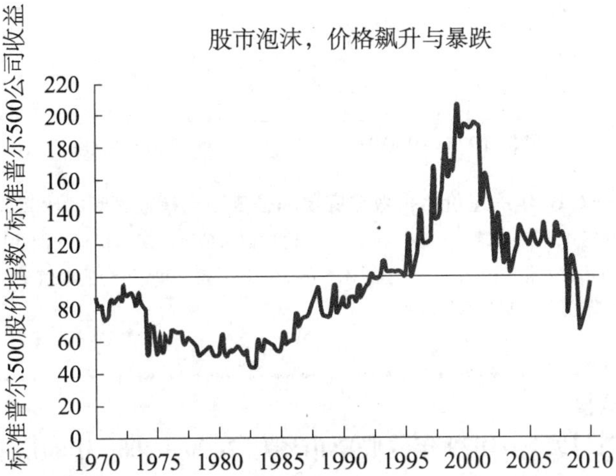

图 5—6　1970—2010 年标准普尔 500 股价指数与标准普尔 500 收益之间的比率，1995 年＝100

注：图形显示了标准普尔 500 股价指数的价格—收益比。股价在 1973—1994 年之间受到抑制，这 20 年间低于 1995 年的比率。假如将 1995 年的指数设定为 100，在 1995—2000 年间，价格—收益比上升了一倍，在接下来的 2000—2003 年破灭。2004—2007 年的复苏仅仅是 20 世纪 90 年代后期泡沫的暗影，然后，股价再次崩塌，2009 年早期的比率是 1987 年以来不曾看到的。

最终，宏观经济的表现得以改进并且图 5—5 中所示的指数飙升，从 1984 年的 50 上升至 1995 年的 100 再上升至 2000 年的 200。但是，1995—2000 年相对于公司收益上升，成倍上升的股价并不是可持续的，最终股市泡沫破裂（像此前的泡沫一样）。

房价泡沫化的程度在图 5—7 中显示出来，它展示出了房屋和公寓的售卖价格与房屋和公寓的租价之间的比率。注意，图 5—6 和图 5—7 在垂直维度上用相同的单位描绘出来，因此，两次泡沫的规模可以进行比较，房价与租价之间的比率处于正常小幅波动的区间。图 5—7 显示，价与租之比在 1970—2000 年间仅在 95～120%之间波动。但此后泡沫再次出现。价与租之比从 1999 年的 100 跃升到 2006 年早期的峰值 173。也就是房价的飙升在 7 年的时间里比租金的增长快了近 75%。

不过，正如 1927—1929 年和 1996—2000 年的股市泡沫，高价格并不能够得以维持。取而代之的是价格狂泻，对于持有骤然贬值抵押资产的一般老百姓和对于购买很快就被证明是不安全的抵押贷款证券的富有投资者制造了史无前例的财务压力甚至灾难。杠杆铁律开始发酵，杠杆率越大，沿此路径提升的利润就越高；但是，金融机构沿这条路径走向破产的速度也会越快。

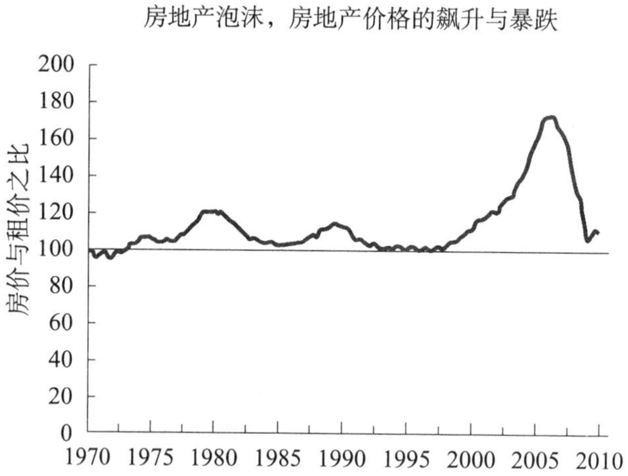

图 5—7　1970—2010 年房屋价格指数与房屋和公寓租金指数之间的比率，1995 年＝100

注：图形显示了标准普尔和凯斯-席勒（Case-Shiller）房价指数与公寓和房屋租金之间的比率。其中 1995 年＝100。1970—2000 年这个比率相对稳定，但是，在 1999 年后比率从 100 飙升至 2006 年初的峰值 173，然后，房地产泡沫被刺破，并且价与租之比几乎下降至十年前开始的水平。

☞ **了解全球经济危机**

两次泡沫：1927—1929 年的股票市场和 2000—2006 年的房地产市场

最具有破坏性的泡沫是 20 世纪 20 年代股票价格的飙升和此后 1929 年 10 月单月股价以接近 50% 的幅度狂泻。大萧条之后明显出现了 1930—1940 年之间失业率连续 11 年超过 10%的现象。1927—1929 年股市泡沫的破灭揭示出了 20 世纪 20 年代后期金融市场过度杠杆化的诸多其他侧面，正如 2006—2007 年房地产泡沫的破裂揭示出了 2000 年后的 10 年里过度杠杆化产生的影响。

20 世纪 20 年代末与 2000—2006 年金融泡沫的异同是什么？一个共同之处是日益提升的杠杆化。在 20 世纪 20 年代的股市泡沫中，个人投资者可以借入相当于其所购股票价格 90%的资金，仅仅支付 10%，相比之下，在过去的几十年可借入的比例只有 50%。不过，在 20 世纪 20 年代股市的杠杆为 9 比 1，相反，在当下只有 1 比 1。高杠杆化加剧了股市的上扬，但是也导致了接下来 1929 年 10 月股市的大幅下挫。

2000—2006 年的房地产泡沫与此相似，一个相近的特征是房屋的首付金额逐步下降，由 20%下降至 10%，再到 5%，一直到 3%，最低达到 1%。杠杆化的增强使房价的温和下跌吞噬掉房主资产的可能性增大。

另外一个共同之处是 2000—2006 年杠杆化的增强和 1927—1929 年间金融市场出现的类似的杠杆化增强的现象。20 世纪 20 年代末的一个显著特征是金融领域的上层建筑建立在长期高杠杆化的基础上，就像公司建立在用贷款购买其他公司的基础上。20 世纪 20 年代与 2000—2006 年的另一个共同之处在于投资银行获得的巨额利润和 20 世纪 20 年代末以净资产资本利得方式出现的对消费需求的刺激以及在 2000—2006 年房地产价格泡沫期间以抵押资产提现形式出现的对消费需求的刺激。

20世纪20年代美国商业不动产的繁荣非常类似2001—2006年住房繁荣时期的泡沫。1922—1931年纽约市建设的高度超出250英尺的办公大楼比此前任何一个十年都多。1920年的一个创新是依照建筑物前脸住房无人居住的比率进行统计的投机性建筑。为建筑高潮融资的证券恰似过去十年的有毒资产。债券出售者讨好零售投资者，抵押贷款证券并不新鲜，而且在20世纪20年代末激增。证券的发行者仰仗零售购买者对这些证券固有风险的无知。1929年股市垮塌前一年开始的风险证券的放量扩张是即将发生金融崩溃的早期警示信号。

20世纪20年代末与这十年期间的机构与管制之间存在重大区别。一个引人注目的差别是1933年之前没有存款保险制度。当1930年银行溃败开始引发许多美国家庭一生的储蓄被蒸发，进而导致1929—1933年的巨大紧缩时，存款保险制度的缺乏留下的是一场巨大灾难。另一个也许最重要的区别是货币政策对金融崩溃的反应。1930—1932年联储毫无例外地忽视了货币政策的作用，与此相比是2007年后的积极响应。

更广泛地看，20世纪20年代与1995—2006年这一期间的相似之处在于实现了一个长久的繁荣，好时光得以延续。20世纪20年代良好环境的巩固令人兴奋，它是由19世纪末的无线电开发以及虽被延迟但影响不断增强的两项重大发明带来的，这两项发明是电气和内燃机。与此相似的兴奋点产生于20世纪90年代末期互联网的发明。对宏观经济环境普遍满意的间接结果是蒙蔽了政策制定者和不良后果可能承担者的双眼。正如20世纪20年代末股市梦魇导致易受蒙骗的投资者忽视了难以维持的价格—收益比率一样，2000—2006年的房地产泡沫导致房主和金融界忽视了不断增大但不可持续的房价—收入比率。从这个意义上讲，宏观经济的成功导致了宏观经济的失败。

□ 为什么泡沫会产生?

泡沫源自获利机会预期的改变带来的外在冲击。20世纪90年代中期互联网的发明为新建互联网公司（后被称为“dot. coms”）制造了无限的乐观情绪。这是图5—6中显示出的股市繁荣与崩溃的根源。与此相似，图5—7中描绘的2000—2006年房地产泡沫由两种因素引发，也就是联储宽松的货币政策引起的过低的利率和允许信用通过抵押融资产生数倍扩张的金融创新。[①]

一旦泡沫的初始推动力产生，就会不由自主。股价或房价开始增长，对于房价任何时候的上涨以及进一步上涨的预期，投机者都想通过借钱增大杠杆并且从价格的上升中赚取最大的利润。

任何泡沫都对尽可能多的借贷提供激励，并且潜在的投资者都希望泡沫持续。首付越小、借款的比例越大，将来利润就可能越大，损失和破产的风险也会越高。如此，杠杆引燃了泡沫，当它不可避免地破灭时，它会创造出更多的爆炸性混合物和经济损害。泡沫的第二种基本原料是信用的现成供给。2000—2006年的房地产泡沫是由联储的维持低利率

① 在过去的几个世纪，论证金融泡沫的经典文献是 Charles P. Kindleberger and Robert Z. Aliber，*Manias，Panics，and Crashes*. John Wiley，2005。

政策和大量资本从国外流入美国引燃的。联储为了说明其泡沫期货币政策的正当性，指责世界范围的储蓄过剩为引发泡沫的根源。实际上联储自身的政策与外来资金流入在向购房者提供所需信用方面扮演着相同的角色，后者将推动价格进一步上升。

在一些泡沫特别是 2000—2006 年的房地产泡沫中的第三种原料是金融创新。创新鼓励了被潜在利润所吸引的金融机构增大杠杆。这可能意味着它们会承受其他的风险，因为新型投资的收益可能会小于它们所期望的，投资银行和相关机构主宰着创造、出售和交易使人一头雾水的新型复合证券的整个过程。

5.5 金融创新和次级抵押市场

1999—2007 年间的金融创新包含了金融市场的许多方面，但最重要的是那些推动房地产市场波动和引起房地产泡沫以及随后的泡沫破裂的创新。

□ 证券化

或许，最重要的金融创新是“住房抵押贷款的证券化”，早期允许抵押贷款的银行在资产负债表里可以一直将它们作为资产并且只允许将款项贷给值得信赖的稳定的借款者，以获得高利息。但是在新时代，发起抵押贷款的银行并没有再坚持将款项贷给这部分人，相反，它们将抵押贷款销售出去。（也就是，在贷款还完以前它们一并卖出了抵押贷款债务以及与借款人签订的承诺支付一定利息与本金的合同书，还款时间主要为 15 年和 30 年。）

发起银行将抵押贷款销售给大型金融机构的过程被称为**“证券化”**（securitization），这导致承诺高回报与低风险的证券化的贷款组合日益复杂化。可是，在美国最初由低利率和政府鼓励穷人拥有住房政策引发的向他们提供抵押贷款的热潮像气球一样膨胀起来，这为越来越庞大的倒金字塔形的产品结构提供了基础。

□ 次级抵押贷款市场

另一项金融创新部分地是由 2002—2004 年联储试图维持较低的短期利率政策所提供的更多盈利机会所推动的，被称为“抵押贷款经纪人”的抵押贷款专家有大型的抵押贷款银行提供丰厚的费用，其中最为臭名昭著的是乡村（Countryside）银行和华盛顿互助（Washington Mutual）银行。这些银行鼓励抵押贷款经纪人寻找有意愿的借款者，当短期内为这些抵押贷款融资只需要支付 1%或稍高一些的利率时（感谢联储的政策），再以 4%～5%的利率进行抵押贷款可获得巨额利润。

当抵押贷款经纪人通过罗洛德克斯卡片索引系统寻找抵押贷款顾客时，他们也不免翻阅到收入低、工作不稳定、信用记录不良的借款人群。因此，抵押贷款银行贷款的心情越热切，抵押贷款经纪人也就越急功近利。传统的贷款标准开始为人淡忘了，借款者不再必须被核实收入和就业状况，这些风险高的贷款开始被戏称为“NINJA”，意思是“无收入、无工作、无资产”。

只要联储保持较低的短期利率，**次级抵押贷款市场**（subprime mortgage market）就会兴旺发达。允许为高风险的借款者提供住房贷款与将住房所有权扩展至尽可能多的人群的整套政府政策共度蜜月。但是，当联储在 2004 年中期提高短期利率时，许多次级抵押贷款的利率重新调整为高利率，难以承担月供的最初贷款者开始拖欠他们的还款，最后的结局就是被取消抵押品赎回权（因为不能维持抵押贷款的还款而丢掉了家）。

□ 为什么投资者要购买高风险的次级抵押贷款证券

评级机构对创新证券的风险度脱离现实的乐观评级误导了投资者。要么因为一般性的疏忽，要么因为过度的逐利欲望，像穆迪和标准普尔那样的评级机构将许多证券评为 3A 级，尽管这些证券的背后是拥有不良信用记录和不稳定就业的人们持有的高风险抵押贷款。

为什么金融机构愿意冒这么大的风险？一个答案是无知，因为以前从来没有发生过房地产泡沫以及没有面对房地产价格崩溃后导致灾难性金融后果的经验。另一个答案更加险恶，那就是对短期超额利润的贪婪，迫切的获利心使借钱进行风险投资成为可能（只要房价持续走高）。由于企业持续进行高风险投资能够获取巨额利润、由于企业主管与交易者基于公司或企业中的部门业绩给付巨额个人分红，成千上万的大型金融公司的管理者和员工沉迷于追逐最后一美元的红利收入。

□ 房地产泡沫的终结和金融危机的开始

但是所有冒险都是由利润驱动的这一潜在假设忽视了这一过程中的基本驱动力，这就是不能永远上升的房价。为什么？第一个原因清楚地表现在图 5—10 中的利率曲线上。在 2004 年中期到 2006 年中期联储将联邦基金利率从 1.0%迅速提高至 5.25%，这相应引起金融机构对一些可调整利率的抵押贷款提高利率。这些可调整利率的抵押贷款比固定利率的贷款收取更低的利率，它可以吸引在贷款时想省钱的人们。

很快一些家庭发现抵押贷款的利率急剧上升，它们此后必然面临着还款违约或挤出其他支出的选择。拥有较低或不确定收入以及较低信用评级的相似家庭可能发现在 2003—2004 年容易取得抵押贷款，而在 2005—2006 年负担抵押贷款日益困难。房屋需求的下降足以减缓房价的提升速度，如图 5—7 所示。突然，以从不断涨价中赚钱为唯一目的的公寓的拥有者感到了恐惧，游戏结束了，他们试图卖掉公寓，但是这时每个人都想卖房子，房价开始垂直下降。

一旦房价开始下跌，游戏便结束了。新抵押贷款证券一直由在证券化之前申请贷款的原有的家庭稳定、规律的偿付所支撑，当这些家庭无力或完全停止支付抵押贷款后，证券的价值开始下跌。这不仅造成拥有房屋的家庭的房屋净值低于它们的抵押债务，而且大型金融公司发现它们即将破产，因为资产价值下降至低于它们购买这些资产的借款数量。并且，从事贷款的人现在突然懂得他们的贷款是不安全的。

总的来说，2000—2006 年房地产泡沫被点燃的原因是：投资者对房价的永远上升过度乐观、2002—2004 年联储宽松货币政策提供的资金供给、外国投资者在美国找到高收益的投资工具的预期，以及一系列金融创新鼓励机构发起风险性抵押贷款然后通过证券化卖出的金融创新。当房价在 2006—2010 年最终下降时，家庭消费缩减，许多金融企业达到或接近破产边缘，对家庭和企业突然停止了贷款。20 世纪 30 年代以来最糟糕的金融危机近在咫尺，在本章的稍后我们会学到货币政策对正在萌动的危机的反应以及在第 6 章中我们将看到财政政策的反应。

自测题 5—2

1. 证券化怎样改变居民抵押贷款的所有权？

2. 为什么高杠杆化使泡沫恶化、价格提高并在泡沫终结时使价格崩溃？

3. 为什么投资者如此迫切购买风险抵押贷款证券？

(a) 相较于其他可选择的证券，这些证券的较高利率。

(b) 无知。

(c) 过度乐观的信用评级。

5.6 *IS*－*LM* 模型、金融市场和货币政策困境

现在我们准备将以往 *IS*－*LM* 模型的分析与理解全球经济危机的新元素以及实施传统货币政策的困境结合起来考虑。与危机有关的第一个元素是在第 3 章介绍的我们并不陌生的净财富对消费的影响。正如我们所知，家庭净财富的锐减会降低自发性消费、提高储蓄率。的确，我们已经看到 2008—2010 年间储蓄率的大幅增加，净财富的下降与储蓄率的提高将推动 *IS* 曲线向左移动。

将这个我们所熟知的净财富效应加到 *IS* 曲线上的是两个因素，这将使 *IS* 曲线的左移比以前的衰退更严重。第一个因素是金融创新，即当数百万人利用房价上升进行新的大规模抵押贷款时，房地产泡沫期间对抵押贷款的再融资的异常宽松。举一个例子，考虑一个购买了价值 250 000 美元房屋的房主，办理了 200 000 美元的抵押贷款，首付 50 000 美元。当房价从 250 000 美元涨至 300 000 美元时，房主可以进行再融资，抵押贷款可由200 000 美元扩大至 250 000 美元，房主将从银行获得 50 000 美元的差额支票，被称为“套现再融资”。这些额外的现金推动了 2000—2007 年消费的扩张与储蓄率的下降，暂时推进了 *IS* 曲线的右移。但是，当房价在 2006 年开始跌落时，“套现再融资”变得不再可能，人为推进的消费不复存在，*IS* 曲线左移。

第二个新的因素是撤销以前对 *IS*－*LM* 模型的讨论中的简化。在此之前，我们一直假设只有联储控制的单一利率，在这一利率上，消费者和企业可以自由借款。但事实上，并不止存在单一的联邦基金短期利率，与此相关的是长期政府债券利率。它成为抵押贷款利率的基础。第三个相关利率是公司借款利率，通常高于长期政府债券的利率。考虑到这些不同的利率，我们必须将 *LM* 曲线置于联储的控制之下，而不是使 *LM* 曲线面对潜在的住房抵押贷款的借贷者和公司债务。

泡沫破裂引发的重要金融危机的值得关注的特征是对金融机构无力偿付以及公司行将破产的广泛恐惧。当公司可以进行的借款相对于可以补偿投资者的、安全性较高的政府债务的利率急剧上升时，这一行为可能使公司借款者难以归还其贷款。我们将学到相对于政府债务

利率的公司债务利率增加被称为风险溢价，它会极大地削弱联储货币政策刺激经济的能力。

□ 面对正常负斜率 *IS* 曲线冲击的货币政策

为理解全球经济危机不寻常的一面，我们以正常 *IS*-*LM* 曲线作为开端，如图 5—8 所示。经济一开始在点 E^* 处于均衡状态，即初始 *IS* 曲线与初始 *LM* 曲线的交点。实际收入为 Y^*，假设为合意的自然产出水平，利率为 r^*。

现在，需求冲击发生，*IS* 曲线左移至“新衰退 *IS* 曲线”。左移可能由消费者和企业的悲观主义、家庭净财富下降、政府军费支出下降或出口下降引发。开始，经济由 E^* 移向 A，实际收入从 Y^* 移向 Y_A。联储有能力将经济恢复至自然产出水平为 Y^* 的水平，因为它可以通过降息将经济从点 B 移向点 A。

图 5—8 描述了一个如 2001 年的温和简单的衰退，此时实际 GDP 几乎没有下降。通过迅速降低利率，联储在几个月后就可以终结衰退。

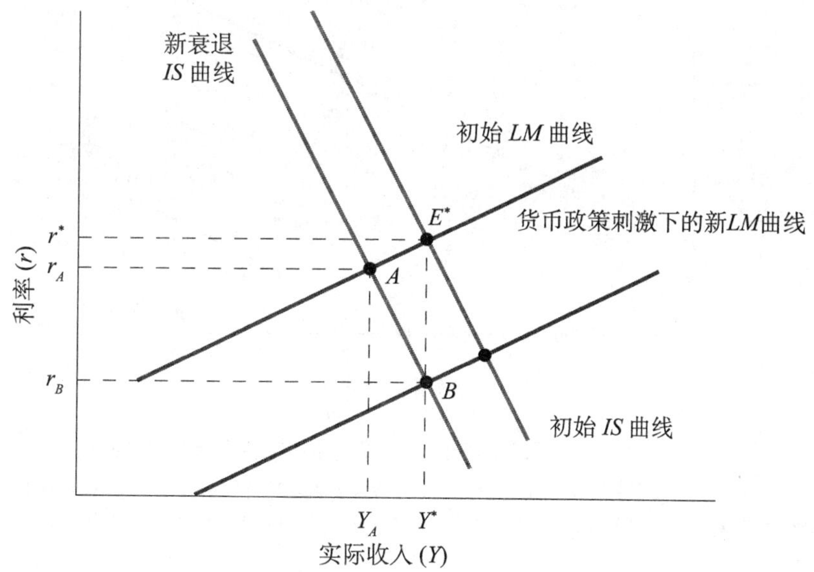

图 5—8 货币政策刺激后的负面需求冲击

注：经济开始在点 E^* 处于均衡状态，在均衡点上利率为 r^*，合意的自然实际收入水平为 Y^*。负面需求冲击使 *IS* 曲线左移至“新衰退 *IS* 曲线”，经济从初始的点 E^* 移向点 A。不过，货币政策的迅速刺激使 *LM* 曲线右移，从而使实际收入和产出回归至在点 B 的初始水平 Y^*，利率下降至 r_B。

□ 面对过大负斜率 *IS* 曲线的冲击的货币政策

近观图 5—8 可知，这是一个特殊的案例。*IS* 曲线与 *LM* 曲线被画出这样的形状以至于 *IS* 曲线的左移使 *IS* 曲线底部落在了自然产出水平 Y^* 的右边。如果 *IS* 曲线的左移过多，即使是零利率也不可能使经济回复到自然产出水平。

图 5—9 显示了这个令人不安的可能性，这里负面需求冲击过大，房地产泡沫破裂后的负的净财富效应可能被来自股市崩塌的第二次负的净财富效应所叠加，房地产泡沫的终

结使“套现再融资”市场接近枯竭，进一步降低了自发性消费。当银行与非银行金融企业快要无力偿付时可能完全停止贷款。结果是“新危机 IS 曲线”向左移动从而使 IS 曲线的底部与零利率轴交于点 D，产出 Y_D 低于意愿的产出水平 Y^* 。

即使联储推动 LM 曲线下降，鉴于利率的零利率底线（见第 4 章的定义与解释），利率也不可能降至零之下。LM 曲线被显示成一条折线，在点 D 的右边是正斜率，在点 D 的左边零利率之上成为一条直线。货币政策不再能够将实际收入和产出扩大到高于 Y_D 的水平。要使 IS 曲线移回右边还必须做一些别的事情。一个明显的可能是财政刺激，也就是我们下一章将谈及的话题。

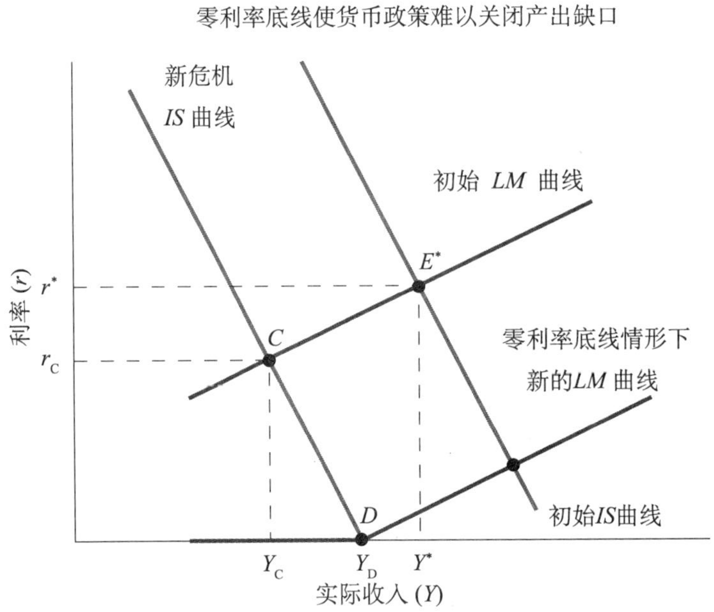

图 5—9　不正常大尺度的负面需求冲击不能被货币政策完全抵消

注：经济开始在 E^* 上处于均衡状态，利率为 r^*，合意的实际收入水平为 Y^* 。巨大的负面需求冲击使 IS 曲线左移至“新危机 IS 曲线”，经济从初始点 E^* 移向点 C。但是，货币刺激只能使利率在点 D 降至零，在此处，实际收入水平 Y_D 处于合意产出水平 Y^* 之下。

□ 期限溢价与风险溢价

图 5—9 中的情形似乎还不足够糟糕，联储在为经济复苏而奋斗时面对着难以超越的束缚。尽管联储有能力将短期联邦基金利率降为零，正如 2009 年后的几年所做的一样，但没有消费者、抵押贷款者和公司借款者能够获得零利率贷款。这里有两个原因：一是大多数消费者和企业更想进行长期借贷，而不是与联邦基金利率相关的隔夜贷款。长期贷款的平均利率远高于短期贷款利率。二是消费者贷款与企业贷款具有风险，因为他们可能不能够完全归还贷款，因此，具有风险的私人借贷利率高于政府债务的利率。

图 5—10 的上图显示出了 1987 年以来三种不同利率的数值，这些曲线中的 2 条与第 4 章相同。较低的浅灰色线描绘出了短期联邦基金利率，上方的黑色线描绘出了 10 年期政府债务的利率，也被称为“10 年期国库券利率”。注意，尽管自始至终都伴随着小波动，

但整个经济周期内的长期利率比短期稳定，并且，在联储实施宽松货币政策的始末都没有显示出剧烈的波动，就像2001—2002年利率下降时、2004—2006年利率提高时、2008—2009年利率下降时所发生的情况一样。

还需注意，长期债券利率在这个时期的平均水平大大超出短期联邦基金利率的平均水平。长期债券利率的走势在许多年一贯高于短期利率的平均水平被称为**“期限溢价”**（term premium）。这意味着当联储将短期利率推低至零时，如2009—2010年那样，它不能迫使长期债券利率下降到零或任何接近零的位置。注意在1989年、2000年和2006—2007年，浅灰色线条显然位于黑色线条之上，期限溢价为负数。当购买长期债券的投资者相信较高的短期利率是暂时的时，在长期债券利率稍低时进行投资对他们更加有利，因为这将可以适用于以后10年。但是短期利率在未来极有可能像过去一样再次下降。

为什么投资者对长期债券要求一个较高的利率？答案很简单，10年期债券不会收回其全部本金，下一个10年具有高度不确定性。投资者担心短期利率在未来会大幅提高，比如2004—2006年的状况。他们也会担心在未来10年通货膨胀可能提高到一个临界点，侵蚀政府债券的购买力。

许多借款者办理未来10年、20年、30年还清的贷款，但是在私人经济中借款者不可能借到像联邦政府10年期债券一样便宜的贷款。为什么？政府有能力用美元全部归还债务，而成千上万的抵押借款者和公司债券借款者却不能保证其贷款完全安全即零违约。当他们遭遇个人或财务困境时，房主有时会停止抵押还款的支付，公司在未来破产的可能性会极大地降低公司债务的价值。仅在过去十年，联合航空、三角洲航空、通用汽车和克莱斯勒等公司都进入了破产程序，利益相关者失去了所有的钱。

☞ **为什么资产购买降低利率？**

证券或债券承诺返还一定数量的美元，例如每年5美元。如果债券是永久性的，不需要还本，当其他资产的利率为5%时，债券的市值是100。虽然持有价值100美元的债券能够获得5美元的利息，但是持有其他资产比如储蓄账户也是如此，存款100美元，将会得到5美元的年息。

现在，想象其他资产的利率提高到10%，那么，100美元的储蓄存款将能赚取10美元利息。从债券上每年只赚取5美元利息的人们只愿意为债券支付5/0.10或50美元。因此，当利息从5%上升到10%时，债券价格就会突然从100美元下降到50美元。

例如，2008年末金融市场恐慌时，投资者卖出公司债券，引起公司债券利率飞升，提高了风险溢价，如图5—10所示。

所有通过实体而非美国政府发行的债务，即使是州与地方政府发行的债务，也被认为缺乏安全感，只有提供较高的利率才能被投资者持有。在图5—10中，深灰色线描绘了中等品质的长期公司债券的利率，很清楚，深灰色线总是处在黑色线条所表示的10年期国库券利率之上。

深灰色线与黑色线之差被称为**风险溢价**（risk premium），它衡量债券购买者愿意持有住房抵押贷款和公司债券所必要的额外利率的量值，图5—10中的下图单独显示出了风险

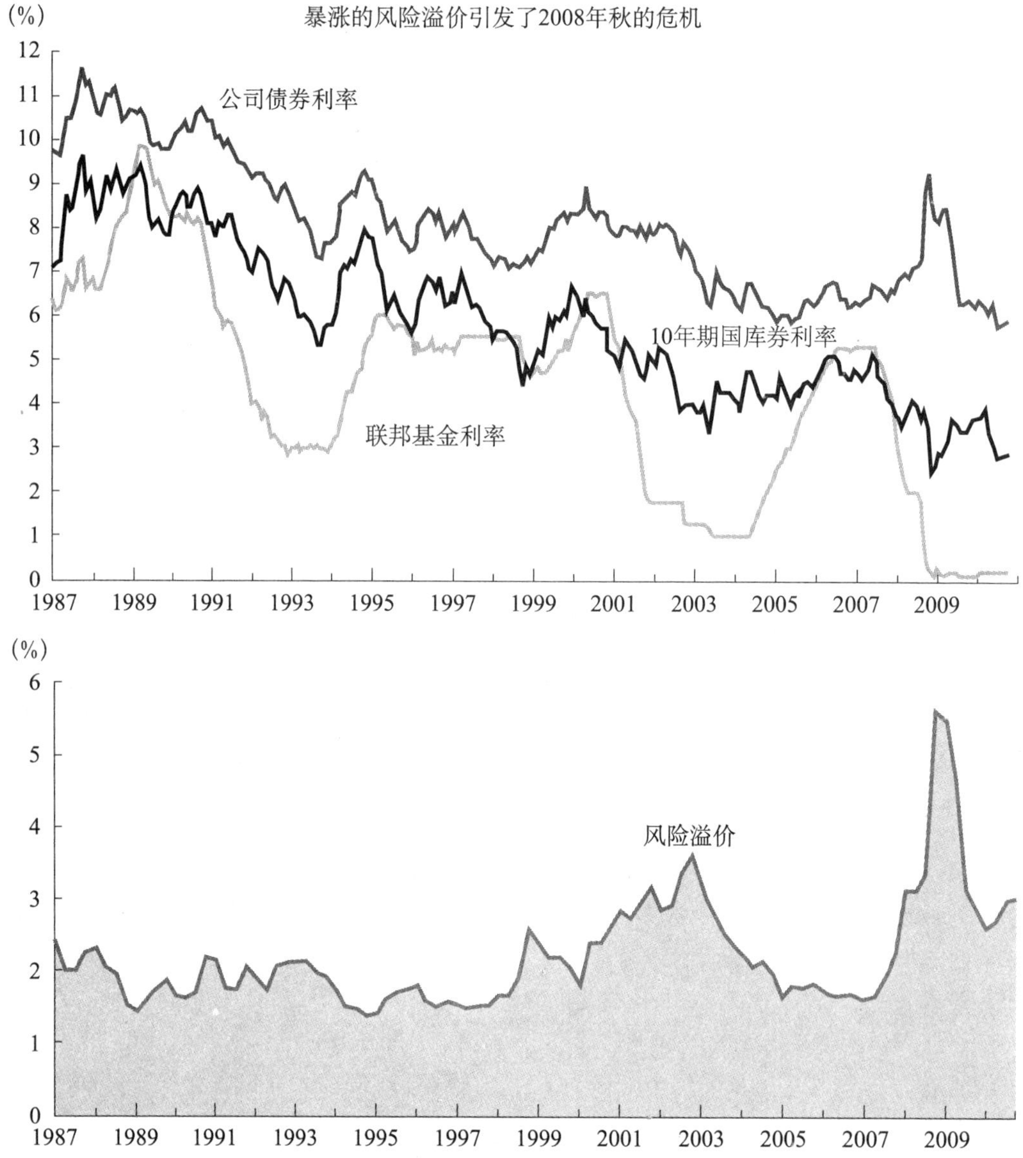

图 5—10　1987—2010 年联邦基金利率、10 年期国库券利率和 BAA 公司债券利率

注：上图中浅灰色与黑色的线条复制了第 4 章了解全球经济危机专栏中的曲线，深灰色线条是 BAA（中级）公司债券的利率。黑色与浅灰色线条之差是期限溢价，通常（并不总是）为正数。深灰色与浅灰色线条之差是风险溢价，在下图中以线条单独显示出来。

溢价。2008 年秋和 2009 年初的迅速提升远远超出了曲线上的早期值。风险溢价为 2008 年 9 月中旬雷曼兄弟公司垮掉后 6 个月里金融市场上弥漫着的恐慌提供了一个特殊标尺。投资者的疑虑导致的风险溢价的上升能够明显提升公司支付的利息。

□ 期限溢价与风险溢价引发的联储对私人借款利率的失控

我们现在碰到了 *IS*-*LM* 模型中联储对经济失控的第二个理由。如图 5—9 所示，第

一个理由是 *IS* 曲线与横轴相交于低于自然产出的水平（$Y_D<Y^*$）。第二个理由是联储促成的联邦基金利率与家庭和公司借款者无关，他们要面对更高的利率。

图 5—11 将期限溢价和风险溢价并入了 *IS*-*LM* 模型，"新危机 *IS* 曲线"和"零利率底线情形下新的 *LM* 曲线"从图 5—9 中被复制过来，其交点 *D* 和零利率时的产出水平（Y_D）也是如此。然而，自发性消费与计划投资在零利率时不能通过借款进行融资；只有在包含了期限溢价与风险溢价的更高的利率上借出者才允许贷款。

期限溢价是较低的 *LM* 曲线与中间的 *LM* 曲线之间的距离，表示长期政府债券利率居于短期联邦政府债券利率之上的量值。如果家庭与私人企业能够以长期政府债券利率借款，那么，经济将在点 *F* 处达到均衡状态，利率为 r_F，产出为 Y_F。如果风险溢价是零，这将是经济中的均衡位置。

但是，在图 5—10 中我们知道，在 2008 年末和 2009 年初风险溢价有一个迅速提高的过程，风险溢价从零到非常高的假设性提高如图 5—11 所示将经济推向了一个更高的借款利率和更低的产出水平。新的均衡点在点 *G* 上，利率为 r_G，产出水平为 Y_G，远低于 Y_F，更低于合意的自然产出水平 Y^*。

我们提供了关于全球经济危机导致战后最大的经济下滑的几个理由。下面的专栏总结了这些原因，区分了与 *IS* 曲线和 *LM* 曲线有关的几个问题。对于图 5—11 中表达出的两难问题，政策制定者能做什么？在本章的其余部分和下一章，我们将考虑过去的政策方案和未来可供选择的政策菜单。

期限溢价与风险溢价加深了衰退

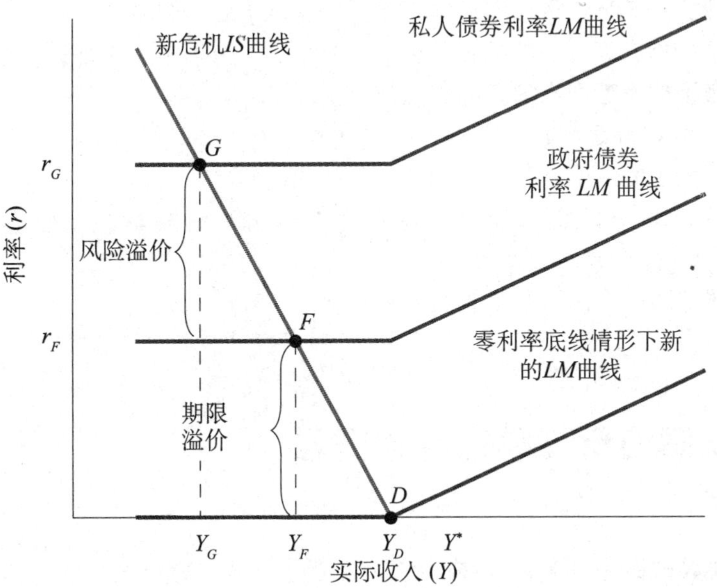

图 5—11　风险溢价和期限溢价使状况更糟

注：这个曲线图是前面的图 5—9 的提升，在图 5—9 中经济在点 *D* 上停止，没有达到合意的产出水平 Y^*。当联储将短期利率推低至零时，家庭与企业不能在零利率上借款，因此经济不能达到点 *D*。如果风险溢价是零，借款利率与长期政府债券利率一样，经济在点 *F* 运行。但是，如果风险溢价高于零，经济将在点 *G* 运行，实际收入与产出水平 Y_G 将降至远低于合意收入 Y^* 的水平。

自测题 5—3

1. 为什么 IS 曲线在图 5—9 中比在图 5—8 中向左移动的幅度更大？

2. 为什么在图 5—9 中，货币政策不能实现合意的自然产出水平 Y^*？

3. 为什么在图 5—11 中点 G 的实际收入与产出水平低于图 5—9 中的点 D？

☞ **了解全球经济危机**

关于全球经济危机原因的 *IS*－*LM* 总结

在这一部分我们使用 IS－LM 模型解释全球经济危机的原因，这些都源自负斜率的 IS 曲线和作为移动 IS 曲线因素的净财富效应，这两方面在第 3 章已经介绍。本章中其他负面因素的引入使 IS 曲线比通常向左移动的幅度更大。这些因素包括持续的房地产泡沫的终结、股市价格的下跌、抵押贷款提现再融资的结束、过度杠杆化的银行信用的完结和非银行金融机构接近或步入破产程序。在本章引入的提高了家庭和私人企业贷款的利率的新因素包括期限溢价和风险溢价。

将 *IS* 曲线推向更左方的原因

(1) 房地产泡沫的破灭带来的负面财富效应。

(2) 股价 50%的下跌带来的负面财富效应。

(3) 抵押贷款提现再融资的完结消除了以前对消费的刺激。

(4) 当银行或非银行金融机构濒临倒闭时，它们愈加不乐于贷款。

货币刺激不能消除产出缺口的原因

(1) IS 曲线与合意的自然产出水平相交要求负利率，可是，联储不可能将联邦基金利率推至低于零的水平。

(2) 企业不可能以联储控制的短期利率得到长期贷款，它们必须支付长期利率。

(3) 风险溢价越高，实际借贷利率越高。

5.7 联储的新工具：量化宽松

货币政策工具被称为“工具”，像手术刀和钳子一样。联储政策的主要目标是确保经济在合意的自然产出水平运行，如第 4 章与第 5 章图中的 Y^*。[①] 换一种说法，联储的目标

① 接下来我们将学习，联储不仅关注产出缺口，而且关注通货膨胀。IS－LM 模型假定一个固定价格并忽略通货膨胀。在本章中，这是一个可接受的简化，因为 2008—2010 年全球经济危机期间通货膨胀得到了抑制，因而我们不将通货膨胀引入这一阶段，而代之以假定联储拥有最小化产出缺口的简单目标。

是最小化实际收入和产出与自然产出水平之间的差额。我们以前将这两者之差称为“产出缺口”，因此，表述联储目标的另一种方法最小化产出缺口。

到现在为止，联储的唯一工具一直是控制联邦基金利率的能力，并且从 2009 年 1 月以来的确一直将联邦基金利率保持为零以便刺激经济。但是在以前的内容中，我们学过了联储控制联邦基金利率这一主要工具不足以将经济保持在合意的自然产出水平也就是零产出缺口上。相反，产出缺口跌入负的区域，一旦将联邦基金利率降至零，联储不能阻止其暴跌。

联储的挫折集中体现在上一节的 IS-LM 图形中。联储面对着基本的局限。第一，它不能将利率降至零以下，这就是所谓的“零利率底线”。如果 IS 曲线的水平截断处发生于产出水平低于合意的自然产出水平（例如图 5—9 和图 5—11 中的 Y_D）处，那么，联储的利率政策不能够消除产出缺口。

联储的第二种挫折是它不能确定关乎私人借款的利率，特别是中长期贷款家庭所支付的抵押贷款利率和企业支付的公司债券利率。如我们在图 5—11 中所学的一样，期限溢价与风险溢价提升了现实世界的借款者实际上支付的利率，这一利率远高于联储控制的联邦基金利率。为了将经济从图 5—11 中的不景气的位置 G 向右下方推移，在降低期限溢价和风险溢价方面联储能做什么呢?

□ 联储的资产负债表

联储运营的任何解释的起始点是其资产负债表，正如表 5—4 确定的 2008 年 1 月 9 日真实世界的数据，这在全球经济危机开始之前。联储的资产主要是政府证券，这些在表左方显示出来，其他资产包括联储持有的黄金。

联储的负债更容易知晓。联储发行所有美元货币。请看 1 美元纸币：乔治·华盛顿画像上方是文字“联邦储备券”。在表 5—4 中，货币是联储迄今为止最大的负债，其他负债主要是银行准备金，即银行在联储以存款方式持有的满足法定准备金要求的资金。在表 5—4 中，2008 年 1 月，有 444 亿美元的准备金，其中 421 亿美元是法定准备金，只有 23 亿美元是超额准备金。法定准备金的数值是联储将一定类型的银行存款的法定准备率乘以这些类型存款总量计算出的。

接下来在第 13 章，我们将详细了解联储如何使用资产负债表改变联邦基金利率——其主要政策工具。货币量可以被看做外生变量，银行允许存款人兑取他们需要的货币量，因此，货币总量由公众（包括美元的国外持有者）决定，而不是联储。

从一周到另一周，货币总量十分稳定，因为联储的资产必须与其负债平衡。无论联储何时购买政府证券，都将使资产负债表中的资产方增大，也自动使负债方扩大（因为资产必须总是等于负债）。如果联储想使利率下降，它会通过使资产增大、购买政府证券来增加银行储备。银行通过增加借出、在经济中刺激支出对这些额外储备作出反应。

像我们在第 13 章将要学到的一样，在正常的时间里，联储的储备创造是给银行的礼物，允许它们通过联邦储备进行多倍的创造从而增大资产、负债和利润。当联储想提高利率、卖出债券以降低银行储备时，联储就要拿走这项礼物，这需要银行减少贷款和投资。

表 5—4　　联储的资产负债表（2008 年 1 月 9 日）　　单位：十亿美元

资产		负债	
政府证券	740.7	货币	828.9
其他资产	185.3	总准备金	44.4
		法定准备金	42.1
		超额准备金	2.3
		其他负债	52.7
总资产	926.0	**总负债**	926.0

□ 联储怎样使用量化宽松政策

我们已了解到联储不能将联邦基金利率置于低于零的位置。由于始于 2008 年 9 月的全球经济危机，联储通过被称为**“量化宽松”**（quantitative easing）的新方法减弱经济危机的影响。在这些操作中，联储不仅购买政府证券，而且购买种类不一的私人证券。购买这些资产的目的不是降低已经为零的短期利率，而是提高银行准备金、支持政府与私人证券市场。

2008 年秋，世界金融市场处于崩溃的边缘，许多证券找不到买主，联储介入并购买了海量的证券，包括短期私人商业票据（公司短期举债）以及私人部门发行的其他证券。在美国的经济机构中，联储是唯一有能力购买它想购买的任何证券的机构，因为它能够通过创造银行准备金为此埋单。[1]

假如我们比较表 5—5 中 2010 年中期与我们已经在表 5—4 中讨论过的 2008 年 1 月的资产负债表，我们可以发现联储采用的量化宽松政策如何极大地改变了联储的资产负债表。比较表 5—5 和表 5—4，最具有震撼性的事实是资产与负债都迅速扩大，2010 年 8 月的数值达到了最初 2008 年 1 月的 2.5 倍。

让我们首先观察表 5—5 中从 2008 年初到 2010 年中期资产如何增大，政府证券的持有量从 7 410 亿美元大体上增加至 9 380 亿美元。其他资产也从 1 850 亿美元增加至 2 750 亿美元。但是这些增加被联储持有的抵押贷款证券的巨大增长所淹没，这个数量从零提高至11 190亿美元。

表 5—5　　联储的资产负债表（2010 年 8 月 11 日）　　单位：十亿美元

资产		负债	
政府证券	938.3	货币	947.9
抵押贷款证券	1 119.5	总准备金	1 090.9
其他资产	275.2	法定准备金	65
		超额准备金	1 025.8
		其他负债	292.2
总资产	2 331.0	总负债	2 331.0

① 如我们将要在第 13 章详细学习的一样，联储通过自己签署支票为其购买的证券埋单。卖出证券的银行将支票存入它在联储的账户，因此，创造出的额外银行储备等于证券购买的数量。

□ 量化宽松政策与期限溢价以及数量溢价

为什么联储想购买超出 1 万亿美元的抵押贷款证券（MBS)？唯一的答案是联储惧怕 2008 年末与 2009 年初 MBS 市场会出现枯竭从而导致许多持有 MBS 的金融企业破产。联储购买 MBS 是为这些证券创造需求，以便平衡私人市场投资者的撤出。

对联储购买证券的另外一种解释是它试图降低它不能直接控制的利率：通过购买长期政府债券联储努力降低期限溢价；通过购入 MBS 和其他私人证券，联储试图降低风险溢价。如果联储成功降低了这些溢价，它能够将图 5—11 中的经济均衡从点 G 沿 IS 曲线向右下方移动，将实际收入与产出水平提高至 Y_G之上。

2008 年 1 月与 2010 年 8 月联储资产负债表的演变在图 5—12 中显示出来。图 5—12 的上图显示的是主要的资产种类，下图显示的是主要的负债种类。注意每个图上方的黑线严格相等，都表示在 2008 年秋几周的时间里从少于 1 万亿美元到高于 2 万亿美元的翻倍的变动。自此后一直处于微小波动状态，但是资产与负债的总量一直高于 2010 年 8 月的 23 000 亿美元。

上方的图形显示，联储资产的构成在 2009—2010 年间发生变动。起初资产的跳升以各种私人资产的形式表现出来。包括公司发行的短期商业票据，政府证券的持有量在 2009 年初低于 2008 年初。可是在 2009 年联储逐步改变了从林林总总的“其他”资产到 MBS 的私人资产持有量。① 比较 2008 年 1 月和 2010 年秋资产的所有增长，如表 5—4 和表 5—5 所示，我们可以看到总增量为 14 000 亿美元，其中细分为 MBS 增长 11 000 亿美元，政府证券增长2 000亿美元，其他资产增长 1 000 亿美元。

联储资产负债表中的负债栏中显示了同样的总量，但是其构成部分更加稳定。图 5—12 下方的图形显示，货币与法定准备金稳定而缓慢地增长。迄今为止，总负债增长中的最大份额是超额准备金。

这笔巨大的超额准备金极其不同寻常。正常来讲，银行借出其超额准备金或用它进行投资所获利息要比联储支付的利息高。2010 年秋超过 1 万亿美元的超额准备金的存在说明了经济的脆弱性以及联储刺激经济的困难程度。由于其他资产的利率如此之低，银行不愿意用它们的超额准备金购买投资。由于经济脆弱，贷款被认为风险极大，银行家拒绝像正常情况一样贷出其超额准备金。

唯一可比较的其他时期是准备金巨大的 20 世纪 30 年代的大萧条时期。例如，1938 年的超额准备金是名义 GDP 的 5%，2010 年中期的数字是名义 GDP 的 7%。② 这只是许多方面之一，其中全球经济危机比美国战后的衰退更贴近大萧条。

① 联储持有的大多数 MBS 是由两大准政府抵押组织房利美和房地美发行的。

② 超额准备金源自 Milton Friedman and Anna J. Schwartz，*A Monetary History of the United States 1867—1960*，Princeton University Press for NBER，1960，Table 19 on p. 460 and Table A - 2 on p. 740。

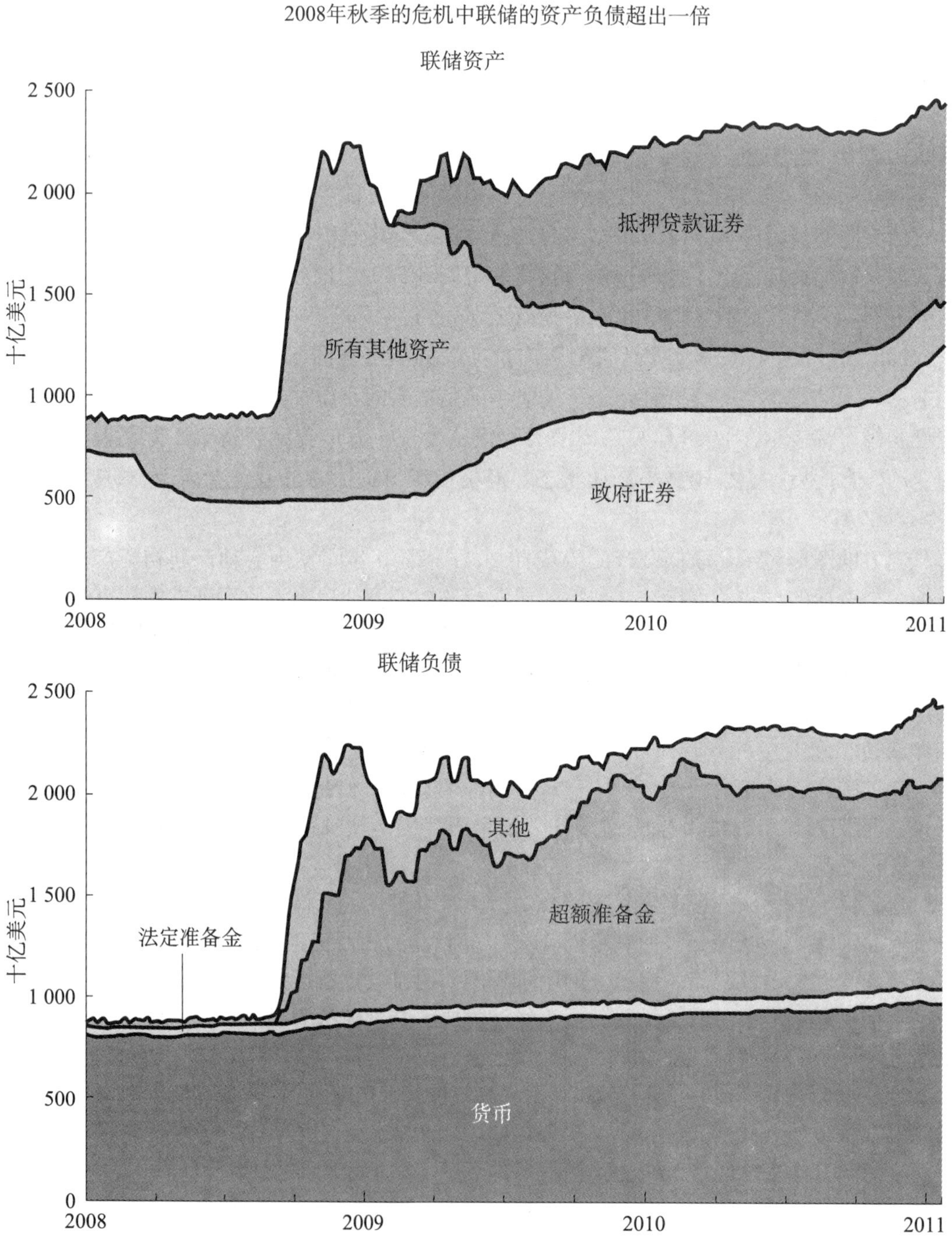

图 5—12　联储资产与负债的主要构成部分，2008 年 1 月至 2010 年 12 月

注：上图表示以十亿美元为单位的总资产及其三个构成部分：政府证券、抵押贷款证券和其他资产。下图表示总负债及其四个构成部分，其中货币和超额准备金占据主导地位。

5.8 危机如何向世界扩展以及政策制定者的困境

2000—2006 年的美国房地产泡沫及其 2006 年以后的破灭直接引发了全球经济危机。相应地，房地产泡沫的成因可以细分为三个潜在的原因，它们之间是相互影响的。第一是 2002—2004 年联储对过低利率的维持。① 第二是金融创新，包括证券化、次级抵押贷款、杠杆化和日益增强的违约风险。第三是金融创新的政府调节以及限制杠杆数量的失败。

□ 引发全球经济危机的美国抵押贷款市场的大小

为什么源于美国次级抵押市场的微小金融问题将其影响放大为世界实际 GDP 的显著下降和世界范围内股市价值的溃决？在美国次级房地产市场上从事抵押贷款的金融机构的损失估计是 2 500 亿美元。但是 2007—2009 年间世界 GDP 的下降数量超出最初 2 500 亿美元冲击的 20 倍，2007 年至 2009 年冬天世界股市的损失达到最初冲击的 100 倍。初始次级抵押贷款冲击引发惊人放大作用的机制是什么？

我们学习过金融创新特别是证券化的发展促进了杠杆化的提升，通过在正常缝制的被子上挖洞，使大金融机构削减作为总资产一部分的净资产（净财富）来强化杠杆作用。过度杠杆化使人们确信会出现未来资产的损失，就像房地产泡沫终结时所发生的一样，这将推动一些机构走向破产。

□ 放大机制

将美国原生的危机扩展到世界范围的首要的乘数机制是我们曾经在图 5—10 中考察过的利率风险溢价的戏剧般跳升。对于哪怕是信用最好的企业融资成本的上升迫使美国和世界其他企业猛烈削减成本，包括劳动力、原材料存货、进口原料与商品和投资工程。

在一些城市中，写字楼的建设中途停顿下来，留下的半截子楼宇大煞风景，在建的低层民居和高层公寓楼悬置在空中。在许多郊区的房地产开发中，这些前不靠村后不着店的房子可能被其他所有者占有了。当开发商放弃这些工程时，这些房屋的周围是方圆几英里的空地。

当前的现实状况不像 20 世纪 30 年代初，存款保险制度保护了存款者使之不必担心他们的银行会关门大吉从而使一生的储蓄蒸发。存款保险制度继续保护着存款者使之不必忧心。但是，许多银行和大多数非银行金融机构的负债不仅由存款组成，而且包括从其他金融机构借来的短期贷款。这些贷款是许多金融机构增强其杠杆的途径之一，像过去所采取的方法一样。如我们以前所学过的内容一样，当投资或贷款的价值缩水时，杠杆率越高，机构难以为继的速度越快。

当风险溢价在 2008 年 9 月突然上升时，未投保的短期“批发”贷款的提供者开始严

① 在第 14 章，我们将发展被称为“泰勒规则”的测算方法，它能为 2002—2004 年异常的低利率提供一种估算。

格控制银行破产的概率，向可疑机构紧缩贷款。进一步恶化的内爆使对未知风险的证券定价变得困难，不确定性和对破产的恐惧日益增长。逃离与不确定估值是相辅相成的两个来源，美国的次贷危机由此被放大，对世界其他国家产生了重大影响。

□ 外国投资者与美元短缺

次贷危机由美国向国外的放大是由欧洲和美国的银行持有的外国投资的增加带来的，包括美国的次级抵押贷款证券（MBS）。当 MBS 的价值下降时，外国银行被迫停止向所有被认为具有潜在风险的借款者贷款。为什么外国银行和投资者愿意投资于风险如此之大、靠不住且低收入的借款者的抵押贷款证券？答案是无知与信息谬误的结合。美国信用评级机构对有毒证券给出的没有保证的高评级误导了外国投资者对这些证券安全性的认知。

世界上很快出现了信用短期化的现象。外国银行和其他机构像美国的机构一样大量投资于美元主导的抵押贷款证券，但是，外国银行经常以短期低利率的美元贷款为相对高产出的抵押贷款证券进行埋单。当美国信用市场在 2008 年 9 月中旬雷曼兄弟破产后冷却下来时，许多外国机构发现它们不能够重新获得美元贷款，这时危机趋向恶化。可是，具有讽刺意味的是，尽管危机发端于美国，但这时没有一个机构剥离美元而是一窝蜂扑向美元。我们在第 7 章将会看到，在危机最糟糕的月份，美元汇率反而上升。我们也会看到，为什么一些国家比如东欧国家比其他国家（比如中国和其他几个亚洲国家）受伤更深。

☞ **国际视角**

权衡原因：为什么加拿大表现更好？

本章已经挖出了对制造全球经济危机应负责的主角，这些角色包括联邦储备政策的决策者，特别是其主席艾伦·格林斯潘，抵押贷款的经纪人和发行次贷的抵押银行，为他们无力负担的贷款签约的易受欺骗的次级贷款者，使家庭抵押贷款证券化、通过稳步提高杠杆率进行牟利的金融机构，为有毒证券贴上金星级信用标签的信用评级机构，以及最后置身事外却导致了所有这些产生的管理者。

但是，这些角色中的哪一个是最重要的？关于美国金融崩塌的耐人寻味的检验来自北边的加拿大。加拿大的银行没有染指次贷、没有制造有毒证券、没有次级抵押贷款危机，甚至没有房地产泡沫，那么，区别何在？

因为美国是加拿大出口产品的大市场，加拿大经济总是被视作美国经济的附属物，过去几年的几个因素将加拿大与世界性的危机隔离开来。在全球商品价格普遍上升的环境下，对于一个严重依赖原材料出口的经济体，这些因素不是明智的管理而是幸运。不过，商品价格不能解释为什么加拿大 2010 年春季的就业率高于美国 2007 年初两个百分点，这期间，美国就业率低于 6%。

加拿大的银行制度与管理环境大不相同。加拿大银行在贷款方面比美国银行保守得多，严格的贷款标准防止了类似于美国的房地产泡沫的出现。在图 5—7 中美国的房价与房租之比在 2006—2009 年间下降了约 40%，而在加拿大这一比率在同期持平。

加拿大没有次贷或取消抵押品赎回权的危机，也没有主要金融机构的崩溃。加拿大独立的金融消费者机构负责防止次级借款的出现。由于加拿大的货币政策对美国有了反馈，加拿大的利率紧紧追踪美国利率。争论的焦点在于这是美国经济管理的失败还是美国货币政策过于宽松，而货币政策是导致 2008 年金融市场崩溃的核心因素。

加拿大解决管理上的远见来自简单，银行要求较高的资本金和杠杆的有限性，资产从来不能超出其真实股本 20 倍。而 2006—2007 年美国和欧洲银行已经达到 40 倍。购房的首付额度为 20%，相反，美国在泡沫的巅峰期其首付额度为零。与此相似，在加拿大，在进行抵押再融资时可以提取的房屋资产的百分比是有限度的。在加拿大拥有独立银行调节器的五大银行主导了金融市场。

加拿大制度环境的其他方面也有助于防止房地产泡沫和过度借贷。抵押贷款的利息不能从应税所得中扣除。与前面给予补贴的方式相反，税收体制允许从房屋资本利得中扣除税收。首付的额度意味着房屋所有者几乎不可能发现他们自己处于“溺水”状态，即他们的欠债超出房屋的价值。并且，在加拿大的法律之下，借款者不可能逃避他们的债务，因为银行有权通过索取他们的非房屋资产获得合法的债务补偿。这一系列规制与加拿大银行在抵押贷款市场获利方面的垄断淡化了对证券打包出售的激励，因此，抵押贷款的证券化不会发生。

加拿大的模式可能会受到质疑，加拿大的银行一向被视为节奏拖沓、创新缓慢。但在一个金融创新被证明是适得其反的现实世界里，一个可能的疑问是金融创新是否具有可取之处？

□ 政策困境

在超过两年的时间里，世界上的政策制定者一直在致力于扭转颓势，使世界经济恢复勃勃生机。2009 年中期，在世界许多国家衰退已经见底，但是自此以后复苏乏力。政策制定者该做什么？

本章我们已经具体研究了货币政策的困境，其控制短期联邦基金利率的主要工具在 2009 年 1 月联邦基金利率达到零以来已经失效，零利率底线使正常利率不可能降至零以下，因此，联储的主要政策工具失去了功能。

不过，联储一直被迫使用次要的、传奇性的工具，也就是量化宽松政策。尽管联储不可能将联邦基金利率降至零以下，但它希望通过购买政府证券和抵押贷款证券降低期限溢价和风险溢价。这会有效吗？很明显，联储的这一政策部分取得了成功，但是联储在降低期限溢价和风险溢价方面取得的成功并没有一个约定的标准。①

但是，尽管量化宽松政策对推动解决从低迷的均衡点 G 沿 IS 曲线右下方移动具有温和的影响，但它不是问题的根源。经济位于点 G 主要是因为 IS 曲线向左移动过多。导致 IS 曲线左移的因素包括房地产泡沫破裂导致的负的净财富效应、迫使消费者节俭的高企

① 联储政策对降低期限溢价影响的积极评价参见 Taeyoung Doh, “The Efficacy of Large-Scale Asset Purchases at the Zero Lower Bound,” *Federal Reserve Bank of Kansas City Economic Review*, Second Quarter 2010, pp. 5 - 34。

的消费者债务、导致银行超额准备金“固定”在1万亿美元上的银行借贷行为。联储在将经济带回正常状态方面的无能为力使人们不禁想起早先两个相似的时期：美国20世纪30年代的大萧条时期和日本1992—2002年之间“失去的十年”。由于20世纪30年代末货币政策在拯救经济方面的失效，战后早期的教科书倾向于贬低货币政策的作用。那个年代有几句说辞总结了联储在重振经济方面的无能：

> 你可以将马牵到水边，但你不能强迫马喝水。
> 你可以将钱填满银行，但是你不能强迫它贷款。

怎么办呢？

解决问题的建议可在图4—10的右上图找到。即使货币政策与财政政策是脆弱的，如果两者能配合使用，将经济带回合意的自然产出状态的能力也将是无可置疑的。图5—11中的问题是*IS*曲线左移过多，政府可以通过减税、增加转移支付和增加对商品与劳务的支出等政策的组合使*IS*曲线右移。

在下一章我们将转向财政政策及其自身困境的分析。财政政策将*IS*曲线向右推移的能力至少在理论上是没有障碍的，这里同时存在着经济与政治问题。经济学家质疑在现实世界中财政政策乘数是否如我们曾在第3章分析的那样大。下一个问题是财政刺激提高了政府的赤字、制造了更多的债务，尽管我们将会看到当联储购买了出于财政刺激而发行的债务时，不必增加由非政府机构及个人持有的公债。最后，关于刺激（例如，减税和支出增加）的方式和财政刺激是否意味着政府在经济和社会领域不受欢迎的扩张存在着政治上的争议。

小结

1. 本章通过增加金融市场的效应、金融创新、杠杆、风险和资产价格泡沫补充阐述了*IS*-*LM*模型。

2. 全球经济危机在美国、欧洲与日本持续地发生，并且对产出缺口都产生了大致相同的影响。在美国，危机的危害对就业、失业的影响比产出大。

3. 金融机构与金融市场的存在沟通了储蓄者与贷款者之间的资金通道。

4. 银行通过放贷与投资而获利，也就是投资获取的利息高于其支付给储户的利息，银行放贷的能力要受到法定准备金和银行资产净值的约束。

5. 杠杆率是指负债与资产净值的比率。杠杆率越高，当资产价格上升时资产净值的回报率越高，当资产价格下跌时资产净值被吞没（机构变得无偿付能力）的速度越快。

6. 重要的资产泡沫发生在1927—1929年和1996—2000年的股市以及2000—2006年的房地产市场。泡沫是由乐观情绪、宽松的信用、过度的杠杆化和对杠杆率松弛的管制造成的。

7. 点燃房地产泡沫的重要金融创新是抵押贷款的证券化、向次级贷款者发放贷款的愿望增强和对有风险的抵押贷款证券不切实际的过高信用评级。

8. 在*IS*-*LM*模型中，金融市场加剧了经济下行的压力。2007年以来推动*IS*曲线左移的因素包括房地产泡沫的破灭、2007—2009年股价下跌了一半、金融机构的惜贷行为和抵押贷款套现再融资。

9. 与家庭和企业借贷相关的推动*LM*曲线上移的因素包括期限溢价与风险溢价。即使联储将联邦基金利率降为零，家庭和企业也无法在该利率上借到款项。

10. 联储不仅通过将联邦基金利率降至零而

且通过购买超出1万亿美元非政府债券的方式对危机作出反应。这一量化宽松政策可能产生微弱的影响，但不能将 *IS* 曲线向右推移。

关键术语

金融市场	杠杆作用	次级抵押贷款市场
金融中介	银行挤兑	期限溢价
净资产	泡沫	风险溢价
风险	证券化	量化宽松

问答题

1. 使用第5.2节的案例研究中包含的信息，讨论使用术语"全球经济危机"描述2007—2010年的经济活动为什么是合适的。

2. 比较1981—1982年和2007—2009年美国经济下行的严重程度以及在经济发生衰退后，经济复苏的快慢。

3. 什么是银行的资产与负债？什么是银行风险？银行净资产如何免受风险的侵袭？

4. 什么是杠杆？在什么情况下杠杆为银行带来大量利润？在什么情况下杠杆引发银行破产？

5. 非银行金融机构与银行在资产、负债和净资产方面有何不同？

6. 什么是资产泡沫？什么引发了资产泡沫化？

7. 1927—1929年股市与商业不动产价格泡沫与2000—2006年的房地产泡沫有何共同点？在投机、杠杆、金融创新和低利率、规制和联储对泡沫破裂的反应上有何不同？

8. 什么是抵押贷款证券和次级抵押市场？讨论这两种金融创新和2001—2004年低利率的组合在房地产泡沫的产生中所起的作用。最后，解释为什么2004—2006年利率的上升刺破了房地产泡沫从而带来了2007—2009年的金融危机？

9. 什么是期限溢价与风险溢价？为什么影响家庭和企业借贷成本的利率有别于联邦基金利率？

10. 联邦储备系统资产负债表中的资产和负债是什么？什么是量化宽松政策？它怎样影响联储的资产负债表？量化宽松政策的使用如何倾向于影响期限溢价与风险溢价？最后讨论联储在2008年秋实施的量化宽松政策及其随后金融危机的证据。

11. 解释发生在美国次级抵押贷款市场上相对较小的危机如何被放大为全球经济危机。全球经济危机为货币政策的制定者制造了什么困境？

12. 解释加拿大银行系统和抵押市场的哪些方面帮助这个国家在最近10年避免了房地产泡沫的发生。

思考题

1. 假设自发性计划支出 A_p 的方程是 $A_p = 6\,200-200r$，乘数 k 的值是2.5。

(a) 推导出 IS 曲线的方程，$Y=kA_p$。以 0.5 个百分点的间隔画出利率在 0～8 个百分点之间的 IS 曲线。

(b) 假设 LM 曲线的方程是 $Y=13\ 500+100r$，用这个方程去解释联邦基金利率存在零利率底线情况下的收入水平，利率是由联储控制的。

(c) 以 0.5 个百分点的间隔画出利率在 0～8 个百分点之间的 LM 曲线。

(d) 假设期限溢价是 1 个百分点，风险溢价是 2 个百分点，以图 5—11 作为参考，使用具有零利率底线的 LM 曲线和期限溢价以及风险溢价绘出在政府债券利率为 0～8 个百分点之间的 LM 曲线以及私人债券利率为 0～8 个百分点之间的 LM 曲线，间隔为 0.5 个百分点。

(e) 使用 IS 曲线和三条 LM 曲线找出联邦基金利率、政府债券利率和私人债券利率的均衡水平。均衡的收入水平是什么？

2. 假设房地产和股价的崩溃减少了实际财富，实际财富的减少使自发性计划支出水平在每一个利率水平上降低了 800（单位：十亿美元）。

(a) 推导出自发性计划支出 A_p 的新方程和 IS 曲线，$Y=kA_p$。以 0.5 个百分点为间隔绘出利率在 0～8 个百分点之间的 IS 曲线。

(b) 使用新的 IS 曲线图和问题 1 中 (d) 部分的三条 LM 曲线图解释联邦基金利率、政府债券利率与私人债券利率新的均衡水平。新的均衡收入水平是什么？

(c) 假设房价与股价的崩溃制造了金融市场的危机，风险溢价从 2 个百分点上升到 3 个百分点，为什么金融危机会导致风险溢价的上升？

(d) 使用新的风险溢价绘出私人债券利率条件下、利率在 0～8 个百分点之间、间隔为 0.5 个百分点的 LM 曲线。

(e) 使用考虑私人利率的 LM 曲线、本题中 (a) 部分的 IS 曲线，解释金融危机如何影响均衡的私人债券利率和均衡的收入水平。

3. 假设金融危机引起联储采用了量化宽松政策，量化宽松政策将期限溢价降至 0.5 个百分点，将风险溢价降至危机前 2 个百分点的水平。

(a) 解释量化宽松政策将如何影响期限溢价和风险溢价。

(b) 利率在 0～8 个百分点之间，单位间隔为 0.5 个百分点，在联储量化宽松政策给定的情况下，画出相对于政府债券利率和私人债券利率的 LM 曲线。

(c) 使用新的政府与私人债券利率条件下的 LM 曲线和问题 2 (a) 部分的 IS 曲线，找出政府债券与私人债券的均衡利率水平。均衡收入水平如何？

(d) 讨论你对问题 1 中 (a) 部分和本题中 (c) 部分的回答怎样说明了单独的货币政策不能引领经济走出类似于全球经济危机那样深的低谷。

自测题答案

自测题 5—1

1. 金融市场。

2. 都不是，它是资产与负债之差

3. (d) 总负债与净资产之间的比率。

自测题 5—2

1. 在证券化之前，发起抵押贷款的银行将抵押贷款视作资产负债表中的资产。如果抵押贷款违约，银行就会遭受损失，因而它在抵押贷款申办过程中将十分小心谨慎。证券化后，发起银行将抵押贷款卖给金融机构，金融机构将其与其他千百种抵押贷款打包后出售给投资者，那么，银行便不会关注借款者的信誉和投资者对相关风险的忽视。

2. 当资产价格上升时，杠杆率越高，利润就会越大；但是对利润的追逐引起银行进行过多的贷款，提高了人们愿意对房屋支付的价格。当泡沫破灭时，恰好相反。

3. 所有因素 (a)、(b) 和 (c) 都可以归结为全球金融溃败的关键元素。

自测题 5—3

1. 图 5—8 中 IS 曲线的左移由房价下跌的净财富效应引起。图 5—9 中的进一步左移由股市下滑、借贷、抵押贷款套现再融资终结的净财富效应诱发。

2. *IS* 曲线与垂直的利率轴相交于零利率点，产出水平低于 Y^*，利率不能为负，因此，点 D 是与此相关的 *IS* 曲线所能够达到的最大产出水平。

3. 它们较低是因为期限溢价和风险溢价提高了利率，家庭与企业能够在联储确定的零短期利率之上贷款。

第 6 章 政府预算、政府债务和财政政策的局限

6.1 引言：财政政策能将货币政策拯救出无效的泥潭吗？

我们以一个乐观的信息结束了第 4 章：尽管货币政策与财政政策单独使用都是无效的，但只要货币与财政扩张足够充分，财政与货币扩张协调起来的组合刺激一定能够将经济带回合意的自然实际 GDP 水平。这种理论上的推断是否适用于美国、欧洲和日本等不景气的经济？协调扩张性货币与财政政策的障碍是什么？

在上一章，我们学习了货币政策不能在巨大负面需求冲击后单独将经济带回合意的自然实际 GDP 水平的两个根本理由。例如 2008 年中期对世界经济的巨大打击。第一个理由是，降低短期利率的传统货币政策工具由于零利率底线的存在是无用的，即负的名义利率是不可能的。第二个理由是联储不能直接控制利率，使家庭与企业都能得到贷款。由于期限溢价和风险溢价的存在，借款者支付的利率远高于联邦基金利率。

IS-*LM* 模型简洁地概括了货币政策的脆弱性。在经济不景气时比如 1938 年和 2010 年，*IS* 曲线太靠左以至于不能再向左边移动，联储不能强迫银行以低于期限溢价与风险溢价所确定的利率贷款。当 *IS*-*LM* 模型应用于 1938 年或 2010 年时，关注的中心开始转向财政政策。财政政策能否使 *IS* 曲线充分右移从而为经济回到合意的自然实际 GDP 水平提供足够的刺激？

本章我们进一步理解为什么大萧条会从 1929 年到 1941 年持续整整十年的时间，我们也会了解经济在 2010 年以后为什么如此脆弱。1930—1932 年货币政策毁灭性的消极影响和 2008—2009 年的积极主动避免 2008 年的危机沦为另一次大萧条形成了鲜明的对比。1935—1939 年货币政策无力将经济推向完全复苏与 2009—2010 年货币政策推动经济强劲复苏方面的脆弱性极为相似。不仅货币政策影响微弱，财政刺激在 1935—1939 年和 2009—2011 年都似乎不足。在 20 世纪 30 年代末，尽管为创造就业机会实施了罗斯福新政和公有化创新，政府总支出作为 GDP 的一部分难以变动，2009—2010 年尽管有奥巴马的刺激计划，情况同样如此。2011 年及其后要使美国经济从深度萧条恢复到合意的自然实

际 GDP 水平，财政与货币政策在多大规模上进行协作才是必要的？答案是不确定的，但本章将试图解释相关问题。

6.2 政府预算的广泛影响

在本部分，我们考察持久性赤字的几个不利影响，这些不利影响在 20 世纪 90 年代最终导致政府当局采取行动终结了赤字并推动了政府预算实现盈余。可是，当局只是在 1998—2001 年短期内将政府预算赤字转化为盈余。从 1998—2001 年的预算盈余到 2001 年后持续增长的赤字，其中涉及了四个缘由。第一，在 2001—2003 年因为奉行减税哲学，税收减少。第二，部分地说，由于 2001 年“9·11”事件的冲击，国防支出大幅度增加。第三，始于 2008 年的全球经济危机极大地削减了政府收入，同时也提高了转移支付，特别是失业救济金。我们在本章学过，这些税收和转移支付的效应被称为自动稳定器。第四，2008—2010 年相对强烈的财政刺激（包括减税、增加转移支付、增加政府支出）进一步增大了预算赤字。

□ 挤出净出口

第 4 章中的 IS-LM 模型强调采取政府支出增加方式或降低税率方式进行的财政扩张，可能挤出国内私人投资。但是，财政扩张还可能挤出净出口。我们可以复习第 2 章的魔术方程（2.6）[这里重排为方程（6.1）] 并看到一种或其他类别的挤出为什么会发生。

$$T-G\equiv(I+NX)-S \qquad (6.1)$$

定义的左边是政府预算盈余（$T-G$），右边是超额总投资，包括国内（I）与国外（NX）超出私人储蓄（S）的部分。这意味着政府盈余可以为国内投资超过私人储蓄的部分（$I-S$）进行融资或借钱给外国人（正的 NX）。

当左边的数量为负（T 小于 G）时，政府背负赤字。由方程（6.1）可以看出，有三种方法来为政府赤字融资。首先，调高私人储蓄。其次，降低国内私人投资，这是我们在图 4—6 中考察过的挤出效应。最后，下调外国投资。如果它下调足够充分从而变为负数，我们称之为外国借款。

□ 对后代的影响

持久的预算赤字还存在着另外一层含义，赤字提高了公共（或国家）债务，盈余则降低了公共债务。我们的后辈包括目前读这本书的大学生有义务比其他人支付更高的税收，以便政府对这些债务支付利息。

很清楚，持续的预算赤字对国内投资、外国投资或借款以及将来的公民财富会产生广泛的影响，而持续盈余的后果恰好相反。不过，盈余要花费许多年才能充分抵消已发生赤字的影响。这是我们认真研究预算赤字的原因与影响的更充分的动机。

看起来很明显，政府赤字会增大政府债务，不过，这一规则有一个例外。当联储通过赤字支出为政府调整财政扩张政策进行筹资时，联储全部收购政府发行的债务。当联储持有的政府债务增加时，家庭、私有企业、金融机构和外国人持有的政府债务不增加。本章最重要的内容之一是联储购买政府债务的能力为财政政策行为提供了回旋余地，不然这一政策就会迷失。

6.3 案例研究：历史镜像中的政府预算

遍观历史，最大的政府预算赤字一般是战争的结果。当政府支出的增加大于政府税收时，政府不会选择用税收支付全部战争成本。当它们需要为战争倾注巨大努力时，担心重税会使人们士气低落。

图 6—1 上图绘出了 1900—2010 年之间美国政府支出（包括转移支付）和收入与自然 GDP 的百分比。支出与收入之差被表示出来：浅灰色阴影部分指政府预算赤字，深灰色阴影部分指政府预算盈余。预算不仅包括联邦政府预算，而且包括州与地方政府预算。

□ 战争与日益增大的政府规模

图 6—1 中清晰地显示出五个事实。第一，政府支出在战争年份像大钉似的突了出来，第二次世界大战比第一次世界大战具有更大影响。第二，税收在战时也状如长钉，与 1940 年以前相比，在第二次世界大战后政府的规模增大了。第三，实际年均支出占 GDP 的百分比由 1950—1980 年间的 26%上升到1981—2010 年间的 32%。第四，在 20 世纪 80 年代收入的增加超出支出的增加，导致了除 1998—2001 年之外持续的预算赤字。第五，收入在 20 世纪 80 年代与 20 世纪 90 年代稳定在 28%～30%之间，在 2000 年飙升到 33%，在 2009 年和 2010 年回落到 25%。

中图显示了政府预算赤字和盈余，中图的阴影区域与上图的相应部分是一致的。此处，战争的走势制造赤字的证据更加明显。1980—1997 年和2002—2010 年的赤字低潮期与第一次世界大战和第二次世界大战时期的赤字高峰期形成鲜明的对比。为了与当前发生的赤字进行更清晰的对比，1970—2010 年这一时期在下图中被放大了。

□ 衰退的影响

在衰退期间，政府收入下降、转移支付上升。注意在图 6—1 的下图，赤字怎样在衰退期及其后不久发生，比如 1970 年、1975 年、1982 年、1990—1991 年、2001 年和 2008—2009 年。

如果过去政府赤字与衰退经常被联系起来，为什么 1980—1997 年、2002—2010 年的赤字带来了这么多的争论？答案不言自明。以往每次衰退中赤字都呈现出深 V 字形，在衰退后的经济复苏中，政府预算赤字快速归零。但是在 1982 年经济衰退后的复苏中，政府预算赤字没有消失，拖出了一个大尾巴。1982 年后的主要预算赤字发生于和平时期而非战时，在经济复苏和扩张的情形下而不是衰退的情况下。

2008—2009 年的衰退由第二次世界大战以来最大的预算赤字引发。图 6—1 中的中图和下图显示，预算赤字的规模主要由这次深重衰退对政府税收降低以及转移支付尤其是失业救济金的增加的影响引发。正如我们将要看到的一样，赤字也因为财政刺激以及 2008

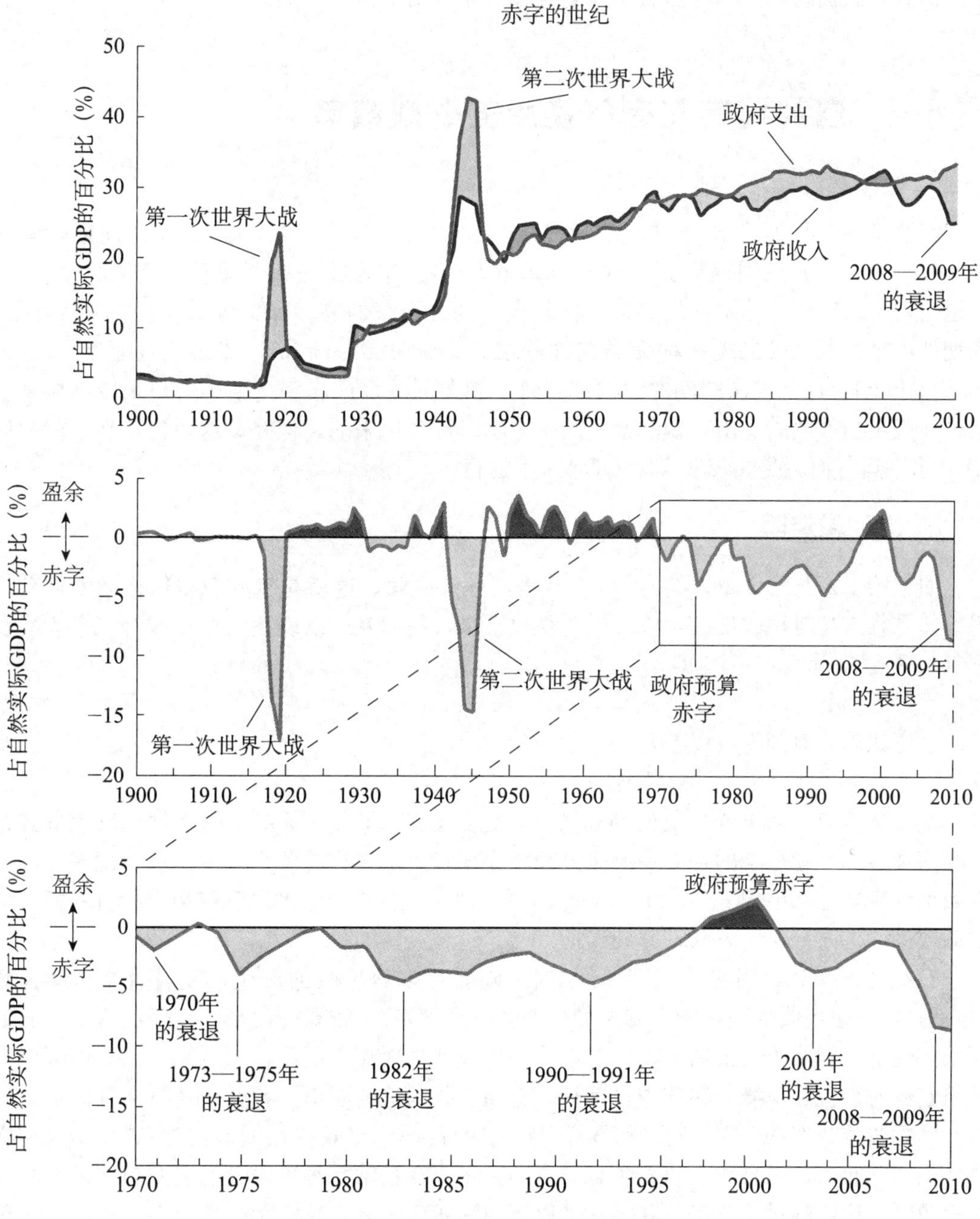

图 6—1　实际政府支出、实际政府收入和实际政府预算赤字，1900—2010 年

注：上图对政府支出与收入（联邦、州与地方政府）占自然 GDP 的份额进行了比较，显示了几个因素的重大影响，例如战争、20 世纪 70 年代和 20 世纪 80 年代政府支出份额的逐步增加、20 世纪 90 年代的降低以及接下来 1999—2000 年收入的暂时膨胀、2002—2010 年之间的崩塌。中图显示了一个世纪的政府预算赤字与盈余。下图是 1970—2010 年之间经历的放大。

资料来源：Bureau of Economic Analysis，Historical Statistics of the United States：Millennial Edition.

年即将离任的布什政府和 2009 年即将继任的奥巴马政府制定的“跳伞”计划而变大。在下一部分，我们将学习怎样区分经济对预算和预算对经济的影响。

6.4 自动稳定与斟酌使用的财政政策

在这部分，我们将区分政府预算赤字变化的两个种类。第一类被称为**周期性盈余**（cyclical surplus）或**周期性赤字**（cyclical deficit），作为经济周期波动的结果自动产生。衰退引发了政府收入缩水，周期性赤字增长。随之而来的复苏和扩张引起政府收入增加、周期性赤字缩水。第二类被称为**结构性盈余**（structural surplus）或**结构性赤字**（structural deficit），这是经济周期的影响被剥离后剩余的盈余或赤字。结构性盈余或结构性赤字是在假定当前政府支出和税率水平发生影响时计算出来的，但是，这时经济在自然实际GDP水平运行而不是在现实实际GDP水平运行。

□ 自动稳定器

回想第2章与第3章，符号“T”代表“净”税收，这就是税收总量减去政府转移支付。如果收入高时税收提高，收入低时税收下降，我们就可以表述为净税收等于平均净税率（t）乘以实际收入（Y）①：

$$T=tY \tag{6.2}$$

这意味着政府预算可以被写作：

$$\text{预算盈余}=T-G=tY-G \tag{6.3}$$

政府预算赤字简单说是负的预算盈余，正如方程（6.3）所定义的一样。以此方式记录政府预算赤字和盈余的目的是要区分预算赤字和盈余变化的两个来源：（1）通过变化Y的**自动稳定器**（automatic stabilization）；（2）通过变化G和t的**斟酌使用（相机抉择）的财政政策**（discretionary fiscal policy）。

在经济扩张时，当实际GDP增加时，随着更多净税收的产生，政府盈余自动提高（也就是说，总税收提高，转移支付如失业救济金下降）。较高的盈余（较低的赤字）有助于稳定经济，因为收入增加而产生的额外净税收从收入流中漏出，限制了扩张。同样，在经济衰退时，税收下降、转移支付增加，阻断了收入流的漏出，有助于遏制衰退。

实际收入或GDP（Y）对政府盈余或赤字的自动稳定效应在图6—2中表现出来。横轴代表实际收入，纵轴代表政府预算盈余和赤字。在纵轴零水平以上的浅灰色区域，政府保有盈余，税收超过了支出。在零水平以下的深灰色区域，政府承受着赤字，支出大于税收。在分割了浅灰色与深灰色区域的黑色水平线上，政府预算是平衡的，支出等于税收。

向上倾斜的BB_0线为**预算线**（budget line），表示当方程（6.3）中预算的其他决定因素也就是假定G_0与t_0值不变时政府预算与实际收入之间的自动稳定关系。预算线BB_0的斜率等于税率t_0。在图6—2中，预算线被描绘出来，因而当实际收入等于自然实际GDP（Y^N）时，政府在点A上实现平衡预算。如果实际收入从Y^N降至Y_0，经济将从点A移向

① 注意，t现在是总税收与GDP的平均比率，但是，在第3章附录中，同样的符号t表示边际所得税税率。

点 B，因为税收下降 $t_0\Delta Y$，政府承受着赤字。

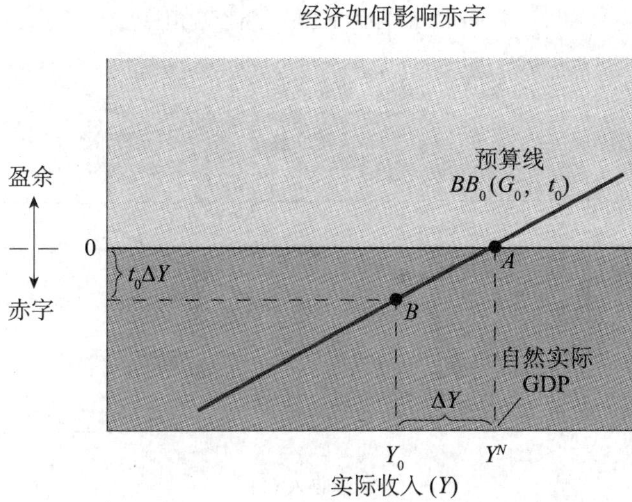

图 6—2　政府预算盈余或赤字与实际收入之间的关系

注：在浅灰色区域，政府预算存在盈余，同时在深灰色区域，政府预算处在赤字中。预算线 BB_0 显示了所有与给定政府支出（G_0）和税率（t_0）相关的政府预算盈余或赤字水平。BB 线先向右上方倾斜，因为当从点 B 移向点 A 时，较高的实际收入（Y）提高了税收（$t_0\Delta Y$），从而使盈余增加了 $t_0\Delta Y$ 或赤字减少了 $t_0\Delta Y$。

□ 斟酌使用的财政政策

政府预算赤字变动的第二个来源是政府支出（G）和税率（t）的改变。从图 6—3 中可以看得很清楚，政府支出（G）的下降减少了预算赤字，税率（t）的降低提高了赤字。这种斟酌的变化如何影响到预算线？图 6—3 从图 6—2 复制了预算线 BB_0。初始预算线 BB_0 建立在政府支出为 G_0 的假设条件上，政府支出从 G_0 增加到 G_1 使预算线在任何给定的收入条件下向下移动，因为在给定的收入条件下政府花费更多。相对于原有的花费 G_0，在 G_1 上会存在更高的赤字。新的预算线处在 BB_1 的位置上。

在新的预算线 BB_1 上找到点 C，显示在新的更高的政府花费 G_1 上，预算在实际收入水平 Y_0 上会有更大的赤字。有三种降低赤字的方法。第一，由点 C 移向点 D，通过扩张性货币政策将实际收入增加至 Y^N。第二，从 C 移至 B，将降低政府的花费。第三，与图示并非无关，提高税率（t_0）将使预算线向上移动。①

图 6—2 与图 6—3 显示，预算能够影响经济，经济也能够影响预算。政府花费的提高或税率的降低将会移动第 4 章中的 IS 曲线，改变实际 GDP。这些同样的变化将使图 6—2 与图 6—3 中的经济向右移动，改变实际 GDP，同时使 BB 线向下移动。

相反的影响也就是经济对预算的冲击由给定的 BB 线的斜率显示出来。当实际 GDP 因与财政政策（例如货币政策或消费信心的改变）无关的理由增加时，经济沿着既定的 BB 线向右上方移动。当实际 GDP 因与财政政策无关的理由减少时，经济会沿着给定的

① 税率提高使预算线围绕着固定的纵轴截距旋转上移，使它变得更为陡峭；当税率下降时预算线向下旋转，变得更为平坦。

BB 线向左下方移动。

预算影响经济还是经济影响预算？

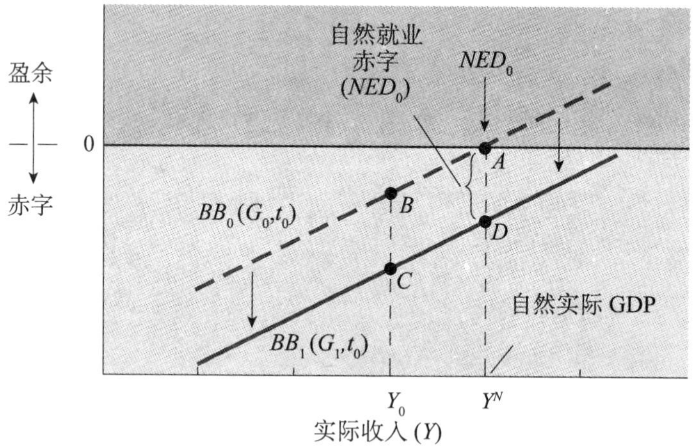

图 6—3　政府支出的增加对预算线的影响

注：上方的预算线 BB_0 从图 6—2 中照搬过来，并假设一个政府花费 G_0。较低的预算线 BB_1 假设政府花费水平增加到 G_1，因此，在任何实际收入水平上降低政府预算盈余或提高政府预算赤字。

☞ **全球经济危机聚焦**

危机中的自动稳定器与财政刺激

图 6—3 简单总结了 2008—2010 年间政府预算赤字骤增（如图 6—1 所示）的两个理由。从 2007 年起，经济始于一个位置比如 A，产出位于合意的自然实际 GDP 水平。现实实际 GDP 急剧下降至自然实际 GDP 之下，迫使经济顺着原有的预算线 BB_0 下移至点 B，从 A 到 B 的运动代表着自动稳定器在自动增加财政赤字方面的强大影响。在本章稍后的内容中财政刺激能够具体测度预算线从 BB_0 下移至 BB_1，经济将游移至点 C。因为自动稳定器和财政刺激的双重作用，赤字居高不下。

□ 自然就业盈余或赤字

由于实际预算盈余或赤字不能判定斟酌使用的财政政策的变化，我们如何概括财政政策对经济的影响呢？图 6—3 中更趋扩张性的预算线 BB_1 相对于原有的预算线在垂直维度处于更低的位置。扩张效应可以通过描述与实际收入水平一致的某些标准的预算线的垂直位置概括出来，例如，当实际收入等于自然实际 GDP（Y^N）时。

在自然实际 GDP 水平上的预算盈余或赤字称为**自然就业盈余**（natural employment surplus，NES）或**自然就业赤字**（natural employment deficit，NED）。后者被定义为现实实际 GDP（Y）等于自然实际 GDP（Y^N）时的政府预算赤字。如果我们用自然实际 GDP（Y^N）取代方程（6.3）中的现实实际 GDP，我们可以将自然就业盈余定义为：

$$自然就业盈余 = tY^N - G \tag{6.4}$$

自然就业赤字可以简单表述为方程（6.4）中盈余的负值，它会随着政府支出（G）、税率（t）或自然实际 GDP（Y^N）的改变而改变。我们的术语“自然就业赤字”有助于我们记住当经济运行于自然实际 GDP 时，它就是政府预算赤字。

在图 6—3 中，两条预算线中的每一条有不同的自然就业盈余或赤字。对于原有的预算线 BB_0，自然就业赤字被缩写为 NED_0，它的值为零，因为沿着 BB_0 政府赤字在 Y^N 水平上处于平衡状态。对于新的预算线 BB_1，自然就业赤字是 NED_1，用 AD 的距离表示出来，因为当经济运行于 Y^N 时，沿着 BB_1 线，政府赤字是 AD。

在图 6—3 的帮助下，我们现在可以复习主要的预算概念。现实的预算赤字通过经济现实中合适的 BB 线上的垂直位置表示出来，例如点 B 或 C。自然就业赤字是在自然实际 GDP 水平上沿每一条预算线衡量的赤字。例如在点 A 和 D。结构性赤字是自然就业赤字的另外一个名称。[①] 周期性赤字是现实赤字与自然就业赤字之差，也就是在预算线 BB_0 上 A 与 B 之间的垂直距离和预算线 BB_1 上 D 和 C 之间的垂直距离。自动稳定功能由预算线的斜率代表，因为高税收与低转移支付引起大量实际收入从支出流中漏出，无论实际收入何时扩张。

自测题 6—1

下列各项如何在图 6—3 中被表示出来？每一项将会对自然就业赤字产生什么影响？

1. 更多高速公路维修支出。
2. 社会保险税率的提高。
3. 社会保险收益的提高。
4. 2008—2009 年的衰退将失业率从 5%提高到 10%。

□ 现实与自然就业赤字：历史行为

1970 年以来，现实与自然就业赤字如何产生了偏差？图 6—4 中的黑线展示了现实政府预算结果，这直接从图 6—1 中复制过来。自然就业盈余或赤字由灰线表示。

灰线将结构性因素从预算赤字中分离出来。黑线与灰线之间的距离代表赤字的周期性因素。当黑线处在灰线之下时，如 1975—1977 年、1980—1985 年、1991—1995 年、2002—2005 年和 2008—2010 年之间的状况，经济是脆弱的，如深灰色阴影部分所示。当黑线处于灰线之上时，经济处于繁荣状态，显示现实实际 GDP 大于自然实际 GDP，如浅灰色阴影部分所示。

图 6—4 中的灰线表示政府在 1970—2010 年间除 1998—2001 年四年以外每年所出现的自然就业赤字情况。1998—2001 年 NED 的明显消失是经济繁荣、股票价格暂时高涨产生的前所未有的来自资本利得税的政府收入和所得税税率提高的结果。

灰线显示自然就业预算在 2001 年一直处于赤字中。2002—2005 年盈余最初转向赤字是源自 20 世纪 90 年代末股市泡沫的破裂、布什对所得与资本利得减税以及伊拉克和阿富汗战争日益增加的军费开支。2007 年后，NED 变得更大，这是因为财政刺激削减了全球

① 国会预算办公室使用术语“标准化预算赤字”，与“自然就业赤字”或“结构性预算赤字”表示同一含义。

经济危机的影响，包括布什与奥巴马政府的减税、金融企业与汽车公司的保全、各种各样工程支出的增加。2009—2010 年大的深灰色阴影区域显示了由自动稳定器导致的其他周期赤字。

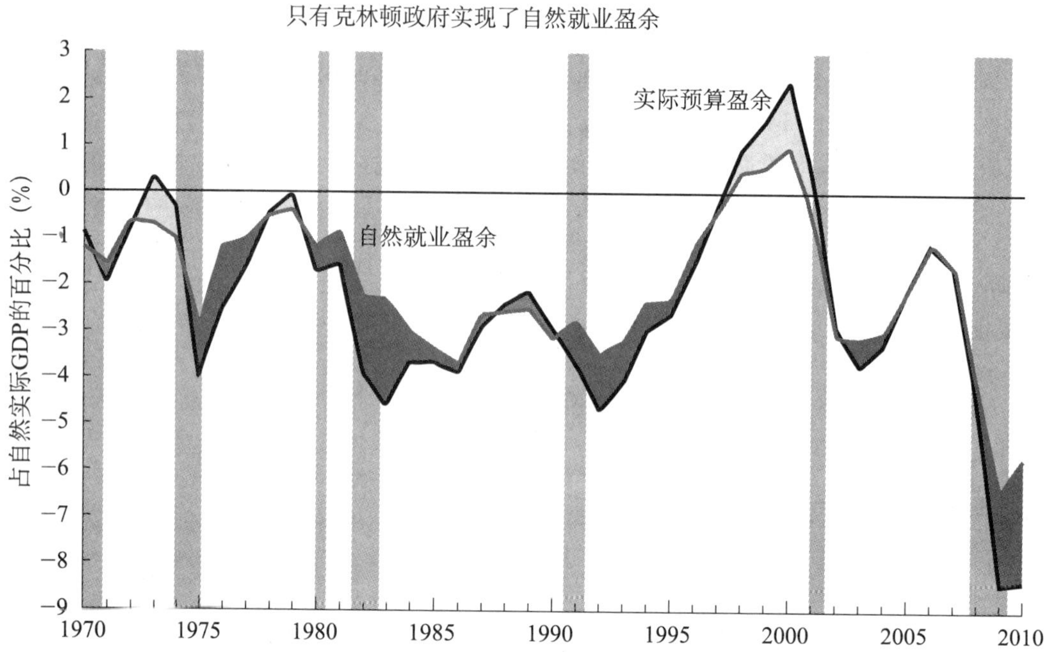

图 6—4　1970—2010 年实际预算线与自然就业预算线的比较

注：在经济脆弱时，自然就业盈余线位于实际预算盈余线之上，在经济强劲时则位于其下。除了 1998—2001 年之外，自然就业赤字都存在。

资料来源：Bureau of Economic Analysis and Congressional Budget Office.

6.5　政府债务的基本概念

我们已经学习了政府支出、税收、转移支付、政府赤字。所有这些都是流量，也就是一定时期内对某种变量的测度，例如一个季度或一年。相反，比如资产、负债、净财富和债务属于存量，衡量一个时点的数量，例如 12 月 31 日的午夜。（复习第 2 章介绍过的流量与存量的区别。）直到本章的此处，我们将注意力放在了财政赤字这一流量上。现在，我们将注意力转向与政府债务有关的基本概念：存量。

本章的基本目标是考察作为补救货币政策工具缺陷的财政政策。我们在第 5 章学过，货币政策在刺激低迷经济（如 2010—2011 年）方面的能力具有根本的脆弱性。财政政策能否摆脱它自身的局限性与脆弱性呢？财政政策最为明显的问题是财政赤字越大公共债务就会越多。政府的借贷对当前与未来的一代意味着什么损害？政府承受财政赤字能力的局限性在哪里？

□ 定义公共债务：总量与净值

公共债务（public debt）被定义为政府所欠债务的总量，也就是政府对各种实体发行的证券（负债）总量。这些实体主要是指：其他政府机构、家庭和公司、外国投资者。公共债务也指财政赤字的累积：

债务（2011 年末）＝债务（2010 年末）＋财政赤字（2011 年度）　　(6.5)

当我们讨论美国政府的公共债务时，我们将焦点对准联邦政府，因为大多数州政府和地方政府的法律不准许它们借债弥补政府运作中产生的赤字。

注意公共债务的定义，它包括政府内部的机构持有的证券。我们已经在表 5—4、表 5—5和图 5—12 中了解到，2010 年中期，美联储持有 1 万亿美元的政府债券。另外几万亿美元被社会保障和医疗信托基金持有，以便将来相对于缴纳工薪税的工人的数量来说在婴儿潮一代退休后能够增加受益者的数量。

本部分关于未来公共债务负担的讨论不适用于政府内部的机构所持有的债务。**总债务**（gross debt）是指政府所欠债务总量，而**净债务**（net debt）则是从总债务中扣除政府所欠自身的债务，也就是，美联储与信托基金拥有的证券。只有净债务才令人关注，因为净债务的利息必须由未来纳税人支付。相反，政府持有的债券赚取的利息要返还政府。例如，联储每年向财政部归还数十亿美元的政府持有证券赚取的利息。

□ 政府债务的未来负担

每一美元额外的财政赤字都会相应增加一美元的公共债务总量。这些额外的债务可能被联储或政府信托基金所购买。我们在这里要问：每增加一美元的政府净债务是否都是有害的？我们怎样估算这些额外的政府净债务对未来一代人的影响？

政府投资计划比如高速公路、学校、公立大学的建设产生未来收益，这些项目会造福于未来一代人。公共净债务是否是一种负担，部分取决于额外的净公共债务是政府支出为投资品还是为消费品埋单。如果政府赤字是为具有生产性质的政府投资项目埋单就没有负担，在这种情况下，政府行为恰如私人公司一样，比如戴尔计算机公司，通过向公众售卖债券为新工厂和设备付款。

但是，如果净公共债务的额外部分用于不产生未来收益的消费品的购买，负担还是会产生。这样的支出将包括例如军事演练需要的弹药、社会保障的受益者购买的消费品等。这些消费支出对于其当前的接受者产生价值，但对未来并非如此。

□ 净公共债务的真正负担

未来一代真正的负担是通过赤字筹资、为未来不产生收益或收益少于社会机会成本的商品埋单，例如军队当前所消耗的伙食费，而不是税收融资的政府支出带来的。它在未来不产生任何收益流，所有的收益全部体现在当前。政府必须为保证债券持有者满意而支付利息，就像戴尔必须支付利息一样。不过，当前政府赤字融资进行的消费没有未来收益或收入去支付利息。将来的纳税人被迫向政府交纳额外的税收以弥补债务的利息支出，而纳税人并不能得到收益回报。同样，如果投资者的收益小于他们的社会机会成本，例如利用率极低的高速公路，类似于这样的投资项目可能成为一种强加的负担。

6.6 政府有偿还能力吗?

如果美国或其他一些国家的政府预算赤字过高，我们将如何被告知? 问题并不在于赤字是否为零，而在于稳定名义联邦债务（D）与名义 GDP（PY）之间的比率。联邦赤字可能非常大，不过 D/PY 之比仍然可以保持在稳定状态而不是上升。

名义政府预算赤字等于债务的增量（ΔD）。那么，赤字规模多大才能保证债务—GDP 比率（D/py）不变? 只要债务—GDP 比率的增长率是零，它就可以保持不变。

不过，我们的任务是确定多大规模的债务—GDP 比率能够保证债务—GDP 比率的增长率等于零。开始我们需注意债务—GDP 比率的增长率不同于债务的增长率（d）加上 GDP 的增长率（$p+y$）①

$$D/PY \text{ 增长率} = d-(p+y) \tag{6.6}$$

为了这个比率的稳定性，我们需要债务的增长率（d）等于名义 GDP 的增长率（$p+y$）:

$$d=p+y \tag{6.7}$$

当我们将方程（6.7）两边同乘以债务规模 D 时，我们得到了可容许的赤字（也就是额外的债务）。这一赤字使债务—GDP 比率保持不变。

一般形式	数例	
$dD=(p+y)D$	(0.05)（9 万亿美元）=4 500 亿美元	(6.8)

这个简单的表达式（6.8）给出了一个惊人的结论：如果赤字等于未支付的债务乘以名义 GDP 的增长率，债务—GDP 比率保持不变。在实例中，2010 年末的联邦政府净债务大约是 9 万亿美元，当乘上预设的 5%的名义 GDP 的增长率时，可容许的债务是 4 500 亿美元。现实赤字大大高于 2009—2010 年的水平，它解释了债务—GDP 比率在这段时期增长迅速的原因，如图 6—5 所示。

□ 不能偿付的情形

2008—2010 年债务—GDP 比率的迅速提高是政客与评论家关于超越 2009—2010 年奥巴马政府初始刺激计划实施进一步财政政策刺激可行性大争论的核心。“赤字鹰派”剑指迅速提高的净公共债务—GDP 比率，他们认为降低赤字能使债务—GDP 比率免于崩溃，他们排斥任何进一步的财政政策刺激计划。“赤字鸽派”则反驳道：较高的失业和脆弱的需求需要明确的财政响应。事实上，财政政策是剥离既有货币政策脆弱性的唯一工具。

政府预算赤字可以被分为两部分：基本赤字和对净公共债务支付的利息。相应地，基

① 小写字母代表大写字母所表示的数量的增长率，因而 d 是 D 的增长率。我们使用这样的规则也就是产出 PY 的增长率等于第一个组成部分的增长率加上第二个组成部分的增长率，比率的增长率比如 A/B 等于分子的增长率减去分母的增长率，$a-b$。因而，D/PY 的增长率等于 $d-(p+y)$。

本赤字等于税收减去转移支付和政府支出，不包括利息支出。在 2010 年，高预算赤字反映了较高的基本赤字和大量净债务的利息偿付。

但是，即使在基本债务为零的假设条件下，利息成本负担也会引起净债务—GDP 比率无限上升，除非清偿条件得到满足。这一情况表明，只有在经济的名义增长率（$p+y$）等于或大于现实名义利率时，在不提高债务—GDP 比率的情况下，政府可以通过发行更多的债券永远满足利息账单。让我们回到上面使用的例子中，其中 2010 年末的净债务大约是 9 万亿美元。在不提高债务—GDP 比率的情形下，政府承受着 4 500 亿美元的赤字，如方程（6.8）所示。这个赤字中有多少用于支付政府利息的账单？如果利率是 5%，与假设的名义 GDP 的增长率相同，利息账单是 0.05 乘以 9 万亿美元，或 4 500 亿美元。不过，假设基础赤字等于零，在不提高债务—GDP 比率的情况下，政府可以通过发行 4 500 亿美元的新债券支付全部的利息成本。

在 2010—2011 年的现实世界中，与无法偿付相关的是什么？当利率等于名义 GDP 增长率时，基本赤字一定等于零，使债务—GDP 比率免于上升。不管怎样，如果政府对债务支付的平均利率恰好低于名义 GDP 的增长率，像 2010—2011 年的真实状况一样，那么，政府具有承担基本赤字的空间。然而，基本赤字与 GDP 之间的比率一定不大于名义 GDP 增长率与名义利率之差。2010—2011 年的基本赤字远大于这一差额，结果，净债务与 GDP 的比率迅速上升，如图 6—5 所示。

自测题 6—2

计算使债务—GDP 比率保持稳定的可容许赤字、债务的利息成本和在不提高债务—GDP 比率情况下政府是否可以通过发行新债券为全部的利息成本融资。

	名义 GDP 增长率（%）	名义利率（%）	净债务总量（十亿美元）	利息总成本（十亿美元）	可容许赤字（十亿美元）	利息是等于还是低于可容许赤字（是/否）
1	5	3	9 000			
2	3	5	9 000			
3	4	4	12 000			
4	5	3	12 000			

☞ **国际视角**

债务—GDP 比率：美国如何进行比较

像本节和图 6—5 所再三表明的一样，作为全球经济危机和 2008—2010 年财政刺激以及跳伞方案的结果，美国的债务—GDP 比率从 2007 年的 36%飙升至 2010 年的 64%。这段经历怎样与其他国家相比较？数字表现出了美国、日本和欧洲的两个国家（德国与意大利）的债务—GDP 比率。

意大利的比率要远高于美国的比率，自20世纪80年代初期以来，一直高于50%的比率。意大利政治的另一个显著特征是政治支持分散于众多的党派，只有通过多党之间的联合才能建立政府。必要的政治妥协有利于避免提高税收或削减支出的激烈行为。不过，较高的债务—GDP比率就像曾经出现的一样并不是一个严重的问题。意大利用十分高的私人储蓄率抵消了政府赤字。像我们已经学过的方程（2.5），较高的国内储蓄允许政府赤字不向外国人借债融资。

日本的债务—GDP比率目前仅仅是12%，与1991年差不多，但是到2010年螺旋式上升到122%。注意，2008—2010年日本这一比率的提高甚至快于美国。从20世纪90年代初日本的经济表现因为低迷的经济增长和持续不断的价格下滑而陷入灾难（1999—2010年GDP平减指数表现出来的通货膨胀率是负数）。结果，名义GDP一点没有增长；1995—2010年之间的年均增长率为−0.2%，大大低于美国4.6%的年均增长率。名义GDP增长的缺失和大规模财政赤字（1998年大大高于GDP的10%）解释了日本债务—GDP比率激增的原因。

德国常常被视为奉行谨慎财政政策的典范。在1970—1994年之间，其债务—GDP比率几乎没有增长，但是，此后开始了非常平稳的上升爬行阶段，从1994年的19%上升到2010年的53%。请注意：德国的比率在2007—2010年之间像美国与日本一样几乎没有增长。之所以如此，是因为德国与意大利都没有推出在规模上与奥巴马刺激相匹敌的财政刺激计划。

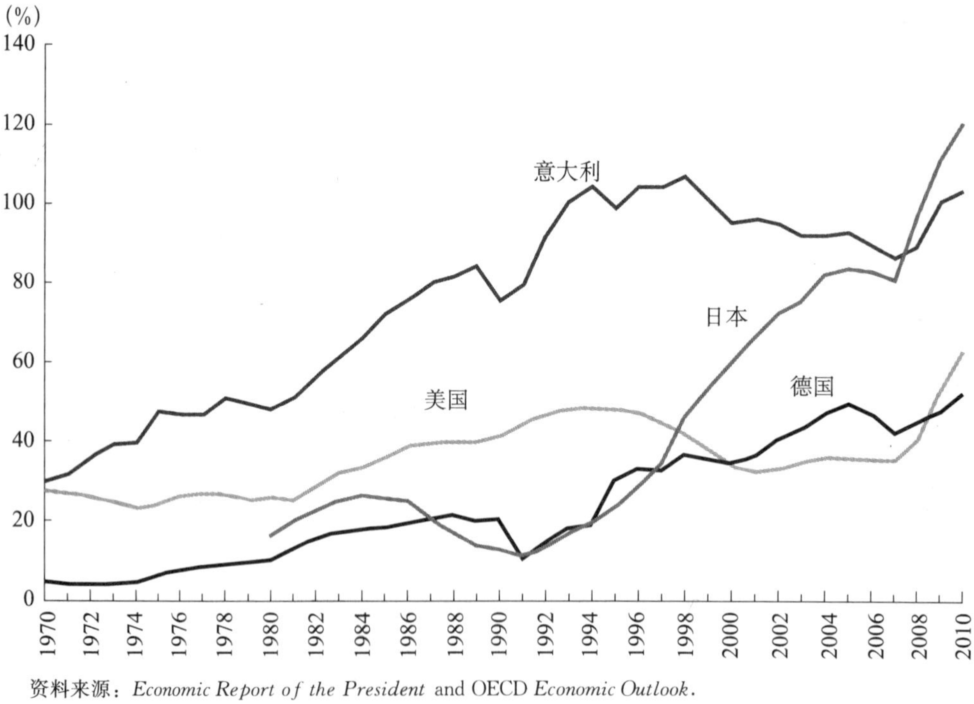

资料来源：*Economic Report of the President* and OECD *Economic Outlook*.

6.7 案例研究：1790 年以后的债务—GDP 比率的历史盘点

我们现在已经知道当政府赤字超出方程（6.8）给出的边界值时，债务—GDP 比率会上升；当政府赤字小于边界值时，债务—GDP 比率会下降。在美国历史上，什么行为会为引发债务—GDP 比率上升负责任？在什么情况下债务—GDP 比率会下降？

图 6—5 展示了 1790 年后的净债务—GDP 比率。从这些数字中，我们可以抽出几个有意义的年代。

□ 战争与萧条

历史记录中最具有一致性的特征是债务比率在战争年代攀升而在直至下一次战争爆发之前的接续年份缩减。美国独立战争（Revolutionary War）、美国内战、第一次世界大战和第二次世界大战都带来了债务比率大幅上升，而在大多数其他年代里，这一比率都在降低。虽不明显但十分重要的是经济衰退和萧条通过自动稳定器的作用对提高公共债务的影响。（当产出比 Y/Y^N 下降时，自动降低了政府收入，需要提高公共债务以弥补日益上升的政府支出。）这里最重要的例证是大萧条时期，此时债务比率从 1929 年的 16%上升到 1939 年的 44%。在图 6—5 上面的框图中特别值得注意的是在第二次世界大战后债务—GDP 比率锐减。这部分来自一些公债的偿清，但是，迄今最为重要的因素——名义 GDP 的增长，在 1946—1980 年以 12 倍的速度增长，从而使同期的债务—GDP 比率从 109%下降至 26%。

图 6—5 下部的框图为了画出 1970—2010 年的债务—GDP 比率扩大了其比例。就像上面的框图，粗线条代表净债务与 GDP 比率，比率最显著的特征是在 1981—1992 年时期的增长。这来自里根和老布什政府的降低所得税税率和增加军费开支政策。1993—2001 年这一比率由于经济繁荣与股市上扬而下降，这一时期克林顿政府的政策提高了税率、削减了军费开支。2003—2007 年净债务比率相对稳定在 35%的水平。当时，布什政府的预算赤字被名义 GDP 的上升所抵消。

在 2007 年之后，因为全球经济危机对自动稳定器的影响，比率暴涨。自动稳定器降低了税收、提高了转移支付。同时，比率暴涨也源于减税和扩大转移支付的财政刺激。净债务—GDP 比率从 2007 年的 36%猛增至 2010 年的 64%。

6.8 影响财政刺激乘数效应的因素

我们已经知道了财政刺激政策与紧缩政策之间的关键差异，我们在第 3 章学习了政府支出增加的乘数效应会大于税率降低。理由很简单，政府花费在购买商品与服务上的每一美元都属于 GDP 的一部分，我们期望政府在 GDP 上的初始支出将会刺激更多的引致性消费。如果政府支出的美元花费在修路上，那么，筑路工人将会得到供消费支出的额外收入。如果政府支出用于支付公立学校教师的薪水，那么，教师增加的消费支出提升了GDP。囊括进政府支出的初始数量和额外的引致性消费之后，我们期望政府支出乘数超出1。

税率变化与转移支付变动的乘数不如政府支出那么大，因为税收与转移支付都不是GDP的一部分。如果人们的消费支出对减税和增大转移支付有所反应，它们就会扩大GDP。在开始一轮，政府支出的每一美元都创造一美元的实际GDP，此后，其作用便消

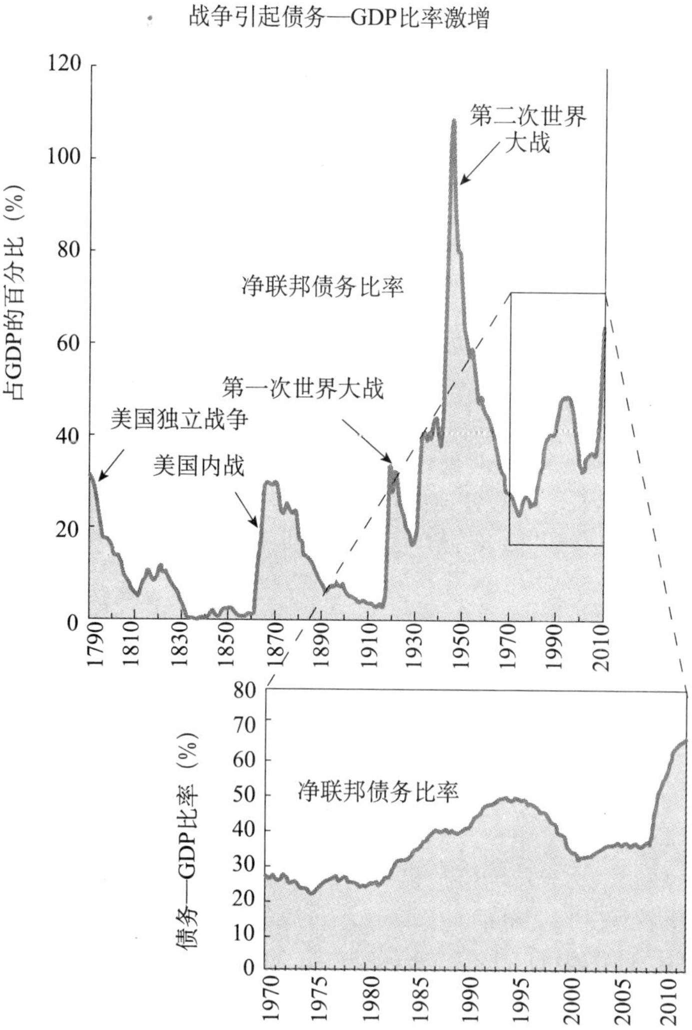

图6—5 美国净联邦政府债务—GDP比率，1790—2010年

注：债务—GDP比率的跨度覆盖了整个美国历史，在战时上升，在战争期间下降。在和平时期，债务—GDP比率上升，例如，20世纪30年代的大萧条时期和1981—1993年的高赤字时期。联邦预算从赤字向盈余的变化引发了债务—GDP比率在1995年以后的迅速下降，但是2001年返回赤字之后该比率倾向稳定。2008年后，因全球经济危机和反危机的刺激性财政政策引发的大规模赤字而暴涨。

资料来源：*Historical Statistics of the United States：Millennial Edition* and Federal Reserve Bank of St. Louis FRED database.

失了。本部分我们将了解到更多关于不同类别财政刺激的优势与劣势。

□ 挤出效应：支出流中的漏出

初始的政府支出乘数早在第 3 章就介绍过了，它是 1 除以边际储蓄倾向（*MPS*）。因此，如果 *MPS* 等于 0.25，乘数就是 1.0/0.25＝4.0。但是，很显然 4.0 对于乘数而言太高，因为这忽视了重要的“漏出”，它可能妨碍初始的政府支出对国内生产的商品与服务衍生出其他多轮次的购买。

所得税　在税后，家庭不会得到增加一美元 GDP 所增加收入的全部。这些收入中的第一项漏出是向联邦政府及一些州政府和地方政府交纳的所得税。相关的漏出是为社会保障和医疗保障交纳的工薪税，它对任何一美元劳动收入的增加都要征税，直到上限为止。当消费者购买更多消费品时，销售税增加，从而进一步降低了税收的乘数效应。

进口　在过去 40 年的每一年中，不断增加的美国消费支出份额都花费在进口产品上，有时因为进口产品便宜，有时因为它们具有创新性。多数电子产品要么完全进口，要么在美国组装，其中许多重要的零部件产自外国。但是，消费者花费在进口产品和服务上的财政刺激的每一分钱都不能提高国内产出或扩大就业职位。在 2010 年，花费在进口上新增的消费份额特别大，结果国内需求的强劲复苏演变成了国内产出令人惊喜的微弱增长。

公司利润　所得税与进口在第 3 章附录中被判定为漏出。当所得税与进口的影响被考虑进去时，计算出的乘数就会变小。财政刺激可以提高引致性消费，一些额外的支出可能花费在国产商品上。但是，至少在一开始企业不会雇用更多工人、支付更高的工资，大部分新增收入流入了公司利润。当家庭有必要购买更多消费品时，只有一小部分公司利润用于提高家庭收入。[①]

因为存在这些漏出，政府支出乘数可能不是 4，而是一个更小的数字，比如 2 或 1.5。[②]

□ 挤出效应：高利率

财政政策的典型挤出效应已经在图 4—6 中表示出来。当货币供给固定时，财政扩张政策提高利率，这会引发利率敏感性支出的负面响应，特别是企业投资、住宅建设和耐用消费品的购买。这会进一步降低乘数。

像我们在图 4—10 中学习过的，如果中央银行扩大货币供给，这类挤出效应可以避免，推动了 *LM* 曲线右移，同时财政刺激政策推动 *IS* 曲线向右方移动。利率上升的唯一原因是货币供给不足。联储对联邦基金短期利率的控制为防止挤出效应的利率机制尽了一

---

① 根据定义，增加 1 美元公司利润能够：(a) 通过公司所得税进入政府的腰包；(b) 当公司支付红利时，进入家庭；(c) 作为留存收益存入公司账户。(a) 和 (c) 都不会对家庭收入产生任何影响。红利 (b) 随着较高公司利润而缓慢向上调整。较高公司利润在短期内提升家庭收入的主要路径是通过上层管理人员的奖金和股票期权，但是，许多个体还不足够富足以至于他们有十分低的边际消费倾向。总之，新增公司利润中的大部分代表了支出流中的漏出。

② 使用第 3 章附录中的方程 (12)，如果边际储蓄倾向为 0.25，所得税税率 t 为 0.2，进口与实际 GDP 之比 (nx) 为 0.1，则边际漏出率为 $s(1-t)+t+nx$，或 0.25 (0.8) ＋0.2＋0.1＝0.5。乘数是 1 除以边际漏出率或 1/0.5＝2.0。

份力。

无论联储为支持财政刺激何时扩大货币量，联储都将会购买作为财政刺激副产品的政府发行的债券。由于联储购买证券，净公共债务将不会上升，政府不必向联储之外的任何其他经济主体售卖任何债券。这类协作性的货币与财政扩张有时被称为货币的**“直线降落”**（helicopter drop）。因为政府将货币流向期盼人群的现象称为转移支付，因此，它被算作财政政策。

当经济处于弱势和联储将短期利率控制在零水平时，也就是第 5 章中所谓的零利率底线，利率的挤出效应会变得不那么重要。联储保持零短期利率，只要期限溢价与风险溢价不增加，在企业与消费者面对的贷款利率上，投资窒息（investment-stifling）就不会加强。因而，比如在 2010 年，联邦政府可以在不必提高利率的情况下进行财政刺激。

□ 挤出效应：产能约束

经济学家发现用统计技术测度挤出效应是困难的。遍观历史，许多快速的财政扩张发生在战争初期，例如第二次世界大战期间的 1940—1942 年、朝鲜战争期间的 1950—1951 年、越南战争期间的 1965—1966 年。这三种情况都发生于经济接近于充分能力、在意愿的自然产出水平或超出这个水平运行时。在这些场景中，财政乘数一直十分低，这是因为政府购买真正推动了私人购买。比如在美国珍珠港事件的前 6 个月，因为钢材的短缺和政府采购武器部件的优先权，企业计划降低汽车产出（负乘数）。[①]

本部分一个重要的课题是当经济处于弱势如 2009—2010 年时刺激性的财政政策的效果强于经济处于强势时。在脆弱的经济中，利率低，因此，政府债务所需支付的利息相对较小。联储可以收购发行的全部证券来为财政刺激计划埋单。但是，高通货膨胀、扩张性联储政策的传统消极面因经济的脆弱性不至于产生威胁。相反，当经济处于强势、现实实际 GDP 等于或高出自然实际 GDP 水平时，财政乘数因挤出效应和产能约束效应而变小。不过，相反，这代表了一个机会而不是一个问题。财政刺激只有在经济处于弱势时才是必要的，在经济处于强势时则是不适当的。在强势点上，货币与财政约束才是必要的。

自测题 6—3

针对下列每一种情形，指出政府支出增加的乘数作用是变得更大还是更小。

1. 高个人所得税税率。
2. 进口中消费的较低比例。
3. GDP 中较高比例的公司利润。
4. 作为较高政府支出的结果，联储决定购买政府发行的全部债券。
5. 产能利用的较高水平。

---

① See Robert J. Gordon and Robert Krenn, “The End of the Great Depression 1939—41: Policy Contributions and Fiscal Multipliers,” NBER working paper 16380. September 2010.

6.9 案例研究：2008—2011 年的财政刺激

第 3 章中标准的课本分析显示，税收变化时的政府支出乘数低于政府支出变化。第 3 章的附录认为政府支出与税收变化的乘数因为漏进所得税和进口而明显降低。在此前的内容中，我们将公司利润增补为另一类型的漏出。我们也讨论了高利率与产能约束作为现实世界的乘数小于书本上简单乘数的另外的理由。

□ 不同类型的财政政策下大不相同的乘数

现代计量经济模型将这些所有不同因素综合在一起进行梳理。如表 6—1 所示，近期的一个杰出的模型对财政政策乘数进行了估计。当我们向下看乘数列时，我们注意到乘数从 1.74 排列到 0.32。

为什么我们要考虑不同类型的财政政策的乘数呢？每一美元的政府支出或减税都会将财政赤字提高 1 美元，但对 GDP 的影响明显不同。最为有效的政策是食品券的暂时增加。其次是失业保险的扩展。最无效的财政政策如表 6—1 底部所示是降低公司税税率，其乘数仅为 0.32。

这些乘数存在差异有一个系统性的理由。如果政府花掉的 1 美元直接进入家庭的腰包，这对于依赖工资的低收入家庭和完全没有工资的失业者将产生极大不同。这就是为什么最高乘数计划——表 6—1 上部所列——是直接将目标对准穷人（食品券）或失业者（失业救济）的计划。

表 6—1　　可选择财政刺激类型的乘数估计

用相对高的乘数估算	
支出	
食品券的暂时增加	1.74
失业保险的扩展	1.61
基础设施支出的增加	1.57
对州政府的一般资助	1.41
税收	
工作税收抵免	1.30
工薪税假日	1.24
全面减税	1.01
用相对低的乘数估算	
税收	
布什红利与资本利得减税永久化	0.37
布什所得税减税永久化	0.32
降低公司税率	0.32

资料来源：Alan S. Blinder and Mark Zandi, "How the Great Recession Was Brought to an End," Moody's Analytics working paper, July 27, 2010. Table 11, p. 16.

由于同样的理由，最小乘数存在于利益主要流向富人的领域，这些人获得足够高的收入以至于他们可以购买想要的东西。表中底部的三行乘数只在 0.32～0.37 之间，说明减税所惠及的只是收入分配中最上层的 10%甚至 1%的个人和家庭。

表 6—1 中对乘数的估算有什么不同？根据这些数字联邦赤字增加 1 000 亿美元即联邦债务增加 1 000 亿美元对实际 GDP 进而就业产生极其不同的影响。食品券增加 1 000 亿美元将使 GDP 增加 1 740 亿美元，并且公共债务提高 1 000 亿美元。由于财政刺激是以花费的每一美元都尽可能提升 GDP 为目的的，表 6—1 中高乘数类型的刺激应该替代低乘数类型的刺激。

□ 减税的弱效应

2008—2011 年财政刺激措施的主要构成部分列在表 6—2 中，其总量被表示为 GDP 的百分比。表中的头两项是减税和布什政府在 2008 年春制定并且作为奥巴马政府 2009 年春刺激手段一部分的税收返还计划。低收入与中等收入家庭收到税收返还的支票，工薪税减少，并且从购买房屋和设备的税收抵免中获得好处。

表 6—2　　2008—2010 年的财政刺激措施的规模

	占 GDP 的百分比
减税和返还	
2008 年布什政府的减税和税收返还	1.2
2009 年奥巴马政府的刺激性减税	1.4
所有来自奥巴马政府 2009—2011 年刺激性政策的支出增加	
基础设施与税收返还支出	1.1
向州与地方政府的转移支付	1.2
向个人的转移支付：	2.3
失业救济（1.6）	
2010 年失业救济的扩展（0.4）	
其他构成	0.4
2008—2011 年的总量刺激	7.6

资料来源：摘自表 6—1 的同一来源中的表 10。

产出与就业的顶峰月份是 2007 年 12 月，一开始下行进入 2008—2009 年的衰退是温和的。尽管如此，早在 2008 年 4 月，布什政府就设置了一套税收返还与减税计划，增加至 GDP 的 1.2%，或者说 1 700 亿美元。一年后的奥巴马刺激方案包括了规模为 GDP 1.4%的另一次减税。这些政策都是有效的吗？

要看税收返还与减税是否有效，我们可以比较一下个人可支配收入的行为。减税的总量上升伴随着个人消费支出的上升，如果消费跃升的数量能够大部分或完全反映出随着减税增加的可支配收入，我们完全可以推断减税是有效的。如果消费不存在良性反应，那么，我们可以说减税是无效的。

图 6—6 显示出了 2007 年初到 2010 年中期个人可支配收入与个人消费支出之间的关系。图上标出的每一个数字都代表高于或低于 2007 年第四季度同一变量特定季度的值，不过所有三条线在 2007 年第四季度的零点交汇在一起。注意布什政府的减税与税收返还计划引起了实际可支配收入在 2008 年第二季度比 2007 年第四季度上升 2.5%，但是，消费并没有受到任何影响。消费相对于 2007 年第四季度的原有水平，开始大幅下降。

为什么税收刺激不能扩大消费呢？在基于电话采访的具体研究中，三个季度的回应说明人们将刺激款项节省下来或者使用它们偿付信用卡或其他债务。[1]

调查支持了以下观点：只有大约三分之一的税收刺激会导致消费的增加，但是，图 6—6 中消费未能增长，即使少量增长也未能发生，因为其他因素导致消费存在下行的压力，例如股市与房地产价格下降导致的净财富的下降。

同样的命运存在于奥巴马减税上。减税的最大影响体现在 2009 年第二季度的个人可支配收入上。但是，消费再一次未能作出积极的反应。图 6—6 中消费支出的转折由黑线表现出来，它发生于 2009 年第三季度减税后的一个季度，并且可能被引证为体现减税滞后和发生部分影响的案例。

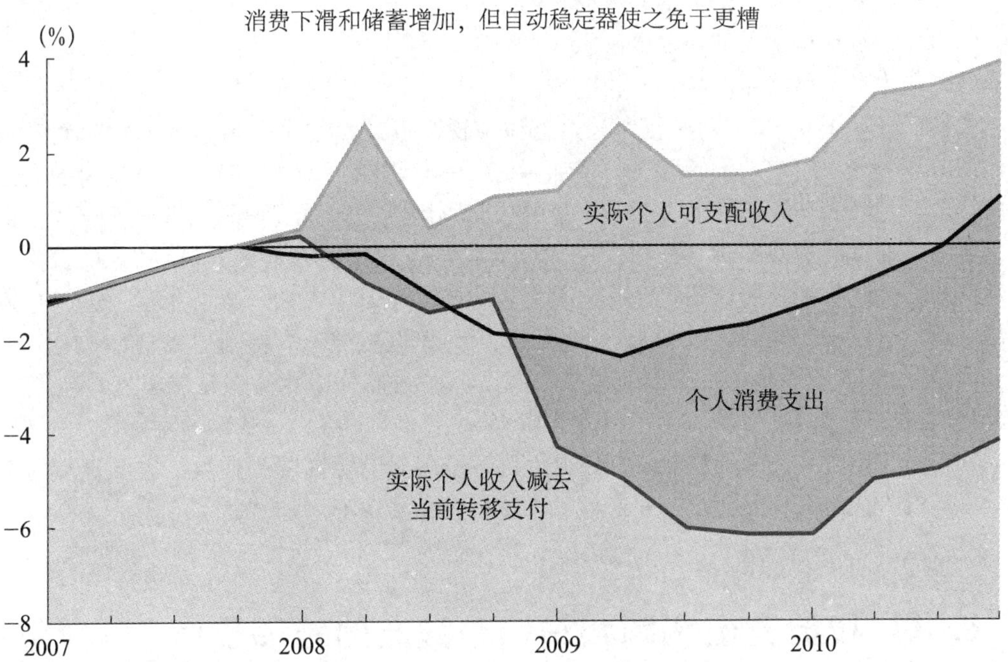

图 6—6　自动稳定器在 2008—2009 年衰退中的作用

注：所有的线条都表示相对于 2007 年第四季度特定变量的变化，浅灰色线表示实际个人可支配收入在衰退期间从未下滑，并且在 2008 年第二季度与 2009 年第二季度达到特定高度。这两个时期分别是布什与奥巴马政府的减税计划产生主要影响的时期。黑线表示个人消费支出相对于个人可支配收入的下降。根据定义这意味着个人储蓄率的增加。自动稳定器的影响通过浅灰色线与深灰色线之间的垂直距离显示出来，它表示作为财政政策正常自动稳定功能一部分的税收下降与转移支付上升的幅度。

□ 自动稳定器的贡献

我们已经看到，2008 年春天和 2009 年春天可支配收入的两次跃升并没有扩大消费。但是，图 6—6 中的可支配支出线还有鲜为人知的另一面。尽管这是大萧条后的最大一次衰退，实际可支配收入从来没有掉落至上一次经济周期 2007 年第四季度的顶峰数值以下。

[1] Claudia Sahm, Matthew Shapiro, and Joel Slemrod, "Household Response to the 2008 Tax Rebate: Survey Evidence and Aggregate Implications," NBER Working Paper 15421, October 2009.

个人可支配收入如何免于受数百万人失业和公司利润暴跌导致的收入下滑的影响呢?

答案由图 6—6 中上面两个阴影区域给出，也就是从上方的浅灰色可支配收入线到下方深灰色的个人收入线减去当前转移支付线的扩展区域。深灰色线表示，假如排除转移支付，税前个人收入下降的数量。在 2007 年第四季度以后，2009 年第三季度浅灰色线上升了 1.4%，同时，深灰色线下滑了 6%，浅灰色线与深灰色线之间的阴影部分包括了 7.4%的间距。

这个 7.4%的差可由四个因素进行解释:

(1) 作为财政刺激一部分的税收返还和减税。

(2) 作为财政刺激一部分的转移支付的增加。

(3) 作为自动稳定器的税收的减少。

(4) 作为自动稳定器的转移支付的增加。

我们已经在表 6—2 中前两行讨论过减税与税收返还。这个表格显示，作为奥巴马刺激计划的一部分，向个人的转移支付增加，占实际 GDP 的 2.3%。这些转移支付的大部分是由符合 26 周到 99 周条件的失业救济金的扩充所构成。26 周是领取失业救济金的正常时限。流向失业者的额外的转移支付是扩大可支配收入的主要因素。就像我们在表 6—1 中所学到的，失业救济金的这些扩充具有相对较大的乘数效应，大多数失业工人迅速花掉其救济金，没有这种形式的财政刺激，失业工人及其家庭将被迫大幅削减他们的支出。

但是图 6—6 中浅灰色线与深灰色线之间区域的大部分不能被布什和奥巴马刺激计划解释，而可以通过自动稳定器的正常运作解释。当 2008 年和 2009 年的实际收入下降时，个人、工薪、销售和公司的税收一起下降，转移支付因为更高的失业救济以及更多的不能找到工作的人决定在尽可能早的年龄签约领取社会保障金而增加。①

6.10 政府支出和向州与地方政府的转移支付

奥巴马刺激计划的解释涵盖了表 6—2 中的前两行，税收返还与减税，以及向个人支付较高的转移支付。另外的构成因素是基础设施和其他支出，总量达到 GDP 的 1.1%，向州与地方政府的转移支付总量达到 GDP 的 1.2%。布什与奥巴马刺激计划的总量达到 GDP 的 7.6%，如表 6—2 的最后一行所示。

基础设施的构成内容具有很强的脆弱性，立项与实际花钱的步骤很慢。2010 年 6 月在基础设施方面的支出只有计划的 1 470 亿美元中的 560 亿美元。支出的另外一个脆弱性是许多工程例如修补路面，签约人在工程施工中使用许多重型机械，极少使用人工。奥巴马支出优先政策的批评者认为，许多工作职位可以通过新版本的罗斯福新政的就业创造计划以最少的成本提供出来，如下面的“了解全球经济危机”专栏所描述的。

对州与地方政府的转移支付是必要的，因为大多数州与地方政府需要平衡它们的预

① 在正常 26 周的许可条件下，失业率的提高会自动产生其他救济金的支付，这被算作自动稳定器。从 26 周到 99 周资格的延伸产生的额外支付算作奥巴马刺激计划的一部分。

算。然而，当它们的税收在衰退时期下降时，它们被迫解雇教师，取消学校的科目例如音乐与艺术，甚至削减警力、让雇员回家。对州与地方政府的联邦转移支付可以被看做“防御型刺激”，有助于挽救就业岗位而不是创造新的就业岗位。

□ 全面财政刺激的影响

布什与奥巴马财政刺激计划的效力是混杂在一起的，在减税与税收返还方面的数千亿美元的支出在抑制2008—2009年实际GDP下降方面的功效微不足道。基础设施方面的支出，无论其效果如何，铺开速度极其缓慢以至于到2010年中期只有40%的部分被用于开支。根据表6—1中的乘数，奥巴马刺激计划中多数有效的成分集中于州与地方政府以及一定时期失业救济金的扩张。

作为对全面有效性的一种衡量，近期研究总结了布什与奥巴马政府刺激计划在2008—2011年之间提高实际GDP方面的微弱影响，累积起来的影响结果相当于一年GDP的7.8%。由于这个合并方案（见表6—2）的预算成本是7.6%，整体乘数是7.8/7.6或1.03。这比课本中第3章讨论的乘数小得多。

□ 通过紧急财政援助进行的不合惯例的刺激

2008—2009年的衰退如此严重以至于货币与财政政策都显得力不从心。这一部分我们考虑有助于降低2008年秋危机中经济下滑趋向的其他政策。这些具有传奇性的措施被称为“金融政策”。这里我们使用它们的绰号“紧急援助政策”。

紧急援助政策不太符合纯粹的货币与财政政策的传统定义，紧急援助政策通过联储与财政部的相互协作以及与其他政府机构的相互协作实施。

2008年秋，华尔街企业雷曼兄弟公司走向破产边缘，这在华尔街制造了战后历史上前所未有的恐慌，风险溢价不能上行，金融企业彼此之间的借贷枯竭，许多金融企业走向破产，股市崩塌。几乎每一个金融机构都面临着破产的可能。商业票据市场（由向公司提供的用于保持存货和购买供给材料的短期贷款组成）接近停顿。

核心的紧急援助计划被称为“问题资产调节法案”（TARP），该法案在雷曼兄弟公司破产仅仅两个星期后就付之实施了。由于TARP从一开始就存在争议，也许其最大的成功在于将政府的钱借给净资产资本不足而处于破产边缘的金融机构（见表5—1和表5—2正常与不正常银行资产负债表）。TARP以及相关方案也有助于防止通用和克莱斯勒汽车公司的停业。它们的停业将会殃及数十万人的就业岗位，不仅仅是这些公司，还包括处于这个网络中的供应商。TARP方案成功的一个标志是风险溢价的迅速下降（如图5—10所示）。风险溢价从2007年中期的1.9%跃升至2009年冬季的5.5%，但是，在2010年中期下降至2.7%。

几项细致研究之一评价了紧急援助政策，这项政策总体上是成功的，没有它们，2010年的实际GDP将可能低5%，失业率将是12.5%而不是9.8%。

TARP方案开始将可用数额升至7 000亿美元（GDP的5%），但这个数量被证明没有必要。当金融市场稳定住许多银行使之能够归还政府贷款并且在一些情况下政府从TARP的干预中获得了好处时，TARP最终的预算成本和其他紧急援助方案的成本据估计只有1 000亿美元，大大低于原有计划和表6—2中总结的财政刺激方案的成本。成本低于GDP的1%，但对提升GDP（从进一步下降中）总量的影响至少达到了2010年实际GDP的5%、2011年的5%，等等。

尽管它是成功的，TARP 和相关的紧急援助方案由于几个原因继续受到质疑：第一，经济分析证明它们的巨大益处和较低的成本不能被广泛公开；第二，金融机构的紧急援助似乎奖励了一开始制造危机的人，好像给不听话的孩子糖果吃一样。

从更广泛的意义上看，TARP 是一种政策失败，因为它被认为是不公平的。它挽救了华尔街而没有挽救我们的康庄大道。它允许最大的华尔街金融企业吸纳失败了的金融机构，使它们变得更为强大。大型金融企业的上层管理者继续拿高薪、奖金和千百万的股票期权，这对于危机期间 2 500 万名失业者或就业不充分者是极其不公平的。只有面临着房产损失的数百万房屋拥有者中的一小部分通过取消抵押品赎回权或通过失业上升时通常的无过错行为得到抵押贷款的永久性修正。

☞ 了解全球经济危机

比较奥巴马刺激计划与罗斯福新政

正如我们在本部分已经看到的，对布什与奥巴马政府财政刺激影响的最好评价是极低的。在 2011 年早期，经济一直在与近 9%的失业以及实际 GDP 复苏的乏力作斗争。2008—2009 年的衰退伴随着持续的高失业，与大萧条类比变得更加平淡无奇。在 1930—1940 年的 11 年里失业率均超出 10%。

20 世纪 30 年代的 10 年，与 2007 年后的时期在许多方面大不相同，只有几个共同特征。如我们曾经在第 4 章的“国际视角”中所学到的，20 世纪 30 年代上半期，短期利率大体为零，正像美国在 2009 年伊始后短期利率一直为零一样。其他类似的地方是罗斯福新政直至第二次世界大战开始之前的较短时期都未能将失业率降至 10%以下。尽管奥巴马财政刺激方案大到足以使失业状况不再变得更糟，但 2011 年初的政策也没能将失业率适时降至 9%之下。

富兰克林·罗斯福出台了许多直接刺激就业的方案。工程进度管理署（WPA）修造的公路、大坝、桥梁和许多邮局一直到现在都在提供服务。公民保护组织（Civilian Conservation Corps）雇用年龄在 18～24 岁之间的劳动力建造或修复美国的自然资源，最终种植接近 300 万棵树、建造超过 800 座公园，包括许多当前人们认为理所当然的国立或州立公园。

不过，政府采取的所有这些行动都没能终止大萧条。为什么？长期以来，答案被认为是“不充分”。50 年以前，麻省理工学院（MIT）的教授认为罗斯福新政在创造自然就业赤字方面从来都没有取得成功。相反，2009—2010 年美国的自然就业赤字更大，如图 6—4 所示。[1]

下面第一个图形显示了罗斯福新政未能提高政府（包括联邦、州与地方）支出在自然 GDP 中的比率，如第一个图形的浅灰色与深灰色区域所示。黑色部分是转移支付减去工薪税。总支出作为自然 GDP 的一部分在 1940 年的第二季度实际上低于 1934 年初，尽管联邦支出在这一时期有了大幅度增加。转移支付无济于事，1937—1938 年之间为社会保障征收的工薪税的迅猛增加抵消了任何来自转移支付的刺激。这的确

---

① E. Cary Brown, “Fiscal Policy in the Thirties: A Reappraisal,” *American Economic Review*, vol. 46 (December 1956).

显示出1937—1938年财政政策的作用十分有限，1939—1940年没有得到迅速扩张。

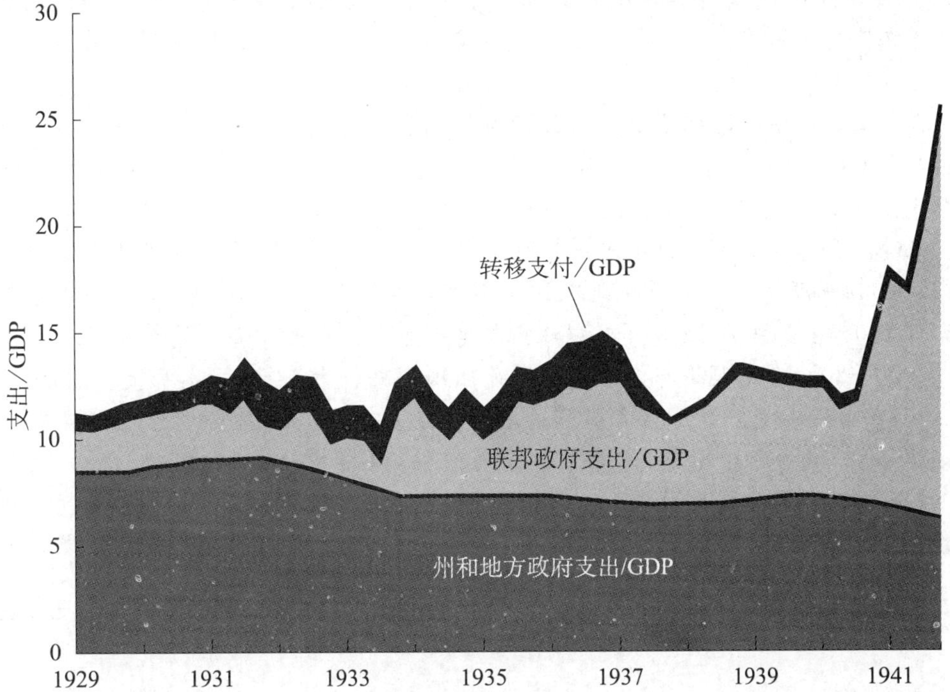

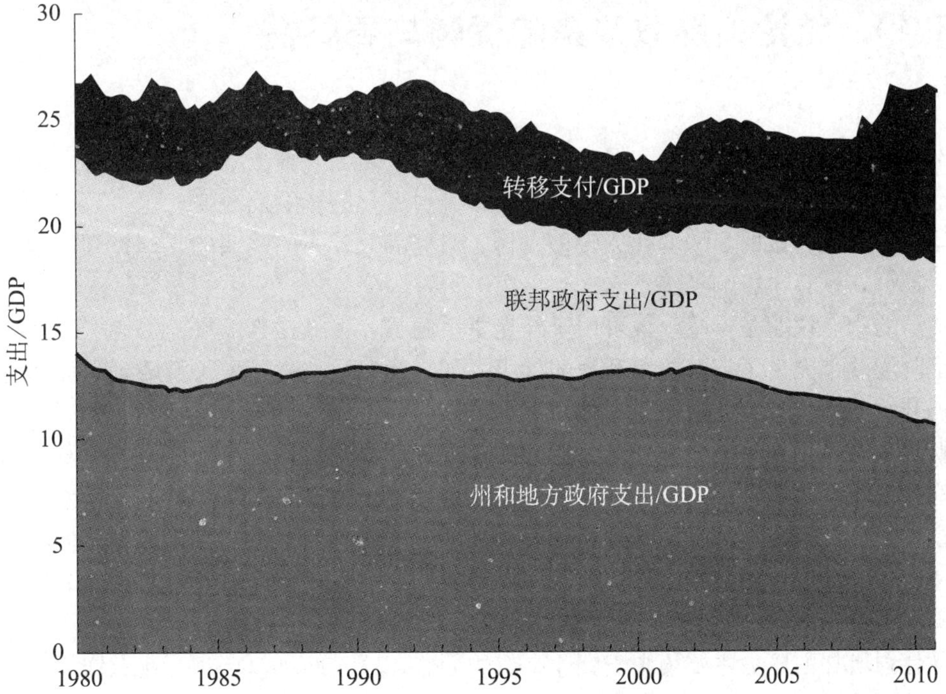

大萧条因为 1940 年中期政府支出的爆炸式增长而终结，引发政府支出与实际 GDP 的比率从 1940 年第二季度的 11.4%猛升到 1941 年第四季度的 25.6%。也就是在珍珠港事件以前政府支出在 GDP 中的比重成倍增加，在珍珠港事件之前的几个月消除了实际 GDP 缺口。①

前页第二个图形显示了 1980—2010 年同样的概念，也就是，政府支出与转移支付占自然 GDP 的百分比。第二个图形最令人惊讶的方面在于政府支出在自然 GDP 中的总比重从 2003 年到 2010 年稳步下降，奥巴马刺激规模太小以至于不能扭转这种趋势。2008—2009 年的衰退加速了州与地方政府支出占自然 GDP 比重的下降趋势。从 2007 年第四季度的 11.6%下降到 2010 年第四季度的 10.5%。在同一时期联邦政府的支出从 7.0%上升到 7.7%，不足以保持总量不变，总量从 18.6%下降到 18.2%。

2008—2009 年的衰退与大萧条之前到 1940 年的巨大差异在于转移支付的行为上。在 2007 年第四季度与 2010 年第二季度之间，转移支付（工薪税的净值）与自然 GDP 的比率从 5.3%上升至 8.0%，增长了 50%。这个明显的增长是失业救济金扩大、降低工薪税的自动稳定器作用与延长享受失业救济金资格时长的一种结合。相反，在大萧条时期税率较低，转移支付几乎不存在，自动稳定器的作用在 20 世纪 30 年代大大弱于 2008—2009 年。

6.11 结论：财政政策的优势与局限性

本章介绍了财政政策的基本概念，包括预算赤字与公共债务。预算赤字既可以因为自动稳定器的作用也就是产出缺口对税收与转移支付变化的影响而改变，也可以因为通过以税收体现的财政政策的斟酌变化、转移支付、对商品及劳务的购买的支出计划而改变。经济影响预算，预算也影响经济。

本章的中心议题是财政政策可用于补充货币政策，尤其是在 2009—2010 年的情形下，在这个阶段联储失去了控制短期利率的能力。如果联储全部购买了为财政刺激而发行的证券，提升政府预算赤字的财政刺激计划不会提高净公共债务。

财政刺激计划在乘数效应和及时性方面存在着巨大差别，日益增加的转移支付对低收入家庭和失业个体能够带来很大的经济影响并增加其预算支出。一般性减税特别是目标针对于富人时会产生最小的经济影响。政府的基础设施计划例如修路存在着显著的缺陷：花钱的速度十分缓慢，而且其中许多项目每一美元的预算不能创造出足够多的工作岗位。

美国经济在 2010—2011 年致力于与迟缓的复苏与令人失望的就业增长作斗争，新一轮刺激计划增加的压力主要集中于就业岗位的创造。这一办法包括对失业者增加援助、对创造新就业岗位的雇主降低工薪税。很少有人支持极端激进的计划。联邦政府在罗斯福新

① Robert J. Gordon and Robert Krenn, "The End of the Great Depression 1939—41: Policy Contributions and Fiscal Multipliers," NBER working paper 16380, September 2010.

政后为公共建设工程项目直接雇用个人。政界观点在优先性上与基于每美元预算所创造的就业岗位的刺激政策方面存在极大差别，它与强调以阻止公债增长作为核心的观点相反。

□ 美国与欧洲对财政刺激政策的不同态度

尽管大多数欧洲国家在2008—2010年世界经济危机期间遭受产出与GDP缺口下降，对于旨在降低公债占GDP比率的、与财政紧缩政策相反的财政刺激政策的相对重要性，欧洲各国存在着极不相同的态度。如本章专栏中所显示的那样，意大利的债务—GDP比率长期高于美国，还有其他国家也是如此，比如希腊。

在2010年发生的危机中，人们担心希腊会发生债务违约，也就是说，人们担心希腊不能向多数外国债权人支付利息。虽然希腊最终被欧洲其他国家的政府与国际机构所拯救，但其代价仅仅是大幅度的财政调整。希腊式的财政严苛与财政刺激的立场不同；税收提高，同时，转移支付和政府购买计划被削减。

很快在希腊危机后，英国新当选的政府出台了严苛的财政紧缩计划，目的在于迅速降低国家的财政赤字。另一些重要的欧洲国家包括法国、德国、意大利虽未出台财政紧缩计划，但反对像美国那样强调财政刺激政策。

为什么欧洲国家对财政刺激政策采取如此不同的态度？一个原因是主要的欧洲国家（除了英国）不能控制它们的货币政策，但依然是欧洲货币的一部分，这个货币政策是由欧洲中央银行确立的，因此欧洲国家不能向中央银行出售其公债。而作为协调货币与财政政策刺激的一部分，美国财政部可以向联储出售其因财政刺激计划增加的债务。

另一核心区别是美国在世界货币体系中不同寻常的作用，这是下一章的核心议题。美国有能力扩大其财政债务，联储几乎可以无限地增加其货币供给。美国独一无二的作用在于世界上许多其他国家持有的是美元主导的国际储备而不是其他单个国家的货币。下一章将介绍国际宏观经济学的主要概念，包括作为国际储备货币的美元不可替代的作用。这些概念以及其他影响使美国与中国成为世界上最为重要的经济伙伴。

小结

1. 政府预算赤字的增加可能挤出国内私人投资和（或）需要向外国借款以保持国内外来投资的初始水平。

2. 在过去的一个世纪中，政府在大多数年份经受着预算赤字，其主要原因在于战争与衰退。不过，自1982年以来，无论是否存在衰退，除1998—2001年外政府每年都经受着预算赤字。

3. 实际的预算盈余或赤字是现实中发生的数字，自然就业盈余或赤字是经济运行于自然产出水平时的预算盈余的假设水平。只要斟酌使用的财政政策行为改变了税率、政府转移支付或政府购买，自然就业盈余就会改变。

4. 经济通过自动稳定器影响预算。当实际GDP升高时，税收增加，引起更多花费从经济中向政府漏出；当实际GDP下降时，税收减少，有助于抵消GDP的下降，因为政府从经济中拿走的花费减少。

5. 当政府承受着预算赤字时，公债会增加；净公债不包括政府保有的在联储的证券以及用于社会和医疗保障的信托基金。

6. 政府也面临破产的情形，可以表述为如果一个国家向债务支付的利率超出经济中名义GDP的增长率，它就不可能在长期内持续支撑赤字。

7. 限制财政乘数规模的因素包括收入流向税收、进口和公司利润的漏出。如果财政扩张伴随着高利率，挤出效应便会发生；如果联储可以保持不变的利率，挤出效应便可以避免。当经济脆弱时，财政政策乘数的作用会提升；相反，当经济处于强势时，乘数扩张的局限便会出现。

8. 财政乘数因财政刺激的类型而不同。最高的乘数出现在将钱直接送到低收入家庭和失业者手中的情形。最小的乘数出现在针对收入分配中富有阶层的减税中。

9. 奥巴马刺激计划包括税收返还和减税、增加转移支付与政府对产品及劳务的购买。每一美元的预算赤字创造的刺激会有相对较小的影响，因为减税具有相对小的乘数作用，同时政府支出的项目要在几个月后才会真正落到实处。

10. 一种新型政策，既不是传统的财政政策，也不是传统的货币政策，在 2008—2009 年付诸实施。拯救大型金融公司和两大汽车制造商的紧急援助政策具有有益的影响，因为它能够防止比现实发生的更严重的紧急衰退。紧急援助计划备受争议，因为它被广泛认为具有不公平性。

关键术语

周期性盈余	斟酌使用（相机抉择）的财政政策	公共债务
周期性赤字	预算线	总债务
结构性盈余	自然就业盈余	净债务
结构性赤字	自然就业赤字	直线降落
自动稳定器		

问答题

1. 你已经知道当年实际政府赤字将是 300 亿美元，大于上一年。基于这一计划，就政府的财政政策你会得出怎样的结论？

2. 解释下列概念的区别：

（a）周期性赤字。

（b）结构性赤字。

（c）自然就业赤字。

（d）实际赤字。

3. 政府赤字和盈余在本章通篇被表示为自然实际 GDP 的一个百分比。为在一定时期内便于比较，为何有必要将政府预算赤字和盈余以这种方式表示出来？

4. 当经济处于衰退期且政府预算赤字不断增加时，对经济的下列表述作出说明：

（a）预算赤字的增加表明，政策制定者实施了扩张性财政政策，试图以此将经济带出衰退。

（b）预算赤字的增加表明，财政政策的制定者不负责任，他们应该实施限制性政策，比如增加税收和减少支出以降低赤字。

5. 解释下列结果是随着周期性赤字还是随着自然就业赤字变化而变化，或是两者兼而有之。

（a）旨在降低失业的减税。

（b）在扩张期税收提高。

（c）与阿富汗战争有关的国防支出。

（d）因失业率提高而增加失业救济金。

6. 为什么当经济趋弱时你期望实际政府赤字大于自然就业赤字？

7. 增税、支出控制和旺盛的经济活力的组合在 20 世纪 90 年代末帮助美国政府预算从赤字走向盈余。这些行为怎样使预算赤字转向了盈余，并且怎样将它们与斟酌使用的财政政策、自动稳定器、预算线、周期性赤字与自然就业赤字的概念联系起来？

8. 政府赤字与债务之间的关系是什么？

9. 政府预算从 2001 年的盈余转向了 2010 年的大量赤字。引起这种变化的行为是什么？特定的行为主要影响了周期性赤字还是自然就业赤字？解释从政府盈余到大量政府赤字的转变如何影响了净公共债务—GDP 比率。

10. 总债务与净债务之间的区别是什么？联储对财政部新发行债券的购买是影响了总债务还是净债务？

11. 对比 1990 年以来德国、意大利、日本与美国的债务—GDP 比率。

12. 我们很少听说对私人举债的担心，但是，许多人担心公共债务。为何如此？对公债的担忧有必要吗？

13. 相对于在 GDP 中的比重，许多人较少关心政府债务的绝对规模。如果政府债务—GDP 比率保持在适当的水平，这些人就不会担心政府赤字的规模。

(a) 持有这种观点的人应该担心政府破产吗？

(b) 解释一种状况：债务—GDP 比率可能保持恒定。

(c) 持有这种观点的人，如刚才所提及的，一定不会担心政府将来会破产吗？

14. 解释直线降落的意义。什么样的经济状况适合使用直线降落？为什么直线降落对净债务的规模不会产生影响？

15. 2008—2011 年的财政刺激计划由减税、增加转移支付和政府支出构成。什么证据显示出了刺激计划各个构成部分的乘数效应？为什么一些乘数会大于其他乘数？

16. 为什么实际可支配收入在 2007—2009 年衰退期间没有下降？

17. 对比分析政府支出行为、罗斯福新政期间作为自然 GDP 百分比的转移支付和奥巴马刺激计划。

18. 不良资产救助计划和其他政府紧急援助计划的成功之处何在？为什么它们也被人们称为政策失效？

思考题

1. 假设 $Y^N=11\,600$，$t=0.2$，$G=2\,610$。

(a) 计算在自然实际 GDP 上的税收总量。

(b) 解释为什么存在自然就业赤字。以十亿美元为单位并且作为自然实际 GDP 的百分比，计算自然就业赤字的数量。

(c) 假若财政政策制定者的目标是降低自然就业赤字规模，将其稳定在自然实际 GDP 的 1%。以十亿美元为单位，为实现政策制定者的目标，自然就业赤字规模是多少？

(d) 税率给定不变，为实现政策目标需要削减多少政府支出？

(e) 政府支出给定不变，为实现政策目标政策制定者要提高多少税率？

(f) 财政政策制定者的目标不变，为了使财政政策制定者的行动不影响实际收入，货币政策制定者会采取怎样的行动？

(g) 假设私人储蓄随利率增长而增加，给定在 (c) ～ (f) 部分描述的货币—财政政策组合，国民储蓄增长规模大于、等于还是小于自然就业赤字的降低？

2. 假设 $Y^N=10\,900$，$Y=10\,600$，$t=0.16$，$G=1\,890$。

(a) 计算在自然实际 GDP 上的税收总量和现实实际 GDP。

(b) 计算自然就业赤字的规模。

(c) 计算实际赤字的规模。有没有周期性的盈余或赤字？规模如何？

(d) 假设财政政策用于增加现实实际 GDP，使之接近自然实际 GDP，此类财政扩张需要将平均税率削减至 0.14。在自然实际 GDP 水平上，新的税收总量是多少？

(e) 计算新的自然就业赤字总量。为何此时自然就业赤字等于实际赤字？为何此时既不存在周期性盈余也不存在周期性赤字？

(f) 假设替代财政政策的货币政策被用于提高现实实际GDP在自然实际GDP中的比重。现实与自然就业赤字各是什么？为什么这些答案不同于（e）部分？

3. 2010年，一个国家拥有15万亿美元的名义GDP，9万亿美元的净公共债务，5%的名义利率。这个国家的名义GDP以每年5%的速度增长。

(a) 2010年，净公共债务与GDP的比值是多少？

(b) 2010年对净公共债务支付的利率总量是多少？2010年，利率支付占名义GDP的百分比是多少？

(c) 如果政府在2011年新发行净债务来弥补对2010年净债务支付的利息，2011年净公债的水平是多少？假设名义利率一直是5%。为2011年的净债务所需支付的利息是多少？

(d) 2011年名义GDP的水平是多少？比较2010年与2011年名义GDP中支付利息的百分比。比较两年净公共债务的比率，两年中净公共债务与名义GDP的比率相等吗？为什么？

(e) 假设两年中的名义利率是6%，而不是5%。这种变化如何影响（b）～（d）部分的答案？

(f) 假设名义利率变为4%。这种变化如何影响（b）～（d）部分的答案？

4. 假设名义GDP为15万亿美元，当前的预算赤字为6 000亿美元，净公债与GDP的比率是80%。给定如下条件，政府希望净公债与GDP的比率保持在80%的水平上。如果明年名义GDP以4%、5%和6%的速度增加，解释政府是需要减少预算赤字、保持当前赤字还是增加预算赤字？如果政府不是削减赤字就是增加赤字，那么每一种情况下各是多少？

自测题答案

自测题6—1

1. 政府为高速公路维修花费更多将使预算线*BB*向下移动（提高自然就业赤字，*NED*）。

2. 社会保险税率的提高使*BB*线上移（降低*NED*）。

3. 社会保险收益的增加使*BB*线下移（提高*NED*）。

4. 如2008—2009年的衰退将使经济沿着既定的*BB*线向左下方移动（*NED*不变）。

自测题6—2

1. 270；450；是。

2. 450；270；否。

3. 480；480；是。

4. 360；600；是。

自测题6—3

1. 小于。

2. 大于。

3. 小于。

4. 大于。

5. 小于。

第7章 国际贸易、汇率和宏观经济政策

贸易是金钱之母。 ——Thomas Draxe，1605

7.1 引言

本章将美国与世界其他国家联系起来，大学生们在他们生活中的每一天都经历着国际经济问题。他们穿的大多数衣服是外国制造的，大多数或全部的手提电脑、手机、iPod和其他电器都是外国制造的，尽管它们贴着美国公司的标签如苹果、戴尔或惠普等。正如美国从其他国家购买产品与劳务一样，它也出口商品。世界上多数的高速公路和矿业建设装备可能是地处美国腹地的毛毛虫（Caterpillar）装备制造公司制造的。许多乘客在中国、印度和德国的城市间飞行，他们乘坐的飞机是由美国波音公司制造的。

在任何一个经济体中，进口与出口的重要性都不再是一个新鲜的话题。在整部教科书中，我们都将经济视为能进行贸易、资本流动的开放经济。我们在第2章学习过对外贸易对全部经济活动的贡献。GDP包括出口但不包括进口，我们将出口与进口之差称为“净出口”。当净出口上升时，GDP增加；当净出口下降时，GDP减少。我们也曾经学习过消费支出中用于进口品的比例越高，自发性支出变动的乘数效应会越低，比如，政府支出、税收或计划性投资变化的乘数。

在本章，我们将要学习到美国国际贸易中失衡现象由来已久，其进口远远大于出口；这些失衡由外国在美国的投资弥补，其中包括个人、企业、外国政府和中央银行的投资。为什么外国人愿意将资本输送到美国，使之进口超出出口？本章的一个核心课题就是美国在国际宏观经济中处于得天独厚的地位，有能力吸引国外私人和政府的钱来为美国的进口提供资金。

□ 在本章我们要学习的内容

在学习过美国国际收支平衡表、经常账户、资本账户和国际债务的基础知识后，我们将学习汇率的作用及其变动的原因。正如小麦的价格上下波动以平衡小麦的供求一样，外汇汇率也会上下波动以平衡外汇的供求。

美元的汇率是对出口、进口和资本流动等流量不平衡的一种反应，我们将要学习汇率的决定因素以及它与货币政策和利率之间的相互关系。本章的后面我们将要把第 4 章的 *IS*－*LM* 模型应用于开放经济的分析。我们还会学习货币与财政政策影响的巨大差异取决于汇率是固定的还是灵活的。

□ “三难困境”

本章的一个统一论题是国际上的**“三难困境”**（trilemma）——也就是任何国家要持久保持国内独立的货币政策、固定汇率制度和资本在国家之间的自由流动（完全资本流动）都是不可能的。固定汇率与资本流动为国内货币政策为什么在第 4 章和第 5 章所学习过的因素之外失效提供了理由。例如，欧洲共同货币（欧元）剥夺了成员国实施独立国内货币政策的能力。

美国如何受这种困境的影响呢？通过采用浮动汇率制度，美国可以自由运用国内独立的货币政策，尽管允许资本完全自由流动。但是，当美国想保持其汇率浮动时，它不能防止外国特别是中国与日本将其汇率部分或完全与美元挂钩。正常来讲，美国面临大规模贸易赤字的趋势将引发美元贬值，不过，外国例如中国的中央银行购进美元以防止美元贬值和中国货币升值的行为使美元走弱的倾向变为不可能。

在过去的 10 年，美国一直承受着巨额的贸易赤字，部分由中国、日本和其他希望其货币与美元进行强势抗衡的国家来融资。本章的另一个重要议题是质疑美国是否能依赖这种手段继续生存下去，从外国的私人公司、家庭和政府借越来越多的钱。为什么这些国家聚集了这么多钱？这种状况会一直持续下去吗？外国人特别是亚洲人将会很快改变他们的行为并引发美元崩溃吗？

7.2 经常账户与国际收支平衡表

这一部分，我们会近距离观察国际经济学的几个关键性概念，包括国际收支平衡表与国际债务。我们将学习到作为出口与进口的商品及服务流将与资本流相互抵消。

正如政府支出不但包括产品与劳务，也包括利息与转移支付一样，美国的国际交换不仅包括商品及服务流，也包括收入与转移支付流。一国国际交换的所有被包含的估量被称为它的**经常账户**（current account），其中包括净出口以及未被计入 GDP 的两个其他构成部分：国外净收入和单方转移支付。

净出口 在第 2 章我们首先学习了净出口——出口与进口之差——与消费、投资和政府购买被包含进 GDP 的支出法计算中。我们通常将出口与进口视为装上船和飞机从外国运出或运入的商品。例如美国玉米或波音飞机的出口和美国对日本汽车和澳大利亚红酒的进口。

但是净出口也包含了劳务。美国劳务的出口包括日本家庭在夏威夷度假的支出。如果他们乘坐美国航空公司的航班例如联合航空或三角洲航空公司的航班，则还包括他们的票价。美国管理咨询公司从西班牙业务赚取的费用也被视为美国劳务的出口。同样，美国家庭在欧洲度假的支出是美国劳务的进口，美国公司使用的设在印度的呼叫中心和编程业务也属于美国的进口。

来自国外的净收入 流进美国的收入包括美国人的劳动在其他国家的所得加上美国拥有的国外资产赚取的投资收入（利息、红利和版税）。美国人的公司在国外的所得包括在德国的福特工厂、在法国制造汰渍的宝洁工厂或者在中国的麦当劳餐厅的经营所得。流出美国的收入支付包括对瑞典居民在纽约银行的账户支付的利息和在肯塔基州乔治城的丰田汽车制造厂寄回日本的利润。来自国外的净收入是从国外获取的收入总量减去对外国人支付的收入。

净单方转移支付 正如社会保障救济金因为不代表对劳动支付报酬而被称为转移支付一样，国际转移支付是不对应于任何物品、劳务或资产购买的馈赠行为。单方价值转移的最重要类型是美国人对生活在墨西哥和其他美国移民来源国的亲属的货币馈赠。

虽然净出口被计入 GDP，但来自国外的净收入和净单方转移支付则不被计入 GDP。国外净收入被包含进另一个可以替代的概念：国民生产总值（GNP）（这个概念在第 2 章被介绍过）。净单方转移支付被 GDP 和 GNP 同时排除在外，像任何其他类型的转移支付一样。

遍观过去 20 年，美国的经常账户一直是负数。为了持久地平衡负的经常账户，美国必须向外国的企业、家庭和政府借钱，从国外的借款构成了美国欠外国的债务，并且意味着美国未来经济增长的一部分被抵押以支付这些债务的利息。

□ 经常账户和资本账户

对外贸易盈余或赤字是美国国际交换官方数据的一部分。像任何国家一样，美国有记录这些交易的**国际收支平衡表**（balance of payments）。国际收支平衡表包括两部分重要内容：

（1）第一个部分是经常账户，它关系到经常性收入与产出的流量类型。经常账户的主要构成部分是商品的出口与进口、来自国外的净收入和净单方支付。像资产的买卖被排斥在 GDP 之外一样，它们也被排除在经常账户之外。

（2）收支平衡表的第二部分内容是**资本账户**（capital account），它记录了美国居民对外国资产和外国居民对美国资产的买卖。

任何国际收支平衡表都产生贷方与借方。为了保持这些项目的连续性，我们将其视为货币流。任何要求对美国居民支付货币的国际交换都称为贷方，包括商品的出口、外国人持有的美国资产的投资收入、向美国居民进行的转移支付、外国人对美国资产的购买。借方是与贷方相对应的一方，源自美国居民对外国人的货币支付。借方产生于商品的进口、在美国国内对外国人持有资产支付的投资收入、美国居民对外国人进行的转移支付和美国人对外国资产的购买。

□ 收支余额的结果

当贷方合计大于借方合计时，美国面临着国际收支的盈余。当这种情形发生时，我们的贷方收到的来自外国的货币多于我们支付给借方的美元总和。相反的情形是，当我们支付更多的美元给借方时，被称为国际收支赤字。收支的总体盈余或赤字是经常账户和资本账户的余额之和。

经常账户余额＋资本账户余额＝收支结果的余额　　(7.1)

20 世纪 80 年代初以来，美国一直面对着经常账户赤字，因为它不停遭受着商品贸易的赤字和单方转移支付赤字。在同一时段，美国也同时持续地面对资本账户的盈余，它部分抵消了经常账户的赤字。当一国出现了资本账户盈余时，家庭、企业与政府占用着从外国人那里的净借入（从外国中央银行的借款不能计入资本账户，只能计入总体收支的盈余或赤字）。

美国 5 个不同年份（1970 年、1980 年、1990 年、2000 年和 2010 年）收支平衡表的结果呈现在表 7—1 中，1970 年和 1980 年经常账户存在盈余，但资本账户却存在大量赤字，所以整体余额是负数。在 1900 年、2000 年和 2010 年存在大量的经常账户赤字，只有部分赤字为资本账户的盈余所弥补，结果收支余额在所有三年中都是负数。

收支余额在最近的年份 2010 年特别有趣，因为资本账户盈余只能弥补经常账户赤字的不足一半。经常账户赤字的其余部分由从外国政府大量借债进行融资，正如收支平衡表的结果中反映出的一样。几个亚洲国家特别是中国和日本以极快的速度增加它们的官方外汇储备，目的是阻止它们的货币对美元形成强势货币。实际上中国和日本愿意向美国出借成百上千亿美元，使美国在 2010 年的进口大于出口。

收支余额与前面提及的国际贸易的概念有什么样的关系，也就是，净出口（*NX*）与经常账户赤字有怎样的关系？净出口与商品的贸易差额相同，如表 7—1 第 1a 行所示。第 1b 行与第 1c 行的额外项目使经常账户赤字在某些方面不同于净出口。第 2 行与第 3 行的内容表明经常账户赤字如何被外国人的大规模资本流入所弥补。这种输入部分来自外国的私人部门——外国家庭和企业——在第 2 行被算作资本账户盈余。余下的输入部分涉及外国中央银行，在第 3 行被算作融资，这能使美国在所示的所有年份都面对国际收支赤字。

表 7—1　　美国的收支余额，在所选年份占 GDP 的百分比

	1970	1980	1990	2000	2010
1. 经常账户	0.2	0.1	−1.4	−4.2	−3.3
a. 产品与劳务的交易	0.2	−0.7	−1.4	−3.8	−3.5
b. 净投资收入	0.6	1.1	0.5	0.2	1.1
c. 转移支付	−0.6	−0.3	−0.5	−0.6	−0.9
2. 资本账户	−0.6	−0.9	0.7	3.8	−0.9
3. 收支余额（行 1＋行 2）	−0.3	−0.8	−0.6	−0.4	−2.4

注：数据来源中给定了经常账户的余额。收支余额是外国官方资产增加减去美国官方外汇储备资产的增加的总数。第 2 行的资本账户由第 3 行减去第 1 行计算而得。

资料来源：www.bea.gov，美国的国际贸易，表 1，2010 年的数字是前三个季度数字的平均数。

自测题 7—1

在下列三种情况下，美国向外国央行的借入　　和借出是多少？

1. 经常账户赤字是100，资本账户盈余是70。

2. 经常账户盈余是100，资本账户赤字是70。

3. 经常账户盈余是70，资本账户赤字是100。

□ 向外借款与国际债务

经常账户赤字要么由向外国家庭和企业净借入融资（被记为资本账户盈余），要么由向外国中央银行借入融资（被记为收支余额的赤字），两者必居其一。经历着经常账户赤字的国家会自动增加其对外国私人部门或外国中央银行的债务。同样，经常账户盈余意味着外债的降低或一国净投资盈余的增加，这个关系可以用下列简单方程来表示：

$$净国际投资头寸的变化=经常账户余额+净增值 \qquad (7.2)$$

对净国际投资头寸的一种额外影响是净增值，这打破了经常账户和净国际投资头寸的变化之间的紧密关系，并且有必要了解美国自2001年以来国际债务状况的变迁。

美国海外资产的价值减去外国人在美国拥有的资产价值就是净国际投资头寸，它的改变不仅仅因为经常账户余额，而且因为资产价值的升降起伏。例如，如果中国股市上扬，美国人持有的中国股票升值，降低了美国的净国际债务。同样，如果美国股市下跌，在美国的外国资产贬值，同样降低了美国的国际债务。

决定美国外国资产美元价值的一个非常重要的因素是美元汇率（在本章我们将学习）。如果一个美国人拥有在法国股市上价值100欧元的股票，当美元与欧元的汇率是1∶1时，它价值100美元，但是，如果汇率变化至1.5美元兑1欧元，那么，同样份额的股票价值为150美元，提升了美国人在国外持有的资产价值。美元汇率同样的变化也将使在外国的美国工厂和资产更有价值。

图7—1显示了美国自1975年以来的运作方程（7.2）。上图展示了美国的经常账户，说明在1982—1987年步入巨额赤字，1991年恢复平衡，然后进入了稳步下降的非平行赤字，到2006年超出GDP的6%。①

2006年后，由于全球经济危机使美国的进口下降多于出口下降，经常账户赤字变小。美国进口的锐减是源于美国的2008年金融危机向世界蔓延的渠道之一。更少的进口进入美国减少了其他国家的出口，这些负向的需求冲击很容易将这些国家拖入衰退。

图7—1的下图展现出了美国的**净国际投资头寸**（net international investment position），这显示出了净投资头寸从1975—1985年的盈余向2001年以前的赤字不断增长的转化。2001年后净国际投资头寸在原地徘徊，没有净数量的变化。2001年其价值相当于GDP的19.2%，2009年这一比例完全相同，还是19.2%。在美国在2001—2009年间每年都经受着经常账户赤字的情况下，净国际投资头寸如何保持不变呢？根据方程（7.2），答案是净增值在推动净国际投资头寸持续贴近更大负值时，完全抵消了经常账户赤字的影响。

当美元贬值时，美国从资产增值中得到了好处。1995年和2002年，美元升值或者说

---

① 经常账户仅在1991年出现过明显的平衡，相反，在1983—2006年之间的每一个其他年份出现持久性的赤字。为什么？三个原因支持这一说法。（1）也是最重要的，外国政府对1991年海湾战争的军费作出了重大贡献，将表7—1中第1c行的转移支付项暂时转换成了正数项而不是通常的负数项。（2）1991年美国处于衰退中，减少了进口，使净出口的负值比平常更小。（3）1990—1991年德国的重新统一在欧洲制造了一个短暂的经济繁荣，扩大了美国的出口。

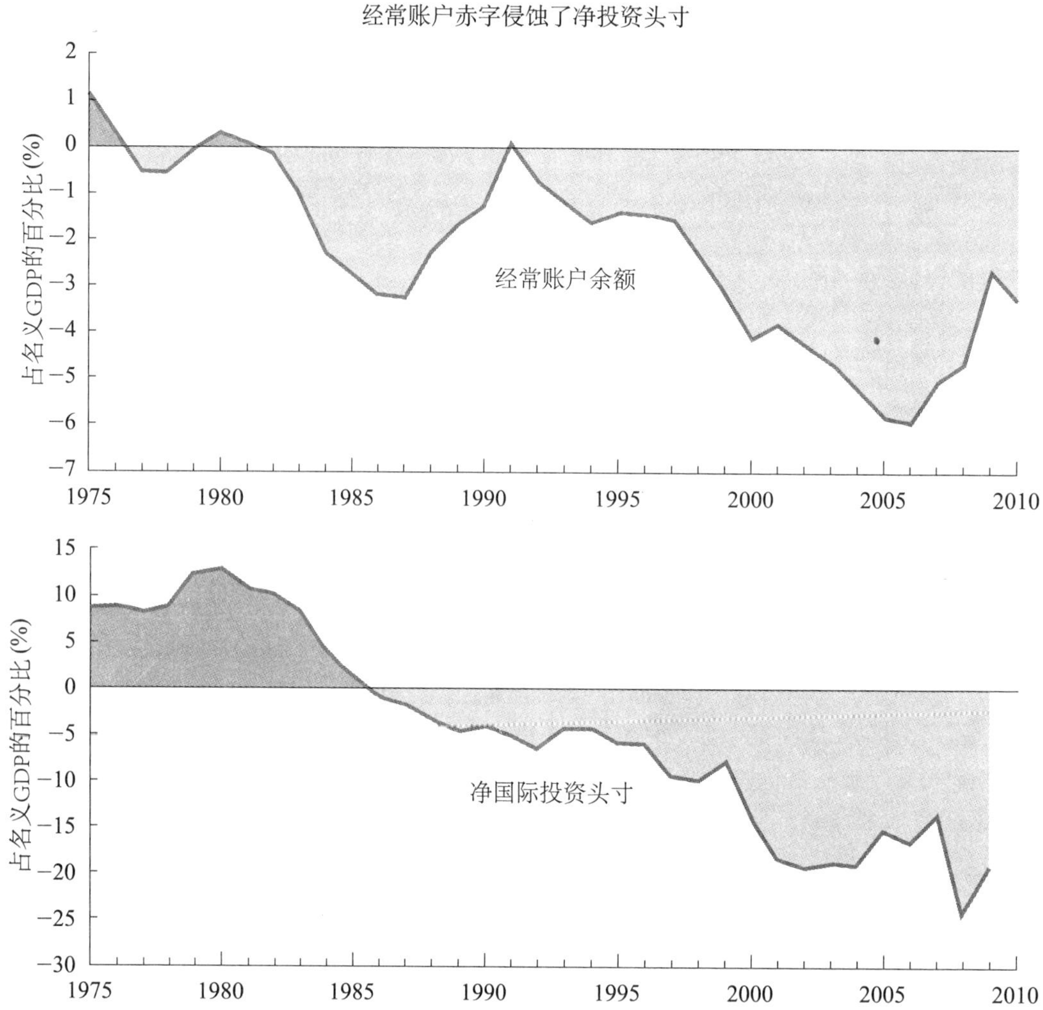

图 7—1　美国经常账户余额及其净国际投资头寸，1975—2010 年

注：上图显示 1981 年后，美国经常账户一直存在赤字。下图显示 1982 年后净投资头寸在大多数年份下降。总体来说，在 1982—2010 年净投资头寸大约下降了 GDP（在当今经济中超过 4 万亿美元）的 30%。

资料来源：Bureau of Economic Analysis NIPA Tables.

变得更值钱了。这段时期，净国际投资头寸的下降大于能够被经常账户赤字解释的部分。此后，从 2002 年开始，美元在整个 2006 年变得价值更低，增加了在外国的美国资产的美元价值。

2006 年后美国净国际投资头寸的波动反映了在全球经济危机期间美国经济、汇率和股价急剧上下波动的现象。

□ 为什么美国来自海外的收入是正数?

1975—1985 年美国正的国际投资头寸变为巨额的负投资头寸，从此以后引起来自国外的净收入（表 7—1 中第 1b 行经常账户的构成部分）变成越来越大的负值。不过，表

7—1 说明来自国外的净收入在 2010 年是正数（GDP 的 1.2%）。这是怎么回事？这个问题的答案只有一个：美国居民在国外拥有资产必须赚取的收益率大于外国人在美国拥有资产的收益率。

为什么美国能赚取更高的回报呢？最直接的回答是图 7—1 的下图所显示的美国负的国际投资头寸的一半可以通过外国持有的国际储备来解释。这些是中国银行、日本银行和其他外国中央银行持有的用以稳定本国货币的汇率的美元总量。这些数量一般是以短期美国政府债务的方式持有或存入美国银行的账户里，它可以为外国的中央银行赚取短期低利息。相反，美国政府实际上并不在国外持有资产。

外国持有的美国资产的相对较高的收益率也能由美国投资者在国外建立工厂以及购买外国公司的强烈的倾向来解释。比如，戴尔和英特尔当年在爱尔兰建立工厂。总体来说，大多数经济学家惊异于图 7—1 中下图表示的－20%的美国国际投资头寸并不意味着表 7—1 中第 1b 行大量负的净收入。

□ 国际投资头寸和美国生活标准

尽管美国从在外国持有的资产赚取的收益比外国在美国持有的资产赚取的收益更高，持续的经常账户赤字意味着对美国生活水平的将来影响。如果经常账户延续 2010 年占 GDP 4%的比率，那么，由于没有将来的增值，美国国际投资头寸在未来十年将以每年占 GDP 4%的比率恶化。即使美国人只对其额外 40%的外国债务支付 3%的利率，这也意味着美国 GDP 的 0.12%在未来十年里将会转移给外国。如果美国人均增长在未来的十年是 1.5%，像许多经济学家预测的那样，那么，日益增加的外债将从每年占 GDP 的 1.5%减去 0.12%，或者说降至每年 1.38%。

□ 经常账户与国民储蓄

经常账户赤字自 1991 年以来在美国每年都会出现，没有例外。不同的是，经常账户通过定义与国内储蓄、投资以及我们所熟悉的魔术方程中的政府预算盈余联系在一起［方程（2.6）或方程（6.1）］，现将其摘录如下：

$$T-G\equiv (I+NX)-S \tag{7.3}$$

这个方程用文字表达为：政府预算盈余（$T-G$）等于国内与国外投资（$I+NX$）减去国内储蓄。总量净出口（NX）接近于经常账户的数值，在这里的讨论中，我们将经常账户看做等于 NX。

方程的两边都加上国内储蓄（家庭与企业），方程（7.3）可以实现一个更有用的重新配置：

$$S+(T-G)\equiv I+NX$$

$$NS\equiv I+NX \tag{7.4}$$

方程的左边是私人储蓄与政府盈余之和，被称为**国民储蓄**（national saving，NS）。从定义上讲，它等于国民投资，这部分内容包括国内投资（I）加上外国投资，这与净出口（NX）是一回事。

如图 7—1 上图所示，为什么美国会在长期内出现经常账户赤字的现象？方程（7.4）的一个简单的重置显示出向外国的借款（$-NX$）可以通过较高的投资或较低的国民储蓄提高，它与经常账户赤字是一回事。

$$-NX \equiv I - NS \tag{7.5}$$

2010 年方程构成部分的数字举例如下（从第 2.5 节复制和改编过来）：

$$3.5 \equiv 15.5 - 12.0$$

这表示净出口（NX），大致等于经常账户余额，出现了占 GDP 3.5%的赤字，因为国内投资（I=15.5）超过了国民储蓄（NS=12.0）。政府的预算赤字越大，国民储蓄越低，因而净出口和经常账户余额很可能是负的。经常账户赤字和预算赤字被称为“双赤字”。

自测题 7—2

被称为 Importia 的小国经济存在负的净出口 100 亿美元，来自国外的净收入为零，同时，其来自国外的净单方转移支付为零。下列哪一种表述是正确的？

1. 其经常账户赤字是 100 亿美元。
2. 资本账户的余额减去国际收支的结果是 100 亿美元。
3. 外国人持有的 Importia 的资产的净所得是 100 亿美元。
4. Importia 的向外借款是 100 亿美元。

7.3 汇率

一国使用一种特定的货币在国内交换产品与劳务。美国当然使用美元进行交易，加拿大使用加元，英国使用英镑，日本使用日元，德国和法国使用欧元，世界上所有其他国家以此类推。当一个美国人想购买日本汽车时，他或她希望用美元支付，但是日本的厂家想收取的是日元。

□ 汇率如何被报价

为了使上述交易能够进行，必须有以美元表现的日元的价格和以日元表现的美元的价格。这个价格称为**汇率**（foreign exchange rate）。美元汇率是对世界上每一种货币的分别报价，这些报价每一天被许多报纸报道出来，如表 7—2 所示。

举一个例子，看第一列标有日本（元）的一行，日元的汇率用两种方式表现出来。首先是 1 日元换多少美元；其次是 1 美元换多少日元。第一种方式是 1 日元的价格 0.012 053 美元，或稍微大于 1 美分。下面一种方式显示 1 美元等于 82.97 日元。这些报价是完全等同的：每日元 0.012 053 美元等同于每美元 82.97 日元，因为 1/82.57=0.012 053。

将 1 美元表达为外国货币的单位是表示美元汇率的一种惯例，就是说 82.97 日元而非其他的表示方式。不过，有两个例外。第一，美元对英镑的汇率通常报价为 1 英镑兑多少美元。对英国的这种不同的待遇可以追溯到第一次世界大战前，当时是英国处于世界货币体系的核心而不是美国。

表 7—2　　　　**2011 年 1 月 12 日外汇的每日报价**

国家/货币	美元	每美元	变化（%）
Americas			
Argentina peso*	.251 6	3.974 6	0.1
Brazil real	.597 7	1.673 1	0.8
Canada dollar	1.013 2	.987 0	−1.1
1−mos forward	1.012 6	.987 6	−1.1
3−mos forward	1.011 2	.988 9	−1.1
6−mos forward	1.008 5	.991 6	−1.1
Chile peso	.002 038	490.68	4.9
Colombia peso	.000 535 5	1 867.41	−2.7
Ecuador US dollar	1	1	unch
Mexico peso*	.082 8	12.084 6	−2.1
Peru new sol	.358 7	2.788	−0.7
Uruguay peso†	.050 10	19.96	0.4
Venezuela b. fuerte	.232 851	4.294 6	unch
Asia−Pacific			
Australian dollar	.995 2	1.004 8	2.7
China yuan	.151 4	6.604 3	0.2
Hong Kong dollar	.128 6	7.774 4	unch
India rupee	.022 21	45.025	0.7
Indonesia rupiah	.000 110 7	903 3	0. 3
Japan yen	.012 053	82.95	2.2
1−mos forward	.012 056	82.95	2.2
3−mos forward	.012 064	82.89	2.2
6−mos forward	.012 079	82.79	2.2
Malaysia ringgit	.326 5	3.062 8	−0.7
New Zealand dollar	.762 9	1.310 8	2.1
Pakistan rupee	.011 67	85.690	unch
Philippines peso	.022 8	43.898	0.6
Singapore dollar	.776 6	1.287 7	0.4
South Korea won	.000 899 7	1 111.48	−0.9
Taiwan dollar	.034 22	29.223	0.2
Thailand baht	.032 92	30.377	1.0
Vietnam dong	.000 051 29	194 98	unck
Europe			
Czech Rep. koruna	.053 99	18.522	−1.1
Denmark krone	.176 3	5.672 1	1.8
Euro area euro	1.313 3	.761 4	1.8
Hungary forint	.004 772	209.56	0.7
Norway krone	.169 3	5.906 7	1.4
Poland zloty	.341 9	2.924 8	−1.3
Russia ruble‡	.033 22	30.102	−1.6
Sweden krona	.148 4	6.738 5	0.3
Switzerland franc	1.034 8	.966 4	3.4
1−mos forward	1.035 1	.966 1	3.4
3−mos forward	1.035 7	.965 5	3.5
6−mos forward	1.036 9	.964 4	3.5
Turkey lira**	.641 1	1.559 9	1.2
UK pound	1.576 8	.634 2	−1.1
1−mos forward	1.576 4	.634 4	−1.1
3−mos forward	1.575 5	.634 7	−1.1
6−mos forward	1.573 5	.635 5	−1.0
Middle East/Africa			
Bahrain dinar	2.652 6	.377 0	unch
Egypt pound*	.172 4	5.799 1	−0.1
Israel shekel	.282 2	3.543 6	0.5
Jordan dinar	1.411 9	.708 3	unch
Kuwait dinar	3.548 0	.281 8	0.1
Lebanon pound	.000 666 4	1 500.60	unch
Saudi Arabia riyal	.266 7	3.749 5	unch
South Africa rand	.146 3	6.835 3	3.1
UAE dirham	.272 3	3.672 4	unch
SDR††	1.527 1	.654 8	0.8

注：* 表示浮动利率；† 表示金融利率；§ 表示政府利率；‡ 表示俄罗斯中央银行利率；** 表示基于 2005 年 1 月 1 日数据；†† 表示特别提款权（SDR），来自国际货币基金组织，基于美国、英国、日本货币的汇率。

资料来源：Reprinted with permission of *WALL STREET JOURNAL*, Copyright © 2011 Dow Jones & Company, Inc. All Rights Reserved Worldwide.

第二个例外是美元对欧元的汇率，它是 17 个国家的共同货币，创立于 1999 年。[①] 这

① 17 国使用欧元作为它们的共同货币。它们有人口相对较多的 4 个国家，即法国、德国、意大利与西班牙；3 个关税同盟国家，即比利时、荷兰与卢森堡；10 个相对小的国家：位于欧洲中心的奥地利，位于欧洲外围的 7 国——爱沙尼亚、芬兰、希腊、爱尔兰、葡萄牙、斯洛伐克和斯洛文尼亚，以及 2 个岛国——塞浦路斯和马耳他。

个汇率的报价总是每欧元多少美元，或表7—2右边一栏所显示的1.313 3美元。相对的报价表示法是1美元值0.761 4欧元。

□ 汇率的变化

将注意力放在汇率表现的方式上十分重要。当汇率被表示为1美元值多少外国货币时，像日元与大多数其他货币一样，较高的数字意味着美元经历了**升值**（appreciation）。表7—2的第三栏表示前一年即2010年12月31日和2011年1月12日之间的每美元能兑换的外国货币值的变动。我们在右边的一栏可以看到日元与美元的比率上升了2.2%，这是升值。较小的数字意味着美元经历了**贬值**（depreciation）。例如，英镑与美元的比率缩水了1.1%，如表中第三栏标有英镑的那一行粗体的−1.1。

日复一日，汇率的变化似乎并不重要，但是，变化可以在几个月或几年累积成巨大的量度。比如美元，在前9年最值得关注的变化是其对欧元的贬值。当本书第九版对等的表格与现版表7—2比较时，欧元与美元的比率从2002年2月19日的1.141 0急剧下降为如本部分所示的0.761 4的数值。这代表了美元33%的贬值，或者说，美元与欧元的比率从0.876 4变为1.313 3代表着欧元对美元升值了50%。

7.4 外汇市场

当美国的旅行者在法兰克福机场乘坐出租车时，司机期望乘客支付欧元而不是美元。为了得到必要的欧元货币，旅行者必须首先在机场银行或ATM机停留，用美元兑换欧元。拥有过多或过少的既定类型的外国货币的银行能够在外汇市场上换取它们所需要的外汇。不像纽交所或芝加哥商品交易所，交易在单一场所发生，外汇市场由数百个坐在银行柜台旁的经纪人组成，他们主要在纽约、伦敦、东京通过电话或电脑键盘的敲击指挥交易。

外汇市场交易的结果是图7—2所示的四种外国货币的状况。图表的每一部分都是汇率，表示为每一美元的外国货币单位。数据是按月绘制的，因此并不显示日复一日的变动。正如图形的每一部分明显标示出来的一样，在年度的数据绘制中，主要的变化才会发生。美元对这四种货币的汇率一直是灵活的，每个月经常出现大幅度涨落。

尽管图7—2中四种货币具有十分不同的表现，最近几年我们还是可以看到几个有趣的相似之处。加拿大的图形表现出最明显的趋向。1995—2002年间美元一直升值，此后直到2008年一直贬值。2005年末和2006年初这一趋势明显被打断，但是此后当全球金融危机发生时，美元除对日元以外的所有货币都强力升值。像在危机前经常发生的一样，外国投资者倾向于向美元天堂转移资金，因而引起美元在2008—2009年危机期间最糟糕的月份升值。关于加拿大的左上图显示得最为明显，2008—2009年后安全天堂效应消失，美元对加元持续贬值，直到实现了1∶1的汇率。

1970年以来美元对其他货币之间汇率的犬牙交错的变动

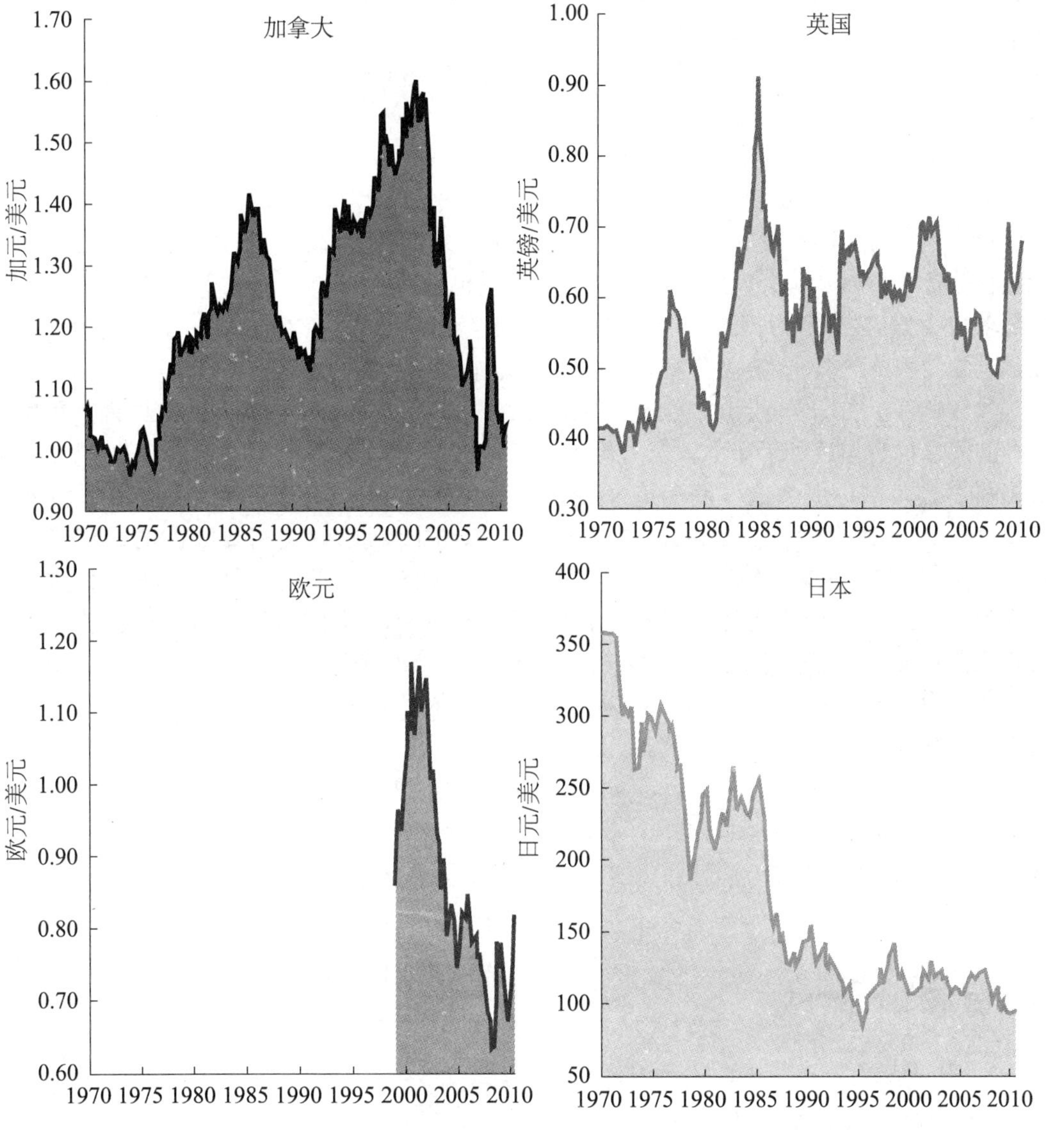

图 7—2　1970—2010 年美元对四种主要货币的月度汇率

注：每一种汇率都以每美元的外国货币单位表示出来。注意欧元的历史仅始于 1999 年初。四种货币的汇率史不同，一个共同的特征是美元在 1980—1985 年间是升值的。此后直到 20 世纪 80 年代末美元大幅贬值，1995—2002年间又升值，然后在 2002—2008 年间又经历贬值。由于恐惧与传统上对美元作为安全天堂的信任，随着投资者将资金投向美元，美元在 2008 年末和 2009 年初又一次迅速而短暂地升值。

资料来源：Federal Reserve Bank of St. Louis FRED database.

□ 为什么人们持有美元与欧元

决定汇率和影响其波动的因素可以被概括为需求—供给曲线，就像基础经济学中我们用于分析价格决定的许多问题一样。在图 7—3 中，纵轴衡量用欧元表示的美元价格，横轴显示在不同的价格下需求与供给的美元数量。

发现美元与欧元比他们自己的货币更为方便和安全的外国人持有美元与欧元等货币。例如，产品和劳务的卖者可能愿意接受美元与欧元付款，不愿意接受阿根廷比索和马来西亚的林吉特。不过金钱的持有者对货币例如美元偏好的变化将改变美元的需求曲线，影响美元汇率。

所有货币都会产生需求，这是由一国的出口所决定的，同样也会产生供给，这是由一国的进口所决定的。例如，美国出口商品的购买会自动产生对美元的需求，投资于美国工厂的外国人、对美国派发红利的外国人、对美国海外投资支付利息的外国人和将钱投向美国银行储蓄账户以及购买美国政府证券的外国人也会产生对美元的需求。图 7—3 中美元的需求曲线 D_0 被标示为创造需求项目中的两项（美国出口和资本输入）。同样的道理，美元的供给曲线 S_0 依赖于美国公民对外国人的支付——主要是美国的进口和资本输出。

什么解释了图 7—3 绘出的需求和供给曲线的斜率？需求曲线 D_0 只有在欧洲对美国进口商品需求价格弹性等于零也就是对价格的变化完全不敏感时才是垂直的 。如果需求的价格弹性是负的，那么曲线将具有负的斜率，如图所示。例如，考虑一台美国机器值 10 000美元。如果美元与欧元的汇率是 1∶1（如图中点 A），这需要欧洲的购买者支付 10 000欧元。如果汇率下降到 1 美元兑 0.75 欧元（如图中点 E_0），同样一台机器的费用将下降为7 500欧元。如果欧洲的需求对价格下降作出反应，对机器的需求从 10 台增加到 11 台，欧洲对美元的需求将从 100 000 美元增加到 110 000 美元（因为以美元计算的价格一直未变，为 10 000 美元）。简言之，美元沿着需求曲线从 A 到 E_0 的贬值扩大了对美元的需求（绘制在横轴上），说明了需求曲线的负斜率。

供给曲线 S_0 的分析有所不同。如果美国对欧洲进口品的需求价格弹性等于－1，那么供给曲线将是垂直的。只有在这种情况下美国对进口产品的美元支出独立于汇率。[①] 只有在价格弹性大于单位弹性（绝对值）时，供给曲线具有正斜率，如图 7—3 所示。

自测题 7—3

对于下列每一种活动，说明其是否会导致图 7—3中美元的供求曲线移动。是向左移动还是向右移动？

1. 欧洲家庭购买旧好莱坞电影的 DVD 的愿望提升。

2. 墨西哥芝士的流行减少了美国人对欧洲芝士的购买。

3. 美国航空公司不能再继续主要吸引欧洲游客的法兰克福到芝加哥的航班飞行。

4. 美国公民开始生产仿制的德国啤酒，替代了真品的进口。

① 需求价格弹性是基础经济学课程里的一个基本概念，它被定义为：弹性＝数量变化的百分比/价格变化的百分比。当弹性等于－1 时，数量变化的百分比等于并且在符号上相反于价格变化的百分比。因此，收益（＝价格×数量）不变。假如提供给他们的欧元的价格不变，美元的贬值会引起美国进口的欧洲机器价格一定百分比的提高。如果机器的购买数量同比下降，那么，欧元支出的总数量不变，供给曲线是垂直的。

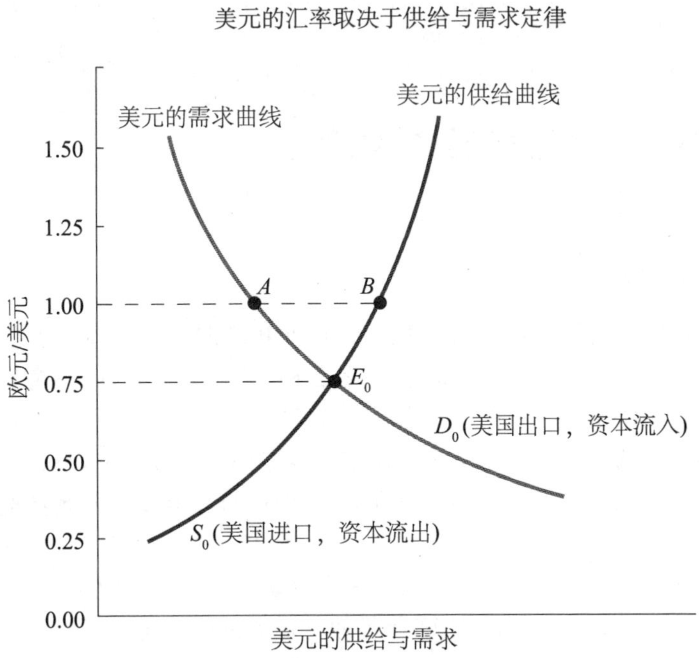

图 7—3　以欧元表示的美元的价格决定

注：需求曲线 D_0 向右下方倾斜，反映了贬值引起的对美元需求的增加（美元价格降低）。供给曲线 S_0 假定向右上方倾斜，尽管它并不总是如此（见正文）。图形中美元的均衡价格被设定为 0.75 欧元，处于 D_0 曲线和 S_0 曲线的交点上。

□ 政府怎样影响汇率

汇率由需求曲线 D_0 和供给曲线 S_0 的交点决定，如图 7—3 所示。根据绘出的曲线，在点 E_0 上，均衡汇率是每美元 0.75 欧元。在较高的汇率上，比如每美元 1 欧元，美元的供给超出需求，距离为 AB。由美国的进口和资本输出创造出来的美元的供给超过由美国的出口和资本输入创造出来的对美元的需求。为了诱导人们接受美元，美国公民不得不接受较低的汇率，每美元 0.75 欧元。

但是一些国家不愿意接受美元的贬值，从点 A 上的 1 欧元到点 E_0 上的 0.75 欧元。一些国家想保持现有的汇率，避免美元贬值，因为这意味着本国货币的升值，使它们卖给世界其他国家的出口更加昂贵。外国政府怎样操纵美元以避免本国货币的升值和美元的贬值？

让我们设想一下图 7—3，欧洲中央银行（ECB）想将美元对欧元的汇率保持在 1 上，而不是让美元下降至均衡的汇率水平 0.75。更加昂贵的美元意味着更加便宜的欧元，有利于欧洲向世界其他国家卖出更多的出口品。为保持每美元兑换 1 欧元的汇率，ECB 必须购买美元，将它自身的需求 AB 加入市场对美元的需求点 A。ECB 如何购买必要的美元数量 AB？它卖出欧元。ECB 如其他任何中央银行一样有能力创造出无尽的本国的货币。简单地说，想防止美元贬值（相应地，本币对美元的升值）的政府必须购买美元。这就是当今现实世界的状况。中国和日本正在购买大量美元以使本币免于升值。

如我们所看到的，对美国而言这在国际收支平衡表中被记作负值，如表 7—1 最后一行所示。

7.5 实际汇率与购买力平价

□ 名义与实际汇率

对于绝大多数宏观经济问题来说，我们针对通货膨胀调整变量，实际 GDP 在经济活动的估算中比名义 GDP 更有意义。储蓄与投资水平与实际利率相关而与名义利率无关。同样，我们将会看到决定净出口的不是名义汇率而是**实际汇率**（real exchange rate）。

实际汇率等于经两国通货膨胀率之差调整的名义汇率。其定义可被写为一个方程，实际汇率（e）等于名义汇率（e'）乘以国内价格水平 P 与外国价格水平 P^f 之比：

$$e=e'\times P/P^f \tag{7.6}$$

实际汇率＝名义汇率×国内价格水平与外国价格水平之比

为理解这种关系，让我们假设 2011 年墨西哥比索的名义与实际汇率都是每美元 10 比索。两个国家的价格水平都是 100：

10 比索/美元＝10 比索/美元×（100/100）

实际汇率＝名义汇率×国内价格水平与外国价格水平之比

让我们假设 2012 年墨西哥经济经历了迅速的通货膨胀，引起墨西哥的价格水平成倍上涨，从 100 上升到 200，同时美国的价格水平保持不变，为 100。如果名义汇率保持在每美元 10 比索，实际汇率下降一半：

5 比索/美元＝10 比索/美元×（100/200）

在这种情况下，由于用国家价格之差调整的美元只能购买一半的比索，我们说美元对比索经历了一次真正的贬值。相反的情形也成立，墨西哥比索将经历一次真正的升值。

一般来讲，经常经历高通货膨胀的国家发现当它们的实际汇率基本保持不变时，名义汇率在贬损。在本例中实际汇率保持不变，比索的名义汇率不得不从每美元 10 比索跃升到 20 比索（这是美元的名义升值和比索的名义贬值）。

10＝20×100/200

这个最终的例子是真实的，经常出现高速通货膨胀的国家如墨西哥、阿根廷、巴西和其他拉丁美洲国家在过去几十年的各个不同时期的经历证明了在实际汇率没有任何明显变动时本币的名义贬值。（我们将在第 10 章讨论迅速爬升的通货膨胀的原因与结果。）

我们关注实际汇率而不是名义汇率，因为它是净出口的主要决定因素。当实际汇率上升时，国内居民购买的进口品变得便宜，由外国人购买的出口品变得昂贵起来，结果是挤压了国内利润和国内的就业岗位。在相反的情形下，当实际汇率贬损时，国内利润改善，公司愿意雇用更多的工人。

自测题 7—4

假设 2011 年美国与欧洲的价格都是 100，欧元的实际与名义汇率都是 0.75 欧元/美元。现在试想在 2012 年美国的价格水平从 100 提升到 110，同时欧洲的价格水平保持在 100，名义汇率变为每美元 0.65 欧元。

1. 2012 年美元的实际汇率是多少？

2. 美元经历了实际的升值还是贬值？

3. 随着这些变化，你所期盼的美国对欧洲出口的变化是什么？美国从欧洲的进口又如何？

□ 购买力平价理论

汇率最重要的决定因素是这样一个事实：开放经济中贸易品的价格在经过关税与交易成本的调整后各处应该一致。这被称为汇率的**购买力平价理论**［purchasing power parity (PPP) theory］。

这个理论暗示着实际汇率应该不变，我们可以在方程（7.6）中确定一个不变的单位值：

$$1=e'\times P/P^f \tag{7.7}$$

固定实际汇率＝名义汇率×国内价格水平与国外价格水平之比

互换方程（7.4）的左边与右边，解出 e'，我们用购买力平价来表示汇率：

$$e'=P^f/P \tag{7.8}$$

这表示如果外国价格水平 P^f 的增长快于国内价格水平（P），如果 PPP 可用，P^f/P 将增长且名义汇率一定上升。

□ PPP 和通胀差

描述方程（7.8）的另一种方法是按照增长率表达汇率与两种价格。①

$$\Delta e'/e'=p^f-p \tag{7.9}$$

名义汇率增长率＝外国价格水平的增长率－国内价格水平的增长率

当货币升值时 $\Delta e'/e'$ 项为正，当货币贬值时此项为负。p^f-p 项是外国通胀与本国通胀的通货膨胀差。当这个差是正数时，方程（7.9）汇率的 PPP 理论表述为 $\Delta e'/e'$ 是正数，国内货币的汇率升值。

PPP 理论包含了真理的基本内核：允许国内通货膨胀率（p）超出世界通货膨胀率的国家将会经历汇率的缩水，反之亦然。不过这种关系也有许多例外，因为外币的需求与供给所依赖的不仅是简单的国内与国外总体价格指数的比率。

□ 为什么 PPP 失灵

关于“巨无霸”汉堡的“国际视角”专栏显示，将汇率变化与通货膨胀差联系起来的 PPP 方程对于大多数工业化国家不能发挥很好的作用。例如在 2010 年，美元对巨无霸表

① 比率的增长率比如 P^f/P 等于分子 P^f 的增长率减去分母（P）的增长率。

中的 12 个国家高估了币值，对其中 29 个国家低估了币值。PPP 的失灵有多种原因，它们在总体上都与一个共同事实有关。对于任何给定的两国的通货膨胀差，在没有改变通货膨胀差的情况下有许多因素会引起汇率的升值或贬值。一些因素列举如下：

(1) 一个国家可能发现其他国家想要进口的新产品，例如 20 世纪 90 年代美国公司开发的互联网软件，这种发现在通货膨胀差没有任何变化的情况下可能引起美元升值。

(2) 一个国家可能发现可以向其他国家出售的原材料的新储量，然后引发对本国货币的需求，例如在 20 世纪 70 年代末，英国开始在北海生产石油，引起英镑的汇率上升。

(3) 汇率不仅依赖于出口与进口，而且取决于外国人对货币的需求。来自全世界的客人将钱存入瑞士或其他国家的银行和其他金融机构，目的是避税和隐藏犯罪活动。对瑞士法郎和其他货币的较高需求会引发它们升值。

(4) PPP 理论基于两个国家整个经济领域以价格指数为基础的汇率之间的比较，但是价格指数可能包括各种类型的未经交易的经济活动（例如房屋建造和零售业）。在国与国之间没有一种机制使未经交易的商品的价格趋于一致。

(5) 对于任何给定的通货膨胀差，当政府进行更大规模的国外转移支付时，政府政策可能引发货币贬值。政府也能够通过补贴出口和对进口征税干预自由贸易。最后，政府可以通过购买外币试图阻止货币升值，就像日本与中国在近十年的所为。

像我们在图 7—4 中将要看到的，美国实际汇率并未保持不变，如我们在 PPP 方程 (7.4) 中所假定的一样，它认为 PPP 没有对美国的汇率活动进行恰当描述。

☞ **国际视角**

巨无霸遇到 PPP

如果 PPP 表现完美，在换算成一种共同货币后，商品在所有国家的花费应该是一致的。关于 PPP 的一个有趣的测试一直由《经济学家》杂志构建，它收集美国和许多其他国家巨无霸汉堡的许多年的价格数据。在表格涵盖的月度数据中，巨无霸在美国四个城市中平均的花费是 3.73 美元。它在其他国家的费用应该是 3.73 美元乘以用美元表示的其他国家的货币。为了理解《经济学家》杂志绘制的这个表格，我们将举一个国家的例子——瑞典。

瑞典克朗的现实汇率是 7.37 克朗/美元，用 7.37 乘以美国巨无霸的价格 3.73 美元，巨无霸在瑞典的价格应为 27.49 克朗。但在瑞典的实际价格是 48.4 克朗。过高的价格意味着瑞典克朗的估值过高。

用另外一种方式来表述。如果巨无霸在瑞典与美国的相对价格能够代表所有商品的价格，1 美元与 13 克朗将具有同样的购买力（巨无霸瑞典克朗的价格 48.4 克朗除以美国的价格 3.73 美元），而不仅仅是外汇市场上提供的价格 7.37 克朗，外汇市场上对瑞典克朗的估值高出了 76%。

如下表中的栏目所示，有包括瑞典在内的 12 个国家的货币相对于美元存在着币值高估的现象。这些国家包括相对富裕的西欧，其中有欧元区、丹麦、瑞典、瑞士和几个其他国家。访问这些国家的美国大学生相对于他们在美国餐馆支付的价格更加昂贵。不过，还有 29 个其他国家的货币相对于美元来说存在着币值低估的现象。

在中国内地、中国香港、斯里兰卡和乌克兰假如用市场汇率计算，一个巨无霸的价格相当于美国价格 3.73 美元的一半。大学生盼望着这些餐馆里更便宜的饮食和其他国家的币值低估。

当其他国家如欧洲的货币对美元高估时，美元相对于它们被低估。美元被高估或低估的程度随着时间而改变。如图 7—2 所示，美元从 1995 年到 2001 年对大多数货币升值并在 2002—2010 年贬值。当美元币值处于 2001 年的顶峰时，它相对于欧元被高估了，相反，在 2010 年则被低估了，如下表所示。

现购自运：汉堡包标准

	巨无霸		隐含的PPP[a]美元	7月2日现实美元汇率	低于（一）或超出（+）美元的值，%
	本币	美元			
美国[b]	$3.73	3.73			
阿根廷	Peso 7.00	1.78	1.88	3.93	−52
澳大利亚	A$4.35	3.84	1.17	1.13	+3
巴西	Real 8.71	4.91	2.33	1.77	+31
英国	£2.29	3.48	1.63[d]	1.52[d]	−7
加拿大	C$4.17	4.00	1.12	1.04	+7
智利	Peso 1 750	3.34	469	524	−10
中国内地	Yuan 13.2	1.95	3.54	6.78	−48
哥伦比亚	Peso 8 200	4.39	2 196	1 868	+18
丹麦	Dkr 28.5	4.90	7.63	5.81	+31
埃及	Pound 13.0	2.28	3.48	5.70	−39
欧元区[c]	€3.38	4.33	1.10[e]	1.28[e]	+16
中国香港	HK$14.8	1.90	3.96	7.77	−49
印度尼西亚	Rupiah 22 780	2.51	6 102	9 063	−33
以色列	Sheke l14.9	3.86	3.99	3.86	+3
日本	¥320	3.67	85.7	87.2	−2
立陶宛	Litas 7.30	2.71	1.96	2.69	−27
马来西亚	Ringgit 7.05	2.19	1.89	3.21	−41
墨西哥	Peso 32.0	2.50	8.57	12.8	−33
挪威	Kroner 45.0	7.20	12.1	6.25	+93
巴基斯坦	Rupee 210	2.46	56.3	85.5	−34
菲律宾	Peso 102	2.19	27.3	46.5	−41
俄罗斯	Rouble 71.0	2.33	19.0	30.4	−38
沙特阿拉伯	Riyal 10.0	2.67	2.68	3.8	−29
新加坡	S$4.23	3.08	1.13	1.37	−18
南非	Rand 18.5	2.45	4.94	7.54	−34
韩国	Won 3 400	2.82	911	1 204	−24
瑞典	Skr 48.4	6.56	13.0	7.37	+76
瑞士	SFr 6.50	6.19	1.74	1.05	+66
泰国	Baht 70.0	2.17	18.8	32.3	−42
土耳其	Lire 5.95	3.89	1.59	1.53	+4
乌克兰	Hryvnia 14.5	1.84	3.88	7.90	−51

a. 购买力平价；本国价格除以美国价格。

b. 纽约、亚特兰大、芝加哥和旧金山的平均值。

c. 欧元区价格的加权平均。

d. 每镑的美元数。

e. 每欧元的美元数。

资料来源：McDonald's：*The Economist*，July 22，2010. 巨无霸指数最近的版本可在 http：//www.economist.com/markets/bigmac/上找到。

7.6 汇率体制

像美国 2011 年所经历的国际收支余额的赤字意味着作为经常账户赤字的结果的资本流出多于从外国私人投资者处以资本输入的方式流入的资本，结果存在美元净流出。有两种最基本的体制可用来处理收支账户中的盈余或赤字，如美国在 2010 年存在的赤字（表 7—1 第 3 行）。体制之间的区别取决于美元的汇率是被允许月月、年年地自由变动（比如从本月每美元 0.75 欧元到下个月每美元 0.65 欧元）还是固定不变（比如固定在每美元 0.75 欧元）。

□ 浮动汇率与固定汇率

浮动汇率制 在纯粹的**浮动汇率制**（flexible exchange rate system）下，美元的流出恰似过度的商品供给——价格将下降直至均衡价格确定。国际收支赤字将会因美元汇率下降至足以提高出口和削减进口而消除，犹如美国 1985—1987 年美元币值大幅下降带来的结果一样。另外，稍后的解释将说明，汇率的下降倾向于刺激大量私人资本的流入。尽管 1973 年以来汇率有了很大的改变，但当前的浮动汇率制并非纯粹的浮动汇率体制。如果是，美国就不可能背负如 2010 年的国际收支赤字，如表 7—1 所示。当今的汇率体制是浮动与固定混合起来的汇率制度。

固定汇率制 从战后到 1973 年，多数重要国家保留了**固定汇率制**（fixed exchange rate system)。在这种体制下，中央银行可以事先同意为任何国际收支赤字和盈余融资。为了做到这一点，中央银行保有外汇储备，主要表现为黄金和美元。当需要维持一国货币的汇率时，中央银行随时准备买卖美元。

□ 固定汇率制的运作

在 20 世纪 50 和 60 年代，德国中央银行（德意志银行）保持着每美元 4 马克的比率。如果进入德国的美元过度供给（比如由于美国进口较多大众车）使美元存在下行的压力，比如每美元 3.5 马克，德意志银行可以通过购进过多的美元补充进**外汇储备**（foreign exchange reserves）来进行干预。同样，如果存在美元的过度需求（例如因为对德国汉莎航空公司出口波音喷气式飞机）使汇率有上行的压力，比如每美元 4.5 马克，德意志银行可以通过从其储备中卖出美元干预市场，满足对美元的过度需求。

很清楚，这种体制有一个缺陷。如果一个国家要保持进口的增长，未支付进口商品的价格是否会耗尽其储备？最终将耗尽储备，就像一个家庭的银行余额降至零一样。在固定汇率制下，这样的行为将引发危机，国家将被迫降低汇率或使其币值调低。一个案例发生在 1994 年，当时墨西哥被迫调低比索的价值，使其相对于美元贬值。墨西哥借此打算使墨西哥的出口更为便宜，对国外的购买者更具吸引力，因而增加对比索的需求。与此相反的一个例子发生在 1969 年，当时德国的美元储备增长迅速，德国决定将马克的币值调高 5%（也就是提高马克的价值）。

□ 浮动汇率制的特征

在旧的固定汇率制下，汇率的变化十分罕见。**币值调低**（devaluation）一词被用于描述一国货币价值的下降，**币值调高**（revaluation）则被用于描述一国货币价值的上升。在当今的浮动汇率制下，使用的术语不同。当一国货币相对于其他国家货币的价值下降时汇率贬值（depreciation），相反则汇率升值（appreciation）。

当前的体制并不是纯粹的浮动汇率制，因为联储和其他国家的中央银行不允许美元完全自由波动，因为央行还在实施**干预**（intervention）。外国的央行特别是中国和日本通过购买大量美元推进美元币值上升。然而人为刺激对美元的需求，使美元汇率高于应有水平。在 1986—2009 年期间，作为干预的结果，外国中央银行增加的美元储备为 4 万亿美元。

其他术语被用于描述浮动汇率体制。“清洁”体制是一种纯粹的没有任何中央银行干预的体制。“肮脏”或“有管理的”浮动汇率体制是中央银行时常干预的汇率制度。为什么当前的体制如此“肮脏”？中国和日本的中央银行惧怕可能出现的美元崩溃，这将使美元更具竞争力，降低美国的进口需求。若情况如此，外国可能出现裁员和工厂倒闭，外国政府想避免此类事情的发生。

□ 1980 年以来的美元汇率

自 1973 年浮动汇率制运行以来，美元经历了反复无常的变动。图 7—4 显示出了自 1980 年以来美元名义汇率与实际汇率的变动。图中显示出的是美元的有效汇率，它衡量了美元对欧元、英镑、日元和其他货币的汇率的平均值，每个国家的权重都与它在美国外贸关系中的重要程度有关。有效汇率的基年是 1980 年，因此汇率高于 100 的任何时期（比如 1985 年）都意味着美元强于 1980 年，汇率低于 100 的任何时期（比如 1995 年）都意味着美元弱于 1980 年。

首先让我们考察美元的名义汇率，即图 7—4 中的黑线。1980—1988 年，国际经济学被美元大幅升值的影响所主导，1985 年 2 月达到顶峰。1985—1987 年随之而来的是同量的贬值。强势美元加重了 1981—1982 年美国经济的衰退，减缓了 1984—1985 年经济复苏的步伐。

1988—1995 年，美元处于窄幅的波动中，但在 1995 年后对大多数国家的货币急速升值。美元的这股强势伴随着几个国家（特别是 20 世纪 90 年代末的亚洲）货币的弱势和始于 1999 年初、终于 2002 年初的欧元弱势。自 2004 年以来，美元再度贬值，到 2010 年低于 1995 年的名义水平，尽管并非实际水平。

实际汇率的表现不同于名义有效汇率吗？如图 7—4 所示，在 1995—2001 年间，实际汇率的升值在某种程度上快于名义汇率，并且在 2002—2010 年间实际汇率的贬值在某种程度上小于名义汇率。图 7—4 中两条线之间的缺口指在 1995 年以后的时期，美国价格水平的增长快于外国价格水平。这反过来又反映了日本价格水平的上升和一些欧洲国家相对较低的通货膨胀。在 1980 年后 1995 年前，实际汇率实际上模拟了名义汇率的每次变动。这就是说，美国与外国的价格水平大约以同样的比率提高。

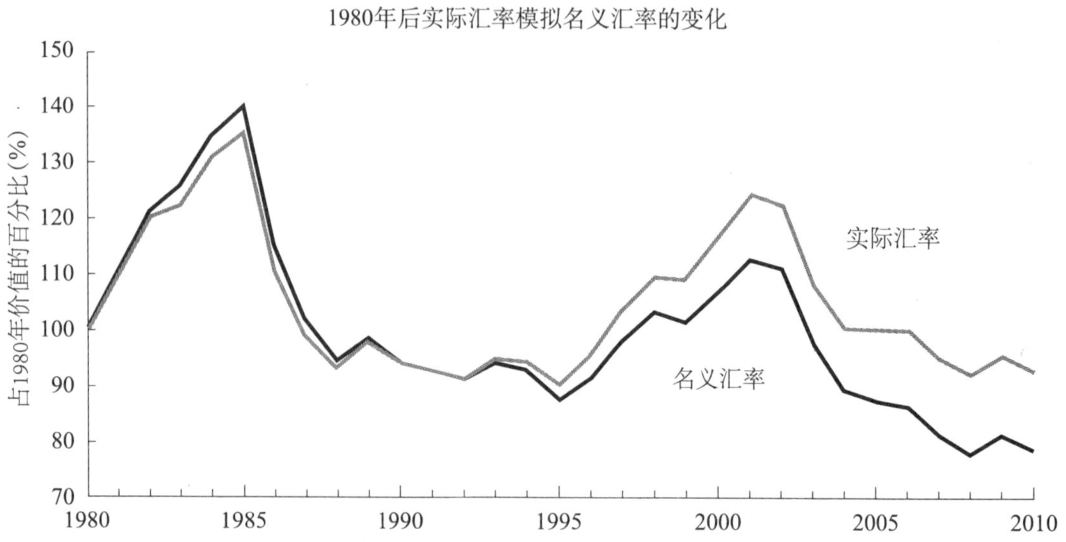

图 7—4　1980—2010 年美元的名义与实际有效汇率

注：在 1995 年后，除了微小的不同，美国的实际与名义汇率沿袭了基本一样的路径，这意味着美国与其他国家的通货膨胀差与上下大幅波动的名义汇率相比是微不足道的。这暗示实际汇率模拟名义汇率的变化。

资料来源：Federal Reserve Board of Governors *H. 10 Foreign Exchange Rates.*

自测题 7—5

1. 今年夏天，作为计划到欧洲旅行的大学生，你希望美元升值还是贬值？

2. 观察图 7—4 中实际汇率变动的轨迹，你喜欢在 1995 年还是 2001 年到欧洲旅行？

3. 如果德国学生也有同样的选择，他或她喜欢什么时候去美国旅行？

7.7　案例研究：亚洲购买美元和为美国经常账户赤字融资的大幅干预能持续多久？

美国逃避“三难困境”的坚固逻辑，即没有国家能够在保持固定汇率制和完全资本的流动状态下持久进行国内货币政策的独立操作。美国通过与其贸易伙伴保持浮动汇率来回避这种逻辑，包括欧元区、英国、日本和许多其他国家。但是，美国不能强迫其他国家的货币与美元之间保持浮动汇率。取而代之，其他国家通过固定其货币与美元的价值来破坏美国保持浮动汇率的意图。

中国是单方面将美元的浮动汇率转换为实际上的固定汇率的显著例证。在 1995—2005 年的十年间，中国保持了绝对的固定汇率。在这期间美元与人民币的汇率从来没有高出 8.33 或低于 8.27。不过，在 2005 年以后，中国允许其货币升值、美元贬值。在 2005 年中期与2008年中期之间，美元的币值从8.27元贬值到6.83元，贬值了大约18%。然而，此后中国采用固定汇率，2008年7月至2010年8月之间，汇率的变化从来没有逾越过6.79～6.83。

我们如何得知均衡汇率远低于每美元6.8元人民币呢？这是因为中国与美国的状况正如图7—3所描述的距离*AB*的状况，这里中央银行购买数十亿美元以保证美元对欧元的汇率从1贬至0.75。2005年后新的状况是中国的银行逐步减少对美元的购买从而将汇率绝对固定在每美元8.27元所需要的美元数量。较少的购买允许人民币缓慢升值、美元缓慢贬值，从每美元8.27元贬至6.8元。

为什么中国坚持这种政策？通过阻止人民币升值，中国获取了坚守低汇率的任何货币取得的所有收益（像我们以前看到的，在中国巨无霸的花费低于美国48%）。依靠较低的汇率，中国的出口商能够在美国以便宜的价格销售其产品，较大的出口量使中国的企业雇用更多的工人，有助于推进我们将在第11章考察的中国显著的经济增长。中国香港是更加极端的一个例子，它将其对美元的汇率固定在每美元7.8港元长达30年的时间。几个其他亚洲经济体也购买美元以使其汇率免于升值。特别是日本，在2000—2008年初成功地将其汇率保持在每美元105～123日元的区间。最终，此后至2010年末，日本允许美元从每美元105日元贬值到80日元。

这种状况令人瞩目的方面在于美国是唯一定位于利用其他国家的愿望为其经常账户赤字融资的国家。大多数国家喜欢将美元作为国际储备持有。由于美元的这一吸引力，美国一直被称为"中心国家"(the country in the center)。尽管在2002—2008年美元贬值、欧元升值，但是亚洲国家还是愿意以美元作为其大多数国际储备的构成。不过，本质上说，美国可以印发亚洲国家愿意持有的货币来为美国经常账户赤字融资。具有讽刺意味的是，正是同样的在20世纪60年代在前布雷顿森林体系下印发国际货币的能力，导致固定汇率制在1971年崩溃。许多评论家担忧当前的体制是不可持续的，将不可避免地导致美元汇率在将来的某一时点上崩溃。悲观主义者认为这将在不远的将来发生，乐观主义者认为这将在更远的将来发生。

□ 储备多少？什么国家持有？

图7—5展现出了外国官方持有的货币占美国GDP的百分比。这些是国家的美元储备，例如中国、日本和其他国家（主要是中东与亚洲国家）。[①]如1995年，这些储备略高于美国GDP的5%。但是，此后美元储备开始爆炸式增长，在2002年大幅蹿升为接近10%，2010年接近30%。

□ 为什么亚洲人承受了灾难性的资本损失？

美国政府以"善意忽视"的态度看待亚洲国家美元储备的逐渐积聚。美国政府其实是乐于看到这一情形的，因为大量购买美元证券——其中多数是美国政府债券——有助于支持美国股市与债券市场，让美国联邦政府在没有国内利率显著上升的情形下支持减税和增

① 这些数据显示出为美国国际收支赤字融资的官方余额的增加。它们包括外国官方持有的美元资产，但不包括美国持有的官方国际储备部分。

加支出。但是，对于亚洲国家而言这是不公平的，因为亚洲人花费相当于数千亿美元的钱去购买原本可用于国内投资以提高其生活水平的美国货币。

亚洲中央银行将它们自己的资金倾泻在美元市场上，在这上面它们制造了资本损失。尽管中国可以购买足够的美元来保持人民币与美元之间的汇率固定，它却不能防止美元与其他货币（比如欧元、英镑和瑞士法郎）的浮动汇率贬值。不过，中国与日本的美元储备在世界经济中的购买力随着美元贬值每年都在下降，像 2002 年和 2008 年一样。

亚洲国家稳定其货币的战略导致了欧元区国家经济的两难处境。从 2001 年到 2010 年欧元对美元的升值超出了 50%，使欧洲的出口更加昂贵。但是亚洲的政策使欧洲的处境更加艰难。如果中国将其货币钉住美元，欧元对美元升值 50%，那么欧元将自动对人民币升值 50%。便宜的中国出口品不仅像潮水一样涌向了美国，也流向了欧洲。这不仅减少了美国的就业岗位，而且减少了欧洲的就业岗位。2005—2008 年中国的银行允许人民币升值 18%缓解了欧洲的一些压力，但并不多。人民币将不得不升值更多以对美元与欧元达到均衡汇率。

这种状况能够持续吗？亚洲国家与美国似乎陷入了共生关系。一位记者用一位小店主做了一番类比：

> 这是一件荒唐的事情，就像一位小店主一直将大笔钱借给一位挥金如土的重要客户，以便该客户能够维持目前的消费。客户签署了一份数量递增的欠条，而小店主对此的信心却逐步消减。但是，他不能卖掉它们，只要他仍然坚持使客户满意的主旨。①

7.8 净出口的决定因素

现在我们准备将汇率引入在第 3 章到第 5 章发展的收入决定的 *IS*－*LM* 模型。分析分为两步。首先，我们允许净出口（此前被假定为外生因素）依赖于收入与汇率。其次，我们使汇率取决于利率。这两个步骤的组合效应是引入了另一个分析渠道，其中利率影响总支出。

像我们在第 2 章学过的一样，净出口（*NX*）是一个等于出口减去进口的总量，它与消费（*C*）、投资（*I*）和政府支出（*G*）一起构成了 GDP 的总支出方面。

$$E=C+I+G+NX \qquad (7.10)$$

净出口增加 2 000 亿美元对收入所产生的刺激仅相当于消费、投资或政府支出增加 2 000亿美元；净出口减少 2 000 亿美元能够抵消相应的扩张性货币或财政政策对支出产生的刺激。

□ 净出口与汇率

显然，净出口的波动在实际总支出的波动中起到重要的作用，决定净出口上下波动的

① 这部分的摘录源自 Kathy Wolfe, "Asia Ponders Exit Strategy from the Dollar," *Executive Intelligence Review*, February 20, 2004。

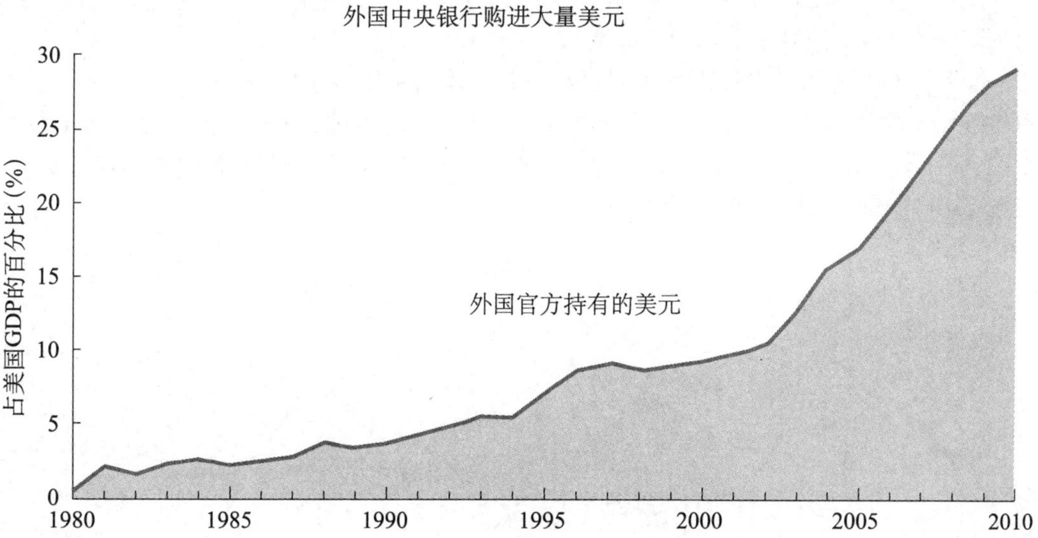

图 7—5　1980—2010 年外国官方持有的美元储备占美国 GDP 的百分比

注：这里所展示的是外国官方持有的美元储备占美国 GDP 的百分比。1995 年以来，这些储备的迅速增长是美国国际投资头寸下降的伴生物，如图 7—1 下图所示。2010 年外国官方持有的美元储备显著大于美国负的投资头寸，如图 7—1 下图所示。

资料来源：美国商务部。

是实际收入与汇率。

实际收入效应　我们将净出口对收入的依赖关系表示为：

$$NX = NX_a - nxY \tag{7.11}$$

此处，NX_a 是净出口中的自发性因素（主要由外国收入决定）；nx 是收入变化的比例，它取决于进口；Y 是实际收入。[①] 如果我们忽略了汇率的变动，那么，方程（7.11）能够充分解释净出口。在决定自发性因素（NX_a）的外国收入水平给定的情况下，在经济扩张、收入较高引发大量进口时净出口较小；当衰退期收入较低、引发少量进口时净出口较高。

汇率效应　当对外国货币的汇率升值时，美国出口按照外国货币计算变得更加昂贵，出口趋于下降。同样，较低的进口品美元价格也吸引美国顾客，美国进口的商品数量增加。随着出口的下降和进口的增加，汇率的升值引起净出口下降。这正是美国在 1995—2001 年所发生的事情。美元的升值和净出口的不景气在图 7—6 中被揭示出来。

图 7—6 中揭示出的一个惊人事实是净出口与实际汇率之间强烈的负相关性。1980—1985 年间实际汇率的上升伴随着持续不断的净出口的下降，1985—1988 年美元的贬值导致 1987 年后净出口的飙升，1996—2001 年的升值酿成了 1998—2001 年净出口的下降。

注意，实际汇率与实际净出口的历史镜像关系在 2002 年后被打破，我们寄希望于 2002—2008 年间的美元贬值能够挽救净出口，但是未能如愿。为什么？图 7—6 忽视了方程（7.11）中显示的净出口与收入之间的关系。当美国收入相对于其他国家上升时，净出口趋于下滑（负相关关系）。的确，我们在第 5 章了解到 2003—2007 年是房地产泡沫超出

① 这个方程相当于第 3 章附录中的方程（10）。

美国消费者借款与花费的年份，美国消费者的狂热吸进了大量进口，同时许多美国贸易伙伴经济的弱势增长抑制了美国的出口增长。

2008—2009 年当美国经济遭受剧烈衰退时，表格里出现了转折，进口下降超过出口，因此净出口扩大。因而，图 7—6 显示出净出口方面的迅速改进，从 2006 年占 GDP 的 -5.7% 上升到 2009 年的 -2.7%。简而言之，在没有包含实际收入和汇率原因时，我们不能充分解释净出口的上升或下降。

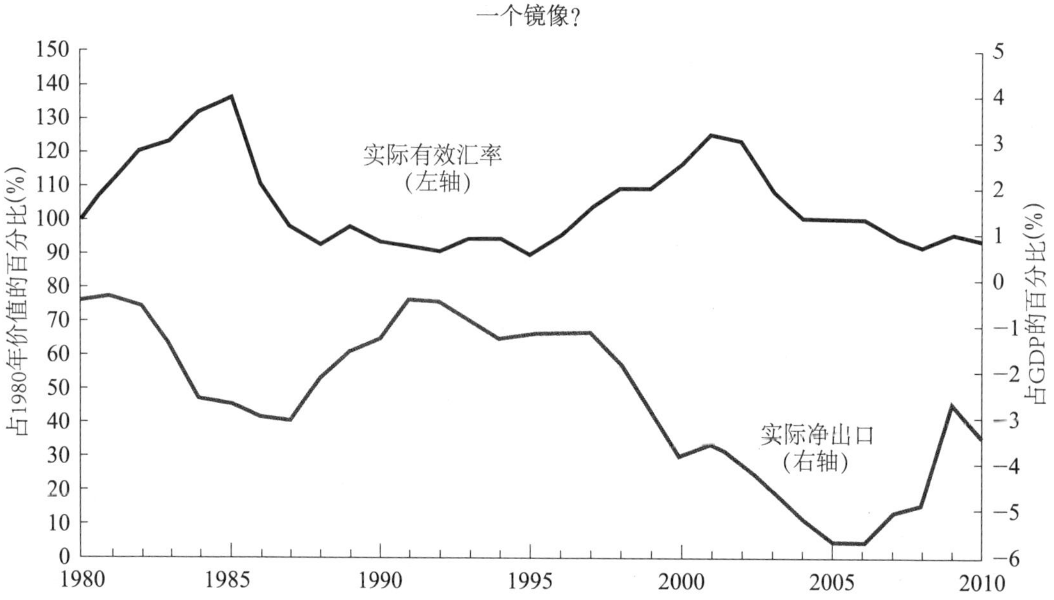

图 7—6　美国实际净出口和美元的实际汇率，1980—2010 年

注：两条线展示了一种令人震撼的镜像关系，升值的美元倾向于降低净出口，反之亦然。2003—2010 年期间是一个重要例外。

资料来源：Bureau of Economic Analysis *NIPA Tables* and Federal Reserve Board *H. 10 Foreign Exchange Rates*.

我们修正方程（7.11）以便让净出口（NX）不仅依赖于收入而且依赖于实际汇率（e），这可以表示为基年的百分比（例如 1980 年＝100）。

一般线性形式	数例	
$NX=NX_a-nxY-ue$	$NX=1\,400-0.1Y-2e$	(7.12)

这个方程用语言表示就是净出口等于自发净出口（NX_a）减去参数（nx）乘以实际收入（Y）再减去另一个参数（u）乘以实际汇率（e）。对于任何给定的收入水平，实际汇率的升值（如美国 1995—2001 年所发生的）降低了净出口。例如，如果经济的现实实际收入在 12 万亿美元的自然实际 GDP 上运行，实际汇率是 100，那么，净出口是零 [$=1\,400-(0.1\times12\,000)-(2\times100)$]。实际汇率从 100 上升到 150 将会在示例中降低净出口至 $-1\,000$亿美元 [$=1\,400-(0.1\times12\,000)-(2\times150)$]。[①]

① 公式中数字单位为十亿美元。

7.9 实际汇率和利率

外汇汇率是在外汇市场上决定的，它由全世界的银行雇员买卖不同的货币构成，主要使用在线电脑网络进行交易。当对货币如美元的需求相对于美元的供给提高时，这些银行雇员（外汇交易员）竞相抬高美元价值，引起升值。当对美元的需求下降时，美元价值下降或贬值。

□ 对美元的需求和“基本原则”

对美元的需求来源于两点：购买美国产品和美元主导的金融资产（如银行存款、美国政府债券和美国公司发行的债券）的愿望。在世界范围内购买美国产品愿望的变化是逐步发生的，这些因素有时被称为“基本原则”。这些变化可能带来美国新产品的发明，例如iPhone 和 iPad。能够降低持有美元愿望的基本因素可能是其他国家新产品的开发，如日本制造的佳能和尼康数码相机。相对其他国家，对美国通货膨胀的较高预期也会降低持有美元的愿望。

因为这些因素倾向于缓慢变化，它们不能更多解释图 7—6 中美元实际汇率剧烈变动的事实，取而代之的是这些剧烈变动可以归因于美元需求的第二个主要来源，即外国人购买美元主导的证券的愿望。当美国证券变得更有吸引力时，对美元的需求增加，外汇交易员提高美元报价。同样，当外国证券变得对每个人更有吸引力时，美国居民向外汇交易员供给额外的美元以获得他们购买外国证券所需要的外国货币，美元价值就会顺势下降。

美国与外国证券的相对吸引力取决于**利率差**（interest rate differential），它被定义为美国平均利率减去外国平均利率。当美国利率提高而外国利率保持不变时，利率差就会增大。当外国人发现美国证券更有吸引力时，他们需要另外的美元购买证券，美元的汇率通过外汇交易员提升。

本部分认为美国利率的提高应该引起美元的升值，美元利率的下降应该引起美元的贬值。美国利率与美元价值之间的关系在图 7—7 中被表示出来，它将 1978 年以来的两个变量描绘在一起。美元的实际汇率从图 7—6 中被复制了过来。1980 年以来的高利率时期伴随着美元的升值。1984 年实际利率的顶峰之后很快出现了 1985 年实际汇率的顶峰。1984—1989 年期间实际利率的下降与 1985—1989 年实际汇率的下降同时出现是一种巧合。

实际汇率与实际利率之间的正向关系在 1995 年后看来似乎被打破，实际汇率的升值几乎与 1980—1985 年所发生的一样，但是，实际利率实际上没有改变。这种新型的关系反映了 20 世纪 90 年代末美国股市兴旺在吸引外国资本流入方面的作用，它推高了美元的价值，尽管实际利率并没有上升。在 2002 年后，实际有效汇率贬值，实际利率同时下降。1985—1988 年重复了这一经历。最终，由于第 5 章中讨论过的风险溢价的上升，在 2009 年债券利率跃升。当投资者云集至被他们视为“安全天堂”的美国时实际汇率有一个小幅升值。

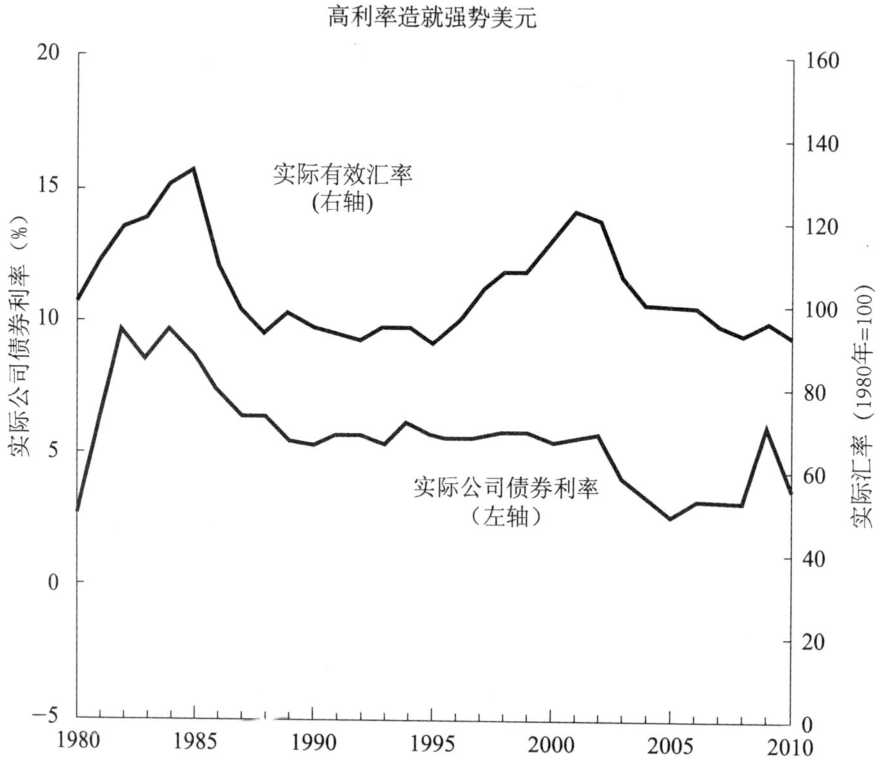

图 7—7 美国的实际公司债券利率和美元的实际汇率，1978—2010 年

注：实际汇率从图 7—6 中复制过来，两条线之间的正向关系是明显的，利率方面的运动似乎发生在汇率变动之前。1995 年后像在课文中讨论的那样，关系发生了改变。

资料来源：Moody's and Federal Reserve Board of Governors.

自测题 7—6

假设你是一个这个暑假要到欧洲旅行的美国学生。假如你不拥有任何股票，你喜欢下列哪一种情形？

1. 美国股市兴旺。
2. 美国股市下跌。

□ 利率与资本流动

利率影响汇率的机制涉及了资本在国家之间的流动。**完全资本流动**（perfect capital mobility）发生在一国的居民能够立即、无限、以十分低的佣金和费用购买任何想要的另一国的资产之时。完全资本流动至关重要的含义是一国的利率与其他国家的利率是紧密相关的。为什么？一位美国投资者面对着美国国内 6%的收益率和德国 6.6%的收益率时，将立即选择购买德国的金融资产。美国资金供给的下降将提升美国的利率，对德国证券需求的增加将降低德国的利率。两国的利率将收敛在同一水平，比如 6.3%。

完全资本流动的含义是深奥的。在一国相对外国利率（r^f）倾向于改变本国利率（r）的任何活动，将引发足以很快消除利率差（$r-r^f$）的大量资本流动。作为一例，降低国内利率的货币扩张将产生大量资本外流，使利率回归到原有水平。提升国内利率的财政扩张将产生大量资本流入，将利率带回原有水平。

□ 两种调节机制：固定汇率与浮动汇率

完全资本流动意味着国内的货币与财政政策不能影响国内的利率。在固定汇率制度下，刺激性的货币政策不会降低国内利率，但是，当国际收支平衡表中的资本账户陷入赤字时它将会引起一国损失国际储备。在纯粹的浮动汇率制度下（其中不存在国际储备），货币政策的刺激导致对美元的过度供给，美元汇率下降直至供求再度平衡。

简而言之，完全资本流动意味着货币与财政政策对利率失去控制能力。在固定汇率下，货币刺激会引发储备的损失，财政刺激会引发储备的增加。在浮动汇率下，货币刺激会引发汇率贬值，财政刺激会引发汇率升值。当货币政策紧缩或财政政策紧缩时，相反的情况会发生。

□ 完全资本流动与美国有关吗?

作为一种分析工具，完全资本流动与**小型开放经济**（small open economy）具有最密切的关系，这种经济体太小以至于不能影响世界利率水平（r^f）。在这样的经济中，由于完全资本流动，只要国内利率水平稍微超出世界利率水平（国内利率的微弱下降就会导致资本外流），小型国内资本市场就会被资本流入所淹没。

美国是一个大型经济，不能被视为小型开放经济。即使在资本完全流动的情况下，其本身的国内资本市场规模太过庞大，以至于资本的流动也不会将国内利率带到与外国利率完全一样的位置。在我们学习过资本完全流动的小型开放经济的货币与财政政策如何运作以后，我们将考察**大型开放经济**（large open economy）的案例。

7.10 固定与浮动汇率制下的货币与财政政策的影响

完全资本流动的假设将一个新的元素引入了 *IS-LM* 收入决定模型。在这种假设条件下，国内与国外的利率差（$r-r^f$）必须保持为零。货币与财政政策的变动（或由于消费者和企业乐观主义不同程度的变动引起的 *IS* 曲线的移动）引起的国内利率的任何微小变动都将引起资本流动，它能够迅速将国内利率带回不变的外国利率水平上。

□ 固定汇率的分析

现在我们考察固定汇率制下小型开放经济中货币与财政扩张的影响，价格水平固定的假定将贯穿始终。即使价格水平允许发生变动，只要价格水平的变动慢于小型开放经济资本流入或流出的速度，这些结论依然成立。

货币扩张　如我们在第 4 章中曾经学过的那样，当中央银行（美国称为联邦储备银行或“Fed”）提高货币供给量从而使 *LM* 曲线向右移动时，国内货币扩张发生。正常来说，这将会降低利率、刺激支出。但是在完全资本流动下的小型开放经济中，利率是固定在世界利率水平上的。当央行增加货币供给量时，立即会有大量资本流出并且损失国际储备。不过，像本章开始时引入的“三难困境”所表述的一样，当汇率是固定的并且资本完全流动时，Fed 或任何中央银行都无法控制货币供给，因而在固定汇率制下，货币政策变得彻底无能为力。

财政政策　在正常情况下，财政政策与货币政策作用的路径相反。如第 4 章所学，当货币政策薄弱时，财政政策处于强势，反之亦然。在小型开放经济中也是以相同的路径起作用。财政政策的刺激通过向右移动 *IS* 曲线发生作用，正如第 4 章一样。但是相对于世界利率水平而言这倾向于提升利率，吸引资本流入。储备使中央银行忙于应付。在固定汇率制下，中央银行必须加以响应，使货币供给提升至使利率恢复至原有水平为止。因而，*IS* 曲线和 *LM* 曲线都向右移动，如图 4—10 右上图所示。很显然，财政政策在完全资本流动的情形下十分有效，因为它能使财政政策控制货币供给，使 *LM* 曲线放大任何 *IS* 曲线的移动。固定汇率制下的完全资本流动迫使货币政策去适应；实际上，财政政策控制了货币政策。

□ 浮动汇率的分析

在此前的部分我们学过，固定汇率制使货币政策变得无能为力，财政政策在改变实际收入水平方面变得十分有效。在本部分，我们将会学到在浮动汇率制下情形恰好相反。货币政策变得极其有效，财政政策沦为无效。

当汇率灵活时，中央银行不会为汇率的升贬做任何事情。不过任何降低国内利率的行为都将引起资本流动，在外汇市场上提高国内货币的供给，引发汇率的贬值。当货币政策降低了利率时，汇率都会贬值；当货币政策提高了利率时，货币都会升值。

IS-*LM* 模型中含有的浮动汇率新成分被引入方程（7.12）中。汇率升值会降低净出口，因而促使 *IS* 曲线向左移动（因为净出口是自发性计划支出的构成部分，任何计划支出的变动都将移动 *IS* 曲线）。同样，汇率贬值会提升净出口，使 *IS* 曲线向右移动。

货币扩张　在浮动汇率制下，当中央银行增加货币供给时，利率下降，汇率贬值，净出口增加，因而 *IS* 曲线右移。进而，在小型开放经济中，由于货币政策控制了 *IS* 曲线并迫使它与 *LM* 曲线同方向移动，货币政策是强有力的。

可是，也正如方程（7.12）所示，高收入扩大了进口，结果，当经济达到新的产出均衡水平时，贬值的汇率对进出口的扩张完全抵消了收入的上升带来的进出口方面的下降。经常账户处于平衡状态。由于国内利率等于国外利率，资本账户也处于平衡状态。

我们在第 4 章学习过，在封闭经济中财政扩张的正常效应是 *IS* 曲线右移和提升利率。但现在，在浮动汇率制下，财政扩张和高利率引起汇率升值，国内出口变得更加昂贵。国内居民开始购买更多进口品，净出口下降，这一势头将持续到 *IS* 曲线移回原来的位置。在这种情况下，*LM* 曲线不变。

国内挤出被国际挤出所替代，国际挤出是完全的。国内利率与收入像它们开始的状态一样；国内投资与储蓄同样如此。较高的政府支出引起财政赤字增加完全由净出口的减少所抵消，较高的财政赤字全部由国外的借款融资，双赤字是统一的。产生贸易赤字的原因是财政赤字，概括一下这些不同的情况：

(1) 在固定汇率制下，财政政策高度有效，中央银行被迫适应财政政策。货币政策无能为力，因为任何货币供给的增加立即流出，不能刺激国内经济。

(2) 在浮动汇率制下，货币政策高度有效，中央银行能够控制货币供给，通过引发汇率贬值刺激国内经济。这种行动扩大了净出口直至收入的增长使净出口弹回到原有的水平（因为收入引致进口的增长）。在浮动汇率制下，财政政策无能为力，国际挤出是完全的。

□ 大型开放经济与小型开放经济有何不同?

与小型开放经济相反，像美国那样的大型开放经济可以充分控制其国内利率。相对于世界其他国家，它的规模巨大，意味着资本流出不足以将国内利率推高至与世界利率一样的水平。在美国资本流动是不完全的。当国内利率高出世界利率一定水平如0.5%时，只有有限的外国资本流入，不足以消除利率差。

对于小型开放经济，利率等于世界利率。相反，在大型开放经济中，如果国内利率足够高，就会有持续的资本流入；如果国内利率足够低，就会有持续的资本流出。结果大型开放经济的不同特征是当国内利率高时，资本账户存在盈余；当国内利率低时，资本账户存在赤字。为了实现全部收支余额为零，资本账户的盈余必须由经常账户相同数量的赤字所抵消。这需要较高的实际收入水平，因此进口（取决于收入）多，经常账户处于赤字状态。当利率较低时，相反的状况发生。资本账户的赤字由经常账户的盈余所抵消，较低的收入相应减少了进口。

我们以前曾做过总结，在固定汇率制下的小型封闭经济中，货币政策是无效的。这在大型开放经济中同样适用。财政政策无效，但是稍微弱于小型开放经济，因为财政政策的刺激效应被分配在实际收入与国内利率的增长上，而不是完全直接表现为实际收入的增长。

在浮动汇率制下，在大型开放经济中财政政策是无效的，像在小型开放经济中一样。1981年以后净出口的进一步下挫导致了财政赤字为大型开放经济中财政政策的无效提供了完美的例证。货币政策在浮动汇率制下高度有效，亦如在小型开放经济中一样。不过，由于高收入伴随着高利率，对国内支出产生一些挤出效应，这必须由比小型开放经济更大的对净出口的刺激所抵消，也就是需要更大的汇率贬值。概括这些相反的情况如下：

(1) 在固定汇率制下，财政政策高度有效，但是，在大型开放经济中财政刺激不会增加与小型开放经济一样的实际收入，货币政策无论在大型还是小型开放经济中都一样无效。

(2) 在浮动汇率制下，货币政策高度有效，并且在大型开放经济中能够比在小型开放经济中带来更大的实际收入。在这种体制下，财政政策在大型与小型开放经济中同样无效。国际挤出是完全的。

☞ 全球经济危机聚焦

美国能避免浮动汇率制下财政政策刺激的无效性吗？

本部分的分析将展示美国政策制定者所处的两难困境。美国显然是一个大型开放经济。因为美国实施浮动汇率制，这是否意味着财政政策无效？财政政策的刺激行动会提高其利率及汇率，并且由此引起净出口下降从而抵消财政政策对 GDP 的影响吗？

答案是“否”，因为货币与财政政策能够相互作用，这一可能性或许并未包含在小结表中。这种可能性在图 4—10 的右上方显示出来并且在第 6 章进行了深入的讨论。如果中央银行购买了作为财政政策刺激一部分而发行的债券，利率一点也不必上升。没有汇率升值，没有财政政策的挤出效应。

的确，2009—2010 年美元汇率的主要变化并非来自财政政策而是有关全球经济瘫痪风险的态度。外国资本洪水般流入美国引起的 2008 年末与 2009 年初的广泛恐慌引起了美元的升值，这在图 7—2 中欧元汇率曲线中是清晰可见的。另一轮美元升值发生于 2010 年春，这时希腊或许还有其他欧洲国家无力支付其债务利息的恐慌传遍世界。美国财政政策与货币政策可以协同发生作用，而不必担心出现本部分所讨论的汇率机制产生的国际挤出效应。

开放经济中货币与财政政策效应的总结

小型开放经济，完全资本流动		
	固定汇率	浮动汇率
货币政策	无效，不能独立发生作用，与“三难困境”一致	强大，汇率的影响加强了政策对国内支出产生的直接影响
财政政策	强大，财政政策控制了货币政策	无效，国际挤出加强了国内挤出
大型开放经济，不完全资本流动		
	固定汇率	浮动汇率
货币政策	无效，与小型开放经济相同	强大，比小型开放经济具有更大的汇率效应
财政政策	强大但不如小型开放经济有效	无效，如同小型开放经济

7.11 结论：开放经济中的经济政策

在本章我们学习了货币政策与财政政策的相互作用、经常账户余额和汇率。一个统一的课题是国际“三难困境”。它可以表述为：一个国家不能持久地保持独立的货币政策、固定汇率和不受约束的资本流动。这种分析的含义对于美国、欧洲和亚洲是不同的。

□“三难困境”：美国与欧洲

美国选择保持其汇率浮动，把是否将其货币与美元挂钩或使其货币浮动的决定权留给了其他国家。这意味着美国一直能够对国内的货币政策保持控制，允许私人资本自由流入，为1998—2007年发生的美国经常账户赤字的大量增长融资。在融通美国赤字中的另外一个重要因素是外国中央银行特别是亚洲国家的中央银行积聚大量美元储备的愿望，它们借给美国剩余的资金，弥补了美国的经常账户赤字。

通过采用单一的货币（欧元），欧洲十三国模仿美国。在十三个国家内部实施了固定汇率制，同时允许欧元与其他国家货币汇率浮动。“三难困境”意味着十三个国家放弃了国家主权的一些传统的方面及独立控制国内货币政策的能力。取而代之的是它们将控制货币政策的权力割让给了欧洲中央银行，它与美联储目前发挥的作用相似。我们在第14章有关欧元的介绍中将回到这个问题上来。

最后，我们学习过美国和主要亚洲国家特别是中国与日本已经进入了逐步强化的相互依赖关系。美国依靠亚洲国家为其不断增长的经常账户赤字融资，亚洲国家愿意积聚美元储备以防止其货币升值，进而防止出口的暴跌和潜在的失业。美国保持浮动汇率制，从而避免了“三难困境”的约束。同时，亚洲国家陷入了一种陷阱。它们继续囤积美元资产，不仅赚取的利率相对较低，而且当美元对世界其他地区的货币尤其是欧元贬值时，这部分美元资产的价值将下跌。

小结

1. 经常账户包括净出口、来自国外的净收入和净单方转移支付。经常账户赤字通过私人资本流入和从外国中央银行的借款组合达到平衡。收支余额对于美国而言经常为负，因为资本流入美国不能抵消经常账户赤字。

2. 拥有负的净国际投资头寸的国家，当其在国外的资产小于在本国的外国人资产时，净国际投资头寸的变化等于经常账户余额加上净升值项目，主要反映汇率变化和股市价格对外国持有的资产价值的影响。

3. 在浮动汇率制下，汇率每天是自由浮动的。每单位国内货币所能够购买的外国货币的数量增加被称为升值，减少则被称为贬值。

4. 在不存在政府干预的情况下，当较高的出口与资本内流对货币的需求增加时，汇率倾向于升值。当由于较高的进口和资本外流导致货币供给增加时，汇率倾向于贬值。

5. 如果名义汇率的完全变动被国内与国外的通货膨胀差抵消，实际汇率将保持不变。长期汇率决定的购买力平价理论预期实际汇率将保持不变。

6. 许多原因会导致实际汇率发生变动，它们没有被考虑进PPP理论。这些因素包括各国之间技术变化率的差别、自然资源发现率的相对比较和在它们之间资本流动与政府转移支付的平衡性。

7. 1973年以前，国与国之间的汇率大都是固定的。自此以后，一直存在着混合的、肮脏的浮动汇率制。在这种体制下，央行对汇率进行干预以防止不合意的汇率变动。一些国家尤其是亚洲国家试图将其汇率与美元固定，以国际储备的形式囤积大量美元，使美国保持着比正常状态更大的经常账户赤字。

8. 净出口——出口与进口之差取决于收入和实际汇率。相应地，实际汇率取决于实际利率。实际利率的增加会引发实际汇率的升值。当外国投资者发现国内证券更有吸引力时，为了购买它们，提升了汇率。

9. 在固定汇率制的小型开放经济国家，财政政策高度有效，货币政策完全无效。在浮动汇率制下，其政策作用相反：货币政策高度有效，财政政策无效。

10. 在固定汇率制的大型开放经济中，货币政策无效，但财政政策有效（尽管有效性小于小型开放经济）。在浮动汇率制下，货币政策高度有效（有效性高于小型开放经济）但财政政策无效。

关键术语

三难困境	升值	外汇储备
经常账户	贬值	币值调低（压低币值）
国际收支平衡表	实际汇率	币值调高（抬高币值）
资本账户	购买力平价理论	干预
净国际投资头寸	通货膨胀差	利率差
国民储蓄	浮动汇率制	完全资本流动
汇率	小型开放经济	固定汇率制
大型开放经济		

问答题

1. 解释国际收支平衡表中的借方与贷方之间的区别。

2. 区分国际收支平衡表中的经常账户与资本账户。

3. 四种国际交易在下方被列举出来。每一笔交易在美国国际收支平衡表中是处于借方还是处于贷方？是增加还是减少了美国国际收支赤字的规模？

(a) 日本从美国购买大米。

(b) 福特汽车公司在俄罗斯建立汽车厂。

(c) 一家德国保险公司购买美国政府的债券。

(d) 美国居民在亚洲度假。

4. 假设经常账户赤字等于 6 000 亿美元。净国际投资头寸的变化在下列每一种情况下是大于还是小于 6 000 亿美元？

(a) 开始时，美国在海外拥有的资产价值为 3 万亿美元，外国人在美国拥有的海外资产是 4 万亿美元。美国拥有的海外资产的价值提升了 10%，但是外国在美国拥有的资产价值仅增加 5%。

(b) 购买 1 美元所需要的日元的数量从 110 上升至 115。

5. 美国的净国际投资头寸在 2001 年与 2009 年都是 GDP 的 19.2%。考虑到 2001—2009 年间更大规模的经常账户赤字，这种情形是如何出现的？

6. 图 7—1 显示，美国的净国际借款自 1990 年以来占据 GDP 的一个更大比例，不过，来自世界其他地区的投资净收入尽管占产出的比例下降，但依然为正。这如何成为可能？

7. 什么是国民储蓄？政府预算赤字的增长是增大还是降低国民储蓄？为什么预算赤字的增长一定会相应降低国内投资或增加外国投资？

8. 在《华尔街日报》上找到包含每日外汇牌价的部分（见表 7—2），找到你读报当天的美元与这些货币之间的汇率以及一年以前的这一天美元与这些货币之间的汇率。这些货币包括：澳大利亚元、加拿大元、印度卢比、日元、墨西哥比索、波兰兹罗提和南非兰特。使用这些数据解释在上一年中美元对这些货币是升值还是贬值。

9. 在什么情况下，对外汇的需求呈现负斜率？

10. 在什么情况下，对外汇的供给呈现正斜率？在什么情况下呈现负斜率？

11. 下列每一种活动将引起一国货币相对于其购买力平价的币值高估还是低估？

(a) 俄罗斯变成原油与天然气出口的领头羊。

(b) 欧元区国家决定它们不再进口美国的娱乐产品如电影和音乐。

(c) 印度技术部门的迅速发展导致大量资金从其他国家流入印度股市。

12. 什么是肮脏浮动汇率制？怎样的激励能使清洁浮动汇率制转向肮脏浮动汇率制？

13. 在1995—2005年，中国如何能够使其货币与美元之间保持实质上的固定汇率制？

14. 一国汇率与净出口之间的关系如何？为什么？

15. 一国利率与其汇率之间的关系如何？为什么？

16. 假设一国经济的生产率增长率提升，引起出口价格下降，出口量上升。经常账户余额从赤字转向盈余。用供求曲线解释生产率增长率的提高对国家汇率的影响。如果国家的政策制定者想将汇率保持在目前的水平上，他们必须采取什么样的行动？

17. 尽管美元对欧元的汇率2004年下降，日本政府仍愿意购买美元，以避免日元相对于美元的升值。假设不是缓慢增长，日本经济在过去十年经历不断上升的通货膨胀。不断上升的通货膨胀可能如何改变日本政府愿意帮助美国经常账户赤字融资的愿望？

18. 什么是“三难困境”？解释美国作为一个大型开放经济国家与爱尔兰作为欧元区成员及小型开放经济国家如何处理三难困境。

19. 假定以色列与美国经济冒着因保持低失业率而导致的通货膨胀率升高的风险。给定第18题中的信息，你关于这个问题的答案是什么？每个经济中政策的制定者为约束相对于自然实际GDP而言的通货膨胀率的上升以降低实际GDP要采取什么样的行动？

20. “固定汇率制下的完全资本流动迫使货币政策具有适应性；事实上财政政策控制了货币政策”。请对这句话进行解释。

21. 大型开放经济中财政政策的制定者勉强减税或增加支出。如果实际GDP小于自然实际GDP，银行能降低自然失业率吗？在什么情况下可以？

22. 对于一个汇率完全浮动的大型开放经济，扩张性货币政策而非财政政策将对私人投资产生长期的负面影响。请给予评价。

思考题

提示：回答带星号的问题需要参考第4章附录。

1. 假设一个国家有净出口40，有转移支付20，有净投资收入−15，有国际收支盈余10。找出这个国家的经常账户余额和资本账户余额。

2. 给出下列信息：

年份	经常账户余额	净国际投资头寸的变化	外国在美国拥有资产的变化	美国拥有的海外资产的变化
1	−500	−360	110	
2		−360	160	350
3	−380		−375	−150
4	−640	−670		−30

(a) 计算四年中的每一年净升值的数量。

(b) 计算第一年美国拥有的海外资产的变化。

(c) 计算第二年美国的经常账户余额。

(d) 计算净国际投资头寸在第三年的变化，

(e) 计算外国在美国拥有的资产在第四年的变化。

3. 假设 ex 是美元与人民币之间的汇率，ex 是指一美元所能购买的人民币的数量。美元的需求记为 $D_{\$}$，其方程为 $D_{\$}=2\,800-200ex$。美元的供给记为 $S_{\$}$，给定方程为 $S_{\$}=400+100ex$（单位：十亿美元）。

(a) 计算汇率在0～12之间时每增加一单位情形下美元的供给与需求。

(b) 画出美元相对于汇率而言的需求曲线与供给曲线。均衡汇率的值是多少？

(c) 假设在每一个汇率水平上对美元的需求都增加了300，解释需求的增加是源自中国对美国新制造飞机的大量购买还是美国对中国制造的低价高清晰度电视机的大量购买。计算在每一种汇率水平上对美元的新的需求，画出新的需求曲线。在给定原有的美元供给的条件下，新的均衡汇率水平是多少？

(d) 假设美元的供给在每一汇率水平上都增加了600。供给增加是源自中国对美国新型飞机的大批购买还是美国对中国制造的低价高清晰度电视机的大量购置？计算出在每一汇率水平上新的美元供给，画出新的供给曲线。在给定原有美元需求的情况下，新的均衡汇率是多少？

4. (a) 假设美国人大量购买了中国制造的新的低价高清晰度电视机。给定问题3的答案，如果想保持住问题3 (b) 部分答案中人民币相对于美元的价值，中国政府一定会买进还是卖出美元？

(b) 假设中国大量购进美国制造的新飞机。给定问题3的答案，要想保持住问题3 (b) 部分答案中人民币相对于美元的价值，中国政府必定购进美元还是卖出美元？数量为多少？

5. 假设对美元的需求由方程 $D_{\$}=2\ 800-200ex$ 给出，美元供给由方程 $S_{\$}=400+100ex$ 给出。因此，均衡汇率是问题3 (b) 部分的答案（单位：十亿美元）。

(a) 假设美国财政政策有变，在每一汇率水平上对美元的需求降低了200，美元供给增加了100。解释资本流出是由国防支出降低还是政府的健康保健支出增加引起。计算在每一汇率水平上对美元的新需求和新供给，画出新的需求和供给曲线。新的均衡利率是多少？

(b) 假设美国货币政策有变，在每一汇率水平上，对美元的需求增加了400，对美元的供给增加了200。解释资本的流出是由扩张性的还是紧缩性的货币政策引起。计算在每一汇率水平上对美元的新需求和新供给，画出新的需求和供给曲线。新的均衡汇率是多少？

6. 假设欧洲对美国机器的需求由下列方程给出：

$$q=240\ 000/p$$

其中，q 是欧洲购买的美国机器的数量，p 是以欧元表示的美国机器的价格。

(a) 如果汇率是每美元0.8欧元，机器的美元价格是12 000美元，机器的欧元价格是多少？

(b) 根据上面给定的需求函数，欧洲人将会购买多少机器？

(c) 如果机器的美元价格保持不变，汇率下降到每美元0.625欧元，那么，机器的欧元价格现在是多少？

(d) 现在，欧洲人将会购买多少机器？

(e) 在每美元0.8欧元的汇率水平上欧洲人对美元的需求量是多少？

(f) 在每美元0.625欧元的汇率水平上，欧洲人对美元的需求量是多少？

(g) 如果这种机器只有美国出口给欧洲，画出欧洲人对美元的需求曲线。将美元需求置于横轴，将欧元与美元的汇率置于纵轴。

(h) 在每美元0.8欧元（每欧元1.25美元）的汇率水平上，欧洲人欧元的供给量是多少？

(i) 在每美元0.625欧元（每欧元1.60美元）的汇率水平上，欧洲人对欧元的供给量是多少？

(j) 如果这种机器只有美国出口给欧洲，画出欧洲人欧元的供给曲线。将欧元供给置于横轴，将美元与欧元的汇率置于纵轴。（注意汇率的反向表达。尽管存在例外，一国汇率的惯常表达法是兑换一单位国内货币的外国货币数量。）

7. 在下列每一例子中填入缺失的信息：

例子	实际汇率	名义汇率	国内价格水平	外国价格水平
(a)		6	100	100
(b)		6	110	100
(c)		6	100	110
(d)	6		110	100
(e)	6		100	110

对这些例子中列举出的实际和名义汇率进行总结。

8. 除了巨无霸的指数外，《经济学家》杂志开始出版基于全球的星巴克咖啡店拿铁咖啡价格的PPP指数。这个问题旨在说明怎样使用这些指数来决定货币是被高估还是低估。给出下列信息：

国家	以美元表示的咖啡价格	现实汇率
美国	1.50	
Javaland	1.20	2.35
Uppercaffina	2.25	6.00
Isle of Roast	2.70	1.65
Erehwon	0.90	4.35

计算每一个虚构国家的 PPP 汇率。哪种货币被低估或高估了？

9. 假设国内商品的价格连续 5 年每季度以 2%的速度提高，与此同时，假设外国价格 P^f 以 1%的速度上升。对于既定的 PPP 来说，e'以什么样的速率变化？

*10. 假设下列方程概括了浮动汇率制下小型开放经济的结构：

$C=C_a+0.85(Y-T)$

$C_a=200-8r$

$T=200+0.2Y$

$(M/P)^d=0.25Y-25r$

$M^S/P=2\ 250$

$I_p=1\ 700-32r$

$G=1\ 800$

$NX=870-0.08Y-200e$

(a) 初始条件是外国与国内利率相等，因此，$r=r^f$，汇率 e 等于 2。

①推导出净出口 NX 的方程。

②计算乘数值。

③推导出自发性计划支出 A_p 的方程。

④推导出 IS 曲线方程。

⑤推导出 LM 曲线方程。

⑥计算均衡国内与国外利率（r 和 r^f）。

⑦计算实际均衡产出（Y）。

(b) 现在，我们暂时让小型经济中的国内利率与外国利率分离。假设货币当局试图通过将实际货币供给 M^S/P 降低 50 至 2 200，来减少产出。

①推导出新的 LM 曲线方程。

②计算出新的国内均衡利率（r）。

③计算出新的均衡实际产出（Y）。

④给定货币供给减少，计算出使国内外利率相等的实际产出水平。

⑤找出使国内与国外利率相等的汇率水平。（提示：计算出国内外利率相等时产出水平的降低所需的净出口变化，然后，计算出净出口数量的变化所需的汇率变化。）

(c) 我们让国内利率与国外利率分离。假设财政政策的制定者将政府购买（G）降低 80 至 1 720。假设实际货币供给值等于 2 250。

①推导出新的自发性计划支出 A_p 的方程。

②推导出新的 IS 曲线方程。

③计算出新的均衡国内利率（r）。

④计算出新（暂时）的均衡实际产出。

⑤给定实际货币供给一直没有变化，计算出使国内外利率相等的实际产出水平。

⑥找出使国内外利率相等的汇率。（提示：计算使国内外利率相等所必须变动的自发性计划支出，然后计算改变净出口需要变动的汇率。）

(d) 基于你对（b）和（c）部分的回答，对比浮动汇率制下小型开放经济的货币与财政政策的影响。

自测题答案

自测题 7—1

1. 国际收支赤字是 30，需要从国外中央银行借入 30。

2. 国际收支盈余 30，需要借出 30。

3. 与第 1 题相同。

自测题 7—2

所有的表述都是正确的，在描述同一种状况时，它们使用了不同方法。

自测题 7—3

1. 向右移动美元的需求曲线。

2. 对美元的供给曲线没有影响。（来自美国的人们将部分欧洲的美元供给移到了墨西哥。）

3. 美元的需求曲线向左移动。

4. 美元的供给曲线向左移动。

自测题 7—4

1. 2012 年的实际汇率是 0.65×(110/100) ＝ 0.75 欧元/美元。

2. 由于 2011 年实际汇率是 0.75 欧元/美元，美元经历了实际贬值。

3. 美国向欧洲的出口应该增加，进口应该减少。

自测题 7—5

1. 去欧洲旅行的大学生（像任何购买外国商品的人一样）希望美元升值。

2. 其他条件保持不变，你更喜欢在 2001 年到欧洲旅行，这时美元汇率大致比 1995 年高出 41%。

3. 对于德国学生而言，情况相反：当美元处于弱势时，如 1995 年的状况，他或她将喜欢到美国旅行。

自测题 7—6

到欧洲旅行的大学生喜欢强势美元，这意味着他们喜欢能够吸引资本投资流入美国的兴旺的股市。

第3部分

价格水平、通货膨胀与失业

第 8 章 总需求、总供给与大萧条

过去我建设了一条铁路，现在它完工了，兄弟，你能节省（spare）一毛钱吗？

——Edgar Y.（"Yip"）Harburg

8.1 总需求与总供给的结合

原则上，总需求冲击能够改变实际 GDP 或价格水平（GDP 平减指数），或同时改变两者。[①] 直到如今，为将焦点对准总需求的变化，我们做了大胆但实用的简化假设：短期内价格水平是固定的。这意味着总需求的所有变化自动引发实际 GDP 同方向以及同量的增长。重温方程（3.1）中的内容：

实际 GDP 的变化＝总需求的变化/固定价格水平 (8.1)

现在是放弃不现实的假设——价格不变的时候了。回顾一下，价格水平是由总体价格指数比如 GDP 平减指数来衡量的。当大多数商品的价格上升时，总体平减指数（P）上升；当大多数商品的价格下降时，P 下降，存在着通货紧缩。我们怎么确定总需求的变化是否带来实际 GDP、价格水平或兼而有之的变化呢？

本章引入两个新的元素来回答此问题。第一，我们引入实际 GDP 与价格水平之间的斜率为负的曲线关系，称为**总需求（*AD*）曲线**［aggregate demand（*AD*）curve］。在第 3 章至第 6 章中我们已经学习过总需求曲线移动的所有原因，这里唯一新的因素是曲线负向倾斜，反映了一个事实：较高的价格会降低实际货币供给，从而降低总需求。

但是，*AD* 曲线并不能独自决定两个未知的变量：实际 GDP 和价格水平。必要的附加关系是**短期总供给（*SAS*）曲线**［short-run aggregate supply（*SAS*）curve］，即在实际 GDP 与价格水平之间的负斜率关系。*AD* 曲线表示人们在每一种价格水平上需要购买多少商品。*SAS* 曲线表示企业在每一种价格水平上卖出多少商品。当价格水平提高而劳动力与其他投入的成本保持不变时，企业利润将提高，企业将产出更多的实际 GDP。实际 GDP 和价格水平决定于 *AD* 与 *SAS* 曲线的交点。我们将会学习正斜率的 *SAS* 曲线具有短暂刚

① 复习：概念"总需求"和"需求冲击"在第 3 章中首次被定义出来，这些定义也可以在书后的术语表中找到。

性的原因，以及劳动力成本（名义工资）不变时的价格调整。一旦名义工资能与价格水平同比例自由调整，**长期总供给**（*LAS*）**曲线**［long-run aggregate supply（*LAS*）curve］将变为垂直的。

本章由推导 *AD* 和 *SAS* 曲线开始，解释为什么它们那样倾斜，以及是什么因素引发了其位置的变动。其次，我们用两条曲线考察经济学家看待经济周期原因的两种不同观点以及货币与财政政策的有效性。我们使用总需求与总供给之间的区别考察大萧条的原因，这个问题涉及 *AD* 曲线的左移、*SAS* 曲线的斜率和 *SAS* 曲线移动的决定因素。本章的最后部分将对 20 世纪 30 年代大萧条与全球经济危机进行比较。

8.2 可变价格与 *AD* 曲线

在这一部分，我们拓展 *AD* 曲线，它概括了价格的变动对实际 GDP 水平的影响。*AD* 曲线概括了第 4 章中的 *IS*-*LM* 模型；唯一的新元素是价格水平现在允许变动而不是如第 3 章至第 7 章中那样固定不变。

□ 价格变动对 *AD* 曲线的影响

我们已经知道，无论实际货币供给何时变动，*LM* 曲线都将发生位移。迄今为止，当价格水平固定时，每一次 *LM* 曲线位移都源于名义货币供给的变化。价格水平被看做一个参数或已知变量，允许我们集中解决两个未知变量的决定：实际收入（*Y*）和利率（*r*）。

当实际货币供给（M^S/P）因价格水平 *P* 的变化而变化时，*LM* 曲线以几乎同样的方式变动。同时，名义货币供给保持为固定的单一值比如 M_0^S。经济的初始位置集中于点 E_0，也就是 *IS* 曲线与 LM_0 曲线的交点，描绘出当初假定的价格水平 P_0。经济在收入水平为 Y_0、利率为 r_0 时处于均衡状态。到此为止，一切皆与第 4 章相同。

现在，我们考虑一些新的问题，即价格水平是变化的。如果价格水平低于 P_0，例如 P_1，实际货币供给将大于 M_0^S/P_1。为保持货币市场的均衡，利率将下降至 r_1。这种变化将扩大计划支出，使实际 GDP 增加至 Y_1，因此经济的均衡位置将从点 E_0 移至点 *H*。相反的情形也是正确的。较高的价格水平 P_2 将降低实际货币供给，引起实际 GDP 回缩到更低的水平 Y_2，经济的均衡位置将变为点 *J*。

图 8—1 的下图显示了均衡实际 GDP（*Y*）与假定的价格水平之间的关系。横轴（实际 GDP）与上图一致，但下图当中的纵轴代表了价格。下图中的点 *J*、E_0 与 *H* 代表了三种不同的假定价格水平以及来自上图中的相应的实际 GDP 水平。在这个例子中，价格水平 P_2 两倍于价格水平 P_0，P_0 两倍于价格水平 P_1。

在下图中，连接点 *J*、E_0 和 *H* 的总需求曲线（AD_0）代表了与假定名义货币供给（M_0^S）和 IS_0 曲线相对应的所有可能的 *P* 和 *Y* 的组合。如果价格水平较高，那么实际支出与实际 GDP 较低，反之亦然。因为沿 *AD* 曲线的实际 GDP 水平总是位于上图中 *IS* 与 *LM* 曲线的交点上，在 *AD* 曲线的任何一点上，商品与货币市场都处于均衡状态。

为什么 *AD* 曲线是曲线而非直线？它的曲率意味着在给定价格下降幅度的情况下，当价格较低时实际 GDP 的扩张幅度大于价格水平较高时的扩张幅度。之所以如此，是因为一定幅度的价格水平的下降带来的是更大百分比的价格水平的下降，价格水平更低。考虑价格下降 0.5，从 2.0 到 1.5。下降幅度为 0.5/2.0 或 25%。价格再降 0.5，从 1.5 降至 1.0。降低幅度为 0.5/1.5 或 33%。价格再降 0.5，从 1.0 降至 0.5，降低幅度为 0.5/1.0 或 50%。简言之，价格水平越低，价格水平降低的幅度越大。因此实际货币供给与实际 GDP 增加的百分比是对一定的价格水平下降幅度比如设定为 0.5 的反应。

总需求曲线表示价格水平的下降刺激实际产出

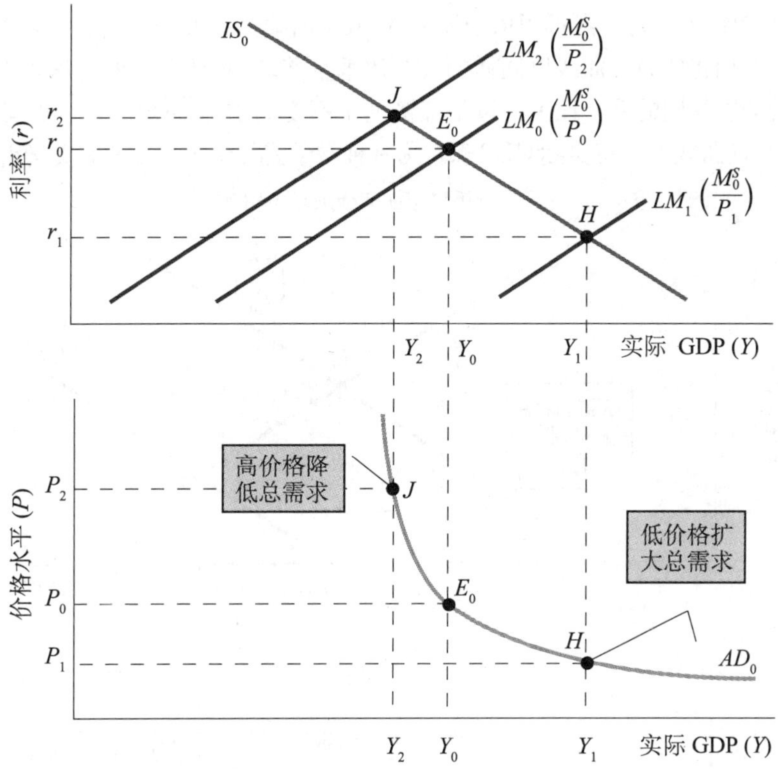

图 8—1　不同的价格对实际收入的影响

注：在上图中，按照三种不同的价格假定值画出三条不同的 *LM* 曲线，对三种不同价格水平的反应是三个不同的均衡点 *J*、E_0 和 *H*。这三个点被描绘在具有同样横轴（实际收入）的下图中，但其纵轴是价格水平。价格指数从点 *J* 到 E_0 再到 *H*，提高了实际货币供给，沿着总需求曲线 AD_0 刺激了实际产出。

8.3　货币与财政政策造成的总需求曲线的移动

□ 名义货币供给变化的影响

在名义货币供给与 *IS* 曲线的位置被假定的情形下，*AD* 曲线的位置是固定的。*IS* 曲线的位置取决于消费者与企业的信心、财政政策和净出口。这些假定条件的任何变化都将

会移动 AD 曲线，在任何给定的价格水平上改变支出的数量和实际 GDP。

为了理解移动 AD 曲线的因素，我们以双倍的名义货币供给量作为开端，从 M_0^S 到 $M_1{}^S$。经济从图 8—2 上图中的点 E_0 出发，与图 8—1 处于同样的位置。双倍的货币供给量将使 LM 曲线向右方移至新的 LM_1 曲线。由于价格水平没有变动，在下图中，经济保持在和 E_0 同样的纵轴位置上，但是向点 H' 水平移动。在上面的图形中处于点 H' 的正下方。经济中的实际 GDP 与点 H 和点 H' 上的水平完全一样。

但是，由于我们画出的最初的 AD_0 曲线建立在价格水平 P_1 相当于 P_0 一半的假设条件之上，那么，顺理成章地，H' 上的价格水平两倍于在下图中的 H 上的价格水平。同样，新的更高的 AD_1 曲线上的每一点都两倍于原有的 AD_0 曲线。一般的规则是：名义货币供给量一定百分比的增加将使 AD 曲线以同样的百分比垂直移动。① 为什么？价格水平必须与名义货币供给的变动以相同的百分比上移以使经济处于不变的实际 GDP 水平。并且，在图 8—2 上图中既定的 IS 曲线下，将实际 GDP 保持为一种常量需要恒定不变的名义货币供给。

货币扩张如何使AD曲线上移

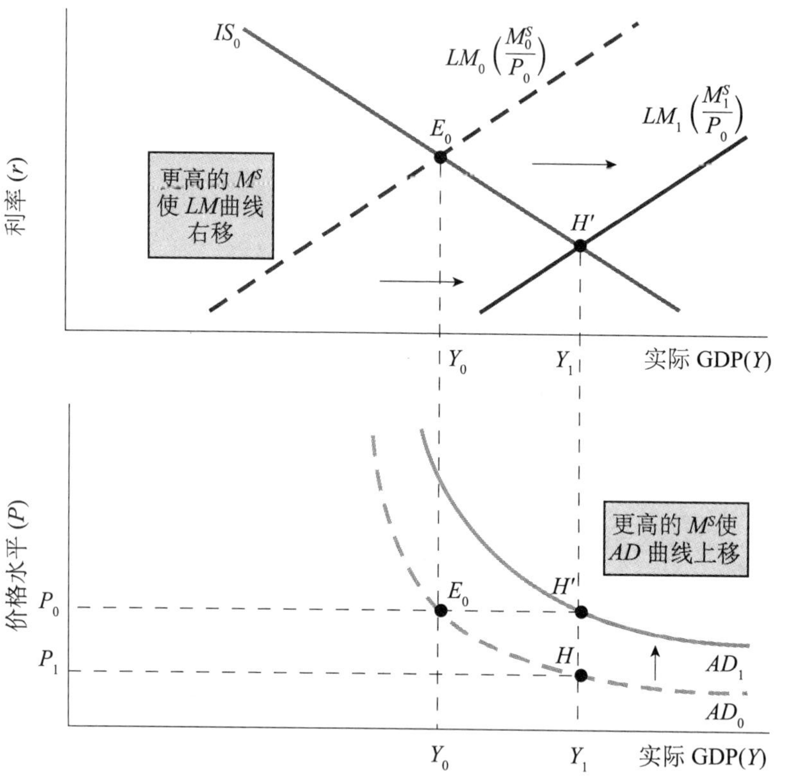

图 8—2　名义货币供给成倍增加对 AD 曲线的影响

注：在上图中，货币供给从 M_0^S 到 M_1^S 的成倍增加使 LM 曲线右移，从 LM_0 移至 LM_1，使经济的一般均衡点从 E_0 移至 H'。在下图中，因为对价格没有任何影响，我们将价格保持在 P_0 的垂直距离上。更高的货币供给提高实际收入并引起下图中经济的均衡位置处于点 H' 而不是点 E_0。注意新的 AD_1 曲线穿越点 H'，在任何地方都相当于原有 AD_0 曲线的两倍高。

① 当名义货币供给增加一倍时，AD 曲线成比例垂直向上移动，需要各类实际财富也增长一倍。

自测题 8—1

1. 陡峭的 *IS* 曲线会使 *AD* 曲线更加陡峭还是平缓？

2. 陡峭的 *LM* 曲线会使 *AD* 曲线更加陡峭还是平缓？

□ 自发性支出变化的影响

在上节的内容中，*IS* 曲线固定在原有的位置，但名义货币供给的增加移动了 *LM* 曲线与 *AD* 曲线。现在将固定的与变动的条件反过来，将名义货币供给保持不变，但是允许计划支出的下降使 *IS* 曲线左移。这些变化可能发生，因为消费者或企业的信心下滑、实际财富下降、信用额度收紧、政府支出下降、税率提高或净出口中的自发因素下降。

当图 8—3 上图中的 *IS* 曲线向左移动时，经济的均衡点从点 E_0 向左下方移至点 F，处于新的 *IS* 曲线与未发生变化的 *LM* 曲线的交点上，此时名义货币供给（M_0^S）和给定的价格水平 P_0 未发生变化。在下图中，如果价格水平保持为 P_0，经济从点 E_0 移至点 F，实际 GDP 从点 Y_0 移至 Y_3。计划支出的下降使 *AD* 曲线左移。

比较图 8—2 和图 8—3 的下图，我们注意 *AD* 曲线的移动是不同的。名义货币供给的变化如图 8—2 所示，使 *AD* 曲线垂直向下或向上移动。但是，图 8—3 中自发性支出的变化使 *AD* 曲线向左或向右平行移动。下图中实际 GDP 的下降源自 *IS* 曲线同样的左移，无论初始价格是高还是低。计划支出的下降是降低价格水平还是使实际收入保持不变？哪种结果会发生？图 8—3 不能告诉我们，因为 *AD* 曲线本身不能包含足够的信息来明确说明价格水平与实际收入。要弄清楚经济处于 *AD* 曲线上的哪一点，我们必须找到与 *AD* 曲线相交的另外一条曲线。这就是我们在下一部分将要介绍的 *SAS* 曲线。

☞ **全球经济危机聚焦**

危机是一个需求问题，与供给无关

全球经济危机始于 2008 年，主要源于总需求（*AD*）曲线的大幅左移。像我们在第 4 章和第 5 章所学过的，危机缘起于美国的金融市场问题，它是房地产泡沫、税收调控、金融创新、证券化和孕育了房地产泡沫的货币政策刺激的结果。由于资本市场之间的相互联系和许多外国银行拥有抵押贷款证券，危机迅速传播到国外。而这些证券最终转化为有毒资产，对于其背后的抵押贷款，借钱者最后失去了偿付能力。

我们可以说总供给曲线（在下两节将要介绍）在危机中不会起到重要作用。通货膨胀率与价格水平保持相对稳定，这意味着经济保持在图 8—4 下图中相同的垂直位置上。而在水平方向上是实际 GDP 的变动。在危机期间如点 E_0 与 F 之间经济一直向左移动，而不是向左上方或左下方移动。

自发性计划支出的下降对***AD***曲线的影响

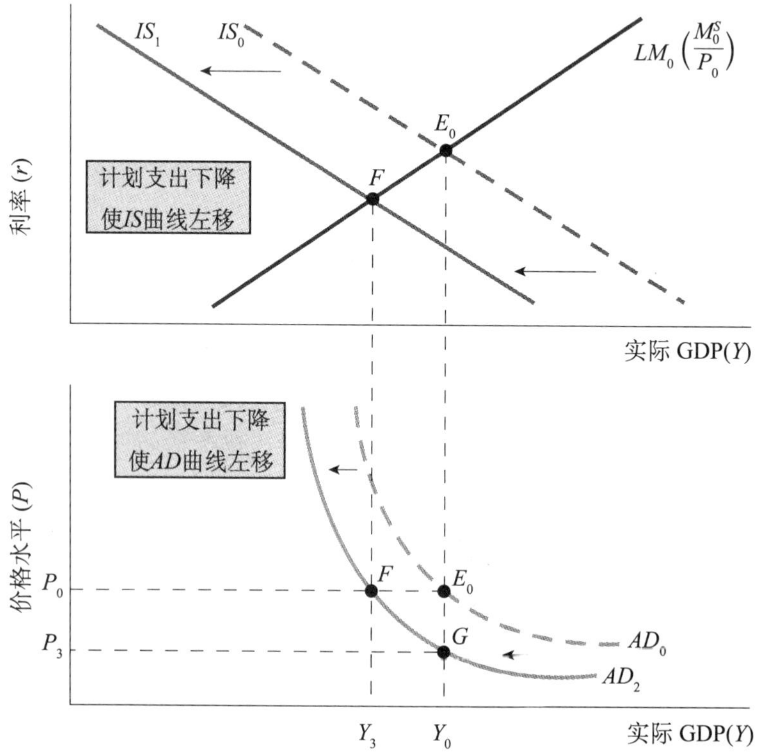

图 8—3　计划支出的下降减少了实际收入、价格水平还是两者兼而有之？

注：使 *IS* 曲线向左移动的自发性计划支出下降的任何活动都会使 *AD* 曲线平行向左移动。如果价格水平稳定在 P_0，经济向左移向点 *F*，实际收入下降为 Y_3。另一种可能性是价格水平下降为 P_3，使经济下移至点 *G*。实际收入保持为原有的 Y_0。价格水平下降至 P_3 将增大实际货币供给，上图中的 *LM* 曲线向右移动至与 IS_1 相交的位置，在 Y_0 的正上方。

☞ **学习识图**

AD 曲线

如图 8—1 到图 8—3 的下图所画出的，总需求曲线总结了我们曾经学习过的 *IS*-*LM* 模型以及增加的新元素——价格水平变化的能力，而不是固定不变的（如第 3～7 章所示）。

图形的构成和倾斜原因

纵轴是价格水平，横轴是实际 GDP 水平。*AD* 曲线表示各种单个 *IS* 商品市场均衡曲线与不同的价格水平下众多 *LM* 货币市场均衡曲线所有可能的交点。在 *AD* 曲线上的每一处，商品（*IS*）与货币（*LM*）市场都处于均衡状态（如图 8—1 所示）。

AD 曲线向下倾斜是因为较低的价格提升了实际货币供给，从而带来了较低的利率、刺激了计划支出。这种刺激需要现实实际 GDP 的增加以保持商品市场处于均衡状态，*IS* 曲线越陡峭，*AD* 曲线也越陡峭。

什么因素使 *AD* 曲线发生移动？

AD 曲线是在固定的名义货币供给（M^S）与 *IS* 曲线的一系列决定因素（企业与消费者信心、政府支出、税率、自发性净税收、净出口的自发构成）固定的情况下画出的。

名义货币供给一定百分比的增长，将使 *AD* 曲线以相似的百分比垂直上移。

移动 *IS* 曲线的任何因素都将使 *AD* 曲线在同一方向上平行水平移动。*AD* 曲线水平移动的距离通常小于 *IS* 曲线，这是因为挤出效应[a] 的影响。

接下来是导致 *AD* 曲线移动的一系列因素，这些因素相反的变化使 *AD* 曲线左移。

- 消费者乐观情绪的提升导致的自发性消费的增加。
- 股市与房地产市值的增加。
- 货币需求的降低例如信用卡的发明引起的利率降低。
- 金融机构向企业或消费者贷款意愿的增强。
- 政府支出的增加。
- 自发性税收或所得税税率的降低。
- 边际消费倾向的提升。
- 提高出口的国外收入的增加。
- GDP 中进口比例的降低。
- 扩大净出口的货币贬值。

***AD* 曲线以外的点的实质**

AD 曲线右边的所有区域都存在过度的商品供给。在一定的价格水平上，相对于商品的需求而言产量过多。

AD 曲线左边的所有区域都存在过度的商品需求。在一定的价格水平上，相对于商品的需求而言产量过少。

在偏离 *AD* 曲线的任何一点上，都存在变化的压力。例如，在 *AD* 曲线右边的点上存在过度产出，存在非计划的存货积压，存在产出下行的压力。当企业以低价扩大销售时，也存在价格下行的压力。[b]

a. 具体内容见第 4 章附录中的方程（10）。在任何已知的变化下，比如政府支出、*IS* 曲线在同方向上以乘数 k 的量值移动。同时 *AD* 曲线也以同样的方式以乘数 k_1 的量值移动。K 值在方程（10）中被定义出来。

b. *AD* 曲线方程就是第 4 章附录中的收入方程（9），$Y=k_1A'_p+k_2M^S/P$。

8.4 短期总供给曲线的形状

短期总供给曲线表示在各种不同的假定价格水平上企业愿意生产的产品数量。这样一种企业行为曲线有几种可能的形状。依赖于不同的形状，*AD* 曲线移动的含义是极其不同的。在图 8—4 中，我们展示了 *AD* 曲线从 AD_0 向 AD_1 的右移。

总需求的增加怎样在较高的实际 GDP 与较高的价格水平之间分割？在图 8—4 中，在三种不同假设的总供给曲线情况下，有三种假设的答案。在第 3～7 章中，我们假定价格水平总是保持固定，因此我们假定经济沿着水平的总供给曲线从初始的位置点 E_0 直接向右移至较高水平的实际 GDP 的点 E_1。因而，在第 3～7 章中我们都假定总供给曲线是水平的，如图 8—4 所示。

第二种可能是实际 GDP 总是固定在自然实际 GDP 水平上。这样，总需求的同量增加对实际 GDP 没有任何影响，相反，企业将沿着垂直的总供给曲线将价格水平从 P_0 简单地提升至更高的水平点 E_3。如图 8—4 所示，产出水平（Y）并不发生改变。如我们将看到的一样，自然实际 GDP 仅仅是与劳动力市场均衡相一致的产出水平。

第三种可能由标有“正斜率总供给曲线”字样的线条表示出来。如果这条曲线是有效的，AD 曲线的右移将使企业同时提高价格与产出水平。将经济推向诸如 E_2 这样的点。如我们将要看到的一样，类似于 E_2 的点仅可能短暂实现。

图 8—4 中关于三种总供给曲线的选择引起了宏观经济学中几十年的争论。在第 3～7 章不变价格的分析中一直假定水平的总供给曲线是十分便利但不现实的，因为它不能解释通货膨胀率为什么不能总是为零。垂直的总供给曲线对于快速通货膨胀发生时期的分析简便快捷，因为这意味着货币供给的变化主要或完全影响通货膨胀率，对实际产出的影响是微弱或不可见的。此外，正斜率的曲线显得更真实，至少短期如此。

在下一部分，我们将会看到在图 8—4 中正向倾斜的线是在本章开端部分引入的短期总供给（SAS）曲线。它在短期内是有效的，这个时期短到价格能够发生调整，而在此期间名义工资暂时保持不变。在下一部分，我们还将学习图 8—4 中的垂直线是长期总供给（LAS）曲线，是名义工资对于任何价格水平的变化充分调整的结果。

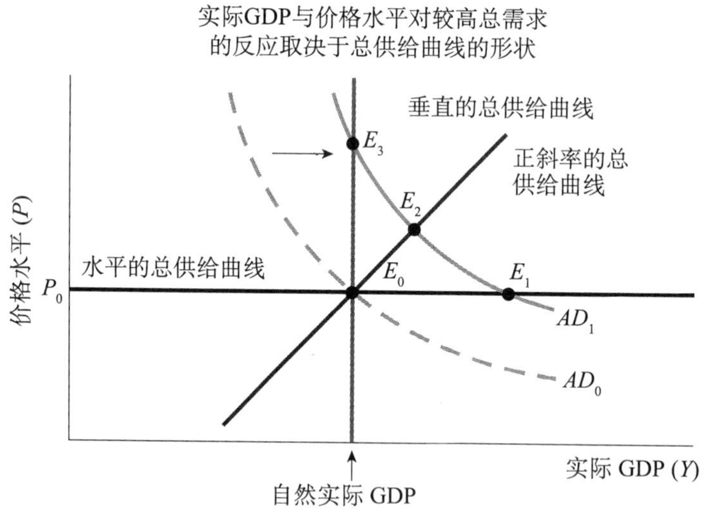

图 8—4　在三种可选择的短期总供给曲线下，*AD* 曲线右移的影响

注：价格水平为 P_0 时水平的总供给曲线反映了第 3～7 章的不变价格假设。总需求的增加使 AD_0 移动至 AD_1，将使经济从初始点 E_0 移至新的一点 E_1。相反，如果总供给曲线是垂直的，较高的总需求将经济从点 E_0 推向 E_3。一种中间的可能性是产出与价格水平在短期内都将上升至比如点 E_2。在长期内，实际 GDP 的扩张逐步消失，直至到达 E_3。

8.5 名义工资率不变时的短期总供给曲线

现在我们准备学习为什么以名义货币供给变化或以任何改变 *IS* 曲线的因素形式出现的总需求冲击将会改变实际 GDP 和价格水平。需求冲击改变的价格水平大于改变的实际 GDP，还是相反呢？答案取决于 *SAS* 曲线的斜率。

在这部分，我们要说明图 8—4 中正斜率的 *SAS* 曲线建立在短期内价格水平灵活、投入成本固定这一理念的基础上。只要投入成本保持不变，正斜率的 *SAS* 曲线就会保持在固定位置。但是，如果投入成本上升，*SAS* 曲线将向上移动；如果投入成本下降，*SAS* 曲线将向下移动。

□ 在 *SAS* 曲线上什么保持不变？

当企业提高商品与劳务的销售价格但其投入成本保持不变时，企业赚取的利润增加；较高的利润刺激企业生产更多的产品。例如，在 2010 年秋季，美国的小麦农场主忙于计算针对于 2010 年夏季小麦价格上升应该增加多少小麦的生产，因为严重的干旱降低了俄罗斯的小麦产出。在 *SAS* 背后的关键洞见是：

较高的产品价格＋固定投入成本⇒较高的利润⇒高产出

沿 *SAS* 曲线保持固定不变的关键投入成本是名义工资率、原材料价格、生产率与技术水平。

名义工资率 沿着任何给定的 *SAS* 曲线，名义工资率是固定的。首先我们会遇到第 2 章中提出的名义变量与实际变量之间的区别。名义工资率可以被简单说成当前支付的工资率（W）。实际工资率（W/P）是名义工资率除以价格水平（P）。

无论名义工资率何时增长，*SAS* 曲线都会上移；无论名义工资率何时下降，*SAS* 曲线都会下移。名义工资率不变的假设是一种简化，它旨在表现这样一种事实：名义工资率对整个经济周期期间产出的上下波动调整缓慢。

名义工资率调整缓慢的倾向在于以下三个原因：

（1）首先，在相当长一段时期内，正式和非正式合同确定了名义工资。大多数教授全年被支付一个固定薪金，属于工会的航班领航员的工资经常在 3～5 年期间是固定的。当工资保持不变时，产品价格的任何提升都将会提高企业利润，激发更多产出被生产出来。例如，在 2010 年航空票价比 2009 年提高 25％或更多但工资不变，航空利润的提高给航空公司增加飞机和航次提供了更大激励。

（2）即使工人与企业不存在正式合同，工资率也能够在相当长的时间内保持不变。管理者的时间是稀缺的，并且管理者缺少时间每天思考雇员工资与薪金应该是多少的问题。他们倾向于推迟工资决策直到每年确定的时间，也许半年或一年的时间确定一次。

（3）当产出下降时，企业可能勉强削减工资，工资减少有可能降低士气和工作努力程度。如果工资被削减，一些企业最好的工人可能离职或转移到其他企业。

原材料价格 除了支付给工人的工资与薪金以外，另一最为重要的投入成本是原材料投入，如能源（包括电力、煤、石油和天然气）。油价是导致 *SAS* 曲线变动的重要来源。当油价如 2007—2008 年一样上升时，曲线向左上方移动；当油价如 2008—2009 年一样下降时，曲线向右下方移动。

生产率与技术　企业利润不仅取决于工人的工资率，而且取决于工人的产量。如果麦当劳的一个柜台员工每小时的报酬是 10 美元，每小时能够接待 20 个顾客，则每个顾客的劳动成本是 0.5 美元。但是，如果麦当劳重新安排工作程序，安装更好的设备，使得员工每小时能够为 40 位顾客提供服务，那么，每位顾客的劳动成本就会从 0.5 美元降至 0.25 美元。生产率的改进，无论是由更好的机器、新技术还是商业活动的重组引起，都将使 *SAS* 曲线向右移动。

□ 短期总供给曲线

在图 8—5 左图中连接点 *A*、*B* 和 *C* 的线是 *SAS* 曲线，它与图 8—4 中斜率为正的 *SAS* 曲线表面上是一样的。除此以外，现在它被描绘成曲线而不是直线。在 SAS_0 的标示右边，假定的初始不变的工资率 W_0 被放置在括号里。如果工资率提高到 W_0 以上，*SAS* 曲线将向上移动。为使图形简化，我们将不再在图形中明确列出此前考察过的移动 *SAS* 曲线的两个其他重要因素，也就是原材料价格以及生产率和技术水平。

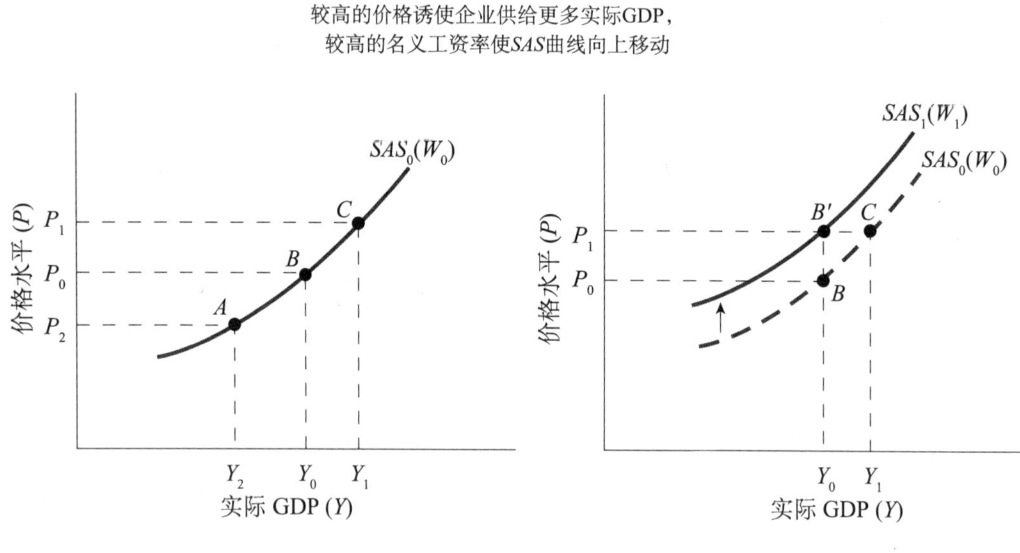

图 8—5　两种不同工资率 W_0 和 W_1 下的短期总供给曲线

注：左图显示，沿着 *SAS* 曲线价格水平的提高提升了实际 GDP 水平。由于 SAS_0 曲线设定了固定不变的名义工资率、固定的原材料价格、固定的生产率和技术水平，价格水平的任何提高比如从 P_0 到 P_1 都提高了企业利润，诱使企业生产更多的实际 GDP。右图显示，当名义工资率从 W_0 提高至 W_1 时，整条 *SAS* 曲线从初始的 SAS_0 上移至新的曲线 SAS_1。

我们始于点 *B*，此处价格水平是 P_0，实际 GDP 是 Y_0。如果价格水平上升，将发生什么？由于价格水平用纵轴表示，我们知道 *SAS* 曲线不能移动其位置。曲线图的一般规则是变量在图形中的横轴或纵轴上的变化并不能引起曲线或关系的改变，只会引起沿着曲线的移动。不过价格水平从 P_0 提高到 P_1 将使经济从初始点 *B* 移动到新的点 *C*，此点上的实际 GDP 高于 Y_1。因为工资率（W_0）和原材料价格以及生产率和技术水平在 *SAS* 曲线上是固定的，较高的价格直接流入了企业的价格增量（margin）中，引诱它们去生产更多的产出。同样，价格水平从 P_0 下降到更低的 P_2，经济将从初始的点 B 下移至点 A。

随着价格水平的提高，名义工资不可能永远保持不变。工人们可以观察到价格水平的上升，以及固定不变的名义工资的购买力下降。他们将要求增加工资，但是，在正式或非正式工资合同到期以前或管理者提升工资的惯常日期以前这一要求有可能被拒绝。企业将通过提高工资来回应劳动力需求的增加，既因为它们可以承担（因为利润上升），也因为它们害怕最好的工人离开去为其他企业工作。

当名义工资率从 W_0 上升到 W_1 时，SAS_0 曲线上移至较高的 SAS_1 曲线。在图 8—5 右图中，我们假定 W_1 超出 W_0 的百分比与 P_1 超出 P_0 的百分比一样：

$$\frac{W_1}{P_1}=\frac{W_0}{P_0}$$

因为工资率上升的幅度与价格上升的幅度相同，企业的利润降至实际 GDP 为 Y_0 时的原有水平。方程的两边代表了均衡的实际工资，在这一水平上产出保持不变，为 Y_0。由于工资与价格水平都已上升，经济处于点 B' 的位置。此时，经济拥有与初始点 B 一样的实际 GDP 水平但更高的工资与价格水平。实际工资的重要性在于企业的利润上升激发了从点 B 到点 C 的初始运动，在点 C 上工资水平没有变动，但价格水平提高。实际工资的这种下降趋向不会延续下去，因为工人将坚持提高工资直至回到初始均衡的实际工资水平。尽管显性工资合同与隐性工资合同可能保证名义工资在有限的时间内不变，然而，只要实际工资 W/P 低于其初始均衡水平 W_0/P_0，名义工资总有上升的压力。

☞ **学习识图**

SAS 曲线

短期总供给曲线简称 *SAS* 曲线，它描述在各种不同的价格水平下企业愿意提供的产出总量。

图形的构成和倾斜原因

SAS 曲线与 *AD* 曲线具有相同的纵轴与横轴，价格总水平用纵轴表示，实际 GDP 用横轴表示。如图 8—5 所示。

SAS 曲线向上倾斜是因为在企业成本的所有构成部分保持不变的情况下允许价格上升或下降，成本包括名义工资率、原材料价格、决定每一位工人能够生产多少的生产率与技术水平。因为成本是固定的，较高的价格能够提高利润水平。对每一企业产生的刺激能够生产更多的实际 GDP。

接下来的讨论假定在图 8—5 左图中的点 B，在 *SAS* 曲线上假定的工资水平（W_0）除以价格水平为**均衡实际工资率**（equilibrium real wage rate）（W_0/P_0）。我们将均衡一如既往地定义为不存在变化压力的这样一种状况。不过，在点 B 的劳动力供给与需求确定了均衡水平的实际工资。如果实际工资水平较低，员工会不满意，从而使实际工资恢复到均衡水平；如果实际工资水平较高，企业会不满意，从而使实际工资恢复到均衡水平。

什么因素使 *SAS* 曲线发生移动？

提高企业成本的任何因素都将使 *SAS* 曲线上移；降低企业成本的任何因素都将使 *SAS* 曲线下移。企业成本的主要决定因素是名义工资率、原材料价格、生产率与技术水平。工资率或原材料价格的提高将使 *SAS* 曲线上移，生产率和技术水平的改进将使 *SAS* 曲线下移。

当名义工资率与价格水平以相同的比率提高时，实际工资固定、实际 GDP 既定，在图形上会保持在横轴的同样的位置。生产率或技术的改进、名义工资或原材料价格的下降将使 *SAS* 曲线下移。

SAS 曲线以外的点的实质

由于 *SAS* 曲线表示与企业利润最大化目标相符的价格水平与实际 GDP 的各种不同组合，任何脱离曲线的点都不是企业的选择。

SAS 曲线右边的点是指企业生产了过多的产品，价格水平低于生产成本，企业将通过降低产出增加利润。与此相似，在 *SAS* 曲线左边的点是指企业生产的产品太少，企业应该提高产出直至回到 *SAS* 曲线上来。

自测题 8—2

下列哪一种因素会引起沿着短期总供给（*SAS*）曲线的移动？哪一种因素会引起曲线本身的移动？如果曲线位移，它是向上移动还是向下移动？

1. 工会在降低工资帮助企业赢得外国的竞争方面的妥协。
2. 密苏里州发现了一个巨大的油田从而降低了石油价格。
3. 货币供给的增加。
4. GDP 平减指数的提高。

8.6 短期与长期的财政和货币扩张

在第 4 章我们考察了假设价格水平固定情形下扩张性货币政策的影响。我们发现货币或财政刺激正常来说将提高实际 GDP。现在我们取消以前价格不变的限制条件，结果货币与财政扩张在短期内将同时提高产出与价格水平。但是，在长期只有价格水平的提升，产出回落到初始水平。

下面我们将要举出关于财政刺激的特例，不过同样的分析也可以适用于货币刺激或能够使总需求（*AD*）曲线右移的任何因素的分析，包括实际财富的增长、金融市场上宽松的信用额度、投资者乐观情绪的迸发或旺盛的国外需求导致的出口的跃升。

□ 财政扩张最初的短期影响

在图 8—6 中，我们以均衡点 *B* 作为出发点。在这一点上价格水平为 P_0，实际 GDP 为 Y_0。现在引入财政刺激，以政府购买形式出现，它的增加将使总需求曲线从 AD_0 向右移至 AD_1。我们在何处能够找到产出与价格指数的新的均衡水平？如果价格水平保持不变，我们

将直线从点 B 右移至点 L。但是价格水平并非不变，因为企业坚持提高价格以提高利润，这足以诱导它们提高实际 GDP 水平。简单地说，点 L 不是企业合意的产量点。

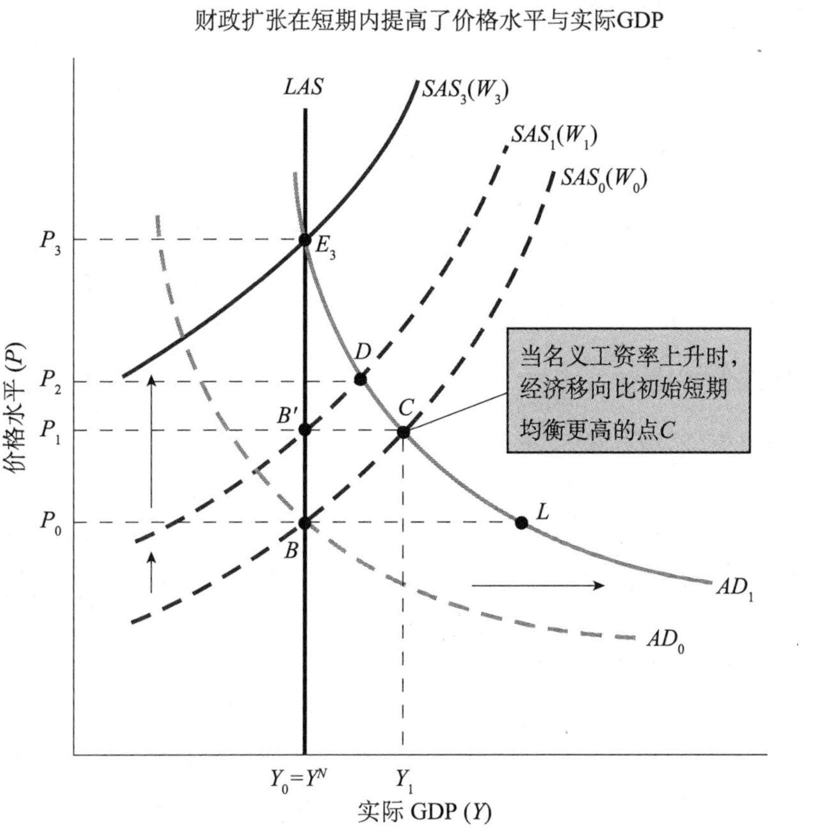

图 8—6　自发性计划支出从 AD_0 增至 AD_1 对价格水平与实际收入的影响

注：较高的自发性计划支出将使经济的均衡位置从初始的点 B 移向点 C，价格水平与实际产出都增大。然而，点 C 并不是一个持久不变的位置，因为实际工资率下降至均衡的实际工资率以下。只有在点 E_3 现实实际工资率回复到其初始的均衡值。

点 C 位于新的 AD_1 曲线与 SAS_0 曲线的交点上。政府购买的增加将使价格水平持续提高到 P_1，产出提高至 Y_1，这种变动的发生是因为较高的总需求提高了价格，刺激了企业生产更多的产品，至少在工资率不能调整的状态下如此。

注意产出不会以第 4 章中基于不变价格的完全乘数增长，也就是 B 与 L 之间的水平距离。取而代之，点 C 位于不变的价格点 L 的左上方，因为点 C 较高的价格水平会降低实际货币供给和对商品的需求。在图 8—6 中点 C 的这种情况来自任何提高总需求的刺激因素。只要 SAS 曲线向右上方倾斜，任何这类变化都将使 AD 曲线右移，持续不断地沿着名义工资固定为 W_0 的 SAS_0 曲线提高产出与价格直到点 C。

□ 名义工资率的提高与长期均衡的实现

点 C 不是经济对较高政府购买水平调整的终结点。企业满足于此但工人并非如此，因为价格水平从 P_0 上升到 P_1，而名义工资率始终停滞在 W_0。实际工资率降低至 W_0/P_1。

每一条 SAS 曲线都假设名义工资率固定在一个特定值，对于供给曲线 SAS_0 来说就是 W_0。一旦工人知道现实价格水平上升，他们将发现对实际工资率下降的失望。为了实现实际工资率回复到原有水平的愿望，在下一轮的工资谈判中，工人将坚持要求名义工资水平增加到 W_1。正如图 8—5 右图中的情形，新的总供给曲线 SAS_1 显示了名义工资率从 W_0 增加到 W_1 的结果，它与从 P_0 提高至 P_1 的价格以同样的比率上升。

很显然，经济目前移动至点 D，伴随着较高的价格水平 P_2。但是在点 D 工人们再次失望了，这时的实际工资率为 W_1/P_2，低于初始均衡工资率。他们再一次要求提高名义工资率。最终，经济必定滑升至 AD_1 曲线的点 E_3。为什么？因为只有在初始的实际 GDP（Y_0）水平和就业量（N_0）上实际工资率才位于其初始均衡值（W_0/P_0）。在经济运行于 Y_0 右侧的任何时间名义工资率都有上升的压力，SAS 曲线将上移。

□ 长期总供给曲线

垂直线提升至原有实际 GDP 水平（Y_0）之上被称为长期总供给（LAS）曲线，只有在这一产出水平——也被称为自然实际 GDP（Y_N）——劳动力市场在原有实际工资（W_0/P_0）处于均衡状态。[①] 这是没有实际工资变化压力的唯一产出水平，因为这是企业愿意生产、工人对实际工资满意的唯一产出水平。垂直的 LAS 曲线表示价格水平（P）与自然实际 GDP（Y_N）的所有可能组合。

经济对总需求增加调整的总结

点	AD 曲线是初始的还是新的？	价格水平	工资水平	产出水平	是短期还是长期均衡？
B	初始	P_0	W_0	Y^N	短期，长期
C	新	P_1	W_0	Y_1	短期
D	新	P_2	W_1	高于 Y^N，低于 Y_1	短期
E_3	新	P_3	W_3	Y^N	短期，长期

□ 短期均衡与长期均衡

两个条件被满足后，经济处于**短期均衡**（short-run equilibrium）状态。第一，产出水平必须足以平衡对商品的需求。第一个条件沿着适当的 AD 曲线的任何点都可以被满足。第二，价格水平 P 必须足以使企业能够和愿意生产沿 AD 曲线的特定产出水平。这样的现象只能发生于特定工资率（W_0）下的短期总供给（SAS）曲线上。

只有当短期均衡的所有条件都被满足并且实际工资率处于其均衡值时，经济才处于**长期均衡**（long-run equilibrium）状态。在图 8—6 中，长期均衡仅发生于 AD、SAS 和 LAS 三者的交点。经济不会紧随 AD 曲线的移动迅速移向长期均衡的原因是要花费时间进行调整以及对工资与价格的适应存在时滞。

---

① 自然实际 GDP 在第 1 章被定义出来，并在本章被首次介绍。

自测题 8—3

如果经济要保持长期均衡，当下列情形发生时，价格水平、工资水平和实际 GDP 水平必然发生怎样的变化？

1. 政府融资的高速路建设的增加。
2. 扩大美国净出口的日本 GDP 的增加。
3. 美国货币供给的增加。
4. 计算机的更广泛使用引起的生产率提高（货币供给不变）。

□ 经济周期的解释

价格和产出调整的前导理论取决于价格与工资调整的对称性。在短期内尽管名义工资是固定的，但价格是灵活的。这种对称的现实解释是许多类型工作的工资与薪金并非频繁发生变化。工资与薪金有时每年变化一次，在工会合同中甚至三年或更长的时间才会变化。短期内名义工资率不变与价格水平可变的假设意味着实际工资反周期的变动；也就是说，实际工资与实际 GDP 反向移动。对美国数据的统计研究没有显示出实际工资明显的或一贯的反周期变动。实际上，相对于实际 GDP 在整个经济周期期间的剧烈波动而言实际工资的变动是微弱的（见图 3—1）。

一种理论观点是价格与工资在短期内是不变的，并且 *SAS* 曲线相对平坦。正如名义工资由劳动合同和惯例确定，在这种情况下工资并不能频繁改变。因此许多价格在长期内保持不变。许多产品的价格是提前确定的，包括餐馆菜单上的价格和邮购价格表。企业在相当长的时期内以不变价格购买其供给品。在第 17 章我们将返回到工资与价格刚性论上来。在那里我们将学习价格与工资在一定时期内缓慢调整的原因。当实际 GDP 高出均衡（或自然）实际 GDP 时，工资与价格上行的通道被打开，存在着通货膨胀的压力直至经济回复到 *LAS* 曲线，例如图 8—6 中的点 E_3。

8.7 古典宏观经济学：货币数量论和自我调节的经济

早于凯恩斯的《就业、利息和货币通论》的古典经济学家，包括亚当·斯密、大卫·李嘉图、约翰·斯图亚特·穆勒、阿尔弗雷德·马歇尔和阿瑟·C·庇古相信经济拥有强大的**自我调节能力**（self-correcting forces），能够保证充分就业，防止现实实际 GDP（Y）在短期内滑落至自然实际 GDP（Y^N）之下。这种能力由灵活的工资与价格构成，经济将对总需求移动的影响作出迅速调整。因为古典经济学家不相信实际产出或失业的经济周期是一个问题，因此，在他们看来，政府没有必要用货币或财政政策去稳定经济。

□ 货币数量方程和货币数量论

古典经济学家发展出来的最重要的宏观经济模型是著名的“数量方程”，该方程将名义货币供给（M^S）及货币流通速度（V）和价格水平（P）及实际 GDP（Y）联系起来。

$$M^S V \equiv PY \quad (8.2)$$

数量方程根据定义是真实的，因为货币流通速度被定义为 $V \equiv PY/M^S$。

将数量方程转化为理论，古典经济学家假定，方程左边 M^S 和 V 的任何变化在实际 GDP（Y）不变的情况下被方程右边 P 的同比例变化所抵消。**货币数量论**（quantity theory of money）主要强调了货币供给（M^S）的变化引起价格水平同比例的变化。为什么这个理论将焦点放在 M^S 上而不是 V 上？流通速度（V）被认为是相对稳定的，主要取决于在长期内逐步演化的支付方式（如现金、支票）等因素。在 2～5 年相对较短的时期内，经济周期主要可以归结为货币数量的变化。

任何理论都可以根据货币数量方程（8.2）进行分析。例如，第 4 章中的 *IS*－*LM* 模型考察了政府支出变化的影响，这会引起 *IS* 曲线的移动而不是 *LM* 曲线的移动。这反映了政府支出的变化不会改变货币供给的假定。由于 M^S 和 P 是固定的，较高的政府支出提高了方程（8.2）左边的 V 和右边的 Y。从这个意义上说，在固定价格的 *IS*－*LM* 模型中计划支出变动的分析与货币数量论相反，将 V 的变化与 Y 联系起来，而货币数量论是把 M^S 的变化与 P 联系起来。

□ 总供求模型中的自我调节

老的古典主义者的分析方法——他们的分析模型主要依赖于货币数量论——可以被转换成本章引入的总需求与总供给模型。图 8—7 与图 8—6 具有同样的构成元素，但是图 8—7 缺少短期总供给（*SAS*）曲线。

古典经济学家假定经济不会离开长期总供给（*LAS*）曲线运行。例如，如果需求下降引起总需求曲线在图 8—7 中从 AD_0 下移至 AD_1，古典经济学家会预测经济将从初始的点

价格而非实际GDP或失业的经济周期

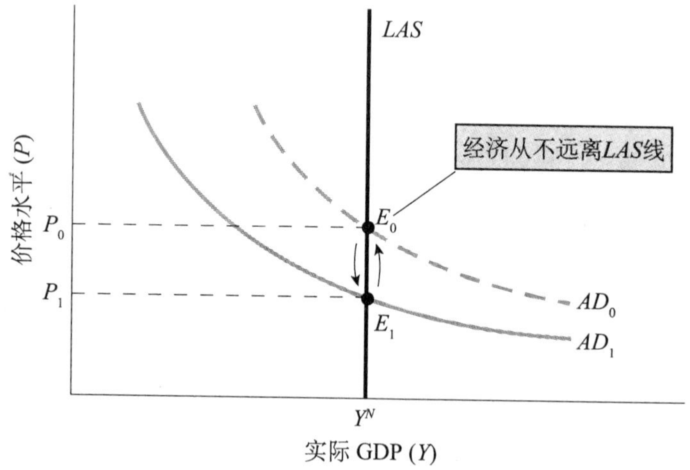

图 8—7 当价格水平完全灵活时，计划支出下降的影响

注：古典经济学家假定，无论总需求下降何时发生，价格水平都将下降。从点 E_0 开始，计划支出的下降将使 AD 曲线从 AD_0 向 AD_1 移动，使经济直接下降至点 E_1。实际 GDP 水平处于 Y^N，因为较低的价格水平提高了实际货币余额（M_0^S/P）并足以抵消计划支出的下降。向 AD_0 的回移将提高价格水平，使经济回到原有的位置点 E_0。

E_0 移向新的点 E_1。在此期间，现实实际 GDP 将降至低于自然实际 GDP 水平。价格水平将迅速从初始水平 P_0 下降至新水平 P_1。

古典经济学家在经济行为对总需求增加的反应方面持有一致的观点：Y 超出 Y^N，企业将提高名义工资率和价格。工资与价格的提高将会继续，直到产出下降回 Y^N 水平。

因为经济从 E_0 到 E_1 又折回的下上移动没有发生实际 GDP（Y）偏离自然实际 GDP（Y^N）的明显运动，实际 GDP 的经济周期现象不会发生。经济周期表现在价格水平的变动上，从 P_0 下降至 P_1 再回到 P_0。古典经济学家试图在他们早期的经济周期理论中对这样的价格运动进行解释。不过，古典经济学家不将价格变动视为授权政府进行货币或财政政策干预的充分理由。

□ 古典视角下的失业与产出波动

我们已经看到古典经济学家不相信实际 GDP 能够在短期以外保持低于自然实际 GDP（Y^N）的水平。当人们被解雇、产量萎缩时，他们怎么解释发生在现实经济中的失业现象？失业人员有时被认为是缺乏责任的，他们被认为没有充分的工作意愿。一些古典经济学家认为任何正常的人都会在饥饿的驱使下去寻找工作。多数人相信如果没有充足的工作岗位，工人之间的竞争会降低实际工资率，直至均衡在劳动力市场上实现。

尽管一些新闻记者和孤立的经济学家（包括卡尔·马克思和弗里德里希·恩格斯）认为失业是 19 世纪中叶英格兰新兴工业社会不可避免的副产品，但大多数古典经济学家都忽视了失业的社会重要性，认为它只是一种暂时性的自我调节。事实上，术语“失业”在 20 世纪初期以前并不存在。

具有讽刺意味的是，美国以外的一些政府在古典经济学家乐意承认长久失业存在以前就开发出了失业保险。1911 年世界上第一个失业保险制度被温斯顿·丘吉尔引入英国；此后，1913 年才出现了古典经济学家（阿瑟·庇古）写作的以失业为主题的重要学术著作。① 这本书将业已存在的失业归咎于工资的调整速度不足以维持劳动力市场的均衡。对失业的建议性治理涉及对工资刚性的补救而不是政府通过扩张性货币与财政政策干预及刺激总需求作用的任何建议。

8.8 凯恩斯革命：自我调节的失败

大萧条开始于 1929 年末的股市崩塌，到 1932 年实际 GDP 下降了三分之一，失业螺旋上升了 20%以上。古典经济学家措手不及，除了声称工资过高等一些原因外，对严重的持久性失业没有任何解释。经济学失去了其知识港湾，是进行重新诊断的时候了。在这种氛围下，对 1936 年凯恩斯《就业、利息和货币通论》出版的期待也许并不令人吃惊。它的问世改变了宏观经济学。仅在一年后，希克斯发表了一篇文章，确立了第 4 章中的

① 这是阿瑟·庇古的《失业论》。这一部分对古典经济学家观点的描述中很多详细内容与全部有据可查的处理方法摘自约翰·A·加拉蒂的《失业的历史：经济思想与公共政策》(New York：Harper 82 Row，1978，pp. 70－145)。

$IS-LM$模型，作为对凯恩斯理论的解释。

□ 极端案例中货币失效与自我调节的失败

我们可以使用总需求曲线与总供给曲线来说明凯恩斯对 20 世纪 30 年代困扰世界经济的高失业的分析。对凯恩斯来说，待解决问题可以分为两类：一种关系到需求，一种关系到供给。需求问题是**货币无效**（monetary impotence）的可能性，供给问题是**刚性工资**（rigid wage）。

不敏感的支出：垂直的 *IS* 曲线　如我们在第 4.8 节所学习的，实际货币供给（M^S/P）的增加具有强效应与弱效应。这取决于 *IS* 与 *LM* 曲线的形状。货币无效的一种情形发生于 *IS* 曲线是垂直的状态，名义货币供给的任何变化都将使 *LM* 曲线沿着垂直的 *IS* 曲线上下移动，不对实际 GDP 产生影响。其重要性犹如提高实际货币供给（M^S/P）同时使价格水平下降，从而使实际 GDP 保持不变。

我们在图 4—7 中考察了垂直的 *IS* 曲线；现在在图 8—8 中，我们观察总需求曲线的含义。如果 *IS* 曲线在一种收入水平如 Y' 上是垂直的，那么，*P* 的下降无力将实际 GDP 水平提高至 Y' 之上，因此，总需求曲线就是图 8—8 中的垂直线 AD'。在图 8—8 中与 AD' 曲线相反的是从图 8—6 中复制过来的正常倾斜的 AD_0 曲线。

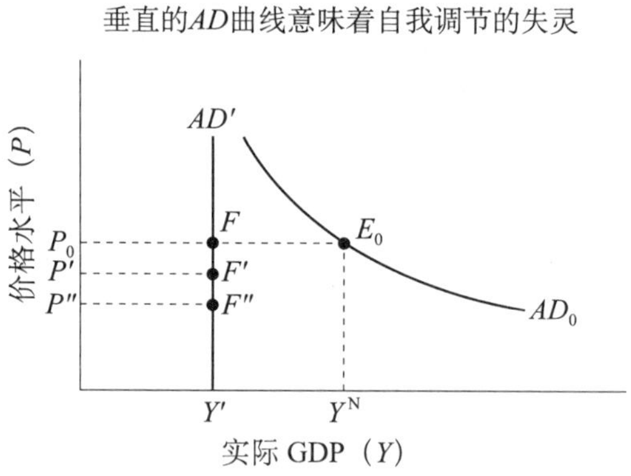

图 8—8　自我调节失败时，价格下降效应的缺失

注：自我调节失败的情况是：(1) 位于 Y^N 左侧的 *IS* 曲线是垂直的，或 (2) 正常的 *IS* 曲线与水平的 *LM* 曲线相交于 Y^N 的左侧。随着自我调节的失灵，总需求曲线是一条垂直线如 AD'，与正常斜率的 AD_0 曲线相反。由于自我调节的失灵，较高的实际货币供给将不能刺激经济，因此，价格水平的下降仅能将经济从点 *F* 下移至 F' 再下移至 F''。

平等陷阱：水平的 *LM* 曲线　如果 *LM* 曲线是水平的并且如果 *IS* 曲线与水平的 *LM* 曲线相交于 Y^N 的左边，垂直的 AD' 曲线会出现同样的问题。（接近水平的 *LM* 曲线在图 4—8 中的下图被显示出来。）在这种情况下，M^S/P 增加不会使 *LM* 曲线向下移动。实际 GDP 黏着在例如点 Y' 上。此处，水平的 *LM* 曲线与正常倾斜的 *IS* 曲线相交，总需求曲线是垂直的，如图 8—8 所示。

当 *IS* 曲线是垂直的、*LM* 曲线是水平的时，货币政策无效、自动调节失灵。在其中任何一种情况下，古典的包治百病的通货紧缩不能挽救周期性衰退和萧条。在图 8—8 中，价格水平持续下降，从 P_0 下降至 P' 再下降至 P''，但是实际 GDP 保持在 Y' 上。经济仅仅是垂直下滑，从点 F 移向 F' 再移向 F''。没有任何右移的动力，而这是经济从实际 GDP 的萧条状态（Y'）走向意愿状态（Y^N）的必要条件。

☞ **全球经济危机聚焦**

零利率底线作为货币无效的另一来源

“零利率底线”在第 4 章作为货币无效的另一来源被引入本书。零利率底线是指名义利率不能为负。因为这意味着银行要付钱给借钱的人，这使对贷款的需要迅速达到极限。像我们以前所学习过的，在 20 世纪 30 年代的美国、20 世纪 90 年代末的日本、2009 年初以来的美国，名义短期利率曾经为零。但是，无论美联储增加多少货币供给量，都不能降低利率。在这部分我们要考虑价格下降对提高货币供给的影响，同样，价格下降并不能降低名义利率。事实上，价格下降提高了实际利率（它被定义为名义利率减去通货膨胀率；当通货膨胀率为负数时，实际利率高于名义利率）。下降的价格引起的实际利率的提高降低了利率敏感型消费者对耐用品的需求以及企业在设备方面的投资，实际 GDP 产生下降的压力。

□ 财政政策与实际余额效应

在图 8—8 中自然实际 GDP 左边的 AD' 曲线形成的至关重要的问题包括较低的实际财富、紧的信用条件、企业与消费者的悲观主义、以往房地产泡沫时过度建设所造成的低投资等等的组合。信心如何被唤醒呢？如果计划支出提高到足以使 IS 曲线与 LM 曲线交于点 Y^N 或其右方的水平，所有问题便迎刃而解。为此，凯恩斯相信使 IS 曲线右移的财政政策显然是可用的抗萧条的工具。

价格下降的稳定效应 至少在理论上政府移动 AD 曲线的行为是不必要的，因为 AD 曲线像 AD_0 曲线一样具有负斜率。较低的价格至少有两种机制提高了总需求，迄今为止，我们只讨论了其中之一。

“凯恩斯效应”（Keynes effect）是指价格下降在扩大货币供给量和提高产出方面的正常作用。我们已经知道，当 LM 曲线为水平线时凯恩斯效应消失。转换过来就是图 8—8 中 AD 曲线垂直的原因。AD 曲线垂直的另外一个原因是名义利率的零底线，如“全球经济危机聚焦”专栏中表示出来的一样。

但是**庇古效应或实际余额效应**（Pigou effect or real balance effect）能够得到救赎。实际货币供给是家庭财富的一部分，我们在第 3 章看到，家庭财富的增长刺激自发性消费、IS 曲线右移。当价格下降、实际货币余额上升时，消费者感到更加富有，花费会更多。这当然是一个简单的理念。当从牙膏到汽车之类的商品价格随着全部价格水平下降时，囊中羞涩的消费者可以购买更多的实际商品与劳务。

至此，我们已经知道了凯恩斯效应与庇古效应能够在价格下降时稳定经济，遗憾的是存在其他两个导致经济不稳定的效应，也就是价格下降也存在不稳定影响。

价格下降的不稳定效应 很不幸，价格紧缩的刺激效应并不总是有利的，尽管庇古效应和实际余额效应依然起作用。这里有两种通货紧缩的不利影响：

- **预期效应**（expectation effect）是当人们预期价格持续下降时，他们倾向于推迟购买，以便将来尽可能地利用便宜的价格。对商品需求的下降可能足以强大到抵消庇古效应带来的刺激。

● **再分配效应**（redistribution effect）可能比预期效应更加重要。它由能够引起从债务人到债权人的收入再分配引起。为什么？还债通常是一个固定美元值，因此当所有价格统一收紧时，当债务发生时假如没有被预期到，就会引起从债务人到债权人的抵押贷款和分期还款的实际值的增加（银行和最终的储蓄者）。[①] 这种再分配降低了总需求，因为债权人倾向于花费新增收入的一小部分。而债务人无依无靠，被迫降低消费以应付较高的实际利率支付。

在 1929—1933 年之间的大萧条时期，GDP 平减指数下降了 24%。不过，债权人的利息收入只有少许下降，从 47 亿美元下降到 41 亿美元（当期美元）。价格下降对农场主产生了深重打击——以当期美元核算的收入下降了三分之二，从 62 亿美元下降至 26 亿美元——沉重的债务负担导致的抵押品赎回权的取消使许多人失去了他们的农场。尽管大萧条中实际自发性支出的大幅下降来自许多因素的作用，但说明 1929—1933 年通货紧缩的消极预期和再分配效应支配着刺激性的凯恩斯效应和庇古效应。从前面的“国际视角”专栏可以进一步看清楚大萧条为什么在美国比其他国家更加严重。

预期效应和再分配效应不仅是与 20 世纪 30 年代相关的一块古老化石。在 20 世纪 80 年代初期与中期，农产品价格、农地和油料的价格下降降低了农场主、油料生产者、农场雇员和油料公司的收入，其中许多人受到价格下降的严重伤害。特别是 20 世纪 70 年代一些人（特别是农场主）由于高价购买农地承担着沉重的债务负担。最近一段时期，从 1999 年到 2010 年整整 12 年的时间，日本遭受着经济的全面通货紧缩，也就是负的通货膨胀。

自测题 8—4

不仅价格下降与低迷的经济一样影响总需求，价格上升与繁荣也是如此。

1. 当总需求较高时，解释庇古效应（实际余额效应）能够稳定经济还是相反？

2. 这种效应如何产生？

3. 同样，当价格上涨时，解释预期效应与再分配效应能够稳定经济还是相反？

4. 描述这些效应如何发生？

□ 名义工资刚性

凯恩斯从两个方面攻击古典经济学。正如我们所看到的，他的第一条攻击路线是不能与 LAS 曲线相交的、使货币无效以及自我调节失灵的垂直 AD' 曲线存在的可能性。他的第二条攻击线路为：由于刚性名义工资的存在，通货紧缩不一定会发生。如果只有微弱的或没有通货紧缩发生，那么，关于凯恩斯效应、庇古效应、预期效应和再分配效应的相对效力的争论是无意义的。

---

① 对经济自我调节机制影响后果的简洁讨论被包含在詹姆斯·托宾的《凯恩斯的衰退与萧条模型》［*American Economic Review*（May 1975）pp. 195 - 202］一文中，也可以参见阿克塞尔·莱永胡武德（Axel Leijonhufvud）的《论凯恩斯主义经济学与凯恩斯的经济学》（New York：Oxford University Press，1968，pp. 315 - 331）。

在第 8.5 节我们已经看到，*SAS* 曲线理论建立在名义工资率对价格与产出缓慢调整的假设之上。因为显性的工会合同、隐性合同的工资在相当长的时间内会保持稳定，工人和企业明白工资不会经常发生变动，而且在管理时间上的约束避免了每天和每周考虑工资率的调整。在这部分我们考察极端的假设：名义工资率完全刚性，当价格水平在经济不景气期间下落时工资不会发生调整。

图 8—9 显示了刚性名义工资的影响。两种总需求曲线 AD_0 和 AD_1 从图 8—7 中复制过来，它们具有正常的负斜率。AD_1 位于 AD_0 的左方，因为消费者和企业悲观情绪或其他负面因素降低了总需求，使之低于假设的计划支出的数量。由于名义工资率（W_0）是固定的，短期总供给（SAS_0）曲线的位置是固定的。从点 E_0 出发，总需求曲线的左移使经济向点 A 移动，此处，新的 AD_1 曲线与总供给曲线 SAS_0 相交。

凯恩斯指出，即使存在正常倾斜的总需求曲线 AD_1，经济也会稳定在点 A 上。为什么？如果工资率完全刚性，从来不会脱离 W_0 值，总供给曲线也会稳定在 SAS_0 的位置，价格水平不会下降至 P_2 之下，因此经济将不会从点 A 移至点 E_1，像古典经济学家所分析的那样。

劳动力市场失衡 凯恩斯名义工资刚性的假设不同于第 8.6 节中经济向长期均衡调整的描述，后者假定存在一个均衡的实际工资率使得劳动力市场的需求等于供给。

凯恩斯名义工资刚性的假设不能解释工资如何与为什么保持刚性。唯一的事实是它提供了长久存在的产出缺口的解释，例如图 8—9 横轴上 Y_2 与 Y^N 之间的距离。持续的产出缺口与相伴长达十年的持久性失业是大萧条的两种限定性特征。在下一部分我们将转入解释大萧条的原因。

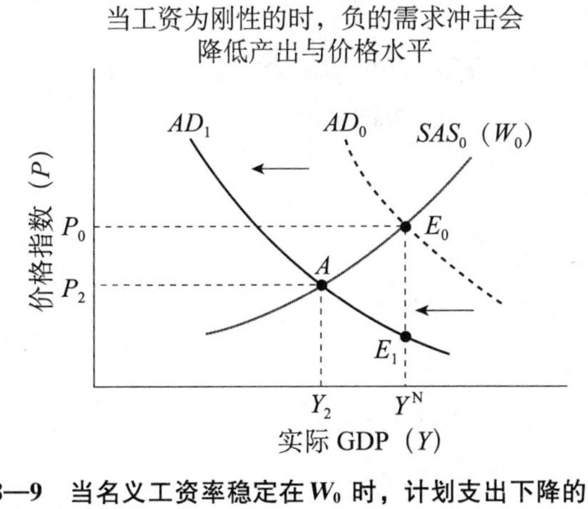

图 8—9 当名义工资率稳定在 W_0 时，计划支出下降的影响

注：假设名义工资率是刚性的，短期总供给曲线 SAS_0 的位置是固定的。计划支出的下降将使总需求曲线从 AD_0 左移至 AD_1，经济向左下方移动，从点 E_0 移动至点 A。

8.9 案例研究：什么引发了大萧条？

这个案例研究调查了 1929—1941 年大萧条的几个重要方面。主要强调三个主题：第一，为什么总需求这么低？有证据支持货币无效或自我调节失灵吗？第二，经济中的总供给曲线下移能提供自动调节吗？第三，当名义货币是刚性的时，经济能像图 8—9 中那样保持静止不变吗？

□ 大衰退与大萧条的维度

全球经济危机对美国经济的影响经常被描述为 2007—2009 年的“大衰退”。但是，尽管在 2009 年 6 月产出跌至谷底，衰退已正式结束，深重的经济不景气在 2010—2011 年间仍在持续。不良经济状况的症候是许多人对工作职位无穷尽的寻找，包括失业者、希望找到全日制工作但只能找到不享受任何福利的暂时或非全日制工作的就业不足者、失去抵押品赎回权的心灵受挫者和被强迫迁出而失去自己家园的人们。广泛的社会与经济伤痛将持续一个较长的时期；如图 8—10 中实线所标示的，在 2009 年中期到 2010 年末期间，产出率（也就是，现实与自然实际 GDP 之间的百分比）没有任何的改观。

不过，图 8—10 中的虚线通过描绘出 1929—1941 年大萧条的产出比率将大衰退置于一种视角进行分析。在产出比率下降的深度上和低产出率持续的长度上，在宏观经济的历史上没有能够与 20 世纪 30 年代的大萧条相比拟的事情。与 2009—2010 年产出率下降至 92%相比较，这一比率从 1929 年超出 100%下降到 1932 年末的 61%，使 2009—2010 年的场景相形见绌。即使在 1933—1937 年相对稳定的四年的恢复期里，在再次坠入 1937—1938 年的衰退前，产出率在 1937 年第二季度仅上升到 82.7%。仅在 1940 年的第三季度比率超出了 1937 年的峰值，直至 1941 年 12 月 7 日珍珠港事件爆发前夕也最终没有回到 100%的水平。

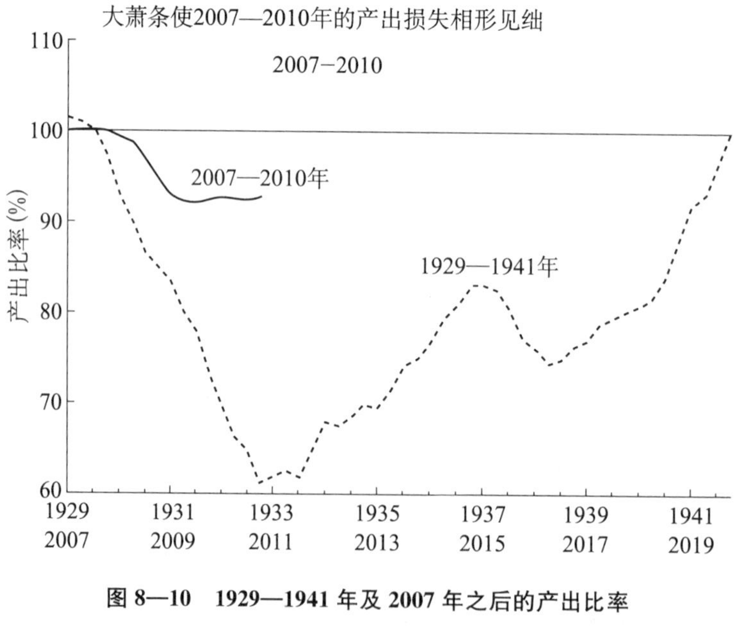

图 8—10　1929—1941 年及 2007 年之后的产出比率

产出率的迅速恢复开始于 1940 年中期，这可以归结为始于 1940 年 7 月到珍珠港遭袭前的整整 18 个月的用于国防和改良军备方面政府支出的大规模扩张。在这 18 个月期间，总的政府支出（联邦、州与地方）比率超出 1 倍。如果它发生于经济拥有大量过剩生产力时，这是一个财政扩张具有巨大威力的例子，正如1940年与1941年曾经的情形一样（参见1929—1941年政府支出与收入比率图）。①

□ 大萧条时期的产出、失业与其他经济变量

大萧条所涉及的远不止表8—1中第5列所显示出来的枯燥的数据。这个表格还显示出了1929—1941年令人忧虑的美国经济表现的其他几个特征。这个12年的失业方面的数据（第7列）是前所未有的，尤其是在失业率方面所达到的超高水平（1933年25.2%），而且是一个长期的高失业［连续10年（1931—1940年）失业超出10%］。一个显而易见的困惑是经济为什么如此脆弱？尤其是在1934—1939年之间。在1939年，实际货币供给（第2列）高出1929年48%，不过1939年的实际GDP（第3列）仅高出1929年10%。1939年失业率依然为17.2%，大体相当于1931年的水平，因为产出率仅为80.1%，低于1931年。在始于1929年的巨大紧缩期间当经济已经经历了史无前例的崩溃之时，到1939年的失业率和产出率与1931年几乎相当或状况更坏。

根据定义，产出率是现实实际GDP与自然实际GDP之间的比率（Y/Y^N），从1931年的82.1%升至正常的100%水平，比率的分子（现实实际GDP）增长要远快于分母（自然实际GDP），但事实并非如此。由于人口与生产率的增长，自然实际GDP的增长在20世纪30年代十分迅速，事实上1929—1941年期间以3.6%的稳健的年增长率增长，现实实际GDP没有保持同步。在给定人口与生产率相对迅速增长的条件下，在20世纪30年代的10年时间里实际GDP需要增长50%才能为工人提供充足的就业岗位。

□ 弱势总需求的解释

凯恩斯主义者认为*IS*曲线向左大幅度移动的观点在表8—1第4列中得到了支持。表中显示，实际以1929年价格计算的固定投资从1929年的149亿美元大幅下滑到1933年的39亿美元，下降了74%。同时也显示出实际固定投资的不完全复苏。1939年的数值依然比1929年低27%。尽管实际货币供给自1929年以来增长了53%，投资未能完全恢复到1929年的水平既可能源自垂直的*IS*曲线，也可能源自水平的*LM*曲线。哪一种诊断更具有现实性？

对于垂直的*IS*曲线，利率的下降不能刺激自发性计划支出，它主要由固定投资组成。如表8—1所示，利率在1934—1941年大幅度下降，1939年和1940年的实际固定投资依然低于1929年水平。

对于水平的*LM*曲线，实际货币供给的增加一定不会降低利率，不过长期利率从1932年的3.7%稳步下降至1941年的2.0%。1939—1941年的观察似乎与货币需求和利率反向变化的命题是一致的。没有迹象表明在大萧条10年的后半期的任何时候利率达到了最低水平。简言之，证据更倾向于与*IS*曲线垂直的解释相一致，而不是*LM*曲线水平的解释。

① See Robert J. Gordon and Robert Krenn, "The End of the Great Depression 1939—41: Policy Contributions and Fiscal Multipliers," NBER Working Paper 16380, September 2010.

表 8—1　　1929—1941 年大萧条期间的货币、产出、失业、价格和工资

年份	货币供给（十亿美元）	实际货币供给	实际 GDP	实际固定投资	产出比率 (Y/Y^N) (%)	GDP 平减指数 (1929 年=100)	失业率 (%)	长期利率(%)	平均小时所得 (美元)	平均实际每小时所得 (美元)
		十亿美元，1929 年价格								
	(1)	(2)	(3)	(4)	(5)	(6)	(7)	(8)	(9)	(10)
1929	26.0	26.0	103.7	14.9	102.8	100.0	3.2	3.6	0.563	0.563
1930	25.2	26.1	94.8	11.4	90.8	96.3	8.9	3.3	0.560	0.581
1931	23.5	26.7	88.7	8.0	82.1	86.3	16.3	3.3	0.532	0.605
1932	20.6	25.5	77.2	4.5	69.0	76.2	24.1	3.7	0.485	0.600
1933	19.4	24.4	76.1	3.9	65.7	74.1	25.2	3.3	0.457	0.575
1934	21.4	26.0	84.3	5.2	70.4	78.3	22.0	3.1	0.512	0.623
1935	25.3	30.4	91.9	6.7	74.1	79.8	20.3	2.8	0.524	0.630
1936	28.8	34.4	103.7	8.9	80.8	80.7	17.0	2.7	0.534	0.637
1937	30.2	35.0	109.2	11.0	82.2	84.2	14.3	2.7	0.566	0.656
1938	29.8	35.3	105.4	9.1	76.7	81.7	19.1	2.6	0.576	0.681
1939	33.4	39.8	114.0	10.9	80.1	80.7	17.2	2.4	0.583	0.695
1940	38.8	45.8	123.7	13.2	84.0	81.9	14.6	2.2	0.597	0.705
1941	45.4	51.1	144.9	15.5	95.0	87.4	9.9	2.0	0.655	0.737

资料来源：利率数据见 *Long-Term Economic Growth*（U. S. Department of Commerce，1970）的系列 B—72。平均每小时所得来自 Martin N. Baily，"The Labor Market in the 1930s，" in James Tobin，ed.，*Macroeconomics*，*Prices*，*and Quantities*（Brookings Institution，1983），Table 1，p. 23。

什么因素使 *IS* 曲线向左移动？从 1929 年到 1930 年消费与投资支出都出现了大幅度下降。当自发性消费对自发性计划支出的下降作出反应时，消费品的部分下降反映了乘数的作用。当 1929 年 10 月美国股市崩塌时蒸发了相当一部分家庭财富，消费解释了自发性计划支出的下降。实际财富下降的工作机理与本章介绍过的实际余额效应相同。较高的实际财富提升了自发性消费，1929—1930 年较低的实际财富降低了自发性消费。

表 8—1 中给出的固定投资的崩塌部分反映了 20 世纪 20 年代过度投资的滞后影响，特别是居住和非居住建筑物的投资。过度乐观制造了过多的建设项目，极像 2001—2006 年房地产泡沫。它使 2007 年后的经济产生了居民住房、公寓、写字楼和饭店的大量过剩。遍及整个 30 年代的投资疲软反映出了 20 年代的过度投资扩建的影响。当现有的厂房与办公室近半空置时，为什么还要建设新厂房与办公楼呢？①

国内外货币政策的作用　1927—1929 年联储秉持了限制性的货币政策，目的是为股市与过热的建设项目降温。进一步讲，联储政策的收紧会被传递给外国，在这些国家引起货币政策的进一步收紧。当其他国家跌入衰退与萧条时，它们对美国出口品的需求会下降，强化了自发性消费与计划投资的下滑。自 1930 年开始，银行开始倒闭（没有足够的

① 大萧条许多重要的方面以及与 20 世纪 90 年代的比较包含在罗伯特·戈登（Robert J. Gordon）的《20 世纪 20 年代与 20 世纪 90 年代的相互映射》中，被收录进保罗·W·罗得和吉安尼·托尼奥洛（Gianni Toniolo）的《20 世纪 90 年代的全球经济》（Cambridge University Press，2006，pp. 161-192）。

货币储备来兑付存款而关门大吉)，家庭丢掉了它们一生的储蓄。[1] 在 1931 年中期后，大多数经济学家同意大萧条持续恶化的主因是限制性的货币政策；名义货币供给在 1929—1933 年期间被允许降低 25%（表 8—1，第 1 列）。

□ 大萧条中的价格产出比率

大萧条中的产出活动和价格水平是支持了凯恩斯刚性名义工资的假设还是支持了古典经济学经济自我调节的解释呢？如果古典学者是正确的，我们应当通过价格紧缩发现经济具有自我调节能力的证据。回到图 8—9，我们期望当价格紧缩在一个稳定的方向上发生作用时，经济将使 AD 曲线滑向右下方，如从点 A 滑向点 E_1。

现在比较一下理论上的图形与用现实数据绘制的图 8—11 的上图。横轴表示现实与自然实际 GDP 的比率，1929 年从垂直的 LAS 曲线的右方开始，价格指数为 100（1929 年为基年）。在 1933 年前，经济迅速向左下方移动，然后开始向右上方回复，在 1938 年明显被打断。

自我调节的缺失 大萧条的故事显示出了 AD 曲线左移然后又回复到原来位置的过程。没有沿 AD 曲线本身向右下方移动的证据，就像价格紧缩在刺激复苏中起到了主要作用一样。特别重要的是这样的事实：在 1936—1940 年间不存在通货紧缩，即使在整个 5 年的间隔期 Y/Y^N 保持在或低于 86%的水平。

尽管不存在价格的完全的灵活性，在大萧条期间，价格水平也不是刚性的。在 1929—1933 年期间下降了 26%。从右上到左下再向右上移动的路径反映出了一个规则，好像 AD 曲线跟从着一条标志清晰的高速公路。图 8—11 下图代表事情来龙去脉的假说型解释。1929 年的 AD 曲线贴近 LAS 曲线，但是到 1933 年因为消费者与企业信心的崩溃它移向了 LAS 曲线的左侧。1933 年经济的实际位置可以假设为经济中的总供给曲线，如图 8—9 中的 SAS_0。所以，我们在图 8—11 下图中描绘出了正向倾斜的 SAS_0 曲线。

☞ **国际视角**

为什么大萧条在美国比欧洲的表现更加糟糕?

课本中回顾了大萧条的基本原因，它是 20 世纪 20 年代过度建设引发的计划投资下行和 1929 年 10 月股市暴跌引发的自发性消费下行相结合的产物。加大引起 IS 曲线左移的需求冲击的因素是出口的下降，这是因为每个国家对其贸易伙伴实施的贸易限制（关税和配额）以及由于外国央行实施紧缩货币政策导致的出口下降。联储一反常态地实施的限制性货币政策大大加剧了 IS 曲线的左移。它使成百上千家银行倒闭并且使名义货币供给在 1929—1933 年间下降了 25%。

---

① 强调银行的失灵、货币供给的大幅下滑、联储政策的失误作为大萧条的根本原因的古典解释可见于米尔顿·弗里德曼和安娜·J·施瓦茨合著的《1867—1960 年的美国货币史》(Princeton University Press for NBER，1963，Chapter 7)。最近强调国际因素的解释可见于巴里·艾肯格林的《1919—1939 年金本位的束缚：金本位与大萧条》(New York：Oxford University Press，1992)。其他关于货币因素与非货币因素的衡量可见巴里·艾肯格林的《重估大萧条的来源与性质》，载《经济史评论》，(vol. 42，no. 2，May 1992，pp. 213-239)，以及克里斯蒂娜·D·罗默的《萧条中的国度》，载《经济展望杂志》(vol. 7，no. 2，Spring 1993，pp. 19 - 39)。

数字显现出美国1920—1941年间与德国、日本和英国相比较的人均实际GDP的演化，每个国家的实际人均GDP被表示为1929年的百分比。然而，美国1933年的实际人均GDP下降至1929年数值的70%，相比较而言，德国为86%，英国与日本均为94%。其他国家在1934年这一数值超出了1929年的水平，英国与日本也是如此，德国在1935年的数字也超出了1929年。相反，美国仅仅在1937年才达到了这一水平，1938年重新陷入衰退，最终在1939年超出了1929年的水平，晚了整整十年的时间。

三个因素有助于解释其他三个国家比美国经历的经济萧条严重程度较小、时间更短，它们分别是汇率政策、财政政策和工资与价格政策。1931年9月英国放弃了将其汇率钉住美元的金本位制。英镑的贬值扩大了英国的出口、减少了英国的进口，进而使英国的*IS*曲线右移，激发了复苏，如下图中1932—1934年标志为英国的曲线所示。1933年之前美国政府没有降低过美元币值。在1931—1933年间，世界上对出口品的需求从美国移至英国和在1931年贬低货币币值的其他国家。

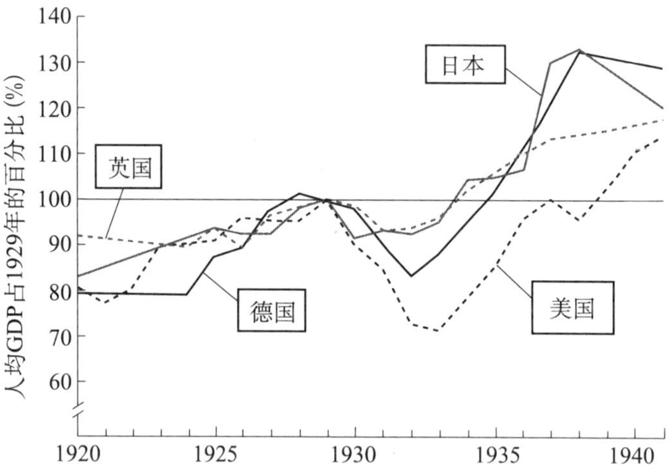

德国与美国所采用的财政政策与工资政策恰好相反。1929—1932年德国的经济衰退的严重程度与美国相当，但是从1933年开始的复苏十分迅速。阿道夫·希特勒在1933年1月30日控制了新政府。后来很快政府开始了雄心勃勃的财政扩张计划，极大地提升了政府支出，并且通过预算赤字而非高税收为政府支出筹集资金。当1939—1942年德国在为征服大半个欧洲而建设军事机器时，大多数政府支出被用于改良军备，但仍然有一些政府支出被用于住房和高速公路建设。这些高速公路的建设引发了美国在20世纪50年代和60年代的州际公路建设热潮。到1938年，德国的人均收入全面超出1929年的30%。日本重整军备，1931年侵入满洲里，1937年全面进攻中国。这导致日本经济踏入了类似德国经济的轨道。

美国的财政扩张不仅比德国或日本更加谨小慎微，而且美国追随着一条试图抬高工资与价格的政策路线，因而，引起了*SAS*曲线上移，抵消了总需求复苏的部分影响。相反，德国政府限制工资增长。由于劳动力便宜，在20世纪30年代，德国的就业增长远快于美国。

尽管德国的灾难政策引发了第二次世界大战和大屠杀，德国为其始于 1933 年的财政扩张提供了信用，在凯恩斯的书出版以前实施了凯恩斯的经济学。1939—1941 年美国经济的迅速复苏为工资温和增长条件下 *IS* 曲线右移（由较高的政府支出、出口和固定投资引起）的强势扩张的影响提供了一种例证。

名义与实际工资率的行为 图 8—11 对大萧条的解释提出了一个显而易见的问题：为什么总供给曲线不能下移从而在低价格水平下沿着垂直的 *LAS* 曲线将经济带回长期均衡的产出水平？固定的 *SAS* 曲线需要刚性的名义工资率。名义工资率的数据包括在表 8—1 的第 9 列。

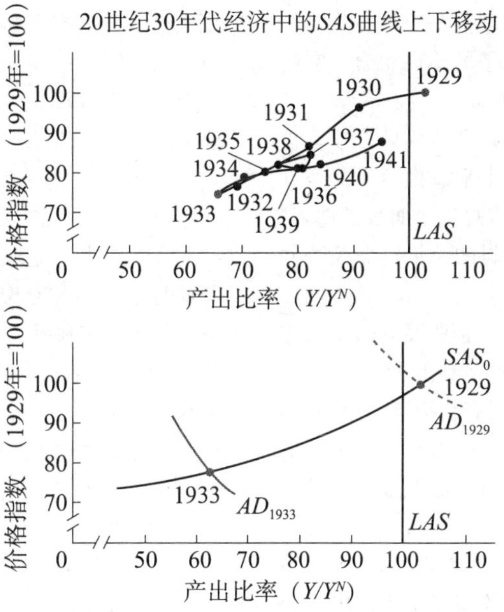

图 8—11　1929—1941 年大萧条期间价格水平（*P*）和现实与自然实际 GDP 的比率（Y/Y^N）

注：上图显示了 1929—1941 年大萧条期间 GDP 平减指数的现实值和现实与自然实际 GDP 比率的现实值。上图中令人惊讶的事实是经济在 1941 年几乎回复到了自然产出水平，价格水平却温和地徘徊在 1929 年之下的水平，尽管干预的十年应该将价格水平推至更低的水平。下图显示了对所发生事件的假设性解释。

到 1937 年，名义工资率回到了 1929 年的水平，尽管失业率仍高达 14%。不过，对于将名义工资率视为绝对不变的凯恩斯模型来说这是较为夸张的。工资率的下降发生在 1931—1933 年。但是，在 1933 年后，名义工资率没有出现持续的下降，这对于通过自我调节的古典机制将经济带回自然实际 GDP 是十分必要的。

1932 年后政策的失灵 如我们所见，当银行被允许破产和名义货币供给被允许下降时，1929—1933 年的货币政策存在着深度失灵。并且如专栏所示，在 1931 年的深度萧条中，美元对英国货币贬值的反应机制失灵了，当时，英国经济处于迅速的复苏中。

但是，政策的失灵没有阻挡富兰克林·罗斯福总统 1933 年的就职典礼。政府可以实施大胆的财政扩张政策，但是没有。它不明白现实与结构预算赤字的区别，如图 6—2 和

图6—3所示。由于担心引发预算赤字，它延续了提高政府支出和减税的政策。不过这些赤字是由于经济疲软引发的，而不是因为财政扩张。

正如不懂得工资与价格的下降促进复苏的错误的严重性一样，*SAS* 曲线需要下移而不是政府试图推进 *SAS* 曲线的上移。在 1934 年和 1935 年，《国家产业复兴法案》(NIRA) 显然试图提高工资与价格，尽管该法案在 1935 年被宣布违宪。在以后几年，它被旨在提升价格特别是工资的替代立法所取代。

小结

1. 总需求曲线显示了实现商品市场与货币市场均衡的实际产出和价格水平的不同组合。它的位置依赖于计划支出与货币供给。

2. 总需求曲线的移动可以改变实际产出、价格水平或同时改变两者。在水平总供给曲线条件下，只改变实际产出；在垂直总供给曲线条件下，只改变价格水平。在正向倾斜的总供给曲线条件下，同时改变两者。

3. 在短期总供给曲线下，企业面对不变的成本，包括名义工资、原材料价格和工人的生产率。因为成本固定，价格水平的提高会提高企业利润，刺激企业提高产出。较高的价格水平诱使企业生产更多产出的事实解释了 *SAS* 曲线向上倾斜的现象。

4. 初始时假设经济处于自然实际 GDP 的均衡水平，实际工资等于均衡的实际工资。当名义工资固定时，企业提高价格水平，现实实际工资水平下降至均衡实际工资水平之下，现实名义工资率面临上升的压力。

5. 作为对工人要求高工资的反应，当名义工资率提升时，*SAS* 曲线上移。

6. 在短期，财政和货币扩张既提高了实际产出，也提高了价格水平，但是，实际产出的短期变化给名义工资率的变化带来了压力，引起短期总供给曲线的移动。这种变化的压力只有当实际产出回复到财政或货币扩张发生以前的数值时才能消除。

7. 只有在自然实际 GDP 单一水平上经济才处于长期均衡状态。在这一水平上名义工资既没有上升的压力，也没有下降的压力。在长期，总需求的任何变化在不引起实际 GDP 变化的条件下都会改变价格水平。

8. 古典经济学家相信总需求周期主要影响价格水平，而不是实际产出。经济中的价格灵活自动调整机制使实际产出免于波动。

9. 凯恩斯在两个领域批评古典经济学家。其一，总需求曲线可能是垂直的而不是负向倾斜的，因为计划支出不会对利率（垂直的 *IS* 曲线）作出反应，或较高的实际货币供给不会对利率（水平的 *LM* 曲线）作出反应，或两者兼而有之。庇古反驳道：价格下降提高了财富与支出，保证了负向倾斜的总需求曲线。

10. 凯恩斯也批评古典经济学家，因为他相信名义工资是刚性的，这不能使价格充分调整到使实际 GDP 回到自然实际 GDP 的水平。

关键术语

总需求（*AD*）曲线	短期均衡	刚性工资
短期总供给（*SAS*）曲线	长期均衡	凯恩斯效应

长期总供给（*LAS*）曲线	反周期变量	庇古效应或实际余额效应
均衡实际工资率	自我调节能力	预期效应
货币数量论	货币无效	再分配效应

问答题

1. 解释本章发展出的总需求曲线与微观经济学里使用的单个产品（例如，电影）需求曲线的不同。

2. 如果其他条件保持不变，总需求曲线将受到怎样的影响？（a）当货币需求变大时，利率的反应是怎样的？（b）当货币需求变大时，收入的反应是怎样的？

3. 所有其他条件保持不变，下列哪一种变化将引起 *AD* 曲线向右或向左移动？是变得更加平坦还是更加陡峭？还是使之保持不变？（也就是沿需求曲线变动。）（提示：解释每一种变动怎样影响总需求背后的 *IS* 曲线和 *LM* 曲线。）

（a）名义货币供给的增加。

（b）外国收入的增加。

（c）所得税税率的提高。

（d）边际消费倾向的提高。

（e）投资对利率变化敏感度的提升。

（f）价格水平的提高。

（g）政府支出的增加。

（h）汇率的降低。

（i）房价的飙升。

（j）信用额度的下降。

4. 解释在短期总供给曲线的确定中，固定名义工资假设的重要性。

5. 当实际 GDP（Y）在图 8—5 左图中超出 Y_0 时，下列变量是增加还是减少？

（a）价格水平。

（b）名义工资率。

（c）实际工资率。

6. 解释为什么在投入成本固定的条件下，价格水平的提高引起了企业生产的实际 GDP 总量的增加。

7. 为什么名义工资率调整缓慢？

8. 用语言和图形解释下列每一种活动对 *SAS* 曲线的影响。

（a）技术改进。

（b）名义工资率下降。

（c）原材料价格下降。

9. 假设总需求曲线通过增加政府支出向右移动，并假设 *AD* 曲线的位置改变。这种活动如何影响政府预算赤字和贸易赤字？

10. 利用 *IS*－*LM* 模型和 *AD*－*SAS* 模型预测下列每一种活动的短期和长期结果。

（a）名义货币供给的减少。

（b）美元贬值导致的净出口增加。

（提示：两个模型都是在横轴上表示实际 GDP，因而与垂直的曲线结合起来有助于搞清楚两者之间的关系。假设经济一开始处于自然实际 GDP［Y^N］水平的长期均衡中，也请记住价格水平的变化将使 *LM* 曲线移动。）

11. 当 *AD* 曲线与 *SAS* 曲线相交时，可持续的长期均衡是否能够实现？为什么？

12. 根据古典经济学家的观点，20 世纪 30 年代 *AD* 曲线应该向下移动。解释为什么这类移动需要移动 *SAS* 曲线。*SAS* 曲线在大萧条期间是否会按照古典经济学家预期的方式移动？

13. 术语“货币无效”的含义是什么？根据凯恩斯的理论，哪两种情况会导致货币无效？在大萧条期间，两种情况的哪一种会出现？

14. 为什么零利率底线在通货紧缩时期是货币无效的源头？

15. 使用 *AD*—*SAS* 模型解释在大萧条期间导致美国比英国、德国状况更坏的汇率政策、财政政策和工资及价格政策有何差异。

16. 利率在庇古效应中扮演什么角色（起什么作用）？

17. 为什么强有力的庇古效应能保证负向倾斜的 *AD* 曲线？

18. 如果政策的制定者在持续的通货膨胀期间试图降低产出，庇古效应的存在有没有影响？在这种情况下，再分配效应与预期效应如何影响经济？

19. 假定庇古效应或实际余额效应存在，如果经济经历了自发性出口的增加，你预期 *IS* 曲线和 *AD* 曲线将发生什么？

20. 如果名义工资具有向下的刚性，关于 *IS* 曲线位置与实际余额效应的能力的全部争论都变得不相关。为何如此？用 *AD*－*SAS* 模型解释你的答案。

21. 与大萧条的下滑相比，在全球经济危机期间美国的产出比率如何下行？

22. 在大萧条期间引起总需求急剧下滑的因素是否与在全球经济危机期间引起总需求下滑的因素相一致？

思考题

提示：回答带星号的问题需要参考第 4 章的附录。

1. 给出下列总需求（*AD*）和短期总供给（*SAS*）曲线的方程式（单位：十亿美元）：

$$AD：Y=1.25A'_p+2.5M^S/P$$

$$SAS：Y=11\ 250-20W+1\ 000P$$

Y 为实际 GDP，A'_p 为独立于利率的自发性计划支出，M^S 为名义货币供给量，*P* 为价格水平，*W* 为名义工资率。假设 $A'_p=5\ 000$，$M^S=2\ 000$，$W=50$，自然实际 GDP（Y^N）$=11\ 250$。

(a) 使用独立于利率和名义货币供给的自发性计划支出的数值推导出总需求曲线方程。计算价格水平为 2.0、1.25、1.0、0.8 和 0.5 的总需求量。画出总需求曲线。

(b) 给定名义工资率为 50，推导出短期总供给曲线方程。当价格水平为 2.0、1.25、1.0、0.8 和 0.5 时，计算出短期总供给的数量。画出短期总供给曲线。

(c) 给出你在（a）和（b）部分的答案，解释实际 GDP 和价格的短期与长期均衡水平是什么。

(d) 给出你在（c）部分的答案，解释均衡的实际工资水平是多少。

(e) 假若自发性计划支出增加了 800，因而 $A'_p=5\ 800$。如果这种增加是金融市场企业向消费者与企业提供贷款的愿望提高或房地产市场崩溃的结果，房地产市场的崩溃将削减家庭财富和房屋建设。推导出新的总需求曲线方程。当价格水平为 2.0、1.25、1.0、0.8 和 0.5 时，计算出新的总需求数量。画出新的总需求曲线。

(f) 给出（b）和（c）部分的曲线，实际 GDP 和价格水平的新的短期均衡值大约是多少？（提示：通过设定新总需求曲线方程与短期总供给曲线方程相等，可找到更精确的实际 GDP 和价格水平。求解价格水平需要你解出二次方程的根。）

(g) 给定总需求提高，新的长期均衡的实际 GDP 与价格水平是多少？当经济向长期均衡调整时，短期供给曲线如何移动？在新的长期均衡的价格水平下计算新的名义工资率。给出新的名义工资率。推导出新的名义短期总供给曲线。

(h) 假设政策制定者想防止来自计划支出增加引起的价格水平的上升，财政政策的制定者降低多少计划支出才能防止价格水平的上升？为防止价格水平上升，货币政策的制定者将降低多少名义货币供给量？

2. 使用问题 1 开始时给出的信息（单位：十亿美元）：

(a) 假设自发性计划支出减少 1 000，$A'_p=4\ 000$。如果减少是金融市场企业向消费者与企业提供贷款的愿望提高或房地产市场崩溃的结果，市场的崩溃降低家庭财富、减少房屋建设。推导出新的总需求曲线方程。计算价格水平为 2.0、1.25、1.0、0.8 和 0.5 时的总需求量。画出总需求曲线。

(b) 给出本题（a）部分和思考题中（b）部分的曲线，解释实际 GDP 和价格水平的新的短期均衡值。[提示：通过思考题 1 中（f）部分能够重新找到实际 GDP 和价格水平的精确均衡值。]

(c) 给定总需求下降，新的长期均衡的实际 GDP 和价格水平应该是多少？当经济向新的长期均衡水平调整时，短期总供给曲线如何移动？在新的长期均衡价格水平上计算新的名义工资率。给定新的名义工资率，推导出短期总供给曲线。

(d) 假设政策制定者想防止来自计划支出下降引起的失业率上升，财政政策的制定者将增加多少计划支出？同样，为防止失业率上升，货币政策的制定者将增加多少名义货币供给量？

*3. 经济中的 IS 曲线和 LM 曲线拥有下列方程（单位：十亿美元）：

$$IS: Y = k(A'_p - 200r)$$

$$LM: Y = 5(M^S/P) + 500r$$

式中，$k=2.5$，$A'_p=5\ 200$，$M^S=1\ 800$，$P=1.0$。

(a) 找出均衡产出与均衡利率水平。

(b) 当价格水平等于 0.8、1.0、1.2 和 2.0 时，均衡实际产出和利率是多少？画出基于这一答案的总需求。

(c) 假设自然实际产出 $[Y^N]$ 等于 11 000，给定 (b) 部分的总需求曲线，确定长期均衡的实际产出、利率和价格水平。

(d) 假设自发性支出增加 600，$A'_p=5\ 800$。当价格水平为 0.8、1.0、1.2 和 2.0 时，均衡的实际产出水平和利率水平是什么？画出新的总需求曲线。

(e) 假设向上倾斜的 SAS 曲线在 $Y=11\ 000$ 和 $P=1.0$ 时与原来的 AD 曲线相交，在短期内作为总需求增加结果的现实实际产出、价格水平和实际工资率将会如何变化？

(f) 给定总需求增加，确定新的长期均衡实际产出、利率和价格水平。当经济向新的长期均衡调整时，名义工资率和 SAS 曲线将如何变化？

*4. 使 A'_p 与价格无关，庇古效应类似于问题 3 被引入经济中。现在我们有：

$$IS: Y = k(A'_p - 200r)$$

$$LM: Y = 5(M^S/P) + 500r$$

式中，$k=2.5$，$A'_p=4\ 600+600/P$，$M^S=1\ 800$，$P=1.0$。像思考题 3 中的 (a) 和 (b) 部分，这道题的目的是推导出 AD 曲线。

(a) 找出均衡的产出水平和利率水平。

(b) 当价格水平等于 0.8、1.2 和 2.0 时，均衡实际产出和均衡利率是多少？画出基于这些答案的总需求曲线。

(c) 总需求曲线与思考题 3 中 (b) 部分的 AD 曲线相比是更加陡峭还是更加平坦？

自测题答案

自测题 8—1

1. 当 IS 曲线陡峭时，实际货币供给的增加引起的产出增加小于 IS 曲线平缓时的水平，后者意味着陡峭的 AD 曲线。

2. 当 LM 曲线陡峭时，实际货币供给的增加引起的产出增加大于 LM 曲线平缓时的水平（比较图 4—7 上下图）。不过，当 LM 曲线陡峭时，既定的价格下降（提高了实际货币供给）比 LM 曲线平坦时导致更大的实际产出的增加和更为平坦的 AD 曲线。

自测题 8—2

1. 工会的妥协使 SAS 曲线向下移动。

2. 巨大油田的发现使 SAS 曲线下移。

3. 货币供给的增加使总需求（AD）曲线上移，因而引起沿着 SAS 曲线的移动。

4. 价格水平的提高引起沿着 SAS 曲线的移动。

自测题 8—3

1～3. 所有的活动引起总需求（AD）曲线的上移，在长期均衡中，价格与名义工资率水平同比例增加，实际 GDP 不变。

4. 引起 LAS 曲线的右移与 SAS 曲线沿着固定 AD 曲线的下移。降低了长期均衡价格、提高了实际产出。

自测题 8—4

1. 当需求高时，庇古效应有稳定经济的作用。

2. 提高价格降低了实际余额和实际财富值，相应地降低了消费。

3. 再分配效应与预期效应使经济不稳定。

4. 预期效应使人们花钱更为果断，这是因为他们预期将来的价格会更高。当需求已经很高时扩大了需求；相同，再分配效应引起收入从节衣缩食的储蓄者流向生活奢靡、靠放贷为生的人。因而，当需求已经很高时进一步扩大了需求。

第 9 章 通货膨胀：成因与治理

为什么我们的货币越来越不值钱？也许很简单，因为我们预期到通货膨胀，才存在通货膨胀，并且因为存在通货膨胀，才产生对通货膨胀的预期。

——Robert M. Solow①

9.1 引言

□ 通货膨胀率的解释：货币政策的核心目标

在整个第 3 章到第 7 章，假定价格是固定的，意味着通货膨胀率为零。在第 8 章，首次允许价格水平根据总需求（*AD*）曲线和短期总供给（*SAS*）曲线的变动而上下波动。*AD*－*SAS* 模型指经济中任何引起总需求曲线偶尔向上移动的事件将引起总价格水平的偶尔上扬。但**通货膨胀**（inflation）是价格水平不断的上升，而不是偶然变动。这样持续的通货膨胀要求总需求的不断提高。为了集中研究通货膨胀的起因，本章我们将改变 *AD*－*SAS* 模型来解释通货膨胀率（用小写字母 p 表示），代替在第 8 章中解释的价格水平（用大写字母 P 表示）。

通货膨胀非常重要，因为如果它以较小的年变化速率持续很长一段时间，将引起价格水平上升两倍或者三倍。例如，7%的年通货膨胀率在十年内将引起价格水平上升两倍，14%的年通货膨胀率使价格水平上涨两倍仅需五年。快速增长的通货膨胀侵蚀了父母为送子女上大学的存款的购买力，也侵蚀了家庭为退休而储蓄的存款的购买力。由于这样的侵蚀作用（在第 10 章中进一步研究），所有中央银行的核心目标（包括美国联邦储备银行）都是当通货膨胀率上升时，通过提高利率来控制它。由于通货膨胀率是货币政策的核心目标，所以在本章了解通货膨胀的成因以及中央银行试图控制通货膨胀时面临的约束是非常重要的。

我们知道总需求（需求冲击）或总供给（供给冲击）的变动都能引起通货膨胀的加速

① *Technology Review* (December/January 1979), p. 31.

或减速。当不存在供给冲击时，总需求的变动是实际 GDP 和通货膨胀率变动的主要原因。任何维持实际 GDP 水平于自然实际 GDP 水平之上的尝试都将引起通货膨胀的不断加速。一个不幸的必然结果是通货膨胀的下降需要一段经济衰退的过渡时期，即实际 GDP 下降到自然实际 GDP 之下。美联储的核心目标是抑制通货膨胀。在战后的多个时期里，联储担心通货膨胀加速，实施限制性措施，提高利率，为降低通货膨胀率故意创造经济衰退。较高的总需求冲击造成通货膨胀，迫使美联储进入持续不断的警戒状态，以确保总需求不会过度，并在需要时总是能准备好向限制性货币政策转变。

□ 通货膨胀率不稳定的历史

价格水平（P）是通过 GDP 平减指数来衡量的。通货膨胀率（p）通过 GDP 平减指数变化率的百分比来衡量，如图 9—1 上图所示。自 1960 年开始，美国年通货膨胀率的变化范围从 20 世纪 60 年代早期以及 2009—2010 年的不足 1%到 1975 年及 1982 年的 10%或以上。如何解释通货膨胀率的上下波动呢？第 8 章阐述了一个靠谱的假说，即总需求的增加永久提高了价格水平，并且暂时地将实际 GDP 提高到自然实际 GDP 之上。在本章我们通过考察通货膨胀率和实际 GDP 与自然实际 GDP 比率的关系来探求通货膨胀的起因。

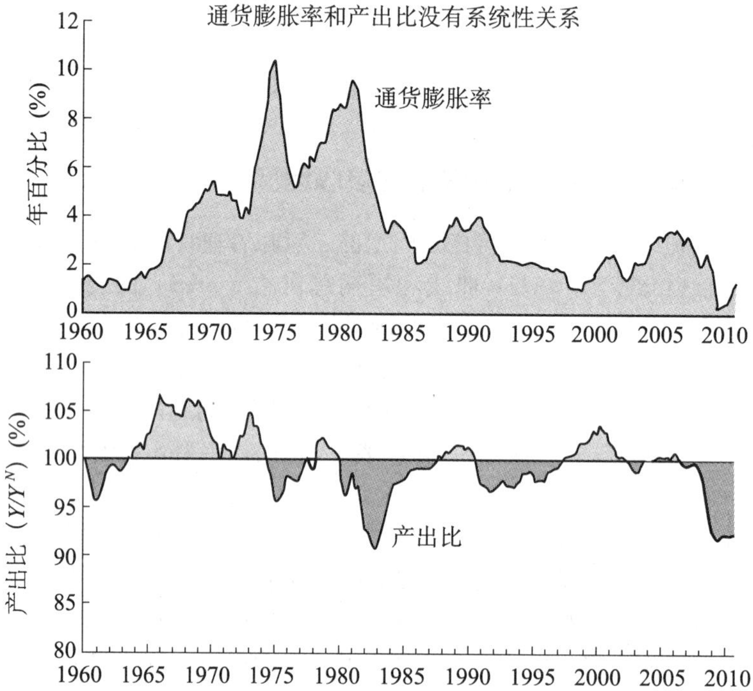

图 9—1 通货膨胀率和产出比，1960—2010 年

注：上图显示了通货膨胀率，通过前四个季度 GDP 平减指数的变化百分比来衡量。下图显示了产出比，即现实实际 GDP 对自然实际 GDP 的百分比。1965—1969 年的高产出比引起 20 世纪 60 年代末期通货膨胀的加速，在 20 世纪 80 年代末期也发生了同样形式的加速。1982—1983 年的低产出比部分解释了 1981—1984 年通货膨胀率的迅速下降，这在 2008—2010 年再次发生。但是，通货膨胀率和产出比有时反向变动，例如在 1974—1975 年、1979—1981 年和 1995—1998 年。

资料来源：Bureau of Economic Analysis *NIPA Tables* and research by Robert J.

□ 通货膨胀怎样与产出比联系起来？

本章的核心问题是通货膨胀与**产出比**（output ratio）（指现实实际 GDP 与自然实际 GDP 的比率）之间没有唯一联系。当现实实际 GDP 大于自然实际 GDP 时，产出比大于 100%；当现实实际 GDP 小于自然实际 GDP 时，产出比小于 100%。①

产出比波动的历史时期如图 9—1 下图所示。我们看到产出比上升到 100%之上（即现实实际 GDP 超过自然实际 GDP 的百分数）的五个时期。产出比最高且持续时间最长的时期是 1966—1969 年越南战争的扩张时期。在 20 世纪 90 年代末期经济繁荣结束时，产出比达到了第二高峰。在 1972—1973 年、1978—1979 年和 1988—1990 年，产出比小幅高于 100%。同时观察到，20 世纪 60 年代早期、1974—1975 年、1991—1994 年，特别是在 1982—1983 年和 2009—2010 年，是产出比持续低于 100%的时期。

□ 需求冲击和供给冲击

通货膨胀率和产出比在某些时候同时上升或者下降，经济对总需求向上移动的反应已经在图 8—6 中解释；总需求的增加引起价格水平的上升，也使产出比上升到 100%以上，但这仅仅是暂时的。很快名义工资率开始提高，产出比渐渐回落到 100%，结束其短暂性增长。

本章我们关心总需求增长率的变化，我们称之为**需求冲击**（demand shock）。② 当良性的需求冲击发生时，通货膨胀和产出比均会暂时增加。最重要的一次需求冲击发生在 20 世纪 60 年代末期，主要源自越南战争的支出。在图 9—1 下图中，我们能清楚地看到持续的高产出比的影响引起上图中 1965—1970 年通货膨胀稳步加速。一个同种类型的较为温和的例子出现在 20 世纪 80 年代末期，当时产出比增加到 100%以上，从而引起通货膨胀加速。不利的需求冲击引起通货膨胀率下降。最引人注意的下降发生在 1982—1983 年以及2008—2010年，那时，战后深度的经济衰退引起通货膨胀率急剧下降。

在本章，我们学习通货膨胀伴随着产出比下降而不是上升的第二个原因。不利的供给冲击能在提高通货膨胀的同时引起产出比的下降，例如在 1974—1975 年和 1979—1981 年发生的油价飙升现象。有利的供给冲击能在降低通货膨胀的同时引起产出比的上升，如 1986 年和 20 世纪 90 年代末期所发生的。本章的核心目标是运用一个统一模型来解释为什么通货膨胀和产出比之间的关系有时是正的，有时却是负的。

我们运用本章模型来解释从 1960 年以来美国经济史上重要时期中通货膨胀和产出比之间的关系。有时当总需求强劲时通货膨胀加速，如 20 世纪 60 年代和 20 世纪 80 年代末期，有时当总需求强劲时通货膨胀却是下降的，如 20 世纪 90 年代末期，而有时当总需求疲软时通货膨胀却加速，如 1974—1975 年和 1980—1981 年。

---

① 从定义上讲，产出比和第 1 章介绍的 GDP 缺口密切相关。GDP 缺口是产出比减去 100%。如果产出比是 95%，GDP 缺口就是 95%－100%或者－5%。第 1 章同样介绍了 GDP 缺口的同义词——“产出缺口”。

② 在第 3.1 节中首次给出了需求冲击的定义。

9.2 实际 GDP、通货膨胀率和短期菲利普斯曲线

需求的持续增加拉动价格水平不断上涨。这种类型的通货膨胀有时被称为需求拉动型通货膨胀，把总需求上升的作用描述为"拉动"价格水平上升的原因。这种通货膨胀通常由大量的政府预算赤字和过多的货币供给增长率引起。

在图 9—2 中我们看到需求拉动型通货膨胀如何运行。上图是在第 8 章总需求和供给图的基础上稍作变化：为了简化，画出的两条线都是直线，在横轴与纵轴分别标出明确的数字。横轴表示产出比，即现实实际 GDP 与自然实际 GDP 的比率。当产出比为 100%时，现实实际 GDP 与自然实际 GDP 相等。初始的经济均衡假定发生在点 E_0，即 AD_0 曲线与 SAS_0 曲线的交点。价格指数 P_0 和名义工资率指数 W_0 的初始值均为 1.0，产出比是 100%。

短期总供给曲线 *SAS* 的斜率为正，意味着较高的产出水平提高了价格水平。正如第 8 章所学，每一个 *SAS* 曲线对应一个特定的名义工资率，且随着名义工资率的增加而向上移动。长期总供给曲线 *LAS* 是一条垂线，交于产出比为 100%的点。正如第 8 章所学，无论何时，只要产出比超过 100%，工资率就会有增加的压力［因而短期总供给（*SAS*）曲线向上移动］，只要经济在垂直的 *LAS* 右边运行，这种情况就会发生。

□ 总需求增加的影响

如图 9—2 所示，总需求的增加使总需求曲线从 AD_0 向上移动至 AD_1，经济均衡点为 E_1，此时价格水平为 1.03。较高的价格水平使名义工资率有上升的压力，在 *LAS* 曲线右侧的任意区域，包括 E_1 点，名义工资率都有上升的压力，所以 *SAS* 曲线会缓慢向上移动，当这种情况发生时，移动至新的 SAS_1 曲线（假定名义工资率比它在初始的 SAS_0 曲线上高 3%）。

□ 持续的通胀是怎么产生的

当短期总供给曲线 SAS_0 向上移动至 SAS_1 时，产出比和价格水平如何变化？有两种可能性，均在图 9—2 上图中阐明。

总需求的一次性增加 第一种可能是总需求维持在 AD_1 水平上，然后供给曲线向上移动至 SAS_1，此时经济均衡由点 E_1 移至左上方的点 *D*。为阻止产出比下降会发生什么变化？总需求曲线 *AD* 必须与供给曲线 *SAS* 一样向上移动相同的量。如果名义工资率由 1.00 增加至 1.03，供给曲线从 SAS_0 移动至 SAS_1，这时只有需求曲线由 AD_1 移动至 AD_1'，产出才会保持不变。点 E_1 处 1.06 的价格水平再次超过 1.03 的工资率，名义工资率会再次面临上升的压力。

总需求的持续性增加 为阻止产出比的下降，总需求必须不断增加，经济沿着上图箭头所示的路径垂直向上移动。下图则以更简明的方式表示同样的过程。横轴同样表示产出比，但纵轴衡量的是价格变化率，即通货膨胀率，而不是价格水平。因此在上图中，当价格水平固定在长期均衡点如点 E_0 时，下图的价格变化率百分比（或通货膨胀率）为零，即点 E_0，对应纵轴的通货膨胀率为零，即 $p=0$。

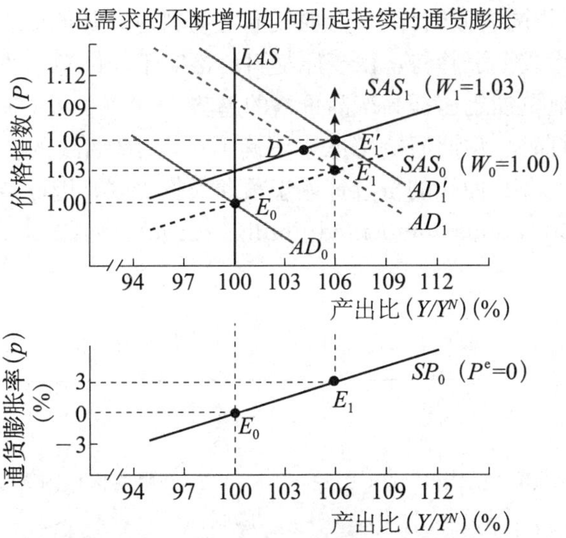

图 9—2　短期总供给（*SAS*）曲线与短期菲利普斯（*SP*）曲线的关系

注：在上图中，初始经济位于长期均衡点 E_0。当总需求曲线由 AD_0 移动至 AD_1 时，价格水平移动到点 E_1。只要总需求曲线不断地从 AD_1 向 AD_1'甚至更高的总需求水平移动，经济就处于 *LAS* 的右侧。只要经济位于 *LAS* 右侧，名义工资率就需要向上调整，总需求向上的调整必须保持在名义工资率之前，如箭头标示的垂直路径所示。每一时期 3% 的持续通胀由正下方的点 E_1 描述出来。

维持高产出比需要总需求和价格水平的持续提高，如上图箭头所描绘的垂直路径。同样的持续通货膨胀过程在下图中通过单个的点 E_1 得到说明，在每一时期价格变化率为 3%（正如在上图中价格水平在点 E_1 和 E'_1 之间上升 3%）。

□ 短期菲利普斯曲线

图 9—2 中下图不同于上图之处为纵轴描述的是通货膨胀率而不是价格水平。在下图中，连接点 E_0 和 E_1 的向上倾斜的线叫做 *SP* 曲线。它表明为了使产出比维持在 100%以上，总需求需要不断增加，从而造成了持续的通货膨胀（点 E_1 为 3%）。

下图中的点 E_1 以及产出比在 100%以上的所有点的共同特征是经济在长期中没有达到均衡，因为价格水平一直领跑名义工资率。造成工资不断上升的压力的原因是劳动合同没有预期到未来的通货膨胀，结果，它们并没有提前确定工资的增加幅度以便与通货膨胀保持一致。工资合约的**预期通货膨胀率**（expected rate of inflation）为零，可以缩写为 $p^e=0$，标注在 *SP* 曲线上。

SP 曲线是**短期菲利普斯曲线**（short-run Phillips curve）的简写，以 A. W. H. 菲利普斯的名字命名，他首先发现了实际 GDP 和通货膨胀率统计意义上的关系。[1] 除了与第 8

① 菲利普斯根据 100 多年前的英国历史阐明了工资率的变化率和失业水平的相关关系，因为工资率的变化与通货膨胀相关，失业率与实际 GDP 相关。菲利普斯的观点广受欢迎，即图 9—2 描绘的 *SP* 曲线，也就是高的产出水平与高的通货膨胀率相联系。见 A. W. H. Phillips，"The Relation Between Unemployment and the Rate of Change of Money Wage Rates in the United Kingdom，1861－1957，" *Economica*（November 1958），pp. 283－99。这条曲线实际应该被称为费雪曲线，因为失业与通货膨胀之间的关系最早由 Irving Fisher 提出，"A Statistical Relation Between Unemployment and Price Changes，" *International Labor Review*（June 1926），pp. 785－92，reprinted in *Journal of Political Economy*（March/April 1973），pp. 596－602。

章 *SAS* 曲线向上倾斜相同的原因外，*SP* 曲线向上倾斜还有其他原因。当产出增加时，经济范围内的通货膨胀率成上涨趋势，由于原材料价格对于较高总需求的敏感性，以及当总需求很高时，商业企业更加迅速提高产品价格的趋势。

当前工资合同签订时，预期通货膨胀率明确下来，*SP* 曲线的位置也就固定了，在图9—2 中假定为零。因为 *SP* 曲线的位置依赖于预期通货膨胀，因此有时候称之为**附加预期的菲利普斯曲线**（expectations-augmented Phillips curve）。

自测题 9—1

根据目前所学知识，试着概括图 9—2 下图的预期通货膨胀率的精确性。

1. 在哪些区域内真实通货膨胀大于预期通货膨胀？

2. 在哪些区域内真实通货膨胀小于预期通货膨胀？

3. 图中哪处预期通货膨胀率是准确的？

9.3 预期的调整

图 9—2 阐述了通货膨胀过程，其中值得注意的是假定了人们在签订劳动合同时没有预期到通货膨胀。每一时期，价格水平沿着上指箭头路径领先名义工资率，但是人们并没有提早将预期通货膨胀考虑在劳动合同内。

□ 预期通货膨胀的变化使 *SP* 曲线移动

一旦合约签订者提前预期到通货膨胀，短期菲利普斯曲线将向上移动，如图 9—3 所示。下方的短期菲利普斯曲线 SP_0 直接由图 9—2 下图复制而来，SP_0 曲线上的每一处都没有通货膨胀预期。在 E_0 处，真实通货膨胀率如所预期的那样，即为零，经济处于长期均衡位置，且价格水平是完全固定的。在点 E_1 处，也不存在通货膨胀预期（$p^e=0$），但是真实通货膨胀率为 3%。

当预期通货膨胀率为 3%时（$p=p^e=3$），长期均衡点为 E_2。整条短期菲利普斯曲线向上移动 3%，即预期通货膨胀率的调整幅度。产出比上升到 100%以上导致企业提高产品价格，并且工人们在新签订的合同中获得更高的工资。现在沿着新的 SP_1 曲线产出比不能达到 100%，除非真实通货膨胀率超过 3%，这样，实际通货膨胀率将再次超过预期通货膨胀率。

只有当没有变化压力时，经济才能处于长期中的均衡状态。点 E_1 当然没有达到均衡，因为点 E_1 处 3%的真实通货膨胀率大于在 SP_0 曲线上的零预期通货膨胀率。鉴于持续的通货膨胀，存在压力促使人们调整错误的预期（$p^e=0$）。在点 E_2 处，变化的压力停止，因为预期通货膨胀已经上升到足够高的位置（$p^e=3$）。工资协议提前允许有 3%的通货膨

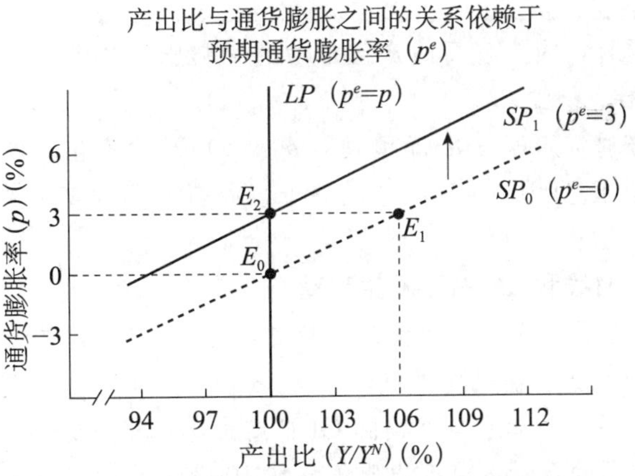

图 9—3　预期通货膨胀率从零增加到 3%对短期菲利普斯曲线的影响

注：下面的 SP_0 曲线直接由图 9—2 中下图复制而来，表示当没有通胀预期时（$p^e=0$），产出和通胀之间的关系。但是当人们能完全预期到 3%的通货膨胀时，3%的通货膨胀率只能生产点 E_2 的实际 GDP 水平。短期菲利普斯曲线向上移动 3%，这 3%是人们提高的预期通货膨胀率水平。垂直的 *LP* 曲线穿过点 E_0 和 E_2，表示所有的长期均衡点，在这些点上，实际通货膨胀率和预期通货膨胀率相等，即 $p^e=p$。

胀。这使就业和产出不受通货膨胀的影响。

点 E_2 就是长期均衡点，因为预期是正确的，如点 E_0 那样。点 E_0 和点 E_2 之间唯一的区别是正确预期到的通货膨胀率在点 E_0 为 0，在点 E_2 为 3%。另外，这两点的预期都是正确的，并且产出率也相同，均为 100%。

□ 菲利普斯“正确预期”线

过点 E_0 和 E_2 垂直的 *LP* 曲线显示了所有能够正确预期到通货膨胀率的点。*LP* 曲线代表长期菲利普斯曲线，可以称之为“正确预期”线。在 *LP* 曲线右侧的任何区域，通货膨胀率高于预期，且预期通货膨胀率将上升。在 *LP* 曲线左侧的区域，通货膨胀率低于预期，且预期通货膨胀率会下降。垂直的 *LP* 曲线和第 8 章垂直的长期供给曲线 *LAS* 相似，显示了所有长期均衡的点。它们包含着相同信息：实际 GDP（*Y*）不能永久偏离长期自然水平（Y^N）。

垂直的 *LP* 曲线会给予政策制定者什么重要的信息呢？它告诉他们保持经济稳定的最好方式是采用使产出率等于 100%的政策。如果产出比太高，通货膨胀可能加速（如图 9—3 所示的点 E_0 和点 E_1 之间），合适的应对措施是政策制定者采取限定性政策使产出比降回到 100%。同理，如果产出比在 *LP* 曲线左侧，产出存在不必要浪费，工作受到破坏，政策制定者应该采取刺激政策推动产出比的恢复，使经济向右移动，回到 *LP* 曲线上。

☞ **学习识图**

短期和长期菲利普斯曲线

菲利普斯曲线描述了通货膨胀和产出比之间的关系。

图形的构成和倾斜原因

SP 曲线和 *LP* 曲线的横轴都表示产出比，纵轴表示通货膨胀率。

SP 曲线向上倾斜，因为较高的产出推动通货膨胀，其机理和第 8 章中短期总供给曲线向上倾斜一样。

LP 曲线表示当通货膨胀被准确预期（$p^e=p$）时的产出水平。LP 曲线是垂直线，因为只有当产出比为 100%时，才能够准确预期，即现实和自然实际 GDP 相等（$Y=Y^N$）。

什么因素使 SP 曲线和 LP 曲线发生移动?

SP 曲线和 LP 曲线的交点表示预期通货膨胀率（p^e）。p^e 的增加将使 SP 曲线向上移动，p^e 的降低将使 SP 曲线向下移动。

LP 曲线的位置不变。如果自然实际 GDP 增加，当产出比仍为 100%时，现实实际 GDP 必须增加相同的数量以将产出比维持在 100%。

曲线以外的点的实质

SP 曲线下面的点表示通货膨胀率低于企业和工人预期的通货膨胀率，SP 曲线上面的点恰好相反。

位于 LP 曲线右侧且在 SP 曲线上的点表示实际通货膨胀率大于预期通货膨胀率，在这种情况下，预期通货膨胀率有向上的压力。位于 LP 曲线左侧且在 SP 曲线上的点表示实际通货膨胀率小于预期通货膨胀率，预期通货膨胀率有向下的压力。

在短期均衡处的情况是什么样的?

当经济在 SP 曲线上运行时，它处于短期均衡状态。

在长期均衡处的情况是什么样的?

当满足以下三个条件时，经济处于长期均衡：第一，必须在 SP 曲线上运行。第二，通货膨胀率（p）必须等于名义 GDP 增长率（x），即要求实际 GDP 增长率为零。第三，经济必须在 LP 曲线上运行，即预期通货膨胀率（p^e）等于实际通货膨胀率（p）。

自测题 9—2

假定在图 9—3 中经济运行的初始点为 E_2。总需求下降，产出比从 100%下降为 94%。

1. 预期通货膨胀率随后会发生什么变化?
2. SP 曲线的位置怎么变化?
3. LP 曲线的位置怎么变化?

9.4 名义 GDP 增长和通货膨胀

一旦确定了 p^e 的值，即我们在签订合同时的预期通货膨胀率，我们就知道哪条 SP 曲线适用于当下的经济。但是如果我们要理解产出比和通货膨胀率的决定因素，还有一个主要问题：经济运行的位置处于当前 SP 曲线的哪个点呢？例如，在 SP_0 上，经济运行在点 E_0、点 E_1 还是其他点呢？

SP 曲线表示通货膨胀率和产出比之间的单一关系。我们需要发现其他关系，因为需要通货膨胀率和产出比之间两个不同的关系式来确定这两个未知变量的值。

本章的通货膨胀模型使用单一变量代表总需求的增长率，即名义 GDP 增长率。我们首先复习名义 GDP、实际 GDP 和 GDP 平减指数之间的关系，然后介绍名义 GDP 增长率、实际 GDP 增长率和 GDP 平减指数增长率（GDP 平减指数增长率与通货膨胀率相同）之间的关系。

从这些变量大小开始分析，回想一下在第 2 章将名义 GDP（X）定义为价格水平（P）乘以实际 GDP（Y）：

$$X \equiv PY \tag{9.1}$$

正如在第 4 章的 IS-LM 模型中实际 GDP 由实际政府支出、实际货币供给这些因素决定一样，名义 GDP 由名义政府支出和名义货币供给决定。另外，名义 GDP 由前面几章讨论过的任何对总需求的冲击决定，包括税率变化、自发性净税收、自发性净出口、实际财富、顾客和商家从金融机构获得贷款的难易程度以及顾客和商家乐观情绪的变化。

本章我们对价格水平的增长率即通货膨胀率，以及它和名义 GDP 增长率的关系感兴趣。任何两个数字乘积的增长率，如方程（9.1）中的 P 乘以 Y，等于两个数字各自增长率之和。[①] 分别将方程（9.1）中各变量的增长率记为 x，p 和 y，即有

$$x \equiv p + y \tag{9.2}$$

方程用文字表述为名义 GDP 增长率（x）等于通货膨胀率（p）加上实际 GDP 增长率（y）。

如果名义 GDP 的初始水平为 100，如表 9—1 中的 0 时期，其 6%的增长率将导致 1 时期 106 的水平。如表 9—1 所示，通货膨胀和实际 GDP 增长的几种不同的组合在名义 GDP 为 6%的情况下是可以共存的。从表 9—1 中了解到，对于任何给定的名义 GDP 增长率，实际 GDP 增长率与通货膨胀率成反方向变化。

例如，选择 B 表示如果通货膨胀率为 6%，较高的价格吸收了名义 GDP 6%的全部增长率，以至于实际 GDP 没有任何剩余。实际 GDP 仍保持不变，即初始水平 100，通货膨胀“消耗”了所有名义 GDP 的增长。

相反，选择 C 表示如果通货膨胀率仅为 3%，名义 GDP 6%的增长率的一半将留给实际 GDP，使其增长 3%，从初始 100 增长到 1 时期的 103。这里通货膨胀只“消耗”了一半的名义 GDP 增长。

---

① 正式的表示方法是对两个乘积取对数，如 PY：

$$\ln(X) = \ln(P) + \ln(Y)$$

然后两边均对时间求导数：

$$\frac{d\ln X}{dt} \equiv \frac{d\ln P}{dt} + \frac{d\ln Y}{dt}$$

这与方程（9.2）相同，因为 x 定义为 $d\ln(X)/dt$，对 p 和 y 也相同。

表 9—1　　6%的名义 GDP 增长率在通货膨胀和实际 GDP 增长之间的分配

	时期	变量水平			变量在 0 时期和 1 时期的增长率		
		名义 GDP（X）	实际 GDP（Y）	GDP 平减指数（P）	名义 GDP（x）	实际 GDP（y）	GDP 平减指数（p）
选择 A：							
通胀率 9%	0	100	100	1.00	6	−3	9
	1	106	97	1.09			
选择 B：							
通胀率 6%	0	100	100	1.00	6	0	6
	1	106	100	1.06			
选择 C：							
通胀率 3%	0	100	100	1.00	6	3	3
	1	106	103	1.03			

最后，表 9—1 最上面的选择 A 表明，如果通货膨胀率为 9%，那么名义 GDP 6%的增长率将不足以将实际 GDP 维持在 100 的水平。实际 GDP 增长率一定为−3%，迫使实际 GDP 水平从 0 时期的 100 下降为 1 时期的 97。这里，通货膨胀的消耗多于名义 GDP 增长率，迫使 GDP 下降。

例子：当通货膨胀率小于名义 GDP 增长率时，实际 GDP 一定增加，正如选择 C 一样。当通货膨胀率大于名义 GDP 增长率时，实际 GDP 下降，正如选择 A 一样。

		x	=	p	+	y
选择 C 的年份	1977	10.7	=	6.2	+	4.5
	1984	10.6	=	3.7	+	6.9
	2007	4.9	=	2.7	+	2.2
选择 A 的年份	1974	8.1	=	8.6	+	−0.5
	1982	4.0	=	5.9	+	−1.9
	1991	3.3	=	3.4	+	−0.1

9.5　名义 GDP 增长加速的影响

本章的基本主题是通货膨胀率与产出率之间既可正相关又可负相关，这取决于需求冲击和供给冲击的变化，供给冲击的作用将在本章稍后学习。现在我们关注需求冲击的作用。如前面小节所示，我们通过单一变量衡量需求冲击，即名义 GDP 增长率的变化（x）。

名义 GDP 增长率的变化（x）如何影响实际 GDP（Y）和通货膨胀率（p）呢？在图 9—4 中，我们假定初始经济在长期均衡点 E_0 处。实际通货膨胀率和预期通货膨胀率均为 0（$p=p^e=0$）。对应的 SP 曲线为 SP_0，假定 $p^e=0$，从图 9—3 复制而来。

如果名义 GDP 增长率也为 0（$x=0$），因为 $x=p$，经济维持在点 E_0。为什么？在方程（9.2）两边减去 p，当 $x=p$ 时，实际 GDP 增长率（y）一定为 0：

$$y=x-p \tag{9.3}$$

$$0=0-0 \quad (E_0\text{点的特殊值})$$

只要 $x=0$，点 E_0 就是长期均衡点，它满足三个条件：(1) 经济位于 SP 曲线上；(2) $x=p$（即 $y=0$）；(3) 预期通货膨胀率是准确的（$p^e=p$）。① 这和前面"学习识图"专栏中列出的三个条件相同。

现在我们假定名义 GDP 增长率（x）从 0 永久地增加到 6%。会发生什么呢？经济将不再位于点 E_0，因为 $x=p$ 不再是正确的。相反，6%的 x 值大于 p 的初始值 0，实际 GDP 必须增长。方程（9.3）告诉我们实际 GDP 和通货膨胀率调整的关键规则：实际 GDP 一定增长；即只要名义 GDP 增长率大于通货膨胀率（$x>p$），实际 GDP 增长率为正（$y>0$）。

从点 E_0 开始，名义 GDP 增长率从 0 加速增长到 6%将使经济沿着固定正斜率的 SP_0 曲线向上滑动，因为人们的初始预期通货膨胀率为 0（$p^e=0$）。根据方程（9.3），名义 GDP 6%的增长在通货膨胀和产出增长之间分配。在这个例子中，x 的 6%的增长中有 2% 贡献给更高的通货膨胀率，即点 F。剩下的 4%贡献给产出比的增长，即产出比从 100 增长到 104。点 F 是短期均衡点，因为它位于 SP_0 曲线上，满足方程（9.3）。

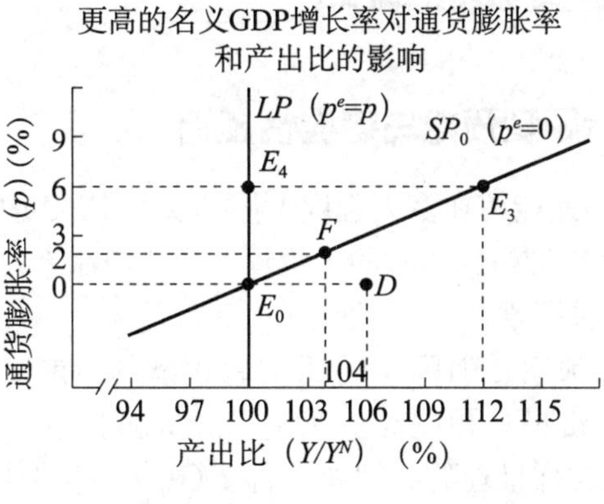

图 9—4　当预期通货膨胀率不能调整时，名义 GDP 从 0 增加到 6%，通货膨胀率和产出比的调整路径

注：初始经济处于点 E_0，此时实际通货膨胀率和预期通货膨胀率均为 0。在 0 时期，名义 GDP 增长 6%使经济移动到点 F。如果预期通货膨胀率（$p^e=0$）没有对实际通货膨胀率（一个不切实际的假设）作出较快的反应，经济最终到达点 E_3。一旦我们允许调整预期，经济将移动到点 E_4，此点既在 LP 线上，又满足通货膨胀率等于名义 GDP 增长率。

持续调整　接下来会发生什么？经济不能维持在点 F 上，因为点 F 不是一个长期均衡点。它违背了前面提到的三个长期均衡条件中的两个，即 $x=p$ 和准确预期通货膨胀率。

让我们解决第一个问题。每当名义 GDP 增长率大于通货膨胀率时，实际 GDP 会增长。这意味着实际 GDP 必须保持增长，直到通货膨胀率"耗尽"所有的名义 GDP 增长，即直到名义 GDP 增长率达到 6%，也就是假定的名义 GDP 永久的增长率。

① 为了将方程（9.3）与图 9—4 联系起来，我们需要假定自然实际 GDP 增长率为零（$y^N=0$）。第 9 章附录放宽了自然实际 GDP 增长率为零的假定，并且允许自然实际 GDP 任意变化。

尽管点 E_3描绘了 6%的通货膨胀率，但并不令人满意，因为它不能满足长期均衡的第二个条件，即准确预期通货膨胀率。经济不能维持在点 E_3，因为此点的通货膨胀率增长为 6%，而预期通货膨胀率（p^e）仍为 0。在签订劳动合同时会考虑到存在的 6%的通货膨胀率，这是不可避免的。由于开始考虑到不利的 6%的通货膨胀，工资率会增加，*SP* 曲线会向上移动。

只有当经济达到长期均衡时，*SP* 曲线才会停止向上移动，即满足三个要求：（1）经济处于 *SP* 曲线上；（2）$x=p$（产出比停止增长）；（3）预期通货膨胀率准确（$p^e=p$）。点 E_3同时满足前两个条件。第三个条件只有沿着垂直的 *LP* 曲线时才能满足。给出假定的名义 GDP 增长率（$x=6$）。第三个条件只有在点 E_4 才满足，即 $x=p=6$。为什么？只有当$x=p$时，产出比才会停止增长，即 $y=0$。

总的来说，当名义 GDP 增长率加速时（本例中从 0 增加到 6%），通货膨胀率必须以相同的数量增加，从 0 到 6%。但是通货膨胀率不能立即上升，因为工人和企业提高其预期的通货膨胀需要时间。在这一时期内，当工人和企业逐步提高预期通货膨胀率（p^e）时，产出比会有短暂性的增加。

9.6 预期和通货膨胀周期

□ 前瞻型预期、后顾型预期与适应性预期

名义 GDP 增长率的加速能够在多大程度上推动实际 GDP 增长？能维持多久？这完全取决于 p^e（签订当前工资与价格合约时的平均预期通货膨胀率）对较高的通货膨胀的反应速度。调整速度取决于几种因素。

前瞻型预期　首先，预期是前瞻型的还是后顾型的？**前瞻型预期**（forward-looking expectations）试图使用经济模型预测经济变量（通货膨胀率）的未来行为。具有前瞻型预期的合约签订者也许是这样推理的：例如，名义 GDP 增长率从 0 增加到 6%意味着通货膨胀率在长期为 6%，并且立刻提高预期通货膨胀率至 6%。名义工资率的增长率将提高 6%。*SP* 曲线直接向上移动 6%。经济将立刻从点 E_0 移动至点 E_4，没有任何时候会出现产出率大于 100%的情况。

理性的后顾型预期　另一种选择是**后顾型预期**（backward-looking expectations），该类预期不会试图提前计算经济波动的影响，而仅仅对已经发生的事情作出调整。例如，后顾型预期方法的预期通货膨胀是以过去的通货膨胀为基础，而不去试图猜测名义 GDP 增长率的未来路径或其影响。理性的工人和企业形成预期时向后看而不是向前看有两个重要的原因：

（1）人们没有理由相信名义 GDP 增长率的加速是永久的。以前名义 GDP 增长率上下波动，使个人不愿意得出变化是永久的结论。他们可能选择等待，看看会发生什么。

（2）即使名义 GDP 增长率的加速是永久的，长期工资合约和价格协议的存在，包括正式的和非正式的，也将阻止真实通货膨胀立即作出反应。既然人们了解这些合约和协议，他们就知道工资和价格的变化将逐渐适应名义 GDP 的加速。不能事先预测调整的准

确速度，因为它取决于许多因素，包括工资合约和价格协议的期限长度。更进一步，一组合约签订者不知道其他签订者预期未来名义 GDP 增长率是 6%、0 还是其他值。

后顾型预期中最受欢迎且被广泛研究和证实的一种形式称为**适应性预期**（adaptive expectations)。① 此概念可简单描述为当人们发现实际事件与他们所预期的不同时，人们会调整他们的预期使之更接近现实。这里列举一个关于适应性预期的特别简单的例子。假定预期通货膨胀率总是等于上一时期的实际通货膨胀率。在图 9—4 中，名义 GDP 增长率从 0 增加到 6%，经济从点 E_0 移动到点 F，使实际通货膨胀率从 0 提高至 2%。这将引起下一时期的预期通货膨胀率增长相同的数量，即至 2%。记住这样简单的关系：本期的预期通货膨胀率等于前期的实际通货膨胀率，或者 $p^e=p_{-1}$。

□ 调整环路

经济对更高需求增长的反应取决于预期的调整。图 9—5 描绘了两种反应。黑粗线描绘的是从点 E_0 出发，穿过点 F，向右上方直线移动到点 E_3，与图 9—4 描绘的完全相同。预期不变，经济仍然位于初始 SP_0 曲线上。如前所述，点 E_3 不是长期均衡点，因为它不在 LP 曲线上。

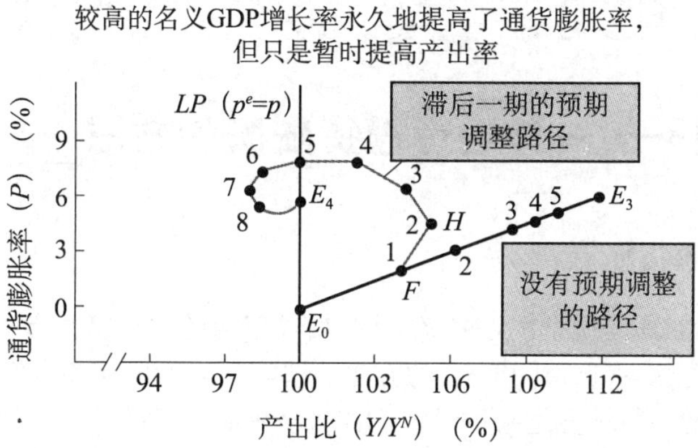

图 9—5　需求增长率从 0 加速到 6%对通货膨胀和实际 GDP 的影响

注：当预期通货膨胀完全调整时，经济沿着黑粗线从点 E_0 向右上方移动到点 E_3，如图 9—4 所示。当预期通货膨胀率根据上期的实际通货膨胀率作出充分调整时，经济将沿着灰线从点 H 移动至长期均衡点 E_4。

灰线表明滞后一期的完全调整。在每一时期，SP 曲线向上移动上期实际通货膨胀的增加量。因为实际通货膨胀从点 E_0 到点 F 增加了 2%，在下一时期 SP 曲线向上移动 2%，并且使经济从点 F 移动至点 H。之后预期通货膨胀再次向上调整，因为在点 H 通货膨胀大于人们预期的 2%。最后，在围绕长期均衡点 E_4 结成环圈后，经济达到此处。（本章附录说明如何计算经济在每一时期沿此路径变化的确切位置。）

灰线显示了通货膨胀过程的几个基本特征：

（1）需求增长的加速（见图 9—4 和图 9—5）在短期内提高了通货膨胀率和产出比。

① 适应性预期的概念首先运用于宏观经济学是在一篇经典论文中，Phillip Cagan，“The Monetary Dynamics of Hyperinflation,” in Milton Friedman，ed.，*Studies in the Quantity Theory of Money*（Chicago：University of Chicago Press，1956），pp. 25－117。

（2）在长期，通货膨胀率（p）与 x 的增长数量相同，任何沿此路径的产出比提高仅仅是暂时的。经济最终达到点 E_4。

（3）在名义 GDP 增长率（x）永久增长之后，通货膨胀率会暂时超过新的名义 GDP 增长率。例如，在图 9—5 中，x 从 0 增加到 6%，并且最终通货膨胀率达到点 E_4 的 6%水平。但是，沿着调整路径，实际通货膨胀会暂时超过最终的通货膨胀均衡值 6%。例如，沿着灰线路径，通货膨胀率在第 4 期和第 5 期达到 8%。过量沿着这条路径发生了，因为在预期通货膨胀率达到实际通货膨胀率之前，经济在第 3 期开始时已经达到 6%的长期通货膨胀率。在随后位于 6%之上的点反映了对通货膨胀率的联合影响：①预期通货膨胀的向上调整；②每当经济位于 LP 曲线的右侧时，不断向上的需求压力使实际通货膨胀大于预期通货膨胀。

自测题 9—3

观察图 9—5 中的灰色调整环路。解释为什么从点 1 到点 2 的连线比从点 E_0 到点 1 的连线陡峭。

9.7 衰退——一种治理通货膨胀的方法

□ 如何抑制通货膨胀

在图 9—5 概括的理论模型中，名义 GDP 增长率的增加引起通货膨胀的加速。现在我们需要找到**反通货膨胀**（disinflation）的方法，即实现通货膨胀率显著减速的方法。很明显，消除通货膨胀的最简单方法是推动造成通货膨胀的相反的过程。政府通过使需求增长（x）减慢，从而减缓通货膨胀。

□ 运用“冷火鸡”政策抑制通货膨胀

图 9—6 主要探究了名义 GDP 增长率减慢后通货膨胀的反应。在这幅图中我们设定的最初通货膨胀率为 10%，除此以外，都与图 9—4 相同。横轴描绘的是产出比，预期通货膨胀率在 SP_2 曲线上，假定为 10%，并且初始经济在点 E_5 上。

在图中，我们假定政府提出一项政策，有时称之为**“冷火鸡”政策**（cold turkey），即需求增长率（x）突然从 10%下降为 4%。如果人们预期通货膨胀率为 10%是因为上一期的通货膨胀率为 10%，这样经济将沿着 SP_2 曲线从初始点移动至点 K。政府的政策将使通货膨胀率从点 E_5 的 10%降低到点 K 的 8%，但以衰退为代价，因为产出比从 100%下降到 96%。

注意，图 9—6 中经济从点 E_5 移动至点 K 表示与图 9—4 中从点 E_0 至点 F 的反向调整。在这两种情况下，经济对名义 GDP 6%变化的初始反应分为通货膨胀率 2%的调整和实际 GDP 4%的调整。

□ 实现新长期均衡的调整过程

当通货膨胀率等于新的名义 GDP 增长率时（$p=x=4$），且当预期通货膨胀率降低到长期均衡值时（$p^e=4$），调整过程结束。

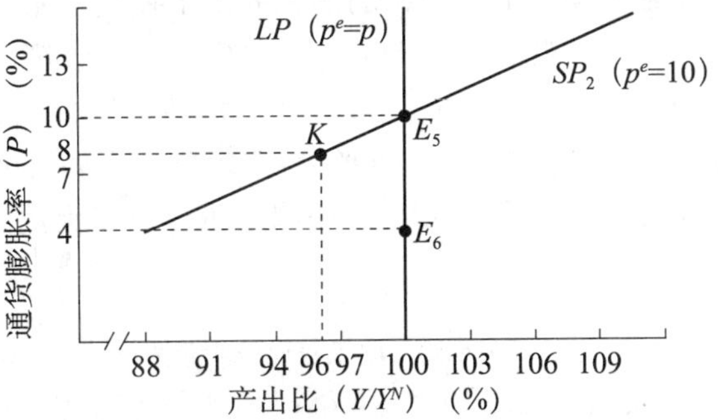

图 9—6　名义 GDP 增长率从 10%下降为 4%对通货膨胀和实际 GDP 的最初影响

注：初始经济位于长期均衡点 E_5 处，预期通货膨胀率（p^e）和实际通货膨胀率（p）均为 10%。当名义 GDP 增长率突然并永久地从 10%下降为 4%时，在第一时期，经济最初移动至点 K，最终经济将达到长期均衡点 E_6。

下行的螺旋环路　图 9—7 中经济初始点为 E_5，和前图的点 E_5 相同。在点 E_5，名义 GDP 增长率、实际通货膨胀率和预期通货膨胀率均为 10%（$x=p=p^e$）。如果名义 GDP 增长率从 1980 年及以前年份的 10%突然下降至 1981 年及以后年份的 4%，灰色环路从点 E_5 向左下方移动会表明上述情况的结果。经济最初的反应是达到标注为 1981 年的点，通货膨胀率为 8%，产出率从 100%下降为 96%。标记为 1981 年的点完全与图 9—6 的点 K 相同。

对于 1982 年及随后的年份，经济沿着灰色路径移动。这个下行的螺旋环路表示了 x 从 10%永久下降至 4%的影响，是图 9—5 中向上的螺旋环路的镜像。图 9—5 表示的是 x 从 0 永久增加至 6%的影响。经济达到目标，通货膨胀率暂时降低到 4%的永久名义 GDP 增长率之下。

自测题 9—4

1. 如果 *SP* 曲线的斜率比图 9—6 和图 9—7 假定的更为平坦，经济对名义 GDP 增长率的降低反应更快还是更慢了？

2. 如果 *SP* 曲线更为陡峭，经济调整会更慢还是更快？

□ 反通货膨胀的产出成本

图 9—7 描绘的路径显示了抑制通货膨胀的“冷火鸡”政策，即名义 GDP 从 1980 年的 10%突然下降为之后的 4%。反通货膨胀的代价是产出的急剧下降。什么政策能够避免

产出的下降呢？一种选择是无所作为并忍受通货膨胀。这就要求经济永久地位于图 9—7 的点 E_5 上。

牺牲率 产生图 9—7 中的反通货紧缩环路的模型能用于估算“冷火鸡”政策与直接忍受通货膨胀政策的成本和收益。在 1981—1985 年的 5 年间，采取“冷火鸡”政策，产出比下降到 100%之下的总量为 16.3%。一个计量反通货膨胀成本的简便方法是**牺牲率**（sacrifice ratio），即在抑制通货膨胀时引起的累积的产出损失与永久减少的通货膨胀率之间的比率，如图 9—7 的“冷火鸡”方法所示。在“冷火鸡”政策下，牺牲率是损失产出比 16.3%与永久减少的通货膨胀率 6%的比率，或者牺牲率为 2.7（=16.3/6）。

牺牲率讲述的问题是“永久减少通货膨胀率有多重要”。如果公民知道通货膨胀率永久地下降 1%将会损失一年 2.7%的 GDP，按美国现价计算，大约为 4 000 亿美元，他们还会赞同这一政策吗？

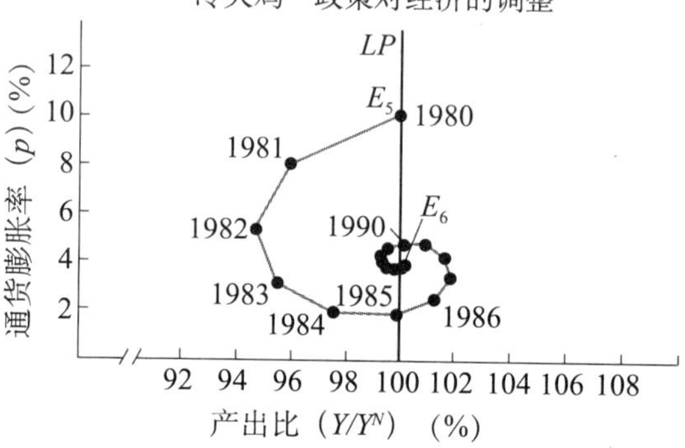

图 9—7 名义 GDP 增长率从 1980 年的 10%下降为 1981 年及之后的 4%后，通货膨胀和实际 GDP 的调整路径

注：在 1980 年和 1981 年之间的灰线和图 9—6 中点 E_5 和点 K 之间的路径是完全相同的，表明了随后年份中发生了什么。调整路径的特殊形状假定了名义 GDP 增长率从 1980 年的 10%突然下降至 1981 年的 4%，并永久维持在 4%的水平上。

☞ **国际视角**

欧洲的反通货膨胀政策和美国不同吗？

从 20 世纪 90 年代中期以来，大多数工业国家都经历了相对较低的通货膨胀率。但是在此之前，主要的工业化国家的通货膨胀率更高，且在很大程度上不同。

下图对自 1975 年开始美国和四个最大的欧洲国家——法国、德国、意大利及英国进行了通货膨胀率的数字比较。直到 20 世纪 90 年代，在这几个国家中，德国的通货膨胀率最低，在 1979—1981 年石油冲击这段时期，德国通货膨胀率上升相对较少。德国成功维持了相对较低的通货膨胀率，这可归因于德国的中央银行即德意志联邦银行采取的相对紧缩的货币政策。

在 20 世纪 80 年代初期，其他三个欧洲国家的通货膨胀率高于美国，并且是德国通货膨胀率的两倍多。这些国家没有像德国那样采取同样的紧缩货币政策；相反，采取的货币和财政政策更为宽松，使名义 GDP 增长快于德国。1980 年，意大利的通货膨胀率达到了每年20%；英国的通货膨胀率几乎同样高。

很明显，在1980年后发生了一些重要的变化。在1981—1986年间，美国基本实现了抑制通货膨胀的目标（如图9—1和图9—8所示）。在意大利和英国，通过抑制通货膨胀，通货膨胀下降的幅度更大。欧洲抑制通货膨胀的关键因素是1979年欧洲货币体系（EMS）的建立。成员国试图维持其汇率围绕着德国当时的货币即德国马克（DM）在相对狭小的区间内波动。

刚开始，英国和意大利的汇率不能长时间保持固定，因为它们的通货膨胀率远高于德国的通货膨胀率。在固定汇率条件下，高通货膨胀意味着英国和意大利的出口价格与德国的价格相比会快速上升，使这些国家失去竞争力。因此，欧洲货币体系允许高通货膨胀率国家周期性地调整汇率。但是英国和意大利承诺会降低通货膨胀率，主要通过通货紧缩的货币政策（图9—8所示的实际石油价格的下降即有助于此）。到1987年，情况得到很大改善。相对于德国马克，它们能够使其汇率维持在一个相对狭窄的区间内变化。然而，这次改善的代价是失业水平上升，且高于美国的失业水平。例如，法国的失业率在1985—2000年之间从未下降到9%以下，且在1996—1999年连续四年在10%以上。在2000—2008年之间，法国的失业率有所下降，但并未降到7.4%以下，而同期美国的失业率下降至4.5%。

欧洲货币体系（EMS）内主要欧洲国家的固定汇率时代从1987年持续至1992年，然后失败了。意大利、英国和其他几个国家，包括西班牙和瑞典，使其汇率相对于德国马克贬值，同时，法国和少数几个国家与德国马克维持相对不变的汇率。

1992年后意大利和英国的汇率差异有助于解释为什么在1994—1997年这些国家的通货膨胀率基本在法国和德国之上。然而，1999年单一货币（欧元）的引进，捆绑了意大利对法国和德国的汇率，导致意大利的通货膨胀率和这两个国家几乎相同。在2000—2010年间，由于限制性的货币政策，称为“通货膨胀目标”（在第14章提到），拒绝加入欧元区的英国维持了一个比意大利稍低的通货膨胀率。

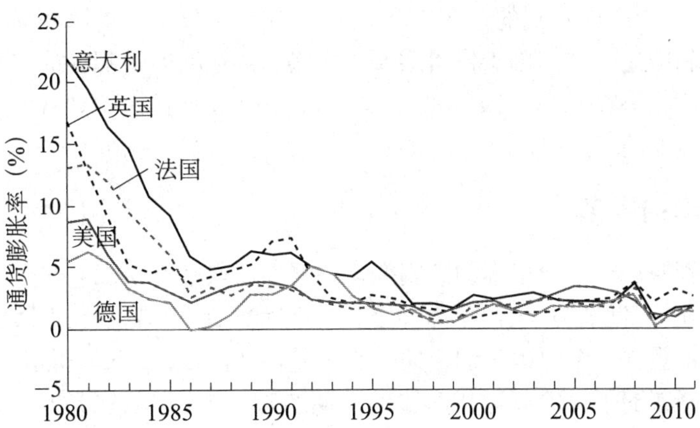

资料来源：International Monetary Fund *World Economic Outlook Database*，April 2010，and Bureau of Economic Analysis *NIPA Tables*.

☞ **全球经济危机聚焦**

政策制定者面临通货紧缩的危险

从图 9—7 中我们知道，不论是否由政策引起，任何彻底推动名义 GDP 下降的事件既能使经济衰退，又能使通货膨胀率大幅降低。图 9—7 中通货膨胀率的初始点为点 E_5，通货膨胀率为 10%，并最终落在点 E_6，通货膨胀率为 4%。从图 9—7 中很容易看出，如果通货膨胀率的初始点在较低的水平，比如说 4%，名义 GDP 增长率减少如图 9—7 相同的数量，通货膨胀率将降低为负值，负通货膨胀率称为“通货紧缩”。

在第 8 章，我们了解到通货紧缩对总需求的负面影响，也了解到日本在 1999—2008 年间遭遇了持续的通货紧缩。这一日本的低经济增长率时期，又称为“失去的十年”。政策制定者和评论员担心美国会在未来几年步入通货紧缩时期。遗憾的是，正如在第 5 章所学，政策制定者在对抗未来可能的通货紧缩时缺乏火力。货币政策受到美国的零利率底线的约束，并且财政政策在政治斗争中陷入困境。

9.8 供给冲击的重要性

到本章为止，我们已经学习了**需求型通货膨胀**（demand inflation），即名义总需求增长率（也就是名义 GDP）的加速引起的通货膨胀。在本书前面所学到的任何需求因素的变化——包括消费者和企业信心、货币供给、实际财富、金融市场上贷款的难易程度、政府支出、税率、政府转移支付和净出口等等都会引起需求型通货膨胀。同样，这些因素也能引起名义 GDP 的减速，即导致如图 9—7 所示的通货紧缩的调整路径。

现在我们转向通货膨胀率变化的第二个原因，即**供给型通货膨胀**（supply inflation）。正如我们在图 9—8 上图所看到的，在 1971—1981 年这十年中，美国的通货膨胀率表现为反复无常的加速和减速，这归因于供给型通货膨胀。供给型通货膨胀的变化也有助于我们理解为什么通货膨胀率在 1986 年如此低，在 1995—2000 年再次达到低谷，以及为什么在 2003—2007 年通货膨胀会加速。

□ 供给冲击的类型

供给型通货膨胀源于企业成本的急剧变化，与之前名义 GDP 的变化没有关系。

石油冲击　在 20 世纪 70 年代和 20 世纪 80 年代初期，世界上大多数工业化国家的供给型通货膨胀的最重要一个原因是油价的急剧上升，如图 9—8 下图所示。在 1986 年，石油价格的急剧下降减弱了供给型通货膨胀的早期伤害。1990 年、1999—2000 年和 2003—2008 年实际石油价格的上升是不利供给冲击的一些其他例子，同时在 1996—1998 年和 2009—2010 年实际石油价格的下降提供了有利供给冲击的最新的例证。

农产品价格冲击　供给型通货膨胀也能由其他原材料价格的上升引发，尤其是农产品，如果这些原料足够重要的话。有时天气会引起供给冲击，如玉米的减收会导致农产品价格的急剧上升。通常天气引起的供给冲击是暂时的，持续一年或者两年，之后情况会恢复正常。然而，欧佩克的石油供给冲击却被认为是长期的，它使实际石油价格从 1974 年持续增长到 1986 年。许多观察家认为实际石油价格在 2003—2008 年的大部分增加是长期的。

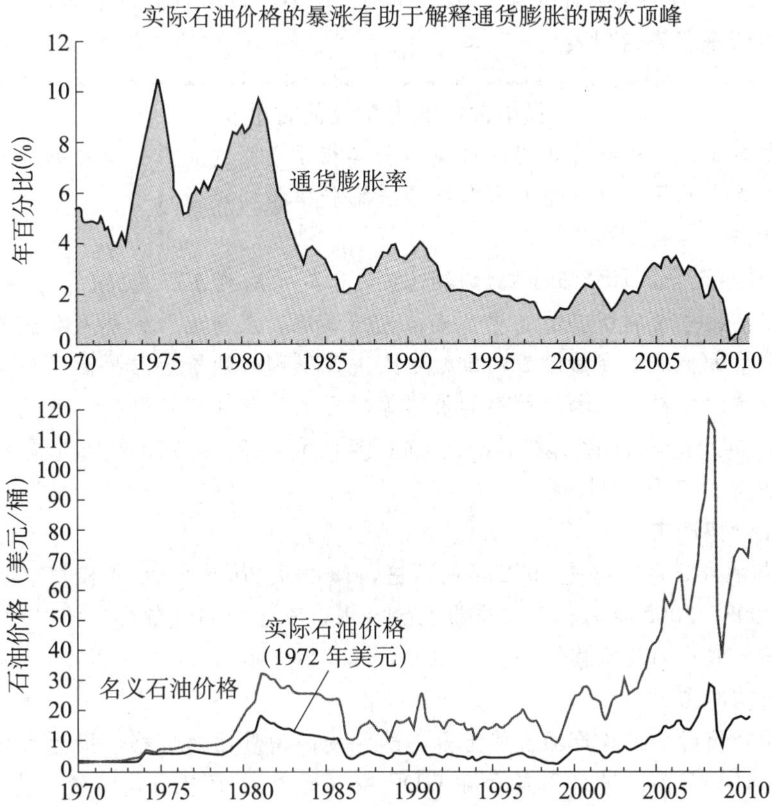

图 9—8　四个季度的 GDP 平减指数增长率和石油的名义与实际价格水平，1970—2010 年

注：上图显示了自 1970 年后的通货膨胀率；这和图 9—1 所描述的序列相同。下图中，以 1972 年作为基年，将石油的名义价格与实际价格相比较。注意到在下图两次石油冲击的时刻，即在 1974 年和 1979—1980 年间，上图所示的通货膨胀急剧上升。也要注意在 1986 年石油价格暴跌时的低通货膨胀点，以及 1998 年通货膨胀和石油价格的低点。在 2003—2008 年期间，实际石油价格的逐渐上升只引起上图描绘的通货膨胀率的适度增长。

资料来源：上图：经济分析局国民收入与生产核算表。下图：能源信息管理局每月能量回顾。

进口价格冲击　在第 7 章中我们学习了美元对外币的汇率是可变的，每天根据一美元能买到的外国货币的数量升值或贬值。当美元贬值时，它能买到较少的外币，且进口变得相对昂贵（回顾汇率变化对出口和进口价格的影响）。这使得与进口商竞争的国内生产者提高价格。美元贬值会造成更高的通货膨胀，美元升值会造成较低的通货膨胀。图 9—8 显示，在 1995—2002 年间，通过美元升值制止了通货膨胀，在 2003—2008 年间，通过美元贬值提高了通货膨胀。过去，主要贬值的时期是 1970—1980 年以及 1985—1987 年，1980—1985 年是美元的主要升值期，这有助于解释在图 9—8 中的那个时期为什么通货膨胀率下降了那么多。

生产率增长冲击　当生产率迅速增长时，每个工人能生产更多的产量，且工人生产单位产量的雇佣成本更加便宜。生产率增长对通货膨胀的影响不是一年一年地变动，而是在五到十年这样较长的时期内变化，通常称为“生产率增长趋势”。这种趋势从 1965 年到 1980 年有所放缓，这有助于解释 20 世纪 80 年代高水平的通货膨胀率。在 1980 年后这种趋势逐渐恢复，这有助于解释在 1980—1985 年间通货膨胀率的迅速下降，但是在 1995—2004 年间又上升，有助于解释为什么在 20 世纪 90 年代后期通货膨胀率如此低（图 12—5 为有关美国生产率趋势的图表）。

供给冲击的类型及何时重要

这里主要概括了供给冲击的四种类型及其相互之间的关系。当冲击不利时将通货膨胀率推向更高水平，当冲击有利时将通货膨胀率推向较低水平。

石油冲击

从 1970 年至今，每桶石油的价格已经从 2 美元涨到 150 美元。石油冲击令人关注是因为石油价格影响所有的能源价格，包括汽油、燃料油、天然气和煤炭；也因为过去石油价格的上涨很突然。石油价格令人关注是因为油价上涨提高了航空费用的价格、运货价格、塑料制品和原材料的价格等，影响到其他经济部门。石油价格冲击在 1973—1981 年间是不利的，在 1981—1986 年间和 1995—1999 年间是有利的，但在 2003—2008 年间又是不利的。

农产品价格冲击

1974 年的农产品价格是 1972 年的两倍，激发了 20 世纪 70 年代快速提高的通货膨胀。在 2005—2008 年间，玉米作为乙醇（进口石油的一种替代）的一种关键成分，其需求增长使农产品的价格增加。

进口价格冲击

当美元贬值时，进口产品价格上升，这将提高消费品的价格，因为太多的美国消费支出用于进口产品。进口不包含在 GDP 中（因为尽管它们是消费支出的一部分，但它们不是国内生产或者 GDP 的一部分），不过较高的进口价格会使国内价格面临向上增长的压力。当大众、奔驰、宝马提高它们的价格时，这给通用汽车、福特和克莱斯勒等汽车生产商提高国内汽车价格的机会。进口价格冲击在 1970—1980 年间是不利的，在 1980—1985 年间是有利的，在 1985—1987 年间是不利的，在 1995—2002 年间是有利的，且在 2002—2008 年间的大部分时期是不利的。

生产率增长冲击

较快的生产率增长使工人具有更高的效率，对于任何给定的工资率，就他们生产的产出而言，减少了雇佣成本。生产率的增长对通货膨胀的影响不是逐月或者逐年产生的，而是在 5～10 年这样较长的时间范围内发生的。生产率增长冲击在 1965—1980 年间是不利的，在 20 世纪 80 年代初期适度有利，在 1995—2004 年间特别有利，在 2004—2008 年间稍微不利，在 2009—2010 年初期十分有利。

□ 不利和有利的供给冲击

供给冲击或者是不利的，或者是有利的。不利的供给冲击既使通货膨胀更糟糕，又引起实际GDP的下降，如在20世纪70年代期间石油价格的急剧上升。有利的供给冲击是指通货膨胀降低的同时，实际GDP上升，如在1986年、1997—1998年和2009年石油价格的急剧下降。

供给冲击究竟是不利的还是有利的，对货币和财政政策制定者来说是一个困难的挑战。不利的供给冲击把不满意的选择强加于政策制定者，他们只有以较低的实际GDP为代价来避免额外增长的通货膨胀率，反之亦然。但即使有利的供给冲击也可能需要政策制定者作出选择。

□ 供给冲击，“双峰”和“波谷”

如果需求冲击是通货膨胀的唯一原因，我们将观察到在名义GDP加速之后的时期，产出比将上升，并且通货膨胀率也将上升。然而在其他时期，通货膨胀率与产出比之间的关系将不是正的，而是负的。在下一小节，我们将学习由于供给冲击产生的负相关关系的来源，供给能引起通货膨胀率急剧上升或下降，而紧接着产出比向相反的方向移动。这解释了在1974—1975年和1979—1981年两个时期通货膨胀的“双峰”，也解释了在1986年和1997—1998年低通货膨胀率的“波谷”，在这两个时期里产出比是上升的。

总的来说，我们已经看到供给冲击有四种类型：石油、农产品价格、进口价格和生产率增长。每种冲击都各有利弊。在20世纪70年代和80年代初期，通货膨胀如此之高的一个重要原因是在这一时期里这四种冲击都是不利的。然而，在1980年之后，通货膨胀率迅速下降，这不仅是因为紧缩的货币政策，事实上更是因为在1980年间石油、进口价格和生产率增长冲击全部从不利转为有利。类似地，在1995年和2000年具有高产出比的经济繁荣时期，通货膨胀率却是很低的。在2004—2008年，石油价格、进口价格和生产率增长冲击是不利的，但和20世纪70年代相比，通货膨胀率对这些冲击的反应较小。

名义石油价格从2002年初的每桶17美元增加到2008年第二季度的117美元，这次油价的大幅攀升伴随着通货膨胀率从2002年初的1.5%到2006年初的3.5%的提高。经济学家已经考虑为什么在2002—2006年通货膨胀率对于较高的石油价格的反应相对冷淡，相反，在1973—1974年和1979—1980年，通货膨胀率随着石油价格的上升而急剧提高。其中一个因素是在2002—2007年间产出比很少是正的，通货膨胀率没有向上提升的压力，而这不同于1973年和1979年产出比为正时的情况。第二个因素是2002—2008年石油价格上升时，工人很难获得工资增长。为什么？自从20世纪70年代以来，美国工人对于管理层的议价地位不断弱化，因为工人加入工会的比例显著下降、来自低技能移民工人的竞争和进口使工厂关闭，这些工厂以前为具有高学历的雇员提供薪资相对较高的工作。

9.9 通货膨胀和产出比对供给冲击的反应

在图9—8中，我们发现了石油价格冲击和美国通货膨胀率之间的关系。我们看到了实际石油价格水平的提高引起总通货膨胀率的变化。怎样根据短期菲利普斯曲线（*SP*）

解释通货膨胀率的反应呢？

□ 供给冲击与短期菲利普斯曲线

我们运用图 9—9 来说明供给冲击如何移动 SP 曲线。在图 9—9 中，SP_2 曲线假定了预期通货膨胀率是 6%。图中，纵轴描绘的是总通货膨胀率，横轴描绘的是产出比。

供给冲击移动 SP 曲线　只要石油的实际价格保持恒定，唯一能使 SP 曲线移动的因素是预期通货膨胀率（p^e）的变化。但是如果供给冲击改变了实际石油价格，它就成为 SP 曲线会向上移动的第二个原因。

图 9—9 中的点 E_4 描述的是长期均衡位置。实际通货膨胀率为 6%，并且最初假定名义 GDP 增长率为 6%。因为 SP_2 曲线假定预期通货膨胀（p^e）是 6%，满足长期均衡要求的条件是 $p^e=p$。

现在让我们假定石油生产者在一年内突然将石油价格提高到两倍，如 1979 年发生的，并且假定这种行为足够使在任何给定的产出比水平下，通货膨胀率增长 3%。这 3%的通货膨胀率反映在 SP 曲线上为 SP_2 曲线向上移动至 SP_3 曲线。这时经济将沿着新 SP_3 曲线的哪部分移动？

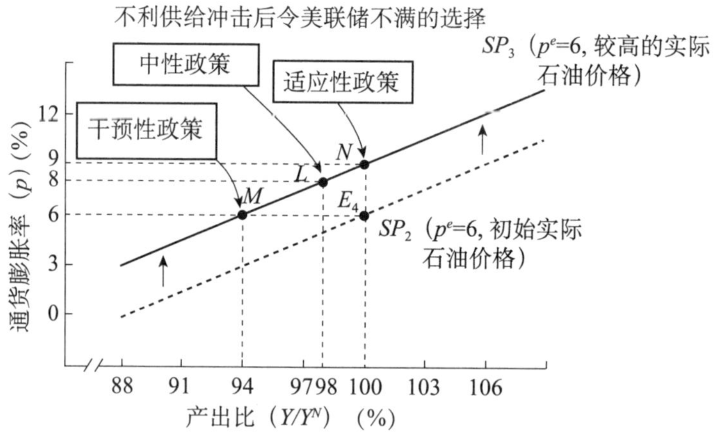

图 9—9　使 SP 曲线向上移动 3%的不利供给冲击对通货膨胀率和产出比的影响

注：经济初始点为点 E_4，此时产出比为 100%，实际和预期通货膨胀率均为 6%。供给冲击使 SP 曲线向上移动至 SP_3。经济的变动依赖于政策的反应，在适应性政策下，经济从点 E_4 移动至点 N；在中性政策下，移动至点 L；在干预性政策下，移动至点 M。

□ 政策对供给冲击的反应

如图 9—9 所示，经济对不利的长期供给冲击的反应依赖于名义 GDP 增长率的反应。政府能够实施政策措施改变名义 GDP 增长。这些政策行为决定经济沿着新 SP_3 曲线的哪部分移动。

中性、适应性和干预性政策反应　有三种政策反应。第一种称为**中性政策**（neutral policy），这种政策试图保持名义 GDP 增长率在初始位置不变（即 6%）。表现在图 9—9 中的点 L。由定义可知，实际 GDP 增长率一定等于名义 GDP 增长率减去通货膨胀率

($y=x-p$)，中性政策使产出比下降的数值与通货膨胀上升数值相同。这样，在点 L，产出比下降 2%（从 100%到 98%），并且通货膨胀率提高 2%（从 6%到 8%）。① −2 与+2 之和恰恰为 0，即为假定的名义 GDP 增长率的变化率。

政府会采取什么方式来避免图中点 L 所示的通货膨胀恶化和产出比下降的双重困境呢？若要使产出比固定，政府将不得不接受更高的通货膨胀率。或者，只有当政府愿意接受更大幅度的产出比下降时，才能阻止通货膨胀率加速到 6%之上。

适应性政策（accommodating policy）试图维持产出比在点 N 不动。要这样做，就必须允许通货膨胀率向上移动的量等于 SP 曲线的垂直移动值，通货膨胀率每年从 6%上升至 9%。通货膨胀的加速要求名义 GDP 增长率每年从 6%增长至 9%。

干预性政策（extinguishing policy）试图完全消除供给冲击引起的额外的通货膨胀。这就要求名义 GDP 增长率从 6%减至 0，以使经济位于点 M，此时通货膨胀率为 6%，但是产出比从 100%下降为 94%（代替点 L 的 98%）。为什么产出比额外下降 4%是必要的？点 L 与点 M 相比有额外 2%的通货膨胀率，为了消除它，产出比必须减少 4%，因为 SP 曲线的斜率假定为 1/2（垂直方向的两个单位对应水平方向的四个单位）。

□ 随后发生的事情

如果假设供给冲击只发生一个时期，图 9—9 中的 SP 曲线在达到 SP_3 位置一个时期后，将向下移动至初始位置 SP_2。经济也将自行回落至初始产出比和通货膨胀率水平。对产出比（Y/Y^N）和通货膨胀率的间接影响仅持续一个时期。

但是只有当预期通货膨胀率为 6%时，SP 曲线才能回落至 SP_2 位置。图 9—9 中点 L 和点 N 处的实际通货膨胀率提高，预期通货膨胀率对此不会作出任何反应。这可信吗？通货膨胀率的反应依赖于人们将供给冲击视为长期的还是短期的，以及劳动合同是否包含生活成本协议（COLA），即工资率随着通货膨胀率自动提高一定的百分比。

为什么生活成本协议如此重要？如果没有生活成本协议，合同签订者将认识到在供给冲击的一期影响之后，经济回落到初始位置是可能的。但是有了生活成本协议，一个时期的通货膨胀的增加（增加到点 L 或者点 N）将自动包含下一个时期名义工资率更快的增长。在接下来的时期里，合同签订者将看到生活成本协议已经提高了名义 GDP 的变化率，并且意识到经济回落到点 E_4 是不可能的。预期通货膨胀率将移动至初始的 6%水平之上，SP 曲线将移动至 SP_2 水平之上。

☞ **了解全球经济危机**

在房地产泡沫和随后的经济崩溃时期通货膨胀的作用

在上一小节中通过图 9—8 的讨论我们已经了解到，在 20 世纪 90 年代末，通货膨胀率出奇地低，这里给定了高水平的产出比。通货膨胀率如此低（特别是 1998 年和 1999 年）的主要原因是一系列强有力的供给冲击，包括石油价格（1999 年初每桶

① 图 9—9 中图解例子的讨论忽略了 Y^N 可能会下降的情况。中性政策的精确定义是名义 GDP 增长率超出初始自然实际 GDP 值的量保持不变，假定为 6%（$x-y^N=6$），更精确的定义见本章附录。

石油价格下降至 11 美元），1995—2002 年间美元的大幅升值，即抑制进口价格，以及 1995—2004 年间生产率惊奇的恢复。

2001—2007 年房地产泡沫时期的通货膨胀

如图 9—8 所示，1998—1999 年的通货膨胀率比 20 世纪 60 年代初期以来的任何时期都要低。2000—2001 年，随着石油价格的上升，通货膨胀也开始向上适当爬升，在 2002 年突然下降，然后在 2002—2006 年持续上升。什么因素引起通货膨胀的这种变动呢？通常来说，这个结果反映了需求和供给因素的相互结合。如下图所示，总需求（由产出比代表）使通货膨胀上升的压力在 2000—2003 年间显著下降。2002—2003 年，通货膨胀没有上升的压力，相反，有轻微下降的压力。2003—2006 年有轻微上升的压力。

因为产出比在 2003—2006 年间从未明显地上升到 100%之上，在这些年间推动通货膨胀的主要因素是较高的油价（见图 9—8）引起的不利供给冲击。正如图 9—8 所示，2002—2008 年实际石油价格的增加等于或者高于 1973—1974 年以及 1979—1980 年，但是对宏观经济的破坏程度没有那么大。2002—2008 年，通货膨胀对油价上升的反应比 20 世纪 70 年代要小，石油价格的急剧提高也没有像 20 世纪 70 年代那样大，它没有引起 2008 年之前的衰退。解释通货膨胀率对 2002—2008 年的供给冲击反应较小最可信的回答是工会力量的减弱和工资议价中生活成本协议重要性的减弱。因此，这一时期油价的增加对通货膨胀率的影响极其微弱。

2008—2010 年经济衰退和复苏时期的通货膨胀

如下图所示，在 2007 年后，通过产出比来衡量总需求不再有效了，特别是在 2008 年后半年和 2009 年第一季度。其中一部分是经济对不利供给冲击的正常反应，因为在 2008 年夏天，每加仑汽油 4 美元的石油冲击消耗了消费者的购买力。但是经济对通货膨胀率的反馈也很强劲。注意，通货膨胀率在 2007—2009 年之间急剧下降，大部分原因是总需求不足，还包括石油价格在 2008 年夏季达到短暂的巅峰之后垂直下降。

2008—2009年负的需求冲击降低了
通货膨胀率

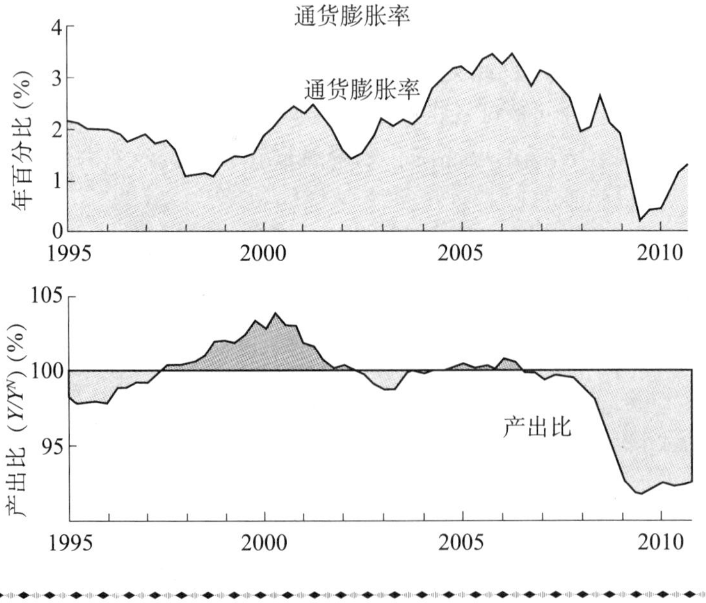

总的来说，在2008—2010年发生的全球经济危机中，通货膨胀没有扮演重要角色。2003—2008年石油价格上升引起的不利供给冲击有助于解释为什么经济复苏相对疲软，但是经济危机的主要原因是第5章中给出的那些因素。这些因素包括房地产泡沫、过度借贷和负债、金融市场无节制性和不稳定性、金融机构宽松的调节机制、2006年后引起房地产业崩溃的房价崩溃的附带结果、建筑产业消失的成千上万的工作岗位，以及推动经济走向萧条的乘数效应等。

政策困境 我们知道生活成本协议给货币政策制定者造成了困境，生活成本协议暗示着长期供给冲击将永久提高通货膨胀率，除非一项干预性政策对供给冲击的最初影响作出反应，阻止通货膨胀的任何增长，从而也阻止了名义工资率变化率的任何增长。

当出现这种困境时，美联储应该做什么？它面对的是在通货膨胀率和损失多少产出比之间作出权衡。即使在保护工人的局部生活成本协议下，如果没有干预性政策，长期的不利供给冲击将永久地提高通货膨胀率。但这并不意味着美联储应该采取这样的干预性政策。如图9—9所示，当Y/Y^N下降为点M时，产出损失的社会成本可能会更严重，而在中性或者适应性政策下，通货膨胀率永久增加的社会成本相对微弱。我们将在下一章了解这些社会成本。[①]

因为美联储自20世纪70年代以来面临连续不利和有利的需求冲击，所以依赖于对通货膨胀率的两种定义的区分。图9—1上图和图9—8描绘的实际通货膨胀率被称为“总体通货膨胀率”，并对油价上涨或者其他因素引起的不利供给冲击作出正向的反应。美联储关心的通货膨胀率被称为**“核心通货膨胀率”**（core inflation rate)，并且不包含食物和能源价格。如果总体通货膨胀率上升但是核心通货膨胀率保持不变，美联储趋于忽略额外的总体通货膨胀，条件是它是由石油和食物价格内在而短暂的变动引起的。

美联储的核心通货膨胀目标也能帮助它解决由生活成本协议导致的困境。核心通货膨胀主要由工资增长推动。如果生活成本协议条款是重要的，石油和食物价格的供给冲击将向上推动工资增长率和核心通货膨胀率。但是如果生活成本协议条款不是很重要，那么石油和食物价格上涨引起的供给冲击将不会影响工资变化，核心通货膨胀将与来自石油和食物方面的供给冲击相对隔离。在过去二十年里，工会组织和生活成本协议重要性的下降能够解释2003—2008年石油价格迅速提升对通货膨胀的影响与20世纪70年代不同的原因，而在70年代生活成本协议更为普遍。

□ 为什么有利的供给冲击能够帮助我们理解20世纪90年代发生的情况

在20世纪90年代，宏观经济的大谜题是为什么美国经济的表现如此良好，特别是在1996—2000年。在2000年初，失业率达到了比1969年以来任何时期都要低的水平，同

① 本章中供给冲击的分析来源于两篇论文。See Robert J. Gordon, “Alternative Responses of Policy to External Supply Shocks,” *Brookings Papers on Economic Activity*, vol. 6, no. 1 (1975), pp. 183-206, and Edmund S. Phelps, “Commodity Supply Shocks and Full-Employment Monetary Policy,” *Journal of Money, Credit, and Banking*, vol. 10 (May 1978), pp. 206－21. 这两篇论文中的单独模型合并总结在Robert J. Gordon, “Supply Shocks and Monetary Policy Revisited,” *American Economic Review Papers and Proceedings*, vol. 74 (May 1984), pp. 38－43中。

时，在1997—1998年通货膨胀率比1961年以来的任何时期都低。失业率和通货膨胀率如何能同时维持在如此低的水平？我们对供给冲击的分析提供了答案。

20世纪90年代末，对有利供给冲击作出反应的政策选择与20世纪70年代和20世纪80年代初对不利供给冲击作出反应的政策选择相同。中性政策维持名义GDP增长率不变，从而使供给冲击带来的好处分为较低的通货膨胀率与较高的实际GDP。适应性政策要求降低名义GDP增长率，以至于全部有利冲击的影响降低了通货膨胀率，没有提高产出比。相反，第三种政策选择即干预性政策将保持通货膨胀率不变，使冲击的全部影响体现为提高产出比。

□ 预览：供给冲击作用的图形总结

在1974—1975年、1979—1981年、1986年和1996—2000年，美国经济的发展以供给冲击的影响占主导地位。在前两个时期，供给冲击在不利的方向运行，主要是由于石油价格的急剧上升，也由于非石油进口价格随着美元汇率的下降而增加。因此，经济的主要反应是通货膨胀增加，产出比降低，如图9—10中标记为“20世纪70年代”的箭头所示。

正如我们所知，在20世纪90年代末期，一些供给冲击在相反的（有益的）方向运行。这些冲击包括石油价格冲击、进口价格冲击和生产率增长冲击。结果，经济的主要反应是通货膨胀率下降，产出比上升，如图9—10中标记为“20世纪90年代”的箭头所示。

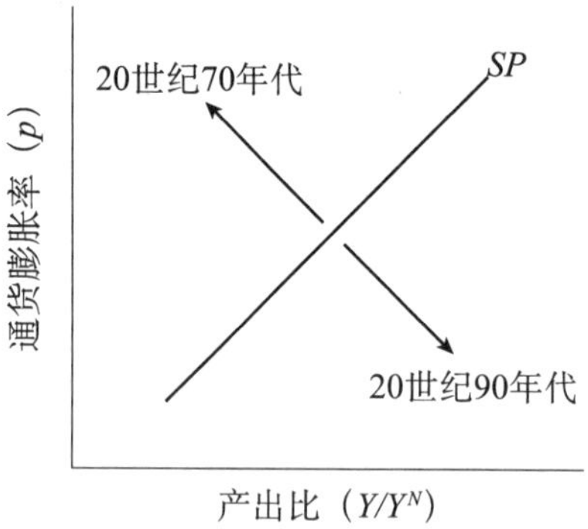

图9—10　20世纪70年代不利的供给冲击和20世纪90年代有利的供给冲击的影响

注：黑色的*SP*线表示在没有供给冲击时，通货膨胀率与产出比之间的关系。不利的供给冲击，主要是实际石油价格的增长，使经济向不理想的方向移动，如20世纪70年代，此时通货膨胀增加，产出比下降。有利的供给冲击，如文中所讨论的，使经济向理想的方向移动，如20世纪90年代末，此时通货膨胀减少，产出比提高。

自测题 9—5

假设石油的实际价格在一年内下降一半，并且之后没有发生变化。

1. 在上述变化情况下，什么政策反应能使通货膨胀率减少？

2. 在上述变化情况下，什么政策反应能使产出比提高？

3. 什么政策反应能使通货膨胀率及产出比均不变？

9.10 通货膨胀与产出的波动：重述其原因与治理

在本章中，我们已经学习了通货膨胀的加速是由过度的名义 GDP 增长和不利的供给冲击引起的。供给型通货膨胀和需求型通货膨胀是相互联系的，因为受到供给冲击后，通货膨胀加速的程度和持续的时间依赖于名义 GDP 增长的反应，而名义 GDP 的增长部分由政策制定者控制。

□ 对通货膨胀和产出反应的总结

图 9—11 对我们在本章的分析作了高度简要的概括。图中提供了四种情况，分别是：(a) 只有需求变化；(b) 只有供给变化；(c) 需求和供给在垂直方向同向变化；(d) 需求和供给在相反方向变化。在讨论中，我们运用美国历史上的例子解释这四种情况。

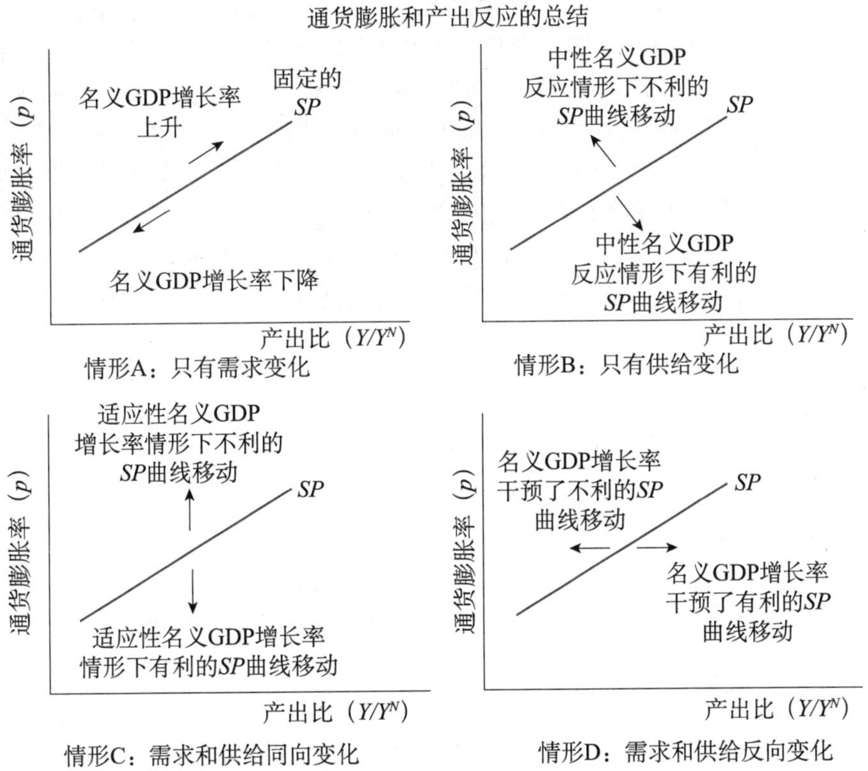

图 9—11 通货膨胀率（p）和产出比（Y/Y^N）对名义 GDP 增长和 SP 曲线移动的反应

注：情形 A，如果没有供给冲击，总需求变化使经济向左下方或者右上方移动。情形 B，如果没有需求冲击，供给的变化使经济向左上方或者右下方移动（中性政策的反应）。情形 C 阐述了在适应性政策下，供给变化使经济向上或者向下移动。情形 D 解释了在干预性政策下，供给变化使经济向左或者向右移动。

情形 A：只有需求变化 当观察到产出比显著增加，并伴随有通货膨胀率适度或较小的增加时，我们能推断出名义总需求会增加，且 *SP* 曲线会轻微移动。预期通货膨胀率

（p^e）大致保持不变，并且没有供给冲击。在1963—1966年，经济显示了这种反应类型，那时，通过货币调节的支持，减税及越战支出增加提高了名义GDP增长率。1987—1989年发生了相似的向右上方的移动。向右下方移动时，名义GDP增长率下降。此例子发生在1981—1982年萧条时期的前几个季度里，那时，产出比急剧下降，通货膨胀率稍微下调。在1990—1991年和2001—2002年再次发生这种情况，只不过程度更温和。在2008—2010年，产出比急剧下降，而通货膨胀率则轻微下降。

情形B：只有供给变化 1973—1974年，美国经济直接向左上方移动。那时，食物和能源供给冲击连同进口价格上升和生产率增长的减缓，使通货膨胀率急剧上升，而名义GDP增长率的变化相对较小。结果，通货膨胀率和产出比向相反方向移动相同的数量。在1979年和1980年，第二次供给冲击与前一次的影响大致相同。经济向右下方移动最重要的例子是1986年石油价格的崩溃和前一节中提到的1996—2000年有利的供给冲击。

情形C：需求和供给在垂直方向同向变化 当我们观察到图中经济垂直向上移动时，此时通货膨胀加速，但是产出比变化微弱，我们能推断出需求和供给同时发生变化。例如，在1967—1969年间名义GDP增长加速，而*SP*曲线向上移动，以对加速的预期通货膨胀作出反应。这样导致的结果是，通货膨胀加速的同时产出比仍然保持不变。

情形D：需求和供给在相反方向变化 当名义GDP增长加速并且抵消了*SP*曲线向下移动的作用时，经济直接向右平行移动。这发生在1984年，那时下降的预期通货膨胀对通货膨胀率的抑制作用被迅速增长的名义GDP抵消。当名义GDP增长率下降，同时*SP*曲线向上移动时，经济向左平行移动。这发生在1969—1970年的经济萧条期，那时名义GDP增长缓慢，*SP*曲线正在向上移动，预期通货膨胀率（p^e）继续对1966—1969年实际通货膨胀率的加速进行缓慢调节。这种解释有助于理解为什么尽管有产出比下降的干预，在1971年初通货膨胀率和1969年一样迅速增长。这种模式在1989—1990年再次发生。

自测题9—6

图9—11描绘了和产出比相对应的通货膨胀率使经济向任何方向移动都是可能的。你能解释为什么经济能向每一个可能的方向移动吗？

1. 上方。 2. 右上方。 3. 右方。
4. 右下方。 5. 下方。 6. 左上方。
7. 左方。 8. 左上方。

□ 通货膨胀的治理

正如过度的名义GDP增长和不利的供给冲击是产生通货膨胀的基本原因一样，治理通货膨胀的基本方法是对这些原因追根溯源。名义GDP的快速增长的反面显然是名义GDP的缓慢增长。通过限制名义GDP增长率来减少通货膨胀率的决定既是有效的，又是昂贵的，如在1981—1982年，或者更小的程度，如1990—1992年。通货膨胀率能够显著降低，但是要以产出率长期的大幅下降以及失业工人数量的大量增加为代价。

但是政府反通货膨胀的政策不只限于使名义GDP增长率减速。无论是否存在不利供给冲击，政府都能试图创造有利的供给冲击，方式是消除或者弱化价格上升或者成本上升的立法，建立税收和补贴政策。

有时当有利的供给冲击发生时，政府政策制定者只是单纯的幸运而已。1986 年石油价格的下降就是这种有利冲击的一个例子，在 1996—2000 年间的几次有利冲击也是如此。在这些时期，政策制定者意识到自己的好运很重要，并且要为有利供给冲击过程中可能的逆转做好准备，以避免经济受到过度刺激。例如，有些评论家认为在 1998—2000 年美联储应该快速提高利率，因为产出比太高，股票市场的繁荣是不可持续的。

2000 年之后美联储的政策部分解释了通货膨胀率的表现。许多经济学家已经批评美联储在 2002—2004 年抑制利率，使其处于低水平，并且持续时间太久。他们认为这是引起 2001—2006 年间房地产泡沫的主要原因。然而美联储声称那时担忧通货紧缩的发生，而通货紧缩会对总需求产生不利的影响（回顾上一章所提到的）。因为通货膨胀加速在很大程度上是因为在 2003—2006 年不利的石油价格冲击，美联储大幅提高联邦基金利率，从 2004 年中期的 1.0%提高至 2006—2007 年间的 5.25%。这样，通货膨胀的表现对政策制定者的反应是有影响的。

在 2008—2010 年间的全球经济危机中，通货膨胀只是穿插事件。通货膨胀率并没有引起危机，只是对危机和产出比的崩溃作出反应。事实上，随着 2010—2011 年经济持续疲软，出现低产出比和高失业率，美联储又一次开始担心通货紧缩。

9.11 失业率怎样与通货膨胀率联系在一起？

经济学家不断讨论“失业与通货膨胀之间的权衡”。有这样一个权衡吗？在本节中我们将学习失业率和产出比之间强烈的负相关关系，所以，在本章中我们学习到的关于产出比和通货膨胀率之间的关系，对于失业率和通货膨胀率之间的关系来说正好相反。因为产出比和通货膨胀率之间的关系可以是正相关、负相关、垂直、水平的，所以失业率与通货膨胀率之间也有这样的关系。简言之，失业率和通货膨胀率之间没有系统的负相关关系。

□ 失业率变化是实际 GDP 变化的镜像

在本书开始，我们学习了失业率和通货膨胀率是宏观经济学中的两个最重要的概念。到目前为止关于失业率我们学习了什么？在第 1 章开始我们了解到失业率与实际 GDP 成反比，或者更精确地说，失业率与产出比（现实实际 GDP 与自然实际 GDP 的比率）成反比。我们用低失业率或者高产出比来描述经济繁荣。我们用总需求不足、经济衰退和工作岗位减少（由高失业率或者低产出比导致）来描述相反的情况。

在本书第 3～7 章中，我们侧重于解释实际 GDP 的商业周期，主要通过总需求的上下波动引起。我们不需要单独的理论来解释失业，因为失业与产出比成反比。任何提高总需求的因素——经济中私人部门的经济活动，如商家和消费者信心，或者外汇收入的增加提高净出口，或者政府部门的经济活动，如较高的政府支出、较低的税率或者较高的货币供给——所有这些因素既提高了产出比又降低了失业率。在本节中，我们将进一步探讨失业率与产出比之间的镜像关系。

□ 失业率、产出比与奥肯定律

失业率与产出比之间的密切关系如图 9—12 所示。纵轴描绘的是失业率，自 1965 年至今平均失业率为纵轴所示的 6%。横轴描绘的是产出比，产出比的长期均衡值为图中标示的 100%。

在图 9—12 中，我们注意到繁荣时期（1965—1969 年和 1999—2000 年）的产出比的值在 100%以上，并且通常伴随着低失业率水平，如图中右下角所示。相反的情况发生在衰退时期（1982 年、1983 年、2009 年和 2010 年），如图中左上角所示，此时大量的裁员使产出比下降、失业率上升。具有负斜率的黑线穿过图 9—12 中的点，它只反映了一种常识。当销售低迷时，公司裁员，失业率上升。但在销售热潮时，产出比上升，一些失业人员重新被雇用，因而失业率下降。

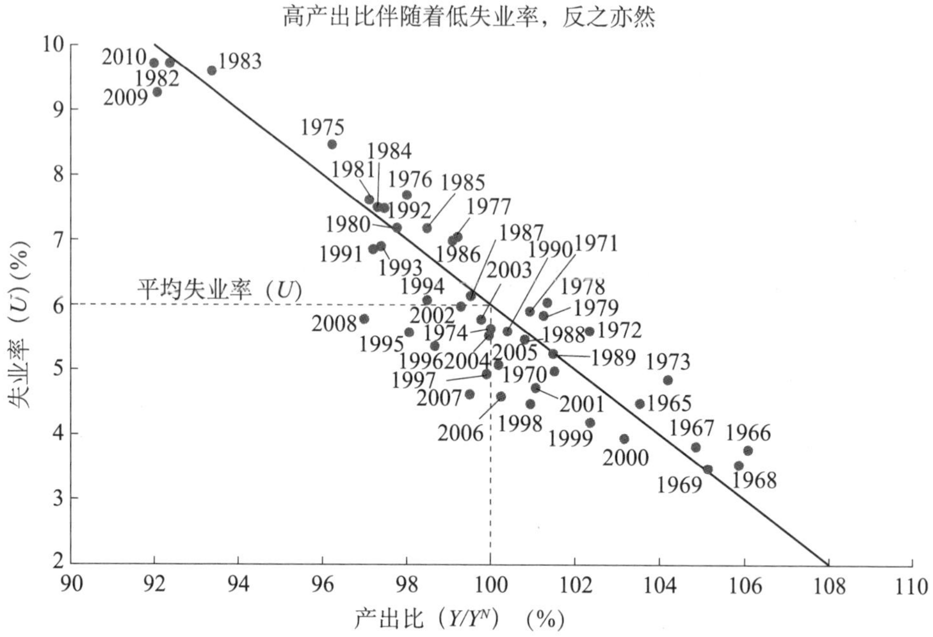

图 9—12　美国现实实际 GDP 与自然实际 GDP 的比率（Y/Y^N）和失业率，1965—2010 年

注：图中描绘了失业率（U）与产出比（Y/Y^N）之间的反向变化。在繁荣时期，例如 1965—1969 年和 1999—2000 年，观察结果如右下角所示，产出比高并且失业率低。在衰退时期，如 1982 年和 2009—2010 年，观察结果如图左上角所示。发生衰退，产出比下降，并且企业进行裁员。负斜率的黑线表明了失业率（U）与产出比（Y/Y^N）之间的关系，有时称为“奥肯定律”。

资料来源：Bureau of Labor Statistics. Bureau of Economic Analysis，and research by Robert J. Gordon.

失业率和产出比之间密切的负相关关系最早由阿瑟·M·奥肯在 20 世纪 60 年代初提出，他是约翰逊政府经济顾问委员会主席。因为这个理论得到很好的维持，所以这种关系被称为**“奥肯定律”**（Okun's Law）。失业率主要随着产出比而变化。此外，当失业率变化 1%时，产出比将朝相反的方向变化 0.5%。例如，奥肯定律曲线是向下倾斜的，以至于产出比为 100%时，对应的平均实际失业率为 6%。若产出比下降 4%，从 100%下降至 96%，相对应的失业率将上升 2%，如奥肯定律曲线所示，纵轴的失业率为 8%，横轴的产出比为 96%。

回想我们最初将产出比定义为现实实际 GDP 与自然实际 GDP 的比率。当产出比等于 100%时，实际失业率等于自然失业率。在图 9—12 中描绘的大部分时期，自然失业率非常接近平均失业率 6.0%。在 1965—1969 年间，产出比在 100%以上，实际失业率完全位于自然失业率之下。在 1982—1983 年间和 2009—2010 年间，产出比在 100%以下，实际失业率完全位于自然失业率之上。①

注意，在图 9—12 中，有些观察结果位于奥肯定律曲线下方，同时也有一些位于其上方。它反映了这样一个事实，即图中假定失业率为 6.0%，对应的产出比为 100%，事实上自然失业率不可能永远为恒定值 6.0%。从 1990 年开始，自然失业率开始下降，与 100%产出比相对应的失业率从 6.0%下降至 5.0%，甚至更低。

如果仔细观察图 9—12，你将注意到大多数位于奥肯定律曲线以下的观察结果发生在 1993—2010 年之间。在奥肯定律曲线以上的点主要集中在 20 世纪 70 年代和 80 年代。对于 1990 年之后的自然失业率的下降，我们在第 10 章将再次提到。

□ 对战后失业与通货膨胀历史的理解

本章的分析使我们能够解释自 1960 年以来通货膨胀和失业的历史，如图 9—13 所示。在不存在供给冲击时，总需求的增加提高了产出比和通货膨胀率。因为产出比上升时，失业率下降，总需求的增加使失业率与通货膨胀率之间建立了负向取舍关系。这种负向取舍关系限制了美联储通过大幅增加总需求来使失业率大幅低于自然失业率。

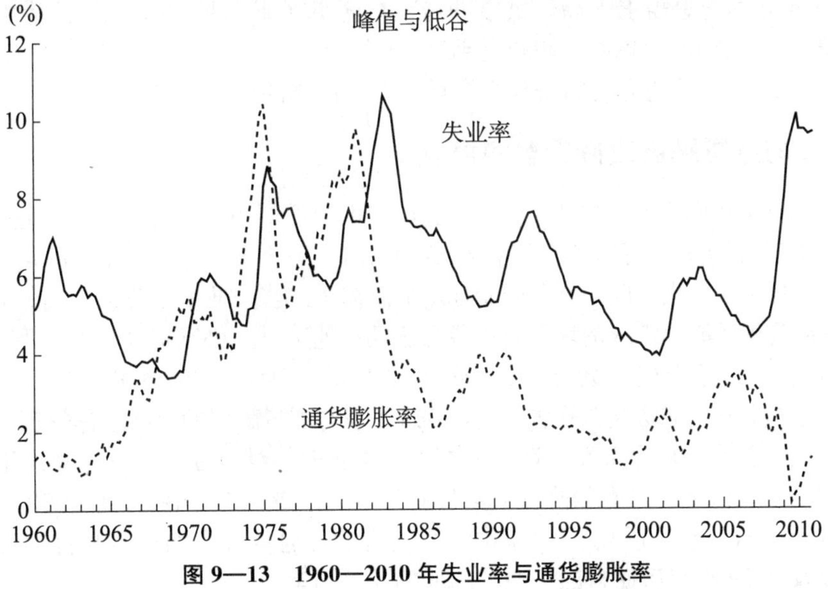

图 9—13　1960—2010 年失业率与通货膨胀率

注：在 1963—1970 年和 1986—1990 年，通货膨胀率与失业率之间的关系是负向的，失业率的下降意味着正向的需求冲击，从而提高通货膨胀率。在 2008—2010 年，负向关系的形式是失业率急剧上升对降低通货膨胀率的主要影响。但是在 1973—1975 年、1979—1981 年和 1997—1998 年，失业率与通货膨胀率之间的关系是正向的，由供给冲击引起的通货膨胀率自动上升或下降伴随着失业率的同方向变化。

资料来源：劳动统计局和经济分析局国民收入与生产核算表。

---

① 评论：自然实际 GDP 和自然失业率均在这样的条件下定义，即通货膨胀率恒定不变。见第 1.3 节。

失业率什么时候会太低呢？当产出率上升至100%以上时会发生，这意味着实际失业率大幅下降至自然失业率以下。如图9—13中的实线所示，失业率在1965—1969年这一时期中下降到最低水平，虚线表示在1965—1970年之间通货膨胀加速上升。这是失业和通货膨胀之间负向取舍的经典时期，但是一旦加速的通货膨胀使预期通货膨胀和工资开始"棘轮"式增长，美联储就会采取限制性政策以减少总需求，失业率会猛增，如1970—1971年所发生的。

在1988—1989年，相对低水平的失业率也推动了1988—1990年的通货膨胀率，使得美联储再次采取限制性政策来减少总需求，这导致了1990—1991年的经济衰退。当高失业率引起通货膨胀率下降时，如1975—1976年、1982—1983年、1991—1992年、2001—2002年和2008—2010年，失业和通货膨胀之间的负向平衡也是明显的。

本章的核心问题是需求冲击和供给冲击对产出比和通货膨胀率之间关系的作用是相反的——需求冲击引起正向关系，供给冲击引起负向关系。上述情况也适用于失业率与通货膨胀率之间的关系，但是情况相反。需求冲击引起失业率与通货膨胀率之间的负向取舍关系，供给冲击则引起正向取舍关系。这在20世纪70年代是很明显的。在1974—1975年和1979—1981年，石油价格的急剧上涨使失业率和通货膨胀率达到"双峰"。在每个时期，通货膨胀首先飙升，然后将经济推向衰退。在1975年，通货膨胀率达到峰值6个月后失业率也达到峰值；在1982年，在通货膨胀率达到峰值18个月后失业率也达到其峰值。因此，通货膨胀导致了经济衰退，正如图9—9的理论模型所示。

20世纪90年代末，有利的供给冲击造成失业率和通货膨胀率之间的正向关系。在1997—1998年，尽管总需求很高，供给冲击仍然降低了通货膨胀率，从而使美联储保持利率相对稳定，并使得失业率从1992年到1999年稳步下降。这些有利冲击在2002—2003年发生逆转，2003年后的通货膨胀是20世纪90年代末的近乎两倍。

□ 失业与通货膨胀之间取舍的意义

从图9—13中我们看到，失业率和通货膨胀率由于需求冲击有时是负相关的，由于供给冲击有时又是正相关的。然而，当不存在供给冲击时，失业率与通货膨胀率的负向取舍关系是约束美联储的主要因素，阻止其无限制地增加总需求。当失业率下降到自然失业率水平以下时，美联储为了控制总需求的增长及通货膨胀的加速上升，必须提高利率水平。通常，美联储的限制性政策会引起经济衰退，如1969—1970年、1981—1982年和1990—1991年，经济衰退使失业率上升，减缓通货膨胀加速，实现失业与通货膨胀的负向取舍关系。

失业与通货膨胀的取舍关系表明失业率不可能长时间维持在自然失业率之下。为了使失业率长期处于较低水平，必须降低自然失业率本身。事实上，在20世纪90年代自然失业率大约从6%下降到5%。在下一章中，我们将学习通货膨胀的成本和自然失业率的决定因素，以及在1990年后使自然失业率降低的一些因素。

小结

1. 需求型通货膨胀的根本原因是名义GDP　　的过度增长。在长期均衡中，实际通货膨胀与人们在签订劳动合同时预期的相同，通货膨胀的速度仅取决于名义 GDP 增长率。

2. 在短期内，实际通货膨胀率可能高于或者低于预期，且实际 GDP 也不同于长期均衡中的自然实际 GDP。在短期内，名义 GDP 增长率的加速一部分使通货膨胀率增加，另一部分使产出比增加，即现实实际 GDP 与自然实际 GDP 的比率。当预期通货膨胀率等于实际通货膨胀率时，经济将恢复到自然实际 GDP 水平。

3. 通货膨胀对总需求增长加速的反应取决于短期菲利普斯曲线的斜率和预期通货膨胀率对实际通货膨胀率的反应速度。短期菲利普斯曲线越平坦，通货膨胀对名义 GDP 增长的反应时间越长，产出比暂时增长的时间也越长。

4. 永久性地消除通货膨胀需要使名义 GDP 增长率下降到自然实际 GDP 增长率之下，文中假定为零。但是这将引起现实实际 GDP 的暂时衰退，其衰退的时间长度和强度取决于短期菲利普斯（*SP*）曲线的斜率。

5. 20 世纪 60 年代以来美国经历了通货膨胀的大幅度变化，这不能解释为仅是先前名义 GDP 增长率变动的结果。相反，供给冲击引起通货膨胀上升或者下降，这与名义 GDP 增长的影响是无关的。

6. 不利供给冲击的主要作用是对通货膨胀率和产出比的影响。政策制定者不能避免通货膨胀的恶化或产出比继续下降，或者二者兼有。适应性政策使实际 GDP 保持在原有水平，但是供给冲击的影响全部作用于通货膨胀的加速；干预性政策试图消除通货膨胀的加速，但以减少实际 GDP 为代价。

7. 有四种供给冲击类型，每一种都可能是不利的或是有利的。实际石油价格、实际农产品价格和实际进口商品价格的上升，以及生产率增长在长期趋势中下降都会引起不利的供给冲击。上述相反的变化则会引起有利的供给冲击。

8. 如果预期到短期菲利普斯曲线向上移动是短暂的，并且预期通货膨胀对通货膨胀率暂时上升没有反应，那么适应性政策将颇具吸引力。

9. 美国在 20 世纪 90 年代末经历的低水平通货膨胀率部分反映了有利供给冲击的作用，这些冲击由医疗保健和计算机产业的良好发展以及能源和进口实际价格的下降引起。

10. 需求冲击使通货膨胀率和失业率之间形成了负向替代关系，供给冲击使它们之间形成了正向关系。需求冲击引起的负向替代关系解释了为什么美联储在有些时期采用限制性政策控制了通货膨胀，却引起衰退。

关键术语

通货膨胀	前瞻型预期	需求型通货膨胀
产出比	后顾型预期	供给型通货膨胀
需求冲击	适应性预期	中性政策
供给冲击	反通货膨胀	适应性政策
预期通货膨胀率	“冷火鸡”政策	干预性政策
短期菲利普斯曲线	牺牲率	核心通货膨胀率
附加预期的菲利普斯曲线	奥肯定律	

问答题

1. 运用图 9—1 来讨论，自 1960 年开始，什么时候产出比和通货膨胀率向同方向移动，什么时候向反方向移动？

2. 在什么情况下短期总供给曲线和短期菲利普斯曲线相似，什么情况下不同？

3. 下列事件是否会引起经济沿着短期菲利普斯曲线上下移动，或者引起菲利普斯曲线的上下移动？

(a) 货币供给增长率的提高。

(b) 工人和企业的预期通货膨胀率增大。

(c) 技术水平提高导致生产成本下降。

(d) 名义 GDP 增长率下降。

4. 如果实际均衡工资保持不变，当实际通货膨胀率大于预期通货膨胀率时，名义工资如何变化？

5. 长期均衡的三个条件是什么？如果违反其中某个条件会怎样？

6. 在图 9—4 中，当实际 GDP 水平增加时，经济为什么不能从点 E_0 移动至点 D？

7. 区分前瞻型预期和后顾型预期。理性的工人和企业更倾向于使用哪种类型的预期？解释原因。

8. 假设当名义 GDP 增长率变化时，工人和企业立即调整预期通货膨胀，即为 $p^e=x$。这个例子属于前瞻型预期还是后顾型预期？它如何改变图 9—5 和图 9—7 的调整环路？如何影响反通货膨胀的产出成本？

9. 假设工人和企业相信美联储会采取行动，以阻止需求冲击引起通货膨胀率发生永久变化。

(a) 当产出比的变化改变了通货膨胀率时，短期菲利普斯曲线会发生改变吗？

(b) 工人和企业继续保持他们的预期。美联储针对有利的供给冲击和不利的供给冲击将分别采取什么行动？

10. 假定产出比的初始水平为 100%，自然实际 GDP 每年增长 3%。如果预期通货膨胀率 p^e 保持不变，并且现实实际 GDP 上升，那么通货膨胀率会如何变化？

11. 解释供给冲击的四种类型，以及每种类型在什么情况下对经济产生不利的或者有利的影响。

12. 适应性、干预性和中性政策对不利的供给冲击的反应有什么不同？每种情况下通货膨胀率和产出比如何变化？

13. 在什么情况下，长期供给冲击会引起通货膨胀率的短暂上升？如果存在这样的情况，供给冲击对经济会有哪些长期影响？

14. 为什么通货膨胀率在 20 世纪 90 年代末会如此低，而在 2002—2006 年开始上升？

15. 区分名义 GDP 增长率和供给冲击的联合变化，这个联合变化能解释下述通货膨胀率和产出比变化。

(a) 通货膨胀率和产出比均上升。

(b) 通货膨胀率上升，产出比下降。

(c) 通货膨胀率不变，产出比下降。

(d) 通货膨胀率下降，产出比不变。

16. “总体”通货膨胀率和核心通货膨胀率之间有什么不同？在决定如何对供给冲击作出反应时，美联储更倾向于哪种通货膨胀率？

17. 解释为什么后十年石油价格的急剧上升只导致 2002—2006 年通货膨胀率的温和增长。

18. 解释为什么失业率和通货膨胀率之间的相关性可能是正的、零或者负的。

19. 在下列情形中，解释政策制定者对有利供给冲击的反应是适应性、干预性还是中性的。

(a) 通货膨胀率下降，但是失业率不变。

(b) 通货膨胀率和失业率均下降。

(c) 失业率下降，但是通货膨胀率不变。

思考题

1. 假设自然实际 GDP 不变。通货膨胀率每超过预期通货膨胀率 1%，公司愿意使实际 GDP 增加 4%。本题的目的在于学会如何画出短期菲利普斯曲线，以及了解预期通货膨胀率或供给冲击的变化如何使其移动。

(a) 给定产出比的初始值为 100%，预期通货膨胀率为 3.2%。若实际 GDP 增长 3.2%，计算通货膨胀率。

(b) 给定产出比初始为100%，预期通货膨胀率为3.2%。若实际GDP增长5.6%，计算通货膨胀率。

(c) 给定产出比初始为100%，预期通货膨胀率为3.2%。若实际GDP下降2.4%，计算通货膨胀率。

(d) 给定产出比初始为100%，预期通货膨胀率为3.2%。若实际GDP下降4.4%，计算通货膨胀率。

(e) 运用(a)～(d)部分的答案画出短期菲利普斯曲线，给定预期通货膨胀率为3.2%。

(f) 给定产出比初始为100%，预期通货膨胀率为1.4%。若实际GDP增长2.8%，计算通货膨胀率。

(g) 给定产出比初始为100%，预期通货膨胀率为1.4%。若实际GDP增长5.2%，计算通货膨胀率。

(h) 给定产出比初始为100%，预期通货膨胀率为1.4%。若实际GDP下降1.6%，计算通货膨胀率。

(i) 给定产出比初始为100%，预期通货膨胀率为1.4%。若实际GDP下降6.4%，计算通货膨胀率。

(j) 运用(f)～(i)部分的答案画出短期菲利普斯曲线，给定预期通货膨胀率为1.4%。

(k) 假设在任何产出比水平下，有利的供给冲击使通货膨胀率下降1.2%。给定有利的供给冲击，运用(f)～(i)部分的答案画出短期菲利普斯曲线。

2. 假设自然实际GDP不变。通货膨胀率每超过预期通货膨胀率1%，公司愿意使实际GDP提高1%。当前时期的预期通货膨胀率等于前一时期的实际通货膨胀率。初始通货膨胀率为100%，实际和预期的通货膨胀率均为2%。

(a) 当通货膨胀率等于0、1%、2%、3%、4%和5%时，计算出菲利普斯曲线上的点。用曲线图表示短期菲利普斯曲线。

(b) 名义GDP增长率是多少？

假设由于婴儿潮时代出生的人有资格获得医疗保险，联邦政府支出的增长率长期增加。支出的增加引起名义GDP增长率上升至4%。

(c) 运用短期菲利普斯曲线解释在名义GDP增长率上升之后，第一个时期中通货膨胀率和产出比是多少。

(d) 给定名义GDP增长率上升，解释长期通货膨胀率是多少。描述经济是如何调整到长期均衡状态的。

3. 运用问题2中包含的信息来回答此问题。假设货币政策制定者不愿看到由政府支出增加导致的通货膨胀率的长期增长，所以随着政府支出的增加，美联储采取行动来降低名义GDP增长率。

(a) 第二个时期的预期通货膨胀率是多少？当通货膨胀率为0、1%、2%、3%、4%和5%时，给定第二个时期的预期通货膨胀率，计算出在第二个时期中新的短期菲利普斯曲线上的点。画出第二个时期的短期菲利普斯曲线。

(b) 如果货币政策制定者希望在第二个时期将通货膨胀率降低到2%，给定货币紧缩政策，名义GDP增长率必须减少多少？第二个时期末的产出比是多少？

(c) 第三个时期的预期通货膨胀率是多少？当通货膨胀率为0、1%、2%、3%、4%和5%时，给定第三个时期的预期通货膨胀率，计算出在第三个时期中新的短期菲利普斯曲线上的点。画出第三个时期的短期菲利普斯曲线。在第三个时期，为了保持2%的通货膨胀率，解释为什么这一时期的名义GDP增长率必须大于2%。在长期中为了保持通货膨胀率等于2%，名义GDP增长率必须是多少？

假设货币政策制定者已经确立了保持2%的通货膨胀率的声誉。结果，工人和雇主预期的通货膨胀率的上升或者下降只是暂时的，因为货币政策制定者将采取措施来改变名义GDP增长率以使通货膨胀率快速恢复到长期均衡水平2%。

(d) 给定预期通货膨胀率的任何上升或者下降只是暂时的，当实际通货膨胀率偏离预期通货膨胀率时，短期菲利普斯曲线是向上还是向下移动？

(e) 给定(d)部分的答案，在第二个时期为了使通货膨胀率降低到2%，货币政策制定者必须将名义GDP增长率降低到多少？在第二个时期末产出比是多少？给定货币紧缩政策。为了保持通货膨胀率为2%，第三个时期的名义GDP增长率是多少？

(f) 解释为什么(b)、(c)和(e)部分的答案不同。

4. 本题的目的是研究牺牲率。假设初始现实实际 GDP 和自然实际 GDP 都等于 11 000，通货膨胀率是 3.5%。自然实际 GDP 在未来五年每年增长 3%，现实实际 GDP 第一年下降 2%，第二年上升 4%，第三年上升 5.5%，第四年上升 4.2%，第五年上升 3.5%。通货膨胀率在五年里分别为 3.1%、2.2%、1.6%、1.3%和 1.1%。

(a) 分别计算五年的自然实际 GDP。

(b) 分别计算五年的现实实际 GDP。

(c) 分别计算五年的产出比。

(d) 分别计算 1～5 年的累计产出损失。

(e) 计算牺牲率。

5. 假设自然实际 GDP 不变。通货膨胀率每超过预期通货膨胀率 1%，公司愿意使实际 GDP 增加 2%。初始产出率为 100%，通货膨胀率为 2%。

(a) 根据上述信息画出短期菲利普斯曲线。

(b) 名义 GDP 增长率是多少？

不利的供给冲击使与每一产出比相关的通货膨胀率增大 3%。

(c) 画出新的短期菲利普斯曲线。

(d) 政府选择中性政策来应对冲击。名义 GDP 增长率是多少？新的通货膨胀率是多少？产出比是多少？

(e) 如果政府选择适应性政策，新的通货膨胀率是多少？产出比是多少？名义 GDP 增长率是多少？

(f) 如果政府选择干预性政策，新的通货膨胀率是多少？产出比是多少？名义 GDP 增长率是多少？

自测题答案

自测题 9—1

1. 在产出比为 100%的右侧区域，实际通货膨胀率大于预期通货膨胀率（例如，SP_0 上点 E_1 的实际通货膨胀率为 3%，大于 SP_0 上的预期通货膨胀率 $p^e=0$）。

2. 在产出比为 100%的左侧区域，实际通货膨胀率小于预期通货膨胀率。

3. 只有当产出比为 100%时，预期通货膨胀率才是准确的。

自测题 9—2

1. 总需求的下降使经济移动到点 E_2 的左侧，沿着 SP_1 曲线下移。

2. 当实际 GDP 从 100%下降至 94%时，实际通货膨胀率下降到 0，此时 SP_1 曲线上任何一点的预期通货膨胀率都低于 3%。最终预期通货膨胀率也将下降，SP 曲线向下移动。

3. LP 曲线维持不变。

自测题 9—3

为什么图 9—5 中连接点 1 和点 2 的灰线比连接点 E_0 到点 1 的黑粗线更为陡峭？原因是点 2 的通货膨胀率高于点 1，因为预期通货膨胀率（p^e）随着点 1 实际通货膨胀率向上变化。同时，因为虽然名义 GDP 增长率（x）在点 1 和点 2 上相同，但通货膨胀率在点 1 上要高于点 2，所以实际 GDP 增长率（$y=x-p$）从点 1 到点 2 一定小于从点 E_0 到点 1。同理，因为通货膨胀率在点 3 上更高，所以实际 GDP 增长率将更低，事实上是负的，从点 2 移动至点 3。

自测题 9—4

1. SP 曲线的斜率决定了名义 GDP 增长率的下降如何在减少通货膨胀率（p）和实际 GDP 增长率（y）之间进行分配。SP 越平坦，实际 GDP 的下降幅度越大，实际通货膨胀率的下降幅度越小。在后顾型（适应性）预期下，实际通货膨胀率的小幅下降使得下一时期预期通货膨胀率小幅下降。预期通货膨胀率的下降幅度越小，经济调整路径越长：经济恢复到长期均衡需要更长时间。

2. 相反，SP 曲线越陡峭，实际通货膨胀率从而预期通货膨胀率下降得越快，因此，经济的调整路径越短。

自测题 9—5

1. 石油相对价格下降时，通货膨胀率也将下降，除非有一项干预性政策，使名义 GDP 增长率上升得足够高，以抵消石油价格的影响。如果第一年通货膨胀率下降，在随后年份里通货膨胀率也会下降，前提是预期通货膨胀率下降或生活成本协议在第一年引起较低的通货膨胀率，在随后年份引起较低的工资变化。

2. 除非有适应性政策通过市场存量来减少名义 GDP 增长率，否则产出比会增加。

3. 干预性政策可以防止通货膨胀率的变化。适应性政策则可以防止产出比的变化。

自测题 9—6

1. 上方：不利的供给冲击通过名义 GDP 增长率的增加来调节。

2. 右上方：名义 GDP 增长率的上升使得这一时期通货膨胀率的调节优先于预期通货膨胀率。

3. 右方：名义 GDP 增长率的增加会消除有利的供给冲击。

4. 右下方：有利的供给冲击伴随着名义 GDP 增长率的不变。

5. 下方：通过名义 GDP 增长率的下降来调节有利的供给冲击。

6. 左上方：名义 GDP 增长率的下降在引起预期通货膨胀率调整之前，引起通货紧缩。

7. 左方：名义 GDP 增长率的减少会消除不利的供给冲击。

8. 左上方：不利的供给冲击伴随着不变的名义 GDP 增长率。

第 9 章附录　*SP－DG* 模型的基本数学表示

贯穿第 9 章，我们沿着 *SP* 曲线找到了短期均衡的通货膨胀率和实际 GDP 水平，如图 9—9 中的点 E_4所示。现在我们学习如何画出第二条曲线——*DG* 曲线——它表明经济将沿着 *SP* 曲线的哪些点运行。我们也将学习在不能画出 *SP* 曲线和 *DG* 曲线时，如何计算通货膨胀率和实际 GDP 水平。我们通过联立描述 *SP* 曲线和 *DG* 曲线的方程来解决，正如在第 4 章附录中所做的，在那里我们学习了与 *IS* 曲线和 *LM* 曲线等价的代数方程。我们用 *SP*－*DG* 图来说明代数法或者图表法将得出相同的结果。

在本章附录中，模型的中心是产出与 100%的偏差。这个偏差的一种表示方式为：

$$100\ (Y/Y^N)\ -100$$

当产出比（Y/Y^N）等于 1.0 时，即实际产出（Y）等于自然产出（y^N）时，偏差为 0。

当我们运用自然对数时，模型的计算会更为准确和直接。因为 1.0 的自然对数是 0，当产出比为 100%时，产出比的自然对数为 0。表示产出比对 100%的偏离度的第二种方式是“对数产出比”，以百分比表示。

$$\hat{Y}=100[\ln(Y/Y^N)]$$

下表表明 $\hat{Y}$ 非常接近于偏差值 $100(Y/Y^N)-100$：

Y/Y^N	$100\ (Y/Y^N)\ -100$	$\hat{Y}$
0.90	−10	−10.5
1.00	0	0.0
1.05	5	4.9

在本附录的其余部分，$\hat{Y}$ 的 0 值与第 9 章图表中横轴的产出比 100%相对应，这些图表描绘了产出比和通货膨胀率之间的关系。

□ *SP* 曲线的方程表述

SP 曲线可以写为实际通货膨胀率（p）、预期通货膨胀率（p^e）和对数产出比（$\hat{Y}$）

之间的关系。

一般线性形式	数例	
$p=p^e+g\hat{Y}+z$	$p=p^e+0.5\hat{Y}$	(1)

此处 z 表示供给冲击对通货膨胀的影响。在数例中，我们假定最初不存在供给冲击（$z=0$），以至于我们专注于需求通货膨胀。数字实例假定 SP 曲线的斜率为 0.5，在一般线性模型中用 g 表示。这样 $g=0.5$ 意味着 SP 曲线向上倾斜，并且实际 GDP 与自然实际 GDP 每额外增加 2%，通货膨胀率将增加 1%。我们也注意到，当 $\hat{Y}=0$ 时，经济位于垂直的 LP 曲线上，此时实际通货膨胀率等于预期通货膨胀率（$p=p^e$）。

为了理解是什么使 SP 曲线移动，我们假定预期通货膨胀率（p^e）是对上一时期实际通货膨胀率（p_{-1}）和上一时期预期通货膨胀率（p^e_{-1}）的加权平均，此时 j 是上一时期实际通货膨胀率的权数（j 必须在 0 和 1 之间）。

一般线性形式	数例	
$p^e=jp_{-1}+(1-j)p^e_{-1}$	$p^e=p_{-1}$	(2)

数例假定 $j=1$；即预期通货膨胀率仅取决于上一时期的实际通货膨胀率，下标 -1 表示“上一时期”。图 9—5 和图 9—7 也是这样假定的。

当我们将方程（2）代入方程（1）时，SP 曲线有新的表达式，且取决于两个当前时期的变量（$\hat{Y}$ 和 z）和上一时期的两个变量（p_{-1} 和 p^e_{-1}）。

一般线性形式	数例	
$p=jp_{-1}+(1-j)p^e_{-1}+g\hat{Y}+z$	$p=p_{-1}+0.5\hat{Y}$	(3)

□ *DG* 曲线的方程表述

但是我们需要的信息比方程（3）中所包含的要多，需要找到当期的通货膨胀率和对数产出比。换句话说，我们有两个未知变量和一个方程来决定均衡值。缺失的方程是什么？是 DG 曲线，根据定义即为名义 GDP 增长率（x）等于通货膨胀率（p）加上实际 GDP 增长率（y），所有表达均为百分比。

$$x\equiv p+y \tag{4}$$

在第 9 章的理论图表中，自然实际 GDP（Y^N）是恒定的。但是现在我们想更一般化，像在现实生活中一样，允许 y^N 增长。在方程（4）两边均减去自然实际 GDP 增长率（y^N）：

$$x-y^N\equiv p+y-y^N \tag{5}$$

我们赋予其新名字，“过量的名义 GDP 增长率”（$\hat{x}$），即名义 GDP 增长率大于自然实际 GDP 增长率的部分（$\hat{x}=x-y^N$）。我们可以用对数产出比（$\hat{Y}$）对于上一时期对数产出比（$\hat{Y}_{-1}$）[①] 的变化来代替现实实际 GDP 超过自然实际 GDP 的部分（$y-y^N$）。

---

① 这种替换依赖于增长率是从一个时期到另一个时期的对数变化的范围（此处我们忽略“100”即百分比小数的变化）：

$$y=\ln(Y)-\ln(Y_{-1})$$
$$y^N=\ln(Y^N)-\ln(Y^N_{-1})$$

上式减去下式得：

$$\begin{aligned}y-y^N&=\ln(Y)-\ln(Y^N)-[\ln(Y_{-1})-\ln(Y^N_{-1})]\\&=\hat{Y}-\hat{Y}_{-1}\end{aligned}$$

结合这些替换，方程（5）变为：

$$\hat{x}\equiv p+\hat{Y}-\hat{Y}_{-1} \tag{6}$$

□ *SP* 方程和 *DG* 方程的综合

现在我们准备联立表示 *SP* 曲线的方程（3）和表示 *DG* 曲线的方程（6）。当方程（6）解出对数产出比 $\hat{Y}$ 时，我们可以得到如下 *DG* 曲线方程：

$$\hat{Y}\equiv\hat{Y}_{-1}+\hat{x}-p \tag{7}$$

这表明了在 *DG* 曲线方程中，$\hat{Y}$ 与 p 之间的斜率关系是 -1，并且在 $\hat{Y}_{-1}$ 和 $\hat{x}$ 中任何一项发生变化，*DG* 曲线都会发生移动。现在将方程（7）代入 *SP* 曲线方程（3），可以得到：

$$p=jp_{-1}+(1-j)p^{e}_{-1}+g(\hat{y}_{-1}+\hat{x}-p)+z \tag{8}$$

为进一步简化上式，我们将方程（8）右侧的 p 提出①，得：

一般线性形式	数例
$p=\dfrac{1}{1+g}[jp_{-1}+(1-j)p^{e}_{-1}+g(\hat{Y}_{-1}+\hat{x})+z]$	$p=\dfrac{2}{3}[p_{-1}+0.5(\hat{Y}_{-1}+\hat{x})]$

（9）

现在我们准备运用方程（9）来检验任何能改变长期和短期通货膨胀率和产出比的事件的后果。第9章的一个焦点是名义GDP增长（x）加速和减速的结果，因此可以用方程（9）再次得到图9—5中 x 每年从0增长至6%后的调整路径。然而，现在我们应该对名义GDP增长的调整进行分析，这样 y^N 的任何值仍然是有效的。

例子

$\hat{x}$ 从0上升到6%

我们假定经济初始时通货膨胀率是0，产出率是100%，如图9—5中的点 E_0 所示。这意味着产出比（$\hat{Y}$）是0。我们也假定不存在供给冲击（$z=0$）。初步情况是：

$$p_{-1}=p^{e}_{-1}=\hat{x}=\hat{Y}_{-1}=0$$

代入方程（9）中的数字实例，我们证实了这些值与经济初始的通货膨胀率为0是一致的：

$$p=\frac{2}{3}\ [0+0.5\ (0+0)]\ =0$$

现在假定每年的 $\hat{X}$ 骤升至6%。第一期的通货膨胀率会发生什么变化呢？将 $\hat{x}=6$ 代入数字实例中，得：

$$p=\frac{2}{3}\ [0+0.5\ (0+6)]\ =\frac{2}{3}\ (3)\ =2$$

将结果代入方程（7）得出新的产出比：

$$\hat{Y}=\hat{Y}_{-1}+\hat{x}-p=0+6-2=4$$

这样我们已经导出图9—5中点 F 描绘的 p 和 $\hat{Y}$ 的组合点，即通货膨胀率为2%，产出比

① 为了将方程（8）转化为方程（9），先在方程（8）两边同时加上 gp，然后在方程（8）两边同时除以 $1+g$。

为 4%。①

未来时期里调整会继续发生。通过将正确的数值代入数字实例（9）中，运用计算器便可以计算出未来几个时期的 p 和 $\hat{Y}$ 的值。这些值恰好与图 9—5 中的预期调整滞后一期的路径相对应。

时期	p_{-1}	$\hat{Y}_{-1}$	$\hat{x}$	p	$\hat{Y}$
0	0.00	0.00	0	0.00	0.00
1	0.00	0.00	6	2.00	4.00
2	2.00	4.00	6	4.67	5.33
3	4.67	5.33	6	6.89	4.44
4	6.89	4.44	6	8.07	2.37

练习 1： 运用同样的数例，当经济位于图 9—6 中的初始长期均衡点 E_5 时，此时 $x=p=p^e=10$，$\hat{Y}=0$，并且可调整的名义 GDP 增长率突然下降至新的固定值 0，计算前四个时期会发生什么。如果预期调整的系数假定为 $j=0.25$，代替 $j=1.0$，那么你的答案会如何变化呢？

提示： 要求将 $j=0.25$ 和 $g=0.5$ 代入一般线性形式的方程（9）中。

□ 学习移动 *SP* 曲线和 *DG* 曲线

在这一小节中，我们学习了如何画出 *SP* 曲线和 *DG* 曲线准确移动的图形，从而能够描绘出经济的调整路径。我们将在一个例子中看到如何描绘出图 9—5 中的预期调整滞后一期路径的调整路径，表示名义 GDP 增长永久加速至一个固定值 6%时，经济是如何作出反应的。

□ 移动 *SP* 曲线

图 9—14 中左图的两条 *SP* 曲线是根据数字实例形式的方程（1）描绘的。为了方便而在此重复：

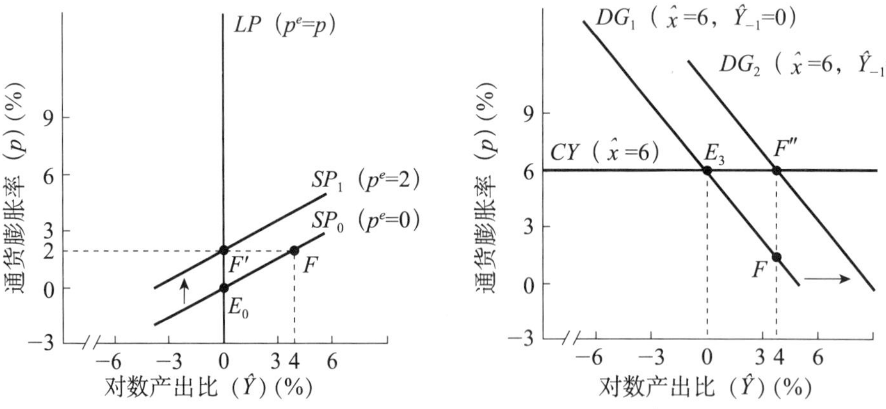

图 9—14

① 在图 9—5 中，为简化分析，我们假定自然实际 GDP 是不增长的。这样图 9—5 中实际 GDP 的任何变化都将会使产出比发生简单的移动，即从 100%增加至 104%。

$$p = p^e + 0.5\hat{Y} \qquad (1)$$

下方的 SP_0 曲线假定 $p^e=0$。它表明当 $\hat{Y}=0$ 时，通货膨胀率（p）是 0。当 $\hat{Y}=4$ 时，通货膨胀率是 2%。在数字实例中，第一期的通货膨胀率表示为 SP_0 曲线上的点 F。如果 $j=1$，那么预期通货膨胀率总是等于上一时期实际通货膨胀率（$p^e=p_{-1}$），那么存在一个简单的规则来画出下一时期新的 SP 曲线：

> **当 $j=1$ 时 SP 曲线移动的规则：** 如果第一期经济位于点 F，那么第二期的 SP 曲线和 LP 曲线的交点与点 F 在同一纵坐标水平上，如点 F' 所示。

第二期的 SP 曲线即为 SP_1，与 SP_0 曲线有着相同的斜率，但是与 LP 曲线的交点是 F'。SP 曲线与 LP 曲线交点的纵坐标告诉我们，在 SP 曲线上假定的预期通货膨胀率（p^e）是多少。例如，在 SP_1 曲线上，p^e 一定是 2%，因为点 F' 的纵坐标距离是 2%。

□ 移动 DG 曲线

图 9—14 右图中的 DG 曲线是根据方程（7）来描绘的，为了方便而在此重复：

$$\hat{Y} \equiv \hat{Y}_{-1} + \hat{x} - p \qquad (7)$$

因为 p 和 $\hat{Y}$ 是在两个坐标轴上，为了描绘 DG 曲线，我们需要知道 $\hat{x}$ 和 $\hat{Y}_{-1}$ 的值。图 9—14 右图中的 DG_1 曲线假定了 $\hat{x}=6$ 和 $Y_{-1}=0$，且此曲线的斜率为 -1，即产出率每增加一个百分点，通货膨胀率将下降一个百分点。

在我们的例子中，第一期的经济位于点 F 上，此时通货膨胀率是 2%，产出率 $\hat{Y}=4$，在第二期我们必须画出新的 DG 曲线。为拓展 DG 曲线移动的一般规则，我们画出一条水平线 CY，代表"恒定的产出"。CY 线总是水平的，并且它的纵坐标假定为增长率 $\hat{x}$，此时为 6%。它表明了如果通货膨胀率等于 $\hat{x}$，那么方程（7）中的产出率是不变的，$\hat{Y}=\hat{Y}_{-1}$。因此被称为恒定产出线或者 CY 线。现在我们可以写出 DG 曲线移动的一般规则。

> **移动 DG 曲线的规则：** 从第一期经济所处的位置开始，即此例子中的点 F。然后以假定的 $\hat{x}$ 值（此例中为 6%）为纵坐标，画出水平的 CY 线。那么第二期的 DG 曲线斜率为 -1，和 CY 线的交点与 F 点具有相同的横坐标。交点在图 9—14 中右图标记为 F''。

这样在此例子中，第二期的 DG 曲线即为 DG_2 曲线，与 DG_1 曲线平行，与 CY 线交于点 F''。注意这一规则同样适用于 DG_1 曲线。因为经济在以前时期（0 时期）的产出率是 0，DG_1 与 CY 线的交点为 E_3，此时横坐标为 0。

记住 DG 曲线移动规则的另一种简单方式。当 $\hat{x}$ 增加时，DG 曲线向上垂直移动 $\hat{x}$ 的变化量，例如，DG 曲线垂直向上移动 6 个百分点至 DG_1 曲线。但是当 $\hat{Y}_{-1}$ 提高时，DG 曲线向右水平移动 Y_{-1} 的变化量，例如，DG_1 曲线向右移动 4 个百分点至 DG_2 曲线。

□ 用 SP 曲线与 DG 曲线的移动描述经济的调整

现在我们准备画图描述经济对 $\hat{x}$ 永久增加 6% 的调整，即从初始值 0 到一个新的值 6%。在图 9—15 中，经济初始位于 SP_0 和 DG_0 上的点 E_0，SP_0 描绘的是最初假定的预期通货膨胀率（$p^e=0$）。在 DG_0 上，$\hat{x}=0$，上一时期的产出比（$\hat{Y}_{-1}$）为 0。

$\hat{x}$ 的永久增长使 CY 线固定在纵坐标 6 的位置。画出一条新的 DG_1 曲线，且与 CY 线直接相交于点 E_0 上方。第一期 SP 曲线没有移动，因为预期通货膨胀的调整会滞后一个时期。这样，第一期的经济从点 E_0 移动至点 F，此时通货膨胀率（p）为 2.0%，产出比（$\hat{Y}$）为 4.0%。在第二期 SP 曲线和 DG 曲线均发生移动。如图 9—15 所示，我们画出新的 SP_1 曲线，与 LP 曲线的交点和点 F 具有相同的垂直坐标。再画出新的 DG_2 曲线，与 CY 线的交点和点 F 具有相同的水平坐标。这两条新线，SP_1 和 DG_2，交于点 H，此时通货膨胀率（p）是 4.67%，产出比是 5.33%。这与第二期的经济位置相同，通过前一小节介绍的代数方法计算。

第三期的调整也在图 9—15 中展示出来。画出新的 SP_2 曲线，与 LP 曲线的交点和点 H 具有相同的纵坐标。新的 DG_3 曲线与 CY 线的交点和点 H 具有相同的横坐标。第三期经济的新位置为 SP_2 曲线和 DG_3 曲线的交点，图 9—15 中标记为点 I。此时通货膨胀率已经上升至 6.89%，产出比下降为 4.44%。

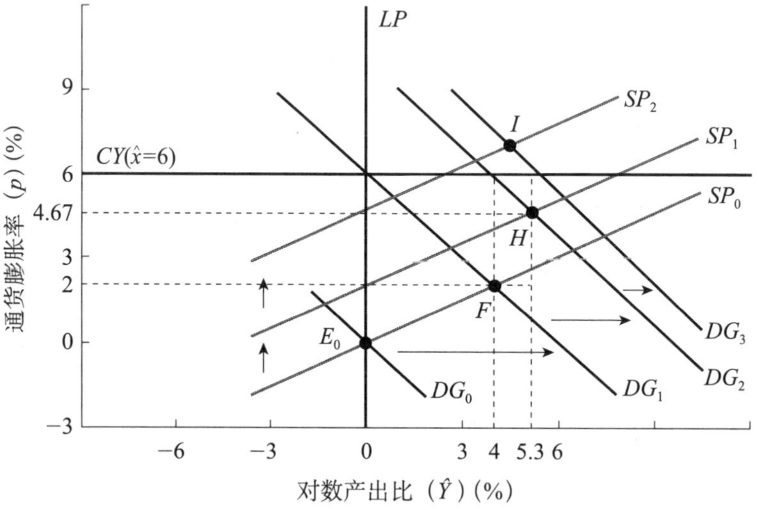

图 9—15

本小节中展示的一般原理可以用于表明经济对于 $\hat{x}$ 变动或者供给冲击的调整。如图 9—15 的例子所示，调整过程的一般特点如下：

> 当经济在当前时期位于 LP 曲线右侧时，SP 曲线总是在下一时期向上移动。同理，当经济位于 LP 曲线左侧时，SP 曲线向下移动。当经济在当前时期位于 CY 线以下时，即当通货膨胀率小于 $\hat{x}$ 时，DG 曲线总是在下一时期向右移动。同理，当经济在 CY 线以上时，DG 曲线在下一时期向左移动。这样，在图 9—15 的例子中，第四期画出的 DG 曲线与 CY 线的交点和点 I 具有相同的横坐标，并且位于 DG_3 曲线的左侧。

□ 供给冲击的结果

我们已经检验了名义 GDP 增长率的增长对通货膨胀的影响。但是导致通货膨胀的另一个因素也许是供给冲击，例如食品或者能源相对价格的增长。我们假定初始经济处于图 9—9 所示的长期均衡点 E_4 上，此时 $\hat{x}=p=p^e=6$，$\hat{Y}=0$。最初的供给冲击变量 z 等于 0，但是现在假定石油相对价格的暴涨使 z 增至 3，且维持两个时期，随后又恢复至 0。

供给冲击的讨论强调两个关键因素决定了经济对供给冲击的反应。第一，供给冲击之后，政策制定者使 $\hat{x}$ 增加、减少还是保持不变？第二，预期对暂时的冲击做调整吗？对于供给冲击的影响，工资合同中生活成本调整条款与预期通货膨胀率的调整是等价的。

分析一个最简单的案例，需求增长（$\hat{x}$）或者预期通货膨胀（p^e）没有任何反应。为了描述通货膨胀和产出比的路径，我们简单运用一般方程（9），并且假定通货膨胀率长期固定为 6%。此情形的一般形式为：

$$p=\frac{1}{1+g}[p^{e}_{-1}+g(\hat{Y}_{-1}+\hat{x})+z] \tag{10}$$

$$=\frac{2}{3}\ [p^{e}_{-1+0.5(\hat{Y}_{-1}+\hat{x})}+z]$$

现在，以初始情况开始，在连续的每一个时期里，将所需的要素代入这个方程。

时期	p^e_{-1}	$\hat{Y}_{-1}$	$\hat{x}$	z	p	$\hat{Y}$
0	6	0.00	6	0	6.00	0.00
1	6	0.00	6	3	8.00	−2.00
2	6	−2.00	6	3	7.33	−3.33
3	6	−3.33	6	0	4.89	−2.22
4	6	−2.22	6	0	5.26	−1.48
5	6	−1.48	6	0	5.51	−0.99

这个调整路径表明了，在有两期的供给冲击 $z=3$，并且为维持稳定的超额名义 GDP 增长，总需求政策保持中性，以及预期对供给冲击没有影响的条件下，经济将如何变化。一个较好的例子是 1990—1991 年伊拉克入侵科威特之后的短暂石油冲击。在第一期中，通货膨胀率从 6%上升至 8%，完全与图 9—9 中点 E_4 到点 L 的移动相同。在下一时期，通货膨胀稍微降低，因为 DG 曲线的位置取决于当前时期 $\hat{Y}$ 的初始值，它已经从 0 下降为 −2。这样，DG 曲线与 SP 曲线的交点沿着静止的 SP_3 曲线向右下方移动至 $p=7.33$，$\hat{Y}=-3.33$。然后，供给冲击结束，z 回复到初始零值，经济逐渐回升到 SP_2 曲线的长期均衡位置，$p=6.0$ 和 $\hat{Y}=0$。

练习 2：如果政策制定者想继续采取适应性政策，那么应该选择的名义增长率是多少？若采取干预性政策呢？

提示：适应性政策意味着 $\hat{Y}$ 仍然确定为 0，要求 $\hat{x}=p$。在方程（10）中用 p 替代 $\hat{x}$，另外注意 $\hat{Y}_{-1}=0$，那么可得到 $p=p^{e}_{-1}+z$。对于干预性政策，运用方程（10），让 $p=6\%$，然后解出所需的 $\hat{x}$。

练习 3：对于中性政策反应，当能完全预期到供给冲击引起的额外通货膨胀时，计算前四个时期通货膨胀和 $\hat{\gamma}$ 的调整路径。即现在假定 $j=1$，代替前面练习中的 $j=0$。接下来，维持假定 $j=1$，当政策反应是适应性的时，计算相同的调整路径。（见练习 2 的提示。）当 $j=1$ 时，你将如何描述适应性政策的劣势？

□ 失业率的表现

正如我们在有关奥肯定律的内容和图 9—12 中所学，失业率（U）与产出率（$\hat{Y}$）之间是紧密相关的。与自然实际 GDP 水平（Y^N）相对应，存在自然失业率（U^N），Y^N 定义为预期通货膨胀率准确时的产出水平。当实际 GDP 在 Y^N 之上并且通货膨胀加速时，我们也会发现实际失业率（U）在自然失业率（U^N）之下。这种关系可以写为[①]：

一般线性形式	数例	
$U=U^N-h\hat{Y}$	$U=U^N-0.5\hat{Y}$	(11)

如何运用这种关系呢？首先，我们必须确定自然失业率的值。20 世纪 80 年代，估计美国的自然失业率 $U^N=6.0\%$。那么我们采取替代值 $\hat{Y}$，将这些值代入方程（11）。在此有两个例子：

例 1

$\hat{Y}=-6$

因为 $U^N=6.0$，我们用方程（11）来确定失业率：

$U=6.0-0.5(-6)=9.0$

换句话说，失业率为 9.0%。

例 2

$\hat{Y}=6$

$U=6.0-0.5(6)=3.0$

失业率为 3.0%。由此我们知道，$\hat{Y}$ 每超过 6%，失业率在 U^N 以下 3 个百分点；$\hat{Y}$ 每下降 6%，失业率在 6.0%的自然失业率之上 3 个百分点。

也有一个简单快捷的方式计算从上一时期（U_{-1}）到本期（U）的失业率变化。[②]

一般线性形式	数例	
$U=U_{-1}-h(y-y^N)$	$U=U_{-1}-0.5(y-y^N)$	(12)

这样，若初始时 $U_{-1}=6.0$，$y-y^N=1.0$，那么失业率将下降至 $U=5.5\%$。

练习 4： 回到前面的练习，计算对应每一时期 $\hat{Y}$ 的值的失业率。

① 注意：在第 4 章附录中，我们指定 h 为收入对货币需求的反应。

② 从方程（11）如何导出方程（12）？首先，写出方程（11），减去方程（11）上一时期的值：

$$U=U^N-h\hat{Y}$$
$$-U_{-1}=U^N_{-1}-(-h\hat{Y}_{-1})$$

如果 U^N 从一个时期到下一个时期不发生变化，那么两者之差为：

$$U-U_{-1}=-h(\hat{Y}-\hat{Y}_{-1})$$

但是现在我们将 $y=y^N$ 代入到表达式中，

$$U-U_{-1}=-h(y-y^N)$$

为什么应用这样的代替，可以回顾本附录的第一个注释。

第 10 章 稳定政策的目标：低通货膨胀和低失业

政府抵制通货膨胀就像是黑手党打击犯罪。

——Laurence J. Peter

本书开始介绍了宏观经济学中的三个主要概念——失业率、通货膨胀率和人均产出增长率。它们与宏观经济政策的三个主要目标有关，即实现低失业、低通货膨胀、人均产值的快速增长。在第 1 章中我们学习了为什么人均产值增长是吸引人的。简单来说，经济增长产生了更多的产品和服务，当然多多益善，因为这能让社会拥有现在生产的所有以及更多的东西，而不需要牺牲当前的产出。

现在我们探讨经济政策的其他两个主要目标。本章第一部分以低通货膨胀开始，最后部分以低失业结束。正如我们在第 9 章所学，政策制定者为了实现低通货膨胀率而采取限制性货币和财政政策，并且必须接受一个过渡期，在这一时期里产出比较低、通货膨胀率较高。在降低通货膨胀的时期里，实现低通货膨胀的目标值得以失去工作为代价吗？这取决于通货膨胀的成本。如果每年通货膨胀率开始是 5%而不是 2%，那么社会损失的是什么？

在本章的最后部分我们探讨了失业的成本。对个人和社会来说，一个正在寻找兼职工作的青少年的失业与一个成年家庭户主的失业相比，哪个代价更昂贵呢？为什么失业率不能降低到零以下呢？为什么在经济繁荣时期依然有人会失业呢？

☞ **全球经济危机聚焦**

危机中的通货膨胀与失业

到目前为止，美国和许多其他国家面临的最重要问题是持续居高不下的失业率。除了石油价格周期性的上下波动外，通货膨胀不见踪影了。事实上，政策制定者并不担心正的通货膨胀率，而是担心通货膨胀率会下降到零以下，变成负数。正如我们在第 8 章学习的，通货膨胀率为负的情况被称为通货紧缩，并且会通过预期和再分配效应抑制总需求。

在本章一开始，我们要研究导致较高正通货膨胀率的成本，有两个原因。第一，如果我们要理解为什么抑制通货膨胀和维持低失业是货币政策的两个目标，需要理解通货膨胀的危害。第二，在过去的历史事件中，抑制高通货膨胀的目标使货币政策人为造成失业，在1979—1981年尤为显著。

比较战后两次最严重的衰退，即1981—1982年和2007—2009年，我们知道其原因完全不同，因此其治理方案也不同。1981—1982年的衰退是由紧缩的货币政策成功治愈通货膨胀问题引起的，所以治理衰退的方法是明确的。1982年货币政策的放松，使得经济像火箭一样起飞，继而使得1983—1985年间实际GDP快速地增长。但是正如第5章所学，2007—2009年经济衰退的原因不是紧缩的货币政策，而是房地产泡沫的破灭和金融市场的崩溃。我们在第5章和第6章学到，经济最近衰退的产物，即持续居高不下的失业率不能简单通过宽松的货币政策或者财政政策来消除。

10.1 通货膨胀的成本和原因

通货膨胀被普遍视为社会罪恶，尽管其严重程度有争议。极端地说，通货膨胀被视为与失业同样严重的问题。这一观点由阿瑟·奥肯推广，他提出了“痛苦指数”，由通货膨胀率和失业率加总得来。这一指数意味着通货膨胀率减少1%带来的社会价值（比如说从3%下降为2%）恰好与失业率增加1%带来的社会成本相抵消（比如说从6%上升为7%），使经济保持不变的“痛苦”水平。

另一些人认为通货膨胀的损害是极小的。詹姆斯·托宾认为“将通货膨胀视为社会罪恶实属言过其实”。许多像托宾一样的经济学家都认为实现低通货膨胀的好处不能补救产出和工作的牺牲。

在第9章我们学习了通货膨胀的根本原因是名义GDP的过度增长。在本章，我们问政府为什么允许经济出现通货膨胀；即为什么政府允许出现过度的名义GDP增长？然后我们讨论一下通货膨胀的成本，看看是否严重到要阻止通货膨胀的程度，尽管这样做可能需要采取削减产出的政策，引起上百万人失去工作。

任何关于通货膨胀成本的争论必须区分通货膨胀是温和的（爬行的）还是极端的，后者通常称为**恶性通货膨胀**（hyperinflation）。恶性通货膨胀的传统定义是每月通货膨胀率达到50%，或者每年12 975%。[①] 我们将使用所定义的每年1 000%及以上的通货膨胀率。每年1 000%的通货膨胀率（或者每月22%）使社会遭受一切与恶性通货膨胀相关联的问题。阿根廷、巴西、尼加拉瓜、秘鲁和波兰这些国家在20世纪80年代或者90年代末期都经历了一年或者更久的每年超过1 000%的通货膨胀率。[②] 非洲国家津巴布韦在2006—

① 为什么每月50%的通货膨胀率等于每年12 975%的通货膨胀率？是由于复利导致的。若初始价格为100，则一个月之后为150，两个月之后为225，三个月之后为338，在12个月之后即为12 975。尽管这些简单的几何变化广泛引用于文献中，但当通货膨胀率很高时，这却是错误的；较好的测量方式是对数价格变化，在此例中每月通货膨胀率为40.5%，每年为487%。见本章结尾处的思考题1和2。

② R. Dornbusch等人建议以1 000%为分界线定义“极端”的通货膨胀，“Extreme Inflation: Dynamics and Stabilization,” *Brookings Papers on Economic Activity*, 1990, no. 2, pp. 1—84。

2009年间经历了年通货膨胀率高达5 000%及以上的恶性通货膨胀。

每个人都认为恶性通货膨胀是一个严重的瘟疫，我们将学习经济政策制定者在特殊情况下是如何设法阻止恶性通货膨胀的。在开始了解恶性通货膨胀之前，我们将考察温和的通货膨胀的社会成本，例如美国所经历的。我们知道完全预期的通货膨胀（每年都以大概相同的速率上升）与“突然”的通货膨胀（即不可预测的通货膨胀）之间的成本大为不同。

10.2 货币与通货膨胀

第9章的通货膨胀模型表明名义GDP增长率的永久增加将导致通货膨胀率的永久增长。因为名义GDP增长在决定通货膨胀率上是非常重要的，我们需要了解它的决定性因素。

□ 联系货币、流通速度、通货膨胀和产出的定义

了解通货膨胀的决定性因素的很方便的出发点是第8.8节提出的数量方程：

$$M^S V \equiv X \equiv PY \tag{10.1}$$

这个方程很熟悉，它复制了方程（8.2）。方程的右侧表示的是名义GDP（X），根据定义，其等于价格指数，或者GDP平减指数（P）乘以实际GDP（Y）。同理，根据定义，方程左侧表示了名义GDP等于货币供给（M^S）乘以流通速度（V）。① 因此，如果货币供给或者流通速度增加，名义GDP一定会增加。

方程（10.1）是一个好的开端，但它涉及的是价格水平。我们如何将方程（10.1）转化成表示通货膨胀率决定因素的关系式，即价格水平的变化率？如第9章所学，任何两个数字乘积的增长率，如方程（10.1）中的P乘以Y，都等于两种单独的数字的增长率之和。我们采用方程（10.1）来描述数量之间的关系（用大写字母写出），重写为描述增长率之间的关系（用小写字母写出）：

$$m^S + v \equiv x \equiv p + y \tag{10.2}$$

总之，这表明了货币供给的增长率（m^S）加上流通速度的增长率（v）等于名义GDP的增长率（x），同时也等于通货膨胀率（p）与实际GDP增长率（y）之和。当我们把方程（10.2）中的通货膨胀率移至左侧时，得出的方程可以清楚地看出通货膨胀的决定性因素：

$$p \equiv x - y \equiv m^S + v - y \tag{10.3}$$

如果我们对通货膨胀在长期中的决定性因素感兴趣，可以假定实际产出的增长率（y）是恒定不变的，由人口的增长率和生产力的增长率来粗略地固定。这与第9章中得出的结论相同：在长期中，通货膨胀率等于过剩的名义GDP增长率（即名义GDP增长率与长期的实际GDP增长率之差）。

方程（10.3）的右侧各项以另一个视角来解释通货膨胀。在长期，通货膨胀率一定等

---

① 根据定义，为什么左侧是正确的？正如我们在第4章所学，流通速度被定义为$V=PY/M^S$，或者$V\equiv Y/(M^S/P)$。第8章重述了这个定义。

于过剩的货币供给增长率加上流通速度增长率，减去长期实际 GDP 增长率。①

这样，为了理解通货膨胀的决定性因素，我们需要知道什么决定了过剩的货币增长加上流通速度。中央银行（美国的美联储，加拿大的加拿大银行，以及其他国家的中央银行等）控制货币供给的增长率。无论何时只要实际 GDP 减去实际货币供给（M^S/P）发生变化，货币流通速度就会变化。在第 4 章我们学习到，任何可以使 *IS* 曲线移动的因素都将改变流通速度，包括商家和消费者信心的变化、金融市场的信贷状况、政府支出、税率、自主生产税净额、自主净出口或者外汇汇率。更进一步，如果货币需求不会由于收入变化的原因而变化，那么货币流通速度将发生变化。例如，随着信用卡的引入，家庭持有的货币减少了，从而货币的流通速度加快了。

在短期内，货币流通速度的增长率极易变动，但在长期相当稳定。在过去的 50 年里，美国的货币流通速度的年增长率几乎为零。② 如果我们假定方程（10.3）中 $v=0$，通货膨胀的决定性因素将变得非常简单：在长期，通货膨胀率等于过剩的货币供给增长率，即货币供给增长率与长期实际 GDP 增长率之差。如果中央银行允许货币供给快速增长，将会导致通货膨胀的快速增长。实现零通货膨胀的关键是中央银行不能使货币供给增长速度超过实际产出的长期增长率。

自测题 10—1

假设货币供给增长率十年内保持在每年 5%不变，流通速度增长率保持在每年 3%不变。在前五年里，产出增长率为每年 4%；然后由于生产力增长放缓，在后五年里产出增长率为每年 2%。货币供给和流通速度增长没有受到生产力增长缓慢的影响。

1. 前五年的通货膨胀率是多少？
2. 后五年的通货膨胀率是多少？
3. 前五年的名义 GDP 增长率是多少？
4. 后五年的名义 GDP 增长率是多少？

□ 为什么中央银行允许过剩的货币增长?

上一节认为，在长期，过剩的货币增长是通货膨胀的根本原因。如果长期的货币流通速度增长率为零，那么过剩的名义 GDP 增长与过剩的货币增长是相同的。为什么政府和中央银行允许过剩的货币增长呢？

下文所述的四个基本因素可以导致过剩的名义 GDP 和货币增长。如第 9 章所示，名义 GDP 增长率的永久性增加导致产出的暂时增加，同时伴随着通货膨胀率的永久性增加。

---

① 在第 9 章附录中，我们将名义 GDP 增长率和实际 GDP 增长率均减去自然实际 GDP 长期增长率（y^N）。将同样的减法运用于方程（10.3）中，得：

$$p \equiv (x-y^N)-(y-y^N) \equiv (m^S+v-y^N)-(y-y^N)$$

这表明在长期，当 $y-y^N=0$ 时，通货膨胀率等于名义 GDP 增长率减去自然实际 GDP 增长率，也等于货币供给增长率加上货币流通速度增长率减去自然实际 GDP 增长率。

② 货币供给 M2（在第 13 章定义）的流通速度在 1960 年是 1.73，在 2007 年是 1.91，平均年货币供给增长率为 0.2%。

名义 GDP 的永久性减少导致产出的暂时减少，同时伴随着通货膨胀率的永久性下降。这一分析强调了政府引发通货膨胀的首要原因。

原因 1：刺激需求的诱因 当政府和中央银行试图提高产出、减少失业时，就可能引发通货膨胀。虽然第 9 章指出这样的政策刺激了通货膨胀，且产出只能暂时增加，但政府可能（错误地）认为高产出获得的好处可以永久持续，或者（也许正确地）至少持续到足以使政府在下届选举中获胜。在一些国家，政府直接或者间接地控制中央银行。即使在美国，其中央银行相对独立，人们也普遍认为，美联储在 1972 年提高货币增长率是为了帮助尼克松总统再次竞选成功。

原因 2：担心经济衰退和失业 原因 1 的必然结果是治理通货膨胀通常会造成产出的暂时下降和失业。高通货膨胀的原因 1 暗指通货膨胀一旦开始，政府就不愿抑制它：经济体为了永久降低通货膨胀率，必须以牺牲大量产出为代价。产出牺牲的多少是极具争议性的，并且在各个国家之间不同。对美国的估计是通货膨胀率永久地降低一个百分点，需要一次性损失年 GDP 的 4.7%，或者 7 000 亿美元。一些国家的牺牲率可能更高，一些国家可能更低。政治家和中央银行不愿意把这种牺牲强加于公民身上，结果导致通货膨胀年复一年地存在。

原因 3：不利的供给冲击 第 9 章也介绍了不利的供给冲击将导致更高的通货膨胀。当上升的食品和石油价格提高了企业成本时，通货膨胀率就会上升，除非中央银行采取限制性政策以抵消额外的通货膨胀，导致经济大规模衰退。任何石油价格的急剧上升，例如 1973—1974 年、1979—1980 年和 2005—2008 年发生的状况，中央银行都需要作出艰难的选择。干预性政策能抵消额外的通货膨胀，但以额外的失业为代价。适应性政策要求中央银行“印刷额外的钞票为通货膨胀埋单”，这可能使得在不利的供给冲击之后，产生永久性的高通货膨胀。给定名义 GDP 增长率和货币供给不变，即使一个中性政策也会造成暂时的高通货膨胀。

原因 4：通过印刷钞票为政府赤字融资 在分析第 4 章的 *IS*—*LM* 模型时，了解到政府可以通过两种方式进行赤字运行（通过增加支出和减税）。第一，它们可以使实际货币供给保持稳定，并发行债券支付赤字，这通常需要提高利率。或者可以保持利率不变，提高货币供给，即之前描述的财政刺激的适应性货币政策。然而，许多国家缺乏能出售债券的市场；实际上，在这些国家中，为政府赤字融资的唯一源泉是增加货币供给（经常被称为通过“印钞”解决政府赤字融资）。这样，政府过度支出和税收收入不足会导致通货膨胀（p），根据方程（10.3），通过增加货币供给增长率（m^S）引起。

总之，我们已经学习了中央银行允许过剩的货币增长的基本原因，包括刺激需求的诱因、担心经济衰退和产出损失、对不利的供给冲击部分或者完全的适应，以及政府赤字对货币增长的影响。

☞ **国际视角**

货币增长和通货膨胀

文中方程（10.3）（$p \equiv m^S + v - y$）表明通货膨胀率（p）等于货币增长率（m^S）加上流通速度增长率与实际 GDP 增长率之差（$v - y$）。如果这个差值是正的，那么通货膨胀率大于货币增长率，反之则小于货币增长率。

图形绘制了 15 个国家在 1990—2009 年的通货膨胀率与货币增长率。斜率为 1 的直线表明线上的所有点的通货膨胀率与货币增长率相等，即 $v=y$。大多数低通货膨胀的国家，绘制的点位于斜率为 1 的直线以下，表明货币流通速度增长率小于实际 GDP 增长率。例如，在美国，流通速度大约为 0，小于每年约 3%的产出增长。这些点表明了通货膨胀率和货币增长率之间的关系比较密切，支持了文中的观点，即理解通货膨胀的关键是理解为什么有些政府会选择比其他政府更高的货币增长率。

与前十年相比，图中所示的 1990—2009 年期间的快速通货膨胀的发生率大大少于前十年的。例如，巴西在 1990—1998 年的年通货膨胀率高于 400%，但是之后通货膨胀几乎突然停止，1999—2009 年的通货膨胀率仅为 7%。图中所示的 1990—2009 年的年均通货膨胀率大约为 60%，是 1998 年前快速的通货膨胀和 1998 年后较慢的通货膨胀的平均。为什么在 20 世纪 90 年代后通货膨胀会消退？显然，巴西等以前属于高通货膨胀的国家已经学会了管理货币供给的增长和削减财政赤字的方法（赤字以前使快速的货币膨胀成为必需）。

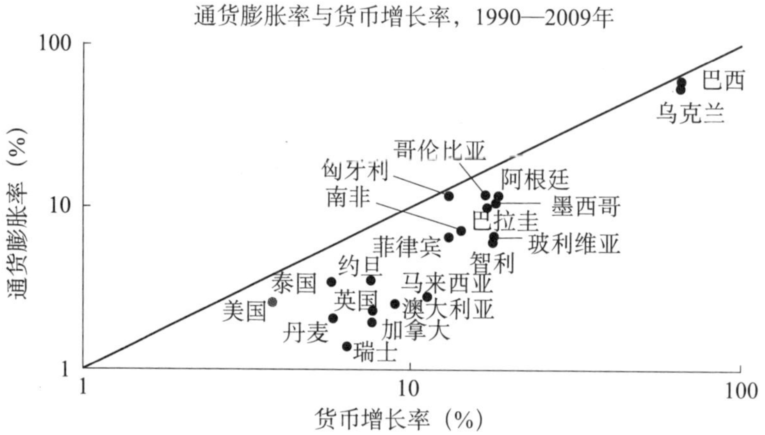

资料来源：国际货币基金组织的《世界经济报告》（2010 年 4 月）和国际金融统计资料库。

10.3 为什么通货膨胀是有害的？

如果为了降低通货膨胀，一国必须经历暂时的产出损失和较高的失业，那么需要使政策制定者相信通货膨胀是有害的。乍看之下，担心通货膨胀是杞人忧天。当年通货膨胀率为 0 时，工资每年增长 2%。当年通货膨胀率为 6%时，工资可能每年增长 8%。如果工人的工资增长率总是先于并且与通货膨胀率保持相同的增长速度，那么就没有理由担心通货膨胀，如下面的例子所示：

	无通货膨胀	年通货膨胀率为6%
名义工资增长率（w）	2	8
价格指数增长率（p）	0	6
实际工资增长率（$w-p$）	2	2

然而，即使实际工资增长不受通货膨胀影响，其强加给社会大量成本也是可能的。金融资产的持有者会首先感觉到通货膨胀。突发的和完全预期的通货膨胀的区别对了解通货膨胀的成本以及减少这些成本的方法是至关重要的。在本节，我们区分了名义利率、预期实际利率和现实实际利率。运用这一区别，我们将了解到通货膨胀无害化需要四个条件以及为什么这四个条件都是不现实的。

□ 名义利率和实际利率

即使是在通货膨胀温和的国家，人们也会知道名义利率和实际利率的差别。

名义利率（nominal interest rate）（i）是实际上由银行报价并且在金融市场协商形成的利率。

预期实际利率（expected real interest rate）（r^e）是指在扣除预期通货膨胀后，人们期望对借款支付的利率或储蓄的所得利率（$r^e=i-p^e$）。它是在商品和服务市场上决定的利率，并且影响公司和家庭对投资和储蓄的决策。

现实实际利率（actual real interest rate）（r）是名义利率减去实际通货膨胀率($r=i-p$)。

名义利率在存在不同通货膨胀率的两个国家或同一个国家的不同历史时刻可能大不相同。但在这两种情形下，只要预期实际利率相同，且除了实际预期利率（r^e）外的其他决定投资和储蓄的因素保持不变，投资和储蓄的决策就是一样的。

考虑两种情况，预期实际利率（r^e）均为3%。第一种情况，预期通货膨胀率是0，名义利率是3%：

一般形式	数例	
$r^e=i-p^e$	$r^e=3-0=3$	(10.4)

第二种情况，预期通货膨胀率为6%，名义利率为9%，实际利率为3%：

一般形式	数例	
$r^e=i-p^e$	$r^e=9-6=3$	(10.5)

为什么在每种情况下对储蓄和投资的激励是相同的？在第二种情况下，储户面临的价格一年后会高出6%，但是他们得到的储蓄利率是9%，其中3%弥补储蓄意愿（正如通货膨胀率为零的情形），其余6%弥补通货膨胀率，即事实上，计划花费储蓄来消费的商品其价格在一年后会高出6%。投资者的反应是类似的；他们能够在一年后以高于6%的价格卖出产品，6%的通货膨胀率弥补了必须支付的9%的名义利率。

□ 通货膨胀无害的四个必要条件

上面的例子给人的印象是，通货膨胀无关紧要，因为名义利率调整使得储蓄者和投资者能够在通货膨胀率为0或者6%的情况下保持相同的激励。然而，这个例子做了几个重要的假设，没有一个假设在现实世界中得以证实：

(1) 通货膨胀被普遍准确地预测。

(2) 预期通货膨胀率的提高，使得储蓄和借贷市场中的名义利率上升相同的百分点。

(3) 所有储蓄都以获取名义利率（i）的债券、股票或者储蓄账户的形式持有；没有人的账户中持有货币的利率低于市场名义利率。

(4) 只对实际（非名义）利息收入征税，并且只有借款的实际成本是能够进行税收抵免的。

□ 违反条件 1：通货膨胀突然发生时的利率

现在让我们违反前面总结的四个条件中的第一个，即通货膨胀被准确预测。美国的几个时期，如 1966—1969 年、1973—1974 年、1978—1980 年和 1987—1990 年，实际通货膨胀率加速到远远大于大多数人预期的水平。

现在假想在年初，每个人的预期通货膨胀率为 0，并且银行付给储户的利率是 3%，但是在年末，产品的价格上升 6%。储户的希望破灭了，因为他们的储蓄已经被**未预期通货膨胀**（unanticipated inflation）侵蚀。

当现实通货膨胀（本例中 $p=6\%$）与预期通货膨胀（本例中 $p^e=0$）不同时，现实实际利率也与预期实际利率不同。在本例中，预期实际利率为 3%（$r^e=3$），但是事实上（事后），现实实际利率更小，为−3%。

一般形式	数例	
$r=i-p$	$r=3-6=-3$	(10.6)

通货紧缩损害债务人 反对未预期通货膨胀的基本原因是，在当事人不知情或者不同意的情况下，将收入从债权人向债务人再分配。相反，未预期通货紧缩正好相反，将收入从债务人向债权人再分配，正如我们在第 8.8 节所学。纵观历史，农民是一个重要的债务人群体，他们受到了未预期通货紧缩的严重伤害。在 1929—1933 年，储户的利息收入几乎没有下降，但是农民因为农产品价格的猛然下降受到严重损害，他们的名义收入下降了 2/3，从 62 亿美元下降为 21 亿美元。由于农民的名义收入下降了很多，但是名义利息支付没有下降，许多农民买不起种子、肥料和其他必需品。结果，许多农民因丧失了抵押品赎回权而失去土地。

☞ **全球经济危机聚焦**

房地产泡沫引致突发性通货膨胀，随后引致突发性通货紧缩

我们不需要追溯到经济大萧条时期来发现突发性通货膨胀和突发性通货紧缩的影响。就在最近，美国巨大的房地产泡沫产生了赢家和输家，往往是同一些人。从 2000 年到 2006 年，随着房价的飙升，抵押贷款的房主受益，并且常常通过再融资来应对意外走高的房价，即增加他们的贷款金额。

但是 2006 年后房地产泡沫的崩溃导致房价崩溃，许多房主发现他们的房产价值小于他们的抵押贷款。依据第 5 章的现代说法，这些房主处于“溺水”状态。和经济大萧条中的农民一样，近年来，当他们再也付不起抵押贷款时，数以百万名美国房主失去了家园，丧失了抵押品赎回权。

突发性通货膨胀中的受益者　显然，所有储户在突发性通货膨胀中都有损失。谁受益呢？在未预期通货膨胀中，受益者是那些负债累累，有少量金融资产，主要是实物资产的人，其实物资产的价格随着通货膨胀而上升。那些刚刚购买房产且首付较少的个人是未预期通货膨胀情况下的典型受益者。在突发性通货紧缩中受损的农民在突发性通货膨胀中是赢家。

□ 违反条件 2：预期通货膨胀与费雪效应

在前面已经定义了预期实际利率（r^e）为名义利率（i）减去预期通货膨胀率（p^e）。同样的关系在作整理后表明名义利率等于预期实际利率加上预期通货膨胀率：

$$i = r^e + p^e \tag{10.7}$$

因此，若预期实际利率上升或者预期通货膨胀率上升，名义利率就会上升。[①]在一组预期实际利率大致相同的国家中，我们将预期那些有过快速通货膨胀历史的国家会拥有较高的名义利率。预期通货膨胀和名义利率及实际利率的关系被称为**费雪方程**（Fisher equation），以耶鲁大学著名经济学家欧文·费雪（1867—1947）的名字命名。[②] **费雪效应**（Fisher effect）是指预期通货膨胀率上升一个百分点将会使名义利率上升一个百分点。[③]费雪效应的必然结果是预期实际利率独立于预期通货膨胀率的变化。费雪分析预测货币快速增长的国家将经历快速的通货膨胀率和高名义利率。

通货膨胀无害的第二个条件表明通货膨胀率增加给定的百分点，将使名义利率增加相同的百分点。再次声明，实际利率不受通货膨胀影响。如果费雪效应总是对现实世界的真实描述，那么实际利率将独立于通货膨胀率，第二个条件将是有效的。

然而，在现实世界中，费雪效应被不断违背。图 10—1 描绘了 10 年期国库券的名义利率和预期通货膨胀率的估计，即 GDP 平减指数的三年平均变化率，表示为年利率。两条线之间的浅灰色阴影部分表示隐含的预期实际利率。显然，当预期通货膨胀率突然增加或者减少时预期实际利率会发生变化，意味着通货膨胀无害的第二个条件在现实世界中是无效的。这在 1975—1976 年特别明显，当时名义利率未能对预期通货膨胀的突然增加作出反应，使实际利率变为 0。相反的情况发生在 20 世纪 80 年代初期，当时名义利率的增长超过通货膨胀的增长，部分是由于在 1980—1982 年美联储为了降低通货膨胀率而实施的紧缩货币政策。这就是第 9 章中讨论的“冷火鸡”政策。

---

① 第 4 章的 *IS*—*LM* 模型表明实际产出和实际利率是如何决定的。回想在 *IS*—*LM* 模型中，*IS* 曲线向右做任何移动（较高的政府支出、较低的税率），或者 *LM* 曲线向左做任何移动（货币供给的减少或者货币需求的增加），结果都导致实际利率上升。

② 费雪也推广了经济学中的其他重要思想，包括通货紧缩通过削减债务人购买力（例如，经济大萧条中的农民）来助长自身的理论。

③ 更多复杂的分析表明通货膨胀率的增加往往会减少实际利率，以至于名义利率没有随着通货膨胀率相应地增长。有时称之为“蒙代尔效应”，源于 1999 年诺贝尔奖获得者 Robert A. Mundell 的一篇著名论文，“Inflation and Real Interest,” *Journal of Political Economy*, vol. 71 (June 1963), pp. 280-283。

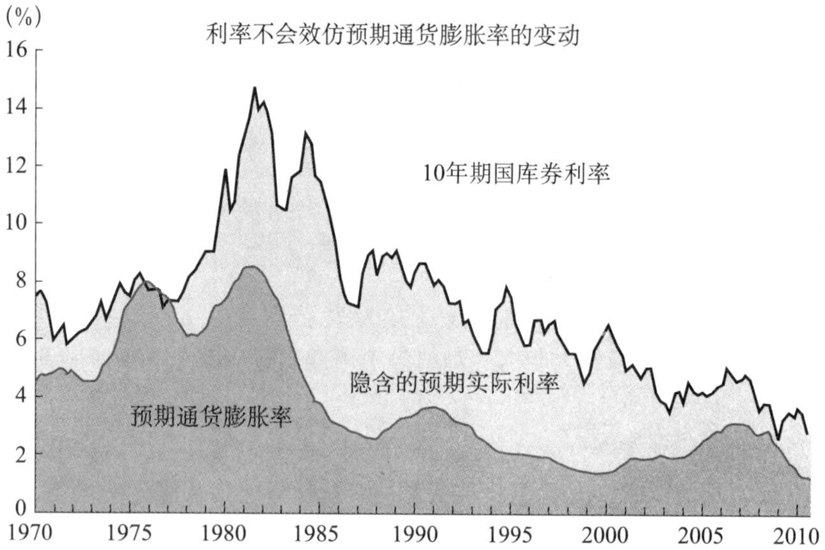

图 10—1　10 年期美国国库券利率和预期通货膨胀率，1970—2010 年

注：黑粗线描绘了 10 年期国库券利率。细灰线描绘了预期通货膨胀率的估计，三年以上 GDP 平减指数的年均变化。两条线之间的浅灰色阴影部分表示预期实际利率。注意在 1975—1976 年，预期通货膨胀率高涨，但是利率几乎没有反应，这将推动预期实际利率下降为零。相反，在 20 世纪 80 年代，当预期通货膨胀率下降时，预期实际利率上升。注意，随着名义利率急剧下降，同时预期通货膨胀率缓慢下降，在 2009 年初预期实际利率几乎达到 0。

资料来源：Federal Reserve Board，Selected Interest Rates，and Bureau of Economic Analysis *NIPA Tables*.

《绿野仙踪》作为货币的寓言

著名电影《绿野仙踪》最初制作于 1939 年，并且几十年来一直为年度电视获奖作品，其蓝本是莱曼·弗兰克·鲍姆在 1900 年的一本书《绿野仙踪》。最近，经济学家已经意识到这本书是关于 19 世纪末期美国主要经济和政治问题的寓言作品，也就是自由铸造银币的战争，这涉及一个是要通货膨胀还是通货紧缩的争论。[a]

美国内战后的三十年（1865—1895 年）的特点是稳定的通货紧缩，使得价格总水平降低了 40%，农产品价格降低了 55%。正如本章所学，通货膨胀以储户的利益为代价而有益于借款人，通货紧缩则相反，以借款人的利益为代价而有益于储户。1865—1895 年间通货紧缩的一部分受害者是农民（他们不仅是债务人，而且由于农产品价格下降受到重创）。

通货紧缩的主要原因是货币增长缓慢，而后者是由于金本位制（实质上是将货币供给的增长限制在黄金供给的增长上）。农民和其他借款人支持自由铸银币，如果采用的话，将会促进货币供给，也许通货紧缩会转变成通货膨胀。金本位制被认为有益于美国中东部，即债权人和储户的所在地。

书中的一些借鉴是什么呢？多萝茜代表美国；她的狗多多代表禁酒者（“禁酒主义者”的简称）；奥兹是盎司的缩写（如一盎司的黄金或者白银）。多萝茜的房子位于坏女巫的东方（金本位的据点），她一无所有，只剩下她的银鞋子（象征着银的胜利，但是在电影里改为红宝石鞋子）；黄色砖形路（金本位的象征）通向翡翠城（华盛顿）。稻草人代表西方的农民；锡樵夫代表19世纪90年代经济萧条时期的失业工人；胆小的狮子是威廉·詹宁斯·布莱恩，自由铸造银币运动的领导者（狮子，作为美国最大演说家之一的象征；胆小，因为19世纪90年代末期经济条件提高后，他退出支持自由铸造银币）。最后，当多萝茜倒向恶女巫一桶水时，女巫融化了，代表了在解决西方农民问题时水（雨）的力量之大。女巫被撕下面具，成为一个普通的人，像一个不诚实的政客，一直在愚弄人们。

[a] 这是休·罗考夫的非常简短的总结，"The 'Wizard of Oz' as a Monetary Allegory," *Journal of Political Economy*, vol. 98 (August 1990), pp. 739-60。对《绿野仙踪》中完整丰富的情节感兴趣的读者应该阅读这篇迷人的文章。电影的简介和19世纪末期的相关内容可以访问 en. wikipedia. org/wiki/the _ wonderful _ wizard _ of _ oz。

□ 违反条件3：货币并不支持利息

通货膨胀无害的第三个条件是所有资产按名义利率支付。但是存在许多资产和利率，并且大量资产支付的利率低于图10—1显示的10年期国库券利率。在极端情况下货币不再支付利息；支票账户则几乎没有支付利息。由于货币和支票账户占了核心定义的货币供给的大多数，在本节我们将探索货币不支付利息的后果，这样就违背了第三个条件。

货币不支付市场利率有两个原因。第一，货币不支付利息。第二，银行存款享受存款保险，客户愿意接受较低的存款利率，因为他们受存款保险保护以免遭受损失。事实上，货币未支付市场利率会产生几个社会后果。

人们需要货币，因为它方便　完全预期的爬行通货膨胀对社会造成福利成本的主要原因是人们并不渴望货币本身，而是渴望它提供的**额外便利服务**（extra convenience services）。通货膨胀导致人们持有更少的货币，所以他们遭受不便。货币为顾客提供方便是因为其可以用于即刻购买。如果没有持有货币（即没有货币或者支票账户），那么顾客将必须遭受去银行提取现金的不便——甚至更为不便，在购买之前卖出股票或者债券。①

即使没有利息支付，人们也愿意持有货币。他们愿意持有零利率的货币，而不愿持有利率为3%的存款的原因一定是持有货币带给他们的方便至少多于3%的存款利率。这与通货膨胀如何相关呢？当通货膨胀率增加时，除了货币以外的所有资产的名义利率往往也是增加的。如果通货膨胀率上升5%，那么存款的名义利率将从3%上升至8%，即利率比以前增加5%。这时人们将减少货币持有量，直到货币的额外便利服务从3%上升为8%。他们将持有更少的现金，只为那些仅接受现金的支出而保留现金（如坐出租车或者只收现金的餐馆），并且对于非必要的用途持有更少的现金。

通货膨胀的鞋底成本　较高的通货膨胀和较高的利率导致人们持有更少的货币，这种影响有时称为通货膨胀的**鞋底成本**（shoe-leather cost）。为什么？在任何给定时刻，较高的利率使得人们持有更少的现金，所以他们从储蓄账户和其他付息资产提款，必须经常去

① 虽然信用卡在许多购买中可以替代货币和支票账户，但是仍有许多小额购置需要用货币支付，并且许多大单购置需要用使用支票，例如支付房屋的首付。

银行或者附近的提款机获取现金。人们这样频繁光顾银行，在遭受不便和时间损失的同时，必然使鞋底磨损得较快，因此称为鞋底成本。

金融管制的放松已经允许银行体系对大多数支票账户支付利息。这样只有通货（银行在美联储的不生息储备）产生鞋底成本。考虑到银行对支票账户支付利息，据估计，在美国通货膨胀率为10%的情况下，便利服务价值的损失只占GDP的0.25%，或者大约350亿美元（以2008年价格为基数）。这个损失与永久性消除10%的完全预期通货膨胀引起的经济衰退的成本相比较是非常小的，消除1%的通货膨胀将减少4.7%的GDP，完全消除10%的通货膨胀将减少47%的GDP。

除了通货膨胀的鞋底成本外，还有**菜单成本**（menu cost）。到处都有改变价格的成本，例如印刷新菜单或者目录。价格上升得越快，要求公司印刷新菜单和目录的次数越多。当通货膨胀变化非常快时，菜单和目录上的价格必然滞后，导致相对价格的变动，例如玉米和小麦拍卖价格的变化与餐馆食品和服装目录价格的缓慢变动相比较。相对价格的变动降低了经济运行效率，例如，实际收入从餐厅老板到顾客以及农民的不公平转移。

显然，网络为某些种类的商品减少了菜单成本。例如，亚马逊网站可以每小时或者每分钟改变书籍、音乐以及电子产品的价格，如果它想这样做。但是其他产品和服务仍以已经持续一段时间的价格销售，包括餐馆食品、理发、当地巴士、快速公交线路以及邮票。

自测题 10—2

假设一国政府放松金融管制，并且允许对支票账户支付利息。

1. 它对完全预期通货膨胀的鞋底成本有什么影响？
2. 它对名义GDP的美元货币持有量有什么影响？
3. 它对货币流通速度有什么影响？

□ 违反条件4：对名义利率而非实际利率征税

通货膨胀无害的第四个条件是只对实际利率征税。但是在每个国家，税收规则是基于名义利率的，既包括收入的利息所得，又包括可减免税收的利息支付（例如，房屋抵押贷款）。下面的例子表明，即使名义利率遵守费雪效应，并且与通货膨胀率上升程度相同，在对名义利率征税时，通货膨胀是如何减少税后实际利率的。

我们考虑这样一个例子，税率为30%，或者0.3。最初，通货膨胀率是0，名义利率是3%，所以实际利率是3%。但是当通货膨胀率上升至10%时，即使名义利率上升为13%，实际税后利率也会下降，而不是保持不变。

一般形式	数例
实际税后利率＝名义税后利率－通货膨胀率	(a) 2.1＝3（1－0.3）－0
实际税后利率＝$i(1-t)-p$	(b) －0.9＝13（1－0.3）－10

在本例中，(a)行表明通货膨胀率为0时，实际税后利率是2.1%，即名义利率3%

乘以 0.7（0.7 为储蓄者被征收 0.3 的税率后能够保留的部分），减去通货膨胀率 0。（b）行表明当通货膨胀率从 0 上升为 10%时，实际税后利率下降为－0.9%，即名义利率 13%乘以 0.7（0.7 为储蓄者被征收 0.3 的税率后能够保留的部分），减去通货膨胀率 10%。比较两个例子，通货膨胀率从 0 增加至 10%，使得税后实际利率从 2.1%减少至－0.9%。这样，通货膨胀无害的第四个条件，即通货膨胀对实际税后利率没有影响，被违反了。结果，通货膨胀扭曲了储蓄和投资的决定，它鼓励人们增加借款减少储蓄。

10.4 指数化与其他降低通货膨胀成本的改革措施

制度改革有一个很好的理由，即它能大幅度减少通货膨胀的成本。这些改革可以分为三类：消除使收入从储蓄者向借款者再分配的政府法规；发行指数化债券，给储户一个安全储蓄的地方；修改税法，消除通货膨胀对实际税负的影响。前两个改革已经实现，第三个还没有实现。

□ 放松对金融机构的管制

美国 20 世纪 70 年代的通货膨胀引起的大部分经济扭曲，起因于联邦政府强加给商业银行和储蓄机构的利率上限。放松金融管制解决了这一难题。1985 年，支票、储蓄、定期存款账户所规定的支付利息量上升了。自那时起，通货膨胀与以前相比，对再分配影响更小，因为所有个人，无论穷人还是富人，其储蓄账户都能获得接近市场利率的回报。支票账户支付的利率仍然很低，以弥补银行结算支票的成本。

即使所有的支票和储蓄账户都支付一个包括完整通货膨胀溢价的名义利率，储蓄者口袋里现金的购买力仍遭受侵蚀。当他们努力工作以保持最低的现金余额时，通货膨胀仍将使得他们遭受鞋底成本。

□ 指数化债券

尽管政府对储蓄和支票账户规定利率上限的提高大幅降低了通货膨胀成本，许多经济学家仍建议政府发行指数化债券，以完全保护储蓄者不受任何未预期通货膨胀率变动的影响。最后，在 1997 年，美国政府通过发行指数化债券回应这些建议，称为 TIPS，代表“通货膨胀保值债券”。

指数化债券（indexed bond）通过支付固定的实际利率（r_0）加上现实的通货膨胀率（p），以保护储蓄者免受未预期通货膨胀率变动的影响。这样储蓄者的名义利率将为

一般形式	数例
$i = r_0 + p$	(a) $3 = 3 + 0$
	(b) $13 = 3 + 10$

在数例（a）中，如果通货膨胀率是 0，储蓄者将获得利率为 3%的回报。如果通货膨胀率突然增长到 10%，如例（b），储蓄者将发现名义利率（i）上升至 13%，他们与没有通货膨胀时一样富有。上文讨论了自 1997 年引进通货膨胀保值债券以来它的运

行情况。

□ 指数化税收制度

1985 年作出的另一个重要而有效的改革是个人所得税部分指数化制度。它会根据每年的通货膨胀水平，提高税收抵免、免税、标准扣除额以及税率等级的水平。没有指数化税收系统，通货膨胀将增加个人收入，使纳税人缴纳更高的税率。

但是政府必须做更多的工作，才能实现通货膨胀完全中性的税收制度。必须结束当前歧视储蓄者、支持借款者的规则，相反，要对实际利息征税，而不是对名义利息和资本所得征税。正如应该只对储蓄者的实际利息收入和实际资本所得征税一样，应该允许借款者从其应税收入中扣除其支付贷款的实际利息部分。这些改革将消除通货膨胀在妨碍储蓄、鼓励借款和支出的美国税收体制下的现有影响。税收制度中鼓励借款的偏好是引起第 5 章讨论的 2000—2006 年房地产泡沫的众多原因之一。

指数化债券保护投资者免受通货膨胀影响

继加拿大、英国和其他国家之后，美国财政部在 1997 年向投资者推出通货膨胀指数化债券。这些债券保护投资者的储蓄免受未预期通货膨胀率提高的侵蚀。美国推行的指数化债券称为 TIPS，即通货膨胀保值债券。

与常规债券不同，指数化债券保证支付给持有者固定的实际回报率。即使实际通货膨胀率相对于储蓄者购买债券时的预期通货膨胀率突然加速到 5%、10%甚至 20%，指数化债券仍维持其所保证的实际回报率。

对于美国财政部的 10 年期指数化债券，由于通货膨胀，半年期利息支付通过调整票面价值的方式来计算（运用消费者价格指数或者 CPI），将固定实际利率（在首次发行债券的拍卖中决定）运用至通货膨胀调整票面价值中。

这种做法对美国的财政部有几个好处。指数化债券能减少政府必须支付给储蓄者的风险升水，这些储蓄者担心其债券回报会被未来未预期通货膨胀侵蚀。为消除未来未预期通货膨胀引致的损失风险，财政部减少平均借贷成本，这样就减少了联邦政府赤字中的利息支付部分。另一个好处是在发行指数化债券的过程中，提供了关于投资者预期通货膨胀的信息，度量了期限相同的常规债券和指数化债券市场决定的利率差异。

本专栏中的图形描绘了 10 年期国库券（不受通货膨胀保护）和 10 年期通货膨胀保值债券。深灰色阴影部分表示以购买通货膨胀保值债券者的期望为基础的实际利率，浅灰色阴影部分表示那些投资者的预期通货膨胀率。预期实际利率从 2001—2003 年的 2.7%下降为 2004—2007 年的 2.1%，同时，在两个相同时间间隔中，暗含着预期通货膨胀率从 1.8%上升为 2.4%。部分预期通货膨胀率的提高反映了这一时期由于较高的石油价格导致的通货膨胀率增加。在 2008—2009 年的经济衰退时期，实际利率从 2.1%下降为 1.6%，同时预期通货膨胀率从 2.4%下降为 1.8%。在 2011 年初，实际利率已经下降为 1.0%，是 1997 年保值债券产生以来的最低值。

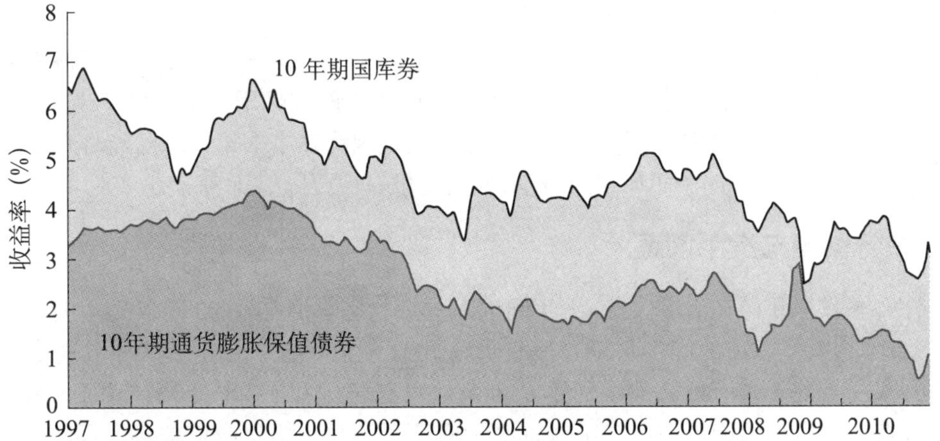

资料来源：Federal Reserve Board，*Selected Interest Rates*，and Federal Reserve Bank of Cleveland.

10.5 政府预算约束和通货膨胀税

在本章开始我们认识到货币过度发行是导致长期通货膨胀的主要原因，“国际视角”专栏阐述了在 1990—2010 年间经历了通货膨胀快速增长的几个国家的货币创造与通货膨胀之间的紧密联系。现在我们回到为什么政府允许过度货币创造的问题。在像美国这样一些经历了温和通货膨胀率的国家，主要答案是政府被引诱来提高货币增长，以通货膨胀为代价助推产出的暂时增长，在选举结束后，选民就会有此经历。同样，通货膨胀一旦开始，政府就不愿使之骤然停止，以避免造成短期的高失业率，如 1982—1983 年间发生的现象。

但是，在一些经历通货膨胀快速增长或恶性通货膨胀的国家里，过度发行货币的原因基本上是大量的政府赤字。根据定义，政府支出的费用源于税收收入、债券和货币的某种组合。当一些国家税收增加受到政策限制以及缺少活跃的债券市场时，政府只能选择发行货币，即印刷货币。

若一个家庭入不敷出，就必须取出储蓄或者进行借款；政府也一样。为政府支出融资的选择可概括为**政府预算约束**（government budget constraint）。政府支出分为两个部分，商品和服务支出（G）以及利息支付支出（iB），其中 i 是政府债券的名义利率，B 是未偿还政府债券金额。政府收入来源是净转移支付的税收收入（T）、增发债券（ΔB）以及发行的额外政府货币债务（ΔH）。政府货币负债由公众持有货币和银行准备金组成，通常称为高能货币，简写为 H。B 和 H 都是政府债务的一部分；二者的唯一区别是债券需支付利息，高能货币则不需要。

□ 政府预算约束方程

政府预算约束可以用简单的方程表示为：

$$G-T+\frac{iB}{P}=\frac{\Delta B}{P}+\frac{\Delta H}{P} \tag{10.8}$$

文字表述为基本赤字 $G-T$，方程表明了政府的基本赤字（$G-T$）加上其实际利息支出（iB/P）等于债券的实际增长（$\Delta B/P$）加上高能货币的实际增长（$\Delta H/P$）。为什么方程（10.8）中三项均除以 P，只有 $G-T$ 不除？这是因为在本书第 2 章已经将 G 和 T 定义为实际通货膨胀调整变量，而 B 和 H 表示名义变量，需要除以 P 来表示实际项。

□ 债券创造与货币创造

尽管美国联邦政府在 1998—2001 年间进入盈余状态，但是在 2001 年之后变为政府支出赤字；在 1998 年以前的许多年里，一直处于政府赤字状态。在过去二十年里，大多数工业化国家一直处于政府预算赤字而不是盈余，只有美国在 1998—2001 年间享有政府预算盈余状态。政府如何能为这些赤字融资呢？有两种方法，增发政府债券，即 ΔB，以及发行额外高能货币，即 ΔH。当政府增加 H 时，总名义货币供给（M）增加。

增加 H 引起的总需求的增加要大于增加 B 引起的总需求增加，因为较高的 H 增加了货币供给，并且消除了第 4 章提到的挤出效应。因为由 H 融资的赤字更能刺激经济，当经济疲软时，政府可以通过发行更多的 H 来为预算赤字融资；当经济强劲时，政府会发行更多的 B。

事实上，在 2009—2010 年经济是疲软的，这正好需要上段中的政策建议。当经济疲软时，政府应该通过提高 H 而不是 B 来为赤字融资。这是前面讨论的著名的货币的“直线降落”（见第 6 章）政策。

在美国，政府和国会决定政府赤字的大小，然而美联储对债券融资还是货币融资作出选择。因为美联储控制 ΔH，并且有一个大的、组织良好的政府债券市场，美联储可以通过增加 ΔH、减少 ΔH 或者使 ΔH 保持不变来对较大的政府赤字作出反应。然而，不是每一个国家为政府赤字融资时都可以在债券和货币之间作出选择。像美国、日本、加拿大这样的发达国家，以及更为繁荣的欧洲国家拥有成熟的资本市场，政府可以在市场中出售债券。但是发展中国家缺乏这样的市场，所以它们的政府只能在小范围市场中出售债券来为政府赤字融资。结果，在许多国家中，较高的政府赤字自动地要求增加 ΔH，这提高了货币供给增长率和［根据方程（10.3）］通货膨胀率。

☞ 了解全球经济危机

巨大的经济衰退如何创造巨大的财政赤字

在过去几十年里，美国联邦预算经历了基本赤字和基本盈余。在此我们可看到经济繁荣年份（2000 年）和深度经济萧条年份（2010 年）的基本赤字有何区别。

比较下面四种情况，联邦政府赤字表示为 GDP 的一部分。第一种情况（1992 年），联邦政府通过高利息成本扩大了负的基本盈余（例如赤字），使得基本赤字占 GDP 的份额从 0.7%提高到 4.7%。第二种情况（2000 年），政府拥有非常高的基本盈余，占 GDP 的 5.0%，即使在扣除 GDP 的 2.6%作为利息成本后，剩余盈余仍为 2.4%。20 世纪 90 年代末期，美国联邦政府预算的盈余程度是非常不寻常的，包括基本盈余和总盈余。

比较第三种情况和第四种情况，即2007年和2009年，它提供了一个全球经济危机对预算盈余影响的例子。在2007年基本盈余几乎为零，然后扣除占GDP 2.2%的利息成本，得出负的盈余（赤字）－2.1%。在2009年基本盈余下跌为负，即基本盈余为－8.9%，总盈余为－10.7%。

	基本盈余	−	利息成本	=	总盈余
1992	−0.7	−	4.0	=	−4.7
2000	5.0	−	2.6	=	2.4
2007	0.1	−	2.2	=	−2.1
2009	−8.9	−	1.8	=	−10.7

□ 通货膨胀的影响

通货膨胀似乎加剧了政府为其基本赤字融资的问题，因为根据费雪效应，通货膨胀提高了方程（10.8）左侧的名义利率（i）。然而，通货膨胀也缓解了政府的问题。这在方程（10.8）中是不明显的，因为不存在通货膨胀率（p）。但是，可以对方程（10.8）稍作变化，右侧第一项乘以 B/B，第二项乘以 H/H。此时，方程（10.8）转化为：

$$G-T+\frac{iB}{P}=(\frac{\Delta B}{B})\frac{B}{P}+(\frac{\Delta H}{H})\frac{H}{P} \tag{10.9}$$

$\Delta BB/BP$ 项是债券变化百分比（$\Delta B/B$）乘以未偿还的实际债券量（B/P）。$\Delta HH/HP$ 项是高能货币变化百分比（$\Delta H/H$）乘以未偿付的实际高能货币量（H/P）。显然，如果 B/P 和 H/P 保持稳定，B 的增长率用小写字母 b 表示，H 的增长率用小写字母 h 表示，将分别等于通货膨胀率（p）：

$$\Delta B/B=b=\Delta H/H=h=p \tag{10.10}$$

方程只是简单地说明了债券的增长率（b）和高能货币增长率（h）等于通货膨胀率。若上述说明准确，那么债券的实际价值（B/P）和高能货币的实际价值（H/P）将保持不变。即当 $b=h=p$ 时，每个比率（B/P 和 H/P）的分子和分母将以相同比例变化。

□ 通货膨胀对政府有诱惑力的原因

我们的目标是确定政府预算约束的性质，即保持债券和高能货币的实际价值不变。因为方程（10.10）给出了条件（$b=h=p$），我们需要将通货膨胀率（p）代入方程（10.9），替换债券增长率（$\Delta B/B$）和高能货币增长率（$\Delta H/H$）。在得到政府预算约束的最终陈述过程中，将代表实际利息支付的 iB/P 项从方程（10.9）的左边移至方程（10.11）的右边：

$$G-T=\frac{pH}{P}-\frac{(i-p)B}{P} \tag{10.11}$$

基本赤字＝铸币税或者通货膨胀税－实际债券利息

方程（10.11）的右侧第一项，即 pH/P，表示通货膨胀率乘以实际高能货币，即当创造足够的 H 以维持高能货币实际数量不变时，政府获得的收入。此项收入是政府从通货膨胀中获得的，又叫**铸币税**（seignorage）。可简单地认为这是政府印刷货币时获得的收入。从家庭和公司的角度来看，必须增加 H 的名义数量并足以维持实际 H/P 不变，相同的收入又称为**通货膨胀税**（inflation tax）。

简而言之，如果 pH/P 是方程（10.11）中右侧的唯一项，它表明政府通过创造合适的名义高能货币（H）保持的赤字数量与维持实际高能货币的数量相一致。如果通货膨胀率不为零，那么政府赤字数量不为零，并且政府预算虽然出现赤字，但仍维持实际高能货币不变。随后，我们将了解通货膨胀税是家庭付出的通货膨胀成本，与通货膨胀带给政府的利益相等。

通货膨胀并没有消除政府向未偿付债券支付利息的义务，这些债券由家庭和企业持有。但是方程（10.11）中右边的 $[(i-p)B/P]$ 项阐述了政府只在意利用债券必须支付的实际利息费用。既然支付给债券持有者的名义利率是 i，债券持有者不得不把 i 的一部分返还给政府以购买足量的额外债券，保持实际债券持有量 B/P 不变。

□ 表明政府获利的例子

在例中，为了了解上述情况如何运行，假设初始债券为 100 美元，年通货膨胀率为 5%，名义利率为 8%，实际利率为 3%。政府必须支付 8 美元的利息。但是，为保持债券的实际数量（B/P）不变，政府向公众出售 5 美元的新债券，使未偿还债券价值增加到 105 美元。政府的净利息支付为 3 美元（实际利率 3%乘以初始债券 100 美元）。为什么？因为政府支付 8 美元利息，但是收到公众为购买新债券支付的 5 美元。[①]

这样政府以两种方式从通货膨胀中获益。第一，它获得额外的收入来源，即铸币税或者通货膨胀税。于是政府能降低一般性税收，增加支出。第二，如果通货膨胀使名义利率上升的幅度小于通货膨胀率本身，政府可能从中获益。通货膨胀的急剧上升，特别是在 20 世纪 70 年代的石油冲击时期，常常伴随着名义利率增加，但幅度小于通货膨胀，因而实际利率减少。如方程（10.11）所示，正是实际利率对政府融资至关重要。

自测题 10—3

假设经过几个世纪的零预算赤字和零负债后，Abstinia 国开始经历赤字，规模是一年 GDP 的 1%，通过使 H/P 等于 GDP 的 1%来融资。

1. 如果未来十年的年通货膨胀率是 5%，十年之后，为保持相同的 H/P，即等于 GDP 的 1%，基本赤字和 H 应该是多少？

2. 如果未来十年的年通货膨胀率是 10%，那么上述相同的问题如何回答？

① 为简化描述，方程（10.11）和本段中的数字实例均忽视了对利息收入征税，这进一步减少了政府的净实际利息支付。

10.6 恶性通货膨胀的开始与终结

我们已经将恶性通货膨胀定义为年通货膨胀率在1 000%及以上的通胀现象。如果美国的年通货膨胀率为1 000%，一个麦当劳的巨无霸的价格将从2.5美元增加到2 500美元。[①]

显然，如果工资和薪水没有通货膨胀增长迅速，储蓄账户的利率小于通货膨胀率，这样的通货膨胀率是极具破坏性的。

如表10—1所示，在1986—1990年间，有四个国家的年度通货膨胀率平均大于1 000%。在所有国家中，通货膨胀都比其前一时期增长得更快。事实上，所有上述国家（阿根廷除外）第一时期的通货膨胀率都低于100%，如1975—1980年所示。

表10—1　选定的高通货膨胀国家的年度通货膨胀率，1975—2010年

	1975—1980	1980—1986	1986—1990	1990—1995	1995—2000	2000—2010
阿根廷	206	300	1 192	423	0.5	9
玻利维亚	16	1 969	67	13	7	5
巴西	50	142	1 077	1 419	17	7
以色列	61	157	24	14	7	2
墨西哥	20	61	76	19	22	5
尼加拉瓜	23	246	5 841	528	11	8
秘鲁	46	95	2 342	1 341	8	3
波兰	9	37	188	132	15	3

资料来源：国际货币基金，世界经济展望数据库，2003年4月和2010年4月。

在另一个时期（1990—1995年），巴西和秘鲁两个国家的年通货膨胀率依然大于1 000%，而阿根廷的年通货膨胀率下降至423%。与此形成鲜明对比的是1995—2000年时期，此时期各个国家的年通货膨胀率均小于25%，以及最近发生重大衰退的时期（2000—2010年），这个时期所有国家的通货膨胀率均小于9%。显然，在1995年后宏观经济政策得到明显改善，每个国家均成功限制了货币供给的增长，防止了恶性通货膨胀。

因为可得到100多个国家的记录，在表10—1显示的所有时期中，只有四个国家的通货膨胀率大于1 000%，这表明恶性通货膨胀是不寻常事件。但是，像20世纪30年代的经济大萧条这样的不寻常事件还是值得研究的，因为我们可以从中学习有关的宏观经济表现，也因为对这些事件的回顾可以继续影响经济理论和政策制定者的信念。

□ 可预期恶性通货膨胀的成本

我们之前复习了通货膨胀的不便成本（或者鞋底成本），它发生是因为货币的利率为

① 文中简单描述了年通货膨胀率为1 000%，使得巨无霸的价格在一年里从2.5美元增长到2 500美元。对增长率（见第2章）运用自然对数方程，我们能计算出年通货膨胀率为1 000%时，在一年后一美元价格将增长的金额。首先，将1 000%的通货膨胀率转换成十进制的百分比值（1 000/100=10）。一年后计算出的价格是 $P_1=e^{(1\,000/100)}=22\,026$。可以用增长率方程检验，此时年增长率介于初始值1.0和一年后的最终值22 026之间，是 $x=100\times\ln(22\,026/1)/1=1\,000$。这样每年持续通货膨胀率为1 000%，巨无霸的价格将从2.50美元增长到55 065美元。

零。这种不便成本在恶性通货膨胀条件下变得更大，如1922—1923年德国所发生的。在1919年一个农民以80 000马克卖出一片土地，作为其养老的储蓄。几年后他得到的所有货币只够买一件羊毛毛衣。正如下面的陈述所揭示的，50年后德国的老人仍然可以回忆起1923年的可怕日子。

> 人们正在用纸箱和洗衣篮把钱带到银行。我们不再数钱了，而是把钱放在天平上，然后称其重量。我仍能记得我的兄弟们周末回家带着成堆的纸币。当商店在周末之后重新开门时，这些钱只能买一个早餐卷。许多人会花光工资，因为在周一它将一文不值。[①]

□ 恶性通货膨胀如何开始

什么因素导致恶性通货膨胀飞升呢？[②] 第一个因素是从第9章开始了解的。在那里我们学习了通过快速名义GDP增长来适应不利的供给冲击能导致通货膨胀加速。频繁的**工资指数化**（wage indexation）（例如，按月计算）会将一个温和加速的通货膨胀转变为恶性通货膨胀。这样的指数化引发了快速的螺旋式通货膨胀，其中工资指数化导致工资增加，从而价格进一步上升，这使一国的商品对外国人缺乏吸引力，从而减少对其货币的需求，使得汇率贬值，这反过来提高了进口价格，从而引起进一步的供给冲击。例如，阿根廷、巴西、以色列在20世纪末期都经历了相对快速的通货膨胀，这些国家拥有与频繁的工资指数化相适应的制度。20世纪80年代，这一制度促使这些国家走向了快速的通货膨胀道路（尽管以色列从未达到恶性通货膨胀水平）。供给冲击、宽松的货币政策和频繁的工资指数化的组合是一个"邪恶三角"，能够导致恶性通货膨胀。在恶性通货膨胀中，工资指数化更为频繁地发生，加剧了邪恶三角的破坏力。

恶性通货膨胀的其他典型原因是赤字融资，特别是战争的结果（当政府支出增长远大于传统税收收入时）。在战争进行过程中，恶性通货膨胀通常不会产生，因为价格控制常常用于压制由赤字融资引起的通胀压力（称为"抑制性通货膨胀"）。[③] 但是在战争之后，管制价格上升时，赤字融资的结果可能导致爆炸式的货币增长。典型的战后恶性通货膨胀率远大于恶性通货膨胀定义的1 000%的年通货膨胀率，或者22%的月通货膨胀率。在德国1922—1923年的恶性通货膨胀时期，平均月通货膨胀率为322%，匈牙利在1945年8月和1946年7月出现了"恶性通货膨胀之最"，其平均月通货膨胀率是19 800%！（了解更多1922—1923年德国的恶性通货膨胀见第1章。）

考虑恶性通货膨胀时，我们不应该满足于简单的结论，即供给冲击或者政府预算赤字引起恶性通货膨胀，好像供给冲击或者预算赤字总是外生的。相反，恶性通货膨胀的本质是其累积的动态特征，恶性循环是对其最好的刻画。若一个国家货币外逃导致其实际汇率贬值，则恶性通货膨胀会创造连续的供给冲击。恶性通货膨胀强化了公民尽可能长时间拖延缴纳税款的动机，使实际预算赤字变得更糟糕。那么政府必须通过持续增加货币增长率

---

① Alice Segert, "When Inflation Buried Germany," *Chicago Tribune*, November 30, 1974.

② 本节总结了多恩布什等人的几个重要结论。

③ 然而，在美国内战时期，北方的价格翻了一番，战争结束时南方的价格上涨接近于恶性通货膨胀率。

来为日益增长的预算赤字融资。劳动力市场也通过提高工资指数化频率来适应恶性通货膨胀，从而使通货膨胀雪上加霜。

□ 如何结束恶性通货膨胀

政府为结束恶性通货膨胀而必须采取的策略有时称为稳定战略。关键因素是通过减少政府支出、补贴和增加税收来实现预算赤字的急剧下降。在一些国家中，逃税成为一个传统，这种财政改革可能需要转向一个覆盖面更广、容易执行的税收，如增值税。[①] 至少在短期内，通过引进一些类型的价格控制工具来削减工资价格螺旋上升是必要的，通常被称为**收入政策**（incomes policy)。这项政策可能包括降低工资指数化频率，或者在企业和工人之间达成减少实际工资的协议。

经历过恶性通货膨胀的国家已经逐个成功实现了稳定，包括1985年的玻利维亚，1991—1992年的阿根廷，以及1995—1996年的巴西、尼加拉瓜、秘鲁。过去的改革尝试连续失败，特别是阿根廷和巴西，表明阻止恶性通货膨胀是一个既复杂又艰难的任务。成功主要取决于政府的**可信度**（credibility)，即公众相信预算赤字和货币增长会真正停止。政府可能会采取一些重大举措一次性提高可信度。1991年，阿根廷在制止通货膨胀上取得了巨大成功，它要求采取严厉的计划，即结合每一个可能的因素，包括财政纠错（correction)、暂停指数化、固定汇率以及国际支持。不幸的是，阿根廷的成功只是短暂的；财政控制不良的结果是，阿根廷在2002年再次发生经济危机，货币贬值，通货膨胀率急剧上涨26%。通货膨胀率在2004年降低到4%，这是由灾难性的衰退引起的，因为实际GDP在2000—2002年间减少了20%。在2005—2010年间，阿根廷的平均通货膨胀率反弹至9.1%。

10.7 失业率无法降为零的原因

到目前为止，我们在本章学习了通货膨胀的成因和成本。宏观经济政策的另一个主要目标（除了实现尽可能高的人均产出增长率外）是维持尽可能低的失业率。失业率的分析似乎比通货膨胀更为简单，因为每个人都认为工作岗位越多越好。根据第9章的分析，失业率降低为零的唯一障碍是高产出率（这会导致失业率太低）将引起通货膨胀率上升，这也增加了通货膨胀的成本。

在本章的其余部分，我们学习不可能维持低失业率的一些其他原因（除较高的通货膨胀外）。整体失业率不为零存在着充分的理由，这些理由来自运转良好的经济体的高效运作。过低的失业率是不现实的，同时过高的失业率会给工人和家庭带来灾难性后果。全球经济危机使得美国在2009年、2010年及以后年份的失业率居高不下。本章最后部分从多个方面研究近几年来疲软的劳动力市场。

---

① 增值税在美国不存在，在欧洲较为普遍，并于1991年被加拿大引进。这种税与商品和服务的销售税有相同的影响，并且是每一个生产阶段增加值的累积，即一个公司的销售额减去材料和供给（税后）的支出额。

□ 现实失业率和自然失业率

在本书开始，我们介绍了自然失业率的概念。“自然”一词对失业情况的描述与对产出的描述是相同的，即不存在供给冲击时，通货膨胀率不变（见第 1.3 节）。当现实失业率与自然失业率相等时，现实实际 GDP 水平与自然实际 GDP 水平相等，产出比是 100%，并且产出缺口和失业缺口均为零。

图 10—2 描绘了自 1980 年以来的现实失业率和自然失业率。在 1980 年、1987 年、1991 年、1995 年、2001 年、2004 年以及 2008 年早期，现实失业率和自然失业率大致相等。当现实失业率大于自然失业率时，特别是在 1981—1986 年、1991—1995 年和 2008—2010 年，通货膨胀率往往是下降的。当现实失业率小于自然失业率时，特别是 1988—1990 年、1997—2001 年和 2005—2007 年，通货膨胀率往往是上升的，然而，在 20 世纪 90 年代末期，由于有利供给冲击的影响，通货膨胀率几乎没有任何增加。

在 20 世纪 80 年代末期和 2007 年之间，自然失业率（图 10—2）从 6.6%下降到 5.1%。稍后在本章我们将研究其下降的原因。在 2007 年，在没有较高通货膨胀的压力下，将现实失业率维持在 5.1%的水平上是可能的，然而在 1990 年，为避免较高的通货膨胀压力，失业率需要维持在 6.6%的水平。这种改善对大家都有好处，但是，我们仍需要解释为什么自然失业率不可能是零，而是 5%左右。

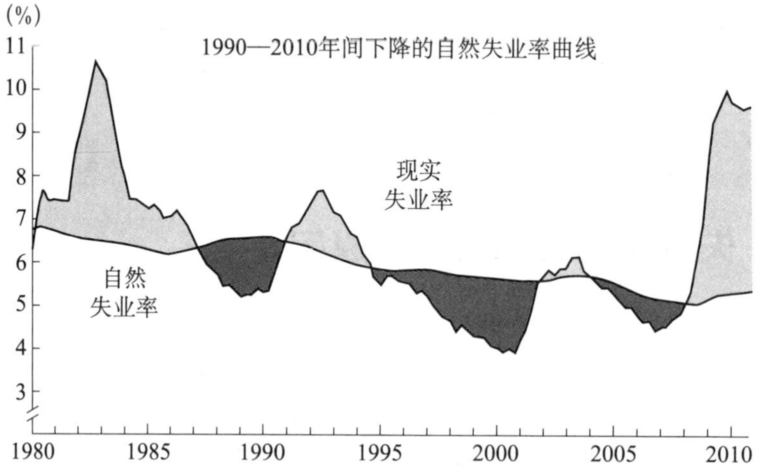

图 10—2　现实失业率与自然失业率，1980—2010 年

注：现实失业率高于自然失业率，即失业缺口是正的，如 1981—1986 年、1992—1995 年、2002—2004 年以及 2007 年以后。现实失业率低于自然失业率，即失业缺口是负的，如 1987—1991 年。自然失业率从 1990 年的 6.6%下降为 2007 年的 5.1%。

□ 区分三种失业类型

现实失业率和自然失业率之间的差，如图 10—2 中的阴影部分所示，称为**周期性失业**(cyclical unemployment)。在图 10—2 中，深灰色阴影部分表示周期性失业是负的，并且经济是繁荣的；浅灰色阴影部分表示周期性失业是正的，并且经济中缺少工作机会。你将发现图 1—6 中相同颜色的阴影部分，它描绘了自 1990 年以来更长时期内的现实失业率和自然失业率。

为什么自然失业率可以是 5%，而不能是 0 呢？当经济在自然失业率条件下运行时，有两种失业类型。一种为**流动性失业**（turnover unemployment），有时也称为摩擦性失业。摩擦性失业发生在个人正常寻找工作的过程中，这些人自愿辞去工作、第一次进入劳动力市场或者再次进入劳动力市场。任何经济体都拥有适量的摩擦性失业。

不匹配失业（mismatch unemployment）是自然失业率的第二个组成部分。有时也称为结构性失业，当空缺职位要求的技能和位置与劳动力成员当前的技能和位置不匹配时，就会发生结构性失业。对于失业者而言，结构性失业的持续时间往往比摩擦性失业的持续时间更长，因为人们需要更多的时间去学习新技能或者迁移到新地方。

概括地说，现实失业可以分为周期性、摩擦性和结构性失业。当现实失业率等于自然失业率时，那么周期性失业为零，所有的失业都是由摩擦性和结构性失业引起的。周期性失业是可以消除的，即当周期性失业为正时，通过刺激性货币政策和财政政策来扩张经济；或者当周期性失业为负时，采取限制性货币政策或财政政策来减少总需求。在本章余下的部分，我们主要学习摩擦性失业和结构性失业，以及影响其高低的因素。

10.8 结构性失业的起因

□ 假想经济中的职位空缺与失业

如果我们想象一个假想社会的自然失业率 U^N 为零，就能够更好地理解 U^N 中的不匹配失业。所有工作要求的技能和工作地点都是相同的。所有工作者都是完全相同的，其具有的技能与工作要求完全匹配，所有工作者居住在与其工作场所相同的地方。我们可以假想在芝加哥的麦迪逊大街，有一个集合了工厂、办公室和公寓的十英里高的高层建筑，并在街角配备了快速电梯。

在这个假想经济中，职位空缺和失业同时存在是不可能的。为什么？假设一些工作者最初处于失业状态，政府推行扩张性货币和财政政策以刺激总需求。尽管增加了更多的就业机会，但是失业者居住在正确的地方以及拥有合适的技能，以至于他们可以立即加速升降十英里高建筑的快速电梯，以到达其工作地点。职位空缺即刻消失，失业也会立即消失。

所有的失业者都很快找到工作。任何额外需求刺激引起的职位空缺都将不会消失，因为没有可用的闲置人员来填补它。进一步的总需求刺激将增加职位空缺的数量。失业率仍然为零。

工作中的技能差异可能导致结构性失业　更为现实一些，我们假设在十英里高的建筑中有两种类型的工作和工作者，打字员和电脑程序员。随着经济的扩张，逐渐用尽了经过培训的电脑程序员的供给。一旦所有的电脑程序员都有工作，那么失业者将全部由打字员构成。如果政府进一步刺激总需求，我们假设为程序员和打字员创造相同数量的空缺职位。因为所有可用的打字员都填补了职位空缺，那么打字员职位空缺立即消失。但是没有程序员离职，并且依然存在职位空缺。职位空缺和失业同时存在，因为公司拒绝雇用打字员来填补程序员的职位空缺，因为其培训成本过高。

在现实中，由于工作地点、工作条件和技能要求不同，现实经济可以分为许多不同的劳动力市场。在一些劳动力市场中，任何总支出的增加都会产生工作机会，同时其他市场中的许多人仍处于失业状态。有些失业者能够填补职位空缺。但是由于到职位空缺的工作地点工作具有迁移成本、获取所需技能的成本，甚至包括找到合适工作的“信息成本”，这使得一部分人不能获得工作。

职位空缺和工资上升的压力 在假想经济中，所有的工作岗位和工作者数量相同，并且位于同一工作地点，政策制定者可以通过刺激总需求来推动失业率降为零。公司将没有职位空缺，也没有为了填补空缺职位而提高工资率的趋势。因此，在没有工资上升的压力时，失业率为零是可能的。

但是在现实世界的经济中，有许多不同的劳动力市场，职位空缺和失业者同时存在。也许没有填补的职业空位为艾奥瓦州酒店的工人敞开大门，同时西雅图飞机制造厂的工人处于失业状态，这时结构性或者不匹配失业存在。任何运用总需求政策来推动整体失业率下降为零的尝试都将会产生大量的职位空缺，尤其是供给不足的技能类型或在劳动力短缺的地方。公司将急于填补这些职位空缺，并且会提高工资率，希望挖走其他公司的工人。较高的工资将增加公司的经营成本，并且导致价格上升。因此，需求的快速增长维持低失业率和大量空缺职位，在这样的状况下，通货膨胀率持续上升，超出往年的通货膨胀率。

□ 结构性失业的原因和解决：技能不匹配

所有劳动力群体，包括成年男性、成年女性以及青少年，都可能是不匹配的受害者，这种不匹配主要指个人拥有的技能和居住场所与工作要求之间的不匹配。为什么存在工人与职位之间的不匹配？我们先了解技能不匹配的原因和一些建议性政策措施，然后介绍工作地点不匹配的原因和补救办法。

缺乏职业培训 空缺职位常常要求特殊技能。有时候当特殊工作要求特殊技能时，公司愿意提供职业培训；例如，行政助理需要知道一个特定办公室的归档系统。但是有些培训，例如，如何使用个人电脑，具有一般性质。公司也许不愿意为雇员提供一般技能培训，因为担心在公司为雇员的培训投资得到回报之前，雇员将会离职。学校不能提供职业培训，因为它们没有必要的设备或者合适的培训教师。

解决低技能的方案可以分为三种类型：更好的公共教育、给予企业培训工人补贴、政府资助培训项目。更好的公共教育是必不可少的，特别是背景不好的学生，因为如果青少年或者年轻人不能阅读或者算算术，那么培训补贴和项目将不起作用。

相对工资的刚性 初级经济学中讲述了商品价格非常高时会出现产品过剩。同样，有些群体的高失业，特别是青少年，意味着该群体获得了过高的实际工资。在美国，成年人和青少年有统一的最低工资，但是青少年的失业率要高于成年人，于是有些人提议降低青少年的最低工资。

歧视 有些雇主不会雇用女性、少数民族或者青少年。这样的歧视源于长期形成的习惯以及社会压力。我们观察到行政助理、秘书、小学教师以及护士中大多数均为女性，少数民族工作者被迫从事令人感觉相对不爽的工作。例如，屠宰场的许多工人是来自墨西哥和美国中部的西班牙裔移民。

一些西欧国家通过提供产假补贴和儿童照顾津贴减少了对女性的歧视，这样使得有子女的妇女能够维持稳定的工作。在美国也有相似的补贴规定。

☞ **全球经济危机聚焦**

经济危机提高了结构性失业的发生率

正如我们在图 10—2 中看到的，在 2008—2010 年间，周期性失业（与“失业缺口”概念相同）急剧上升。1981—1982 年发生了最严重的战后经济衰退，但是经济在 1983—1984 年间迅速恢复，并且周期性失业快速下降。与之不同的是，2010—2011 年的经济恢复更为缓慢。数百万人发现在失去以前的工作后，不能找到新的工作，并且发现他们失业长达 26 周、52 周甚至是 99 周。

在 2010 年中期，140 多万美国人已经失业 99 周，大约两年。通过延长这一群体的失业救济金，国会至少暂时承认他们的困境，这一群体有时被称为“99 人群”(99-ers)。随着这一群体的失业时间从两年延长至三年，出现了严重的社会后果。后果之一就是员工技能逐渐弱化。例如，在 2008 年下岗且至今仍未就业的工人，特别是办公室工作者，错过了使用 2009 年推出的 Windows 7 系统以及 2010 年的 Microsoft Office 2010 这样的基本办公工具。

“99 人群”逐渐变老，而且越发遭受到年龄歧视。有些人担心，即使只有 50 岁，由于其技能的丧失以及长期处于失业状态，他们也可能无法再次就业。美国在2010—2011 年的长期失业率与 1985 年后欧洲的两位数的平均失业率相似，经济分析师也越来越担心美国的高失业率可能会持续五年或者十年，而不像 1983—1984 年那样迅速消失。

10.9 流动性失业与工作搜寻

我们已经学习了作为自然失业率组成之一的结构性失业的原因。第二个组成要素是流动性失业。结构性失业与流动性失业之间有什么区别呢？职位空缺与失业者由于不匹配造成的阻碍非常严重，需要大量的投资进行培训和迁移。但是，由于流动性导致的职位空缺和失业者之间的阻碍相对较小，包括短时期内在当地找到适当工作的搜寻成本。

结构性失业与摩擦性失业之间的区别之一是失业时间的长短。如图 10—2 所示，在 2005 年，现实失业率与自然失业率十分接近。在那年，如果我们把所有失业者按失业的月数时间排序，中位数是（位于中间的人）失业 2.1 个月。然而，有些情况下失业者的失业时间长达八个月甚至一年，这些长期失业者将平均失业时间提高到 4.2 个月。为了了解平均值为何是中位数的二倍，考虑这样一个例子：有 10 个失业者，其中 8 个失业者的失业时间是 2 个月，另外 2 个失业时间为 12 个月。显然其中位数是 2.0 个月，但是平均值是所有失业时间的总和（8×2+2×12=40）除以 10 个人，即 4.0 个月。

事实上一半的失业者能够快速找到工作，失业时间不到 2 个月，这表明流动性失业是非常重要的。但是有些人失业时间较长，使得失业期限的平均值是其中位数的 2 倍，这表明结构性失业也是重要的。这样，摩擦性失业和结构性失业并不冲突；它们发生在同一时间但不同人身上。

□ 流动性失业的原因

如在第 2.8 节学习的，为了确定家庭成员是否失业，美国人口普查局的工作人员提出了一些问题。这些问题将失业者分成五种类型：

（1）期望能重回原岗位的下岗工人。

（2）已经失去工作，但是不能回到原工作岗位的人。

（3）自愿离职者。

（4）在既不工作也不寻找工作的一段时期后，重返劳动力市场的人。

（5）之前从未工作且正在寻找工作的新工作者。

流动性失业主要包括 3、4、5 类型的个人，如果他们的技能和居住地点与职位空缺的要求不匹配，那么重新进入和新进入劳动力市场的人可能花费很长时间进行无用的搜寻。

失业的某些原因集中于特定的人口群体。例如，失去工作者中大多数往往集中于成年男性。再次失业的常常是成年女性、青少年以及大学生。当然，新进入失业群体的人主要是青少年和大学生。

表 10—2 中所示的数据显示了 2010 年 8 月在经济形势不好的情况下劳动力市场的几种表现。此时整体失业率非常高，为 9.6%，并且劳动力市场异常疲软，有数百万的失业大军，却只有很少的工作机会。尽管 2010 年 8 月的高失业率主要属于周期性失业（正的失业率缺口），在主要的人口群体之间仍然有一些明显差异。

表 10—2　　2010 年 12 月不同原因、性别、年龄群体的失业率

	失业群体比例（%）				失业率（%）			
	所有群体	成年男性	成年女性	青少年	全部群体	成年男性	成年女性	青少年
失去工作者	7.0	4.6	3.5	5.8	75.3	56.8	14.5	61.7
自愿离职者	0.5	0.6	0.6	0.6	5.4	7.4	2.5	6.4
重新进入者	1.5	2.5	7.8	2.2	16.1	30.9	32.2	23.4
新进入者	0.3	0.4	12.3	0.8	3.2	4.9	50.8	8.5
群体合计	9.3	8.1	4.2	9.4	100.0	100.0	100.0	100.0

资料来源：Bureau of Labor Statistics，*Employment and Earnings*，December 2010，Table A-32. ftp://ftp.bls.gov/pub/suppl/empsit.cpseea32.txt.

例如，表 10—2 中右半部分显示，75.3%的成年男性由于失去工作成为失业者，成年女性为 56.8%，青少年只有 14.5%。

拒绝工作的经济学解释　流动性失业的基本原因可以通过失业"搜寻"理论解释，其观点是失业者有时会拒绝一个工作机会，而不是接受它。为什么？假想一个青少年离开学校，开始寻找他的第一份工作。他走在街上，很快看见一个餐馆打出标牌"急聘洗碗工"。它提供了这样的信息，即可立即获得洗碗工的工作，且工资为每小时 7 美元。青少年会不做进一步工作搜寻而接受这份工作吗？如果他能胜任工资更高的工作，比如说每小时 9 美元，或者工作条件更好的工作，那么拒绝这份工作就是有利的。

工作搜寻理论把失业看做是一个有社会价值的生产性活动。失业者本人为工作搜寻而“投资”。其投资成本是搜寻本身的成本加上机会成本。其投资回报是在未来的几个月或者几年里能够获得更高的工资或者更好的工作环境。因为人们总是不想做获得的第一份工作，而更愿意继续搜寻，政府为减少摩擦性失业而采取的措施有：(1) 提供更好的就业服务机构，以提供能缩短工作搜寻期限的信息；(2) 通过减少离职、重新加入和新加入的激励来减少工作搜寻；(3) 改变不必要的延长搜寻时间的经济激励，特别是失业救济和对就业者收入的高税收，两者都立即削减了就业者的净收入。互联网上提供的就业服务有助于减少搜寻成本，从而降低了自然失业率。

自测题 10—4

下列情况将会提高还是降低摩擦性失业？

1. 法律允许失业者领取失业福利的时间由当前的六个月延长至一年。
2. 个人所得税税率的下降。
3. 达到工作年龄人口中青少年比例的下降。
4. 电话费的提高。

经济衰退对人的伤害

通过造成短期的经济衰退来评估通货膨胀降低的成本，我们需要考虑的不仅仅是上千亿美元的产出损失，也包括经济衰退的人身创伤。失业和通货膨胀的成本之间的基本差异是户主的失业对家庭的打击很大，而通货膨胀的成本则更为温和，影响范围更广。

失业对人的创伤是巨大的。研究者发现美国失业率增加 1%，就有 920 人以上自杀，650 人犯杀人罪，500 人死于心脏病、肾病以及肝硬化等疾病，4 000 人进入国家精神病医院，以及 3 300 人被送进监狱。依据有关统计，失业率每增加 1%，就会伴随着 37 000 多人死亡，其中 20 000 人为心脏病发作。失业者也更可能患头晕、心跳加速、睡眠困难、背部与颈部疼痛以及高血压等病症。①

失业的心理成本的共同之处是失业者感觉这个世界以成败论英雄，从而认为自己是个无用的人，同样严重的是长期后果。由于失业，许多人失去了医疗保险，医疗保险是典型的工作福利，部分或者全部由雇主支付。失业者身体和精神健康状况恶化，而酗酒使其加剧。特别是当父母以虐待儿童的方式对孩子发泄他们的不满和愤怒时，孩子的健康也会受到影响。

正如经济衰退和高失业率会引发社会问题和健康问题一样，持续的低失业率能够缓解一些问题。20 世纪 90 年代末期美国经济的繁荣使失业率降低到 30 年来的最低水平，它揭示了大量的例子，阿瑟·M·奥肯称之为“高压”经济。② 20 世纪 90 年代末，高压经济中最明显

① Barry Bluestone and Bennett Harrison, *The Deindustrialization of America* (New York: Basic Books, 1982), Chapter 3.

② Arthur M. Okun, "Upward Mobility in a High-Pressure Economy." *Brookings Papers on Economic Activity*, vol. 4 (1973, no. 1), pp. 207-52. See also Lawrence F. Katz and Alan B. Krueger, "The High-Pressure U. S. Labor Market of the 1990s," *Brookings Papers on Economic Activity*, vol. 30 (1999, no. 1), pp. 1-65.

的受益人是很少接受教育或者拥有很少技能的年轻黑人。20 世纪 90 年代末期，失业率走低，许多年龄在 16～24 岁之间的具有高中及以下学历且有监狱记录的男性黑人，与 20 世纪 90 年代初期相比，参加工作的人更多，收入更高，犯罪现象更少。但是经济繁荣的受益人不仅仅是年轻的男性黑人，也包括那些潜在的（即可能发生但没有发生的）犯罪涉及的可能受害者——因为犯罪率下降了。事实上，研究表明失业率最低的城市犯罪率下降得最多。[①]

□ 为什么自然失业率在 20 世纪 90 年代有所下降？

图 10—2 显示了自然失业率从 20 世纪 80 年代中期的 6.5%下降到 2000 年的 5.0%以下。其下降有助于 20 世纪 90 年代末期的经济繁荣，因为一个给定的现实失业率造成更小的通货膨胀压力（与十年前相比）。第 9 章讨论的有利供给冲击阻止了通货膨胀率的增长，尽管在 1996—2001 年间现实失业率下降至自然失业率以下。自然失业率的下降和有利的供给冲击同时阻止了通货膨胀率的上升，因此，美联储能够使利率保持相对较低的水平，不用像 20 世纪 80 年代那样大幅提高利率。

1990 年之后，几种因素同时作用使自然失业率降低。第一，青少年和青年的失业率总是高于年长的工人，因为他们在校期间可能会花费时间继续寻找工作。在 20 世纪 80 年代和 90 年代，青少年占总人口的比例下降。这一因素也许可以解释 20 世纪 80 年代末期 1/3 的自然失业率下降。[②] 第二，截至 2000 年，监狱中的囚犯大多数为年轻男性，自 1985 年以来已经翻了两番，如果这些人没有进监狱，其中一些人将会失业。第三，临时救助机构的增加帮助企业迅速填补空缺职位，帮助失业者迅速找到工作，同时减少了摩擦性失业和结构性失业。第四，互联网的使用使得劳动力市场中的职位空缺与工作搜寻者的匹配更为容易。总之，劳动力市场运作中的这些因素以及其他因素一起，有助于解释自然失业率于 1990 年之后下降的原因，使经济在没有通货膨胀上升的情况下维持繁荣，而通货膨胀上升要求美联储提高利率。

10.10 持续高失业率的成本

全球经济危机对美国劳动力市场的打击程度也许大于其他任何相对富裕的国家。正如本节专栏中所示，美国的失业率从 2007 年中期的 4.5%上升到 2010 年中期的 9.5%，而在此期间，欧洲主要国家的失业率增加量只有美国的一半甚至不到一半。

然而，2010 年的实际问题不是失业率水平已经达到官方失业率，而是这一高失业水平一直持续。在 2009 年 6 月，实际 GDP 水平达到波谷，而失业率在随后的 18 个月里却几乎没有任何变化。如表 10—2 所示，失业率在 2009 年 6 月是 9.5%，在 2010 年 12 月仍为 9.4%。

---

① Sylvia Nasar with Kristen B. Mitchell, "Booming Job Market Draws Young Black Men into Fold," *New York Times*, May 23, 1999, p. 1.

② See Lawrence F. Katz and Alan B. Krueger, "The High-Pressure U. S. Labor Market of the 1990s," *Brookings Papers on Economic Activity*, 1999, no. 1, pp. 1-65.

□ 持续失业的规模

2010—2011 年的失业问题比 1982—1983 年间失业率达到高峰时更为严重，其原因很简单。1981—1982 年的经济衰退，是由紧缩的货币政策引起的，此政策旨在克服持续的 10%及以上的通货膨胀率。美联储对抗通货膨胀的决心，可以从美联储控制的联邦基金利率前所未有的提升中看出，到 1981 年 5 月达到 19%。在 1982 年经济陷入战后最严重的经济衰退是不足为奇的，但是在 1982 年中期美联储开始放宽货币紧缩政策，使经济跃升，重拾未受约束的需求水平，这也是不足为奇的。失业率从 1982 年第四季度的 10.7%下降为 1984 年第二季度的 7.4%，仅仅六个季度，失业率迅速下降了 3.3%。

然而，正如第 5 章所学，继 2007—2009 年毁灭性的经济衰退之后，货币政策制定者还没有类似的方法来使经济迅速复苏。这一经济衰退不是由紧缩货币引起的，并且不可能通过刺激性货币政策来解决。在 2009 年第二季度和 2010 年第三季度的经济衰退低谷期，失业率一点也没有下降，在这五个季度中，失业率维持在历史最高水平 9.5%。截至 2010 年底，未来经济增长前景一般，这意味着在未来几年里高失业率将持续。

2010—2011 年美国经济复苏乏力不仅使人们想起了 20 世纪 30 年代的经济大萧条，也想起了日本“失去的十年”（现在已经持续了近二十年），还有在 1985—2005 年的 20 年里欧洲持续的高失业率。

□ 会出现一个“新常态”吗？

2009 年以后经济复苏乏力，使得失业率的未来变化存在很大的不确定性。图 10—3 阐述了许多可能情况中的两种。垂直线左侧的黑色线显示了到 2010 年底的现实失业率。浅灰色线显示了截至 2010 年底自然失业率的估计值，以及 2010 年后的一个预测，即假设自然失业率不变。

2010 年之后黑色线的延续作出了乐观预测，即现实失业率的下降速度几乎和 1983—1985 年间一样快，并且在 2014 年底达到了不变的“乐观的”自然失业率。但是图 10—3 也显示了另一种更为悲观的情况。深灰色线表示了悲观的预测，即自然失业率逐渐从 2009 年早期的 5%增长到 2014 年及以后的 8%。虚线也表示了悲观的预测，即现实失业率在 2014 年底将只能下降到 8%，并且此后永远保持这一水平。

什么因素导致一些评论家喜欢一些人称为新常态的消极预测？这一绰号把自然失业率称为正常失业率。因此“新常态”消极地预测了自然失业率将上升到一个新水平，且高于美国半个世纪以来任何时候的自然失业率。

什么会导致悲剧的发生呢？以我们在第 10.8 节学习的不匹配或者结构性失业为例。工人失业时间越长，他们丧失技能的可能性越大。在白领工作中尤其如此，它涉及了计算机的大量应用，因为计算机软件是不断更新的。这种观点表明在 2008 年失业的办公室工作者在 2011 年就业时，将不能胜任以前从事的工作。

另一个消极的观点是，欧洲在 1985—1998 年间的大多数时间里经历了 10%及以上的失业率。这一时期中的一种流行理论称为“滞后理论”，其观点是如果失业率在足够长的时间里仍居高不下，那么自然失业率就会上升至与现实失业率相等；图 10—3 中乐观的预测则相反，它认为现实失业率会下降，直至等于不变的自然失业率。

哪一方是正确的，乐观主义者还是悲观主义者？图 10—2 是乐观主义者观点，它表示了从 1980 年到 1986 的七年时间里，虽然现实失业率高于自然失业率，但自然失业率并没有上升，而是基本保持不变。悲观主义者回应称，货币政策有更大的能力推动 1983—1985 年的经济迅速复苏，因为它已经在 1980—1981 年将利率推至如此高的水平。相反，在 2009 年初期，一旦美联储将短期利率推至零，就失去了降低短期利率的能力。

图 10—3　2005－2010 年现实失业率和自然失业率，以及对 2011—2020 年的乐观和悲观预测

注：黑线表示了到 2010 年的现实失业率，以及截至 2014 年底失业率减少到 5%左右的乐观的预测。浅灰色线表示到 2010 年的自然失业率，以及对自然失业率永远保持 2010 年的水平的预测。虚线表示在 2010 年后对失业率的一个更为悲观的预测，深灰色线表示对自然失业率的一个更为悲观的预测。

资料来源：劳动统计局和罗伯特·J·戈登的研究。

□ 持续失业的成本

在 2011 年 1 月官方统计的美国失业人口数量大约为 1 500 万人。正如我们从第 2 章“了解全球经济危机”专栏中的图形所学，有数百万人没有被计入失业者当中，因为他们已经放弃寻找工作或者因不能找到全职工作而做些兼职。兼职通常没有医疗和退休福利。

在官方定义的失业者中，几乎有一半人已经失业六个月以上。大约有 150 万人已经失业两年以上，即所谓的“99 人群”，他们的失业救济金在国会强制规定的 99 周后已经期满。许多长期失业者认为自己的中产阶级地位是有保障的，但现在发现，经过多个月的失业以后，他们的储蓄被耗尽，不能按时支付房款和车款。有些人由于支付不起网费而与世界隔绝了，必须依靠当地公共图书馆中的互联网来搜寻工作。

地方食品分发处和收容所的报告显示，曾经捐赠金钱或者食物的富裕家庭现在也需要食物或者其他支持。本地为无家可归者安排了避难所，这些人有汽车但是没有房子，他们停留在避难所中的一个安全区域里，在自己的车上睡觉。当地食品分发处主任描述了这一情况：

> 一旦你失去收入、用尽储蓄，那么你的车将被收回，或者丧失了抵押品赎回权，或者被驱逐出门。我们是一个食品分发处，但是饥饿只是冰山一角。当没钱花时，生活便捉襟见肘。你有钱看病吗？现在孩子们回到学校，所以他们需要衣

物以及学校供给。我们知道人们从不希望事情会变成这样，更不希望发生在美国。中产阶级迅速沦落为社会底层。①

长期失业有一些进一步的影响。年轻人不能开始职业生涯，他们未来的简历将由于长期失去工作机会而变得“伤痕累累”。与2007年及更早毕业的学生相比，2009年和2010年的毕业生是非常不幸的。没有工作的年轻人负担不起结婚、生育的费用，常常被迫搬回父母家里居住。处于社会困境的不只是年轻人，还有那些50岁及以上的失业人员，他们忍受着年龄歧视，并且被认为在学习新技术和新生产方法时比较慢。从2010年到2011年，美国越来越多的50多岁以及60多岁的失业人员开始担心他们可能永远不会被再次雇用。

☞ **了解全球经济危机**

为什么在2007年之后欧洲失业率的增加要少于美国？

我们已经在第1章“国际视角”专栏的图中看到，在1985—2007年之间，欧洲的失业率比美国高出很多。但是在2008年出现了全球经济危机，欧洲的实际GDP的下降类似或高于美国的实际GDP，但是其失业率的提高大幅度走低。通过显示一个十年（2000—2010年）的数据，下图放大了失业率之间的差异。该图显示了美国、英国、法国、意大利和德国的季度平均失业率。

由美国的失业率曲线我们可以看到失业率从2003年的峰值6.2%缓慢下降为2007年第二季度的4.5%。之后，失业率首先缓慢上升，但是到2009年中期，失业率迅速增长，直到2010年末都没有下降的趋势。从2007年初期到2009年末，美国的失业率共上升了5.5%，即从2007年的4.5%上升到2009年末的10%。

从图中可以清楚地看到，欧洲失业率的增长明显更少。同样从2007年第二季度到2009年第四季度，美国的失业率增长了5.5%，英国与意大利的失业率增长了2.4%，法国增长了1.5%，德国却意外地下降了1.1%。

当其他大部分国家特别是美国的失业率迅速上升时，德国是如何做到使失业率成功下降的？这一成功并不是因为德国的实际GDP下降小于美国。② 恰恰相反，是因为德国制定了革新性的政策来减少由于GDP下降而导致的失业。

德国比美国成功的地方在于，其结合了不同类别的劳动管理关系，并进行特殊的政策干预。德国政府能明确影响公司在面临需求下降与需要减产时作出的决策。企业应该裁掉工作还是减少员工工作时间？相比于美国完全解雇的行为，德国政府鼓励企业减少员工的工作时间。比如说，美国裁掉了25%的员工，德国政府通过给予企业补贴来保证不裁员，但是可以将所有工人的工作时间减少25%，例如，从每周40小时减少为30小时。政府给予企业一部分补贴，来鼓励企业采用临时性的工作分享政策，这反过来减少了政府需要提供给暂时失业和永久失业人员的失业救济金。

其好处是显而易见的。第一，与企业保持联系的员工更可能维持其消费水平，因为他们预期当经济复苏时，会首先被重新雇用。第二，企业可以留住最有技能的员工，并利用“停工时间”进行员工培训、机器维修、让员工熟悉生产过程。第三，员

① Bob Herbert, “We Haven't Hit Bottom Yet,” *New York Times*, September 25, 2010.

② 根据*OECD Economic Outlook*（May 2010，Table 10），在2007—2009年间德国产出缺口的下降数量几乎与美国相同。

工可以体面地告知自己的朋友与家人自己仍然就业而不是失业。他们不需要花费时间进行徒劳的工作搜寻。

美国与德国的劳动力市场有许多其他方面的差别，包括了德国更加认同工会的重要性，劳动工会与管理层之间有更为强烈的合作意识，以及要求公司董事会内包括大量工会领袖的法律规定。然而，虽然每一个欧洲国家拥有不同的法律制度，其与德国并不相同，但每一个欧洲国家都同意德国政策制定者的想法，即应对总需求大幅衰退的最好方法是保住工人的工作，让工人享有临时性的工作，而不是像美国那样保留工人正常工作时间的特权，同时会有不幸的失业群体遭受着社会和经济方面的双重不幸，正如第10.10节所描述的。

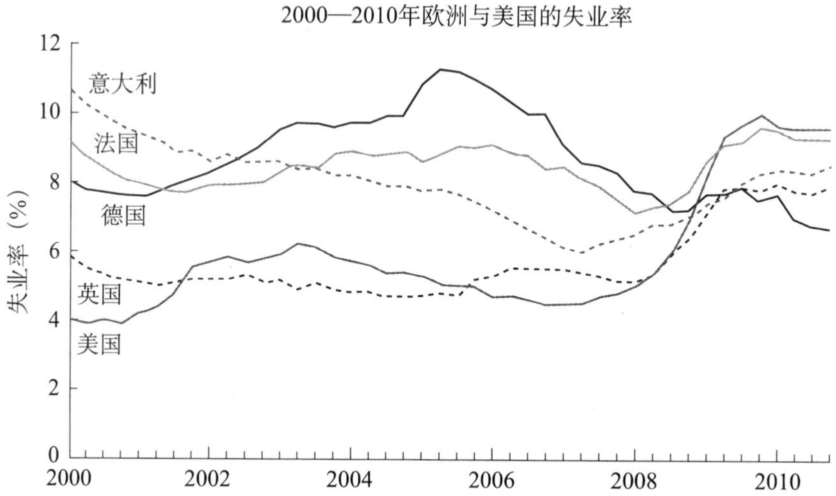

10.11 结论：失业与通货膨胀困境的解决方法

通货膨胀与失业的成本很高，但是经济学家对于两者成本的评估有不同的意见。所有人都认为稳定的通货膨胀的成本低于捉摸不定的突发性通货膨胀的成本，并且认为恶性通货膨胀的成本远大于稳定的爬行通货膨胀，稳定的爬行通货膨胀率一般为每年3%。但是一致性在此终结了。有些经济学家认为将通货膨胀降低到零是重要的，而有些人则认为3%的稳定通货膨胀率的成本是微不足道的。

我们在本章中同样可以发现，摩擦性失业的成本十分低，并且摩擦性失业通常只持续几周时间。但是结构性失业的成本非常大，导致家庭破裂、精神疾病、失去健康保险以及职业技能丧失。由于这些原因，许多经济学家认为结构性失业的成本大于3%的稳定的爬行通货膨胀的成本。

我们已经学习了降低通货膨胀成本的四种有效方法：(1) 采取限制性货币与财政政策来暂时降低产出并提高失业率。(2) 价格与工资的控制。(3) 降低政策成本如减轻财政管制的负担。(4) 发行指数化债券如 TIPS 以及改革税收系统以使通货膨胀成为中性的。

应该采取怎样的相应措施来降低失业率？通过政策降低摩擦性失业并不是很必要。对于避免周期性失业，美联储应承担主要责任。这就只剩下结构性失业，即来自空缺职位与失业人员的技能和居住场所的不匹配。研究人员认为在没有国家干预的情况下，州与地区间的人口流动通常可以迅速消除过高或过低的失业率。

因此，政策制定者主要关心的是通过减少工人与工作的技术不匹配来降低自然失业率。政府已经实施一批计划来帮助减少职位与技能的不匹配，其中包括大学生助学贷款(由毕业后的收入所得与社会服务来偿还)、成人教育项目，以及更好的产前保健、创业启动 (Operation Headstart) 计划、提升美国学校整体教育水平的国家标准的制定与测试等计划的改善基金。这些项目的选择超越了宏观经济学范畴，涉及劳动经济学、社会学、政治学等学科。

然而，与以往的经济周期相比，现在货币与财政政策在刺激产出和就业增长方面面临着更大的困难，2000—2006 年间的房地产泡沫与随后的金融危机使得解决结构性失业变得更难。在如 1981—1982 年的早期衰退中 [这次衰退被称为"锈蚀地带衰退" (rust-belt recession)]，因为它严重打击的是东北与中北地区的老工业城市，人们能够通过迁移解决这一问题。事实上，成千上万人从萧条的密歇根迁移到了能够充分就业、拥有大批前景可待的公司的得克萨斯州，这些公司可以创造石油勘探和电子设备等不同行业的就业。

但是在 2009—2010 年，许多失业率较高的州的人们不能迁移，因为他们不能卖出自己的房子。房地产泡沫的破裂使许多失业人员不能支付其房租。当他们可能被引导逃离余额大于房价的溺水抵押贷款时，其中的许多工人和家庭已然陷入困境。在高失业率地区，如果人们在现有住房上出现违约行为，那么他们信用记录中的污点将使他们失去其抵押贷款的资格，甚至不能在其合意的地方租用房子或者公寓。

不仅在当前经济条件下治理结构性失业问题更为困难，而且失业人员迁移的选择与 1981—1982 年相比灵活性更小。几个以往欢迎移民的传统上高增长的州，包括加利福尼亚州、内华达州、佛罗里达州，在处理房地产泡沫的后果时都遇到了一些严重的问题。没有基本的工作职位获得抵押贷款是非常困难的，并且当地居民依然面临着房价进一步下跌的可能性。

因为居住场所问题形成的结构性失业的治理因房市危机而拖延，注意力需要转到解决技能不匹配问题。政府应优先关注的项目包括：为低收入学生提供贷款以帮助其上大学；为人们提供培训补助金以提高和更新其职业技能；加强对可能降低成本推进型通货膨胀的措施的关注。成本推进型通货膨胀当前困扰着高等教育和医疗保健。

小结

1. 在长期，通货膨胀率等于过度的名义 GDP 增长率，即名义 GDP 增长率与长期实际 GDP 增长率之差。

2. 货币增长率等于名义 GDP 增长率减去货

币流通速度增长率。因为通货膨胀对货币流通速度影响不大，长期通货膨胀率等于货币供给增长率减去长期实际GDP增长率。

3. 政府允许货币过度增长的原因包括：(1) 在选举前，刺激需求增长；(2) 制止通货膨胀会导致产出损失；(3) 如果要避免较高的失业率，不利的供给冲击要求额外的货币增长；(4) 通货膨胀给政府提供了增加财政支出的机会，而无须依靠增加令人不快的税收。

4. 未预期通货膨胀的成本主要由储蓄者感觉到，然而通货膨胀的收益则主要归于借款者。未预期通货紧缩则相反，有利于储蓄者而不利于借款者。

5. 费雪效应是指随着预期通货膨胀率的提高，名义利率也相应增加，这意味着实际利率不受通货膨胀的影响。

6. 在一个存在通货膨胀中性税收以及费雪效应起作用的理想社会中，完全预期通货膨胀率对货币收入持有者的影响要小于市场利率，特别是现金持有者。这样的持有者减少其货币持有量的行为是通货膨胀的鞋底成本，并且在恶性通货膨胀中变得特别重要。

7. 在实践中，费雪效应尚未得到验证，以至于通货膨胀在某一时期持续增加时，实际利率往往是下降的。这意味着预期通货膨胀将收入和财富在储蓄者和借款者之间进行重新分配。

8. 政府预算约束表明政府支出以及政府债券利息支付需要传统税收融资、货币融资（通货膨胀税）以及债券融资。在许多国家，债券融资是不可行的，支出的增加或者传统税收收入的下降意味着增加对货币融资的依赖，即意味着一个较高的通货膨胀率。

9. 恶性通货膨胀开始于不利的供给冲击、宽松的货币政策、频繁的工资指数化。恶性通货膨胀也能导致政府支出的迅速提高或者传统税收收入的急剧削减。

10. 降低通货膨胀成本的改革包括解除对金融机构的管制（发生在20世纪80年代的美国）、指数化债券的发行以及指数化税收系统的改革。

11. 美国高失业率的主要原因是自然失业率不是零，而是5%左右。大约一半的自然失业率由摩擦性失业构成，另一半则由结构性失业构成。

12. 结构性失业是由工作所需的高技能与失业人员的低技能的不平衡导致的。在一个相对工资可变的经济体中，非技术性工人更容易找到工作，但是其工资率较低。对任何缺少技能的问题的解决方法——无论高失业率、低工资，还是两者皆有——需要提高失业者的技能，最好使其居住地与空缺职位所在地相匹配。

13. 摩擦性失业是自然失业率的另一个组成部分，消除摩擦性失业的障碍是信息不完善，为找到工资较高、工作条件更好的工作，要做必要的投资。

14. 减少摩擦性失业的政策措施包括：改善就业服务，提供更好的信息；改变目前的失业补偿制度，为那些拒绝当前工作、继续工作搜寻和仍然在家等待被原工作单位召回的工人提供补贴。

15. 2008—2009年全球经济危机之后的重大问题，包括同时降低周期性失业和结构性失业的难度的提高。第5章和第6章主要讨论了减少周期性通货膨胀的障碍。降低结构性失业的障碍明显，既因为房地产危机使得出售房子或公寓更为困难，这阻碍了工人向能获得更好工作的地点迁移，也因为当受培训工人无业可就时，培训计划在降低结构性失业方面收效甚微。

关键术语

恶性通货膨胀	现实实际利率	费雪效应
名义利率	未预期通货膨胀	额外便利服务
预期实际利率	费雪方程	鞋底成本
菜单成本	通货膨胀税	周期性失业

指数化债券	工资指数化	流动性（摩擦性）失业
政府预算约束	收入政策	不匹配（结构性）失业
铸币税	可信度	

问答题

1. 什么是痛苦指数？你对此有何评判？

2. 区分恶性通货膨胀和温和（爬行）通货膨胀。

3. 你认为作为对通货膨胀率的衡量，简单的百分比变化在高通货膨胀率时会逐渐加强误导性吗？为什么？

4. “相对于自然实际 GDP 增长率的过度名义 GDP 增长率”意味着什么？在什么情况下它等于通货膨胀率？

5. 导致通货膨胀的四个主要原因是什么？解释每一个原因是如何导致过度的名义 GDP 增长率的。

6. 解释以下术语的区别：名义利率、预期实际利率和现实实际利率。哪一种利率对决定储蓄和投资的影响最大？哪一种利率对决定收入分配产生最大影响？

7. 什么决定了未预期通货膨胀下的赢家与输家？基于你的答案，为什么未预期通货膨胀的再分配效应主要体现为实际财富由富裕阶层向中产阶层转移？

8. 在以下几种情况下，名义利率如何受到影响？

(a) 货币供给增长率降低。

(b) 货币流通速度加快。

(c) 预期实际利率下降。

(d) 实际 GDP 增长率上升。

9. 区别费雪方程和费雪效应。哪一个定义是正确的？哪一个提供了可验证的假说？运用图10—1 和第 10.4 节专栏里的图形来解释数据是支持了还是驳斥了这一假说。

10. 解释通货膨胀的鞋底成本和菜单成本。比较二者如何随着通货膨胀率的上升而发生变化。

11. 为什么对实际利息和实际资本利得而不是对名义利息和名义资本利得征税，但允许名义利息而不是实际利息减免，这依然会导致过少的储蓄与过多的借款与支出？

12. 逐项解释政府预算约束方程（10.8）。

13. 解释“在经济稳定状态下，政府能够从通货膨胀中获益”。

14. 政府赤字融资的两种方式是什么？解释赤字融资将在何种情况下引发通货膨胀。

15. 解释工资指数化与恶性通货膨胀之间的关系。

16. 政府应该如何制止恶性通货膨胀？

17. 解释为什么人们愿意持有货币直到其带来的额外便利等于名义利率。这一观察如何帮助我们理解一个存在通货膨胀的社会的净社会损失？

18. “政策制定者可以通过实施扩张性货币政策暂时降低自然失业率”。你同意这一观点吗？为什么？

19. 职位空缺和失业如何能共存？如果货币制定者采取扩张性货币政策来增加实际 GDP，那么失业者的数量会发生什么变化？随着实际产出的增加，职位空缺数量会发生什么变化？

20. 根据第 19 题的答案，解释其如何帮助我们理解工资率上升往往快于实际产出率增加。

21. 为什么失业的时间长短是区分结构性失业和摩擦性失业的一种方式？

22. 解释摩擦性失业的好处。比较和对照由于技能不匹配和工作地点不匹配给降低失业带来的困难。最后，讨论在网络上获得就业信息对摩擦性失业、由技能不匹配造成的结构性失业及由工作地点不匹配造成的失业的影响。

23. 持续的高失业率如何导致结构性失业数量的上升？

24. 货币政策为什么先导致 1981—1982 年失业率的上升，后导致 1982 年末到 1984 年中期失业率的迅速下降？

25. “新常态”意味着什么？什么引起了对失

业率的未来路径如此悲观的看法？

26. 持续高通货膨胀率的人身成本是什么？

27. 在全球经济危机期间，为什么德国失业率上升没有美国那么多？

28. 解释房地产泡沫的崩溃如何使得解决结构性失业问题变得更加困难。

思考题

1. 令 P_0 为初始价格水平（类似于 CPI 这样的价格指数）。令 p 为每期的通货膨胀率。

(a) 如果 P_t 是 t 期末的价格水平，则表示如下：

$$P_t = P_0(1+p)^t$$

(b) 如果 $P_0 = 1.00$，每月 $p = 50\%$，计算 P_{12}。

(c) 给定 P_{12}，计算 P_0 的百分比变化，即当月通货膨胀率为 50%时的年通货膨胀率。

2. 如果通货膨胀是持续的过程（即价格每天甚至每小时都在上涨，例如恶性通货膨胀），以离散区间（比如月、季、年）计算通货膨胀率可能具有误导性。我们需要对思考题 1 中的方程进行连续的模拟。方程为：

$$P_t = P_0 e^{pt}$$

令 e 表示自然对数的底，p 为瞬时通货膨胀率，其他变量如前面所定义。

(a) 证明 p 是前述方程的瞬时通货膨胀率。注意：这要求运用微积分。尝试证明下面的方程：

$$p = (1/P_t)(\mathrm{d}P_t/\mathrm{d}t)$$

(b) 对数价格的变化由以下方程给出：

$$p = (\ln P_t - \ln P_0)/t$$

请从前面的方程推导出这个方程。

(c) 如果 $P_0 = 1.00$，$P_{12} = 129.75$，这段时期的时间间隔为 12 个月，求出 p（用对数价格变化方程）。

(d) 对于思考题（c），你应该已经得出每月通货膨胀率 $p=40.5\%$。现在计算每年的瞬时通货膨胀率，使其等同于每月 40.5%的瞬时通货膨胀率。

提示：用价格变化的对数函数，但是令 $P_1 = 129.75$，且 $t=1$。

3. 假定货币供给增长率为每年 5%，货币流通速度不变，自然实际 GDP 的年增长率是 3%。最后假定在长期中，现实实际 GDP 和自然实际 GDP 以相同速率增长。

(a) 长期通货膨胀率是多少？

(b) 1995—2004 年，假定存在有利的生产力供给冲击，使自然实际 GDP 的年增长率增加到 3.5%。给定长期货币供给增长率不变，那么新的长期通货膨胀率是多少？

(c) 给定自然实际 GDP 的年增长率增长到 3.5%，并且假定货币当局希望把长期通货膨胀率水平维持在（a）部分的水平，他们需要采取什么措施？

(d) 假设存在不利的生产力供给冲击，例如 1965—1980 年发生的，使得自然实际 GDP 增长率降低为每年 2.5%。从长远来看，给定长期货币供给增长率为每年 5%，那么在长期新的通货膨胀率是多少？假设长期内货币当局希望将通货膨胀率维持在与（a）部分相同的水平，给定自然实际 GDP 增长率下降，他们会采取什么措施？

(e) 给定生产力冲击对自然实际 GDP 增长率的影响，赞同将货币供给增长率保持在 5%的水平的论点是什么？赞同将通货膨胀率保持在一个不变水平的论点是什么？

4. 比尔向拉里借了 20 万美元，按每年 8%的复合利率计息。借款本息总额在第三年年末一并归还。借款时的价格水平是 1.00。

(a) 第三年年末拉里收到的本息总额是多少？如果第三年年末的价格水平是 1.00，拉里收到款项的实际价值是多少？

(b) 假设这三年的通货膨胀率是每年 3%。第三年年末的价格水平是多少？拉里收到款项的实际价值是多少？

(c) 再次假设这三年的通货膨胀率是每年 3%。然而，在这种情况下，拉里通过贷款指数化保护自己免受通货膨胀的损害。此借款每年的名义利率是多少？第三年年末拉里收到款项的名义数额是多少？这笔款项的实际价值是多少？

5. 假定税前的名义利率是 8%，通货膨胀率是 5%，税率是 25%。

(a) 假定对名义利息征税。那么税后名义和实际利率各是多少？

(b) 假定通货膨胀率提高到 6%。为了保持实际税后利率与 (a) 部分相同，新的名义利率是多少？

(c) 假定税收制度改革，要对实际利息征税。保持实际税后利率与 (a) 部分相同，税前的实际利率是多少？

(d) 假定存在费雪效应。假定对实际利息征税，当通货膨胀率是 3% 和 6% 时，名义利率是多少？

6. 假定 H/P 与 p 之间的关系由如下方程给出：

$$H/P = 8 - 0.8p$$

在此，H/P 是实际高能货币，单位为十亿美元，p 是通货膨胀率，以百分比表示。

定义 η 为实际高能货币的通货膨胀弹性，用方程表示如下：

$$\begin{aligned}\eta &= -\ \%\Delta(H/P)/\%\Delta p \\ &= -(p/[H/P])(\Delta[H/P]/\Delta p)\end{aligned}$$

(a) 如果目前的通货膨胀率是 5%，H/P、pH/P 和 η 是多少？

(b) 如果 p 下降到 4%，H/P、pH/P 和 η 是多少？

(c) 如果 p 上升到 6%，H/P、pH/P 和 η 是多少？

(d) 在这些计算的基础上，你能用方程表示 pH/P 和 η 之间的关系吗？

7. 假定实际的政府支出 G 是 700，实际的高能货币 H/P 是 1 500，实际的政府债券 B/P 是 2 000。通货膨胀率是 5%，名义利率是 7.5%。

(a) 铸币税（通货膨胀税）税额是多少？

(b) 实际利率是多少？

(c) 债券的实际利息是多少？

(d) 运用方程 (10.11)，为了保持实际债券和实际高能货币不变，税收数额是多少？

(e) 假定通货膨胀率降低到 4%。新的铸币税税额是多少？

(f) 假定存在费雪效应。给定较低的通货膨胀率，为了保持债券的实际价值和高能货币的稳定，税收额必须增长或者政府支出必须削减多少？

8. 假定成年男性的自然失业率是 4.8%，成年女性是 4.5%，青少年是 13.4%。劳动力市场由 55% 的成年男性、30% 的成年女性以及 15% 的青少年组成。

(a) 整个劳动力市场的自然失业率是多少？

(b) 假定劳动力市场中成年女性的比例由 30% 增加到 40%，相应的成年男性的比例和青少年的比例分别下降到 50% 和 10%。劳动力市场新的失业率是多少？为什么会出现这种变化？

(c) 假定政府政策规定、减少歧视、发展互联网就业服务以及其他因素等使成年男性、成年女性、青少年的自然失业率分别降低到 4.3%、4.0%、12.5%。整个劳动力市场新的自然失业率是多少？

(d) 货币当局监测劳动力市场运行状况，以制定涉及利率和货币供给的政策。货币当局可能监测数据来实行货币政策。关于这些数据，(b) 和 (c) 的答案表明什么？（提示：如果在 20 世纪 90 年代整个十年没有任何关于自然失业率正在下降的迹象，那么美联储会采取什么不同措施？）

9. 这个问题是为了说明失业率是如何取决于某个月份失业人员的数量以及失业的时间长短。假定劳动力总数为 1.6 亿。

(a) 在某月，产出缺口是 0，有 200 万人失业，失业时间持续了 4 个月。当产出缺口为 0 时，计算这个月份的失业人数以及自然失业率。

(b) 假定某月出现了温和的经济衰退，导致 300 万人失业，并且失业时间持续了四个月。在这一经济衰退过程中，计算这个月份的失业人数以及整个经济衰退期的失业率。

(c) 假定在某月出现了更为严重的经济萧条，也导致 300 万人失业，但是失业时间持续了 8 个月。计算在这次萧条中失业的人数以及整个衰退期的失业率。

(d) 假定在某月，经济从严重的萧条中恢复，产出缺口恢复到 0，失业人数下降为 200 万。然而，严重的萧条导致工人技能下降，结果使工人花费 5 个月时间才重新找到工作。当产出缺口为 0 时，计算这个月目前的失业人数以及新的自然失业率。

自测题答案

自测题 10—1

1. 前五年的通货膨胀率为每年 4%。

2. 后五年的通货膨胀率为每年 6%。

3. 前五年的名义 GDP 增长率为 8%。

4. 后五年的名义 GDP 增长率为 8%。

自测题 10—2

1. 放松金融管制，允许支票账户支付利息，使得货币需求（即支票账户加现金）对利率增加的敏感性更小。因此，由较高通货膨胀率引起的名义利率的增加导致了货币持有量比放松管制以前更大，因此完全预期通货膨胀的鞋底成本减少。

2. 它提高了货币供给对名义 GDP 的比率。

3. 它降低了货币流通速度（PY/M^S）。

自测题 10—3

1. 如果十年里每年的通货膨胀率为 5%，那么价格水平每年增长 5%。铸币税，即方程（9.11）中的 pH/P 项，等于 5%（$p=0.05$）乘以 1% 的 GDP（$H/P = 0.01 \times \text{GDP}$），或者 0.05% 的 GDP。因此政府为了结束十年来 H/P 的不变水平，其基本赤字必须为 GDP 的 0.05%。

2. 基本赤字一定为 GDP 的 0.10%。

自测题 10—4

1. 获得失业救济金的时间延长降低了拒绝工作的成本，因此会延长工作搜寻时间，增加摩擦性失业。

2. 个人所得税税率的下降将增加拒绝工作的成本，因为对于任何给定的税前工资率，税率的下降会增加税后支出，因此将减少工作搜寻时间和摩擦性失业率。

3. 青少年越少意味着摩擦性失业越小，因为当青少年寻找课外或暑假工作，或毕业后参加工作时，他们进行的是求职性工作。

4. 较高的电话费用将增加搜寻成本，并且减少摩擦性失业率。

第4部分

长期：经济增长、成功与失败

第 11 章 经济增长理论

从本质上讲，增长这一问题并没有新的发现，而只是对一直困扰经济学的“现在与未来”这一古老话题的新伪装。

——James Tobin[①]

11.1 经济增长的重要性

就像我们在第 1 章所学到的那样，宏观经济学的一个基本任务就是发掘经济增长的源泉。经济增长，通常是指实际人均国内生产总值增长率。实现经济快速增长是一个经济成功发展的最突出特征。在 1850—1950 年之间的一个世纪里，美国经济发展快于欧洲各工业化国家的事实使得美国人在整个战后时期的生活水平比欧洲人更高。

□ 经济增长所带来的福利

经济增长的重要性来自复利运算的强大力量。在 50 年的时间里，即使增长率只有非常微小的差别，也会造成生活水平大不相同。2010 年的人均收入为 45 000 美元，在 2%的增长率下，经过 50 年到 2060 年时，收入将为 122 300 美元。在 2.5%的增长率下，收入将会为 157 100 美元，两种情况下相差 34 800 美元，比初始收入的 3/4 还多。

因此，经济增长率的微小增加所带来的福利收益也是很大的。引用诺贝尔经济学奖获得者美国芝加哥大学经济学家小罗伯特·卢卡斯的一句话：“人类追逐福利的结果是令人吃惊的，一旦人们开始考虑它们，就很难再考虑别的事情”[②]。这是真实存在的，因为用复利计算 50～100 年的时间，经济增长率的微小差别能带来人均福利的巨大不同。

在过去的 40 年时间里，亚洲的新兴工业化经济体（中国大陆、印度、韩国、中国台湾、中国香港和新加坡）由于成功实现了经济的快速增长而备受羡慕。虽然在 1965 年韩

① “Economic Growth as an Objective of Government Policy,” *American Economic Review*, vol. 54 (May 1964), p. 1.

② Robert E. Lucas, Jr., “On the Mechanics of Economic Development,” *Journal of Monetary Economics*, vol. 22 (July 1988), p. 5.

国的人均实际收入水平与菲律宾大致相同，但到 2010 年（由于快速的经济增长带来的惊人成就），韩国的人均实际收入是菲律宾的 6 倍。①

□ 经济增长中的重要问题

探究富裕国家与贫穷国家生活水平之间日益严重的两极分化是迄今为止我们学习经济增长的最重要原因。所谓“富国”是指北美洲、欧洲的大部分、日本等一些发达的亚洲国家以及大洋洲的国家。所谓“穷国”是指剩余的大部分国家。在两者之间，有一些中等收入国家，如大多数前苏联成员国。正如韩国与菲律宾的比较所阐述的，由于经济的快速增长，韩国仅仅用了几十年的时间就从穷国行列进入了富国行列，而菲律宾仍然深陷贫穷。韩国到底发现了什么秘密？菲律宾运用同样的方法为什么不能奏效？在这一章我们将学习经济增长理论，之后，转向下一章的贫穷与富裕之间的对比。

□ 接下来两章的内容

经济增长一直是宏观经济学的核心问题。我们用两章讨论经济增长与经济长期演变相关的问题。这一章我们主要学习经济增长的简单理论以及它与人口增长和资本增加之间的关系。为了陈述简单的经济理论不能解释的难题，我们将研究方法进行了拓展，加入了另外一些可以促进经济增长的投资形式，包括教育和研发。

第 12 章以对富裕国家的成功与贫穷国家的失败进行仔细研究作为开始。简单经济理论表明贫穷国家的经济增长应该很迅速，然而一些国家成功了，另一些国家却失败了。为什么呢？我们介绍了政治因素和其他非经济因素的作用，这些因素可能促进或者阻碍经济的增长，比如犯罪、腐败、缺乏产权保护和可信的法律体制以及一些国家地理位置的劣势。

11.2 经济增长对生活水平的影响

□ 英国的窘境

在 1870 年，英国的人均实际 GDP 比美国高 37%，但是到 2010 年，美国的人均实际 GDP 反而比英国高 32%。这是怎么发生的呢？答案是快速的**经济增长**（economic growth），也就是更高的人均实际 GDP 增长率，使得美国经济能够在 1906 年首次赶上英国，随后在 1916 年到 1950 年超过英国。虽然在 1950 年以后英国与美国保持了同样的增速，但是再也弥合不了这个缺口了。这就好比乌龟与兔子之间的较量，乌龟永远赶不上来了。

两国人均实际 GDP 之间的差距造成了其生活水平的巨大差异。可以通过保持两国商

① 参见图 1—9。

品与服务的价格恒定的方式进行比较。[①] 因此一个普通美国人可以购买一个普通英国人能买到的所有商品和服务，并且还有 32%的剩余，用来进行额外支出。这种差距正是由在 1870—2010 年间那些不重要的、看似微不足道的经济增长率的差别引起的：美国每年的经济增长率是 1.81%，而英国每年的经济增长率是 1.40%。经济增长率的微小差距如果保持相当长一段时间，将会引起相对生活水平的重大差异。

□ 经济增长：不劳而获?

很容易理解为什么经济增长是一个很吸引人的话题，高的经济增长率使拥有更多的东西成为可能——高医疗支出和高生活福利，还有大量的剩余，供个人消费商品和服务。与之相反，一个经济增长率低的国家会遇到难以避免的冲突，因为“小蛋糕”在分配时总面临艰难抉择。在这些不幸的“零和”社会，增加教育与医疗方面的投入就意味着更高的税收或者社会保障支出的缩减。难怪经济增长的探讨走向台前成为宏观经济学的中心议题。

☞ **国际视角**

七国集团在过去百年的增长经验

本专栏通过附随的图表给出了七个主要工业化国家在过去 140 年的人均 GDP 水平。这些数据以 2010 年的美元表示，经过了仔细研究，该研究是基于别国居民在全部工业化国家所支付价格的平均水平上实际支付的价格。后面的表格概括了图中的一些最重要的信息，包括以 2010 年美元为基数计算的各国 1870 年和 2010 年人均实际 GDP 的价值，还有选定时段的人均 GDP 增长率。表格中所列国家以 2010 年的人均 GDP 进行排序。从图形与后面的表格中我们可以得出一些重要的结论。

（1）所有国家的人均 GDP 都取得了大幅度增长：美国的人均 GDP 几乎增长了 13 倍，从 1870 年的 3 714 美元增长到 2010 年的 47 133 美元。

（2）这个图是通过对数标度来绘制的。也就是说，每一条线的斜度表示经济增长率的大小；陡峭的曲线意味着较高的经济增长率，平缓的曲线意味着较低的经济增长率。对于所有国家来说，在 1955—1973 年经济增长最快，1973 年之后经济增长速度减缓。

（3）各个国家经济增长率的不同可以造成相对位置的变化。日本经历了最快的经济增长，特别是在 1955—1973 年，每年的增长率甚至达到 7.9%。日本分别在 1971 年和 1980 年赶上意大利与英国。

（4）英国失去了已经保持一个世纪的优势地位，可以看到，从 1870 年到 1973 年，英国的经济增长速度是最低的，在 1906 年被美国赶超，在 1960 年被法国与德国赶

---

① 正如本章中的“国际视角”专栏中的图表所反映的那样，权威教科书中关于各国生活水平的比较，来源于宾夕法尼亚大学的经济学家们所搜集的一个巨大的数据库。参考 Robert Summers 和 Alan Heston，“The Penn World Table (Mark 5)：An Expanded Set of International Comparisons，1950—1988，” *Quarterly Journal of Economics* (May 1991)，pp. 1—41。目前可以利用的最新数据可浏览网站 pwt. econ. upenn. edu，是在 2010 年 9 月发布的，覆盖了从 1950 年到 2007 年的数据。作为宾夕法尼亚工程所涉及的一个简单的例证，我们假设将日本的产出以目前的汇率加以换算，那么日本的人均产出是 60 000 美元，而美国的人均产出是 40 000 美元。如果对于同样一件商品来说，在日本的价格是在美国的 2 倍，那么日本真实的生活水平将会为 30 000 美元（=60 000/2），即美国生活水平的 75%。宾夕法尼亚工程通过对 188 个国家的许多不同商品的价格进行长期的比较，我们可以很容易进入上面所列的网站。另外的关于经济增长的数据的一个极好的来源就是在“世界经济总量数据库”中搜索。

超，在 1980 年被日本赶超。

(5) 日本的萎靡，即“失去的十年”，现在已经持续了将近 20 年，在图中也能看出来。日本的经济在 1980 年赶上英国，在 20 世纪 80 年代中期赶上德国和法国，但是到了 2000 年，这些国家又再一次超过了日本。2000 年以后，英国仍然遥遥领先于日本，而德法两国保持着与日本的人均实际收入相一致的步伐。

(6) 美国的经济可以说曾经盛极一时，可以把较高的生活水平归功于 1950 年以前其经济优越的成长。特别是美国经济与欧洲一些国家相比获得了极好的优势，即免遭战争的破坏。

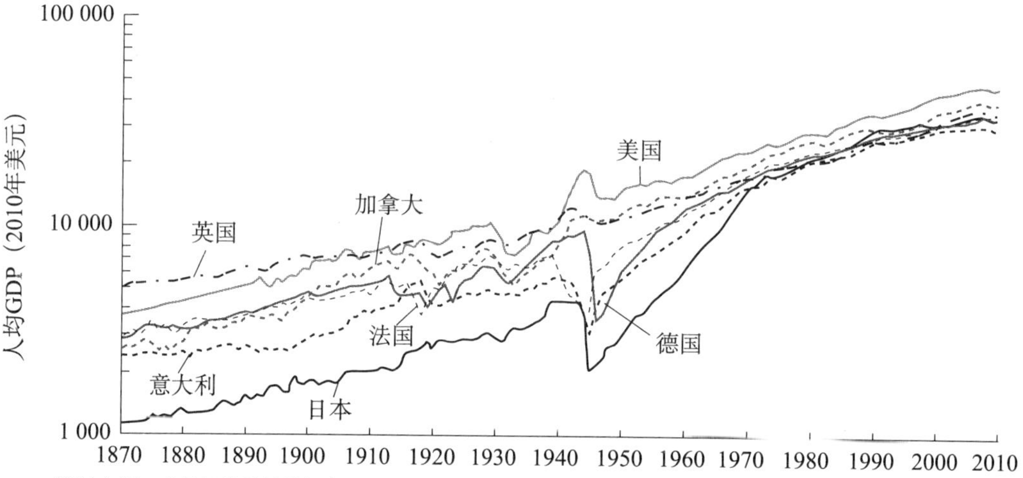

资料来源：世界经济总量数据库。

经济波动的类型

图形不仅显示了在这一百多年中引起生活水平提高的经济增长过程，也显示了两个短时期的波动。第一个波动是第二次世界大战时期，可以很明显地从 1940—1950 年德国与日本经济的急剧下滑得出来。战后的恢复可以很好地解释这两个国家在 20 世纪 50 年代到 60 年代经济的快速增长。

第二个短时期经济波动体现为经济周期。图形是以每个国家年度数据为基础编制的，所以可以很明显地看出总体经济的衰退与扩张，尤其是在 20 世纪 30 年代的大萧条时期经济的变动。图形也强调了美国经济与加拿大经济在大萧条时期每年的人均实际 GDP 比其他国家下降得更厉害，正如本书前面曾经讨论的那样。

七国 1870—2010 年人均实际 GDP 的水平及其增长率

以美元计算的人均实际 GDP 水平			平均每年的 GDP 增长率百分比				
	1870	2010	1870—2010	1870—1913	1913—1955	1955—1973	1973—2010
美　国	3 714	47 133	1.81	1.80	1.72	2.37	1.67
加拿大	2 598	39 844	1.95	2.24	1.56	2.91	1.59
英　国	5 038	35 660	1.40	1.01	1.14	2.36	1.68
日　本	1 133	34 176	2.43	1.47	1.69	7.87	1.75
法　国	2 926	33 770	1.75	1.44	1.36	4.04	1.43
德　国	2 905	34 226	1.76	1.59	1.10	4.03	1.61
意大利	2 412	30 108	1.80	1.25	1.41	4.57	1.55

11.3 生产函数与经济增长

传统的经济增长理论（也称作新古典理论）通过运用大量的数学工具活跃在许多学术杂志上。但是其基本思想是非常简单的。该理论把产出增长分成两类：（1）**要素投入**（factor input）增长，如劳动与资本；（2）相对于要素投入增加的产出增长。因此该理论把如何实现产出的快速增长转化为两个子问题，即如何实现要素投入的快速增长和如何实现在固定要素投入下产出的快速增长。

通过本书的大部分章节，我们已经研究了实际 GDP 与名义 GDP 比值变化的原因和结果，这个比率就是产出率（Y/Y^N）。但是现在让我们感兴趣的是在产比率基本保持不变的情况下经济状况在长期内的变化，因此我们的经济增长理论涉及自然实际 GDP 的增长。

□ 生产函数

一定时期内生产了多少实际 GDP（Y）？取决于劳动（N）与资本（K）这两种要素的总投入量，并且取决于人均要素投入带来的产出量，新古典理论称其为 A（自主增长因子）。[①]

生产函数（production function）陈述了 Y、A、K 和 A 之间的关系，表示为：

$$Y = AF(K,N) \tag{11.1}$$

用语言表述，实际 GDP（Y）等于一个自主增长因子（A），乘以用资本投入和劳动投入表示的一个函数。本章附录给出了方程（11.1）的一般生产函数形式的背景资料，并用通俗的数例来说明生产函数的运作。

人均产出和资本劳动比率　我们需要把决定人均实际 GDP 增长的因素分离出来，当生产函数被劳动投入（N）除时，可以写成如下形式。[②]

$$\frac{Y}{N} = Af(\frac{K}{N}) \tag{11.2}$$

这一重要关系表明生活水平或人均实际 GDP（Y/N）增长只有两个来源。它们是自主增长因子（A）和资本劳动比率（K/N），后者还可以称为“人均资本占有量”。（在本章中我们简单地把“人口”和“雇员”等同，而不考虑就业率的变动。）

---

① 在本章中引用符号 A 和把实际 GDP 分解为劳动、资本和余值 A 的说法追溯到 Robert M. Solow 的开创性论文，“Technical Change and the Aggregate Production Function,” *Review of Economics and Statistics*, vol. 39（August 1957），pp. 312 - 320。符号 A 表示自主增长因子，应该与第 3～4 章中提到的自发性计划支出的符号 A_p 区分开来。

② 方程（11.1）是怎么转换为方程（11.2）的呢？有两个步骤。首先，我们对方程（11.1）中的因子 K 乘以再除以 N：得到

$$Y=AF(NK/N,\ N) \tag{11.1'}$$

如果函数 F 显示规模报酬不变（参考本章附录），那么对于给定比例的 N 和 K 的增加，Y 的变动为单位弹性。基于这一原因我们可以把方程（11.1′）转换为下面的方程：

$$Y=ANf(K/N,\ 1) \tag{11.1''}$$

注意在这里我们在方程中用的是 f。方程（11.2）就是通过对方程（11.1″）整体除以 N 得到的。

方程（11.2）是生产函数的人均形式，在图 11—1 中说明。图中所画的生产函数假设自主增长因子固定为 A_0，并且每增加一单位人均资本占有量所带来的产出增加是递减的。在图中，点 B 表示一个可能的产出水平，所对应的人均资本投入量为 $\left(\frac{K}{N}\right)_0$，人均产出量为 $\left(\frac{Y}{N}\right)_0$。

自测题 11—1

1. 为什么生产函数是一条曲线而不是直线？
2. 随着人均资本投入量的增加，资本产出比发生了怎样的变化？
3. 如果人均资本投入量下降，资本产出比又将如何变化？

图 11—1 所示的生产函数曲线仅仅是经济增长理论的一个开端，迄今我们的分析只简单地告诉我们生活水平改善的主要来源是自主增长因子（A）和人均资本占有量（K/N）的增长。但这并不能解释为什么这两个增长源在不同国家或不同历史时期不同。我们不知道为什么图 11—1 中的自主增长因子是 A_0 而不是别的数字，也不清楚是什么决定着 K/N 的水平。

对什么因素决定自主增长因子的研究我们以后再讨论。这里我们先仔细研究是什么决定了人均资本占有量（K/N）的增长。我们首先回顾一下投资、资本增长与储蓄之间的基本关系。

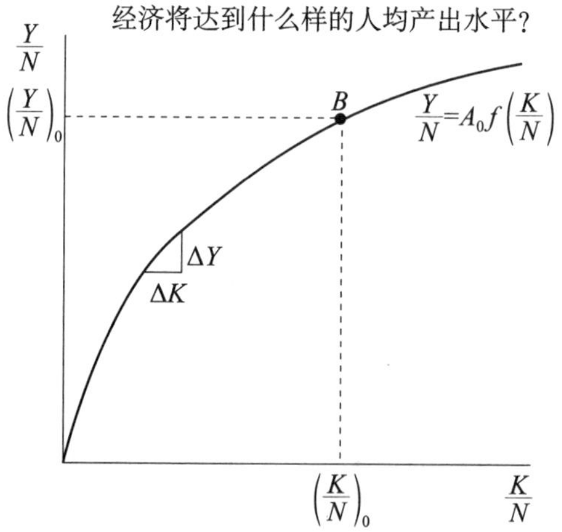

图 11—1　人均资本投入量与人均产出之间关系的函数

注：生产函数显示了与每一人均资本投入量相对应的人均产出水平。如图，任意一点 B 表示一个可能的产出水平，从图中我们不能说明经济的人均资本投入量究竟是多大，但是该曲线的形状表示了资本的边际产出，即当劳动量保持不变时，一单位资本的增加所带来的额外的产出量。

□ 稳态下的储蓄与投资

人均资本投入与国民储蓄总额有什么关系呢？它们之间的关系是非常重要的，因为它表示了政府财政政策、个人储蓄决定与人均产出长期增长之间的联系。

我们首先研究一种技术水平不变的经济，即方程（11.2）中的自主增长因子 A 是不变的，所以经济保持在如图 11—1 所示的点 B。当 Y 与 K 的增长率相同时，经济固定在垂直位置的点 B，这种状态称为**稳态**（steady state）。另外，当我们假设技术水平不变时，总产量与总资本存量的增长率均与劳动投入的增长率相等，意味着人均资本存量是固定的。

就像在前面章节中学习的那样，我们用小写字母表示增长率，包括产出的增长率（$y=\Delta Y/Y$）、资本的增长率（$k=\Delta K/K$）和劳动的增长率（$n=\Delta N/N$），因此在技术水平不变、人均资本量不变的情况下，稳态可以表示为

$$k=n \tag{11.3}$$

在这种常识下，方程（11.3）表明了使经济保持在一个点不变的必要条件，如图 11—1 中的点 B，因为资本与劳动的增长率相同意味着人均资本量是固定的。因此资本增长率也可以写为资本总量的变动 ΔK 除以其自身 K：

$$\frac{\Delta K}{K}=k=n \tag{11.4}$$

现在我们把资本增长率与两种类型的投资（I）相联系：使资本存量增加的净投资（ΔK）和替换那些破旧或过时的资源的重置投资（dK）。在这里 d 指的是由于磨损和老化而进行替换的资本存量的比例，也就是折旧率。

$$I=\Delta K+dK=(\frac{\Delta K}{K}+d)K=(n+d)K \tag{11.5}$$

在这里我们通过先除以 K 然后乘以 K 得到了第三项，然后通过方程（11.4），用 n 替换 $\frac{\Delta K}{K}$ 得到第四项。

现在我们将国民储蓄总额与投资相结合，用字母 S 表示国民储蓄（与第 3～7 章中的字母 S 相区分，那里 S 表示私人储蓄）。假设净出口为零，国民储蓄总额（S）与私人投资（I）相等。①

$$S=I \tag{11.6}$$

用小写字母 s 表示储蓄率，即（$s=S/Y$），可以将方程（11.6）左边写为 sY，右边用方程（11.5）替换，表示为：

$$sY=(n+d)K \tag{11.7}$$

最后一步是将方程（11.7）两边同时除以劳动量（N），就得到了图 11—1 中联系纵轴（Y/N）与横轴（K/N）的重要关系式。

$$\frac{sY}{N}=(n+d)\frac{K}{N} \tag{11.8}$$

---

① 在这里我们重复一下方程（2.6），该方程给出了国民储蓄、私人投资与净出口之间的关系：

$$S+(T-G)=I+NX$$

当令 S 既包括私人储蓄又包括政府储蓄时，就会有：

$$S=I+NX$$

这与方程（11.6）是相同的，因为假设 $NX=0$。

总之，方程（11.8）表明人均国民储蓄额等于人均资本占有量乘以资本增长率与折旧率之和。

自测题 11—2

方程（11.8）中有五个要素，分别是 s、Y/N、K/N、n 和 d。

1. 当我们将图 11—1 中的生产函数向左或向右移动时，这些要素的哪些值会发生改变？

2. 对于那些不变的要素，指出决定其价值量的至少一种因素。

11.4 索洛的经济增长理论

国民储蓄率的增长可以使得产出率永久地增长吗？答案是否定的。这是麻省理工学院经济学家罗伯特·索洛①在 20 世纪 50 年代对新古典增长理论进行发展之后得出的最令人震惊的结果，并且因此获得了 1987 年的诺贝尔奖。我们已经发展了索洛理论的基本成分。它们是方程（11.2）与图 11—1 的人均生产函数以及方程（11.8）所示的储蓄与稳态投资之间的关系。

□ 索洛的洞见

代数方程（11.8）是在 20 世纪 40 年代由英国经济学家罗伊·哈罗德和后来在麻省理工学院任教的埃弗塞·多马提出的。在哈罗德-多马经济增长模型中，方程（11.8）中所有的元素都是不变的。但是为什么方程左边等于方程右边呢？这种相等似乎并不是偶然的，因为方程两边的元素取决于完全无关的因素。方程左边的国民储蓄率（s）是由居民、企业以及政府的储蓄意愿决定的。而方程右边的劳动力投入（n）与折旧率（d）是由出生率、死亡率、移民以及机器的磨损状况等决定的，可见，两者的决定因素完全不同。

索洛所做的就是把方程（11.2）的人均生产函数与方程（11.8）的储蓄投资关系相结合。这样，在方程（11.8）左边为人均国民储蓄率，即方程中的储蓄率 s 乘以人均产出 Y/N，而 Y/N 也由方程（11.2）给出。在方程（11.8）右边为稳态时期的人均投资量，即所需的装备新工人的人均资本投入与替换折旧资本的投入。

□ 索洛模型的图形表达

方程（11.8）两边可以如图 11—2 那样分开绘制为两幅图，在左图左上角的黑线是图 11—1 中所示的人均生产函数，是关于人均资本投入率与人均产出之间的关系。把这条线

① Robert M. Solow, "A Contribution to the Theory of Economic Growth," *Quarterly Journal of Economics*, vol. 70 (February 1956), pp. 65-94.

乘以固定储蓄率 s，可以得到那条灰色的线，即人均国民储蓄状况 sY/N。两条线之间的垂直距离即为人均消费状况。右图描述的是稳态时的人均投资状况，向上稳定增长，因为更大的 K/N 意味着需要更多的投资来装备新工人以及替换折旧资本。

图 11—3 把图 11—2 中的两个图形结合起来，以更好地研究人均生产函数。可以看到，稳态时均衡点为 E_0，对应的资本劳动比率为 K/N。为什么这就是稳态均衡点呢？在 E_0 左边的任意一点，比如点 C，储蓄和投资高于使 K/N 保持在固定水平所要求的投资水平。这部分额外的投资使得 K/N 上升，沿着点 C 向右移动到稳态均衡点 E_0。同样，如果一开始在点 D，储蓄与投资低于所要求的投资水平，意味着没有足够的投资来装备新工人和更换折旧资本，因此经济就会从点 D 开始沿着灰色的线移至稳态均衡点 E_0。

储蓄和投资是独立决策的结果

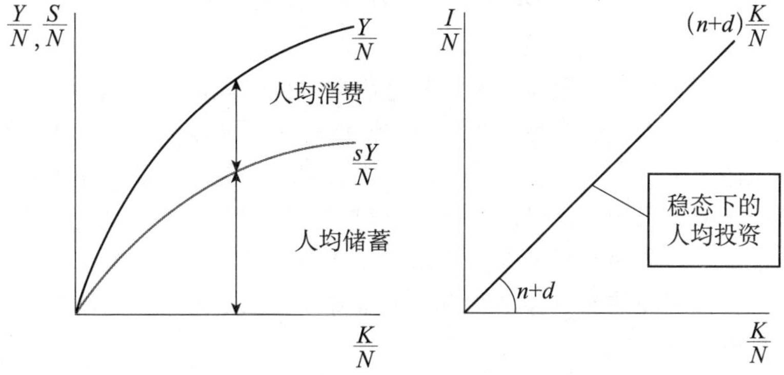

图 11—2　产出、储蓄与稳态时的人均投资状况

注：左图左上角的黑线是图 11—1 中所示的人均生产函数，乘以储蓄率 s 就得到了下面灰色的线所表示的人均储蓄函数。两条线之间的垂直距离即为人均消费状况。右图描述的是稳态人均投资状况，即所需的替代旧资本和为每个新工人装备 K/N 资本的量。

使K/N向稳态均衡点移动的压力

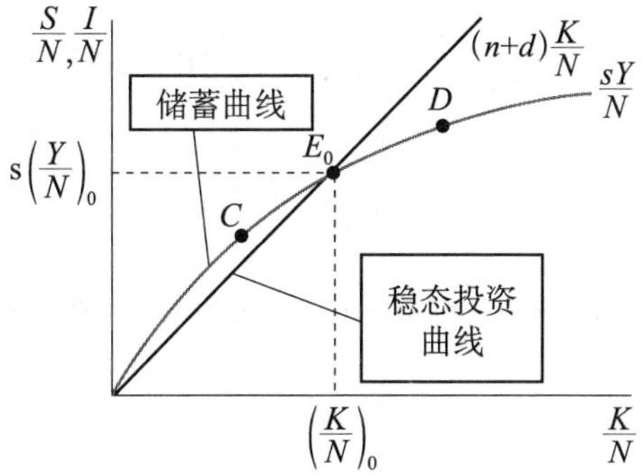

图 11—3　索洛模型中的储蓄与投资均衡

注：此图把图 11—2 中的左右两图相结合，两条曲线相交于点 E_0。在 E_0 左边的任意一点，比如点 C，储蓄和投资高于稳态投资水平（保持 K/N 不变的水平），相应的 K/N 会增加直到经济达到均衡点 E_0。在 E_0 右边的任意一点，比如点 D，储蓄和投资低于稳态投资水平使得 K/N 减少到 E_0。只有在点 E_0 人均储蓄的数量正好能够装备新工人以及替换折旧资本，其中装备新工人的资本数量为（K/N）$_0$。

□ 提高储蓄率的影响

为了理解索洛经济增长模型的深远意义，即国民储蓄率的变化不能使产出率永久变化，我们看看储蓄率的增加是怎样影响经济发展的。图 11—4 直接复制了图 11—3 中的稳态投资曲线（在图 11—2、图 11—3 及图 11—4 的例子中，仍然保持不变，但在上一节的自测题中可以改变）以及“旧的储蓄曲线”。就像在图中所看到的，经济的初始位置为点 E_0。

在图 11—4 中假设储蓄率从 s_0 突然增加到 s_1，使得储蓄曲线向上移动。新的储蓄曲线上的点 F 与旧的储蓄曲线上的点 E_0 之间的垂直距离表示使人均资本增加的额外储蓄。因为可以用更高的资本劳动比率（额外的可利用的储蓄）来装备新工人，也可以利用更高的比率来替换折旧资本，经济均衡点向右移动。最终均衡点将达到新储蓄曲线上的点 E_1 。但是一旦达到点 E_1 ，资本劳动比率将会固定在这一高水平上，人均储蓄与人均产出固定，产出的增长再次等于劳动投入增长率。

因此，储蓄率至关重要，但是在索洛模型出现以前，人们并不这样认为。储蓄率的增加会提高人民的生活水平，因为在点 E_1 处资本劳动比率更高，所以产出比率也更高。为了达到更高的生活水平，产出率暂时高于劳动增长率。但是国民储蓄率的增长并不能永久提高产出率，后者只取决于人口增长。在稳态时，Y/N 是固定的，因此 Y 和 N 的增长率是相同的。本质上，额外的储蓄只是为更高水平的人均资本 K/N 融资，而不能使得其持续增长。额外的储蓄被更高的资本存量所需额外重置投资和给每个工人配备更高的人均资本存量所需的净投资“耗尽”。

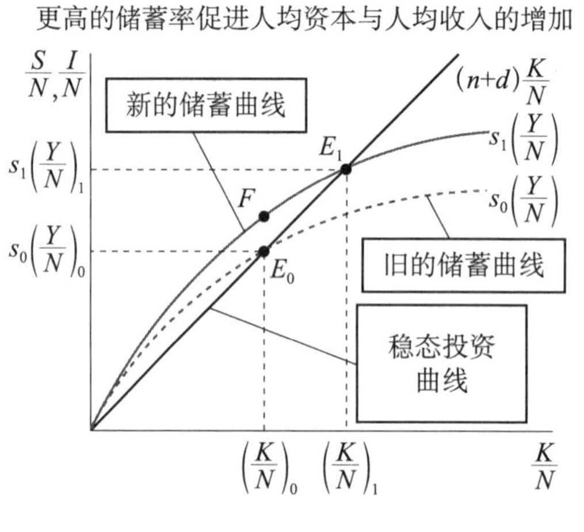

图 11—4　更高的储蓄率对人均资本与人均收入的影响

注：旧的储蓄曲线来自图 11—3，更高的储蓄率意味着更高的储蓄曲线，使得经济立即从点 E_0 移动到点 F 。现在，储蓄与实际投资高于稳态投资，K/N 增加至经济达到新的均衡点 E_1 。

自测题 11—3

解释人口增长率（n）下降对下列各项的影响：

1. 产出增长率。

2. 资本产出比率。

3. 资本劳动比率。

这个理论有一方面还是令人不解。我们在第 3 章学习了储蓄率的增长通过减少消费支出来抑制经济发展。但是这里我们怎么能肯定储蓄率的增加一定会刺激人均资本的增长？答案是索洛模型的目的是进行长期分析（几十年，而不是数年或者数月），并且假设持续充分的就业与灵活的价格。因此，在该模型中，如果储蓄率增长，消费水平与价格水平都会下降。利率下降足够多以刺激足够的投资，从而确保经济在从 E_0 向 E_1 移动的过程中，储蓄和投资仍然相等。

显然，除了对储蓄率的变化作出反应，经济也必须根据方程（11.8）中的其他参数作出调整，即人口增长率（n）和折旧率（d）。无论是劳动增长率（n）的增加还是折旧率（d）的增加，都会使得稳态投资曲线沿着原点向左旋转，经济均衡点向左下方移动。人口增长速度的加快会降低人们的生活水平，减少资本劳动比率。在新的稳态均衡下，Y/N 与 K/N 较低且保持不变，但是 y 和 k 的增长率更快，反映了更高的人口增长率。即使 y 和 k 的增长率不变，一个较高的折旧率也会导致 Y/N 与 K/N 减少，但是 y 和 k 的增长率不变，依然等于不变的人口增长率。

11.5 理论层面与实践层面的技术

乍一看，索洛模型似乎包含一个重大缺陷。迄今为止，模型中一直暗含着一个假定，那就是产出增长率与人口增长率相等，并且生活标准（Y/N）是固定的。那么，该理论如何解释本章第二节“国际视角”专栏的图表中所显示的 20 世纪主要工业化国家的生活水平急剧上升的现象呢？

□ 技术变迁的两种类型

索洛运用两种方法使其模型与历史相符。这两种方法在理论中都引入了新的元素：所有形式的技术进步，包括更好的教育、完善的组织、良好的保健以及所有的研究与创新成果。并且这两种方法将技术变化引入到索洛增长模型中时都假设：(1) 技术会使得每个工人更有效率；(2) 技术使人均产出生产函数变为人均资本生产函数。

劳动增进型技术变革 这种做法完全运用我们先前讨论的索洛模型，包括图形。我们只需要对“劳动投入”采取一个广泛的定义即可。相反，考虑到先进的教育水平与技术宝库使现在的工人比一个世纪以前的工人更有效率，不仅仅考虑劳动力的数量，我们更关注有效劳动投入。现在我们把 N 看做是有效劳动投入，把 n 看做是有效劳动投入增长率。在稳态时，如果有效劳动投入增加 3 个百分点，产出率也增加 3 个百分点，即产出对有效劳动的比率 Y/N 是固定的。如果资本存量增加 3 个百分点，那么资本劳动比率 K/N 也是固定的。有效劳动投入 3% 的增长率，超过人口增长率，如 1%，使生活水平（人均收入）

提升了2%。[1]

中性的技术变革 第一种方法存在一个问题，即假设技术进步仅使员工更加有效率，但是对资本投入没有影响。更加切合实际的假设应该是技术使劳动与资本的投入都更有效率。这种“中立的”技术变革隐含着方程（11.1）以及方程（11.2）中的自主增长因子A随着时间的推移而增长。为了方便起见，这里我们把方程（11.2）移过来重新编号为方程（11.9）。

$$\frac{Y}{N}=Af(\frac{K}{N}) \tag{11.9}$$

如果每年教育、创新和研发的投入提升了A的值，使得人均GDP可以稳定地增长，那么人均GDP的增长率$(y-n)$就为：

一般形式	数例	
$y-n=a+b(k-n)$	$y-n=a+0.25(k-n)$	(11.10)

这里的a是自主增长因子的增长率，b是产出的资本投入弹性，在数例中假设为0.25。例如，经济中的$a=1.5$，$k-n=2$，这将与稳态相符合，在稳态中

$$y-n=a+b(k-n)=1.5+0.25(2)=2.0$$

在此例中，存在稳态，因为人均产出与人均资本同比例增长，因此Y/K仍然是固定的。把中性的技术变化引入索洛模型图之后，生产函数向上平稳移动，储蓄曲线沿着固定的稳态投资曲线向右上方移动。在稳态下，Y/N和K/N上升了，但速率相同。

自测题 11—4

假设b恒等于0.25，a、k和n的数值如右表所示，计算方程（11.10）中的人均实际GDP的增长率$y-n$。

a	k	n	$y-n$
0	0	4	
0	4	4	
4	0	0	
4	4	4	

□ 索洛余值

就在索洛提出他的经济增长模型后不久，他运用该理论去测量方程（11.10）中自主增长因子的增长率(a)。把方程（11.10）转向，a能够由其他元素计算出：

$$a=(y-n)-b(k-n) \tag{11.11}$$

因为产出增长率y和劳动与资本的增长率k和n的数据可以获得，所以a的值就仅仅取决于弹性b的变化。索洛的思想运用了竞争厂商的利润最大化原理。他指出，这些厂商

---

① 劳动增进型技术变革可以通过方程（11.1）引入初始生产函数，把有效劳动投入定义为方程（11.1）中的自主增长因子A乘以人口数：

$$Y=F(K,AN)$$

有时也把这种形式称为“哈罗德中性”技术变化。

会设定资本收益等于资本的边际产出，这意味着弹性 b 可以通过整个 GDP 中资本收入的份额来确定。①

索洛的结果有很大争议。在他所研究的期间（1909—1957 年）里，八分之七的人均小时产出增长率（$y-n$）归功于“广义上的技术进步”，包括教育、研发、创新以及其他改进，而只有八分之一的产出增长归功于人均小时资本存量的增长，这并不是一个有说服力的结果。我们知道自主增长因子的增长率 a 是非常重要的，但是我们还不清楚为什么 a 在 1973—1995 年之间增长缓慢而在 1995 年之后增长迅速。

一些怀疑者认为不应该把 a 称为“技术变迁”之类的名字，这意味着我们准确知道什么决定 a 。他们认为应把 a 称作**余值**（residual），或更直接地，称为“无法测知量”。一些官方机构，比如美国劳工统计局，经常计算 a，把 a 称为**多要素生产率**（multifactor productivity）或者全要素生产率。近年来，宏观经济学家逐渐地把 a 称为**“索洛余值”**（Solow's residual）。

在前面的部分（图 11—2、图 11—3、图 11—4）概括了索洛模型的简化版本，指出了他的模型的一个关键含义，即储蓄率的变动只能引起每一单位劳动投入所带来的产出增长率暂时的、并非永久的增长。并且这个简化版本不能解释经济的稳定增长——在本节中通过引入技术变化修改了这一缺陷。我们已经看到，索洛的实证研究认定（广义的）技术变革是比增加资本和单位劳动投入更重要的经济增长源泉。然而，索洛模型受到了大量的批评。在下一节我们将指出一些索洛模型无法解释的难题，在随后部分，我们学习近年来增长模型的发展状况。

11.6 索洛理论无法解释的难题

近年来，经济学家们对索洛的新古典增长理论越来越不满意，主要有两个原因。第一，该理论认为经济增长主要取决于“索洛余值”，这没有得到解释。我们还是不太理解为什么世界生活水平停滞不前，此情况一直持续到大约在 1800 年发生的工业革命。为什么在这之后直到 20 世纪 70 年代早期，世界经济飞速发展？为什么美国等一些国家的生活水平在 20 世纪 70 年代到 20 世纪 80 年代发展缓慢而在 1995 年之后又开始加速发展？第二，我们还是不太理解国家之间的差距：为什么一些国家很富裕而一些国家依然贫穷？为什么一些国家经济发展迅速而一些国家的发展几乎停滞？

对新古典增长理论的批判不仅仅限于其对经济增长的解释不够充分。他们提出世界上许多普遍观察到的现象与该经济理论的预测相冲突。在本节，我们回顾一下这些冲突。

□ 冲突 1：不同国家之间的人均收入差距很大

美国等一些富裕国家的人均实际收入几乎是印度或孟加拉国人均实际收入的 10 倍多，

① 令资本收益率为 r，那么完全竞争企业会使得 r 等于资本的边际产出。GDP 中的资本份额为 rK/Y，因此就相当于（MRK）（K/Y），而（MRK）（K/Y）又等于产出对资本的弹性，即：

$$(dY/dK)(K/Y) = (dY/Y)(dK/K)$$

这与新古典增长理论是相悖的。为什么？该理论认为影响人均收入差距的因素只有两个。一个因素是储蓄率的不同，就像在图 11—4 中所示的那样，储蓄率的提高可以使得人均收入 Y/N 增加。另外一个因素是稳态投资曲线斜率的不同，即 $(n+d)$ 的不同。然而，即使储蓄率或者人口增长率的极大差距也只会使得人均收入产生很小的变动，并不会产生我们所看到的如此大的变动。举个例子，我们把储蓄率翻两番并且把人口增长率减少到原来的 1/3，那也仅仅会使得人均收入从 1 增加到 1.7，而在现实生活中我们观察到国家之间的人均收入差距甚至可以达到 10 倍之多。①

新古典增长理论的一大缺点是假设所有国家的生产函数都相同［即方程（11.9)］。也就是说，贫穷国家与富裕国家拥有相同的技术水平和知识水平。这显然是不合理的。我们考虑一种特殊形式的生产函数：柯布-道格拉斯生产函数（参考本章附录）。

一般形式 数例

$$Y/N=(K/N)^b \qquad Y/N=(K/N)^{0.25} \tag{11.12}$$

为了简化说明，我们设定自主增长因子 (A) 都为 1。

为了明白人均收入 10 倍的差距需要 K/N 有多大的不同，我们先解出 K/N：

一般形式 数例

$$K/N=(Y/N)^{1/b} \qquad K/N=(Y/N)^{1/0.25} \tag{11.13}$$

我们假设贫穷国家 Y/N 的数值为 1，而富裕国家 Y/N 的数值为 10。用 10 替换富裕国家的数例模型中的 Y/N，可以得到富裕国家的 K/N 就等于 $(Y/N)^{1/0.25}$ 或者是 10^4，那就是 10 000。但是没有迹象表明国家之间的 K/N 相差如此巨大。事实上，现实经济的一个常见特征就是 K/N 基本保持不变，而不是富裕国家的 K/N 大大高于贫穷国家的 K/N（本例中相差 10 000/10，也就是 1 000 倍)。

□ 冲突 2：贫穷国家并没有更高的资本回报率

新古典经济理论认为贫穷国家与富裕国家的人均收入有很大差距的原因仅仅是由于其人均资本投入水平的不同，反过来说也就是由于方程（11.8）中的三个参数——储蓄率 s、人口增长率 n 以及折旧率 d 的不同造成的。如图 11—5 所示，贫穷国家的位置相对较低，例如在点 P，拥有较低的资本劳动比率 $(K/N)_p$，而富裕国家的位置相对较高，例如在点 R，拥有较高的资本劳动比率 $(K/N)_r$。

但这会导致一种不切实际的含义。图 11—5 中人均生产函数的斜率是资本的边际产出

---

① 为了解释，我们把方程（11.8）与柯布-道格拉斯生产函数（在本章附录中解释）相结合：

$$s\left(\frac{Y}{N}\right)=(n+d)\left(\frac{K}{N}\right) \tag{i}$$

$$\left(\frac{Y}{N}\right)=\left(\frac{K}{N}\right)^b \tag{ii}$$

通过方程（ii）解出 K/N，与方程（i）联立，简化后得到：

$$\left(\frac{Y}{N}\right)=\left(\frac{s}{n+d}\right)^{\frac{b}{1-b}} \tag{iii}$$

设定参数 $s=0.1$，$n=0.03$，$d=0.07$，$b/(1-b)=1/3$，我们可以计算得到 $Y/N=1^{1/3}=1$。令储蓄率翻两番，为 0.4，可以使得 Y/N 从 1 增加为 $4^{1/3}=1.59$。再令人口增长率从 0.03 减少为 0.01（假设储蓄率仍为 0.4），可以计算得到 Y/N 从 1.59 增加为 $(0.4/0.08)^{1/3}=1.7$。

($\Delta Y/\Delta K$)，并且图中左边贫穷国家资本的边际产出大于图中右边富裕国家资本的边际产出。简单的数例表明，当富裕国家之间的人均收入是贫穷国家人均收入的 10 倍时，贫穷国家的资本的边际产出是富裕国家的资本边际产出的 4 000 倍。[①] 贫穷国家的资本边际产出这么高意味着其资本的回报率要高于富裕国家的资本回报率，并且将会有大量的资本从富裕国家流向贫穷国家以赚取更高的回报。但是，在世界上最贫穷的那些国家里，我们并没有看到很高的投资回报率，也没有看到大规模的资本流入。一些发展中国家拥有大量的资本流入，而另外一些并没有。

我们究竟该如何解释贫穷国家的资本回报率并没有大幅高于富裕国家的资本回报率呢？也许贫穷国家与富裕国家的生产函数并不相同，也许并不只有如图 11—5 那样单一的生产函数。

为什么贫穷国家资本的边际回报更高呢？

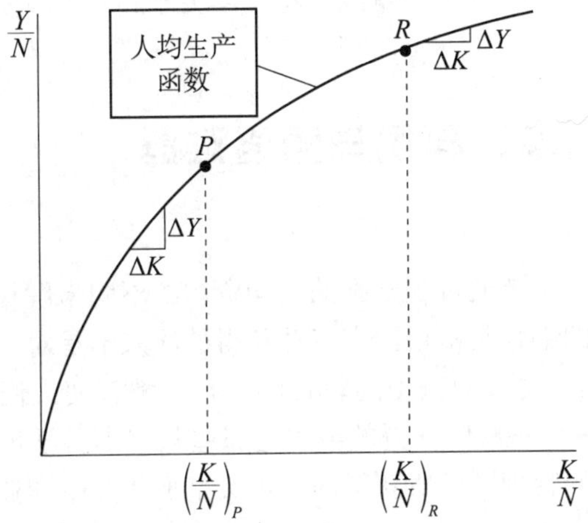

图 11—5　有关人均资本投入与人均产出的生产函数

注：图中的人均生产函数与图 11—1、图 11—2 中的人均生产函数相同。贫穷国家的资本劳动比率位于 $(K/N)_P$，且相对应的产出点为 P。而富裕国家的资本劳动比率位于 $(K/N)_R$，且相对应的产出点为 R。资本的边际产出由图中生产函数的斜率给出，也就是 $\Delta Y/\Delta K$。由于图中人均生产函数的曲率特点，可以很明显地看到贫穷国家的位置点的斜率大于富裕国家的位置点所对应的斜率。此图预测了贫穷国家的资本边际回报高于富裕国家资本的边际回报，正文讨论了为什么此预测是错误的。

□ 冲突 3：趋同是不统一的

新古典经济理论预测贫穷国家应该向富裕国家的收入水平趋同。即刚开始比较贫穷的国家的增长率比刚开始比较富裕的国家的增长率快。有三个原因。第一，位于稳态增长路

① 运用柯布-道格拉斯生产函数，资本的边际产出（MPK）就是：

一般形式	数例
$MPK = b\ (K/N)^{b-1}$	$MPK = 0.25\ (K/N)^{-0.75}$
$= b\ (Y/N)^{b-1/b}$	$MPK = 0.25\ (Y/N)^{-3.0}$

这样，如果富裕国家的 Y/N 是贫穷国家的 10 倍，那么依照数例，其资本的边际产出将会是后者的 0.25 乘以 10^{-3} 或者是 1/4 000。

径下方的国家（例如图 11—4 中的点 F）在达到稳态（图 11—4 中的点 E_1）之前其增长速度很快。第二，正如新古典增长理论所预测的，贫穷国家的资本回报率高于富裕国家，因此资本将会从富裕国家流向贫穷国家，使得贫穷国家的资本投入大量增加。第三，无论贫穷国家使用富裕国家的先进的生产技术的阻力有多大，随着时间的推移，贫穷国家总会学习到使用先进生产技术的办法。

近年来经济学家对于趋同问题给予了极大的关注，并且产生了极大的争议。[①] 收入水平在主要的工业化国家之间发生过收敛，例如，如本章第 2 节的“国际视角”中的图表所示，日本快速追赶，达到欧洲及美国的人均收入水平。美国的州之间和欧洲的地区之间也发生过收入水平的趋同。但是，在更广的世界范围内，趋同并不统一。在过去的 50 年时间里，非洲许多国家以及一些亚洲的贫穷国家越来越落后于发达国家，拉丁美洲的主要国家的相对收入水平与美国相比下降了。因此我们需要越过新古典增长理论来理解贫穷国家与富裕国家之间持续的差距。在下一章我们将学习关于趋同的事实。

11.7 人力资本、移民与索洛难题

如果新古典经济模型不能通过观察到的人均资本的不同来解释人均收入的差距，还有什么解释呢？最有希望的解释是富裕国家劳动获得的收入不是对“纯”劳动的回报（即一些人还活着的事实），而是对人们获得的教育的回报。教育使人们所获得的收入存在巨大差距。取得 MBA 学位的管理顾问获得的薪水是那些只有本科学位的教育水平的管理顾问的两倍，那些本科学位的管理顾问所获得的薪水又是那些高中毕业生的两倍或者更多，而那些高中毕业生的薪水又比那些高中就辍学的学生的薪水高得多。

□ 什么是人力资本？

经济学家使用的术语**人力资本**（human capital）指的是人们在一生中通过受教育所获得的额外收益。一个二十岁的拥有 MBA 学位的年轻人未来计划工作 45 年可能会挣得 600 万美元，但是其他一些和他年龄差不多的只读完小学就辍学的年轻人可能在其一生中只能挣得 60 万美元，而且只能局限于乏味的工作，如挖沟渠和洗碗。600 万美元和 60 万美元相差 540 万美元，也即这里的 MBA 学位持有者所积累的“人力资本”。另外一个人，本科毕业后，不再接受教育，他或她可能期望在未来的时间里挣得 300 万美元，获得 240 万美元的人力资本（与仅有小学学历的年轻人未来收入的差）。社会作为一个整体，人力资本

① 对于国家间经济增长率的不同进行研究的先驱之一是 Robert J. Barro，“Economic Growth in a Cross Section of Countries,” *Quarterly Journal of Economics*，vol. 106（May 1991），pp. 407-433。另一个具有影响力的研究是 N. Gregory Mankiw，David Romer，David N. Weil，“A Contribution to the Empirics of Economic Growth,” *Quarterly Journal of Economics*，vol. 107（May 1992），pp. 407-437。为了本文献的启发调查，我们看看 Jonathan Temple 的 “The New Growth Evidence,” *Journal of Economic Literature*，vol. 37（March 1999），pp. 112-156。Robert J. Barro 的文章很少引进技术因素，*Determinants of Economic Growth*：*A Cross-country Empirical Study*（Cambridge，Mass：MIT Press，1997），Chapter 1。

的价值就是每个居民的人力资本的总和。

人力资本这个词给出了教育的价值，是为了反映投资于教育和投资于物质资本之间的相似之处。所谓物质资本就是建筑和设备，如电脑和叉车等。对物质资本的投资需要在未来一定时期内获得一定回报，这种回报的形式就是在厂房建造以后或者设备购买后获得额外的利润。与之相似，对人力资本的投资需要教育支出，并且牺牲不去上学而去工作获得的收入。这些支出是为了在将来获得更大的收入，教育支出的回报率可以用百分比表示，这与公司购买一台新电脑的成本的回报率是相同的。

□ 人力资本怎样增加总产出?

像美国这样的经济体，拥有许多受过良好教育的人，比许多非洲国家生产更多的产出和拥有更高的生活水平，在那里，大多数居民只受到少许教育。因此人力资本（H）成为一种像物质资本（K）那样重要的生产要素，因此，生产函数可以用下面的形式来替代方程（11.1）：

$$Y = AF(K,H,N) \tag{11.14}$$

总之，这表明真实的 GDP（Y）等于自主增长因子（A），乘以一个由物质资本（K）、人力资本（H）和劳动（N）表示的函数。如果每个人在小学毕业之后都辍学了（有时叫做“蛮力”劳动者，只能挖沟渠和洗碗），劳动被认为是人口的产出能力，具有小学以上教育水平的人口的额外收入包含在人力资本（H）中。

□ 人力资本与索洛难题

把人力资本理论纳入索洛模型，以修复其在解释富裕国家与贫穷国家之间的差距方面的苍白无力，还有很长的路要走。写下方程（11.2）中的柯布-道格拉斯人均生产函数，仅仅作一处变动，那就是增加人均人力资本（H/N），作为人均产出（Y/N）的另外一个决定因素：

一般形式	数例	
$Y/N = (K/N)^b\ (H/N)^c$	$Y/N = (K/N)^{0.25}\ (H/N)^{0.65}$	(11.15)

这表明人均产出等于人均物质资本的 b 次幂乘以人均人力资本的 c 次幂，这里的 b 与前面相同，为 0.25，而这里的 c 假设为 0.65。劳动对产出的贡献不是 $1-b$ 或 0.75，没有接受教育的劳动对产出的贡献为 $1-b-c$，也就是 0.1（$=1-0.25-0.65$）。

如我们在前面的方程（11.12）和方程（11.13）中所讨论的那样，索洛的新古典增长理论之所以不能解释我们所观察到的富裕国家与贫穷国家之间的差距，最根本的原因是资本的指数（$b=0.25$）太小了。如果资本不重要，那么为什么贫穷国家会远远落后于富裕国家呢？但是现在我们把人力资本作为贫穷国家与富裕国家的又一额外不同，这样两种类型资本的指数之和（$b+c$）就会是 0.9，而不是 0.25。如果我们把方程（11.13）中的 1/0.25 替换为 1/0.9，我们发现富裕国家的人均收入如果是贫穷国家的 10 倍，物质资本和人力资本的和只需是贫穷国家的 $10^{1/0.9}$ 倍，或者 12.6 倍。这比方程（11.13）所表达的含义更合理，方程（11.13）中没有引入人力资本，富裕国家需要 1 000 倍于贫穷国家的物质资本。[①] 同样，如果总资本的指数是 0.9 而不是 0.25，富裕国家的资本（包含物质资本与人力资本）投资回报率不需要过度低于贫穷国家的资本投资回报率（本节讨论的冲突 2）。[②]

□ 移民难题

把人力资本引入索洛的新古典增长模型来解释本节前面介绍的冲突用了很长时间。富裕国家与贫穷国家不同不仅是因为富裕国家有更多的厂房、设备，而是因为与贫穷国家相比，富裕国家的居民受到了更好的教育。但是当考虑到非技术人员从贫穷国家向富裕国家移民时，人力资本理论的解释遇到一个问题。具体地说，我们假设有一个几乎没有接受过教育的危地马拉人跨过格兰德河并在美国找到了一份工作，工资为每小时 10 美元，而在危地马拉其工资是每小时 1 美元。但是在其工作的第一天，其先前的人力资本并没有发生变化。富裕国家的生产过程是如何使近期的移民拥有更高的边际产出，比在危地马拉赚取更多的工资的?

我们假设这个危地马拉人的新工作是与园林绿化服务相关的，即为那些富裕的美国人割草坪。割草坪的任务（运用由天然气动力割草机组成的物质资本）几乎不需要教育。这个危地马拉人可以赚到每小时 10 美元的原因是这些美国人足够富裕，愿意花费这些钱雇用其来割草坪，以代替自己劳作。因此，移民难题可以归结为以下方面：所有使美国比危地马拉富裕的因素都有助于增加新移民赚钱的能力。我们将在下章看到，仍然有许多因素没有包含在方程（11.14）所示的生产函数中，但是这些因素却有助于解释移民问题——贫穷国家与富裕国家之间的差距包含了除物质资本与人力资本外的其他因素，其中有对待工作的文化态度，气候和地理位置，法律对私有财产的保护程度，犯罪和腐败存在与否，公路、机场、运作良好的电力供应系统和通信系统等基础设施。

11.8 内生增长理论：技术变革是怎样产生的?

自从索洛的新古典增长模型在 20 世纪 50 年代提出以后，经济学家们对它所阐述的几个问题争论不休。我们现在已经评论了该模型与目前世界上存在的事实相冲突的几个影响。一个重要的问题是技术变革（自主增长因子的增长率 a）是外生的，就像从天而降一样无法解释。这使得一国不知道该如何通过获得高水平的 A 的增长率来提高其产出增长率。

从 20 世纪 80 年代后期开始，内生增长理论开始迅速发展。之所以称为“内生增长理论”，是因为其开始尝试这样解释技术变革，即把技术变革作为市场活动的结果，而不是假设技术变革是从天而降的外生变量。内生增长理论的主要代表人物是斯坦福大学的保

① 这一见解是在 Mankiw、Romer 和 Weil 的共同著作中提出的，已经在前面的注释里有所介绍。

② 回顾本章前面的注释，把其中的 $b=0.25$ 替换为 $b=0.9$。最后一行的数例就成为：

$$MPK=0.9\ (Y/N)^{-0.1/0.9}$$

如果富裕国家的 Y/N 是贫穷国家的 10 倍，那么富裕国家资本的边际产出就是 0.9/1.29 或者说是贫穷国家的 0.7，而不是在前面注释中基于 $b=0.25$ 时所得到的 1/4 000。

罗·罗默及其博士论文指导老师芝加哥大学的小罗伯特·卢卡斯（也是新古典宏观经济学的开创者）。内生增长理论的许多著作具有很高的技术性；这里我们从非技术层面概括它的一些主要思想。随着罗默和卢卡斯的早期思想继续受到批评与反思，该理论仍在进一步演进中。

□ 思想的产生

内生增长理论最初产生于一个令人困惑的事实。如我们所知，许多发达国家的生活水平是发展中国家的生活水平的10倍左右。但是如果每个国家都可以免费得到技术，那么所有生活水平上的巨大优势都应该归因于高出10 000倍的资本劳动比率。这就意味着发展中国家的资本很少，额外的资本投入会产生巨大的回报率，所以这将确保这些国家赶上发达国家的生活水平。结果是，我们应该观察到会有大量的资本从发达国家流向发展中国家，但事实上，我们并没有看到这类现象。

如我们所知，这个难题的解决办法之一就是引入人力资本——贫富国家差别的主要源泉。但是移民的原因使人力资本方法出现了问题，尽管它解决了新古典模型中“有效劳动”的概念。这两个模型都暗含从贫穷国家（假如人均产出是1/10，人均人力资本是1/10）移向富裕国家的移民，到达富裕国家后，应该像在本国那样赚取1/10。但是美国和其他富裕国家的移民很快达到了当地居民的平均高生活水平。

因此，内生增长理论家开始关注富裕社会的特征，这些富裕国家不仅使本国居民富裕，而且似乎自动给来自贫穷国家的移民提供了比以前更高的收入。他们建立了模型，在模型中，增长的关键是产品创新思想的发展。这些思想是怎样产生的？为了解决这样的激励问题，该模型依靠通过专利和版权加强的垄断力量。国际贸易也扮演着重要角色，因为一个国家可以集中力量发展创新思想来生产一些新产品，并与其他国家交换，所以消费者能够享用世界各地生产的新产品。例如，DVD刚开始在欧洲和美国研发，后来在日本和韩国得到发展，使DVD播放器更便宜，并且免费维修，喜欢DVD影视的美国家庭从这种研发和发展中得到好处。

当思想观念被广泛应用时，它不仅解释了新产品的出现，也解释了生产技术的更好发展、汽车和家用电器这些传统产品的更高的质量。富裕国家运用创意和技术生产了更多更好的人均产品。而且，如果没有相应的物质资本与人力资本的投入，这些创意是不会有效果的。所以，即使像孟加拉国这样贫穷的国家也有许多关于制造汽车与电脑的说明书。如果没有工厂、设备以及相应教育水平的工人，这些说明手册将一无用处。这种方法同时也解释了为什么穷人强烈要求向富裕国家迁移，为什么贫穷国家极力引进富裕国家公司的投资，因为这些公司可以为其带来所需设备以及受过教育的工程师和经理。

□ 实证研究与政策意义

随着内生增长理论的发展，对贫穷国家与富裕国家广泛的差异性的研究也得到发展，它试图寻找增长率和其他变量之间的关系。结论就是经济的较快增长与下列各因素紧密相关：政府或私人部门较高的投资率，政府消费开支在国内生产总值中的份额较低，较高的入学率，稳定的政治环境以及较低的生育率水平（每一适龄妇女生育更少的孩子）。如果所有这些因素都被考虑进来，贫穷国家会比富裕国家增长更快。

遗憾的是，所有这些因素在贫穷国家与富裕国家之间都不相同。贫穷国家往往有着更低的投资率、更低的入学率、更高的生育率以及更不稳定的政治环境。该研究的意义在于政府可以通过对消费征税、对投资与研发进行补贴以及把资源从政府消费转向政府投资等措施来影响经济增长率。

总之，内生增长理论使经济学家摆脱了初始的索洛模型，但还有很长的路要走。索洛模型悲观地认为储蓄率在提高经济增长方面的作用是暂时的，技术变化是外生的，从天而降，没有政策影响的潜能。[①] 然而，内生增长理论仍然是不完整的，其仍然忽视了许多有助于增长的额外因素，这些因素也有助于解释贫穷国家与富裕国家之间的差距。我们在下一章将转向这些额外因素，其中有些是非经济因素。

11.9 存在经济增长的秘密吗？

自初始的索洛新古典经济增长模型之后，经济增长理论走了很远的路。索洛模型趋向于把资本积累的作用最小化，而把无法解释的技术变革的作用最大化。新增长理论的一个重要发展是拓宽了资本的定义，使其还包括人力资本（也就是教育）和研发。在下一章，我们将进一步扩展资本的概念，使其包括政府投资的基础设施（例如高速公路、机场等），更一般地来说，包括保护自由和产权的“资本”。

尽管有了这些进展，许多问题仍无法解释。研究快速增长国家的成功和另一些国家的失败的人发现把成功案例和特定的经济理论联系在一起很困难。哥伦比亚大学经济学家约瑟夫·斯蒂格利茨认为我们应该超越传统的经济理论，着眼于政治科学，来理解东亚以及其他一些成功国家到底发生了什么：

> 单一的政策不能保证成功，同样地，单一政策的缺失也并不意味着失败。各国之间政策的关系是不同的，但是都与我们一直强调的共同思想相关：政府积极干预市场，使用、补充以及规范市场，而不是替代市场。政府为市场的繁荣发展创造环境。政府也会促进出口、教育和科学技术的发展；鼓励政府与企业之间、企业与员工之间的合作；同时也会鼓励竞争。东亚国家的真正奇迹可能是政治而不是经济的原因：为什么政府会采取这些措施？为什么政治家和官僚阶层没有为自己的私利而反对这些措施？……认识到机构与个人的不可靠产生了灵活性和责任感，最后它们成为经济持续成功的基础。[②]

① 易懂的内生增长理论是在1994年冬季《经济展望杂志》问题的专题讨论会上提出的。特别是 Paul Romer 的 “The Origins of Endogenous Growth,” pp. 3-32，Robert M. Solow 的 “Perspectives on Growth Theory,” pp. 45-54。这篇复杂的文献已为像 David Warsh 这样的大学经济学专业的通俗经济学家总结，见其著作 *Knowledge and the Wealth of Nations*：*A Story of Economic Discovery*（New York：Norton，2006）。其中第1章和第2章对经济学职业提供了迷人展示。

② Joseph E. Stiglitz，“Some Lessons from the East Asian Miracle,” *World Bank Research Observer*，vol. 11，no. 2（August 1996），pp. 151-77.

前面引语中斯蒂格利茨的观点使经济学家感到羞愧，因为它意味着成功的国家对“只做正确的事”有特殊的才能，而且正确的事情在各国的定义是不同的。

在下一章我们将对经济增长的来源进行更为系统的研究。

小结

1. 不同国家经济增长率的微小差别，持续相当长时间以后，会使其生活水平产生本质的不同。尽管1870年英国在主要的工业化国家中拥有最高的人均实际GDP，但是其在20世纪经济增长率比较低，到了1996年其增长率已处于底端。

2. 生产函数解释了实际GDP取决于要素投入（资本与劳动）数量以及自主增长因子，其中自主增长因子反映了研究、创新以及其他因素的影响。人均资本增长率的增长或者自主增长因子增长率的增长都会引起实际GDP增长率的增长。

3. 国民储蓄是政府储蓄（相当于政府盈余或赤字）与私人储蓄的加总。国民储蓄等于私人投资，后者等于资本存量的变化加上替代磨损或过时资本品所需的投资。

4. 在不存在技术变化时，当产出、资本以及劳动的投入以相同的速度增长时，就达到了稳态均衡。如果人均储蓄超过了人均稳态投资，资本劳动比率将会增加直至人均稳态投资高得足以阻止资本劳动比率的增长。在这一点，经济将会达到一个新的稳态均衡，资本劳动比率不变。

5. 在索洛的经济增长模型中，产出的增长率在长期仅仅取决于人口的增长率，或者更广义来说，取决于有效劳动投入（考虑到了教育、技术和技能的改善）的增长率。而储蓄率的增加并不会改变稳态时的产出增长率。

6. 技术变化的两种类型之一是劳动增进型技术变化，它使得每一个工人更有效率。在这种情况下，稳态时产出和资本对有效劳动投入的比率不变。技术变革、更高的技能以及更高的教育水平使得有效劳动投入增长率高于人口增长率，这也就使得产出的增长和资本的增长快于人口的增长。

7. 第二种类型的技术变革称为中性技术变革，它使得劳动与资本都更加有效。在这种情况下，中性技术变革使得产出与资本的增长都快于人口的增长。现在稳态的定义发生了变化，产出与资本的增长率相同，两者都高于人口的增长率。

8. 索洛增长理论的预测结果与事实有三个方面的冲突。第一，国家之间的人均收入差别很大。第二，贫穷国家没有像理论所预测的那样有更高的资本回报率。第三，贫穷国家没有像理论所预测的那样趋同于富裕国家的收入水平。

9. 当把人力资本理论（也就是教育的价值）作为贫穷国家与富裕国家人均产出差距的额外源泉引入进来后，与索洛模型预测的冲突部分消除了。但是人力资本理论也引出了另外的问题，那就是为什么在教育程度相同的情况下，移民在富裕国家所获得的收入高于其在贫穷国家的收入。

10. 内生增长理论通过强调生产创新、物质资本的投入和人力资本的投入的相互作用来解释为什么贫穷国家与富裕国家生活水平有着如此大的差距。要使富国的思想发展惠及穷国，需要多年物质资本与人力资本投资的积累。

11. 索洛的增长模型说明了国民储蓄率的增长不会引起产出增长率永久的增长。但是有两个方面可以证明这个理论结果是错误的。第一，长时间内不同国家的储蓄率与产出增长率的强关联关系表明索洛模型不能解释储蓄率与产出增长率之间的关系。第二，内生增长理论认为更高的储蓄率与投资率可以通过很多途径来促进创新以及人力资本与物质资本的投入。

关键术语

经济增长	稳态	索洛余值	要素投入
余值	人力资本	生产函数	多要素生产率

问答题

1. 根据本章最初关于经济增长的重大问题的讨论，为什么目前的经济增长理论集中讨论的是人均产出增长率而不是总产出增长率？

2. 假定生产函数的规模报酬不变，当劳动与资本投入增加一倍时，实际 GDP（Y）、人均资本投入（K/N）、资本产出率（Y/K）、人均产出率（Y/N）会发生什么变化？当劳动与资本投入增加一倍且自主增长因子（A）也增加一倍时，上述各项又会发生什么变化？

3. 在索洛模型中，什么是稳态？在初始状态并不是稳态的情况下，怎么达到稳态？

4. 折旧率 d 增加是什么意思？用一个像图 11—3 那样的图形来解释如果折旧率增加会对稳态的资本劳动比率和稳态时的人均收入产生什么影响。同样再用一个像图 11—3 那样的图形来解释储蓄率怎样变动以使折旧率的提高对稳态的资本劳动比率和稳态时的人均收入没有任何影响。最后，讨论为什么你的解释看起来很直观。

5. 假设自主增长因子（A）不变，解释为什么随着投资的增加，与资本劳动比率的增长相关联的人均产出增量却下降了。

6. 索洛增长模型最重要的含义是什么？它是否意味着在长期中私人储蓄率的增加对于生活水平的提高是不起作用的？

7. 尽管索洛模型暗含着稳态结果，为什么本章认为国民储蓄率在决定经济增长率方面仍然发挥着重要的作用？

8. 许多人主张美国应该提高其国民储蓄率（s）。根据索洛增长模型，较低的储蓄率应该是国民关注的重要问题吗？可以采取什么措施来提高储蓄率？

9. 解释劳动增进型技术变化和中性技术变化的不同点。解释下面技术变化的例子属于哪种类型：

（a）新型微处理器的改进，使电脑运行更快，建筑师花费更少的时间设计建筑物。

（b）出现新的操作系统，使程序员用现有电脑编写及检验程序花费更少的时间。

10. 主要工业化国家在过去一个世纪的经济增长记录很难反映索洛模型所描述和预测的稳态。什么是“索洛余值”？怎么用它来解释在过去的一个世纪里主要工业化国家人均产出的增长？“索洛余值”为经济增长理论带来了什么问题？

11. 第 1 章定义的生产率与本章定义的全要素生产率有什么不同？为什么如果多要素生产率增长，第 1 章定义的生产率也会增长？为什么多要素生产率不增长而生产率也会增长？

12. 为什么（ⅰ）贫穷国家似乎没有更高的资本回报率，（ⅱ）贫富国家之间的人均收入差距并没有明显缩小，这是索洛模型的困惑之处？

13. 什么是内生增长理论？索洛模型的哪些不足促进了它的发展？

14. 区分物质资本和人力资本。为什么两者对一国经济的发展都很重要？

15. 什么是内生增长理论？它尝试解决与索洛模型相关的哪些难题？

16. 内生增长理论和以它为基础的试图解释国家之间经济增长率差异的实证研究，在解释政府政策如何影响经济增长方面有什么意义？关于贫穷国家追赶富裕国家生活水平的能力，这些研究表明什么？

思考题

回答带星号的问题需要参考第11章的附录。

1. (a) 运用本章第2节"国际视角"专栏中的数据，估算德国、日本、加拿大、法国、英国和意大利等国在1870年和2010年相对于美国的人均实际GDP。

(b) 1870—2010年间，对于人均实际GDP相对于美国增加的国家，讨论这些增加发生在什么时候。

(c) 1870—2010年间，对于人均实际GDP相对于美国增加的国家，讨论什么时候生活水平缺口变小了，什么时候扩大了。生活水平缺口用人均实际GDP来衡量。

2. 下面给出了有关资本劳动比率与人均产出之间关系的八种情况：

资本劳动比率

A	B	C	D
0	10 000	20 000	22 000
E	F	G	H
23 512	25 000	30 000	30 260

人均产出

A	B	C	D
0	19 102	23 518	24 200
E	F	G	H
24 688	25 416	26 560	26 629

(a) 假设储蓄率 s 等于0.1；人口增长率 n 等于0.01；折旧率 d 等于0.1。在上面给定的每一资本劳动比率下，计算人均储蓄和人均稳态投资的数量。计算稳态时的资本劳动比率和稳态时的人均产出值。

(b) 假设人口增长率 n 减少至0.005，储蓄率和折旧率不变。在上面每一给定的资本劳动比率下，计算新的人均稳态投资量。计算新的稳态状况下的资本劳动比率和人均产出值。

(c) 假设储蓄率 s 增加至0.125，人口增长率和折旧率等于(a)部分中的相应值。在表中给定的每一资本劳动比率下，计算新的人均储蓄量。然后解释新的稳态状况下资本劳动比率和人均产出值。

3. 假设美国的产出具有柯布-道格拉斯生产函数的特征，且规模报酬不变，产出的资本弹性为0.25。考虑下面五种情况，n 等于劳动增长率，k 等于资本增长率，a 等于自主增长因子的增长率。

情况1：$n=1\%$　$k=3\%$　$a=2.5\%$

情况2：$n=2\%$　$k=3\%$　$a=0.75\%$

情况3：$n=1\%$　$k=4\%$　$a=2.4\%$

情况4：$n=3\%$　$k=3\%$　$a=0\%$

情况5：$n=0\%$　$k=0\%$　$a=3\%$

(a) 在每种情况下，产出增长率是多少？

(b) 在每种情况下，人均产出增长率是多少？

(c) 假设自主增长因子是中性技术变革，哪种或哪些情况符合稳态增长？

4. 运用方程(11.10)，在自主增长因子 a 和产出对资本投入的弹性 b 给定的情况下，求出稳态时人均收入增长率与资本劳动比率的方程。[提示：让 c 等于稳态时人均收入增长率与资本劳动比率，根据方程(11.11)解出 c，它用 a、b 表示。] 用这个方程讨论在下面的情况下，稳态时人均收入增长率与资本劳动比率怎么变动。

(ⅰ) 自主增长因子 a 增加；

(ⅱ) 资本投入的弹性 b 增加。

5. 假设产出对资本投入的弹性 b 等于0.3。

(a) 国家的收入在过去的25年里以每年3.1%的速度增长，劳动投入以每年1.5%的速度增长，资本投入以每年2.5%的速度增长。在收入的总增长中，有多少来自自主增长因子？

(b) 假设在未来25年里，婴儿潮时期的工人退休导致劳动增长率下降为1%。给定(a)的答案中的自主增长因子，资本增长率不变，计算新稳态时的收入增长率。关于国家为婴儿潮时期工人的退休支付更高医疗费用的能力，新稳态时的人均增长意味着什么？

(c) 假设在婴儿潮时期的工人们退休的情况下，该国希望继续保持其收入以每年3.1%的速度增长。给定(a)的答案中的自主增长因子，资本增长率应该为多少才能使国家达到其目标？为了达到收入以每年 3.1% 的速度增长这一目标，该国的储蓄率会发生什么变化？

*6. 假设一个经济的生产函数有以下特征：$Y = AK^{1/3}N^{2/3}$，其资本存量是 30 000 亿美元，目前的净投资为 1 200 亿美元.

(a) 如果自主增长因子增长率为零，劳动增长率为 1%，那么目前的人均产出增长率是多少？是否达到了稳态？

(b) 如果政府希望通过只影响资本增长的税收或者补贴政策使其人均产出增长率增加一个百分点，那么必须使投资增加多少个百分点？

(c) 虽然不太可能，但政府成功地刺激了所需的投资。根据索洛模型的含义，在稳态时，经济的产出增长率是多少？正文认同这个假设吗？为什么？

*7. 给出一个生产函数：$Y = AK^{1/3}N^{2/3}$，其中 $A = 4$。

(a) 将该生产函数转换为用 Y/N 和 K/N 表示的函数。

(b) 假设两个国家具有同样的技术水平、资本和劳动质量，生产函数也相同，由上面给出。假设一国的人均产出是另外一个国家的 10 倍。是什么因素导致这种差异？就这一因素，量化两国之间的差异。

*8. 给出一个生产函数：$Y = AK^{1/4}H^{1/4}N^{1/2}$，其中 $A = 4$。劳动增长率 $n = 0.025$，折旧率 $d = 0.075$（物质资本折旧与人力资本折旧比率相同，都为 0.075），自主增长因子增长率为零。投资 I 等于物质资本投资 I_K 与人力资本投资 I_H 的总和，物质资本投资占 GDP 的比例 $s_K = 0.05$，人力资本投资占 GDP 的比例 $s_H = 0.05$。

(a) 将该生产函数转换为用 K/N 和 H/N 表示的 Y/N 的函数。

(b) 假设两个国家具有同样的技术水平、资本和劳动质量，生产函数也相同，由上面给出。假设一国的人均产出是另外一个国家的 10 倍，并且其物质资本与劳动的比率是另外一个国家的 100 倍。是什么因素导致这种差异？就上面那个因素，量化两国之间的差异。

(c) 计算稳态时物质资本与劳动的比率和人力资本与劳动的比率。

(d) 计算稳态时的人均产出。

*9. 假设一国的生产函数为 $Y = AK^bH^cN^{1-b-c}$。物质资本的边际产出 MPK 为 $bAK^{b-1}H^cN^{1-b-c}$，人力资本的边际产出 MPH 为 $cAK^bH^{c-1}N^{1-b-c}$。假定每种要素的每一单位都得到其边际产出的偿付。计算在 GDP 中物质资本与人力资本所占的份额（在每一种情况下用要素的总支付除以产出）。

自测题答案

自测题 11—1

1. 当 K/N 增加时，Y/K 下降。这个结果是由于人均生产函数［方程（11.2）］中的资本报酬递减造成的。因为当人均资本以恒量增加时，产出的增加量递减。人均产出比人均资本增长慢。产出资本比会下降。从图 11—1 的原点（左下角）到点 B 画一条直线，上面的分析更容易理解。这条直线的斜率就是资本产出率。随着 K/N 的增加，沿着生产函数向右移动，原点与生产函数上的点的连线的斜率逐渐下降。

2. 随着 K/N 的增加 Y/K 在下降。

3. 随着 K/N 的下降 Y/K 在增加。

自测题 11—2

1. 沿着图 11—1 所给的生产函数向左移动，Y/N、K/N 都在下降，但是 Y/N 下降的比例较小，因此 Y/K 是增加的，这个结果与生产函数曲率有关。沿着图 11—1 所给的生产函数向右移动，Y/N、K/N 都在增加，但是 Y/N 增加的比例较小，因此 Y/K 是下降的。方程（11.8）中的其他元素不变，也就是 s、n 和 d 不变，它们并没有被引入到图 11—1 中。

2. 储蓄率 s 与利息的高低以及财富的多少有关；人口增长率 n 取决于生育率、健康水平和移民状况；折旧率 d 则取决于资产的使用年限。

自测题 11—3

1. 人口增长率（n）的下降使产出增长率（y）下降相同的量，之后，经济达到新的稳态。但是人口增长率（n）的下降会使生活水平 Y/N 提高。确信你能解释原因：从图 11—3 中的点 E_0 出发，假设原来的储蓄曲线仍然有效，那么随着人口增长率（n）的下降，稳态投资曲线将会向右下方旋转。

2. 随着稳态投资曲线向右下方旋转，K 相对于 Y 上升。

3. K 相对于 N 上升。

自测题 11—4

下面是与四个空白处相对应的实际人均 GDP（$y-n$）：−1.0，0.0，4.0，4.0。

第 11 章附录　一般函数形式与生产函数

到目前为止，我们仅仅采用了特定的线性形式来描述一个行为方程。例如，第 4 章附录中货币的需求为：

$$\left(\frac{M}{p}\right)^d = hY - fr$$

这个方程可以描述为：实际货币需求 $(M/p)^d$ 等于一个正数（h）乘以实际 GDP（Y），再减去另外一个参数（f）乘以利率（r）。这个方程具体地描述了实际货币需求是怎样决定于实际 GDP 和利率水平的。

生产函数也能用具体形式表示，称为柯布-道格拉斯生产函数。①

一般线性形式	数例
$Y = AK^bN^{1-b}$	$Y = AK^{0.25}N^{0.75}$

总之，这表明实际 GDP（Y）等于自主增长因子（A）乘以资本和劳动的几何加权平均指数，这个权数分别是 b 和 $1-b$，表示实际 GDP 对每一要素增加的弹性（百分比变动）。例如在数例中，所有变量的初始值都为 1.0，那么劳动投入增加 4%将会造成实际 GDP 增长 3%。初始情况如下：

$$1.0 = 1.0(1.0^{0.25}\ 1.0^{0.75})$$

劳动投入增加 4%以后：

$$1.03 = 1.0(1.0^{0.25}\ 1.04^{0.75})$$

因此实际 GDP 对劳动投入的弹性就是 0.75（= 3/4）。

生产函数的其他特征是显而易见的。第一，劳动与资本的同比例增加，会使得实际 GDP 以相同的比例增长。这一特征，被称作规模报酬不变，这是因为权数之和不变，即 b 和（$1-b$）之和固定为 1。当每一要素投入增加 4%时，可以得到：

$$1.04 = 1.0(1.04^{0.25}\ 1.04^{0.75})$$

第二个特征是实际 GDP 对自主增长因子（A）是一对一的变化。如果 A 增长 4%，那么在劳动与资本的投入固定为 1.0 的时候，实际 GDP 也会增长 4%。A 增长 4%以后，我们可以看到：

---

① 此函数以美国阿默斯特大学的数学家柯布（Charles W. Cobb）和芝加哥大学经济学家道格拉斯（Paul H. Douglas）（后为美国参议员）的名字命名，并由后者在一本书中描述：*The Theory of Wages*（New York：Macmillan，1934），尤其是在第 5 章。

$$1.04 = 1.04(1.0^{0.25}\ 1.0^{0.75})$$

柯布-道格拉斯生产函数只是众多表示实际GDP与A、K、N之间关系的函数的一种。在经济学中，我们希望简单地陈述实际GDP (Y) 与A、K、N之间的关系，不用限制关系的具体形式。为了达到此目的，我们有时会用生产函数的一般形式。生产函数的一般形式的一个例子是：

$$Y = F(A, K, N)$$

总之，该式简单地表明GDP (Y) 取决于自主增长因子 (A)、资本投入 (K) 和劳动投入 (N)。大写字母F和括号的意思是“取决于”，可以使用任何字母。

为什么知道一个变量取决于其他变量是件引人注意的事呢？通过改写方程，我们可以假设生产函数不受自主增长因子 (A) 的影响：

$$Y = F(K, N)$$

这表明实际GDP仅仅受到劳动投入与资本投入的影响。

有时候我们希望确定变量进入函数的形式，而非其他形式。就如同在方程 (11.1) 中，实际GDP对自主增长因子的弹性是单位1，但是它并不会限制实际GDP与其他投入 (劳动和资本) 的关系形式：

$$Y = AF(K, N)$$

如果没有更多的信息，我们就不能理解这个一般函数形式，也不知道假设的关系是正的还是负的。如果实际GDP与资本投入和劳动投入之间的关系是同向的，那么函数可以写为：

方法一：$Y = AF(\underset{(+)}{K}, \underset{(+)}{N})$

方法二：$Y = AF(K, N); F_K > 0, F_N > 0$

方法二中分号右边的式子的意思是：实际GDP对资本投入 (F_K) 变化的反应是正的，实际GDP对劳动投入 (F_N) 变化的反应是正的。

练习： 考虑货币需求的一般函数形式：

$$\left(\frac{M}{P}\right)^d = L(Y, r)$$

用语言描述该方程表明了实际货币需求 $(M/P)^d$ 与实际GDP (Y) 和利率水平r之间有着怎样的关系。用方法一和方法二来表示，实际货币需求与实际GDP同方向变动，与利率水平反方向变动。

第 12 章 经济增长的重要问题

没有什么比不同国家是以何种速度一代又一代地发展下去的问题更令人感兴趣、更重要但也更容易令人忽视的了。

——Wesley Mitchell，1927

12.1 回答重要问题

世界人口中有超过半数以上的人的年收入不足 4 000 美元，这比人均收入为48 000美元的美国的 1/10 还要低。各国之间平均收入水平的不平等程度要比像美国这样的单个国家内部的不平等程度大得多。有很多理论模型，比如上一章的索洛新古典增长模型，预测贫困国家将会稳定地接近于富裕国家的收入水平。但是这还没有发生；在过去的 50 年中，最富裕国家的人均收入与最贫困国家人均收入的比例几乎没有改变。

□ 为什么我们如此富有而他们却那样贫困？

经济学中没有什么问题比理解为什么一些国家成功地变得相对富裕而另一些国家却仍然贫困更为重要。哈佛大学经济学家戴维·兰德斯说："为什么我们如此富有而他们却那样贫困？"① 一些国家，例如美国、英国、法国，在过去的一个世纪里，一直保持或接近于人均收入最前沿的水平。另有一些国家和地区，例如亚洲的"四小龙"（韩国、中国台湾、中国香港、新加坡）已经实现了经济的迅速增长，只通过一代人的时间就由贫困经济体之列进入富裕经济体之列，如索洛增长模型所预期，实现了趋同。金砖国家（巴西、俄罗斯、印度、中国）也一直在迅速地发展。但是第三世界国家，包括巴基斯坦、孟加拉国以及非洲和拉丁美洲的众多国家，还没有实现趋同。在许多情况下，这些国家的人均收入在 1960 年是美国人均收入的 1/10，而现在还保持这一比例。

第 11 章的索洛增长模型为经济增长的第一个基本问题提供了部分答案。人均收入水

① David S. Landes, "Why Are We So Rich and They So Poor?" *American Economic Review Papers and Proceedings* (May 1990), pp. 1-13.

平较高的国家通过储蓄和投资获得较高的人均资本存量。索洛模型的缺陷是它预测贫富国家在人均资本存量和资本的回报率上的差别比真实数据大了许多倍。如我们在第 11.7 节所知，在分析中通过引入人力资本和物质资本，假设劳动挣得的大部分收入实际上是对人力资本的回报而不是纯粹的体力消耗，这个缺陷被部分修补了。即使如此，我们还遗留了一些问题没有解决。首先我们要解释为何由贫困国家转移向富裕国家的移民在其人力资本没有立即变化的情况下，收入却有了很大幅度的提高。

更重要的一个问题是为什么一些国家在使用其资本时更多产。本章我们采用不同的视角来分析经济增长的源泉问题。我们将会看到，如果人们不能从投资中获得令他们满意的回报，那么他们一开始就不会进行这项交易或对这笔交易投资。经济增长需要政治环境来刺激投资，需要法律体系来保护产权，保护普通公民的投资收益不会因腐败、贿赂、偷窃和充公而受到侵害。即使是在一个没有犯罪的环境中，政治决策也会影响投资激励和投资的生产能力，这些政策包括对贸易担保物的规定、对保护专利权的规定以及对雇用和解雇员工的成本和难度的规定。经济增长还需要投资**基础设施**（infrastructure），包括整体上有利于社会的一些资本，通常由政府投资时提供，包括高速公路、机场、通信系统和电力供应。

□ 什么创造了增长奇迹

我们把所有国家分为富国、依然贫穷的穷国、从贫困级别冲向富裕级别的中间国家，包括亚洲“四小龙”。金砖国家中的大多数开始时比“四小龙”还贫困，最近增长遥遥领先，有时候其增长比“四小龙”还快。几十年以来，这些国家一直经历着 5%或高于 5%的增长率——通常称为“增长奇迹”——在第 1 章通过韩国和菲律宾的对比阐述了这一经历。长期稳定的增长率使普通公民的生活水平发生了巨大的变化。例如，持续 40 年的 5%的经济增长率足以使实际人均收入增加 7.4 倍，由 2 500 美元上升到 18 500 美元。

索洛理论表明所有的国家最终都应该向世界技术的领军者趋同，在 20 世纪的大部分时间里，这个领军者是美国。经济奇迹般增长的成就如果不是如此不寻常，就能简单地认为是自动的过程。事实上，有很多国家在 50 年前是贫困的，到现在依然贫困，它们的收入水平不及美国的 1/10。通过学习一些国家经济增长的成功经验和失败教训，尤其是通过本章对成功和失败的对比分析，我们会学到很多有用的知识。

□ 增长的机制

除了贫困国家在追赶富裕国家确立的技术前沿过程中的成功和失败问题外，前沿本身还存在一个单独问题。什么决定了前沿的领先水平？是储蓄、投资、技术变化、教育还是其他因素？我们将会看到，如果没有持续的新发明，经济增长就会停滞，维持发明和新思想的流动需要对发明家进行大量的激励，需要预先投资生产新的电脑晶片、智能手机、软件、医疗技术、药品以及其他创新产品。

12.2 生活水平和生产率的概念

在第 11 章，我们使用“人均产出”、“生产率”以及“小时产出”等可互换的概念，

并用 Y/N 来表示。如前所述，比率的增长率是分母的增长率与分子的增长率的差值，所以这些概念的增长率可以写为 $y-n$ 。

□ 区分生活水平和劳动生产率

然而，人口增长率不同于劳动投入增长率是可能的。为了保持前面发展的索洛模型不变，我们继续使用符号 N 表示人口数量（以 n 的速度增长），并引入一个比较容易记住的新符号 H（以 h 的速度增长）表示劳动投入（工作的总小时数）的增长率。导致劳动投入增长快于人口增长（$h>n$）的因素包括妇女进入劳动力市场，如在 20 世纪 70 年代和 80 年代发生的。引起 $h>n$ 的另一个原因是出生率的下降，它开始时减少了孩子的增长；这将立即减少人口增长率，之后才减少劳动力投入（仅包括 16 岁及以上的人）的增长率。导致劳动力投入的增长率小于人口增长率 $h<n$ 的原因包括失业率的增加、劳动参与率的下降以及婴儿潮一代即将面临的退休，这将在没有减少人口的情况下减少劳动投入的小时总量。①

经济增长还涉及生活水平的改善，**生活水平**（standard of living）被定义为人均产出 Y/N 。同样，**劳动生产率**（labor productivity）被定义为每小时产出（Y/H）。生活水平的增长率用 $y-n$ 表示，劳动生产率的增长率用 $y-h$ 表示。生活水平的增长率与劳动生产率的增长率之差用下式来表示：

$$y-n-(y-h)=h-n \tag{12.1}$$

因此，当劳动投入的增长速度快于人口的增长速度时（$h>n$），生活水平的增长率就快于劳动生产率，反之亦然。

当对比美国和其他国家的不同之处时，研究 n 和 h 之间的不同是值得的。如第 11.2 节“国际视角”专栏中的图形所示，欧洲国家在人均产出上仍然落后于美国，但是欧洲的几个领先国家的劳动生产率或小时产出水平几乎赶上了美国。欧洲国家的劳动生产率比生活水平增长快的原因在方程（12.1）中很明显——欧洲的工作时间增长率要慢于人口的增长率。在 2007 年前的 20 多年里，欧洲国家通常要比美国有更长的假期，且平均失业率上升，劳动参与率下降。欧洲人比美国人更早退休。尽管一些欧洲国家与美国的生产率差距已经消失，但上述事件阻碍了欧洲的生活水平赶上美国。把西欧看做一个整体，到 1995 年，其生产率已经达到了美国生产率的 91%，但是从那时起，降落至大约 83%。在本章最后一节，我们再回到欧美之间的对比。

□ 多要素生产率（索洛余值）

第二个生产率的概念对学习经济增长是非常重要的。在第 11 章中已经给出了定义，即多要素生产率（MFP）。自从诺贝尔经济学奖获得者罗伯特·索洛提出新古典增长模型之后，全要素生产率有时也被称为“索洛余值”。全要素生产率与劳动生产率的区别在于，前者表示相对于劳动与资本两者的投入而言生产的产出量；相反，劳动生产率表示相对于劳动投入生产的产出量。资本对产出的贡献可以用产出的资本弹性（b）来表示，如第 11

① 第 2.8 节中将劳动力定义为从业人员与失业人员的总和。劳动参与率指劳动力与 16 岁及以上的劳动人口的比率。2010 年 12 月美国的劳动参与率为 64.5%。

章，在数例中我们继续假设 b 为 0.25。产出的资本弹性和产出的劳动弹性之和为 1.0，所以产出的劳动弹性是不属于资本贡献的剩余部分（$1-b$），或者在数例中等于 0.75。

多要素生产率的增长率（如以前那样，用字母 a 表示）可以写成产出增长率减去资本对产出的贡献（bk），再减去劳动量对产出的贡献 $[(1-b)h]$：

$$a = y - bk - (1-b)h \tag{12.2}$$

因此，为了衡量全要素生产率的增长率，我们有必要知道四个要素：产出的增长率 y、劳动的增长率 h、资本的增长率 k 以及资本的产出弹性 b。正如 20 世纪 50 年代罗伯特·索洛在那篇使其获得诺贝尔经济学奖的作品中所阐述的那样，弹性可以用在国民收入中资本所占的份额表示，这里的国民收入包括企业利润、折旧、租金、利息以及个体经营者收入中归因于资本的那部分。①

多要素生产率增长率（a）和劳动生产率增长率（$y-h$）是怎么相互联系在一起的呢？重新整理方程（12.2）来表示它们的关系。②

一般形式	数例	
$a = (y-h) - b(k-h)$	$2.25 = (4-1) - 0.25(4-1)$	(12.3)

用语言表达，多要素生产率的增长率等于劳动生产率的增长率减去 b 乘以资本投入与劳动投入比率的增长率。③ 因为比率的增长率几乎总是正的，多要素生产率的增长率几乎总是慢于劳动生产率的增长率。

自测题 12—1

方程（12.3）中的多要素生产率的增长率有五个要素：y、a、k、h 和 b。

1. 假设 b 总是等于 0.25，如果知道其他三个要素，剩下的那个要素能够被计算出来，填空：

y	a	k	h
—	4	4	1
4	3	4	—
3	0	—	1

2. 在表格的每个例子中，哪个更高：劳动生产率的增长率还是多要素生产率的增长率？为什么？

□ 实际工资率如何与生产率联系在一起?

如果劳动生产率（Y/H）增长缓慢，那么实际工资（W/P）的增长也会趋于缓慢。我们在方程（12.2）中已经了解到衡量全要素生产率的因素是国民收入中劳动的份额（$1-b$）。

① 索洛把产出的资本弹性与资本占国民收入的份额相联系的思想在第 11 章的注释得到解释。

② 方程（12.3）与方程（11.11）是相同的，除了第 11 章中用字母 h 替代字母 n 来更精确地表示人口和工作小时数的增长率外。在本章，h 仅表示劳动小时数的增长率。如我们在方程（12.1）中所学到的，人口增长率可以不同于劳动小时数的增长率。

③ 资本投入与劳动投入比率的增长常被称为“资本深化”。

这一核心概念称为劳动份额，可以用劳动生产率和实际工资相结合的方式来界定：

$$劳动份额 = 1 - b = \frac{WH}{PY} = \frac{W/P}{Y/H} \tag{12.4}$$

第一个表达式表明劳动份额等于劳动的总报酬［名义工资率（W），乘以劳动投入的数量（H）］，除以名义总收入（PY）。第二个表达式表明劳动份额也刚好等于实际工资除以劳动生产率。

方程（12.4）告诉我们，如果国民收入中劳动的份额不变，那么实际工资就会与劳动生产率以相同的比率增长。像往常一样，我们用小写字母表示增长率，我们还使用熟悉的关系式，即任何比率的增长率等于分子的增长率减去分母的增长率。这也就意味着劳动份额的增长率等于实际工资的增长率（$w-p$）减去劳动生产率的增长率（$y-h$）：

$$劳动份额的增长率 = (w-p)-(y-h) \tag{12.5}$$

这样我们就得到了关于实际工资增长率的一个重要结论。如果劳动份额保持不变（也就是劳动份额的增长率为零），那么实际工资的增长率恰好等于劳动生产率的增长率。

在劳动份额的增长率为零的条件下，

$$w-p = y-h \tag{12.6}$$

美国国民收入中劳动份额在过去的 50 年中基本保持不变。结果，实际工资与劳动生产率的增长率相同。

12.3 趋同的失败

如果世界上依然有几乎半数的人生活在那些人均产出不及美国十分之一的国家里，也就意味着这些国家的生活水平并没有向美国趋同。然而上章学习的索洛新古典增长模型预测趋同是要发生的。首先让我们回顾为什么索洛模型预测会存在趋同，然后我们将看看事实情况。

□ 趋同的理论预测

不包括技术变革的简单索洛模型实际上并不能解释经济的增长。它预测一个给定人均生产函数和给定储蓄率（s）的国家将会有一个固定的劳动生产率（Y/N）和人均资本量（K/N）。[①] 例如，在图 12—1 中，我们复制了图 11—3 中索洛模型的均衡状态，经济运行的均衡点为 E_0，每小时的资本投入量为 $(K/N)_0$，储蓄水平为 $s(Y/N)_0$。索洛模型是怎样解释在点 P 运行的穷国的呢？在点 P，每小时资本投入量 $(K/N)_P$ 和人均储蓄水平 $s(Y/N)_P$ 更低。

很明显，这样的经济不会处于长期均衡状态，因为在点 P 的人均储蓄水平超过了所需的投资，如点 A 所示，也就是人口增长和资本折旧所需的投资量 $(n+d)(K/N)_P$。因为

① 在这一部分我们没有必要区分人口投入（N）和劳动时数投入（H），因此，我们可以回到第 11 章用字母（N）同时代表人口投入和劳动时数投入。

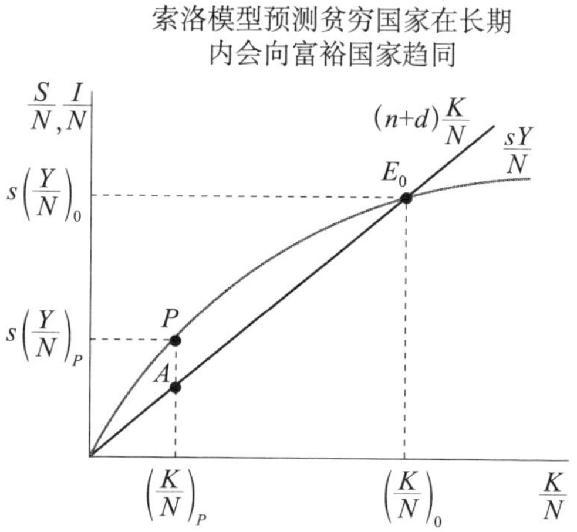

图 12—1　贫穷国家长期均衡时的储蓄、投资和人均资本量

注：灰色的储蓄曲线和黑色的投资需求曲线从图 11—3 复制而来。长期均衡点在点 E_0，根据索洛增长模型，贫穷国家的人均产出水平 $(Y/N)_P$ 低的唯一原因是其人均资本量 $(K/N)_P$ 比较低，经济最初在点 P 运行。因为在点 P 每小时的储蓄与投资大于由于人口增加和替换折旧所需要的投资水平，如点 A 所示，所以有足够的投资使 K/N 增加至均衡值 $(K/N)_0$。

实际投资等于储蓄，也就是实际投资超过了所需要的投资，资本劳动比率将会稳定地增长，直至经济达到长期均衡点 E_0 。根据索洛模型，富裕国家与贫穷国家的唯一区别是贫穷国家的资本劳动比率 K/N 比较低。因为富裕国家与贫穷国家的人均生产函数是没有任何区别的，在储蓄大于所需要的投资时经济会自发地促使贫穷国家的生活水平向富裕国家趋同。

难道是技术变化改变了索洛模型对趋同的预测吗？不，是因为假定所有国家都能自由利用技术。因此，模型继续假设这些国家仍然贫穷的唯一原因是它们初始的资本劳动比率 K/N 大大低于均衡水平。如图 12—2 所示，劳动生产率的均衡水平 (Y/N) 是能够稳定地增长的，但是索洛模型预测富裕国家与贫穷国家最终都会趋同于同一均衡水平。富裕国家到达均衡点较早是因为它们的初始资本劳动比率比较高，因此需要的储蓄与投资期比较短。

索洛模型的一个关键的实证预测就是一个国家越贫穷，即初始的劳动生产率 Y/N 越低，其劳动生产率的增长速度就越快。如图 12—2 所示，箭头标记为“贫穷国家”的曲线比箭头标记为“富裕国家”的曲线更加陡峭。因此索洛模型与一国 Y/N 的初始水平及其随后的增长率 $(y-n)$ 成反方向变动。简言之，贫穷国家的劳动生产率和人均产出的增长速度应该一致地快于富裕国家，贫富国家在沿着长期均衡路径趋同后，增长率应该是相等的。

□ 关于趋同的事实

贫穷国家与富裕国家的数据涉及的是人均产出水平。宾夕法尼亚大学的经济学家罗伯特·萨默斯和艾伦·赫斯顿开展了广泛的研究来提高国家之间实际产出数据的可比性。在对各国都适用的同一价格水平下，萨默斯和赫斯顿的数据衡量了实际人均产出。先前的测量粗略地用汇率比较了各个国家的 GDP，与此相比，第一种测量显著提高了贫

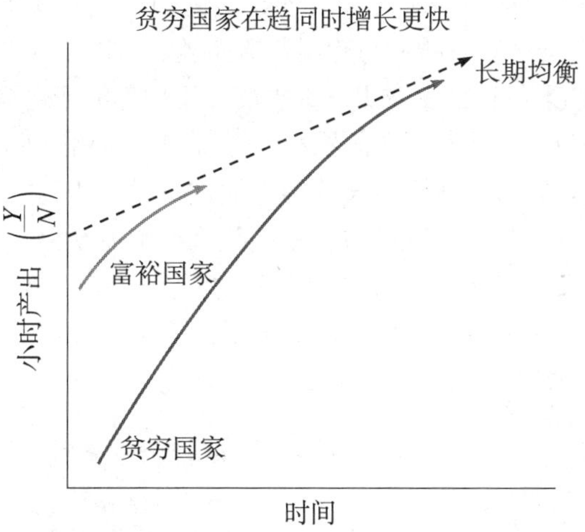

图 12—2　趋同时期贫富国家的每小时产出

注：我们假设贫穷国家与富裕国家的初始资本投入量都低于均衡水平，但是贫穷国家比富裕国家更低。因为所有国家的初始投资都大于人口增长和折旧所需的投资水平，它们都比均衡点的增长速度更快，直到到达均衡点。由于贫穷国家一开始比较落后，它们会花更长的时间趋同于均衡路径，在这期间，其增长率会更快。

穷国家的地位。①

尽管做了一般价格的修正，但是一些国家依旧很贫穷。如图 12—3 所示，用圆点代表 98 个国家。圆点的水平位置代表各个国家 1960 年每个工人的实际产出占美国工人实际产出的百分比。垂直位置代表从 1960 年到 2007 年每个工人实际产出的增长率。1960 年时世界范围内的贫穷国家可以用横轴上 10%左边的点表示；它们（98 个国家中有 31 个）中的每一个国家在 1960 年每个工人的实际产出不及美国的十分之一。在这些穷国中，在 1960 年后增长率慢于美国的国家用灰色实心点表示。这些是趋同失败的穷国。

回顾索洛模型预测贫穷国家的增长率应该快于富裕国家的增长率，表明图 12—3 中的点的斜率为负，应该是从左往右向下倾斜的。确实，在图中的左上角还有一些空心的点；在 1960 年相对贫穷的国家中，发展较快的国家与地区是中国大陆、韩国、中国香港、新加坡和中国台湾。这几个国家或地区在纵轴上的标记的增长率都是 5.0 或者更高。在这个知名的组合中，1960 年到 2007 年发展最快的是中国大陆与中国台湾，皆为 6%，其次是韩国，为 5.5%，中国香港和新加坡并列，为 5.1%。

但是，图 12—3 中的点的整体相关性为零。增长率比美国低的国家（图中的灰色实心点和黑色实心点）远比增长率高于美国的国家多得多（图中空心的点），甚至有一些富国也没有完成趋同。在表 12—1 中的第二部分，我们可以看到这些国家有新西兰、委内瑞拉和阿根廷。表 12—1 的第三部分中所列示的日本、中国香港和韩国是那些一开始比较贫穷但是后来发展迅速的经济体。一开始就比较贫穷，后来经济更加退步，与关于趋同的预测背道而驰的国家有拉丁美洲的玻利维亚以及撒哈拉以南的非洲地区的喀麦隆和马里等。任何年均增长率

① Robert Summers and Alan Heston, "The Penn World Table (Mark 5): An Expanded Set of International Comparisons, 1950—1988," *Quarterly Journal of Economics*, vol. 106 (May 1991), pp. 327-68. 最新数据见 pwt. econ. upenn. edu/php _ site/pwt _ index. php。

低于美国 2.3%的年均增长率的国家，相对于美国而言，其人均产出水平都遭受创伤，它们的状况在 2007 年比 1960 年更糟，与趋同背道而驰。在图 12—3 中有大约 2/3 的国家没有实现趋同，另外一些国家，包括在表 12—1 中最下面的部分所看到的，与美国的增长率相比没有任何进步，在 1960—2007 年的时间段里，保持与美国相同的增长率。

尽管索洛模型对趋同的预测是失败的，但这个结论需要证明。在富裕国家中，初始的收入水平与后来的增长率呈现很强的负相关关系，鲜有例外。这个结论在图 12—3 考察的 1960—2007 年期间是有效的。对趋同预测的错误似乎指的是贫穷国家。当贫穷国家被包含进来时，如图 12—3 所示，负相关性消失了。美国 1960 年的实际 GDP 初始水平与随后的增长率似乎没有系统的关系。

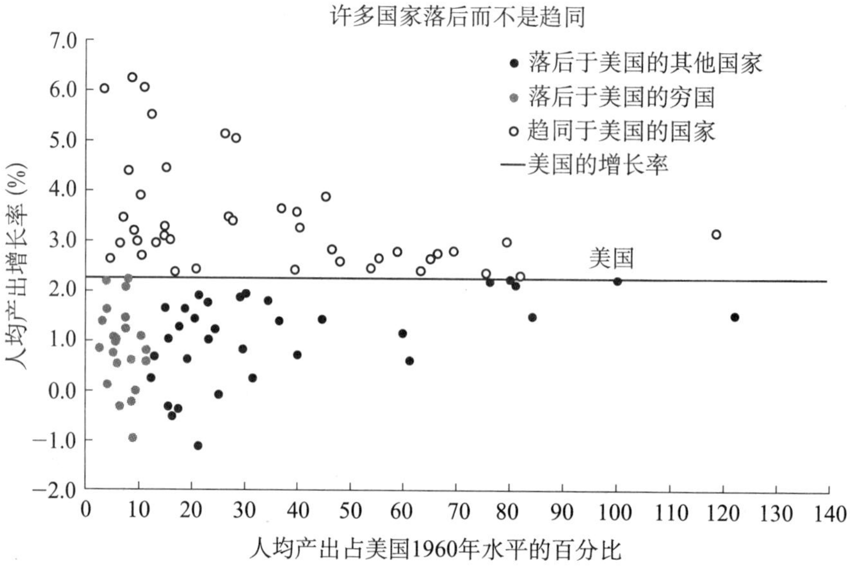

图 12—3　人均产出占美国 1960 年水平的百分比与人均产出增长率，1960—2007 年

注：趋同假说表明最穷的国家的增长率最快，这些国家位于图中的左边。圆点应该向右下方倾斜，所有的圆点都应该在表示美国增长率的水平线之上。增长率和产出水平的低相关性以及大量的灰色实心点表明增长率在美国之下的穷国是趋同假说不能自圆其说的证据。

资料来源：Alan Heston，Robert Summers，and Bettina Aten，Penn World Table Version 6.3，Center for International Comparisons of Production，Income，and Prices at the University of Pennsylvania，August 2009.

□ 索洛模型提出的解决办法

索洛模型提出趋同的原因是它不切实际地假定所有国家都有着相同的人均生产函数、储蓄率、人口增长率以及折旧率。在图 11—4 中我们知道，索洛模型预测储蓄率的提高只能使得人均资本和产出增长率暂时性增长。在同一图中，我们也看到人口增长率（n）的提高将会降低人均资本和产出增长率。[①] 因此，贫穷国家趋同失败的一个有效的解释是，无论是较低的储蓄率还是较高的人口增长率，它们的均衡路径都不是图 12—2 中虚线所描绘

① 回顾图 11—4。

的单一路径，而是图 12—4 中更低的虚线所示的更低的均衡路径。所以贫穷国家的人均产出水平并没有完全趋同于富裕国家的人均产出水平的困惑可以这样解释：贫穷国家有着更低的储蓄率和更高的人口增长率。

政府可以采取什么措施来实现更高的储蓄率或者更低的人口增长率呢？增加储蓄的首选办法就是减少储蓄税，例如可以把累进所得税转换为可以豁免储蓄税的累进消费税。许多研究表明这些措施对储蓄的影响很小。对政府来说增加国民储蓄的一个更有效的办法是通过增税和减少政府开支相结合来减少政府赤字，增加盈余。至于降低人口增长率，政府可以通过教育来使人们意识到计划生育的好处。关于这方面一个极端的例子就是中国政府强制实施的计划生育政策。

表 12—1　　趋同、非趋同以及介于两者之间的经济体（%）

经济体	相对于美国的人均产出水平		人均产出增长率（1960—2007）	
	2007	1960	实际增长率	相对于美国的增长率
趋同成功的富裕经济体				
澳大利亚	84	66	2.8	0.5
意大利	67	55	2.7	0.4
法国	69	63	2.5	0.4
趋同失败的富裕经济体				
新西兰	59	84	1.5	—0.7
委内瑞拉	28	61	0.6	—1.7
阿根廷	36	60	1.2	—1.1
趋同成功的贫穷经济体				
中国香港	101	26	5.1	2.9
日本	71	37	3.7	1.4
韩国	56	12	5.5	3.3
趋同失败的贫穷经济体				
玻利维亚	9	19	0.6	—1.7
喀麦隆	6	13	0.7	—1.6
马里	3	5	1.1	—1.2
没有任何进步的贫穷经济体				
叙利亚	7	7	2.1	—0.2
加纳	4	4	2.2	—0.1

资料来源：Alan Heston，Robert Summers，and Bettina Aten，Penn World Table Version 6.3，Center for International Comparisons of Production，Income，and Prices at the University of Pennsylvania，August 2009.

是否有经验证据支持索洛关于更高的投资率可以让一国获得更高的生活水平的预测？事实上，各国的投资率（投资占 GDP 的份额）和生活水平之间的关系是非常微弱的。贫

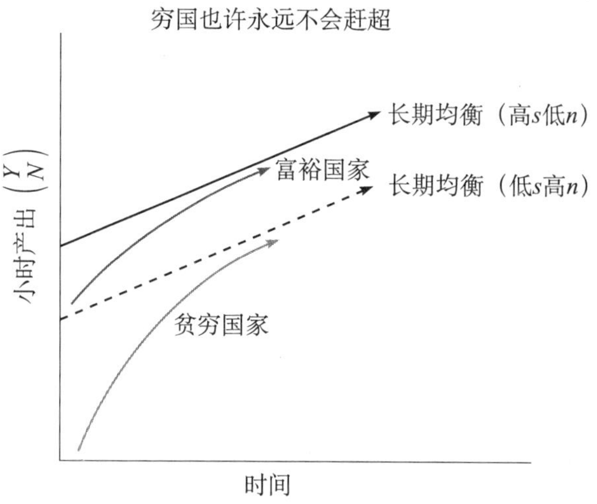

图 12—4　低储蓄率或者高人口增长率对人均产出的影响

注：上面的黑线表示富裕国家的长期均衡路径。有两个因素可以使得贫穷国家的长期均衡路径更低——低储蓄率（s）或者高人口增长率（n）。

穷国家的投资率在过去的几十年从 2%增加到 25%，同样地，富裕国家的投资率也在增长，从 12%增加到 30%。因此索洛模型最终未能解释在过去的几十年中至少有一半的贫穷国家趋同失败的原因。在接下来的两节，我们将给出关于贫穷国家与富裕国家之间差距不断拉大的其他解释。

自测题 12—2

索洛模型给出了关于人均产出水平及其增长率的预测，据此回答：

1. 储蓄率的提高对于人均产出水平和人均资本量的长期影响。

2. 储蓄率的提高对于人均产出增长率的长期影响。

3. 人口增长率的提高对于人均产出水平和人均资本量的长期影响。

4. 人口增长率的提高对于人均产出增长率的长期影响。

12.4　人力资本与技术

第 11 章介绍的索洛模型不能解释人均产出水平和人均产出增长率之间的关系，如图 12—3 所示。然而，如图 12—4 所示，索洛模型允许储蓄率和人口增长率不同，导致贫穷国家人均产出更低的均衡水平，它似乎更多地假设了贫富国家之间的相似之处，而事实并非如此。尤其是它假设贫富国家的人均生产函数和技术进步率是相同的，这似乎值得怀疑。另外，索洛模型在这一章的前几节中也忽略了人力资本的作用。

□ 人力资本与经济增长

简单的索洛模型的最根本缺陷很可能就是其假设贫穷国家与富裕国家的劳动投入是相同的。事实上，人们的教育程度（平均人口的受教育年限）在各国之间有很大的不同。对经济增长的研究经常会发现贫穷国家的每种促进经济增长的要素都不符合标准，包括不足的物质资本、人力资本投资、储蓄率以及过高的人口增长率。引用一句古话“相关性并不意味着因果关系”，或许低增长的原因是增长本身是内生的，也就是，是由低增长本身造成的。因为贫穷国家支付不起较高的物质资本和人力资本的高投资，还有，贫穷国家要想达到更低的生育率需要达到低的人口增长率，因此需要教育，但正是教育这一关键的要素很难满足。

□ 技术进步需要人力资本吗?

索洛模型假设技术进步率在各国都是相同的，所有国家都可以免费使用最新的技术成果。这解释了为什么在图 12—2 中上面的长期均衡线对富国和穷富来说都是一样的。图 12—4 中穷国与富国长期均衡线的不同仅仅是由储蓄率和人口增长率的不同引起的，而不是技术进步率的不同。

然而索洛模型的这一假设是不切实际的。现代化技术通常需要现代化的装备和软件。因此不管是技术进步还是投资都需要受过教育的工人，即对人力资本进行先期投资。如果工人没有受过教育，他们怎么能像能读会写且熟悉个人电脑的工人一样熟练地使用电脑和网络呢？就像一个怀疑论者所说的：“如果你将一堆戴尔电脑和微软的软件卸在孟加拉国码头上，难道这就会创造期待已久的孟加拉国生活水平向美国生活水平的趋同吗?”孟加拉国和其他一些贫穷国家没有足够的懂得操作现代化电脑和软件的个人，使得现代化的技术无法利用，这与索洛模型的技术进步在各国都可以自由使用的假设相悖。

□ 通过外国投资引入技术进步

许多研发发生在富裕国家，特别是在美国、西欧和日本。中国正在逐渐增加新的研究，而不只是复制富国的新观念。穷国支付不起科研活动所需的大量投资，那么该通过什么方法获得富裕国家发展起来的技术知识呢？有三个主要方法。第一，穷国的工程师可以试着模仿富国创造出来的产品。然而，对高端产品来说，这是很困难的，通常也是不可能的，包括电脑芯片。第二种方法是购买能够体现最新技术水平的机器。从 19 世纪早期开始，发展中国家就开始进口最新的技术了，那时美国就从英国进口蒸汽机。第三种方法是获得外国企业的投资，它们以最新技术为基础在贫穷国家开设工厂。墨西哥经济在过去几十年的迅速发展是由美国企业的投资带动的。新加坡能够迅速发展成为亚洲“四小龙”之一就是由于大量依赖外国投资，主要是日本和美国的企业。最近，中国大陆经济的发展也是靠海外投资带动，不仅来自日本与美国，还来自邻近的香港和台湾。

如果许多穷国的经济部长看到这三个能为其国家带来现代技术的方法，他们的反应是“没有这么快”。我们的人民受教育程度不够，而不能仿制最新的技术，我们支付不起进口的现代化机器，我们的国家不是外国投资的理想地。这些来自贫困国家的设想评论把我们带到了它们面对的核心发展问题。一切事情都取决于其他一切事情，一些国家陷入“恶性"循环，这些国家太穷了以致不能改善其居民的教育水平，不能获得现代化技术，这两个因素是增长的先决条件。

"一切都是内生的"以及一些穷国落入"贫困陷阱"使得许多贫穷国家经济增长的希望渺茫。但是这种观点忽视了一些其他穷国成功地把自己推到趋同的路径上的事实，如图12—3中的空心点所示。可能并非所有影响增长的因素都是内生的，仍然有一些政府政策可以控制的因素影响经济增长，那就是把内生因素转换为促进增长的外生因素。下一节将讨论政府可以控制的两个重要的影响经济增长的因素，即政治/法律环境和基础设施投资，还有一个政府不能控制的因素，即一国的地理位置。

12.5 政治资本、基础设施与地理条件

近年来，经济学家在确定增长的基本源泉方面取得了巨大进步，这有助于我们理解为什么一些国家在趋同的过程中"起飞"，而另一些国家仍处于极低的收入水平。最基本的原因就是政治与法律环境。自由的市场体制要求冒险启动一项新业务的企业家有获取适当的利润的更高概率，作为他们的努力和开展业务时面临失败风险的报酬。法律系统必然会保护私有财产免遭偷盗；税收系统必然会进行公平的管理；开展业务的机会是公开的，而不限于腐败独裁者的亲戚或亲信。

第二个主要因素包含政府决策，指对关键生产部门的基础投资，如公路、机场、邮局、通信机构和电力系统。中国经济增长的众多显著因素中有一个是提前为经济增长做好基础设施投资计划。相比较而言，印度在建造基础设施方面落后了，还遭受着不时发生的停电的困扰。

遗憾的是，第三个因素，地理条件，削弱了一些国家的增长机会，而且不受政府政策的影响。①

□ 政治和法律的成本与收益决定因素

在大多数国家，开公司和建厂房必须购买许可证。在美国这样的发达国家，很容易得到这些许可证，其成本只占开公司的总成本的一小部分。但是在其他国家，营业执照可能是非常昂贵的，可能会拖延很久才能取得，更重要的是，官员乐于受贿。在俄罗斯，据一些投资者讲述，为了授予新工程的许可证，多达10个行政机构期望得到贿赂。另外一个发生在秘鲁的例子是，开一家小公司的成本估计是月最低工资的32倍，对一个普通工人甚至一个相对富裕的公民而言，这都是不可能的。难怪，如图12—3所示，秘鲁是增长失败国之一，1960—2007年间的人均产出增长很少为正，其人均产出从1960年占美国的24%降至2007年的15%。

① 本节部分内容基于Charles I. Jones, *Introduction to Economic Growth*, 2d ed. (New York: Norton, 2001), Chapter 7。也可参见Robert E. Hall and Charles I. Jones, "Why Do Some Countries Produce So Much More Output per Worker than Others?" *Quarterly Journal of Economics*, vol. 114 (February 1999), pp. 83-116。

还有更多的因素能够影响创业的预期回报。第一，该国必须有相对自由的贸易，使该国所生产的产品可以出口，政府可以设置较低的进口壁垒来进口商品，由此获得向别国出口商品的权利。

第二，政府可以建立一个强有力的专利系统来保护那些有创造发明的人，美国的专利系统就可以在相当长的时期内保护那些创新者以使其发明创造不被别人模仿。要使潜在投资者有动力发展新产品和新科技，专利是必需的。同样重要的是被称为“转移”（diversion）的问题，其中包括偷盗问题（包括“外部盗窃”和内部管理者与员工的盗窃），如政府征收非常高的税收，或像黑帮电影中那样支付给黑手党“保护费”。任何类型的转移通过强制企业投资于反转移活动（如安全系统）直接或间接地减少了其投资的预期利润。

总的来说，即使没有那些“转移”，对贫穷国家的大多数人来说，创办自己的企业也是非常困难的，尤其是不平等程度高的穷国，大部分收入都由少数富人赚取。剩余的人发现办企业难是因为他们很穷，缺乏开公司的知识，通常没有信贷资格。

一个国家的“转移”量是由政府政策和该国宪法所规定的法律体系类型决定的。有些时候，转移是由政府自己造成的，例如印度尼西亚和一些非洲国家的独裁者把赚钱的合同给由独裁者亲戚经营的企业。不仅转移必须最小化，政府政策也必须是可预测的。政府变更非常频繁的国家，无论是因为政变还是因为宪法变化，其投资的预期回报率都很低，因为把企业设置在那里的风险很高。

经济发展的一个有趣方面是特定国家法律体系的殖民根源。英国前殖民地国家的法律体制以起源于英国中世纪的普通法为基础，如美国、加拿大、澳大利亚、印度和新加坡。法国与西班牙前殖民地的法律制度可以追溯到《拿破仑法典》，包括拉丁美洲的大多数国家。研究发现英语法系对股份持有人和债权人的保护比法语法系要更加强大。结果，基于英语法系的国家的资本市场发展得更好，新创立的小公司可以更容易为投资工程融资，并发展它们的企业。①

☞ **国际视角**

贫困的症状：贫穷国家的城市贫民窟

大学生可能很难相信，数以亿计的人的生活水平在 1960 年还不及美国的十分之一，在 2004 年甚至更低，如图 12—3 所示。这些国家的人均 GDP 这么低，人们怎么生存呢？世界上许多穷人居住在农村的原始房屋中，没有电，没有自来水，如同 1875 年美国的农场房屋，但是他们拥有的土地更少。更加引人注意的是穷国中选择从农村搬到城市的穷人的生活条件。

在大多数贫穷国家，大城市的周围布满了贫民窟，住着几十万甚至几百万的人口。有时候贫民窟位于城市的中心地带，例如基贝拉贫民窟，面积约一平方英里，位于肯尼亚内罗毕城，聚集着 60 万～100 万的人口（没有人知道确切的数字）。1960 年，肯尼亚，英国的一个前殖民地，其人均收入是美国的 12%；但是到了 2007 年，这一比率下降为 5%，因为在 1960—2007 年间，肯尼亚登记的人均收入增长率大约为零。

① See Rafael La Porta, Florencio Lopez-de-Silanes, Andrei Shleifer, and Robert Vishny, “Law and Finance,” *Journal of Political Economy*, vol. 106, 1998, pp. 1113-55.

基贝拉是一个“非正式”的居住地，意味着在法律上它是不存在的。政府什么也不提供。没有最基本的服务，没有学校，没有医院，没有自来水甚至没有卫生间。许多人通过私下里向居民提供这些服务或索要贿赂赚钱。居民们必须使用私人拥有的公共厕所，一次付费 4 美分。允许搭建窝棚需要 70 美元——没有法律契约或印刷文件来证明所有权。大多数窝棚属于上层人士，他们把窝棚租出去，但是租赁者没有使用期保障，房东心血来潮时就可以把他们赶出去。

这些棚屋是如此的密集，许多人只能步行到达，因为没有道路。旱季时布满灰尘，雨季又充满泥泞。当人们不小心碰撞到低低的锯齿状波纹铁屋顶时，可能会受伤。垃圾遍地，包括“飞舞的厕纸”、随意丢弃的塑料袋等。可谓臭气熏天。

没有受过教育也没有技能的基贝拉人没有别的选择，只能提供廉价的劳动——这对内罗毕周围的高收入居民来说是方便的。有幸找到工作的人必须步行到工作地点。

在贫穷国家，贫民窟的苦难普遍存在。在印度巨大的孟买城里，大约有 800 万人口居住在贫民窟里。在贫民窟居住者中，只有不到一半能够用到自来水，一些水还被污染了。房屋中没有卫生间，上百人共用一个户外卫生间。到处充斥着污水的臭味。但是印度的经济发展比地处非洲热带地区的肯尼亚快得多。印度城市贫民窟的居民也开始赚取足够的钱租赁公寓、购买电视机和手机。但是，生活依旧很艰难。因为孟买太大了，大多数工人在拥挤的道路上或乘坐拥挤的火车上下班，用于承载 100 名乘客的车厢挤满了约 700 名乘客。

为什么城市居民能够忍受这样的条件呢？他们又能怎么办呢？在印度，农业经济增速很缓慢，而城市经济增长迅速，使得近年来印度的经济增长率几乎接近 8%。很多农业劳动力实际上是奴隶，他们负债累累，不得不听命于土地所有者。城市以及贫民窟似乎可以为他们提供更多的机会。

任何去过肯尼亚、印度或者其他贫穷国家的贫民窟并且了解美国的人都会发现它们之间的反差令人难以置信。美国房屋的室内空间甚至是那些比较富裕的欧洲国家的两倍，室外空间是其四倍左右。富裕国家的城市也存在一些问题，但是与贫穷国家面临的问题程度是不同的。比如说，许多人会认为，纽约的城市交通堵塞、洛杉矶不发达的缺乏资金的交通系统等问题和肯尼亚的缺乏基本人性化服务、孟买的恶劣卫生条件[a] 等问题相比，是那么的微不足道。

a. 想要了解更多关于城市贫民窟的知识，参考 2007 年 5 月的《经济学家》上的特别调查。

□ 政府为何能够容忍甚至参与转移呢？

很明显，偷盗和腐败因降低投资的预期回报率阻碍经济的发展，投资由国内居民和国外企业进行，而国外企业可以从一系列国家中选择其工程投资的地点。为什么政府容忍这些转移？为什么政府通过受贿和腐败直接参与转移？1993 年的诺贝尔经济学奖得主道格拉斯·诺思指出：政府官员可能想极大化个人权力和货币收入，而不是做一个“慈善的社会计划者”，试图使社会中每个成员的福利最大化。诺思的观点使得传统的个人追求效用最大化、企业追求利润最大化的经济理论更进一步发展。政府官僚机构可能故意接受贿赂，容忍黑手党组织的偷窃，使其收入和权力最大化，或使清除冒犯者带来的麻烦最小化。①

麻省理工学院经济学家达龙·阿西莫格鲁和哈佛大学经济学家詹姆斯·罗宾逊试图进一步确定鼓励或约束政府活动的政治环境，以使转移最小化。

> 由于政治更替效应，政治领袖们可能会阻碍技术与制度的发展。创新经常会影响到上层集团的现有地位优势，增加他们被替代的可能性。由于害怕被替代，政治领袖们不愿意发动变革，甚至可能会阻碍经济的发展……只有当政治竞争是有限的并且他们的权力受到威胁时，上层集团才会阻碍经济发展。②

经验认为，转移存在与否不仅解释了经济增长，而且解释了决定增长的其他因素，比如投资率和教育等。③ 正如教育通常被称为“人力资本”一样，如第 11 章所分析的，同样，我们可以把阻碍转移的健康的政治和法律环境称为“政治资本”。因为它对增长以及其他增长要素（如对物质资本和人力资本的投资）的促进非常关键，政治资本的存在可能是理解在实现增长时为什么一些国家成功而另一些国家失败的关键。

□ 物质基础设施

哥斯达黎加是位于美洲中部的一个国家，其首都圣何塞位于该国的中心位置。从圣何塞出发，无论是去往大西洋还是太平洋，都需要在双行道的蜿蜒公路上驾驶，行驶 60 英里通常要花费 3 个小时或者更多。有时美国游客从哥斯达黎加返回时需要在达拉斯—沃思堡国际机场换乘班机，在那里，透过飞机的窗户，他们会看到七条跑道、数英里长的滑行道以及周围的多车道高速公路。在机场附近，有比整个哥斯达黎加都多的混凝土建筑。

基础设施可以是除了使企业生产更有效率的个体公司拥有的资本外的任意类型的资本。完善的公路可以使货车运输公司用同样数量的货车生产更多的产出。拥有多跑道的机场使航班减少延误。快捷的铁路系统能够在 200 英里以下的路段提供比飞机更好的运输选择；拥有许多码头的港口能够减少船运公司的等待时间；良好的电话网络可以更方便人们交流，不用等待拨号音，电话也不会被打断；良好的输电线路可以提供足量的电力，避免电力管制等带来的无效率。

各国政府对其基础设施的融资方式各不相同。在法国，高速公路、飞机场、邮局、铁路、电话网络系统和输电线路等全部或者部分的所有权归属于政府。而在美国，基础设施是由私人企业和政府组织混合共有的。

物质基础设施怎样与增长联系在一起呢？在一些贫穷国家，企业投资的价值会由于如下原因而减少：高速公路和机场设施差、铁路设备匮乏、安装一部电话需要花费一个月左右的时间、拨号等待时间长、输电线路的能力不足等。就像政治资本一样，物质基础设施

---

① Douglass C. North, *Structure and Change in Economic History* (New York: Norton, 1991).

② Daron Acemoglu and James A. Robinson, "Economic Backwardness in Political Perspective," *American Political Science Review*, February 2006, vol. 100, pp. 115-31. See also Daron Acemoglu, Simon Johnson, and James Robinson, "Institutions as the Fundamental Cause of Long-run Growth," in P. Aghion and S. Durlauf eds., *Handbook of Economic Growth* (Elsevier, 2005).

③ See also Jeffrey D. Sachs and Andrew Warner, "Economic Reform and the Process of Global Integration," *Brookings Papers on Economic Activity*, 1995, vol. 26, no. 1, pp. 1-95.

对经济增长起着关键的作用，并且其质量会受到政府决策的影响。[①]

□ 地理条件

如果把人均收入水平绘制在世界地图上，我们将会明显地看到富裕国家大多集中在温带地区，而贫穷国家大多集中在热带地区。在 30 个高收入的经济体中，仅有 2 个（中国香港和新加坡）位于热带地区，而这两个小经济体的人口数只占富裕国家总人口的 1%。另外，所有的富裕国家，包括那些位于北美洲、西欧、东北亚、拉美南部圆锥体共同市场和大洋洲的国家，都处于非热带地区。

除了地处热带地区外，其他贫穷的预测指标是缺乏海上贸易通道。同时处于热带地区和内陆地区的国家，包括非洲的马里（在表 12—1 中，马里是一个非趋同的国家）是世界上最贫穷的国家之一。

对经济发展中的地理条件的作用进行研究的主要学者是哥伦比亚大学经济学家杰弗里·萨克斯。萨克斯就贫穷国家经济发展中的地理条件的作用提出了四个假说。[②]

（1）在温带地区开发的技术未必适用于热带地区，热带地区的昆虫可能传播与温带地区的常见疾病不同的疾病，并且热带地区的土壤和天气不适合富裕国家通用的农业技术。

（2）任何地区的技术创新都会有着开发成本高和生产成本低的特点，如微软 Windows 系统的案例中，可能会花费亿万美元来进行研发，但是生产每一副本仅需几美分。因此，市场越大，初始投资的回收越快，总利润将会越高。热带地区的小经济体可能由于市场太小难以证明大规模投资于技术革新是合理的。

（3）热带国家乡村农业的低生产率和热带疾病的流行直接影响到人口增长率——回顾一下，在索洛模型中，较低的人口增长率提高了生活水平，刺激经济向更高的资本劳动比转变。随着富裕国家的发展，农业生产力的快速增长产生了粮食盈余，因此促使农民离开农场来到城市。由于在城市养育孩子的成本比较高，这促使“人口转型”，使生育率、死亡率降低，也使人口增长率降低。

（4）大多数热带国家曾经被温带地区的国家征服，并被温带国家（如英国、法国、德国和比利时）吞并。殖民统治没有通过初等或高等教育形成人力资本，从而阻碍了经济的发展，把经济活动限制在农业、采矿等领域，而其中的大部分利润使地主和殖民势力的缺席所有者更加富有。

萨克斯所提出的上述四种假说并不意味着热带地区的经济增长是不可能的，而是经济起飞的阻力由于他所提到的障碍而增加。第 12.5 节关于“热带地区经济增长的成功与失败”的专栏内容进一步说明了为什么一些热带地区的国家实现了“增长奇迹”，而其他大部分国家却没有。[③]

---

① William Easterly 全面介绍了在贫穷国家的经济增长率低的问题，*The Elusive Quest for Growth*（Cambridge, MA: MIT Press, 2002）。

② 这一部分基于 Jeffrey D. Sachs 的“Tropical Underdevelopment,” NBER Working Paper 8819（February 2001）。对于他提出的关于热带地区不发达的五个假说，为了简化解释我们将其减少为四个。

③ 关于地理在经济发展中的作用的一个令人愉快的可以研读的说明是 David S. Landes，*The Wealth and Poverty of Nations*（New York: Norton, 1998），Chapter 2。

☞ 国际视角

制度至关重要：韩国 VS 朝鲜

在关于制度作为经济增长的关键决定因素的例子中，没有比韩国和朝鲜更好的例子了。图 1—9 显示，韩国经济自 1960 年以后增长显著，使菲律宾望尘莫及。韩国的成功在表 12—1 中也是很明显的，韩国在 1960—2007 年的经济增长率达到了每年 5.5%，其人均收入由占美国人均收入的 12%变为 56%。相应地，在图 12—1 中，韩国也是左上角的四个空心点之一，表示刚开始远远落后于美国，而自 1960 年开始，增长最快。(其他空心点代表中国大陆、中国香港和中国台湾。)

韩国和朝鲜给我们的研究提供了一个优秀的案例。朝鲜半岛自 1910 年开始成为日本的殖民地，当第二次世界大战结束时韩国和朝鲜的经济贫困状况基本相同。1953 年朝鲜战争在僵局中结束，朝鲜半岛分裂为两个国家：韩国和朝鲜。分裂之后，位于南半岛上的韩国经济日益繁荣，成为经济的“动力舱”，能与日本的许多行业竞争。韩国的产品中美国人比较熟悉的有：三星移动电话、现代汽车和起亚汽车。韩国的成功离不开其对教育的重视，特别是对数学和科学的重视，而且政府政策也会鼓励出口及培育像三星和现代这样的大型企业，促使其以相对低廉的价格生产技术先进的产品，从而成为行业的领军者。

朝鲜的境况和韩国相比真是天壤之别。在朝鲜，一切财产归政府所有，除了高压政治外，对个人的首创精神和努力没有任何激励。朝鲜在 1953 年的经济水平与韩国相同，教育水平和人均收入水平也一样，文化和种族也同质。

在 20 世纪 60 年代和 70 年代，朝鲜确实经历了经济的显著增长，主要来自国有制造业，并由其同盟苏联提供援助。但是在 20 世纪 80 年代其人均收入开始下降，在 90 年代突然下降到目前大约 1 000 美元的人均收入水平，只有韩国人均收入水平的 4%或者 5%。

洪水、干旱和管理不善引发了 20 世纪 90 年代中期朝鲜的饥荒，由饥荒导致的死亡人数每年达到 30 万～80 万。2006 年的一项调查估计，朝鲜目前有三分之一的人口由于饥荒所带来的后遗症而营养不良或者贫血。强制执行的“个人崇拜”和领导人金正日（第一代领导人金日成的儿子）对核武器的狂热使得朝鲜的情况更加糟糕。

国外的估计表明，在金正日的领导下，朝鲜每年会花费其 GDP 的四分之一用于军费支出，这进一步减少了其他经济发展和公共事业所需的资源。近年来，包括中国和美国在内的一些国家，试图通过用食品援助作为讨价还价的筹码来说服朝鲜停止其核武器研发。这些努力能否改变朝鲜领导人的政策我们不得而知。

资料来源：http：//en. wikipedia. org/wiki/North _ Korea.

□ 将外生因素并入经济增长中

我们可以将“外生因素”作为政治资本（最小化偷盗之类的转移源泉）、基础设施建设和地理条件的共同称号。这些因素是外生的并不意味着它们是固定、不可改变的，而是指它们与个人和企业的决策过程不相关。我们该如何将这些外生变量并入到第 11 章所学习的经济增长理论中呢？

生产函数是把产出（Y）与物质资本投入（K）、劳动投入（N）和代表技术进步的自主增长因子（A）相联系的函数。我们将人力资本引入生产函数中后，得到了方程（11.14），重新写为：

$$Y = AF(K, H, N) \tag{12.7}$$

在这里我们把劳动投入（N）理解为“蛮力”，它所挣得的工资水平是适合那些只有八年教育水平的缺乏技能的劳动力的工资水平，而那些教育水平多于八年的人所有的额外所得都归属于人力资本（H）。在这一部分我们引入三个影响经济增长的新外生变量：政治资本（P）、基础设施资本（R）和地理条件（G），这三个因素以不同的方式进入生产函数。基础设施资本与物质资本一样，以相同方式进入。政治资本影响着整个生产过程的生产率，它作为自主增长因子（A）的一个决定因素进入函数，地理条件也是这样。技术（T）也是自主增长因子（A）的决定因素。

把这些观点综合起来，我们用来解释经济增长难题的最终方程为：

$$Y = A(G, P, T)F(K, R, H, N) \tag{12.8}$$

用文字表述就是产出取决于 A 和 F 两个函数，第一个函数（A）取决于地理位置（G）的正负作用、一国的政治资本数量（P）和技术水平（T）。函数 A 乘以传统的生产函数 F，F 取决于物质资本投入（K）、基础设施资本（R）、人力资本（H）和劳动投入（N）。

方程（12.8）给出了一个更加全面的经济增长理论，可以帮助我们理解许多难题，包括贫穷国家沿着最终实现与富裕国家趋同的稳定道路起飞时的持续失效。地理因素理论表明贫穷国家永远不能实现趋同；政治因素理论有助于解释为什么一些国家不是国外投资的理想地方。技术因素自身取决于没有被纳入方程中的其他因素。

第 11 章提出的增长难题中问及“移民问题”。在一个人的教育水平（H）没有任何改变的情况下，从危地马拉移民到美国的人们的收入可以提高十倍左右。这种差距太大了而不能简单地用人均物质资本的不同来解释。现在我们知道了有诸多因素可以使每个美国人比危地马拉人具有更高的生产率，这些因素包括地理条件、政治资本和基础设施建设等。进一步来说，尽管移民的人力资本不能通过移民这一过程改变，但是新国家（美国）的其他人口的平均人力资本高于原来国家（危地马拉）。因为美国拥有更多的促进经济增长的因素，这一纯粹的移民行为大大改变了美国对无技能的危地马拉的劳动力的需求。在美国，许多人的收入足够高使其愿意支付草坪修剪工人每小时 10 美元的工资，而在危地马拉，几乎没有人有足够高的收入可以支付草坪修剪费。

☞ **国际视角**

热带地区经济增长的成功与失败

正文验证了杰弗里·萨克斯关于地理条件是一国成功实现经济增长的重要决定因素的假说。热带地区经常和不健康与低农业生产率联系起来。而当一个国家是内陆国，且没有海岸线时，这种不利影响会加重。世界上大多数位于热带地区的内陆国家的经济增长都失败了，没有趋同于富裕国家。表 12—1 列出的马里就是其中之一，绘制在图 12—3 的左下角。[a]

然而在过去的三十年，增长最快的国家之一是博茨瓦纳，该国既位于热带地区，又是内陆国，那么博茨瓦纳成功的秘诀是什么呢？

在博茨瓦纳，只有一个政党占统治地位，这个政党连同法律和合约程序的传承，都可以追溯到英国殖民统治时期，使政治精英追求明智的政策。该国鼓励外国投资，主要是矿产公司。不存在贿赂和政治腐败问题。博茨瓦纳所面临的最大的问题就是疾病，这种病的影响不只限于热带地区——大约 30%的成年人感染了 HIV（艾滋病的主要病毒来源）。通过成功实现的经济增长，博茨瓦纳能够为需要的人免费提供艾滋病药物。总的来说，博茨瓦纳的经验支持了政治资本作为经济增长的关键要素的重要性。

其他位于热带地区的成功国家与地区有新加坡、泰国、马来西亚和中国香港。这些国家和地区的优势是它们不属于内陆国，并且新加坡和中国香港还拥有良好的天然港口。萨克斯认为这些地处热带且成功的地区有两个共同的特征。第一，这些地区在经济发展的早期都强调公共健康条件的改善，新加坡和中国香港都位于岛上，控制疾病问题比较容易。第二，这些地区都采取鼓励非农业的经济活动，政府采取政策鼓励外国投资建立以出口其大部分产出为导向的制造工厂。

很久以前，19 世纪的欧洲定居者已经意识到热带地区经济发展所面临的诸多问题，包括热带疾病和贫瘠的土地等。尽管英国、法国、比利时和葡萄牙对非洲进行殖民化，但是很少有欧洲移民生活在非洲，他们选择在温带地区的美国、加拿大、澳大利亚、新西兰、阿根廷和南非等国居住。因此，热带非洲几乎没有受到欧洲优秀文化与教育的影响。大多数欧洲人来到非洲开采原材料和掠夺农业产品，把巨额利润带回欧洲，留下一个更加贫穷的非洲。

遗憾的是，博茨瓦纳的案例和东南亚国家的成功对于撒哈拉沙漠以南非洲的贫穷国家的借鉴意义极其有限。撒哈拉沙漠以南非洲的贫穷国家疾病蔓延，农业用地的贫瘠状况非常严重，需要富裕国家大量的国外援助，尤其是提供药品以控制艾滋病和像疟疾这种仅在热带传播的疾病。

a. 这一部分是基于杰弗里·萨克斯的“Tropical Development,” NBER Working Paper 8119（February 2001），以及“Economics Focus：The Tropical Exception,” *Economist*（March 30，2002）。对博茨瓦纳感兴趣的读者可以参考 en. wikipedia. org/wiki/Botswana。

12.6 案例研究：不同时期美国不平稳的经济增长

本章从开始到现在，我们一直重点解释为什么一些国家仍然那么贫困，而富裕国家的生活水平比贫穷国家高许多倍，而且还在增长。对于这些富裕国家比如美国的人们来说，现在面临的一个内部问题是为什么经济增长的速度在不同时期差异巨大？1900—1972 年生产率的增长速度大大快于 1972—1995 年的增长速度。1995 年之后经济增长速度加快，直到 2004 年之后又缓慢下来。

长期生产率的增长率对阅读本书的学生的未来生活水平至关重要。例如，对一个现在20岁的学生来说，如果增长率为每年3%，23年后生产率将翻倍，但是如果增长率每年只有1%，翻倍需要69年。[①]。因此我们关心的是将来的生产率增长速度是和1973—1995年的一样慢呢，还是和1995—2004年的一样快呢?

□ 战后美国生产率增长经历的四个时期

20世纪前半叶美国经济的高速增长主要是由平均每年将近2%的劳动生产率的增加引起的。在本部分我们从较近的一段时间1960年开始分析，图12—5中的波动较大的线条表示自1960年以来每年的实际劳动生产率的增长率（通过实际GDP除以整个经济中的工作时间)。由于实际劳动生产率的增长率是无章可循的，有些年份急转直下，有些年份又增加得很快，所以我们通过比较平滑的线条来描述实际劳动生产率的增长率的趋势。

平滑线条表明20世纪60年代的生产率趋势比1950年前半个世纪完成的年均2%的增长率要好。在1961—1962年，这一趋势达到了2.7%，之后平稳下降，到1979年仅为1.3%。相对缓慢的生产率增长率，从1.3%到1.6%，保持了将近20年，从1976年到1995年。然后从1995年开始，趋势强劲复苏，在2002年达到2.4%，但是在2006—2010年间又下降为1.8%。

我们可以参照1960年以来生产率增长的4个时期简化图12—5中的证据，四个时期分别描述为“快速增长期”、“增长缓慢期”、“快速增长期”和“不确定期”。回到20世纪60年代，经济学家和政策制定者认为生产率接近3%的增长率可以永久持续，而事实并非如此。生产率的降低持续了整个20世纪60年代和70年代，在1979—1980年达到最低点，如平滑线条所示。总之，整个缓慢增长时期从70年代中期一直持续到90年代中期。

90年代后期生产率增长开始复苏，在这一时期网络发展到了全盛时期，因特网和网上冲浪成为普遍性的娱乐活动。令许多调查者诧异的是，尽管网络股票市场及其投资热潮在2000—2002年就溃败了，但是经济的快速增长一直持续到了2004年。2004年之后经济增长趋势（图12—5中的平滑线条）开始下降，但是并没有一直回到缓慢时期的增长率。因此，我们才把经济增长的第四个时期叫做“不确定期”，而不是“快速增长期”和“增长缓慢期”。

本节的论述根据这四个时期的划分也相应地分为四个部分。我们首先想要问为什么在20世纪60年代或者说在20世纪的大多数年份（1960年之前）经济增长速度那么快。然后我们确定又是什么原因造成了70年代早期之后的经济发展速度缓慢，而1995—2004年经济又强劲复苏。本节以一些关于未来美国生产率增长的推测性评论结束，生产率增长是未来美国生活标准上升速度快慢的关键决定因素。

---

① 如果每年的增长率为x，我们通过一个简单的方法来计算多久之后增长率会翻一番。应用第2.7节专栏中的方程$x=100*\ln(X_t/X_{t-s})/s$，在这里，x是增长率，s是从起始年到停止年之间的年份数，X_t是最后一年的值，X_{t-s}是起始年的增长率。我们在方程两边同时乘以s，再同时除以x，然后将X_t换成数字2，将X_{t-s}换成数字1（因为最后一年数值是起始年数值的2倍）。结果方程就变为$s=100*\ln(2/1)/x$。因为$\ln 2=0.693$，方程就成为$s=69.3/x$，也就是说，我们想要增长率翻倍所需要花费的时间是70（69.3接近70）除以x。这一规则允许我们计算出任何增长率为x的经济翻倍所需的时间。

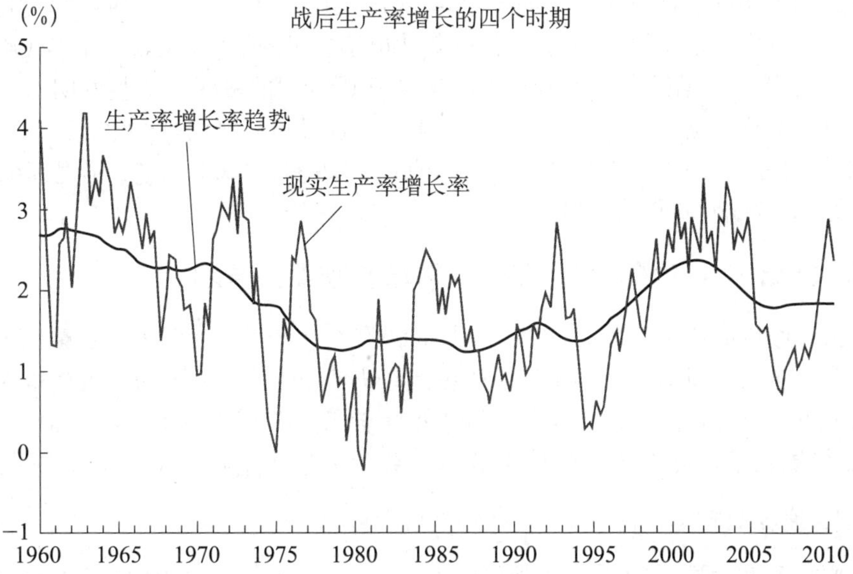

图 12—5　美国 1960—2010 年劳动生产率的增长率

□ 20 世纪 70 年代之前美国经济的快速增长

20 世纪初到 20 世纪 70 年代经济的快速增长主要是由于 19 世纪末的一些“伟大的发明”引起的，这些发明如此重要，以至于进入 20 世纪后引起更多的发明创造。在这些发明中最重要的是 19 世纪 70 年代电的发明、80 年代与 90 年代内燃发动机的发明。电的初始影响是使电力照明成为可能，并被快速引入到办公室和零售店里，随后逐步引入到普通家庭。到 1930 年，68%的美国家庭实现了电气化。电的另外一个早期应用是电梯和城市交通，包括有轨电车和高架或地下高速交通。到 20 世纪 20 年代，电使制造业发生变革，到了 50 年代，居民可以使用空调，为工业和家庭从北向南移动做了巨大贡献。①

内燃发动机的发明也是一次变革。在 20 世纪上半叶，它使汽车、卡车和飞机代替马车和货车成为可能，而前者变得更加高效、舒适，动力也更强。汽车运输引起不计其数的互补性创造，包括机场、高速公路、市郊和超市等。其对马和骡子等的替代产生了巨大的效率，因为相对于它们所用的燃料来说它们产生的能量更多，而马和骡子产生的能量相对于所吃的饲料来说会小很多。

除了电和内燃机这两项最伟大的发明之外，19 世纪末期的伟大发明还有很多。包括电话、电影和化学药品等。1920 年第一个商业电台问世，1939 年第一台商用电视机进行演示。还有一项我们很少知道的发明就是巴斯德的“细菌学说”（1869 年），这一发明直接引起水库和城市供水及卫生设备的大量投资。1989 年，很少房间装有室内管道，但是到了 1950 年室内管道几乎已经非常普遍了，在同一时期，城市供热系统也逐渐实现了标准化。

① 19 世纪末期的伟大发明中关于因特网的影响的比较是由 Robert J. Gordon 提出的，“Does the New Economy Measure Up to the Great Inventions of the Past?” *Journal of Economic Literature*，vol. 14，no. 4（Fall 2000），pp. 49-74。

这些伟大发明的积累造成了1890—1950年间美国平均生活水平的巨大变化。自那时以来也有许多的发明，比较显著的就是50年代电脑主机的发明，随后60年代喷气式飞机的发明，80年代个人笔记本电脑的发明，90年代因特网的发明，这些发明对日常生活的影响与电灯、电梯、空调、汽车、飞机、电影、录音机和电视机等相比，没什么不同。室内洗手间的发展和干净的水有助于解释一个惊人的事实：1900—1950年之间每年预期寿命的提高是1950—2000年的三倍。

□ 20世纪70年代到1995年生产率增长减缓的原因

(1) 人口结构的变化 20世纪70年代和80年代美国的青少年人口大量增加，大量妇女开始从事社会工作而不是赋闲在家。这些相对缺乏经验的劳动力的注入使得平均劳动生产率有所降低。此外，由于这些人的工资水平比较低，劳动相对于物质资本（第11章中的K）变得便宜了，资本的增长速度放慢，劳动力投入增加，结果就是资本劳动比率$\left(\frac{K}{N}\right)$的增长速度变慢。

(2) 原材料和能源 希伯来大学经济学家迈克尔·布鲁诺和哥伦比亚大学经济学家杰弗里·萨克斯强调能源和原材料的价格相对较高所带来的直接影响（第9章提到的"供给冲击"）。①

能源价格较高会减少企业所使用的能源量，这将会减少产品、资本和劳动的生产率。耶鲁大学经济学家威廉·诺德豪斯在进行了诸多研究之后指出，特别是能源依赖型产业包括石油和天然气的开采业、汽车业、发电业、管道和航空运输业等首当其冲会受到生产率增长减缓的影响。②

(3) 基础设施 本章第5节和方程（12.8）都把基础设施资本作为影响经济增长的重要源泉。富裕国家与贫穷国家不同，富裕国家在教育、下水管道、高速公路、机场和一些其他形式的基础设施上投资更多。特别重要的是在1958—1972年州际高速公路系统的建设时段，是生产率高增长的时段。一旦州际公路的基本系统在20世纪70年代初期完成，再也没有更多的收益比得上生产率的一次性进步带来的收益，这种生产率进步来自货车司机行驶速度的大幅提高。

□ 1995—2004年生产率增长的复苏

图12—5中的历史记录表明了1995年以后生产率是怎样复苏的。在最近的1997—1998年，经济学家们一直在努力解释十年以前索洛提出的"索洛悖论"："除了生产率统计外，我们到处可以看到计算机时代。"但是到了1999年和2000年，经济学家突然从其文字处理器中查找并发现在他们能够对索洛悖论进行满意解释以前，由于1995年后的生产率复苏，它已经显得过时了。让人措手不及的是，经济中出现了大量计算机，生产率增长无处不在。

---

① Michael Bruno and Jeffrey Sachs, *Economics of Worldwide Stagnation* (Cambridge, MA: Harvard University Press, 1985).

② William D. Nordhaus, "Retrospective on the 1970s Productivity Slowdown," NBER Working Paper 10950 (December 2004).

生产率增长突然复苏，此后几年，索洛悖论正确无误地捕捉到了计算机引起的生产率收益的不足，生产率增长的突然复苏似乎在证明斯坦福大学经济学家保罗·戴维在几年前的预测，即“计算机带来的收益会延迟，但是过了一定时期最终是会促进经济增长的”。他的“延迟假说”是基于历史上电的例子提出的，电是在19世纪80年代发明的，但是其所带来的巨大的经济增长却是在40年后的20世纪20年代。狂热的人把新经济视为一个与19世纪后期的“伟大发明”一样甚至更伟大的根本性工业革命。

□ 生产率增长复苏的原因

(1) 计算机的生产和使用 最初似乎大多数人都会将生产率的复苏解释为计算机和其他高科技产品的生产，但是到了1999—2000年，生产率的复苏势头依然强劲，人们开始寻找其他的解释。似乎并非只有生产高科技产品的企业生产率增长会增加，在那些依赖于使用计算机进行工作的行业，包括证券业（日交易股票总量为40亿美元的场所）和批发零售业中，生产率的增长也会提升。

(2) 计算机投资崩溃后经济持续增长 2000年后计算机投资的热潮崩溃。对计算机和软件的投资占GDP的比重明显下降，确实在2000—2010年的十年时间里，其投资份额占GDP的比重从来没有超过1999—2000年的比重。因此把1995年之后的生产率增长的复苏归因于计算机的人，当看到2001—2004年实际生产率的增长比1995—2000年的计算机时代更快时，会感到吃惊，如图12—5中波动较大的线条所示。那么到底是什么导致了生产率增长的复苏呢?[①] 一个原因是在2000—2002年股票市场和利润的同时崩溃导致企业开始采取比在以前的战后衰退时期更大的力度来缩减成本。严重失业使得2002—2003年间就业人数持续减少，甚至在产出开始恢复的时期就业人数也很少。随着产量的增长和就业萎缩，生产率大幅上升。[②]

(3) 更少员工生产更多的产品 除了挤占利润和相关的成本削减外，另一种假说集中于“无形资产”。所谓的无形资产是指不包含在政府关于计算机和软件投资等定义中的一种投资类型。虽然在20世纪90年代后期就可以使用万维网，但是在改变旧的商业模式和重新培训员工使用计算机之前，计算机并没有真正高效地发挥作用。简言之，尽管对计算机的投资比重大幅下降，但是计算机及因特网的发明所带来的益处在20世纪90年代后期到2001—2004年之间实现了溢出效应。一个很好的例子是在机场的电子信息亭，它为你提供登机牌，而这并不需要航空公司雇员到场；这并不是在20世纪90年代末的互联网时代流行起来的，而是在2001—2004年。[③]

---

① 本部分是由 Robert J. Gordon 的“Exploding Productivity Growth：Context，Causes，and Implications”概括而来的，Brookings Papers on Economic Activity，no. 2（2003），pp. 207-298。

② 利润下降导致就业的低迷和生产率增长的繁荣这一假说最近已在跨产业的实证研究中得到支持。See Stephen D. Oliner，Daniel E. Sichel，and Kevin J. Stiroh，“Explaining a Productive Decade，” *Brookings Papers on Economic Activity*，2007，no. 1，pp. 81-152.

③ See Susanto Basu et al.，“The Case of the Missing Productivity Growth，or Does Information Technology Explain Why Productivity Accelerated in the United States but not in the United Kingdom?” *NBER Macroeconomics Annual* 2003，pp. 9-63.

□ 2004 年之后及未来的生产率增长

从图 12—5 中我们可以看到经济增长速度在 2003—2004 年之后明显变慢，无论是波动较大的线条上显示的实际生产率增长的数值还是平滑线条上所估计的生产率增长的趋势都显示出了下降的迹象。这是 1995 年后生产率增长复苏的一个临时中断还是即将来临的厄运呢？

在 2005—2007 年，经济学家对未来生产率增长的态度更为悲观。一些悲观主义者认为 1995 年以后的经济复苏已经走向终结，在本质上这是“一次性买卖”，而不是生产率长期快速增长的开端。第一个论点是，20 世纪 90 年代中期计算机和通信技术的结合，促使了因特网和万维网的产生，明显地刺激了 20 世纪 90 年代后期生产率的增长，但是这场发明只能够进行一次。

第二个论点是，尽管新发明在继续，如 iPod、iPhone、iPad，但这主要对消费者有利，而对企业的生产率的影响相对较小。第三个论点是，如我们所认为的 2001—2004 年生产率的暴涨，显而易见是命中注定的昙花一现。股票市场和利润的同时崩溃使企业大量缩减开支以及大量裁员，这些举措可以暂时使生产率有所提高，但是一旦就业恢复，生产率增长将急剧下降。与之类似，无形资本假说认为 20 世纪 90 年代的计算机投资热潮所带来的收益被延迟了，但也仅此而已。

截至 2010 年底，生产率的未来增长趋势依然是高度不确定的。乐观主义者指出，在 2009 年，现实生产率增长率曲线会急剧向上翻转。但是悲观主义者认为它与 2001—2004 年相似。2008—2009 年发生的经济危机造成股票市场和利润的崩溃，恰好与八年前的经济状况相呼应。因为如此大幅地削减成本，解雇如此多的工人，比产出下降所需减少的还多，因此所测量的生产率增长有所回升。但是在 2010—2011 年，生产率增长在 2009 年的增长之后急剧下降，正如 2001—2004 年增长后的 2005—2007 年那样。

在更长的 10 年或者 20 年里，美国的实际人均收入水平的增长很可能会慢于 1987—2007 的 20 年。这有两个原因。① 第一，婴儿潮一代（出生于 1947—1963 年的人）即将退休，他们的退休将会使工作人口数相对于退休人口数来说有所下降。因为人均工作时数（以从 16 岁到 100 岁的所有人口数为基准）将会下降。根据定义，这意味着人均收入的增长将会比生产率的增长更加缓慢。

未来增长率缓慢（不仅指生活水平，而且指生产率本身）的第二个潜在原因是美国人的教育程度长达一个世纪的增长结束了。随着初等教育在 19 世纪后期普及，高中教育在 1910—1940 年普及，然后第二次世界大战后数以百万人接受了高等教育，美国人的平均受教育年限稳步上升。大约在 1990 年，这种进步停止了，美国人的平均受教育年数停止增加。然而其他远远落后的国家追赶上来，并且加速向前。为什么？

有两个基本答案。第一是美国的高等教育存在着“成本病”，几乎和医保的成本病一样有害。许多名牌学校招收的学生数量与 30 年前一样，但是实际成本更高，即对整个经济的通货膨胀调整后的名义成本。这些比较高的成本包括教师工资、作为教师招聘条件一部分的带薪假期、额外的建筑物（尽管学生数量不变）、维护这些建筑的成本（照明、取

---

① 此处的分析部分基于 Robert J. Gordon 的“Revisiting Productivity Growth Over the Past Century With a View of the Future,” NBER Working Paper 15834，March 2010。

暖和校工的工资)。第二个原因是学生与家长为大学教育的高成本而进行的融资。国家的助学金比以前有所减少。此外,政府的预算问题也使得以前只收取适度学费的州立大学的学费水平大幅增加。简而言之,许多年轻人由于自己和父母支付不了高昂的学费而不去上大学,另外,他们不想用六位数的贷款给自己增添负担。

我们在方程(12.7)和方程(12.8)中了解到,人力资本即教育是生产函数中的一种投入,可以使每一位工人更加多产。即使创新的速度和过去的二十年一样快,但自1990年以来美国的人力资本增长速度的减缓仍然是悲观主义者认为未来的经济增长速度缓慢的原因之一。

☞ **全球经济危机聚焦**

2007—2009年经济衰退对长期经济增长的持续影响

悲观主义者认为未来的经济增长速度缓慢的另一原因是2007—2009年的经济衰退所引起的持续高失业,并且在2010年后这种状况很可能还要持续很多年。数百万人受到长期失业的影响,开始丧失与工作相关的技能。他们的人力资本逐渐被消磨,这就会减少方程(12.7)和方程(12.8)所表示的生产函数H的增长。

由于工厂几乎变空,办公大楼也部分闲置,建造新工厂和办公大楼几乎没有什么利润,因此投资水平也相应地降低了。这就使得物质资本投资K也减少了。

我们在第5章和第6章对促进宏观经济政策的利弊进行了讨论。我们知道寻求一个成功的宏观经济政策是非常重要的,不仅有助于降低失业率,更重要的是可以抵消经济衰退的负面影响和补偿其对长期经济增长的后果。

由于婴儿潮时期出生的工人的退休,日益增加的高等教育学费造成的人力资本投资障碍,2007—2009年的经济衰退对人力资本和物质资本投资所带来的持续影响等等原因,经济在未来二十年时间里的增长将相对缓慢。我们还有什么政策可以抵消经济增长缓慢的这种趋势呢?

婴儿潮时期出生的工人的退休的确是一个问题,因为它使工作年龄人口的比率相对于不工作的退休人员来说减少了。对政策制定者来说一个可以利用的解决方案就是促进年轻人口移民到美国,特别是那些具有高技能的人员。高等教育相对成本的上升需要限制"成本病"的政策,这是很困难的,因为许多成本迅速上升的大学都是自身依赖捐赠生存的私立学校。一个对联邦政府有用的政策是依据收入情况管理贷款,这个计划规定:那些从事低收入职业的人如学校教师、护士等,其还款数额可以低于其所借的全部款项,而那些从事高收入职业的人,其还款数额应该高于其所借的全部款项。因此,就像第5章和第6章所讨论的那样,救治长期失业和低投资水平的良药就是刺激性的宏观经济政策。

自测题 12—3

解释下面各项怎样影响劳动生产率的增长, 以及最适用于哪个时期(1970年之前,20世纪70

年代至 1995 年，1995 年至 2004 年，2004 年之后）。

1. 女性劳动参与率的提升。

2. 州际高速公路的建成。

3. 婴儿潮时期出生的一代人的退休。

4. 因特网和万维网的发明。

12.7 欧洲与美国之间生产率增长的对比

一些去欧洲发达国家如法国、德国和瑞典旅行的美国游客，会发现这些国家与美国之间的区别。例如，在欧洲超市里除了结账收银员以外很少雇用装袋工。停车场也是完全自动化的，很少聘请服务员。帮助客人停车的服务人员也很少见。餐馆勤杂工——负责清理和安排顾客的桌位——在美国的中高档餐厅是非常流行的，但是在欧洲国家同样的餐厅中几乎看不到。

这些观察结果只是过去三十年来美国与主要欧洲国家经济发展过程中诸多差异中的一种表现。虽然美国在 1973—1995 年生产率增长速度不及欧洲，但是自 1995 年以后生产率增长较快，经济迅猛发展。在 20 世纪 80 年代中期到开始衰退的 2007 年整个期间，美国在就业量和维持相对低的失业率方面有着更加卓越的记录。

□ 欧洲赶上来了，但又落后了

在第 1 章我们已经把美国与欧洲的生产率增长状况进行了一番比较，1995 年之前美国的生产率增长慢于欧洲，1995 年之后快于欧洲。与之对比，图 12—6 将美国的劳动生产率与欧洲进行比较。我们可以看到美国的劳动生产率在很长的一段时期内增长都比较缓慢，而欧洲从 1970 年相当于美国 60%的水平上升到 1995 年 88%的水平。在这一时期，欧洲各国的政策使得劳动力价格居高不下，结果是企业为了避免成本过高而最小化其劳动力投入，使得欧洲各国就业增长缓慢而生产率增长很快。美国在这一时期采取使企业雇用无技能劳动力更便宜的追赶政策，带来了更多低工资职位，却使劳动生产率增长减慢。

1995 年后，美国劳动生产率的增长有所恢复，如在第 12.6 节所学。出现这种情况并不是因为美国改变了鼓励低技能劳动力就业的政策，而是因为在整个 20 世纪 90 年代移民稳定增长。美国的变化是发明了因特网和万维网，这个发明由美国的企业主导，如微软、苹果和英特尔。欧洲国家也在其制造业和服务业中采用了这一先进技术，但是其技术应用不如美国那么迅速，结果，欧洲的生产率水平相对于美国由 1995 年的 88%下滑到了 2001 年的 84%。

□ 欧洲与美国的不同制度

在 1973—1995 年间比较长的时段里，美国的生产率水平低于欧洲，而就业水平高于欧洲，这一对比反映了制度与政策的系统差异。美国的工会相对比较弱，实际最低工资水平相对较低且呈下降趋势，合法或非法移民对无技能劳动职位的竞争激烈。而在一些欧洲国家，例如在法国，雇用一个无技能的劳动力是非常昂贵的，因为最低工资率很高并且政府需要征收较高的工资税来维持医疗保障和派发养老金。

劳动力市场的这些政策差异导致欧洲的劳动生产率在 1973—1995 年间向美国看齐，

欧洲经受着就业增长不足，与之相反的是生产率的强劲表现。欧洲的状况是：就业停滞、失业增加、失业持续期比美国更长、年轻人的就业前景惨淡、劳动参与率低下，与美国相比欧洲更鼓励提前退休。欧洲各国为了应对工作的稀缺问题推出了比美国更长的休假期，以使更多的人可以参加工作。

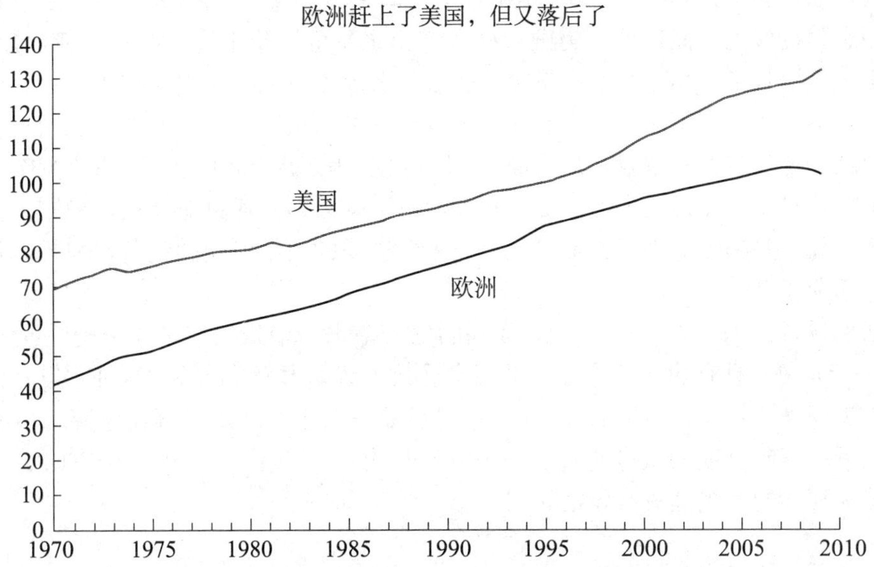

图 12—6　1970—2010 年欧洲和美国的劳动生产率水平

注：该图将美国 1995 年的劳动生产率水平等同于 100。2004 年以前欧盟有 15 个成员国，而欧盟在 1995 年的劳动生产率等同于 88，根据数据可以看出，在 1995 年时欧洲的劳动生产率水平比美国低 12%。到 2010 年（原文为 2001 年，与后面数据不符），欧洲相对于美国的生产率水平下滑到 78%。

资料来源：格罗宁根增长与发展中心，经济总量数据库。

□ 欧洲为何如此富有生产率，却如此贫困？

尽管 1995 年欧洲的生产率已经达到美国的 88%，但是欧洲的生活水平一直保持在美国生活水平的 70%左右。为什么会发生这种情况呢？我们兜了一圈还是回到本章第一个方程，为了方便我们重复如下：

$$y-n-(y-h)=h-n \tag{12.1}$$

在这里，产出增长率为 y，劳动时数增长率为 h，人口增长率为 n。欧洲的生活水平（$y-n$）比其劳动生产率（$y-h$）增长慢的原因是其每个成员的劳动时间（$h-n$）经历了负增长。长假期、高失业、低劳动参与、提前退休都意味着欧洲的人均劳动时间比美国少很多。

那么为什么欧洲国家还是落后了，其劳动生产率由 1995 年占美国的 88%下降到 2001 年的 84%再下降到 2010 年的 78%？有两个原因：第一个原因强调欧洲与美国的服务业的差异。第二个原因把欧洲劳动力市场的不同反应与 2007 年后的全球经济危机联系起来。

新的重要研究把欧洲的服务部门确定为一直没有赶上美国生产率水平的源泉。欧洲的问题主要集中在批发和零售业，而在这些行业美国都获得了极大的收益，尤其是一些建立在郊区和高速公路交汇处的店铺（经常被称为“大箱子”），如沃尔玛、塔吉特、家得宝、百思买和其他全国性的零售商。而欧洲的零售业由于制度的不同尚未参与进“大箱子”生产率增长趋势中。欧洲区域或土地上使用的一些规则条例比美国更严格，经常阻碍了“大箱子”的发展，并且在欧洲经常有大量政治压力，使得在市中心保留了一些效率低下的、小规模的商店。更为普遍的状况是，欧洲国家风俗和语言的不同很难使零售商扩张到整个欧洲，规则制度使创立新企业更加困难。

但是，欧洲各国在2007—2010年相对于美国来说其生产率有所下降并不意味着美国制度就一定是良好的。面对着与美国一样的产出水平的严重下降，欧洲企业的反应不同。美国发生大规模裁员，削减相对产量来说较多的劳动力投入，提高生产力。而在欧洲，特别是在欧洲最大的国家德国，并没有发生大规模裁员的情况。为了使企业保留员工，政府鼓励企业减少工作时数，也就是从每周40小时减少为每周20小时。政府为这个“工作分享”政策提供补贴，使得工人的工资水平并没有下降太多。通过避免大规模工人失业，德国和欧洲其他一些国家避免了像美国人那样曾经遭受的长期失业的痛苦，但是其代价是生产力停滞不前。

概括地说，在1970—1995年间，欧洲的生产率水平增长很快，从占美国的60%上升到88%，但正是这些促进生产率增长的因素导致了劳动力投入减少，也使得欧洲的生活水平相对于美国来说停滞不前。而在1995年以后欧洲的生产率水平开始下降，主要是源于其效率低下、管制过度的服务行业。2007—2010年欧洲生产力的进一步下降，是欧洲试图避免美国那样的大规模裁员导致的。

12.8 增长中一些重要问题的结论

与第11章中简单的理论不同，本章使我们更进一步理解了经济增长。我们学习了要实现经济增长不能仅仅依赖于在物质资本方面进行储蓄与投资，然后坐等外生变量和自动的科技进步带来令人满意的成果。经济体系获得技术进步不是免费的，而要通过昂贵的研究、发展和创新。如果从1800年开始没有持续的重大发明，对蒸汽机和木犁的持续投资只会使生产率略微提高。我们目前的生活水平大都依赖于产品和工艺流程的发明，包括铁路、内燃发动机和电的发明，这些在1800年都是不存在的。

贫穷国家可以通过对源自富裕国家的技术创新进行复制、进口或者鼓励拥有技术的外国企业到本地进行投资等方法来提高其技术水平。但是一些贫穷国家利用上述渠道获得技术比其他国家更容易。政府也可以通过促进教育，通过最小化转移（包括偷窃、贿赂和腐败等），通过加强基础设施建设来促进经济增长。但是如果一个国家地处热带地区，即使是最开明的政府也会面临一些特殊的增长障碍。这也就使得一些热带地区的国家如新加坡和泰国的经济增长更加令人印象深刻。

转向国内，美国的学生可能会更加同情那些持续挣扎的贫穷国家的人们，但是他们还对他们自己的生活水平的前景感兴趣。在一代的时间里，他们的生活水平是会停滞不前还是翻两番呢？在1973—1995年的20年时间里，美国的生产率增长慢于1973年以前，实际工资增长停滞。然而一些关于这一时期生产率增长缓慢的解释不具有说服力。显然，不同的劳动力市场制度在解释1973—1995年欧洲的生产率比美国增长迅速以及欧洲就业和劳动投入时间增长缓慢方面形成了统一的主题。

虽然美国的劳动力市场制度使美国企业雇用无技能劳动力更加容易，美国生产率在1995年以后还是恢复增长了。经济复苏的第一阶段，也就是1995—2000年，代表了在高性能计算机和通信技术方面取得繁荣的新经济对生产率的有利影响。尽管新经济投资崩溃，2002—2004年美国生产率增长方面令人称奇的进一步复苏部分来自利润的崩溃，当企业被迫以更少的工人生产更多产品时，利润的崩溃通常大幅削减成本。另外一个相关的解释就是计算机的广泛传播和万维网的发明，使得一些新的商业实践成为可能，并且20世纪90年代的高科技投资使得企业学习成为可能，为2002—2004年生产率的更快增长提供了条件。

2004年之后生产率增长步伐明显放缓，尽管在2009年生产率增长率发生了暂时的反弹，但是对未来20年增长的预测仍然是悲观的。有三个原因。第一，婴儿潮一代的退休将会降低工作年龄人口相对于退休人口的比例。第二，高等教育的成本稳定增长，使得读大学变得异常昂贵，造成作为长期经济增长的一个关键因素的人力资本投资增长率的降低。第三，2007—2009年的衰退以长期失业的方式造成的持续影响，以及投资的减少将限制未来几年人力资本和物质资本的增长。

小结

1. 经济增长的重要问题包括贫富国家之间持续的收入差距，曾经是贫穷国家的经济“增长奇迹”的源泉，以及富裕国家生产率增长率减慢和复苏的原因。

2. 生活水平是指人均产出，劳动生产率是指每小时的产出，全要素生产率是劳动和资本相结合的每个加权投入产出。如果劳动在国民收入中的份额保持不变，劳动生产率的增长率和实际工资的增长率就是相同的。

3. 虽然第11章中的索洛模型预测贫穷国家会趋同于富裕国家的收入水平，但是许多贫穷国家并没有发生这种趋同。虽然索洛模型预测贫穷国家比富裕国家的经济增长速度快，但是整整有一半在1960年处于贫穷状态的国家从1960年到1990年比美国的增长率慢。

4. 贫穷国家收入中用于投资的份额比富裕国家的要小，人力资本量也更低。然而，较低的物质资本与人力资本既是贫困的原因，同时也是贫困的结果。较低的教育程度阻碍最贫困国家利用富裕国家发明的技术上的优势。

5. 贫穷国家可以通过诸多途径获取现代的先进技术，例如通过复制，通过进口体现先进技术的设备，或者通过引进拥有先进技术的外国企业来本地投资。但是每一种途径都面临一定的障碍，因为先进技术是很难被复制的，有些国家太穷了而不能进口先进设备，还有一些国家不是外国投资的理想地方。

6. 阻碍许多贫穷国家经济增长的障碍包括“转移”（犯罪、贿赂和腐败等）、基础设施建设不充分（高速公路匮乏、通信系统不足）以及地理缺陷，特别是位于热带且缺少出海通道的地区。

7. 美国的生产率增长在1970年以前很迅速，从20世纪70年代早期到1995年增长缓慢，而在1995—2004年复苏，在2004年以后再次缓慢增长。1970年以前的生产率快速增长可以解释为19世纪末期的伟大发明（特别是电和内燃发动机的发明）以及以此为基础的所有20世纪的进一步发明。

8. 1973—1995年生产率增长缓慢的原因是没有工作经验的青少年和妇女劳动供给的增加，造成了资本劳动比率的下降。还有一些造成经济缓慢增长的其他原因，包括能源价格的提高、基础设施建设减少、世纪之初使迅速增长成为可能的伟大发明的作用减弱。

9. 1995—2001 年经济较快发展是由于因特网的发明和相关软件和硬件的投资热潮。虽然投资热潮崩溃，但 2001—2004 年的经济增长可被解释为：学习使用电脑和软件的延迟影响，以及为了减少成本进行的大量裁员。

10. 预测未来经济增长速度缓慢的原因大致有三个：婴儿潮一代的退休，高等教育的成本日益增加，2007—2009 年经济危机对人力资本和物质资本投资所带来的持续影响。

11. 1995 年欧洲的生产率水平达到美国的 88%，但是 1995 年之后又开始下降。欧洲受到计算机革命的影响稍晚于美国，由于其零售企业规模较小以及高压政治管制，其难以形成美国那样的“大型”零售企业。在全球经济危机中欧洲国家采取了保全工人工作的措施，为此也降低了其生产率。

关键术语

基础设施　　生活水平　　劳动生产率

问答题

1. “多要素生产率”中的修饰语“多要素”有什么重要意义？

2. 在什么情况下国民收入中劳动的份额会上升、下降或保持不变？

3. 经验证据是否验证了索洛模型关于趋同的预测？请给予解释。

4. “高投资率是趋同的一个前提条件”这一说法正确吗？

5. 实际工资与劳动生产率之间有什么关系？实际工资和劳动生产率是如何受到下列因素的影响的？

(a) 其他生产要素数量的增加（资本、能源和原材料）。

(b) 人口增长率下降和移民数量减少导致的劳动力的下降。

实际工资和生产率之间的因果关系在每种情形下一样吗？

6. 什么是“转移”？政府为什么能够忍受甚至参与这种不利转移？

7. “因为生产的每一要素都获得了其边际产出价值，所以一部分人从事研究与开发是经济上最优的安排。”评论该说法。

8. 讨论英国前殖民地与法国和西班牙的前殖民地的法律体系的区别，以及韩国与朝鲜经济增长率的不同，以此来探讨政治资本在一国经济发展中的重要作用。

9. 什么是基础设施？它在经济增长过程中为什么如此重要？假设需要给额外的基础设施融资，必须对为经济增长作贡献的其他投入征税。就为额外的基础设施融资而言，税收应该增加多少的规则是什么？在执行这一规则的过程中会面临哪些困难，尤其是在贫穷国家？

10. 杰弗里·萨克斯教授认为地理条件在贫穷国家的经济增长中起到什么作用？在本章“热带地区经济增长的成功与失败”的“国际视角”专栏中，政府应该如何克服一国的地理位置对经济增长所带来的潜在影响？

11. 第 11 章中的“移民难题”是指什么？方程（12.8）中描述的经济增长的扩展模型对解决这一难题起到了怎样的作用？

12. 19 世纪末期的伟大发明是指什么？它们对 20 世纪前三分之二时期美国生产率和生活水平的快速增长作出了怎样的贡献？

13. 1995 年后的经济复苏时期的两个阶段

(1995—2000 年和 2000—2004 年）生产率增长复苏的原因有何不同？

14. 解释为什么未来 10～20 年的人均实际收入的增长会慢于 1987—2007 年的人均实际收入的增长。

15. “紧缩性货币政策将会降低劳动生产率的增长率，而紧缩性财政政策将会使得劳动生产率的增长率提高”，这种说法是正确、错误还是无法确定的？给出相应的解释。

16. 由于深信必须采取强有力的措施来刺激生产率增长，支持增长的议员提出了一项议案来要求联邦政府增加教育支出 1 500 亿美元。为什么赞同议员的关于经济增长重要性的那些人会质疑这项立法的合理性？

17. 解释为什么 1995 年以后欧洲的劳动生产率相对于美国来说下降了。

思考题

回答带星号的问题需要参考第 11 章的附录。

1. 在下列每一情况下，计算产出增长率（y）和劳动生产率（$y-h$）。假设国民收入中的资本份额（b）为 0.25。

(a)

y	a	k	h	$y-h$
	2.5	2	1	
	2.0	2	1	
	1.5	2	1	
	1.0	2	1	

(b)

y	a	k	h	$y-h$
	2.5	2.0	1	
	2.5	1.5	1	
	2.5	1.0	1	
	2.5	0.5	1	

(c)

y	a	k	h	$y-h$
	2.5	2.0	1.0	
	2.5	2.0	1.5	
	2.5	2.0	2.0	
	2.5	2.0	2.5	

根据你的计算，当 *MFP* 增长下降、资本投入增长下降、劳动投入增长提高而其他变量保持不变时，产出增长和劳动生产率增长会发生什么变化？你能预测到这些结果吗？为什么？

2. 假设国家甲的多要素生产率的增长率（a）为0.25%，资本增长率（k）为 3 %，劳动增长率（h）为 1%，国民收入中的资本份额（b）为 0.25，初始人均小时产出为 40，而国家乙的初始人均小时产出为 10。

(a) 计算国家甲的劳动生产率的增长率。

(b) 计算第 10 年年末、第 20 年年末、第 30 年年末国家甲的人均小时产出。

(c) 假设第一个 10 年国家乙的劳动生产率增长是国家甲的 4 倍，第二个十年国家乙的劳动生产率增长是国家甲的 3 倍，第三个十年国家乙的劳动生产率增长是国家甲的 2 倍。计算第 10 年年末、第 20 年年末、第 30 年年末国家乙的人均小时产出。

(d) 计算第 10 年年末、第 20 年年末、第 30 年年末国家乙的人均小时产出占国家甲的人均小时产出的比例。这些计算与索洛模型的预测结果一致吗？

3. (a) 假设劳动生产率和 GDP 平减指数以每年 2%的速度增长，国民收入中的劳动份额保持不变，名义工资将会以多快的速度增长？

(b) 假设劳动生产率下降至每年 1.2%，如果名义工资增长率和 GDP 平减指数保持不变，那么国民收入中的劳动份额将会如何变动？假设美联储保持通货膨胀率不变，那么，在国民收入中的劳动份额保持不变的情况下，新的名义工资增长率将会是多少？

(c) 假设劳动生产率增加至每年 3%，在名义工资增长率和 GDP 平减指数保持不变的情况下，国民收入中的劳动份额将会如何变动？假设美联储保持通货膨胀率不变，那么，在国民收入中的劳动份额保持不变的情况下，新的名义工资增长率将会是多少？

4. 下面给出了开办一个企业所需要的初始资本成本、许可证费用和一些其他准入成本，以及三个国家的人均收入状况，这三个国家中有一个富裕国家和两个贫穷国家。

	国家 A	国家 B	国家 C
初始资本成本	10 000	1 000	1 000
许可证费用 和一些其他准入成本	200	100	200
人均收入	20 000	2 000	2 000

(a) 假设这一企业的年投资回报率是初始资本成本、许可证费用和一些其他准入成本的10%，计算该企业在每个国家的年收入。

(b) 计算在每个国家中，许可证费用和一些其他准入成本占收入的百分比。

(c) 计算该企业在每个国家需要多少年的时间才能赚回其创业之初所花费的初始成本、许可证费用和一些其他准入成本？

(d) 基于 (b) 和 (c) 部分的答案，讨论在这三个国家中创业所需要的许可证费和准入成本。如果你的工作是支持鼓励创业的穷国进行改革，对于许可证费用和一些其他准入成本构成政府收入来源的国家，应该采取怎样的改革措施？

5. 一家企业可以选择在两个国家承接一项工程，国家甲的政府是诚实的，而国家乙的政府是腐败的。也就是说，与国家乙的情况不同，国家甲没有某些转移。两项工程在国家甲和国家乙的初始成本分别为 200 万美元和 210 万美元。两项工程在本年度不产生利润，未来两年在国家甲的利润分别为 105 万美元和 176.4 万美元，未来两年在国家乙的利润分别为 126 万美元和 198.45 万美元。利率为 5%。

(a) 如果国家乙不存在转移，证明在国家乙着手进行这个工程福利会更好。

(b) 如果继续在国家乙承接这一工程，该公司可以承受的最大转移的数量是多少？

*6. 给定生产函数 $Y = AK^{\frac{1}{5}}R^{\frac{1}{5}}H^{\frac{1}{5}}N^{\frac{2}{5}}$ ，其中 K 表示物质资本，R 表示基础设施资本，H 表示人力资本。把这一函数形式转化为 $\frac{Y}{N}$ 与 $\frac{K}{N}$、$\frac{R}{N}$ 及 $\frac{H}{N}$ 相关联的函数。现在我们考虑两个国家，它们使用相同的技术信息、相同质量与数量的每一种类型的劳动力和资本以及上面给出的相同的生产函数，两国具有近似的地理条件。不过，国家甲拥有 10 倍于国家乙的人均产出。两国唯一相对不同的是国家乙同样的每一类型的资本都被转入非生产性活动，同时，国家甲不存在分工。找出被转移过去的每一类人均资本的数量。在这一问题中 N 代表劳动时数。

7. 假设国家甲的多要素生产率 (a)、资本 (k)、劳动 (h) 和人口 (n) 的增长率分别为每年 3%、3.4%、1% 和 1%。产出中资本的份额 (b) 等于 0.25。资本 (k)、劳动 (h) 和人口 (n) 的增长率每年分别为 3.8%、1%和 2%。在国家乙，产出的资本份额与国家甲相同。

(a) 计算国家甲的劳动生产率、产出和人均产出。

(b) 如果国家乙与国家甲拥有相同的人均产出增长率，计算国家乙的多要素生产率、劳动生产率和产出增长率。(提示：与国家甲拥有相同人均资本产出增长率的国家乙的产出增长多少?)

自测题答案

自测题 12—1

1 和 2. $y=5.75$；$n=0$；$k=9$。在每一种情况下，劳动生产率增长 ($y-n$) 超出 MFP 增长 (a)，因为在每一种情形下，人均资本的增长 ($k-n$) 是正数，人均资本增长相对于劳动投入而言提高了产出的增长，它由劳动生产率增长衡量。但相对于所有的投入而言，并没有提高产出的增长，它是由 MFP 增长来衡量的。

自测题 12—2

1. 储蓄率的增长提高了人均产出和资本水平。

2. 储蓄率的提高在长期对人均产出的增长率没有影响。

3. 人口增长率的提高降低了人均产出和资本水平。

4. 人口增长率的提高对人均产出增长率不会产生长期影响。

自测题 12—3

1. 女性劳动参与率的提高主要发生于 1973—1995 年生产率增长缓慢的阶段。起初，在她们获取工作经验以前，女性只有相对较低的生产技能和递减的生产率。她们的进入也降低了资本劳动比率（K/H）。

2. 州际高速公路系统大多完工于 1973 年，在这个意义上，汽车从东海岸到西海岸不会遇到交通灯，州际高速公路系统极大地提高了卡车司机的生产率，因而解释了 1973 年以前的快速增长和后来的慢速增长。1973 年以后的发展主要由降低交通阻塞的郊区环路而不是跨州的重大成就推动。

3. 婴儿潮一代人的退休将会发生在 2012—2030 年，将会降低工时与人口的比率，降低相对于生产率的人均收入的增长。

4. 20 世纪 90 年代后期因特网和万维网的发明推动了计算机硬件及软件的投资浪潮，相应地解释了 1995 年后生产率复苏的原因。

第 5 部分

货币政策与稳定的源泉

第 13 章 货币、银行和美国联邦储备

政府控制了货币，政府的权力不仅是强制使用货币，而且要印刷货币。

——John Maynard Keynes，1925

13.1 货币政策：稳定经济的工具

我们在第 4、5、6 章学习了货币和财政政策是稳定经济的两大工具。这些政策旨在稳定经济周期，减少现实实际 GDP 偏离潜在实际 GDP 的程度，消除两者之间的缺口。在图 1—3中，通过图形的对比，我们见证了“Volatilia”和“Stabilia”这两个虚构的国家运用货币政策的巨大反差。

在 2007 年以前的三十多年中，货币政策成为稳定经济的重要工具。虽然造成了从 1980 年持续到 1986 年的负产出，货币政策克服了 20 世纪 70 年代晚期的双位数通货膨胀。从 20 世纪 80 年代中期到 2007 年，宏观经济形势明显好转，衰退程度减轻，频率降低，被称为“大稳健”。（正如我们在第 3 章的开始部分所学。）对于“大稳健”到底是由需求和供给的冲击程度减轻引起，还是因为不断加大的货币政策的作用，目前尚处在争论中。

与货币政策不同，从 20 世纪 70 年代早期到 2007—2009 年的全球金融危机，财政政策很少用来稳定经济。对“大稳健”因财政政策运用得当还是财政政策使用不足引起，没有人提出疑义。金融危机使形势发生了变化，联邦基金利率在 2009 年早期降为零以后，货币政策便无计可施了。2009 年早期，传统的财政刺激政策又被引入，包括减税、增加转移支付和基础建设支出等一揽子计划。同等重要的是 2008 年后期货币政策和财政政策的创新性混合应用，美联储和财政部联合提供救市基金以防止金融系统崩溃就是其中一项措施。

在这一章我们将更深入地学习货币和货币政策。我们首先学习货币供给的定义、货币供给和货币需求的决定因素。我们将讨论货币供给的两个最基本定义 M1 和 M2 的构成要素。第 4 章的 $LS-LM$ 模型简单地假设美联储能精确控制货币供给量，而我们在这一章将学习为什么美联储偏爱控制短期利率而不是直接以货币供给量为目标。

美联储不直接以货币供给量为目标的一个原因就是货币供给有多种定义。我们在第 5 章了解到，金融市场上和金融中介机构中存在着各种各样的资产和负债，而它们的吸引度

随着时间不断发生变化。因此，货币供给的不同定义也随时间以不同的速度变化。

我们将学习要使货币供给的变化引起的总需求（*AD*）曲线以及名义GDP的变化可预测，货币需求应该是稳定可靠的。我们将明白，除非货币需求稳定，否则*LM*曲线的移动无法预测，这反过来使得总供给曲线的移动不可预测，名义GDP的变化程度也不得而知。

接下来我们转向货币需求的主要理论。这些理论说明了为什么货币需求与收入、利率等其他变量相关以及为什么货币需求有时稳定有时波动。在本章最后我们将学习为什么货币需求的不稳定性导致美联储在试图稳定经济时将注意力放在利率上而不是货币供给上。

13.2 货币的定义

我们在第4章学到家庭和企业重视货币和债券，因为货币可以完成交易，债券可带来利息。在前面的章节我们介绍了一系列付息资产。这些资产的偿还时间、违约风险以及其他方面都不尽相同。决定一项金融资产究竟是债券还是货币供给并不容易，因为资产不仅能支付利息，还可实现交易。面对这样的实际困难，美联储编制了一些货币供给的度量标准。最重要的两种度量是M1和M2，**M1**大概与货币的交换媒介职能相符，**M2**是在M1的基础上加上一些只有储藏价值的资产，但并非所有有储藏价值的资产都被列入M2。金融机构放松管制，允许一些支票存款支付利息及将支票记入M2的非M1类别上，这模糊了先前提到的M1和M2之间以及货币的交换媒介作用和储藏价值作用之间的区别。

□ M1的定义

表13—1显示了美联储关于货币供给所定义的M1、M2的组成部分。M1中每一栏的资产都可直接用来交易。

（1）**通货（现金）** 包括硬币和纸币，纸币币值从1美元到100美元，由美联储和存款机构之外的公众持有。

（2）**交易账户** 包括活期存款和支票账户。

（3）**旅行支票** 从银行或其他金融机构购买的未偿还贷款，但还没有用于购买。

表13—1 度量货币供给的M1和M2的组成部分，2010年10月 单位：十亿美元

	M1的组成部分	M2的组成部分
通货	903.9	
交易账户		
活期存款	494.7	
其他支票存款	385.9	
旅行支票	4.7	
等于M1	1 789.2	1 789.2
储蓄存款，包括货币市场存款账户		5 255.1
小额定期存款		978.8
货币市场共同基金（散户持有）		729.3
等于M2		8 752.4

资料来源：Federal Reserve Board *Money Stock Measures*，www.federalreserve.gov/releases/h6/Current/.

□ M2 的定义

M2 的主要组成部分：

(1) M1　M2 包含 M1 的所有组成部分。

(2) 储蓄存款　包括存折储蓄存款，能通过邮件和网络存取款的储蓄账户，这类账户包括货币市场存款账户，这些账户每个月开支票次数有限，和货币市场共同基金（在下面第 4 项）相比，要支付利息。因为它们是存款，享有存款保险资格。

(3) 十万美元以下的定期存款　通常称为“存款单”，期限从 6 个月到几年不等。

(4) 货币市场共同基金　允许无限次地开取价值超过最低限度的支票。共同基金投资股票和债券，每天的价值也在变动。与此不同，货币市场共同基金的总额基本不变。

哪些金融市场工具不包含在货币供给 M2 中呢？比较表 5—5，我们知道，M2 主要由存款机构和投资中介机构（货币市场共同基金而不是股票或债券市场共同基金）的负债构成。所有的资本市场工具都不包括在 M2 中。

□ 货币供给的定义和货币需求的不稳定性

因为 M2 中遗漏了一些金融资产，如股票或债券市场共同基金，相对于 M2 中的资产，当这些遗漏的资产更有吸引力时，M2 的需求变动就不可预测了。对 M1 的需求也更加不稳定，这是因为 M1 中的一些支票账户和一些不包含在 M1 中的资产非常相似，如货币市场存款账户。

这些资产的近似替代性给制定货币供给持续增长率规则（CGRR）的货币主义者造成了严重的困难。为了实施货币供给持续增长率规则，他们必须确定哪种度量方法的货币供给的增长率是稳定的。把“货币”和“收入”联系在一起的稳定货币需求函数的概念是货币需求理论的主题，我们将在下一章学习。货币主义学派由货币主义者所倡导，其理论大部分已过时，因为对 M1、M2 中的资产以及对不包含在货币供给定义范围内的资产的需求在发生改变。

自测题 13—1

以下几个事件，是增加了还是减少了 M1 的需求？是增加了还是减少了对 M2 的需求？

1. 货币市场共同基金的引入。
2. 信用卡的发明。
3. 货币市场存款账户的引入。
4. 股票市场的繁荣引起股票共同基金的需求增加。

13.3　高能货币和货币供给的决定因素

无论我们选择哪种货币供给的定义，创造货币供给的基本机制都是一样的。这一节我们将学习美联储和存款机构如何创造货币以及美联储的行为怎样对货币供给产生乘数作用。虽然美联储能控制货币供给的长期平均增长率，但在现实中，美联储不能精确控制货币的短期供给。

□ 荒岛上的货币创造

将没有美联储参与的简单银行系统作为分析的开端，我们能够更好地理解美联储在货币供给过程中扮演的角色。从第一家荒岛银行开始分析，这家银行刚开始收到 100 个金币，并把这 100 个金币看做它的资产，就有了 100 个金币的存款。但是，银行没有机会获利，因为 100 个金币放在金库里不产生利息。由于存款者取钱很少超过 10 个金币，银行家决定保留存款的 10%作为准备金，将剩下的 90%存款贷出去。

□ 创造货币的必要条件

存贷硬币的行为拉开了货币创造过程的帷幕。假如一个二手木排交易商卖给借了 90 个金币的人一个木排，并将这 90 个金币存入银行。刚开始存入的 100 个金币加上后来存入的 90 个金币，总的存款就增加到 190 个金币。因为二手木排交易商把从银行借出来支付木排的 90 个金币再次存入银行，银行还有原始的 100 个金币。这时，银行家还是决定持有 10%的总存款作为准备金。因为这个银行家决定持有总存款的 10%作为准备金，剩余准备金即 81 个金币可被贷出。

银行可以继续把超额准备金贷出直到总存款达到 1 000 个金币。那时，银行的实际准备金（100）等于法定准备金（100=1 000×10%），超额准备金刚好为零。这样，开始的 100 个金币以银行存款的方式创造了 1 000 单位的货币。第一家荒岛银行成功使开始存入的每单位货币创造了 9 倍于自身的货币。

如此奇怪的事是怎么发生的呢？要把 100 个金币变成 1 000 单位的货币供给，银行要具备 4 个条件：

（1）金币与存款等值 纸质收据代表银行存款的所有权，那就是说，支票作为一种支付方式必须在一对一的基础上被接受。换句话说，支票作为支付手段，与金币是等价的。

（2）贷款接着再存入银行 任何一个消费者或企业得到现金或支票后，必须将其存入同一家银行的账户里。我们在上面的例子中假定二手木排交易商将第一次贷款所得的 90 个金币再次存入银行。

（3）持有现金准备 银行必须以现金的形式持有一定比例的存款准备金（本例中是 10%的金币）。

（4）意愿借款人 有人愿意以能弥补银行运行成本的利息从银行借款。如果第一家荒岛银行停止借出它的超额准备金，货币创造过程将会停止。

□ 货币创造乘数

当这四个条件得到满足时，货币创造的整个过程可以用一个简单的方程概括出来。用 H 表示**高能货币**（high-powered money），也就是银行作为准备金的那类货币。在本例中，H 就是 100 个金币，也就是高能货币，因为它们通过第一家荒岛银行产生了货币的倍数扩张。高能货币也称作基础货币。

用 D 表示银行总存款，e 表示准备金占银行总存款的比例。在均衡时，对作为准备金的高能货币（eD）的需求等于高能货币的供给（H）：

一般形式	数例	
$eD=H$	$0.1\times(1\ 000)=100$	(13.1)

这个方程可重新整理（两边同时除以 e），决定与高能货币的数量（H）和银行准备金率（e）相关的存款（D）数量。

一般形式	数例	
$D=H/e$	$1\ 000=100/0.1$	(13.2)

与收入决定乘数相比较 货币创造乘数是 $1/e$，或者在数例中是 $1/0.1=10$。这是在本书中第二次用到乘数这个词。在第 3 章我们探究了收入决定乘数的决定因素。第 3 章最简单形式的乘数是：

国民收入决定乘数（k）$=1/$边际储蓄（s）倾向

自发性计划消费（A_p）的增加会产生乘数作用，因为消费创造收入，收入的一部分流入储蓄和税收，其余部分又进入另外的消费活动中。当总的额外漏出收入等于刚开始时 A_p 的增加量时，乘数过程就会停止。

货币创造乘数的实质是一样的。在方程（13.2）中，高能货币（H）的增加被放大了，因为初始的存款 H 变成了准备金，其中一部分成为法定准备金，其余部分被贷出去，以获得贷款家庭和企业的额外存款形式重新回流到银行。当额外漏出到法定存款准备金的数量与初始的 H 相等时，货币创造乘数过程就结束了。

与现实情况相比较 实际上，简单货币创造乘数所需的四个条件的其中一些并不容易获得。

条件（2）要求任何卖家从贷款受益人那里得到支付后，又把钱存入银行。如果不是这样，就不会发生货币创造的过程。如果把现金存入到另一家存款机构，这家机构就会持有超额存款准备金，乘数创造过程会继续进行。这样可以修正条件（2）以适用于美国的所有银行。以现金或支票方式得到贷款的卖家如果将资金再存入到美国银行，对于整个美国银行系统，方程（13.2）中的货币创造乘数还是有效的。

现金持有 然而，当家庭或企业不仅仅想持有支票存款，而且想持有现金时，货币乘数就会改变。假设每个人都以总存款的固定比例比如 15%持有现金。[①] 对通货的需求使对高能货币的需求额外增加了（cD）。在校正了的荒岛例子中，对金币的需求是高能货币的唯一形式，等于 10%的存款准备金（$eD=0.1D$）加上 15%的现金存款（$cD=0.15D$）。

在现实世界里，高能货币（H）等于美联储的负债，也就是银行准备金和通货。对银行准备金的需求（eD）加上对通货的需求（cD）等于高能货币的总供给（H）。

一般形式	数例
需求＝供给	需求＝供给
$eD+cD=H$	$0.1D+0.15D=100$

或者

① 现金比率 c 和第 3 章中的边际消费倾向 c 一点关系都没有。存款准备金比率也和第 7 章中的外汇汇率（e）没有关系。在本章，我们重复使用了这些字母，因而在本书中，这两个字母具有双重含义。

$$(e+c)D=H \qquad 0.25D=100 \tag{13.3}$$

两边同时除以（$e+c$），解出总存款：

$$D=\frac{H}{e+c} \qquad D=\frac{100}{0.25}=400 \tag{13.4}$$

总之，总存款等于高能货币（H）除以存款准备金比率与现金比率之和。

记住，货币总供给（M）不仅包括存款（D），还包括通货：

$$M=D+cD=(1+c)D \tag{13.5}$$

用方程（13.4）中的 D 代替方程（13.5）中的 D，得到

$$M=(1+c)D=\frac{(1+c)H}{e+c}=\frac{1.15(100)}{0.25}=460 \tag{13.6}$$

货币供给（M）和高能货币（H）的比叫做**货币乘数**（money multiplier）（M/H）。在方程（13.6）中，货币乘数等于（$1+c$）/（$e+c$）。在后两部分内容中，我们将会学到货币乘数的不稳定性来自方程（13.6）中忽略的额外因素。

□ 金矿发现和银行恐慌

货币供给仅取决于方程（13.6）中的三个条件：高能货币供给（H）、现金持有比例（c）和准备金比率（e）。当只有黄金作为高能货币时，货币总供给才取决于黄金的需求和供给。因为在长期，货币的持续增长会引起更高的通货膨胀，黄金的发现已经造成了通货膨胀。例如，1848 年在加利福尼亚和 1898 年在阿拉斯加发现金矿后通货膨胀比原来更高。

1913 年美联储成立，1934 年美联储引入联邦存款保险制度。在这以前，美国经济中货币供给发生反复无常的变化，这不仅是因为黄金的发现影响了 H 的增长，而且因为现金持有比率（c）和存款准备金比率变动剧烈。银行恐慌大约十年发生一次，在 1907 年恐慌达到顶峰，在这期间，储户担心他们的存款不安全，取出存款以现金形式持有。这增加了现金持有比率（c）从而降低了货币供给。为了解决人们挤兑的难题，银行开始增加存款准备金比率（e）来维持准备金，这又更进一步降低了货币供给。[①] 在没有美联储的时代，政府没有办法增加 H 来抵消恐慌导致的 c 和 e 的增加。恐慌降低了货币供给和总需求，1907 年的恐慌直接导致了 1914 年美联储的成立，以直接控制方程（13.6）中的两个要素，即高能货币（H）和准备金比率（e），来抵消现金持有比率（c）不可预知的变化及整个经济发生的不利事件。

自测题 13—2

假设高能货币是 500，存款漏出现金比率是 0.25，存款准备金比率是 0.15。回答下列问题：

① 注意，在方程（13.6）中，e 的增加会减少 M 的数量。尽管分子和分母中都有 c，只要存款准备金比率小于 1.0，c 的增加就会减少货币供给。

1. 计算存款数值和货币供给量。

2. 如果通货持有比率由 0.25 变为 0.35，计算新的存款数值和货币供给量。

3. 如果存款准备金率从 0.15 变为 0.25，计算新的存款值和货币供给量。（通货持有比率仍然是 0.25。）

13.4 美联储改变货币供给的三大工具

假如美联储打算使经济中的货币供给为 M，美联储必须预测公众期望的现金持有率（c），而美联储对此控制不了。美联储只能调整方程（13.6）中高能货币（H）和法定准备金率（e）这两个变量来使期望的 M 与公众选择的 c 保持一致。美联储用三种工具来完成这项任务。前两个控制 H，最后一个影响 e。这一节有助于我们理解现实世界中的哪些事件影响 H 和 e。

□ 美联储资产负债表

在表 5—1 和表 5—2 中我们接触到了商业银行的资产负债表。在那里我们学到商业银行主要有两种资产，存在美联储的银行法定准备金以及给家庭和企业的贷款。这些资产为银行赚得利息。商业银行的主要负债是家庭和企业委托银行保管的存款。由于支付的借款利息低于贷款得到的利息，银行有足够的剩余来支付员工工资和其他费用，并赚取利润。

同样，美联储也有资产负债表，我们在表 5—4 和表 5—5 接触过该表。传统上，美联储的主要资产是其持有的美国国库券。从 2008 年底开始，美联储为了稳定金融市场购买了各种各样的私人资产，包括商业票据（企业短期债务）和以住房作为抵押的私人证券（住房抵押贷款证券）。在这一节，我们回到美联储资产负债表的较为简单的形式，它概括了 2008 年以前所进行的正常运作。在表 13—2 中，美联储的资产包括 8 500 亿美元国库券。负债有两类。第一类是美联储印刷的货币，必须在任何时候都能赎回，所以这是美联储的负债，在表 13—2 中假定是 8 000 亿美元。第二类负债是商业银行存放在美联储的总准备金，假设是 500 亿美元。总负债就是基础货币，在此例中是 8 500 亿美元。基础货币又和高能货币一样，我们继续用（H）来表示美联储的负债总和，也就是表 13—2 中的 8 500亿美元。

表 13—2　　美联储资产负债表　　单位：十亿美元

资产		负债	
		通货	800
政府债券	850	银行准备金	50
总资产	850	总负债＝基础货币 （高能货币）	850

□ 美联储的什么行动将提高货币供给？

美联储的负债和货币供给不一样。货币供给包括通货（表 13—2 中的 8 000 亿美元）和银行支票存款。因为美联储要求银行持有 10%的支票存款作为在美联储的准备金，所以

表 13—2 中 500 亿美元的银行准备金需要 5 000 亿美元的支票存款来维持。（在这个简单的例子中，我们忽略了储蓄存款、存款单以及其他银行存款。）因此，货币总供给就是 8 000 亿美元通货和 5 000 亿美元支票存款之和，即 13 000 亿美元。

货币供给（M^S）等于货币乘数乘以高能货币（H）：

$$M^S = \text{货币乘数} \times H$$

或者在本例中，

$$13\,000 \text{ 亿美元} = 1.53 \times 8\,500 \text{ 亿美元} \tag{13.7}$$

但是美联储并不总是对 13 000 亿美元的货币供给满意。假如美联储觉得实际 GDP 太低了，要刺激更多的计划支出，美联储需要增加货币供给。它采用三个工具来完成增加期望的货币供给的目的。

□ 第一个工具：公开市场操作

到现在为止，第一个工具是最重要的。美联储通过买卖政府证券例如短期国库券来改变 H。当美联储在公开市场上买入国库券时，它从卖方那里得到国库券（电子形式），付给卖方高能货币。美联储通过简单地增加卖方所在银行的账户余额和卖方账户所在银行在美联储的准备金来支付购买的国库券。美联储的**公开市场操作**（open-market operations）导致 H 增加，通过货币乘数，使 M 增幅更大。

一年 8 次的联储公开市场委员会（FOMC）会议决定美联储的货币政策。会议在华盛顿特区美联储委员会的一个宏大的房间里举行，出席的有美联储委员会的 7 位理事和地区联邦储备银行的 12 位主席。[①] 会议结束后，FOMC 通常就即将采用的货币政策发表声明。FOMC 还会给纽约联储银行的公开市场集团主管发布指令，主管职位在 2011 年由布莱恩·萨克担任。

***H* 是凭空创造出来的**　美联储发布指令的途径是联邦基金利率，也就是银行间隔夜拆借利率。自 2009 年 1 月以来，目标利率已经接近于零。每一天交易快结束时，银行的准备金时多时少，所以联邦基金贷款是必要的。如果一家银行在下午 5 点关门，而在 4 点 59 分时一个存款人走进来要存款 300 万美元，法定准备金是 10%，即 30 万美元，银行一定会发现准备金额外增加 30 万美元。联邦基金市场允许银行通过简单的电脑登记从有剩余准备金的银行借取联邦基金。美联储关键的联邦基金利率由银行间进行的隔夜拆借利率决定。很多其他利率，包括银行向大公司收取的主导利率以及作为大多数房屋净值贷款基础的利率，都会钉住由美联储决定的联邦基金利率。

假设 FOMC 指示萨克先生要求使货币供给继续适度增加，而萨克先生决定增加 1 亿美元高能货币（H）。萨克先生需要做的只是拿起电话从政府债券交易商（例如高盛）那里买入 1 亿美元美国国库券。美联储通过电子方式给银行（例如花旗银行）的准备金账户增加 1 亿美元，同时通知花旗银行给高盛在花旗银行的支票账户增加 1 亿美元，这样 H 就被凭空创造出来了。

上述交易使花旗银行产生了额外 1 亿美元的负债（即存款）和 1 亿美元的准备金资产，而这项资产没有利息。假如花旗银行对这 1 亿美元存款选择持有 1 000 万美元的准备

① 在所有参加的 12 位地区主席中，只有 5 位有投票权。纽约联邦储备银行行长有投票权，其他 4 位轮换。在每次的公开市场委员会上，所有理事都有权投票。

金，那么它就有 9 000 万美元的超额准备金可以贷出去赚取利息。借款人借款通常是为了花费这些资金。但借款被花费掉时，其中一些会被再次存入其他存款机构。那家机构也会有过多的准备金，像花旗银行一样，它也会将多余的准备金贷出。注意，一旦所有资金都贷放出去并且取出花费，存款机构不再拥有超额准备金。于是，另外一个观察货币创造过程的方式是这个过程一直持续到没有一家存款机构拥有它愿意贷出的超额准备金。

萨克先生通过电子信用买入国库券，创造了更多的高能货币 H。高盛转让国库券给美联储，但是美联储规定不允许将国库券计入准备金。因此，国库券的转让并没有降低 H 或者准备金。但是美联储支付国库券就会增加准备金。这也是为什么美联储在公开市场上的购买会导致 H 增加的原因。萨克先生也成倍增加了货币供给。每次资金被再存入时，总货币供给就会增加。正如货币创造乘数所示，通过美联储在公开市场上买入的国库券的初始价值的乘数效应，货币供给增加了。

对利率的影响　萨克先生的购买不仅影响了货币总供给，还影响了利率。当买入 1 亿美元国库券时，国库券的价格就会上涨，因此降低了收益或者他们支付的利率。

有时即使美联储不想调节货币供给，也必须参与公开市场操作。例如，在圣诞节购物旺季，公众需要更多现金进行交易，增加了现金持有比率（c）。若美联储不采取措施，公众从存款账户中提取现金的乘数效应增加了方程（13.6）的分母，减少了货币供给。美联储可以进行防御性的公开市场操作：买入国库券来阻止货币供给的下降和相关的 LM 曲线向左移动。为了阻止货币供给的下降，美联储将一直增加 H 直到抵消升高的 c 的作用。

□ 第二个工具：贴现率

贴现率是存款机构向美联储借入准备金时美联储收取的利率。当市场利率相对于**贴现率**（discount rate）上升时，就会刺激存款机构向美联储借款。当存款机构能在货币市场工具如短期国库券上赚取的利率大大高于美联储规定的贴现率时，存款机构所谓的贴现窗口借款就会变得更高。

因为美联储贷出的 1 亿美元如在公开市场买入 1 亿美元一样，提供给银行 1 亿美元的准备金，美联储既可通过贴现率又可进行公开市场操作来控制高能货币（H）。只需要两者中的一个就可以完成货币控制。允许在美联储贴现窗口借款的首要原因是个别银行遭遇突如其来的紧急提款时需要立即帮助。这种情况非常罕见，可以单独处理。许多经济学家批评美联储维持过低的贴现率诱使银行大量借款。借款的不确定性减弱了美联储日复一日对 H 的控制能力。

在过去几年中，虽然美联储的贴现率机制已经不再使用，但当美联储应对始于 2007 年夏季的次贷危机和 2008 年开始的更广泛的金融市场危机时，贴现率又引起了人们的注意。在 2007 年夏季和 2009 年 1 月之间，美联储通过一系列公开市场购买将联邦基金利率从 5.25%降低到 0.25%以下。它同样降低贴现率来表明其宽松货币政策的意图。在公开市场委员会的例会中，就多次降低贴现率。

□ 第三个工具：法定准备金

在荒岛上，银行自愿选择以金币形式持有 10%的银行存款，与此不同，在美国，所有存款机构必须持有等同于交易余额 10%的准备金作为**法定准备金**（required reserve）。准备金可以存在美联储准备金账户上，同时也可以以现金（通货和硬币）形式持有。

准备金要求（reserve requirement）只适用于交易账户。在表13—1中，我们知道货币供给定义M1除了通货以外还有其他部分。以前，准备金要求适用于储蓄账户和货币供给定义M2中的其他组成部分，但是在过去的几十年里，除了交易账户外，美联储不再对M2的任何部分提出准备金要求。美联储很少变动法定准备金率，所以这是三大工具中最不常使用的工具。

美联储保留法定准备金要求的主要原因是其能帮助美联储控制货币供给。即使没有法定准备金要求，存款机构也会持有准备金。顾客决定现金的存取，而且存款和取款在某种程度上不可预测，所以存款机构会持有现金。因为10%的法定准备金率远远高于存款机构所需要的满足其顾客提取现金的比率，所以存款机构持有的准备金通常不会超过法定准备金。这就是说，存款机构受法定准备金率限制，当法定准备金率高时，它们会持有少量的超额准备金。高的法定准备金率意味着准备金率 e 接近法定准备金率。然而，如果没有法定准备金的限制，存款机构的存款准备金将更低，也更加不可预测。正如我们在方程（13.6）中所知，不可预测的低存款准备金率大大改变了货币创造乘数和货币供给，并使它们无法预知。[①]

在2008—2010年，美联储对私人和政府证券的大规模购买导致其资产和负债增长两倍以上，正如表5—4和表5—5的比较。美联储通过增加远远超过银行法定准备金要求的部分来“支付”其新增发的证券。因此，如表5—5所示，美联储的资产负债表中最大的单个构成部分是其持有的超过1万亿美元的超额准备金。尽管通常银行将要使用这些超额准备金来发放贷款，但银行无法找到足够的信誉良好的借款人。银行不必费心用它们的超额准备金来购买短期政府债券，因为银行通过这些证券赚取的利率不超过美联储已经支付给银行的准备金利率。到2011年，美联储的超额准备金总额超过GDP的5%，大萧条后1938—1939年这两年里超额准备金接近GDP的7%。

自测题 13—3

在不回顾前述内容的情况下，确定你能回答下面的问题：

1. 如果美联储想减少货币供给，它在公开市场上买入还是卖出国库券？

2. 为什么降低贴现率能够导致货币供给增加？

3. 如果美联储想增加货币供给，它是增加还是减少法定准备金率（e）？

□ 美联储为什么不能准确控制货币供给

本章关注美联储面临的两个问题：为什么美联储不能够准确地控制货币供应量？为什

① 在第二次世界大战期间，美联储对存款准备金要求的控制是有效的。美联储需要买入由于战时支出导致的巨大联邦政府赤字来迅速增加 H。为了减少其对货币供给的影响，美联储要提高准备金率（e）来抵消一部分（不是全部）H 的增长。

么不稳定的货币需求能够破坏货币供应量的变化和名义 GDP 变化之间的联系？现在我们已经了解到美联储能够使用三类工具——公开市场操作、贴现率、法定准备金——来控制货币供应量［如方程（13.6）］。那么，美联储的控制为什么不准确呢？

货币的多种定义 由表 13—1 我们知道，有许多类型的金融资产属于 M2 但不属于 M1。储蓄存款和定期存款属于 M2 但不属于 M1。例如，相对交易账户而言，这些存款吸引力的增加将会使 M2 水平相对 M1 有所增加。在这种情况下，联储不能同时准确地控制 M1 和 M2。

企业和家庭选择的货币量 美联储能控制货币供给方程中的两个因素：高能货币（H）和准备金率（e）。它不能够控制由企业和家庭决定的通货存款比率（c）。如果联储不能准确地预测 c 的变化，那么它就不能准确地控制货币供应量。正如本章稍后所述，外国人对美国货币需求的变化使得控制美国货币供应量的尝试变得更加困难。

其他因素 方程（13.6）简化了货币供给过程，忽略了干扰美联储准确控制货币供应量的其他因素。方程没考虑交易账户需要法定准备金要求，而其他账户不需要。由于货币市场共同基金实际上并非存款，它们不受法定准备金要求限制。这些不同的存款准备金率导致的一个后果就是资金的跨账户转移改变了平均存款准备金率 e。

综合起来，这些因素使得货币乘数很难预测，从而难以准确地控制 LM 曲线。这些**货币乘数冲击**（money-multiplier shocks）在本章稍后的货币政策讨论中起到了核心作用。

13.5 货币需求理论

现在我们从货币供给的决定因素转向货币需求的决定因素。第一个任务是理解为什么货币需求取决于替代货币的资产的利率。在第 3 章和第 4 章的 $IS-LM$ 模型中这是一个主要的假设，我们需要检验解释了货币需求依赖利率的理论。第二个任务是理解为什么放松金融管制等事件会引起货币需求的变化。

□ 交易性货币需求对利息的反应

20 世纪 50 年代早期，普林斯顿大学、纽约大学的威廉·鲍莫尔（William J. Baumol）和耶鲁大学的詹姆斯·托宾证明了货币的交易（指交换媒介）性需求取决于利率。[①] 个人持有的弥合收支差距的交易资金既可归入到 M1（鲍莫尔和托宾假设不生息的通货和交易账户），又可归到储蓄账户（可以生息，但不能用于交易的账户）。利率越高，越多人会把交易余额转移到生息的储蓄账户和 M2 中不能用于交易的其他资产。

鲍莫尔分析了假想人货币持有量的确定。这个人在固定的时间得到收入，并在两个发薪日之间将收入稳步地花费出去。图 13—1（a）给出了一个例子。这个人每个月的第一天

① William J. Baumol, "The Transactions Demand for Cash: An Inventory Theoretic Approach," *Quarterly Journal of Economics* (November 1952), pp. 545-56; James Tobin, "The Interest-Elasticity of the Transactions Demand for Cash," *Review of Economics and Statistics* (August 1956), pp. 241-47.

得到 900 美元。他是决定将这些收入兑换成现金或存入不生息的交易账户（M1），还是把一部分薪水存到每个月都付息 r 的存款账户呢?[①]

持有现金的成本和收益　个人会比较持有 M1 和储蓄账户的成本和收益。M1 的成本是它的机会成本，当持有 M1 而没有持有储蓄账户时，就放弃了储蓄存款利息 r。无论是兑现初始薪水还是在存款机构获得现金，每次（T）获得现金都避免了鲍莫尔所说的 b 美元的“交易”费用，这就是持有 M1 的主要好处。现实中交易费用包括时间和需要额外到银行从储蓄账户支取现金的交通费用。

交易费用产生的次数等于薪水总量 Y 除以每趟支取的平均现金量 C。例如，图 13—1（a）中没有包含储蓄账户；900 美元薪水 Y 在月初时就被兑现（$C=900$），经纪人费用产生一次（$T=Y/C=1.0$）。随着钱逐步被用于消费，持有的现金量也在减少，正如图 13—1（a）中的三角形所示。

在图 13—1（b）中，第一个月有一半的薪水首次兑现（$C=450$）；另一半存到储蓄账户，如灰色长方形所示。放弃的利息等于利率乘以平均现金持有量（$r\times C/2$），它是提取的现金的一半。为什么？在上半月个人初始持有 450 美元现金，在这个月的第 15 天以零结束，平均现金持有量为 225 美元。然后这个人再把剩余的储蓄存款兑换成现金，导致第二次交易费用。在这个月的最后一天，450 美元现金再次逐渐变为零。后半月的平均现金持有量也是 225 美元。放弃的总利息等于利率乘以 $C/2$，在本例中 $C/2$ 等于 225 美元。[②]

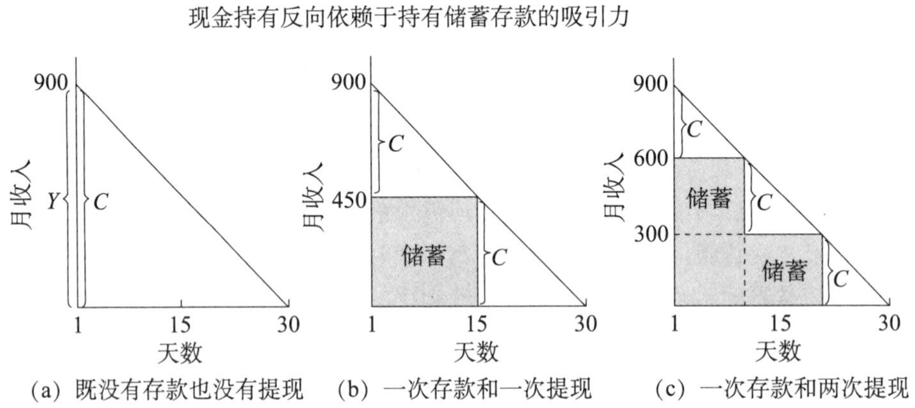

图 13—1　个人月薪在现金与储蓄存款之间的选择性配置

注：在图（a）中，个人以现金的形式持有全部薪水。当薪水被花费在消费品的购买上时，持有量减少。在图（b）中，在开始时持有一半现金，因为个人发现了将一半薪水存入储蓄账户半个月的好处。在图（c）中，只持有少量现金，因为在一开始，有三分之二的薪水被存入储蓄账户。

在图 13—1（c）中，月初只兑现三分之一的薪水（$C=300$），另外的三分之二存在储

---

① 在整个这一章，我们假定交易账户不支付利息，与此不同，在现实世界中，M1 和 M2 中用于交易的一部分是支付利息的。

② 图 13—1（a）中三角形面积是什么？三角形面积的计算方程是 1/2 乘以高再乘以长，或者 1/2（900）（1），在这里长度用月表示。面积等于 450。图 13—1（b）中有两个白色三角形，每个三角形面积是 1/2（450）（1/2），两个三角形的面积是 1/2（450）（1），等于 225。图 13—1（c）中有三个白色三角形，每个面积是 1/2（3 000）（1/3），三个三角形的面积是 1/2（300）（1），等于 150。

蓄账户里。在第 10 天和第 20 天再次提现，经纪人费用产生了 3 次（$T=Y/C=900/300=3$）。持有现金而放弃的利息仍是 $rC/2$，或者 r 乘以 150 美元。

跑多少次银行呢? 个人应该怎样行动——按照图 13—1（a）、图 13—1（b）还是图 13—1（c），或者更多次到银行呢？答案是交易费用和放弃的利息之和应该最小化。

$$\text{成本}=bT+\frac{rC}{2}$$

或者

$$\text{成本}=b\frac{Y}{C}+\frac{rC}{2} \tag{13.8}$$

可以证明成本最小的平均现金提取量是[①]

$$C=\sqrt{\frac{2bY}{r}} \tag{13.9}$$

这个方程说明了平均现金提取量等于 2 乘以交易费用再乘以收入，接着除以利率，然后再开平方根。交易费用的提高会增加现金持有量，它使个人去银行的积极性大减，而去银行会产生交易费用。

相反，如方程（13.9）所示，储蓄存款的高利率降低了现金持有量。高利率使去银行更加频繁，每次取少量的现金，因此平均会有更多的钱留在生息的储蓄账户中。每次取款更少意味着平均现金持有量也更少。在高利率下，储蓄更多，利息更多，它弥补了去银行更频繁产生的额外交易费用。方程（13.9）同样表明货币的交易性需求随着收入的增加而增加。和利率一样，鲍莫尔模型意味着货币的交易性需求和收入平方根相关。[②]

小结：鲍莫尔-托宾模型的贡献非常重要。它表明货币需求对利率的敏感度是基于几乎每个人都会有的交易动机。他们的理论支持 *LM* 曲线的正斜率，这意味着私人支出意愿或者财政政策的变化至少在短期内会改变实际产出和利率。

□ 资产组合方法

在鲍莫尔-托宾作出贡献的同时，一些文章强调货币需求的另一个来源，货币作为储藏价值。尤其是托宾在另一篇经典文章中说明了人们通过持有不同类型的资产使投资组合多样化。[③]

托宾的贡献 当利率变化时，一些资产尤其是 M1 和 M2 中资产的名义价值不变，它们

---

① 这里用到初级微积分。成本对 C 求导并使其等于零，成本达到最小化：

$$\frac{\partial\ (\text{成本})}{\partial C}=\frac{-bY}{C^2}+\frac{r}{2}=0$$

解出 C，我们就得到了方程（13.9）中的平方根表达式。

② 鲍莫尔持有现金的平方根假说理论可以通过数据检验。在这种情况下，实际货币需求的产出弹性和利率弹性会变成一半。为什么呢？让我们用指数形式重新写方程（13.9）：

$$C=(2bY)^{1/2}\ (r)^{-1/2}$$

Y 上升 1%，C 上升 0.5%。通过更高级的处理，使弹性不再是 1/2，见 Edi Karni，"The Transactions Demand for Cash：Incorporation of the Value of Time into the Inventory Approach，" *Journal of Political Economy*，vol. 81（September/October 1973），pp. 1216-25。

③ James Tobin，"Liquidity Preference as Behavior Towards Risk，" *Review of Economic Studies*，vol. 25（February 1958），pp. 65-86。

是安全“无风险”的。[1] 其他金融资产如股票和债券的价格时刻在变化，它们是风险资产。如果投资者不喜欢资产价格波动的风险，他们只有在风险资产比无风险资产带来更高的回报时才会持有风险资产。风险资产没有风险溢价，风险规避型投资者将不会持有风险资产。

面对各种各样的安全和风险资产，前者比后者支付更少的利息，许多投资者会采取折中办法，多样化投资组合。仅持有风险资产会产生高的利息，但是面临太多的风险。只持有安全资产会消除风险，但是产生很低的回报。混合的多样化的投资组合通常是最好的办法。

尽管托宾的方法强有力地解释了资产组合多样化的原因，但它没有解释当安全生息的资产可获得时，为什么人们还要持有货币或者不生息的支票账户。资产组合方法的主要贡献是解释了为什么大多数家庭持有 M1、M2 中的安全不生息资产以及有风险的股票和债券。

弗里德曼的观点 大概在托宾写作的同时，弗里德曼发展了对货币需求的一个类似的方法。[2] 弗里德曼的理论是旧货币数量论的一般化，在这个理论中，他把货币看做是债券、股票和货物等这些资产中的一种。弗里德曼强调，基本上 GDP 中消费的任何种类都是对货币的替代，实际货币供给的增加会刺激消费。因为弗里德曼比托宾把范围更广的资产都看做是对货币的替代，所以他认为货币政策对消费的潜在影响更大。

在托宾和弗里德曼开创的资产组合理论中，货币需求不仅仅是收入的函数，而且是收入和财富的函数。货币需求对财富的反应对财政政策的有效性具有重大意义。如果把政府债券看做财富，借助财政赤字支出的刺激性财政政策会增加人们的实际财富。财富的增加反过来增加了货币需求，使 *LM* 曲线向左移动，财政政策乘数减少到第 4 章所计算的财政政策乘数以下，而在那里我们忽略了财富对货币需求的影响。[3]

☞ **国际视角**

银行卡代替现金，手机代替银行卡

2003 年，美国经历了一个转折点，美国家庭用银行卡（借记卡和信用卡）来支付零售货物和服务的量首次超过了用现金和支票支付的量。银行卡使用量增幅较大的是借记卡，而不是信用卡。2008 年总的零售交易中，借记卡交易的份额占了 37%，加上信用卡的 22%和预付卡的 4%，银行卡总共占了 63%的份额。剩余的 37%包括 8%的支票份额和 29%的现金交易份额（见下图）。

银行卡使用的激增是因为越来越多的人携带它，越来越多的零售店也愿意接受它。信用卡能够提供附加利益，如飞行里程和慈善捐款方面。这些卡的发展也加速了现金和支票向刷卡购买的过渡。如果管道工和电工使用银行卡可以赢得飞行里程和免费旅行，他们为什么还要用支票呢？

---

① “无风险”加引号是因为当价格灵活变动时，M1 是有风险的，因为通货膨胀降低了名义 M1 的实际价值。这是第 10 章强调的一种通货膨胀成本。

② Friedman 的方法在“The Quantity Theory of Money—A Restatement”中得到更进一步的解释。见 *Studies in the Quantity Theory of Money*（Chicago：University of Chicago Press，1956），pp. 3-21。

③ 关于货币需求的财富效应功能的前述分析是 Alan S. Blinder 和 Robert M. Solow 的“Analytical Foundations of Fiscal Policy”的主题，载 *The Economics of Public Finance*（Washington，D.C.：Brookings Institution，1974），pp. 45-57。也见 Benjamin M. Friedman，“Crowding Out or Crowding In? Economic Consequences of Financing Government Deficits，” *Brookings Papers on Economic Activity*，vol 9.（1978），pp. 593-641。

总店内购买分类

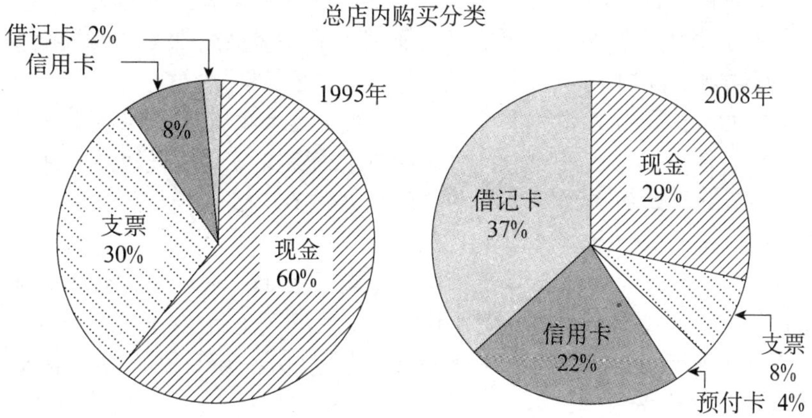

完全没有现金社会的一个新奇的例子是美国杜鲁门号航空母舰，它在2004年取消了现金交易。海军向船上的5 000名海员发放了万能卡。每张卡在发薪日都有授信额度，在下个月计入借方。记录显示船上的海员每月购买250万瓶软饮料。允许海员用万能卡购买饮料省去了从自动售货机收集大量银币的精力。即使周日在教堂的捐赠活动也能通过在教堂门前刷卡来完成。

航空母舰为预付卡或智能卡这种新的银行卡提供了鲜活的例子。电子信用会载入到卡中，买东西时余额减少，直到再次存款。许多大学生都熟悉预付卡，他们可以用卡支付书店里买书的费用和校园的餐饮设施处的膳食费。西北大学的足球吉祥物称作“威利野猫”，其后，本书作者在学校的预付卡叫做“通配符”。预付卡的使用已经扩展到加油站、星巴克这样的零售店。

相对于信用卡，借记卡使用量的增长反映了信用卡的高额利息和许多美国人对信用卡累积过多负债的担心。发行信用卡的银行从高利率下延期付款的消费者那里赚取大量利润，这些消费者实际上给每月全额支付账单的消费者提供了便利以及零费用的好处。无论是信用卡还是借记卡，银行都会对商人的每笔刷卡交易收取费用，但是银行更愿意消费者使用信用卡而不是借记卡。最大的卡片发行商是花旗银行的母公司——花旗集团，它发行了1.45亿张卡片，每年带来190亿美元的收益。

随着信用卡使用范围的扩展，对没有银行账户的6 000万名美国人，特别是穷人和年轻人，生活变得更加艰难。没有信用卡，租车、住旅馆都非常困难，越来越多电子商务市场的建立几乎都是致力于使联网电脑录入信用卡号时更加方便。支票通过邮件到达零售商和兑现的过程如果花费一两周，在亚马逊上买书和通过网络买戴尔电脑将不可能。

1950年弗朗西斯·X·麦克纳马拉发行了第一张信用卡，他在一个餐馆里非常尴尬地发现他因缺乏足够的现金而不能支付账单。刚开始，他开创了餐厅网络零售账户，顾客可以用卡来确认自己的身份。这家网络公司迅速变成第一家信用卡公司——大来卡公司（Diners Club）。信用卡的大量使用始于1958年的美洲银行信用卡公司，它成为许多发行同样名字信用卡的银行的联合体。它的名字在1976年改为“维萨卡公司”。

一些国家现金的消失速度比另一些国家快。每个日本人持有4 000美元的通货，是美国人的两倍。日本人用现金完成许多交易，而这些交易美国人是通过支票或银行卡完成的。因为街头犯罪率很低，日本家庭主妇携带大量现金也感到很安全，通常拿出1万日元（87美元）购物。美国人通过网络或支票缴纳物业账单和其他发票，而日本人到便利店用现金支付。

平均每个美国居民持有2 300美元货币，数量庞大的美国货币在美国境内不是仅用来做合法的零售交易。在美国，其中一些用于毒品交易和逃避税收的地下经济的现金交易。多达三分之二的美元现金不在美国境内，不论过去或现在，有高速通货膨胀历史的国家都用美元来交易。

信用卡便利交易，但是它不属于货币，不属于表13—1中任何货币供给定义中的一种。信用卡是取得银行贷款的方便快捷的方式，即使是在软饮料机处的一美元。当达到使家庭减少货币和支票使用的程度时，信用卡增加了货币流通速度，即名义GDP和货币供给的比率。

借记卡属于货币吗？当进行交易时，银行借记卡账户立刻记入借方。在过去，每个月开始时有900美元现金，到月末时逐渐从900美元花费到0美元，这正如图13—1(a)所示。如果贷记卡取代现金进行交易，那么月初时支票账户里有900美元，通过借记卡逐渐花费完。在这个例子中，借记卡的发明对货币需求没有影响。与此不同，信用卡减少了对现金的需求，同时减少了每个月不选择支付全部结余的人对支票账户的需求。

无现金社会的下一波是用手机支付。在日本这个传统守旧的现金避难所，手机的使用几乎比任何地方都更先进。从买火车票到生活用品的日常交易，都可以通过手机进行。用手机作为一种支付方法比用现金和签信用卡收据更加方便。手机比信用卡更加智能，因为手机屏幕会显示余额，能用键盘输入包括PIN码的信息。像预付卡那样，买东西前手机有余额，所以不需要信用支票。

[a]数据来自American Bankers Association。专栏中部分信息取自Jathon Sapsford, "Paper Losses," *The Wall Street Journal*, July 23, 2004, p. A1; Katrina Brooker, "Just One Word: Plastic," *Fortune*, February 23, 2004, pp. 125-38; and "A Cash Call," *The Economist*, February 17, 2007, p. 71。

自测题13—4

根据托宾和弗里德曼资产组合理论的观点回答下面的问题：

1. M1的增加是提高还是降低了债券市场的价格？
2. M1的增加是提高还是降低了股票市场的价格？
3. 股票价格的上涨会增加还是减少货币需求？

13.6 美联储为什么要设定利率？

20世纪70年代中期以后，金融市场上普遍的放松管制和创新是货币需求频繁波动的主要因素。在本节中，我们使用第 4 章的 $LS-IM$ 模型来解释为什么货币需求的不稳定性和不可预测性导致了美联储改变政策，从试图控制货币供应量转变为设置利率。媒体报道和来自美联储公告中的公开市场委员会决定改变利率的公告通常使人们（错误地）认为美联储直接操纵利率。记住，美联储只能间接影响名义联邦基金利率，这一点很重要。当美联储想要提高短期利率时，可以进行公开市场债券销售，从而减少准备金和货币供应量。当美联储出售适量债券时，LM 曲线向左移动，与 IS 曲线相交于美联储寻求的更高的利率水平上。美联储并不关心实现利率目标需要多少货币供应量。

正如第 4 章一样，图 13—2 阐明了 $IS-LM$ 模型的运作原理。为了使名义利率和实际利率一样，我们假设预期通货膨胀率为零；纵轴简单地标记为利率。在短期，现实中的工资和价格合同限制了价格水平的变动。假设价格水平不变是可以接受的。在这种情况下，图 13—2 中 IS 曲线或 LM 曲线的移动主要影响开始几个月或季度的实际产出水平。

企业和消费者的乐观情绪、获得信贷的难易程度、净出口、政府支出、自发性税收净额以及税率的变化都会使 IS 曲线的位置发生移动。由于乐观情绪、净出口或者政府政策的变化导致的商品需求的不稳定使图 13—2 左图中的 IS 曲线来回移动。实际货币供给的变化会使 LM 曲线移动。左框中的 LM_0 曲线假设实际货币供给是固定的。[①] 对货币的需求不稳定时 LM 曲线同样也会移动。由金融恐慌引起的货币需求的突然增加会使 LM 曲线向左移动。

哪一种货币政策使产出变动最小化依赖于不稳定的来源

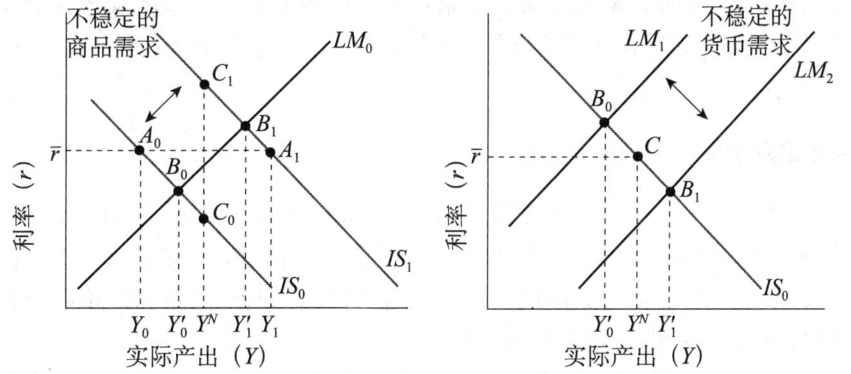

(a) 商品需求不稳定时的目标货币供给　　(b) 货币需求不稳定时的目标利率

图 13—2　当商品需求或货币需求处于不稳定状态时，稳定利率或实际货币供给的政策对产出的影响

注：在左图中，商品需求是不稳定的，在 IS_0 与 IS_1 之间难以预测地波动。保持一个固定的实际货币供给和固定的 LM_0 曲线的政策比变动 LM 曲线将利率稳定在 $\bar{r}$ 引发的产出波动更小。第三种政策将实际 GDP 稳定于 Y^N 会引起利率在 C_0 与 C_1 之间不稳定。在右图中，货币需求是不稳定的，在这种情况下，将利率稳定在 $\bar{r}$ 上的政策将稳定实际 GDP。当实际货币供给固定时，不稳定的货币需求使 LM 曲线从 LM_1 移动至 LM_2，引发产出在 Y_0 和 Y'_1 之间波动。

货币需求不稳定的含义　布朗大学的威廉·普尔（William Poole）从 1998 年到 2008

① 通过不变的名义货币供给（M）和固定的价格水平（S），或者通过使货币供给的增长速度与价格水平的增长速度相同（$m=p$），使实际货币供给（M/P）不变，也使 LM 曲线固定。

年担任圣路易斯联邦储备银行主席，首先推广用 $IS-LM$ 曲线模型比较货币供给的目标和可选择的利率目标。如图 13—2 左图中 IS 曲线的移动所示，货币需求不稳定使利率目标的作用受到质疑。当实际货币供给保持不变时，LM 曲线仍然固定在 LM_0，经济在 B_0 和 B_1 之间来回震荡，实际产出在 Y'_0 和 Y'_1 之间有限的范围内移动。

当商品需求不稳定时，以货币供给为目标固定 LM 曲线比维持稳定利率的政策优越。当商品需求旺盛时（如 IS_1），稳定的利率政策意味着必须提高货币的实际供给来阻止利率上升。美联储必须增加货币供给来适应商品需求高时额外增加的货币需求。稳定利率的政策使经济在 A_0 和 A_1 之间波动，也使实际产出在更宽的范围 Y_0 和 Y_1 内变化。

如果不以利率或货币供给为目标，还有一个供美联储选择的方法，那就是以实际 GDP 本身作为目标。以实际产出为目标的政策通过图 13—2 左图中的 C_0 和 C_1 得到说明。商品需求的变动将通过货币供给相反方向的变动抵消。如果 LM 曲线能够及时向 IS 曲线移动的相反方向移动，经济仍然在自然实际 GDP（Y^N）处。正如我们在第 9 章所学，没有供给冲击时，使经济保持在 Y^N 处和稳定通货膨胀是一致的。

对货币需求不稳定的分析 图 13—2 右图中假定商品需求是固定的，所以 IS 曲线固定在 IS_0。但是这里假设货币需求是不稳定的。当实际货币供给给定时，货币需求不稳定使 LM 曲线在 LM_1 和 LM_2 之间移动，并且不可预测。恒定货币供给政策致使经济在点 B_0 和点 B_1 之间波动，产出在 Y'_0 和 Y'_1 之间变化。好的政策是改变货币供给来维持恒定的利率，当货币需求上升时，增加货币供给阻止了利率的上升。恒定的利率政策使经济固定在点 C，利率固定在 $\bar{r}$，产出固定在 Y^N。在图 13—2 中，以利率为目标和以自然实际 GDP 为目标是一回事。

□ 目标的选择

在图 13—2 左图中，商品需求不稳定使以实际 GDP 为目标优于以货币供给为目标，货币供给目标则优于利率目标。在右图中，货币需求不稳定，以实际 GDP 为目标和以利率为目标的效果是一样的，它们都优于货币供给的目标。如果商品和货币需求都是不稳定的，以实际 GDP 为目标优于以利率为目标。

自 1980 年初以来美联储以利率为目标的做法反映了这样一个观点：货币需求不稳定比商品需求不稳定更重要。美联储公开市场委员会每年召开 8 次会议，参与者就是否应该维持当前的利率水平、应该调低还是调高利率展开讨论。这样做考虑了两大目标对利率的预期行为，一个目标是降低通货膨胀，另一个是减小产出缺口，也就是使现实实际 GDP 尽可能接近潜在 GDP。

下一章我们将回到美联储的货币政策选择和同时控制通货膨胀及产出缺口的方法。与前面讨论的图 13—2 中控制货币供给、利率和实际 GDP 的单一目标不同，在短期，美联储以利率为目标，进一步达到长期通货膨胀和产出缺口的目标。描述美联储用利率决定来达到低通货膨胀和低产出的双重目标的方法称为泰勒规则；在下一章我们会看到它是怎样运行的。

自测题 13—5

用图 13—2 的 $IS-LM$ 模型分析哪种政策既忽略了衰退又忽略了通货膨胀。在以下两种情形下排列三类政策（货币供给规则、利率规则、实际 GDP 规则）：

1. 如果商品需求不稳定，采取三种政策，把最能减少实际产出波动的政策排在首位，次好的政策排在第二位，最差的政策排在第三位。

2. 如果货币需求不稳定，采取三种政策，把最能减少实际产出波动的政策排在首位，次好的政策排在第二位，最差的政策排在第三位。

小结

1. 储蓄者的多余资金通过金融中介和金融市场到达借款者手中。

2. 在美国，货币供给的定义主要有两种。M1 包括通货、交易账户和旅行支票。M2 包括 M1 以及储蓄账户、小额定期存款和零售货币市场共同基金。

3. 在封闭经济中，资金不能向外转移，一系列银行通过刚开始存入的每一美元现金的乘数效应创造货币。这对荒岛上的单个银行和美国所有的银行都适用。

4. 存款创造乘数等于 1 除以初始收到的存款中准备金或通货的比例。货币乘数等于存款乘数乘以 1 与现金持有比例的和。货币供给等于高能货币乘以货币乘数。

5. 美联储用三个工具来改变货币供给：公开市场业务、贴现率和法定准备金。

6. 目前已经有几种理论可用于解释货币需求、收入、财富和利率之间的关系。交易性货币需求取决于利率；当利率升高时，人们不嫌麻烦地到银行存款，把更多的收入存入储蓄账户（和其他生息资产）。

7. 资产组合方法强调了家庭对货币、储蓄账户、债券和其他资产等财富分配的决定。任何增加财富的活动，例如刺激性财政政策，都会增加货币需求。

8. 在前面的章节中，我们假定政策制定者能够准确控制总需求的增长。现在我们认识到，在现实经济中，政策变化不能立即精确地抵消冲击 IS-LM 曲线的总需求变动的影响。

9. 当商品需求不稳定而货币需求稳定时，货币供给目标优于利率目标，但是实际 GDP 目标优于前两者。当货币需求不稳定而商品需求稳定时，实际 GDP 目标和利率目标都优于货币供给目标。

10. 货币需求持续不稳定使美联储以利率而不是以货币供给作为政策目标。

关键术语

M1	货币乘数	法定准备金
M2	公开市场操作	准备金要求
高能货币	贴现率	货币乘数冲击

问答题

1. 货币定义 M1 和 M2 的主要区别是什么？

2. 为什么每种货币供给定义下的货币乘数不同？

3. 高能货币是什么？为什么准备金和公众持有的现金都是高能货币？

4. 货币创造的条件是什么？在 20 世纪 30 年代的大萧条中，许多银行的倒闭在一定程度上是因为没有满足这些条件。哪些是解释深度大萧条中银行系统运行失灵的备选因素？

5. 当美联储进行公开市场操作买入 2 000 亿美元债券时会发生什么？银行如何介入？最终会对高能货币和货币供给量产生什么影响？

6. 货币创造乘数为什么和第 3 章中的国民收入决定乘数相似？

7. 解释下面的事件会对货币供给造成什么影响。

(a) 所得税的增加引起公众更多地用货币开展业务，以隐藏收益。

(b) 利率增加激励公众持有少量现金。

(c) 银行从美联储得到贴息贷款。

(d) 提取现金不确定性的增加导致银行持有超额准备金。

8. 改变货币供给的主要方法有什么？如果改变货币供给很容易，为什么在过去美联储没能有效地控制货币供给呢？

9. 解释在交易性货币需求分析中鲍莫尔-托宾模型的意义。

10. 托宾和弗里德曼开创的资产组合方法有哪些异同？

11. 货币乘数冲击是经济不稳定的一个来源。假设这样的冲击使货币供给减少。如果美联储不采取措施抵消货币冲击，用 *IS*－*LM* 模型预测实际 GDP、实际利率、通货膨胀率和产出比在短期和长期会怎样？

12. 许多人主张在美联储货币政策管理中自由裁量权规则具有至高无上的地位，但是在美联储应该遵循什么规则的问题上意见不一致。货币供给规则、利率规则和实际 GDP 规则都被建议使用。讨论每类规则的优点和缺点。

13. 假设当商品和货币需求都不稳定时，美联储能够以实际 GDP 为目标。(a) 当商品需求上升或下降时，(b) 当货币需求增加或减少时，美联储应在公开市场上进行怎样的操作，也就是买还是卖政府债券？

14. 为什么美国家庭在购买零售商品和服务时使用贷记卡或信用卡代替现金和支票？贷记卡和信用卡使用的增加对货币需求有什么影响？

15. 在全球经济危机时美国银行的超额准备金增加到 1 万亿美元。超额准备金的增加对 e（存款银行持有准备金的比率）、高能货币量和货币乘数有什么影响？

思考题

1. 下面给定 2010 年 11 月的信息，计算 2010 年 11 月 M1 和 M2 的总量。总量以十亿美元为单位。

通货	915.0
活期存款	507.0
货币市场共同基金（零售）	711.1
其他支票存款	405.2
储蓄存款，包括货币市场存款账户	5 317.9
小额定期存款	943.3
旅行支票	4.7

2. 假设银行准备金存款比率是 7%。更进一步假设现金存款比率是 8%。如果美联储希望货币供给为 62 280 亿美元，高能货币是多少？

3. 假定经济中准备金比率是 15%，现金存款比率是 10%，没有其他货币漏出。

(a) 计算货币乘数。

(b) 如果现在的高能货币量是 15 000 亿美元，此经济中货币供给是多少？

(c) 如果美联储从政府债券交易商那里买入 300 亿美元国库券，货币供给怎样变化？如果银行从美联储借来的准备金减少 60 亿美元，货币供给怎样变化？

(d) 如果美联储设定货币供给为 64 240 亿美元，它将采取什么措施达到这个目标？

4. 假设你每个月赚取并花费 2 400 美元。在每个月的第一天收到薪水，你必须决定将多少金额以现金形式持有或者存入不生息支票账户中，将多少金额存入储蓄账户。储蓄账户的利率是 5%，但是每次取款银行会收取 2 美元费用。

(a) 这个月的平均货币需求是多少？

(b) 如果利率升到 10%，这个月的平均货币需求是多少？这个变化符合你对货币需求的预期吗？

5. 假设经济中 *IS* 曲线和 *LM* 曲线给定如下（单位：十亿美元）：

IS：$Y=2.5A'_p-250r$

LM：$Y=5(M^S/P)+250r$

初始时 A'_p 等于 5 000，M^S 等于 2 000，$P=1$。

(a) 当利率等于 3、4、5、6 和 7 时，画出 *IS* 曲线和 *LM* 曲线。

(b) 用你画出的 *IS* 曲线和 *LM* 曲线找到收入和利率的均衡水平。

假设房价和美元价格（汇率）同时下降，给自发性计划支出 A'_p 带来不确定性。

(c) 哪个事件使自主性消费支出下降，哪个使自发性消费增加？

(d) 货币政策制定者估计了房价和美元价格下降可能带来的影响并估计自发性消费支出可能上升或下降 200 美元。倘若自发性消费支出下降 200 美元，当利率等于 2、3、4、5、6 和 7 时，画出新的 *IS* 曲线并标记为 IS'。倘若自发性消费支出上升 200 美元，当利率等于 2、3、4、5、6 和 7 时，画出新的 *IS* 曲线并标记为 IS'。

(e) 假设你在 (a) 中得到的收入水平等于自然实际 GDP。鉴于自发性计划支出未来的不确定性，货币政策制定者有三种政策可供选择。第一，将利率维持在现有水平，允许实际 GDP 进行调节。第二，将货币供给维持在现有水平，允许利率和实际 GDP 随着自发性计划支出在 4 800 美元到 5 200 美元之间的变化进行调节。第三，为了将实际 GDP 维持在现有自然实际 GDP 水平，增加或减少货币供给。在每一项政策下，当自发性消费支出在 4 800美元和 5 200 美元之间变化时，用新的 *IS* 曲线和 *LM* 曲线估计实际 GDP 和利率的变化。

(f) 考虑对通货膨胀和失业率的影响，用 (e) 中的答案解释为什么第一种政策最不理想，而第三种政策是最好的选择。

6. 假设经济中 *IS* 曲线的方程是 $Y=13\,500-300r$。股票市场的大幅波动使人们转入或转出 M2 中的资产，导致货币需求不稳定。由于货币需求不稳定，货币需求在 $(M/P)^d=0.25Y-50r$ 和 $(M/P)^d=0.2Y-40r$ 之间变动。实际货币供给 M^S/P 等于 2 500 美元。

(a) 给定货币需求函数，$(M/P)^d=0.25Y-50r$。当货币需求等于 2 500 美元时，通过收入和利率的组合：（\$10 000，0）、（\$10 400，2）、（\$11 400，7）以及（\$12 000，10），可以证实 *LM* 曲线方程是 $Y=10\,000+200r$。画出这些点，记 *LM* 曲线为 LM_A。

(b) 给定货币需求函数，$(M/P)^d=0.2Y-40r$。当货币需求等于 2 400 美元时，通过收入和利率的组合：（\$12 500，0）、（\$12 900，2）、（\$13 900，9）和（\$14 500，10），可以证实 *LM* 曲线方程是 $Y=12\,500+200r$。画出这些点，记 *LM* 曲线为 LM_B。

(c) 当利率等于 0、2、7 和 10 时，画出 *IS* 曲线。当货币需求为 $0.25Y-50r$ 和 $0.2Y-40r$ 时，用你画出的 *IS* 曲线和 *LM* 曲线找出均衡收入和均衡利率。

(d) 假设自然实际 GDP 等于 12 000 美元。当货币需求方程分别等于 $0.25Y-50r$ 和 $0.2Y-40r$ 时，用 (c) 部分的答案解释经济面临什么问题。

(e) 假设货币政策制定者希望以利率为目标将实际 GDP 保持在自然实际 GDP 水平上。假设自然实际 GDP 是 12 000 美元，货币政策制定者的目标利率是多少？当货币需求分别是 $(M/P)^d=0.25Y-50r$ 和 $(M/P)^d=0.2Y-40r$ 时，为了达到上述目标，货币政策制定者应该确定多少货币供给量？

自测题答案

自测题 13—1

1. 这类新型账户既能够生息，也能开支票，是 M2 的组成部分，所以它的发明增加了对 M2 的需求，降低了对 M1 的需求。

2. 正如本章“国际视角”专栏中讨论的，信用卡不是货币供给的一部分。它可以快速便捷地从银行得到贷款。信用卡通过两种方式减少对 M1 的需求，第一是减少了对持有现金的需求，第二是减少了那些每个月没有选择花光信用卡全部余额的人的支票账户。因为 M1 是 M2 的一部分，信用卡同样减少了对 M2 的需求，包括对包含在 M2 中但没有包含在 M1 中的组成部分，如货币市场共同基金的需求。

3. 和第 1 题相同。

4. 相当于共同基金，既不属于 M1，也不属于 M2，对 M1 和 M2 的需求都会下降。

自测题 13—2

1. $D = H/(e+c) = 500/0.4$

$= 1\ 250$

$M = (1+c)D$

$= (1.25)\ 1\ 250$

$= 1\ 562.5$

2. $D = 500/0.5 = 1\ 000$

$M = (1.35)\ 1\ 000 = 1\ 350$

3. $D = 500/0.5 = 1\ 000$

$M = (1.25)\ 1\ 000 = 1\ 250$

自测题 13—3

1. 简短答案是当美联储要减少高能货币时[通过方程（13.6）减少货币供给]，卖出国库券；当要增加货币供给时，买入国库券。购买者为了支付国库券，把高能货币送给美联储，从而减少了经济中的 H。

2. 降低贴现率，即在贴现窗口支付的利率，使存款机构从美联储借 H 更加有吸引力。经济中 H 增加使货币供给增加。

3. 降低法定准备金率（e），它是方程（13.6）中的分母。

自测题 13—4

1 和 2. 开始时处于均衡状态，M1 的增加造成 M1 过多。根据托宾和弗里德曼的理论，M1 是对债券和股票的替代，超过初始需求的 M1 的一部分会用来购买债券和股票，使债券和股票市场价格上升。（严格来讲，托宾认为股票和债券只是 M1 中生息资产的替代，不是不生息的通货和支票存款的替代。）

3. 托宾和弗里德曼模型中的效果都是模棱两可的。因为货币是对股票的替代，股票回报率的增加（当股价上涨时）将减少货币需求。但货币需求也取决于财富，股票市场价格的上涨引起的财富增加会增加货币需求。两种作用方向相反，所以净作用不确定。

自测题 13—5

1. 在商品需求不稳定时，实际 GDP 规则最能维持稳定的实际 GDP，货币供给规则其次，利率规则最不能维持稳定的实际 GDP。

2. 在货币供给不稳定时，实际 GDP 和利率规则维持实际 GDP 稳定的能力相同，货币供给规则会导致不稳定的实际 GDP。

第 14 章 货币政策的目标、工具和规则

经济预测这项职业使占星术受尊重。①

——David Dremas，1982

14.1 需求冲击的主要作用

□ 在前面的章节中政策控制的精确度不切实际

在前面的章节中，我们假设完全可以精确控制总需求。但是在现实世界中，决策制定者面临更多的困难。外生需求冲击可以改变总需求曲线并从而改变名义 GDP，但是由于名义 GDP 对政策变化的反应滞后，程度也具有不确定性，决策者不能完全抵消这些冲击。结果，许多经济学家对**政策积极行动主义**（policy activism）存在争议，他们主张利用货币和财政政策抵消外生需求冲击。

在本章中，我们考虑现实世界的经济体中成功的政策行动主义难以理解的一些因素。我们把现实世界中的 *IS*－*LM* 模型和理想世界中的简单 *IS*－*LM* 模型（第 4 章）作对比，决策者借此可以计算出完全抵消任何 *IS* 曲线或 *LM* 曲线变化所需的确切的政策反应程度。

□ 作为超级油轮的经济

遗憾的是，决策者不能像司机驾驭汽车那样容易地操纵经济的变化。改变总需求更像是驾驶一艘超级油轮。即使船长给出急转弯的信号，也需要行驶大约一英里才能看到超级油轮改变了方向，走十英里后才能完成转向。同样，现实经济有自己的发展趋势，政策变化不可能准确地控制总需求。

在这一章，我们也把政策积极行动主义和另外一种以**政策规则**（policy rules）为基础的方法进行对比。这些规则要求美联储使用第 13 章中介绍的货币控制工具来维持一个特定宏观经济变量的固定增长率或者增长水平。早期方案要求规则固定高能货币或其他货币供给标准的增长率。随后的规则方案强调通货膨胀率，即所谓的“通胀目标”。还有些人

---

① David Dremas，“The Madness of Crowds，” *Forbes*，September 27，1982，p. 201.

主张同时以通货膨胀率和产出缺口水平为目标的混合规则，即所谓的泰勒规则。

本章的主题是积极政策和政策规则都有相似的缺陷，包括滞后性、预测错误、经济对美联储行动反应的不确定性和需要维持可信度。现在政策的争论更多在于这些可选规则中应该实施哪个，而不在于规则的一般优点。我们也研究了在国际上讨论的其他货币政策规则，一种针对汇率，另一种针对实际中已经得以应用的货币，即被称作欧元的单一欧洲货币。

☞ 全球经济危机聚焦

2008 年后货币政策的缺陷揭示了一个更普遍的问题

我们先前投入大量精力研究为什么 2007—2009 年的萧条如此之深以及为什么 2009 年之后的恢复如此缓慢。首先用第 4 章的 *IS*-*LM* 模型的理论预测进行分析。在一定的参数值下，货币政策可能无效。然后我们越过理论，在第 5 章研究现实美国经济中削弱货币政策有效性的因素。在本章，我们对积极行动主义者货币政策的局限性和应用可替代规则的困难进行更一般性的分析。我们使用近期和以前的真实场景来评判各种妨碍货币政策目标实现的因素。

14.2 积极行动主义者的稳定目标和工具

这部分陈述了受政策积极行动主义倡导者青睐的传统的稳定政策分析方法。然后，我们专注于那些主张政策规则和反对激进的人们关注的问题。

□ 需要多种工具

就像驾驶汽车需要方向盘、油门和制动装置一样，实现两个政策目标至少需要两种稳定政策工具。例如，在第 4 章指出实际货币供给量的变化不能同时实现实际 GDP 和利率的目标，必须同时采用货币政策和财政政策才能使 *IS* 曲线和 *LM* 曲线在给定的实际 GDP 和利率水平处相交（见图 4—10）。

IS-*LM* 的分析假定价格水平是固定的。既然允许通货膨胀存在，货币政策就包含了对名义变量增长率的控制（如高能货币或货币供应量）。从长期来看，当现实实际 GDP 与自然实际 GDP 增长率相等（$y=y^N$）并且产出比（Y/Y^N）是百分之百时，货币政策控制通货膨胀率，财政政策控制自然实际 GDP 增长率 y^N。要了解财政政策和经济增长的关系，可回顾第 4.9 节“政策组合”的概念。

货币政策调整以产出缺口（间接的通胀率）为目标，财政政策调整以实际利率为目标。政策组合使实际利率降低，刺激投资，反过来也使经济更快地增长。

货币政策、财政政策和结构性就业政策 货币政策和财政政策不能控制自然失业率。失业的永久性降低要求自然失业率的永久性下降，反过来需要一个独立的政策工具，这就是第 10 章讨论的结构性就业政策工具的组合，例如培训补贴和失业救济金。

但是还有些工具没有增加到政策工具的列表上。财政政策实际上包含两种**政策工具**（policy instrument）：政府支出和税率。高支出和高税率或者低支出和低税率都能达到特定的政府赤字。因此，另一个政策目标是相对于自然实际 GDP 的政府支出和收入规模。

到目前为止总共有四种工具和四个目标：

工具	目标
结构性就业政策	失业率
高能货币	通货膨胀率
政府支出	政府规模
税率	人均实际 GDP 的长期增长

图 14—1 更加完整地阐释了经济政策原理。经济政策的目标就是经济福利，用右上角的方框表示。经济福利可以简单地看做是幸福，社会中单个成员想得到的东西是价格稳定、充分就业和高生活质量。

□ 目标、工具和结构关系

图 14—1 中经济福利方框左边的方框中列出了能影响经济福利的主要政策**目标变量**（target variables）。一些目标比另一些更重要。收入分配和其他目标大不相同；任何一项提高一部分人收入而牺牲他人利益（富裕与贫困、债权人与债务人）的政策都备受争议，从而导致政治冲突。

图 14—1 左上角列出了政府可以用来尽力达到其目标的一些政策工具。中间的大框把工具框和右上方的目标框联系在一起，它包含了连接各种变量的结构关系。第 4 章的 *IS* 曲线和 *LM* 曲线及第 9 章的 *SP* 曲线和 *LP* 曲线概括了把货币、税收、政府支出和失业、通货膨胀联系在一起的主要关系。但如左下方的方框所示，不受决策者直接控制的外生因素也能改变曲线的位置，例如企业或消费者的乐观情绪、信贷可获得性限制条件的放宽、更高的出口额（使 *IS* 曲线向上移动）或者一个不利的供给冲击（使 *SP* 曲线向上移动）。

当外生数值和工具变量被放入中间方框中的结构性经济关系时，产生了各种目标变量值——失业、通货膨胀及其他。右下方的方框所示的其他变量也会受到影响。但是它们被称为不相关变量，因为它们不是经济福利的主要决定因素。注意国债是一种不相关的附带后果，从这种意义上讲，只有它引起目标变量变化时，国债规模方显得重要，例如挤出私人投资的结果会引起通货膨胀或减少自然实际 GDP。

正如下面的专栏所示，思考规则和积极行动主义争论的一个简单方法是注意两方各自在什么方面持乐观态度，在什么方面持悲观态度。政策积极行动主义者对私人经济的自动纠错功能持悲观态度，对稳定政策的效率持乐观态度。相反，规则倡导者对私人经济的内在稳定性持乐观态度，但对稳定政策的效率持悲观态度。

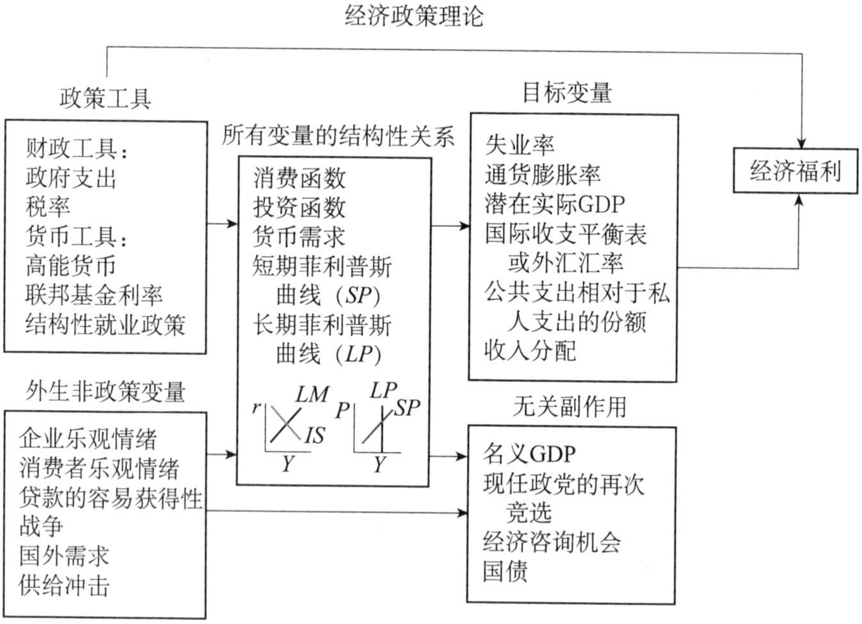

图 14—1　流程图表明了政策工具、政策目标和经济福利之间的关系

注：政策工具和外生非政策变量放在同一个连接外生（政策和非政策）变量和内生（目标和非目标）变量的结构关系中。右上方的总经济福利取决于目标变量的完成情况，因而也取决于政策制定者设定政策工具的决定。

☞

规则和积极行动主义概要：乐观—悲观框架

本专栏中的表格整理出了各种政策积极行动主义者和规则倡导者之间广泛争论的问题，积极行动主义者的观点位于第一行。他们对私人经济的稳定性持悲观态度，原因是私人经济受大量经济波动的影响。这些波动有时是消费者和企业悲观情绪波动的后果，如 20 世纪 30 年代的大萧条、2008—2009 年的房地产和其他投资泡沫的破灭。在战时军费开支急剧增加时，经济周期也可能是政府行为导致的结果。

虽然积极行动主义者对私人经济持悲观态度，但是他们对政府政策稳定经济的可行性持乐观态度。这反映了他们这样的信念：积极行动主义天堂这个讽刺漫画虽然旨在夸大积极行动主义成功政策所需的条件，却也包含了一些事实。

如表格所示，积极行动主义者的立场在两方面都受到政策规则倡导者的反对。规则倡导者乐观地认为私人经济具有内在的自我纠正机制，部分原因是私人储蓄的变化会部分或大部分抵消需求扰动。政策规则倡导者对稳定政策持悲观态度是因为由于滞后、预测失误、不确定以及本章前面讨论的其他问题使得政策弊大于利。

	关于私人经济自我纠正能力的看法	关于政府稳定政策效率的看法
积极行动主义者	悲观	乐观
规则倡导者	乐观	悲观

自测题 14—1

下列属于政策工具还是目标变量?

1. 通货膨胀率。
2. 个人所得税税率。
3. 联邦基金利率。
4. 失业率。
5. 高能货币。

14.3 政策规则

对政策规则最大的争论主要涉及货币政策方面。20 世纪 30 年代，芝加哥大学的经济学家亨利·西蒙斯（Henry Simons）对完全斟酌使用的货币政策和不受中央银行相机抉择影响的“单一规则”货币政策做了一个鲜明的对比。① 在现实中，货币政策具有一定的连续性，它既不是一个极端的、完全**斟酌使用的政策**（discretionary policy），也不是处在另外一个极端的**刚性规则**（rigid rule）政策。

美联储刚性规则的最极端形式是实行一系列特殊性的公开市场操作，例如，准确买入足够的证券使高能货币（H，通货和准备金之和）每年增加 5%。然而，如我们在上一章所学 [方程（13.6）]，这样的行为不会使货币供给稳定增长，因为货币供给不仅取决于 H，而且取决于准备金率和公众的现金持有率。即使保持 H 绝对严格增长，公众选择增加或降低现金持有量也会导致货币供给的波动。美联储刚性规则的另一种形式是为了维持恒定的短期利率如联邦基金利率所需要进行的任何公开市场操作。

早期最为著名的政策规则方案是 20 世纪 50 年代晚期芝加哥大学的米尔顿·弗里德曼提出的货币供给的**恒定增长率规则**（constant growth rate rule，CGRR）。由于货币供给乘数（M/H）的变化，维持 H 固定增长率不能确保货币供给的稳定增长，准备金也是如此。要维持货币供给的恒定增长率规则，美联储必须积极地控制 H 来抵消货币乘数的变化。

除了要求 H 或货币供给保持恒定增长率的规则外，许多其他类型的规则也被提出。其中一些规则不包含像 H 和货币供给这样的货币变量，而是包含了像价格水平和产出这样的目标变量。另一些规则是**反馈规则**（feed back rules），它系统地改变像货币供给和利率这样的货币变量来对诸如通货膨胀和失业这些目标变量的实际和预期变化作出反应。反馈规则的重要例子是将在第 14.7 节中阐述的泰勒规则。

早期倡导货币政策规则的是**货币主义**（monetarism）。② 这种方法把上面专栏中的主要因素——关于私人经济稳定性的乐观主义和斟酌使用政策有效性的悲观情绪——与主张货

① Henry C. Simons, *Economic Policy for a Free Society* (Chicago: University of Chicago Press, 1948). Simons 在 20 世纪 30 年代中期开始撰写有关规则和斟酌使用对比的问题。

② 货币主义这个术语由 Karl Brunner 引入，“The Role of Money and Monetary Policy,” *Federal Reserve Bank of St. Louis Review*, no. 50 (1968), pp. 9-24。

币供给恒定增长率规则的特定政策建议结合起来。[①] 随后，货币主义不再流行，被主张以通货膨胀率为目标的“通胀目标”的规则和像泰勒规则那样的混合反馈规则所替代。

□ 支持规则的正面论据

支持规则的论据表现为两种方式。一种是基于规则自身优势的正面论据；另一种是基于完全相机抉择政策缺点的负面论据。

对弗里德曼提出的规则的主要争论有三点。第一，规则使中央银行不受政治压力影响，比如，政治压力倾向于促使中央银行在大选年之前过度刺激经济。第二，规则允许政府和公众评判中央银行的表现。例如，如果现实中货币供给疯狂变动或者其平均增长率与规则中制定的增长率不同，负责货币供给恒定增长率规则的中央银行被认为是失败的。第三，规则降低了不确定性，因为企业、工人和消费者能够准确估计中央银行在未来几年采取什么措施。

然而，以前就职于麻省理工学院、现任以色列银行行长的斯坦利·费希尔（Stanley Fischer）认为这些论据都存在不足。[②] 首先，如果中央银行不受政治压力的影响，独立运行的效果并不总是令人满意的；中央银行在努力达到或维持低通胀时，在短期它可能比公众更愿意牺牲就业机会。作为对规则一般性支持的第二个和第三个论据的优点也不令人满意，因为它们的有效性取决于中央银行选择的目标变量。例如，公众没有理由直接关心高能货币或货币供给的数量，因为公众关心的目标变量是通货膨胀、失业以及产出和实际人均 GDP 的增长情况。

总之，在没有明确说明规则的确切性质的情况下，很难给出规则的一般情形。正如“茶杯和嘴唇之间还有很远的距离”这句谚语所言，在美联储的政策工具尤其是公开市场操作与最重要的目标变量之间还存在许多政策传递损耗的来源。这些来源包括货币乘数冲击（第 13 章）、货币需求冲击（第 13 章）、商品需求冲击（第 3 章或第 4 章涉及的任何能够使 *IS* 曲线移动的因素）以及供给冲击（第 9 章）。

□ 支持规则的负面论据

支持规则的负面论据由对积极行动主义者的批判构成。如上一节专栏所示，规则倡导者对积极行动主义者（相机抉择）的政策持悲观态度，认为这样的措施弊大于利。本章的剩余部分通过检验积极行动主义者对政策的乐观态度是不切实际的种种原因——滞后、不确定性、预测失误以及其他问题，来详细研究规则倡导者的理由。

然而，正如支持规则正面论据的价值取决于所考虑的特定类型的规则，支持规则的负面论据也是这样。例如，滞后和不确定性使美联储的政策工具和目标变量之间的传递损耗如此之多，以至于美联储不能实施与一个目标变量相关的规则，如坚持固定通货膨胀率目标的方案。

近年来，泰勒规则越来越流行，它主张中央银行选择通货膨胀率和产出比的混合目

---

① See Milton Friedman, *A Program for Monetary Stability* (New York: Fordham University Press, 1959).

② Stanley Fischer, "Rules versus Discretion in Monetary Policy," in Benjamin Friedman and Frank Hahn, eds., *Handbook of Monetary Economics*, vol. 2 (Amsterdam: Elsevier Science Publishers, 1990), pp. 1156-84.

标，使规则倡导者和积极行动主义者之间的分歧消除了。所有积极行动主义者的障碍，如控制货币供给的困难、通货膨胀率和产出比对利率变化反应的滞后，相对于老式的积极行动主义者，都适用于泰勒规则。现在我们转向积极行动主义或者泰勒规则面临的第一个障碍：中央银行行动的影响与经济最终反应之间的滞后。

14.4 政策缺陷：滞后和不确定性

弗里德曼反对政策积极行动主义支持货币规则论据的核心是货币政策工具的变化与像通货膨胀和失业这些目标变量的最终反应之间存在"长期多变"的滞后。我们知道，弗里德曼反对积极行动主义的争论同样代表了通向如通货膨胀目标和泰勒规则等现代规则的明显障碍。本节我们将区分货币政策的五种滞后类型，试图估计滞后的时间长短。

□ 五种滞后类型

滞后性阻止了货币和财政政策及时抵消未预料到的商品需求、货币需求或供给冲击的变化。滞后主要有五种类型。一些滞后是货币和财政政策共有的，另一些滞后相对于一种政策比另一种政策的滞后更重要。

（1）数据滞后。

（2）认识滞后。

（3）立法滞后。

（4）传递滞后。

（5）影响滞后。

为了解释每种滞后的意义，估计它的时间长短，让我们把 2007—2009 年萧条结束时的 2009 年 6 月作为例子，这是离我们最近的一个例子。

（1）**数据滞后** 政策制定者不知道萧条发生时经济的运行情况。在 2009 年 7 月工业生产指数首次显著增长。但是这个消息直到 2009 年 8 月中旬才公布。通常，始于月初如 7 月的经济变化直到下个月中旬才能在数据上充分显示出来，所以数据滞后大概是一个半月。

（2）**认识滞后** 政策制定者不仅仅注意一个月的数据变化。下个月可能会显示向相反的方向发展，数据需要频繁地修正以使小幅上涨变为小幅下降，反之亦然。这样有必要等待 8 月份的数据来确认工业产值连续两个月的增长，这一系列数据到 2009 年 9 月才公布。

（3）**立法滞后** 虽然财政政策的大部分变化都需要国会立法通过，但是货币政策有个重要优势，那就是立法滞后期短。一旦联邦公开市场委员会（FOMC）的大多数成员认为有必要实施货币政策刺激时，只需等待很短的时间，因为公开市场委员会每年定期举行 8 次会议，通过电话可以随时见面。这又持续到 2009 年 10 月。

（4）**传递滞后** 传递滞后是政策决定和随后的政策工具变化之间的时间间隔。和立法滞后一样，传递滞后是财政政策的一个重要障碍。一旦公开市场委员会命令公开市场管理者进行公开市场买入，短期利率（联邦利率）会立即下降。

（5）**影响滞后** 货币政策滞后性最有争议的地方是增加或减少货币供给来影响实际产

出的时间。我们知道米尔顿·弗里德曼认为影响滞后是长期的和多变的。

□ 影响滞后的证据

最难测量且时间也最长的滞后是货币政策变化和经济反应之间的影响滞后。这种滞后的估计因各种原因而不同，这些原因包括使用不同的货币政策度量方法和不同的经济反应指标。

为了决定影响滞后的长短，通过短期利率的变化度量货币政策行为是有帮助的，因为美联储在公开市场委员会会议之后几乎能够立即改变短期利率（消除了传递滞后）。图 14—2描绘了实际 GDP 对短期利率特别是联邦基金利率的变化作出反应的三种可选择的时间间隔。①

如图 14—2 所示，前两个区间（1961—1975 年和 1976—1990 年）显示了当联邦利率上升时实际 GDP 预期会下降的结果（暗含第 4 章的 *IS* 曲线的斜率是负的）。各个时期的反应程度不同，1961—1975 年的反应程度远远大于 1976—1990 年的反应程度。正如弗里德曼很早所写，关键是滞后时间长，而且多变，即使在图 14—2 中 1961 年这个起始日期以前也是这样。

由于经济的反应随着时间分散开来，通常分布在两年以上，因此很难想出一个度量影响滞后的单一方法。这种滞后的一个合理的衡量方法是达到被感知到的最终效果的半程所需的时间长短。如图 14—2 所示，在描绘的三个区间中，这些滞后是 13.8 个月、14.1 个月和 24.1 个月。

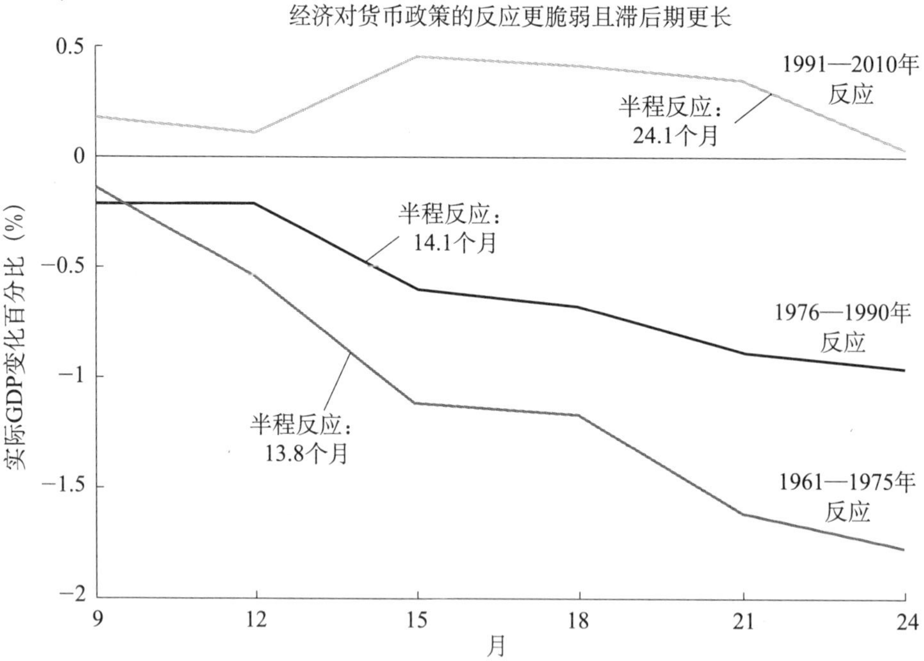

图 14—2　在 1961—2010 年的三个区间联邦利率变化一个百分点实际 GDP 的变动百分比

① 对于受过计量经济学训练的读者，图 14—2 隐含的细节如下：季度实际 GDP 在指定的时间间隔内的年均百分比变化是对一个常量和名义联邦基金利率从 3～8 个季度不等的滞后做回归。9 个季度的滞后或更长的滞后在统计学上不显著，因而被忽略了。现期变化及第一和第二季度的滞后被忽略是因为它们的系数为正，表明存在实际 GDP 对利率的反馈。

值得注意的是，在1991年后的一段时间，货币政策的滞后时间不仅很长（24个月），而且对实际GDP的影响是正的而不是负的。1991—2010年的这段时间证明：货币政策影响经济的滞后期不仅很长，而且更令人奇怪的是，联邦基金利率的变化对实际GDP没有一点影响。

政策滞后的另一个度量方法不依赖利率数据，由加州大学伯克利分校的戴维·罗默和克里斯蒂娜·罗默在早期的研究中引出。他们阅读了公开市场委员会的备忘录，以便当美联储决定降低通货膨胀而引起衰退时确定其时间长短，以确定1947—1979年间六个这样的时间。① 他们进行了类似图14—2的统计检验来验证美联储政策变化后的三年里工业产出的反应。在这六段时间中，估计的影响滞后期平均为19个月，和图14—2中的14～24个月的滞后期相吻合。②

□ 将滞后期加总起来

为了总结这一节的滞后性，让我们把从一个未预料到的经济事件到经济对为应对这种经济事件采取的货币政策行为的反应之间的延误期加总起来。

滞后类型	估计长度（月）
1. 数据	1.5
2. 认识	2.0
3. 立法	0.5
4. 传递	0.0
5. 影响	19.0
总计	23.0

美联储对始于2009年7月的经济复苏作出回应，上半年经济对此的反应到2011年6月才能感受到（加上或减去几个月，反映影响滞后的多变性）。

□ 乘数不确定性

在第3章和第4章发展了一组乘数方程来表示像税率、政府支出和货币供给等政策工具的变化引起的实际GDP变化的大小。但是那些章节总结的*IS*－*LM*模型非常简单。本节表明，我们像简单的*IS*－*LM*模型刚开始使我们相信的那样几乎不知道乘数值。

图14—2阐明了表明几个时间段内实际GDP对利率变化的反应的**动态乘数**（dynamic multiplies）。我们注意到1991—2010年之间的乘数远远小于1991年以前的乘数。此外，在给定的一个时间段内，经济学家对货币乘数和财政乘数的大小持不同意见。**乘数不确定**

---

① Christina D. Romer and David H. Romer，"Does Monetary Policy Matter? A New Test in the Spirit of Friedman and Schwartz，" in O. J. Blanchard and S. Fischer，*NBER Macroeconomics Annual 1989*（Cambridge，MA：MIT Press），p. 152.

② Romer and Romer，ibid，Table 1，p. 153. 货币政策变量（当美联储改变政策时将6个月定义为1单位，否则为零单位）的最大影响在政策变化后32个月达到。总效应的半程发生在18.8个月后。因为它忽略了方程中滞后的因变量的影响，这种估计是近似的。

性（multiplier uncertainty）给政策制定者造成困难。即使他们能够完全预测到经济需要政策刺激，从现在起一年增加 2%的 GDP，具体应该采取什么样的政策行为还是个问题。现在的利率要降低 0.5%、1%还是 2%呢？这些数字都可能是正确的，这取决于政策乘数。①

□ 货币政策乘数为什么改变?

图 14—2 的三个方面因素使政策制定者面临困难，这三个方面是滞后期长短、滞后的改变和乘数的改变（也就是利率变化对实际 GDP 总的影响）。我们知道影响滞后非常长，在1991—2007 年期间，花费 24 个月才达到一半的效果。为什么现在的滞后比 1991 年以前的长呢?

20 世纪 60 年代以来，经济结构的三个变化有助于解释为什么在 20 世纪 60 年代后滞后更长、乘数更小了。第一个变化涉及存款机构和住房。几十年前，房屋支出使紧缩货币政策陷入僵局，为了回应利率的上涨而迅速下降。自 20 世纪 70 年代后期以来，这种影响房屋供给的机制不是很重要了，因为放松管制提高了存款机构支付给存款者的利率上限。另外，不受利率上限限制的其他金融机构开始广泛参与到抵押贷款市场上来，更进一步使住房部门免受紧缩货币政策的影响。

第二个主要的变化是利率的变化对消费支出的影响逐渐减弱。更多的消费者用信用卡借钱，而信用卡利率对货币政策不是很敏感。

第三个主要的变化是 1973 年浮动汇率制的采用，这在第 7 章中得到检验。这使货币政策的影响又多了一个渠道，因为利率变化使汇率变化，经过一个长期滞后，改变净出口。净出口要对汇率作出充分的反应至少需要两年时间。

总结：货币政策的影响滞后更长了，实际 GDP 对利率变动的反应乘数也更小了，因为房地产融资的便捷渠道变得更加脆弱，同时，通过汇率与净出口发挥作用的耗时路径更趋强大。

自测题 14—2

对于下面的每项陈述，说明它们是否和乘数不确定性或滞后有关。如果你的答案是滞后，说明五种滞后类型中的哪种与所述最为相关。

1. 约翰逊总统提议从 1966 年末到 1968 年中期额外征收所得税，国会就此进行讨论。

2. 放松金融管制，取消储蓄账户利率上限。

3. 华盛顿一场罕见的暴风雪使消费者价格指数延迟两周公布。

4. 1973 年采用浮动汇率制。

---

① See William Brainard, "Uncertainty and the Effectiveness of Policy," *American Economic Review*, vol. 57 (May 1967), pp. 411—425. Brainard 的方程表明，实际和目标 GDP 之间的预期差距只有一小部分可以弥合，但是这一部分取决于我们尚不知道的相关系数。Milton Friedman 较早做了分析，"The Effects of a Full-Employment Policy on Economic Stability: A Formal Analysis," *Essays in Positive Economics* (Chicago: University of Chicago Press, 1953), pp. 117—132。

14.5 案例研究：美联储对 1986—2007 年的“大稳健”时期负责吗？

我们在前面尤其是在第 5 章研究了 2007—2009 年经济陷入严重衰退状态的原因，又研究了在 2009 年 6 月衰退结束时经济缓慢复苏的原因。很明显，宏观经济对需求冲击既不稳定也很脆弱，这些冲击包括 2006 年以后住房泡沫的破灭以及相关的金融机构的倒闭和其他金融机构的几近崩溃。劳动力市场指标，尤其是长期失业在 2009—2010 年比 20 世纪 80 年代的严重衰退更糟，这样的事实表明了经济对于严重的冲击还很脆弱。

但是在 2008 年以前，尤其是在 1986—2007 年期间，经济比 1986 年以前或 2007 年以后稳定多了。这次宏观经济波动程度的暂时性降低通常被称作“大稳健”。既然我们在这章的讨论重点是管理货币政策的困难，我们面临一个悖论：鉴于这些困难，经济怎么能够持续稳定二十多年呢？一个原因可能是货币政策效果大大改善了；一个补充性的假说是经济稳定性的增强不是因为货币政策。这两个解释都只是部分正确。

估计 1986—2007 年经济稳定性改善程度的一个方式是看图 14—3。图 14—3 的上图描述了自 1960 年以来的产出缺口（产出比率取对数）。[①] 很明显，在 20 世纪 60 年代早期、1974—1977 年、1980—1986 年、2008—2010 年产出缺口很大，而且为负，经济非常不稳定。但是在 1986—2007 年期间，产出缺口基本上接近零的理想水平。图 14—3 下图显示了概括比率波动程度减小的一种方式，即 20 个季度比率绝对值的移动平均数。[②] 如果比率要么是＋2％要么是－2％，那么移动平均绝对值是 2.0。如果比率是按 2、0、－2、0 的形式排列，取其绝对值的平均数得 1.0。如图 14—3 下图所示，在 1970 年第一季度测量的波动程度是 4.4，然后下降，在 1985 年第二季度再次达到顶峰 4.3，然后从 1988 年第二季度到 2009 年第三季度下降到 2.0％或者以下。2005—2007 年，大幅降低到 1％以下。[③] 但是在图 14—3 上图中，从 2008 年开始产出缺口变成负的，而且区域很大，到 2010 年，它把下图中测量的波动率值迅速拉升到 1985 年的顶峰。

□ 不稳定性降低的原因：较小的需求和供给冲击

一个假说是需求或供给冲击在 20 世纪 80 年代中期以后其重要性更低，危害也更弱。有三类需求冲击促成了这样的改善。其中最重要的是军费开支减小（用占 GDP 的份额测量）和其波动性逐步减小。朝鲜战争（1950—1953 年）和越南战争（1965—1975 年）引

---

① 当现实实际 GDP 等于自然实际 GDP 时，产出比的对数就等于零。第 9 章的附录中介绍了这个概念。产出比对数的同义词是“GDP 缺口”或“产出缺口”，本书一直在使用这个概念，它最初在第 1 章提出。

② 任何一个数字的绝对值是指任何有负号的值要变成正的。

③ 在 Olivier Blanchard 和 John Simon 的“The Long and Large Decline in U. S. Output Volatility,” *Brookings Papers on Economic Activity*，vol. 32，no. 1（2001），pp. 135－164 中考虑了减少波动略微不同的措施。基于实际 GDP 四个季度变化的波动测量表明波动减少得更加明显；见 Robert J. Gordon，“What Caused the Decline in U. S. Business Cycle Volatility?” NBER Working Paper 11777，November 2005。

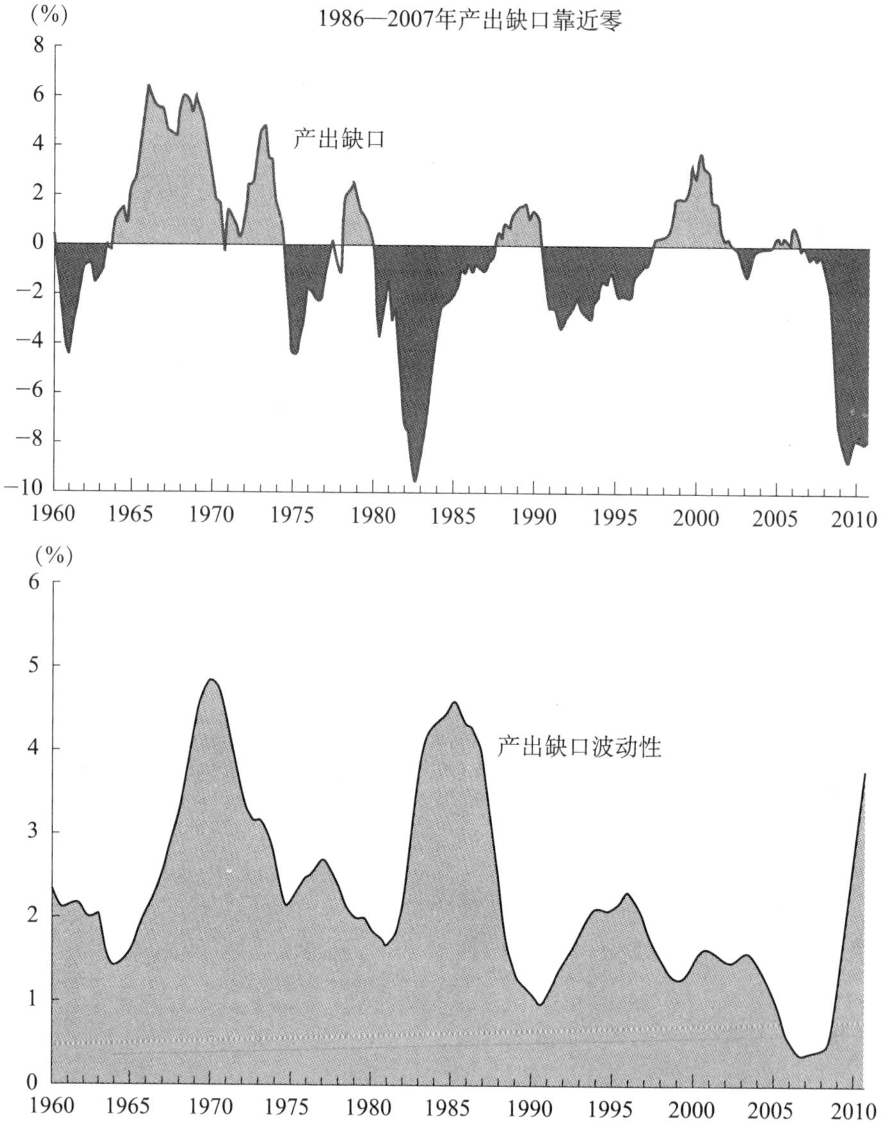

图 14—3　1960—2010 年产出缺口和其绝对值的移动平均

起军费开支急剧上涨，随后急剧下降。第二个原因是金融管制条例，它使住房建设更加不稳，这些条例在 20 世纪 80 年代早期被废除。最后，计算机和管理实践的改善减少了存货投资的波动性。这三类需求冲击源使产出在 20 世纪 50 年代、60 年代和 70 年代更不稳定，在 20 世纪 80 年代中期以后波动性减弱。

后来，在 20 世纪 70 年代越南战争过后，一些不利的供给冲击重创了经济，包括 1974—1975 年石油冲击、1972—1973 年农产品价格冲击、1973—1974 年由于美元贬值导致的非石油进口价格上涨以及 1974—1975 年尼克松时代价格控制的结束。所有这些冲击导致通货膨胀暴涨，同样导致一个副作用，那就是产出比下降（如我们在第 9 章所学）。

比较 1950—1985 年和 1986—2007 年这两个时期，产出波动程度降低三分之二估计是由于需求冲击的大幅减少，主要是指军费开支、住房建设和存货投资。另外的三分之一是由于供给冲击程度降低。在 20 世纪 50 年代到 60 年代期间，需求冲击是主要的，供给冲击是次要的。1970—1985 年，需求冲击和供给冲击都造成高的波动性。在 1986—2007 年期间，需求和供给冲击都表现出更大的稳定性，形成大稳健时期。[①]

□ 美联储在 1983—2001 年扮演的角色

1983 年以后需求和供给冲击波动程度的降低使美联储不那么费心了。当不利冲击到来时，如 1974—1975 年、1979—1981 年那样，美联储不得不在高通胀、低产出或两者的某种结合中选择（见图 9—10）。但是在有利的供给冲击下，美联储可以欣然地在低通胀和高产出间作出选择。这些有利的货币冲击有的是石油价格在 1986 年和 1997—1998 年的急剧下降，有的是美元在 1995—2002 年的升值，还有 1995 年以后产出的再次增长，这些冲击都有助于解释美联储改善经济的选择和结果。

图 14—4 使我们了解自 1980 年以来美联储对产出缺口波动的反应。联邦基金利率从第 4.7 节"了解全球经济危机"的图表中复制而来，其数值在左边纵坐标显示出来。产出缺口（产出比取对数）曲线由图 14—3 复制而来，它的数值在右边纵坐标上显示出来。

在 1980—1986 年这段时期，产出负缺口非常突出，这是因为美联储实施的抑制通货膨胀的紧缩性货币政策，使联邦基金利率几乎上升到 18%。在 1981—1987 年间，随着通货膨胀下降，联邦基金利率也降低了，产出缺口在 1988 年刚上升到零，但是仅在六个月后，联邦基金利率又上升了。然后，产出缺口在 1990 年后期降到零以下，美联储一步步降低联邦基金利率，这一直持续到 1993 年早期。美联储在 1988—1993 年的行为是及时的，并代表前进的正确方向，也就是稳定产出缺口的方向。

美联储的第一个错误似乎是在 1994 年急剧提高联邦基金利率，而那时产出缺口仍为负。这次行动在那时被称为"先发制人"，表明其对产出缺口不全面了解。但是美联储在 1996—2000 年期间忽略了产出缺口的急剧上升，一点都没有像 1988—1989 年那样提高联邦基金利率。为什么？到此为止，最重要的原因是通货膨胀。如在图 9—1 中所学，在 1996—1999 年通货膨胀并没有加速来回应产出的增长。在第 9.9 节中讨论了这种不同寻常行为的原因，包括低石油价格和美元升值。

尽管美联储在 2000 年的几个季度内暂时提高了联邦基金利率，但随着产出率在 2000 年达到顶峰时又开始下降，美联储又迅速降低利率。这次情况和 1994 年一样，美联储先发制人，在产出率在 2002—2003 年暂时变为负以前，急剧降低联邦基金利率。

---

① 本段的陈述基于前一注释中所引用的作者在 NBER Working Paper 中所发表的论文。也可参见 James H. Stock and Mark W. Watson，"Has the Business Cycle Changed? Evidence and Explanations，" in *Monetary Policy and Uncertainty：Adapting to a Changing Economy*，Federal Reserve Bank of Kansas City，2003，pp. 9—56。另一广泛建议参见 S. Ahmed，A. Levin，and B. A. Wilson. "Recent U. S. Macroeconomic Stability：Good Policies，Good Practices，or Good Luck?" *The Review of Economics and Statistics*，vol. 86，no. 3，pp. 824—832。有关放松金融管制及创新的作用的研究参见 K. E. Dynan，D. W. Elmendorf，and D. E. Sichel，"Can Financial Innovation Help to Explain the Reduced Volatility of Economic Activity?" *Journal of Monetary Economics*，vol. 53，January 2006，pp. 123—150。

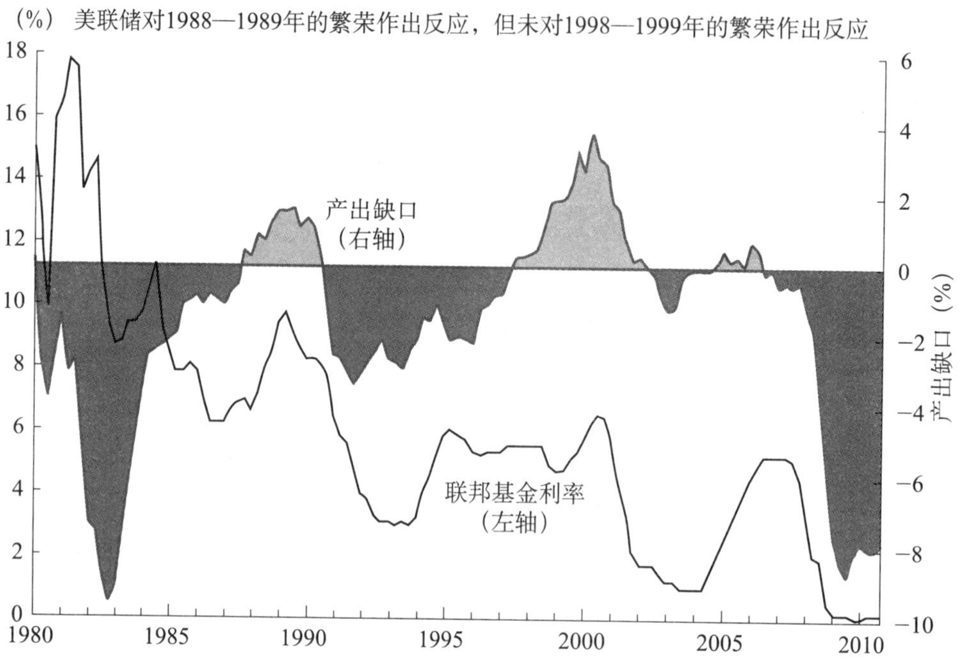

图 14—4　1980—2010 年联邦基金利率和对数产出缺口

□ 2000 年以后美联储备受争议的货币宽松政策

如图 14—4 所示，在对数产出比达到零以前，美联储就开始降低联邦基金利率。随后又进一步降低利率，在 2003 年中期达到 1%。把这段时期和 1990—1993 年相比，我们发现利率在 2001—2002 年比 1990—1993 年降低得更快。

许多观察者认为，尤其在事后，美联储降低利率太快也太多了。许多评论家认为美联储维持这么低的利率，就是对繁荣的房地产泡沫火上浇油，达到了投机的程度。正如 20 世纪 90 年代末期的股票市场和互联网投资繁荣被证明是泡沫一样，股票市场和投资在 2000—2003 年崩溃，2003—2006 年的房地产泡沫导致 2007—2009 年的经济崩溃。

有没有系统的方法来描述美联储的行为呢？2000 年以后货币政策太宽松了吗？接下来在第 14.7 节我们将比较美联储的实际政策和泰勒规则，泰勒规则要求美联储每当通货膨胀加速或者对数产出比上升到零时，提高利率。

14.6　时间不一致、可信度和声誉

我们已经知道米尔顿·弗里德曼声称货币规则的一个优点是企业、工人和消费者能够准确预期未来政策行为。政策积极行动主义的支持者则认为货币规则没有优点，因为任何一个好的规则都可由相机抉择的政策制定者实施。

□ 时间不一致

1977 年，**时间不一致**（time inconsistency）的概念被引入。[①] 其基本思想是相机抉择的政策制定者选定政策 A 是因为这个政策在当时是最好的，私人决策者根据这个政策决定消费、投资和劳动供给。然而，当私人决策者这样做时，对决策者来说，最佳的政策可能是 B，这样私人决策制定者行动所依赖的期望就失效了。

最简单的例子就发生在教室里，教授希望学生学习，但是他讨厌出考题并给学生打分。当教授宣布期末考试会很难时时间不一致就发生了。学生通过好好学习来应对政策 A，但是恰恰在计划的考试前，教授宣布政策 B：考试取消了。

在宏观经济学中时间不一致最突出的例子是表明通货膨胀和失业之间的取舍关系的菲利普斯曲线。对于任何给定的失业率，如果未来预期的通货膨胀低的话，实际通货膨胀也会低。这促使美联储实行政策 A，宣告要达到低通胀。但是一旦通货膨胀预期降低了，将诱使美联储实行政策 B，通过货币刺激，减少失业，即使政策 B 将提高通货膨胀率从而使工人和企业的低预期通货膨胀率失效。

时间不一致争论的意义在于，私人决策者如果知道中央银行将按照固定规则来实现通货膨胀目标，通常来说，经济绩效会更好。如果知道没有自由裁量权，即没有突然实行货币刺激（政策 B）的可能性，未来预期通货膨胀率就会平稳，在任何给定失业率情况下，较低的实际通货膨胀率成为可能。

□ 可信度和声誉

为了达到最好的经济状态，即低的甚至零通货膨胀率和自然失业率（U^N），中央银行可能要在其名誉上做投资。如果中央银行年复一年地成功避免了增加货币供给减少失业（政策 B）的诱惑，它会使私人决策者相信，未来通货膨胀高涨是不可能的。一旦政策制定者的行为造就了这种声誉，他们就得到了**政策可信度**（policy credibility）。[②]

在过去的几十年，经济学家已经建立了“声誉均衡”的复杂模型。[③] 由这些模型得出这样的结论：如果政策制定者眼光长远，并且贴现率较低，零通货膨胀的均衡是可能的。这就是说，政策制定者有动力提出一个持久的政策，私人决策者相应地调整他们的预期。然而，这些理论模型在现实中不太适用，现实中政府和中央银行不会永久存在，政府也面临定期的换届。

为了减少政府变幻莫测的政治目标的影响，许多国家如英国授予中央银行独立运行的自由，不受选举出来的政府经济官员的影响。许多外国央行，而非美联储，不管实际产出

---

① Kydland 和 Prescott 在 2004 年获得诺贝尔经济学奖。原始的参考资料是 Finn E. Kydland 和 Edward C. Prescott 的“Rules Rather Than Discretion：The Inconsistency of Optimal Plans,” *Journal of Political Economy*，vol. 85（June 1977），pp. 473－492。最有影响力的后续文章是 Robert J. Barro 和 David B. Gordon 的“A Positive Theory of Monetary Policy in a Natural Rate Model,” *Journal of Political Economy*，vol. 91（August 1983），pp. 589－610。

② Benjamin M. Friedman 在“The Use and Meaning of Words in Central Banking：Inflation Targeting，Credibility，and Transparency”中做了有价值的介绍，NBER Working Paper 8972，June 2002。

③ See Fischer，“Rules versus Discretion,” pp. 1175－1178.

怎么样，都独立严格遵循以通货膨胀为目标的规则。[①]

□ 规则和相机抉择的含义

关于时间不一致争论的焦点在于私人决策制定者对通货膨胀率形成预期的过程。另一些目标变量，如失业率忽略了自然失业率假说有效性的假设，所以，长远来看，政策制定者没有权利使实际失业率偏离自然失业率。

像规则和相机抉择争论的许多其他方面一样，许多关于时间不一致的文献忽略了可能的各种不同规则。它同样也忽略了主要由美联储直接控制的政策工具与在争论中主要关心的目标变量即通货膨胀率之间的差距。

由于这些差距，没有一种以严格控制高能货币为基础的政策能够产生稳定的通货膨胀率。只有以通货膨胀为目标的政策规则可能确立政策可信度，然而本章检验的所有积极政策的问题同样适用于这样的政策规则。我们在第 14.8 节将回到通货膨胀目标。

自测题 14—3

下面的陈述正确、错误还是不确定？

1. 给定紧缩货币政策导致的任何给定的名义 GDP 增长率的减速，如果中央银行在公众中拥有信誉度，衰退将会更短，严重程度将降低。

2. 给定紧缩货币政策导致的任何给定的名义 GDP 增长率的减速，如果公众相信中央银行的政策受时间不一致约束，衰退将会更短，严重程度将降低。

3. 与和通货膨胀共存的政策相比，政策可信度增强了“冷火鸡”式反通货膨胀政策的优点。

4. 相对于以高能货币增长率为目标的政策规则，时间不一致的可能性增强了实行相机抉择政策的理由。

14.7 案例研究：泰勒规则和美联储对通货膨胀及产出不断变化的态度

无论美联储试图实现什么类型的规则，它的短期控制工具都是联邦基金利率，如图 14—4 和图 14—5 描绘的那样。如果美联储试图实行一个货币供给增长的规则，当货币供给超过期望的增长率时，必须提高联邦基金利率。同样，如果美联储想要以通货膨胀为目标，当通货膨胀率超过预期通货膨胀率时，必须提高联邦基金利率。

以通货膨胀为目标存在这样一个问题：联邦基金利率的上升和随后的通货膨胀率的降低之间存在很长的滞后期。当美联储等待通货膨胀平稳时，如果继续提高联邦基金利率，

① 通货膨胀目标的概念及其落实的一个重要参考资料以及关于一些国家经验的一组论文是 Ben S. Bernanke 等人的 *Inflation Targeting: Lessons from the International Experience*（Princeton，NJ：Princeton University Press，1999）。

会使经济活动不稳定，产出下降，失业率上升。美联储可能同时追求两个目标，应对高通货膨胀和低产出。

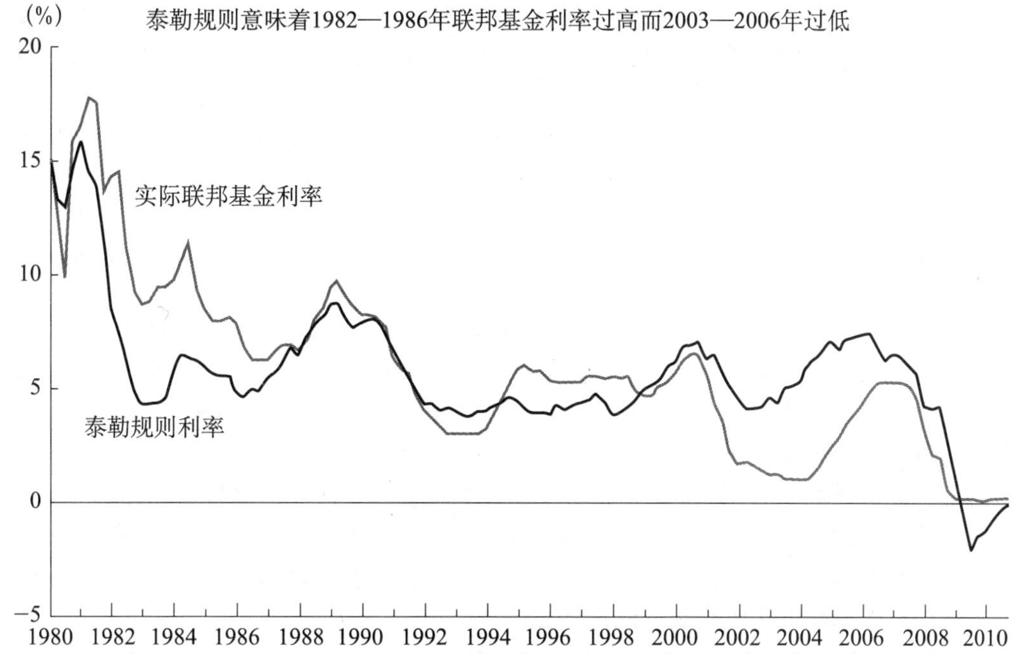

图 14—5 1980—2010 年实际联邦基金利率和根据泰勒规则估算的利率

前财政部副部长、斯坦福大学的约翰·泰勒（John Taylor）为美联储（或其他任何中央银行）提出了一个简单的规则来决定联邦基金利率（r^{FF}）。[①] 每当通货膨胀率超过所期望的水平或实际产出超过自然产出时，美联储将把实际利率提高到其期望的长期水平之上：

$$r^{FF}=r^{FF*}+a(p-p^*)+b\hat{Y} \qquad (14.1)$$

右边的表达式是期望的实际联邦基金利率（r^{FF*}），参数（a）乘以实际通货膨胀率和预期通货膨胀率之差（$p-p^*$），另一个参数 b 乘以产出缺口，也就是产出比取对数（$\hat{Y}$）。[②] 美联储越是想避免加速通货膨胀，参数 a 的值越高。美联储越是想避免衰退和高失业，参数 b 的值就越高。如果美联储认为通货膨胀上升 1%与产出下降 1%相差无几，a 和 b 就会相等，如 $a=b=0.5$。无论 a 和 b 的值是多少，方程（14.1）给出的方程就是众所周知的**泰勒规则**（Taylor Rule）。泰勒规则产出权数为零（$b=0$）的特殊情况被称作“通货膨胀目标规则”。[③]

美联储怎样紧随泰勒规则呢？为了回答这个问题，需要假定期望的实际利率的值（3%）和期望的通货膨胀率的值（每年 2%）。我们同样假设对美联储来说通货膨胀和产出有相同的权重，假设 $a=b=0.5$。然后就可以计算出泰勒规则提倡的名义联邦基金利率

① John B. Taylor，“How Should Monetary Policy Respond to Shocks While Maintaining Long-Term Price Stability? Conceptual Issues,” in *Achieving Price Stability*，Federal Reserve Bank of Kansas City，1996，pp. 181—195.

② 回顾：$\hat{Y}$ 表示现实实际 GDP（Y）与自然实际 GDP（Y^N）的比率再取对数，用百分比表示。在本书的第 1 章，这个概念也被叫做“产出缺口”或“GDP 缺口”。当 Y^N 等于零时，现实实际 GDP 和自然实际 GDP 相等。

③ 关于通货膨胀目标，可参见 Lars E. O. Svensson，“Inflation Targeting：Should It be Modeled as an Instrument Rule or a Targeting Rule?” *European Economic Review*，vol. 46（2002），pp. 771—780。

（实际利率加上实际通货膨胀率）。图 14—5 把实际联邦基金利率与用本段中假设的参数值计算出来的“泰勒规则”利率值相比较。①

和实际利率相比，泰勒规则表现出了有趣的差异。第一，在 1981—1986 年，美联储并没有像泰勒规则要求的那样降低同样程度的实际利率，也就是，美联储并不十分关心发生在 20 世纪 80 年代早期的程度很大的负产出比。在 20 世纪 80 年代后期，泰勒规则线很明显跟着实际利率走，但是在 1993—1994 年下降得不够多，在 1994 年一点也没有上升。美联储政策和泰勒规则之间最大的偏离发生在 2001—2006 年间。联邦基金利率远远低于依泰勒规则算出的利率，许多评论家责备美联储“长期保持如此低的利率”。最后一个现实和泰勒规则之间的偏离是不可避免的，在 2009—2010 年，泰勒规则要求名义利率为负，由于零利率限制，这是不可能的。

怎么解释美联储的实际政策对泰勒规则的偏离呢？简单的答案是美联储的政策反应要多样化，在不同的时期选择不同的系数 a 和 b 的值。例如，在 1981—1987 年，美联储本该赋予 a 更大的权重来降低通货膨胀。在 2001—2006 年，美联储本该赋予 b 更大的权重，用刺激政策应对产出缺口。

对于不同的系数 a 和 b，重新计算图 14—5 中的泰勒规则线是容易的。在 1981—1986 年这段时期，虽然假设赋予 a 较高值会使实际行为更接近泰勒规则，而给另外一个系数 b 赋予更高值却不能解释美联储在 2003—2006 年的行为。为什么？在 2003 年后产出缺口并非为负，所以美联储的决定是没有问题的。

☞ **全球经济危机聚焦**

泰勒规则遭遇零利率底线

图 14—5 的记录说明了实际联邦基金利率和泰勒规则利率之间关系的重大转变。在 2001—2007 年期间，实际联邦基金利率远远低于泰勒规则算出的利率。但是和货币政策不直接相关的因素导致产出大幅下降，在 2007 年末大概降到了零，到 2009—2010 年变为−8%。因为在方程（14—1）中，用泰勒规则计算降低了应对大幅产出负缺口的利率，图 14—5 用泰勒规则计算的 2010 年利率是−2%。

然而，我们知道名义利率不可能为负，因为这意味着银行为了借出钱而支付给你利息，任何一个聪明的借款人都会要求从银行无限地借入货币。名义利率逻辑上的零下线在整本书中被称作“零利率底线”。这样，图 14—5 表明 2001—2006 年美联储的货币政策刺激太强了，与此全面比较，同样的图形表明在 2009—2010 年美联储的刺激不够。

14.8 规则和相机抉择比较：一个评价

货币乘数冲击、货币需求冲击、商品冲击和货币冲击放松了美联储政策工具和经济目

① 通货膨胀率是某季度 GDP 平减指数与往年同期相比的百分比变化，产出率的对数与图 14—4 描绘的相同，期望的实际利率被选出，以使实际利率和依固定的泰勒规则计算的利率之间的平均差异最小化。注意，没有必要使参数 a 和 b 的和为 1.0。

标的联系，这是本章的一个中心主题。这些冲击意味着严格的设定高能货币供给增长率的规则（美联储能够唯一直接实现的政策规则）可能不能达到国家的失业目标、通货膨胀目标和其他目标。同样，这些冲击使为像通货膨胀率这样的目标变量制定规则变得更加困难。

第二个主题是一些政策规则为经济提供了**名义锚**（nominal anchor）。也就是，这些规则以名义变量为目标（高能货币、货币供给、名义 GDP 或者通货膨胀率），从而自动限制了通货膨胀加速。名义锚本质上是令人满意的，因为它增加了预期通货膨胀正确的机会，便于家庭和企业进行财务规划。

□ 政策工具规则

表 14—1 评价了七种政策规则。前两个规则确定了美联储政策工具高能货币或者联邦基金利率的价值。高能货币增长规则提高了名义锚，但是冲击会使经济偏离它的目标。名义利率目标不能提供名义锚，不管是财政刺激、其他的正的 *IS* 冲击还是正的商品需求冲击，在名义利率规则下，都能导致高通货膨胀。[1]

表 14—1　　评估可供选择的政策规则

政策规则确定的变量	主要优点	主要缺点
高能货币增长率	美联储能够实现，提供名义锚	导致通货膨胀和失业率多变
名义利率	美联储能够实现（短期）	*IS* 曲线冲击或不稳定的商品需求可能导致多变的失业率。不能提供名义锚；通货膨胀能无限制增加
货币供给增长率（货币主义恒定增长率规则）	提供名义锚	货币供给很难控制；货币需求不稳定可能导致通货膨胀率和失业率多变
通货膨胀率或价格水平	提供名义锚；如果成功，最可能稳定通货膨胀预期，避免时间不一致	很难控制；需要消除货币冲击的影响，造成失业率高度变化
失业率或产出率	避免失业多变的社会成本支出；使家庭和企业准确无误地完成计划	很难控制；需要对货币冲击作出适应性反应，造成通胀率高度变化；不提高名义锚
名义 GDP 增长率	提供名义锚；分离产出和通货膨胀之间的货币供给效应	很难控制
泰勒规则（通货膨胀和产出目标的结合）	在减少产出和失业变化时，提供通货膨胀目标的优点和名义锚	很难控制

□ 货币供给规则

货币供给既不由美联储直接控制，也不是目标变量。由于这个原因，它有时被称作“中间变量”。货币供给规则（如货币主义的恒定增长率规则）只有两个优势。第一，它提

① 名义利率规则的缺点是米尔顿·弗里德曼 1967 年在美国经济学会上演讲的一个主题。商品需求向右移动使名义利率上升；为了维持目标，美联储必须增加货币供给；这增加了通货膨胀预期从而使名义利率再次上升；美联储又必须增加货币供给。不久，美联储造成了螺旋上升的货币供给和通货膨胀。这种现象在 1967—1968 年越南战争中美联储中和财政刺激时发生了。

供了名义锚；第二，如图 13—2 所示，当商品需求不稳定而货币需求稳定时，它比利率规则更好。另外，它既有目标规则的弱点（它们很难控制），又有高能货币规则的弱点。

□ 目标变量规则

最主要的目标变量是通货膨胀和失业。失业和实际产出与自然产出的比率成反向关系，所以，以失业为目标的规则类似于以产出率为目标的规则。① 因为通货膨胀加上实际 GDP 增长等于名义 GDP 增长，即使名义 GDP 本身不是名义变量，名义 GDP 增长规则也有一些其他目标变量规则的特征。

目标变量规则避免了工具和目标之间的传递损耗，尤其是，所有目标规则（如果成功的话）阻止了由于商品和货币需求的不稳定造成的目标变量的不良波动。这些规则也有共同的劣势：由于政策滞后、预测错误和乘数不确定性，很难控制目标变量。如表 14—1 所示，目标变量规则不尽相同。名义 GDP 增长或通货膨胀规则提供了名义锚；而失业或产出率规则则没有。

名义 GDP 规则的主要优点是它不需要政策来应对供给冲击（第 9 章描述的“中性”政策反应）。相反，通货膨胀规则需要消除供给冲击对价格的影响，这增加了产出的波动性；而实际 GDP 和失业规则要求“适应”货币冲击，这增加了通货膨胀的波动程度。因为名义 GDP 规则代表了对供给冲击的折中反应，并且提供了名义锚，一些经济学家开始主张美联储采用这样的规则。

泰勒规则给通货膨胀和产出赋予权重，它和名义 GDP 规则很相似。如果泰勒规则赋予通货膨胀和实际产出增长（相对于期望值）同样的权重，名义 GDP 规则就与泰勒规则相同。这与传统的泰勒规则不同，后者以通货膨胀以及实际 GDP 与自然实际 GDP 的比（也就是产出比）为目标。有什么不同吗？考虑 1981—1982 年的大衰退。在 1983 年早期后，实际 GDP 增长率上升很快，但是以前的衰退造成了负产出率大幅增加，直到 1987 年才恢复到零。在 1983—1987 年的干预时期，以产出率为基础的泰勒规则比以产出增长率为基础的规则造成更低的利率，从而使产出较稳定。这种区别表明传统的泰勒规则比名义 GDP 增长规则更好。

□ 实施名义 GDP 规则还是泰勒规则

不管是名义 GDP 增长规则还是泰勒规则，在应对高通货膨胀和产出不足时都避免了表 14—1 中列出的其他规则的缺点。但是这两种规则都遇到预测以及美联储控制的工具变化与通货膨胀和产出的最终反应之间的滞后期长的困难。中央银行试图规避长滞后期难题的一个方法是以预测的最佳通货膨胀和产出为目标。这样，如果货币政策措施与通货膨胀反应的平均滞后是两年，中央银行将根据预测的两年后的最佳通货膨胀变化作出反应，而不是根据现在的通货膨胀。② 确实，在分析图 14—5 时，美联储很明显至少在两个阶段依

---

① 负的“奥肯定律”线表明失业率和产出率之间接近负相关，如图 9—12 所示。

② See Lars E. O. Svensson and Michael Woodford, “Implementing Optimal Policy through Inflation-Forecast Targeting,” in Ben S. Bernanke and Michael Woodford, *The Inflation Targeting Debate* (Chicago and London: University of Chicago Press, 2005), pp. 19—83. 同一书中包含了对通货膨胀目标的其他众多评价和批评。

靠预测实施像泰勒规则那样的政策。在1994年，预测到存在加速的通货膨胀和实际上许多年都没有发生的正产出增长，美联储“先发制人”地大幅提高了联邦基金利率。在2001年，美联储利率的锐减反映了其存在一个比实际发生的更深度的衰退的预测。

最后，我们得出结论，相机抉择和规则政策在关于宏观经济政策的著作中被夸大了。当美联储实施一个类似于泰勒规则的政策时，它已经表明它能够改变规则中通货膨胀和产出的权重。为了执行这项规则，它必须选择一个合意的长期实际利率和合意的通货膨胀率。为了计算产出比，它必须决定自然实际GDP的现值。即使在执行规则时，美联储和其他中央银行在具体决定怎样实施规则时，也存在许多的相机抉择因素。

☞ **国际视角**

欧元争议

在第二次世界大战结束后，西欧国家之间的关系越来越紧密。在1949年北约安全联盟成立后，在20世纪50年代，欧洲经济共同体这样的经济联盟成立了。在60年代到70年代，允许商品和服务、金融资本和人员自由跨国界流动的“单一市场”问世。在80年代，欧洲货币体系成立，稳定了成员国的汇率，经济政策更加协调。《马斯特里赫特条约》要求更大程度的经济一体化，建议成立货币联盟，用欧洲单一货币取代各成员国的货币。

欧元问世

最后，在1999年1月1日，欧元诞生了，而法郎、马克和其他欧洲货币从外汇交易的电脑屏幕上消失了。在2002年1月，欧元硬币和纸币开始流通，多彩的法国法郎、德国马克和其他欧洲货币从12个不同欧洲国家居民的钱包里消失了。

欧洲的政治家已经寻求更大程度的经济合作，因为这样的合作似乎增加了欧洲保持繁荣与和平的机会。总的来说，经济学家成为欧洲货币联盟和欧元的最强烈的反对者。

支持欧元

一些人认为单一货币能够增强欧洲内部贸易，还能够消除外汇成本和风险。具有讽刺意味的是，现在金融市场的优势使企业和金融机构处理外汇波动风险更加容易和便宜。尽管如此，处理数不清的欧洲货币和它们必须承担的风险及不确定性的代价是昂贵的，尤其是对小企业和旅游者来说更是如此。

自第二次世界大战以来，德国的通货膨胀率一直保持在低水平上。一些国家支持欧洲货币联盟，它使一些国家由于德国低通货膨胀的方法和名誉而“搭便车”。欧洲中央银行（ECB）似乎按照德国联邦银行的方式实施货币政策，追求低通货膨胀的单一目标。因此，欧元被一些国家作为像德国那样实现低通货膨胀率的工具。

欧元是一种通用货币，但是它同样提供了财政原则。通货膨胀率高的国家有时为了管理货币和财政政策采取固定汇率制。《马斯特里赫特条约》规定了进入欧元区的国家的条件：政府赤字不得超过GDP的3%，政府债务不得超过国内生产总值的60%。其他准入标准规定，通货膨胀率和利率不能过多偏离其他欧元区国家的通货膨胀率和利率。

下页图显示了和3%的目标比率相比，一些欧元区国家的财政赤字占GDP的比率。我们看到，在图的左边，意大利、西班牙、法国需要大量削减财政赤字以达到进入欧元区的准入条件。从1997年到大概2002年，图形中所有的国家都能够保持3%以下的预算赤字。但是在2002—2006年，一些国家冲破了限制，使赤字超过3%的界限达到4%。因为这被视为很小的比例，没有对这些国家进行惩罚。

但是在2007—2009年始于美国的全球经济危机很快袭击了欧洲。实际GDP的下降使税收急剧减少，如下页图所示，造成政府赤字占GDP的比率达到尖峰。在图中的几个国家中，西班牙的预算赤字增长到最高水平，接下来是法国、意大利，最后是德国。

反对欧元

在第7章，我们了解了像欧盟或其前身欧洲货币联盟（EMU）奉行的固定汇率制在经济方面的重要得失。回想一下，当一个国家选择固定汇率制时，就放弃了中央银行的独立性。央行致力于使用一个政策工具，即货币供应量，来达到它的汇率目标。具体到欧元来说，欧盟的每个成员国放弃了本国货币和任何独立的货币政策。

在一定程度上，袭击欧洲的宏观经济波动对所有欧元区成员国来说作用都是一样的。成员国对如何最好地应对这些波动存在相同的偏好，欧洲央行可以对整个欧元区国家采取欧洲货币政策，这种政策同样对每个成员国来说都是适合的。但是，在某种程度上，对每个国家的作用和每个国家的偏好政策都不同，成员国对单一欧洲货币政策表示担忧。

欧元深陷困境是因为欧洲中央银行货币政策的集中控制（欧洲央行对欧洲来说相当于美联储）面临障碍，而这些障碍在美国50个州的货币联盟内是不存在的。第一，共同的欧洲央行货币政策与欧元区成员国各自不协调的财政政策形成鲜明对比。欧元区的几个较小成员国的财政赤字占国内生产总值的比率达到前所未有的水平，在2010年，希腊高达12%。结果，在欧洲范围内发生了金融危机，德国和其他欧元区核心国家同意帮助希腊摆脱困境，希腊严厉的预算削减条件，将会使其经济陷入前所未有的衰退。不过，这至少暂时阻止了这场金融危机。

采用共同货币的欧元区不能像美国50个州的美元区那样灵活运行的另一个原因涉及劳动力市场。欧洲人讲许多不同的语言，每个民族都有独特的文化，这与美国的均质文化不同。在密歇根州的失业汽车工人可以随时移动到得克萨斯州找工作，而在意大利南部的失业工人不太可能迁移到荷兰（2010年欧洲失业率最低的国家）。

随着2010年的结束，在希腊的金融危机之后，出现了类似的危机，即爱尔兰的过度财政赤字。有人担心危机可能蔓延到葡萄牙、西班牙，也可能蔓延到欧元区其他成员。所有这些危机最终都发生了，因为在1999年诞生的欧元代表着货币联盟，像美国一样，不存在以庞大联邦政府形式出现的并拥有无限推行财政赤字能力的财政联盟。

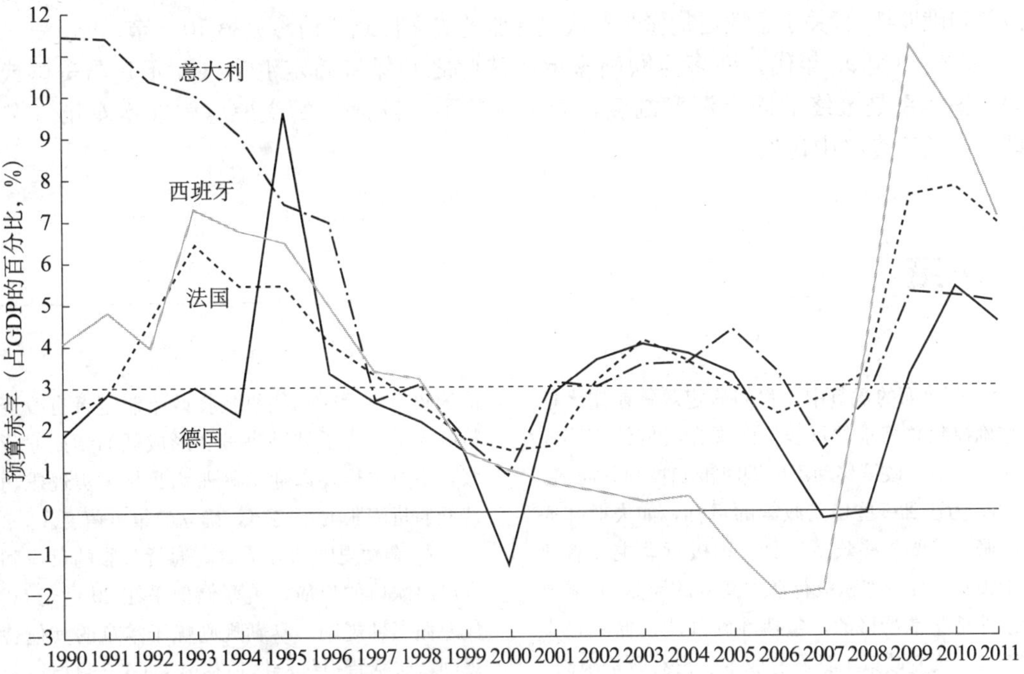

资料来源：*OECD Economic Outlook*，no. 81，Annex Table 27.

14.9 案例研究：货币政策应该以汇率为目标吗？

在第 7 章我们了解到，当一个国家采取浮动汇率时，中央银行可以自由设定政策来达到国内经济目标。货币政策越扩张，汇率可能越贬值。弱势货币刺激出口，抑制国内购买的进口货物和服务。因此，宽松的货币政策可能会提高该国的净出口，从而使 *IS* 曲线向右移动。相反，当一个国家选择固定汇率，钉住一个其他国家或一组其他国家的货币时，其央行放弃了追求国内目标的自由；央行必须使用货币政策保持汇率固定。它不能独立运作实现国内其他目标，如刺激总需求。这是第 7 章介绍的三难困境的基本内容。

在上一节我们看到，如果中央银行严格致力于实施以通胀率为目标的规则，这个国家的平均通胀率将会降低。央行承诺严格通胀规则的一个途径是固定汇率。固定汇率要钉住某个国家的汇率，并且中央银行要与这个国家的利率保持一致，从而排除了中央银行采取更多的刺激性货币政策的可能性。

国家不会随便将经济置于通货膨胀之中。更多的时候，它们印钞票是由于没有办法。恶性通货膨胀几乎总是发生在经历国际或国内战争或其他重大灾害之后的战败国（德国、匈牙利、苏联、中国、尼加拉瓜）。当出口的商品价格猛跌、能源价格和支付给外国的利率急剧上升后，拉丁美洲（巴西、阿根廷、玻利维亚）的高通货膨胀发生了。东欧和前苏联国家的高通货膨胀在向市场经济转型的困难时期发生了，那时公共支出需求很高，而税收收入很低（波兰和俄罗斯）。关于恶性通货膨胀和快速通胀的更多信息，请参见第10.6节。

在20世纪90年代，许多西欧国家承诺彼此之间保持固定汇率（而不是与美国或日本）。该体系是最终的固定汇率制度，即单一货币（欧元）的先驱。曾在本章第8节的“国际视角”专栏中讨论。

小结

1. 在前面的章节中，我们假定政策制定者能够精确控制总需求的增长。而现在我们认识到在现实经济中，政策移动不能即时准确控制总需求。

2. 为达到一些稳定政策的目标，如失业和通货膨胀，需要一些政策工具。积极行动主义者政策干预有效性（“积极行动主义者的天堂”）需要的条件是非常严格的，包括准确预测、拥有强大的工具、改变政策工具没有成本、没有政治限制。

3. 政策规则的倡导者提出规则通常能够使央行免于政治压力，使央行的表现受到评判，并帮助私人决策者形成正确的预期。然而，这种情况的优势取决于规则以哪些变量为目标。

4. 政策积极行动主义者对私人经济的稳定性感到悲观，而对相机抉择政策的灵活性感到乐观。规则倡导者则正好相反。

5. 五种滞后（数据、认识、立法、传递、影响）限制了政策对需求和供给冲击作出反应的速度。到目前为止，货币政策最长的滞后是影响滞后。对于有效的积极行动主义政策或基于目标的政策规则来说，其他的障碍是乘数不确定性和预测失误。

6. 时间不一致表明在私人决策者已经达到以前的政策目标时，相机抉择政策制定者有改变政策的激励。为了鼓励决策者形成低的预期通货膨胀，中央银行要以通货膨胀为目标，实现成功保持低通货膨胀的好名声，确立政策可信度。

7. 泰勒规则结合了对高通货膨胀的反应和非零产出缺口的反应。美联储似乎在20世纪80年代遵循泰勒规则。泰勒规则优于本章的其他替代规则，包括货币供给增长和名义GDP目标以及通货膨胀目标。

8. 建议的政策规则与建议的目标变量不同。针对政策工具的规则可能是成功的，但与实现目标变量如通货膨胀和失业等的理想结果没有关系，这是因为存在来自货币乘数冲击、货币需求冲击、商品需求冲击以及货币冲击的传递损耗。目标变量的规则原则上可能会导致更好的结果，但可能难以成功实施。

9. 固定汇率使一个国家的中央银行丧失了相机抉择的货币政策。在实践中，它有时会导致国家纠正其财政失衡，以及阻止导致通货膨胀的货币增长。欧元成员国相互之间已经实现固定汇率制，但是失去了对任何货币政策的控制，把控制权交给欧洲央行。

关键术语

政策积极行动主义	刚性规则	乘数不确定性
政策规则	恒定增长率规则	时间不一致
政策工具	反馈规则	政策可信度
目标变量	货币主义	泰勒规则

斟酌使用（相机抉择）的政策　　动态乘数　　名义锚

问答题

1. 在第 4 章的附录中，IS 曲线和 LM 曲线方程由以下式子给出：

$$IS: Y=k(A'_p-br)$$

$$LM: Y=[(M^S/P)+fr]/h$$

这里，$k=1/[s(1-t)+nx]$。

让 $A'_p=C'_a-T_a+I'_p+G+NX_a$，其中 C'_a 是消费支出的一部分，与 Y 和 r 独立，I'_p 同样是这样定义，其他术语如第 3 章附录中描述的那样。

(a) 列出这个模型中的外生变量（和参数）。（见第 3 章对这个术语的定义。）

(b) 列出这个模型中的内生变量。（见第 3 章对这个术语的定义。）

(c) 列出这个模型中的目标变量。

(d) 列出这个模型中组成政策工具的变量。

(e) 这个模型中的内生变量和目标变量有什么关系？

(f) 这个模型中的外生变量和政策工具有什么关系？

注意：在回答这个问题时，只使用 IS 和 LM 方程中的变量以及描述 k 和 A'_p 的变量。例如，不要把结构性失业政策变量作为政策工具或把失业率作为目标变量；尽管在图 14—1 中它们被列出并分别作为政策工具和目标变量，但在前面的模型中它们不是变量。

2. 在前面问题的 $IS-LM$ 模型中，哪些是货币政策变量？哪些是财政政策变量？

3. 在问题 1 的模型中，有多少政策工具？有多少目标变量？这与课本中所讲的你需要和目标变量一样多的政策工具来实现目标变量的期望值相符吗？

4. 政策规则的倡导者反对反周期的积极行动主义的主要理由是什么？

5. 区分严格规则和反馈规则。分别举出例子。

6. 一种描述规则和积极行动主义之间争论的方式是比较双方关于经济自动纠正能力和政策稳定功效的意见。关于这些问题，每一方都是怎样认为的？

7. 在恒定增长率规则（CGRR）下，政策制定者的唯一目标是货币供给增长率。此陈述是否表明 CGRR 的倡导者对实际产出水平和失业率不关心？

8. 解释为什么货币需求的稳定性对货币供给恒定增长率规则的倡导者那么重要。如果货币需求是不稳定的，支持这种规则的观点会发生什么变化？

9. 确定并描述五种主要影响货币和财政政策及时性的滞后类型。

10. 长期多变的滞后给政策制定者带来了什么问题？如果滞后长期稳定（不是长期变化不定），还有什么问题？

11. 为什么货币乘数不确定性给政策制定者造成困境？

12. 在图 14—2 所示的数据中，货币政策的效果滞后是怎样测量的？用这些数据比较 1961—1975 年、1975—1990 年和 1991—2010 年货币政策的有效性。讨论货币政策有效性不断变化的原因。

13. 解释 20 世纪 60 年代末期经济波动加剧与 20 世纪 80 年代初期及 2007 年以来的波动性加剧有何不同。

14. 用不同类型的滞后解释需求和供给冲击的减弱为何使美联储实行货币政策变得更加容易。

15. 解释为什么美联储对 20 世纪 90 年代末期和 80 年代末期由通货膨胀引发的产出缺口增大的反应有所不同。

16. 假设政策制定者宣布他们有意降低通货膨胀率并变动政策来降低名义 GDP 增长。用 SP 模型描述在下列情况下对经济产出比、失业率和通货膨胀率的影响。

(a) 公众发现这一声明是可信的，政策制定者也坚持他们宣布的政策。

(b) 公众发现这一声明是可信的，但是政策制定者放弃他们宣布的政策，偏离使名义 GDP 增长率不变的决策。

(c) 公众发现这一声明不可信，但是政策制定者坚持实施所宣布的政策。

(d) 公众发现这一声明不可信，政策制定者放弃他们宣布的政策，不降低名义 GDP 增长率。

17. 第 9 章描述了美联储应对供给冲击的三种可选政策：中性、适应性、干预性政策。基于美联储怎样权衡通货膨胀和失业，即方程 (14.1) 中的参数 a 和 b，解释美联储应对供给冲击的每项政策怎么适应泰勒规则。

18. 假设产出比是 100，通货膨胀率是 5%。给定这些条件，如果政策制定者目光长远，则贴现率低；如果目光短浅，则贴现率高。那么他们为什么倾向于追求零通胀目标？

19. 用图 14—5 解释"零利率底线"意味着货币政策不能如泰勒规则暗含的那样为 2010 年的经济提供足够多的刺激。

20. 经济的名义锚是什么？在选择由政策工具固定的目标变量时使用名义锚的优势是什么？解释为什么名义 GDP 增长率规则和赋予通货膨胀及产出增长同样权重的泰勒规则有名义锚。最后，比较赋予通货膨胀和产出增长同样权重的泰勒规则和赋予通货膨胀和产出比同样权重的泰勒规则。

21. 如果影响滞后时间长而且多变，政策制定者应该用现值或对目标变量的最佳预测来决定政策吗？在评价美联储在 1994—2001 年的行为时，现在的或预测的通货膨胀和产出是否将更有可能决定其政策？

22. 支持和反对用货币政策实现货币汇率目标的理由各是什么？

23. 支持和反对欧元的理由各是什么？

思考题

1. 给出下面两条 IS 曲线，表明现期 t 的实际 GDP (Y_t) 怎样取决于现期利率和以前的利率，r_t 是 t 时期的利率。此外，每个时间段相当于一季度或三个月。

Ⅰ. $Y_t = 8\ 800 - 25r_t - 25r_{t-1} - 25r_{t-2} - 25r_{t-3} - 20r_{t-4} - 20r_{t-5} - 20r_{t-6} - 15r_{t-7} - 15r_{t-8} - 10r_{t-9}$。

Ⅱ. $Y_t = 8\ 400 - 5r_t - 5r_{t-1} - 5r_{t-2} - 5r_{t-3} - 5r_{t-4} - 10r_{t-5} - 15r_{t-6} - 15r_{t-7} - 15r_{t-18} - 20r_{t-9}$。

假设美联储能够设定利率，在过去的 10 个季度中，利率是 4%。

(a) 证明开始时对每条 IS 曲线，实际 GDP 等于 8 000。

(b) 假设美联储降低利率至 3%，并在未来的 10 个季度保持这一利率。计算每条 IS 曲线中接下来 10 个季度的实际 GDP。

(c) 对于每条 IS 曲线，实际 GDP 总共增加了多少？

(d) 对于每条 IS 曲线，需要多少个季度才能使实际 GDP 增加到总增量的一半？

(e) 用图 14—2 解释哪条 IS 曲线像 1991 年以前的经济对利率的反应，哪条像 1991 年以后的反应。解释你的答案和每个 IS 方程中的利率参数存在怎样的联系。

(f) 考虑 (b) ～ (d) 部分的答案，解释货币政策影响滞后和利率乘数的变化如何通过改变利率（数量和时间）来影响货币政策制定者对任何需求冲击作出反应。

2. 假设自然实际 GDP (Y^N) 等于 12 000 美元，美联储期望的联邦基金利率 (r^{FF*}) 等于 2.5%，期望的通货膨胀率 (p^*) 等于 2%。开始时，资产泡沫破灭，导致负的需求冲击。接下来政府支出增加，导致正的需求冲击。下面给出了实际通货膨胀和实际 GDP 的组合：(1.0, \$11 400)；(1.5, \$11 700)；(2.0, \$12 000)；(2.8, \$12 480)；(2.4, \$12 240)。

(a) 对于每一水平的实际 GDP，计算 $\hat{Y} = 100(\ln(Y/Y^N))$。

(b) 从美联储权衡通货膨胀和产出的角度解释方程 (14.1) 中泰勒方程的参数 a 和 b 取下列值时意味着什么：(0.5, 0.5)；如果实际 GDP 小于自然实际 GDP，取 (1/3, 2/3)；如果实际

GDP大于自然实际GDP，取（2/3，1/3）；（0.0，1.0）；（1.0，0.0）。哪种组合被称为失业目标？哪种组合又被称为通货膨胀目标？

(c) 当$a=b=0.5$时，用方程（14.1）给出的泰勒规则计算给定的通货膨胀和实际产出组合下的实际联邦基金利率。

(d) 当实际GDP小于自然实际GDP且$a=1/3$，$b=2/3$时，以及当实际GDP大于自然实际GDP且$a=2/3$，$b=1/3$时，用方程（14.1）给出的泰勒规则分别计算给定的通货膨胀和实际产出组合下的实际联邦基金利率r^{FF*}。

(e) 当$a=0$，$b=1$时，用方程（14.1）给出的泰勒规则计算给定的通货膨胀和实际产出组合下的实际联邦基金利率。

(f) 当$a=1$，$b=0$时，用方程（14.1）给出的泰勒规则计算给定的通货膨胀和实际产出组合下的实际联邦基金利率。

(g) 用（c）～（f）部分的答案解释为什么美联储赋予产出的权重越大，实际联邦基金利率的变化越大。

(h) 用（g）部分的答案和货币政策影响滞后的知识讨论美联储怎样赋予通货膨胀和产出权重来影响经济产出受到需求冲击时（或相同效果）恢复到自然GDP水平的时间。

自测题答案

自测题 14—1

1. 目标。
2. 工具。
3. 工具。
4. 目标。
5. 工具。

自测题 14—2

1. 立法滞后。
2. 乘数不确定性。
3. 数据滞后。
4. 影响滞后和乘数不确定性。

自测题 14—3

1. 正确；公众相信中央银行会保持低的货币供给增长率和价格水平。
2. 错误；和第1题相反。
3. 正确；和第1题相同。
4. 错误；时间不一致加强了包含高能货币增长率或通货膨胀率等名义变量规则的倡导者的力量。

第 15 章

消费行为经济学

当经济学家们发现我们并未按照他们计划的那样消费时，他们会变得焦躁不安。

——Eliot Marshall

15.1 消费和经济稳定

在第 4～6 章和第 13、14 章中我们已经学习了稳定政策以及它的作用，它包括货币政策和财政政策。上一章以一个对比开篇。一边是积极行动主义的支持者，他们认为经济会受到冲击影响，需要政策干预。另一边是规则的支持者，他们对经济的内在稳定性更加乐观，对于政策稳定经济的功能较为悲观。近年来由于大多数规则支持者已接受了泰勒规则，这些观点已经融合为一体。泰勒规则需要通过联邦储备来调整利率以应对通货膨胀对其目标值的偏离和产出缺口。泰勒规则是政策积极行动主义的更具条理性和广泛性的版本。

泰勒规则的支持者假设经济易于遭受各种各样的冲击，从而需要政策应对，这些冲击包括商品需求冲击（第 3 章和第 4 章）、金融市场冲击（第 5 章）、供给冲击（第 9 章），以及货币乘数和货币需求冲击（第 13 章）。商品需求冲击给个人消费支出（本章）和国内私人投资（下一章）带来不稳定，现在我们回到它的来源。本章我们将学到个人消费支出较 GDP 的其他组成部分更为稳定。然而，在下一章我们将看到，国内私人投资很不稳定，增加了实际 GDP 的波动性，从而需要货币和（或）财政政策的干预以抵消其内在的不稳定性。

在第 3 章简单的凯恩斯消费函数中，消费对可支配收入的变化作出迅速反应，然而在现实中，消费对收入变化的反应微弱，因为家庭认为收入变化是暂时的。这暗示着消费是稳定的因素。在衰退时，消费的下降远小于 GDP 总值的下降，并且在一些衰退中，消费完全没有下降。与此相反，投资比实际 GDP 更为易变，并且会对实际 GDP 的变化作出反应。

□ 消费者行为的前瞻理论

本章的焦点是消费者行为理论，与第 3 章的凯恩斯消费函数相比包含更多复杂和现实的行为。该理论阐明消费者具有**前瞻型预期**（forward-looking expectations）。因为消费者偏好于稳定的而不是高度变化的消费模式，当决定改变消费量时，他们会估计收入的变化是否会持续。消费者对预期是暂时的可支配收入的变化与预期为永久的可支配收入的变化所作出的反应是相当不同的。若收入降低是暂时的，消费者会通过减少储蓄来维持消费。相反，若收入减少是永久的，消费则会显著地下降。

□ 恒久收入假说和生命周期假说的引入

消费取决于前瞻型预期的假说在20世纪50年代由两位经济学家分别发展，他们是之后获得诺贝尔奖的米尔顿·弗里德曼和弗兰克·莫迪利亚尼。弗里德曼的观点被称作**恒久收入假说**（permanent-income hypothesis，PIH），他预测消费仅对恒久收入变化作出反应，而不是暂时的收入变化。该假说表明收入的暂时变化对永久收入只有微小的影响，对于消费也如是。因此，自发性消费暂时变化的乘数效应就比第3章所计算的效应要小得多。因此，*IS*曲线的变化也比第4章表明的要小得多。

莫迪利亚尼的观点被称作**生命周期假说**（life-cycle hypothesis，LCH），他认为消费者会试图在他们的整个生命周期中平均分配消费支出。该观点也认为收入的暂时变化仅会导致消费的微小变化，并且认为消费支出不仅取决于可支配收入，而且取决于消费者的真实财富。例如，股票市场和房屋价格的大幅波动会影响消费。莫迪利亚尼的观点为第5章中对2007—2009年严重衰退的解释提供了理论基础。家庭真实净财富的陡然下降不仅是因为股价和房价急剧下降，还因为消费者已经承担了空前的债务。由于净财富等于资产减去负债，额外一美元家庭负债使消费支出减少的数量与额外一美元家庭资产的减少使消费支出减少的数量一样。

15.2 案例研究：美国消费数据的主要特点

在学习这些前瞻型预期消费行为理论之前，我们将考察美国总消费行为的数据。图15—1的曲线图是1960—2010年时期总的实际消费支出以及消费的三个主要组成部分的表现：耐用消费品、非耐用消费品和服务。总消费和其三个组成部分都以占自然GDP的比例来表示。这消除了总GDP上升的趋势并且使我们更加清楚地理解消费支出的周期性行为和三个组成部分占GDP比例的变化。

图15—1上部的黑色区域表示个人消费支出占自然GDP的比例。这一比例自1960年以来受经济周期的影响而上下波动，但是它也在大幅增长。这一比例在1960年和1984年都是62%。但在1984—2000年这一比例大幅上升。1960—1984年的平均比例是62.1%，而2000—2007年的平均比例上升至更高的71.0%。在第3章以及本章，我们把自然实际GDP中消费比例的上升归于股票市场和房地产的资产收益，尤其是2000—2007年的房地产价格泡沫。2007—2009年股票价格和房屋价格的暴跌导致消费的急剧下降，从2000—2007年的71.0%下降至2009—2010年的66.3%。

2007年之后消费支出的急剧下降与之前战后的衰退情况是一致的。在图15—1顶部的浅灰色区域，我们能够看到消费支出占自然实际GDP的比例在1973—1975年、1980—

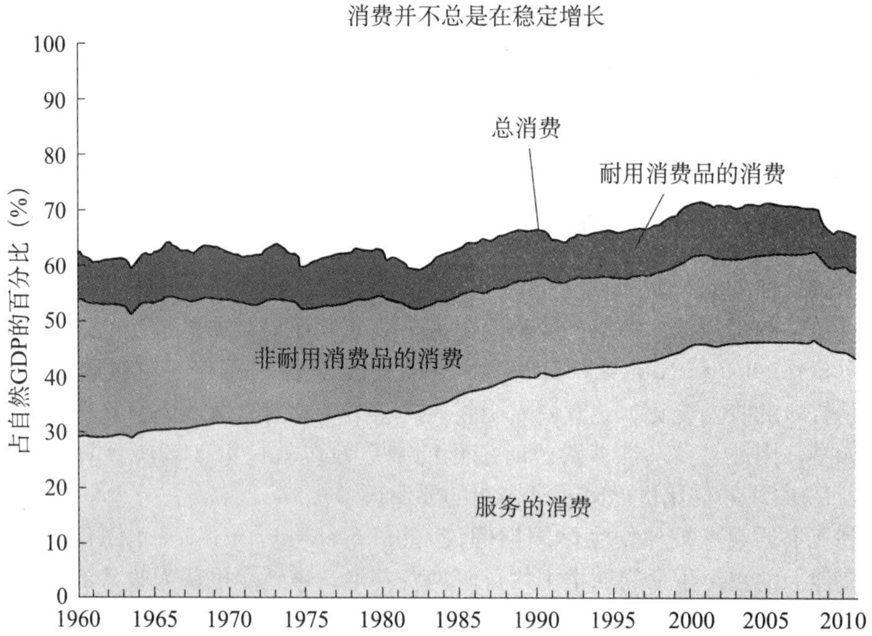

图 15—1　1960—2010 年消费支出和其三个组成部分占自然 GDP 的份额

注：本图描绘了名义个人消费支出及其三个组成部分：耐用消费品、非耐用消费品和服务。所有的数值都是以占名义自然实际 GDP 的比例表示，以抑制经济逐渐增长的影响。注意，服务消费的比例显著增大，在衰退期也没有下降趋势。非耐用消费品（食品、服饰、汽油）的比例下降，对衰退轻度敏感。上部的黑色区域表明耐用消费品的支出相对稳定，但是对于经济周期的波动相当敏感。

资料来源：经济分析局，bea. gov，以及作者的计算。

1982 年和1990—1991年的衰退期都有所下降。在 2001 年的轻微衰退时期，消费支出完全没有下降，这很不寻常。

现在我们看图 15—1 中三个不同的区域，分别表示服务、非耐用消费品和耐用消费品（如汽车、电子产品和家用电器）占自然 GDP 的比例。浅灰色区域显示服务所占比例稳步上升，因为增长的收入使更多的人雇用其他人来完成服务，包括美容、美甲、除草、宾馆、餐厅，以及两个最大的组成部分——住房和保健服务。服务的一个重要特点是在衰退时，服务支出没有下降，除了 2007—2009 年的轻微下降外。在衰退时期，人们仍需购买剪发和汽车修理服务，当人们生病时需要健康护理服务，即使他们被解雇了，也需要居住在同样的房屋或公寓中（自住型房屋的住房服务包含在服务消费支出中）。

由图 15—1 可知，非耐用消费品的比例逐渐下降，在衰退时期，这方面的支出轻微下降。上部的黑色区域表明耐用消费品支出的极大波动性，在 1970 年、1973—1975 年、1980—1982 年和 1990—1991 年的衰退中有较大的下降，尤其是 2007 年之后。为什么耐用消费品支出具有如此大的波动性呢？昂贵的物品包括汽车、家用电器和电子设备的购买可以推迟。许多家庭购买新的汽车或电视是因为他们想要更高的质量或新的特性；当家庭收入暂时下降时，他们通常能够延后这类消费。

下表表明，当按名义值计算时，服务所占比例大幅上升，而耐用和非耐用消费品在下降。但在经通货膨胀调整之后，比例又会非常不同：表的上部显示出三个组成部分在总消费中比例的变化。图 15—1 显示了服务比例的大幅上升，以及非耐用和耐用消费品的下降。然而当我们用实际值计算比例时，也就是消费支出的三个组成部分在经通货膨胀调整之后，1960—2010 年期间的长期变化却是相当不同的。

	1960 年第一季度	2010 年第四季度
总消费各部分名义值		
服务	46.5%	66.4%
非耐用消费品	39.6%	22.8%
耐用消费品	13.9%	10.8%
实际值		
服务	62.2%	64.7%
非耐用消费品	32.8%	22.3%
耐用消费品	4.9%	13.1%

如表所示，以名义值计算时，服务的比例大幅增长，而以实际值计算时却不是这样。这是因为服务的相对价格提高了，像剪发、汽车修理尤其是医疗服务和大学学费相对于普通消费品变得更加昂贵。非耐用消费品的比例在以名义值和实际值计算时大致相同，表明非耐用消费品的价格通胀水平和所有消费支出的平均水平大致相同。然而以实际值计算时，耐用消费品的真实比例极大上升，因为耐用消费品与服务是正好相反的。随着新发明的耐用消费品像个人电脑、手机、彩电以及高清电视机的价格下降，耐用消费品的相对价格在 1960—2010 年稳步下降。然而理发的价格自 1960 年来可能上升了十倍，著名私立学校的学费上涨了 40 倍。一台闪亮的高清彩色电视机在今天能以在 1960 年购买影像模糊的小黑白电视机时相同的价格购买（比如说 350 美元）。

15.3 背景：时间序列和截面证据之间的冲突

凯恩斯理论的一个主要创新是乘数，它直接来自这样的假设，即消费对收入的反应以及边际消费倾向小于 1："基本心理法则之一是，作为一个规律且平均而言，当收入增加时，人们倾向于增加消费，但消费增加量不及收入增加量。"①

凯恩斯的另一个创新观点是提出一个常量 α，即无论个人收入为多少都必须消费的量，所以当个人可支配收入很低时储蓄为负。用 C 表示消费，用 Y_D 表示可支配收入，则凯恩斯消费方程可以写为：

$$C=C_\alpha+cY_D \tag{15.1}$$

此式与方程（3.3）是相同的。

这个假定的凯恩斯消费函数和储蓄率在图 15—2 中被描绘在顶部的两个框图中。在图中，消费（C）的增长速度慢于可支配收入（Y_D），因为边际消费倾向（c）小于 1.0。消

① 见 John Maynard Keynes, *The General Theory of Employment, Interest and Money* (New York: Macmillan), Book Ⅲ。乘数思想最初由 R. F. Kahn 提出，见 "The Relation of Home Investment to Unemployment," *Economic Journal* (June 1931)，但是凯恩斯是第一个将乘数引入关于商品和货币市场的一般经济学模型中的经济学家。

费最初高于 Y_D，在收入水平为 Y_{D_0} 时与 Y_D 相等，之后小于 Y_D。在 Y_{D_0} 右侧的任何地方，消费低于可支配收入的差额都可以使家庭有正的储蓄。例如，收入水平 Y_{D_1} 被分为消费水平 C_1 和储蓄水平 S_1。

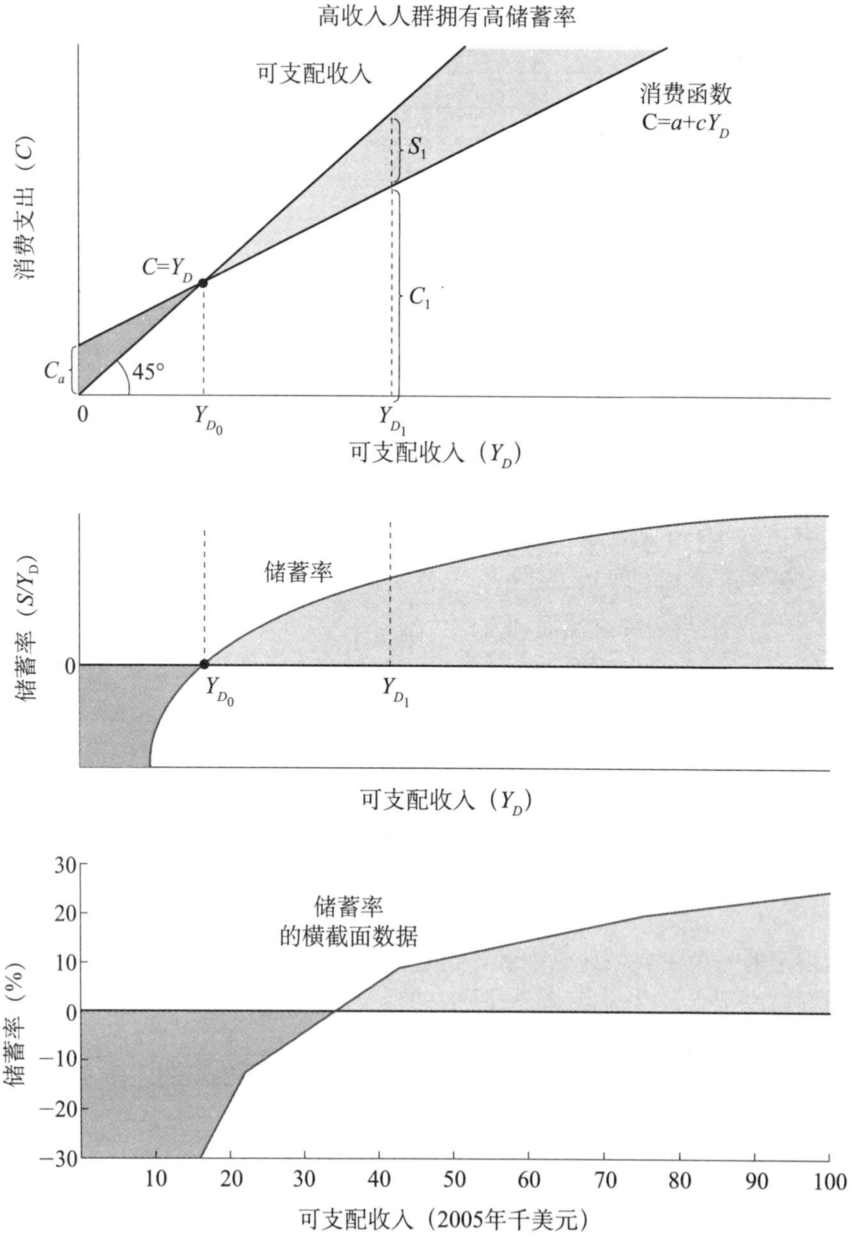

图 15—2　可支配收入（Y_D）、消费支出（C）和储蓄占收入的比率（S/Y_D）之间的关系

注：上图重复了在第 3 章介绍的消费函数。在可支配收入低于 Y_{D_0} 时（位于其左边），人们的消费大于收入且储蓄为负，如图中深灰色阴影区域所示。在 Y_{D_0} 的右边，消费低于收入，浅灰色阴影区域表示收入与消费之间的差距，即储蓄量，此区域占可支配收入的比例稳定增长。在中间的图中，储蓄占可支配收入的比率在 Y_{D_0} 的左侧为负，在 Y_{D_0} 的右侧为正。通过对消费者的调查，下图描绘了关于储蓄和可支配收入之间关系的数据。注意，中图的理论图表和底图的实际数据高度一致。

来看图 15—2 的中图，它描绘了储蓄占收入的比例，S/Y_D。在收入水平 Y_{D_0} 的左侧，储蓄率为负；在 Y_{D_0} 的右侧，储蓄率为正。根据中图中的凯恩斯主义者关系假说，随着收入的增长，可支配收入中越来越大的部分被储蓄起来。

图 15—2 下图的实际数据证实了凯恩斯的假说。根据接受民意检测的美国人的收入、储蓄和消费行为的**横截面**（cross section）数据。大多数低收入的人根本不进行储蓄，相反，会减少储蓄，通过借债或从储蓄账户提取积累资产的方式使得消费比收入多。当我们向右由贫向富移动时，会发现储蓄占收入的比例增加，正如中图里假设的关系。

□ 储蓄率：短期波动性，长期恒定性

隐含于图 15—2 中的是一个潜在的严重的经济问题。如果每一个人在收入增长时都储蓄得更多，消费支出可能会不足以将现实实际 GDP 维持在合意的自然实际 GDP 水平。储蓄率随着时间的推移会上升，凯恩斯对此的担忧在 20 世纪 30 年代的大萧条期间作用重大，那时世界的现实实际 GDP 远低于自然水平，并持续很多年，投资支出也极其微小。大萧条时期微小的投资支出导致一些人主张使用政府支出将产出提高至自然率水平。

然而事实上随着自然 GDP 的增加，储蓄率在上升吗？现在看图 15—3，其中标注了 20 世纪每个主要经济周期的平均储蓄率实际历史的**时间序列**（time series）数据。从 1894—1896 年的第一个观察点到 2007—2010 年的最后一个观察点，人均实际收入增加了 10 倍。然而几乎没有迹象表明在 20 世纪储蓄率趋于上升。相反，储蓄率在 1895—1980 年期间没有发生显著的变化，此后开始有一个巨大的下降。储蓄率长期的主要变化是 20 世纪 30 年代大萧条时期的低储蓄率到第二次世界大战的高储蓄率，以及近期自 1980 年以来的低储蓄率，这些我们将在下一章讨论。

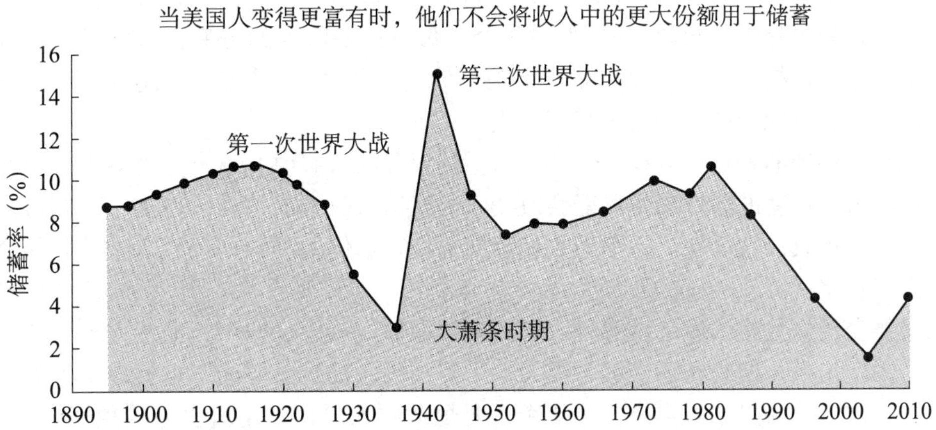

图 15—3　1894—2010 年个人储蓄占可支配收入的比率（S/Y_D）

注：大萧条期间低水平的储蓄率与我们的理论相一致，第二次世界大战期间高水平的储蓄率是由于民用物品和服务的短缺。抛开这两个极端特殊的时期，储蓄占可支配收入的比率直到 1980 年都是相当稳定的，之后除了 2007—2010 年经济周期时的反弹，在 2001—2007 年期间几乎降为零。

资料来源 1887—1999 年：Paul David and John Scadding，"Private Savings：Ultrarationality，Aggregation，and 'Denison's Law，'" *Journal of Political Economy*（March/April 1974）。1900—1932 年：*Historical Statistics of the United States Millennial Edition*。1933—2010 年：*National Income and Product Accounts*。经济周期数据来自 NBER *Business Cycle Expansions and Contractions*。

凯恩斯的消费方程暗示在衰退时储蓄率会下降，并且在横截面数据中高收入者的储蓄率更高。数据也证实了这两个关系。然而凯恩斯的消费方程却没有解释为什么长期储蓄率是恒定的甚至是下降的，而不是如预测的那样上升。能够解释长期储蓄率的恒定性和短期的波动性以及横截面储蓄模式的关于消费的两个最重要的假说（也是关于储蓄的）是弗里德曼的永久收入假说和莫迪利亚尼的生命周期假说。

15.4 前瞻型预期行为：恒久收入假说

□ 稳定消费理论

设想你有一份工作并且在每月的第一天得到实发薪金 1 000 美元。假设你每月第一天的收入都为 1 000 美元，在每个月的剩余时间的收入都为零。如果你依据简单凯恩斯消费函数消费，有一个很高的边际消费倾向和很小的自发性消费，这样你将在每一个月的第一天几乎花掉所有的钱，在每一个月的其他日子里将几乎没有消费。

当然，人们的消费会比这稳定得多，留出一部分收入在这个月的剩余期间购买生活用品和其他物品。拥有可变收入的人，如果每天消费相同的数量，而不是使自己的消费随收入而变化，会感到更幸福。

由米尔顿·弗里德曼首先提出的假说认为人们会消费他们预期收入的固定份额（k），弗里德曼称之为**恒久收入**（permanent income）（Y^p）。[①]

一般形式	数例	
$C=kY^p$	$C=0.9\ (\$10\ 000)=\$9\ 000$	(15.2)

恒久收入的边际消费倾向（k）取决于个人偏好以及收入的可变性（农民、零售商人以及其他收入变化的人需要高储蓄来帮助他们渡过坏年景），并且 k 可能取决于利率。当利率较高时人们可能会愿意储蓄更多（或支出更少）。[②]

恒久收入估计的修正 方程（15.2）概括的恒久收入假说并不意味着个人每年都消费相同的量。每一年新的事件发生可能会改变人们对恒久收入的估计。例如，人们可能会发现在好的年景里收入会增加。逐渐地人们会向上修正他们的平均预期收入估计，并增加他们的固定消费水平。

弗里德曼的恒久收入假说由方程（15.2）中的假设构成，即个人消费占他们的恒久收入的一个固定份额。但是这还不够，因为一个附加的假设是必要的，也就是个人如何估计他们的恒久收入。弗里德曼提出，今年个人对恒久收入的估计是对去年的预期（Y^p_{-1}）的修正，修正度为去年实际收入（Y）与预期收入（Y^p_{-1}）的差额的一个比例（j）。

① Milton Friedman, *A Theory of the Consumption Function* (Princeton, NJ: Princeton University Press, 1957).

② 因为字母表的局限，我们又一次不得不重复使用字母。这里的 k 和第 3 章及第 4 章中的 k 所代表的乘数没有任何关系。

一般形式　　　　　　　　　　　　　　　数例

$$Y^p=Y^p_{-1}+j(Y-Y^p_{-1}) \qquad Y^p=10\,000+0.2(15\,000-10\,000)=11\,000 \tag{15.3}$$

适应性预期　方程（15.3）所描述的行为有时被称作预期形成中的“错误认知”（error-learning）或“适应性”假说。该假说暗示人们允许其消费根据实际收入适度地变化，因为消费取决于恒久收入，反过来，方程（15.3）中的恒久收入只是部分依赖于本期的实际收入。当我们把方程（15.3）代入方程（15.2）中时，我们得到个人当期消费（C）、当期实际收入（Y）和上一期对恒久收入的预测（Y^p_{-1}）之间如下的关系：

一般形式　　　　　　　　　　　　数例

$$C=kY^p_{-1}+kj(Y-Y^p_{-1}) \qquad C=0.9Y^p_{-1}+0.18(Y-Y^p_{-1}) \tag{15.4}$$

对于预期形式的同样假说在第 9 章的附录中讨论通货膨胀预期时已经介绍过。方程（15.3）也可以写成第 9 章的形式。

$$Y^p=jY+(1-j)Y^p_{-1}$$

也就是说，这一时期的恒久收入预期是当期实际收入和上一期的恒久收入预期的加权平均。

两个边际消费倾向　方程（15.4）使得我们看到弗里德曼的理论是基于两个边际消费倾向（*MPC*）的概念的区别。长期边际消费倾向是在最初的消费函数（15.2）中恒久收入的简单系数（k），并且 k 是方程（15.4）中第一项的系数。在我们的数字例子中，长期边际消费倾向是 0.9。短期边际消费倾向是实际收入变化的系数，即方程（15.4）中第二项的系数 k_j（或 $0.18=0.9\times0.2$）。当现期的实际收入（Y）增加时，方程（15.4）中的第二项表示现期的消费以短期 *MPC*（k_j 或 0.18）增加。

现期收入变化中没有预期到是恒久性的部分在弗里德曼的理论中被称作**暂时收入**（transitory income）。暂时收入（Y^t）是实际收入减去恒久收入。

一般形式　$Y^t=Y-Y^p=Y-Y^p_{-1}-j(Y-Y^p_{-1})=(1-j)(Y-Y^p_{-1})$

数例　$Y^t=Y-Y^p=0.8(Y-Y^p_{-1})$　　(15.5)

弗里德曼通过假设暂时收入的边际消费倾向为零得到了长期和短期消费倾向的显著差别。这样他的消费方程（15.2）可以写成如下形式：

$$C=0Y^t+kY^p \tag{15.6}$$

□ 横截面数据和时间序列数据之间冲突的协调

弗里德曼恒久收入假说的动机是图 15—2 中横截面数据与图 15—3 之间的明显冲突。在图 15—2 中，高收入者比低收入者具有更高的储蓄率，而在图 15—3 中，长期储蓄率具有稳定性。恒久收入假说认为高收入人群的高储蓄率是由于他们拥有数额异常大的、正向的暂时收入（例如，在好的年份后会有大笔分红的高管；在非常受欢迎的影片上映后的电影明星；或具有短时间、高收入的职业生涯的职业运动员）。同样，恒久收入假说认为，低收入人群具有低储蓄率（见图 15—2）是由于与一般人相比他们的实际收入暂时低于其永久收入水平。（拥有负向暂时收入的人包括被洪水、干旱、灾害侵蚀了收成的农民；刚刚被解雇的高管；以及认为他们的未来收入将高于现在的大学毕业生。）因此，恒久收入假说解释了尽管长期储蓄率在不同个体和不同时间是恒定的，但横截面数据将显示高收入人群具有更高的储蓄率。

阐述两个消费函数 图 15—4 阐述了长期消费函数和短期消费函数的区别。穿过点 A 和点 F 的黑色实线是长期消费方程；它的斜率是长期边际消费倾向（k 或我们例子中的 0.9）。它之所以被称做长期消费方程，是因为它仅表示当实际收入在特定水平持续足够长的时间且个人能充分调整其估计的恒久收入至现实收入水平时的消费水平。

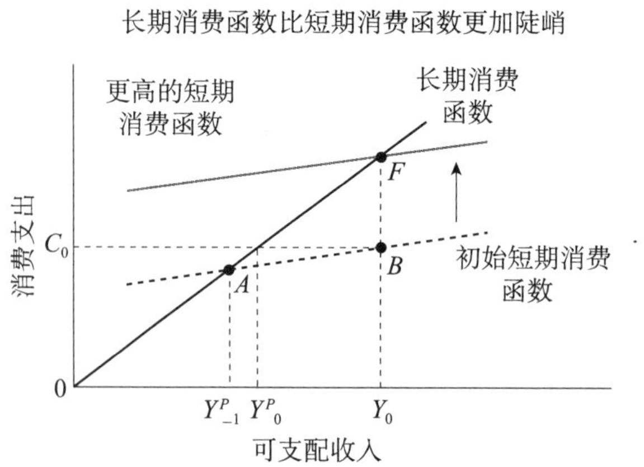

图 15—4 关于消费和储蓄的恒久收入假说

注：长期消费线表明，当实际和恒久收入相等时，在长期，消费占收入的一个固定份额。然而短期获得的实际收入，如点 B，并不完全包含恒久收入。这样消费仅增加一个很小的量（比较点 B 和点 A），在点 B 大部分的短期收入增加被储蓄起来。当同样的收入所得能够长久维持时，短期消费曲线会沿长期消费曲线向上移动至点 F。

在短期，当实际收入不同于恒久收入时会发生什么呢？较平坦的穿过点 A 和点 B 的虚线是短期消费函数（图 15—4）。当现期收入（Y）与上一期对恒久收入的估计 Y^P_{-1} 完全相同时，短期消费方程与长期消费方程相交于点 A。但是在一个特别好的年景，当个体的收入处于较高的水平 Y_0 上时，则当期对恒久收入的估计（Y^P）也将高于上一期的估计 Y^P_{-1}，高出的比例为 j，并且较高水平的 Y^P 使消费增加 Y^P 增量的 k 倍。

因此，点 B 的消费位于点 A 上，且垂直距离为 kj（数例为 0.18）乘以 Y_0 与 Y^P_{-1} 之间的水平距离。由于短期边际消费倾向 kj 远远低于长期边际消费倾向 k，则任何短期收入的增加都将不均衡地增加储蓄。如果 Y_0 被看做恒久收入，则短期消费方程将会穿过点 F。

综上所述，当实际收入超过之前的水平时，对恒久收入的估计会持续增加，使得消费和收入之间的关系服从长期计划，正如图 15—4 的箭头所示。这样，在长期储蓄率就几乎是恒定的了。但是在短期暂时性的收入增加将提高储蓄率，暂时性的收入减少将降低储蓄率，这是因为恒久收入并没有完全对实际收入作出调整。

自测题 15—1

确定在下列情况中实际收入是高于还是低于恒久收入；如果收入变化是永久的，消费和储蓄如何与弗里德曼的理论预期的值进行比较。

1. 一个股票经纪人享有了他职业生涯中最好

的年景。

2. 一个北达科他州的农民遭遇了严重的干旱。

3. 美国经济处于衰退中。

4. 美国经济处于实际 GDP 异常高于自然 GDP 的时期，例如 1999—2000 年。

15.5 前瞻型预期行为：生命周期假说

在大约弗里德曼撰写关于恒久收入假说的书的同时，麻省理工学院的弗兰克·莫迪利亚尼和他的同事发明了另一种稍微不同的方式以调和横截面数据中储蓄率与收入的正向关系和历史时间序列数据中长期储蓄率的恒常性关系的冲突。① 莫迪利亚尼和弗里德曼从同样的角度出发，即人们更偏好于维持一个稳定的消费模式而不是使得消费随着他们的暂时收入的振荡而忽高忽低。但是莫迪利亚尼主张稳定消费的观点更甚于弗里德曼，他认为人们会在他们的整个生命周期中稳定他们的消费。

因为莫迪利亚尼强调消费者的生命周期，所以他的理论被称为生命周期假说。因为他强调消费者在他们的生命周期中会平均分配消费并且会储蓄以备退休之用，这样生命周期假说也落入了基于前瞻型预期的理论范畴。它借鉴了弗里德曼的理论，即用较高且稳定的长期边际消费倾向调和较低的短期边际消费倾向的能力。但是生命周期假说相对于弗里德曼的理论增加了“生命周期预算约束”，即他们的生命周期中的家庭消费等于他们的收入加上来自工作以外的资产的价值（例如来自父母的馈赠）。生命周期假说的这一特性使得消费支出与消费者所持有资产的价值之间有了紧密的联系。

☞ **全球经济危机聚焦**

莫迪利亚尼的理论帮助解释 2007—2009 年的危机和衰退

因为莫迪利亚尼的理论提供了一个直接的渠道来解释高的家庭净财富是高消费支出的一个原因，低的家庭净财富是低消费支出的一个原因，这完全适用于帮助我们理解全球经济危机。2007—2009 年的三个原因共同导致消费支出的急剧下降。首先是房产价格泡沫的结束，在 2000—2006 年房产价格增长了约 60%，之后在 2006—2010 年又全部跌了下来。其次是股票市场冲击，这使得标准普尔 500 指数下降了一半多，从 2007 年 10 月中旬的 1 568 点到 2009 年 3 月初的不到 700 点。最后是家庭债务的增长（在计算净值时从资产中减去的债务）。

本书第 3.4 节“了解全球经济危机”专栏中的图表阐述了家庭资产 2006—2009 年的下降以及 20 世纪 90 年代初到 2007 年家庭债务的长期增长。用家庭可支配收入的比例表示，家庭资产从 2006 年底的 785%下降到了 2008 年底的 599%。家庭债务

① Franco Modigliani and R. E. Brumberg, “Utility Analysis and the Consumption Function,” in K. K. Kurihara, ed., *Post-Keynesian Economics* (New Brunswick, NJ: Rutgers University Press, 1954). Also A. Ando and F. Modigliani, “The ‘Life Cycle’ Hypothesis of Saving: Aggregate Implications and Tests,” *American Economic Review*, vol. 53 (March 1963), pp. 55－84.

从 1994 年的 91%上升到了 2007 年的 138%。家庭净财产，即资产和负债的差，用可支配收入表示，从 2006 年的 650%下降到 2008 年的 468%，低于 1994 年 487%的记录。家庭净财产的暴跌和消费者偿还债务的挣扎帮助解释了 2010—2011 年的经济复苏为何这样缓慢。

□ 生命周期的资产持有：莫迪利亚尼的资产金字塔解释

现在我们来看图 15—5，该图显示了莫迪利亚尼理论的简单版本如何预测收入、消费、储蓄和资产积累在一个典型消费者的生命周期中的作用。横轴代表不同的年龄，且退休年龄记为 R，死亡年龄记为 L。假设个人在整个生命周期中维持一个恒定的消费水平（C_0）。而收入只能从工作年限 R 中获得。如果起始无资产，如下图的起始资产为零的点 A_0 所示，则个人在退休后没有任何收入的情况下能维持消费的唯一方法就是在工作期间进行储蓄。储蓄量即收入减去消费，由 R 时期之前的浅灰色区域显示，储蓄的减少发生在退休之后消费超过收入时，由 R 到 L 时期的深灰色区域显示。在下图中，资产的累积在工作期间稳步发生，且在点 R 达到最大值 A_R。之后资产下降，在点 L 降为 0。

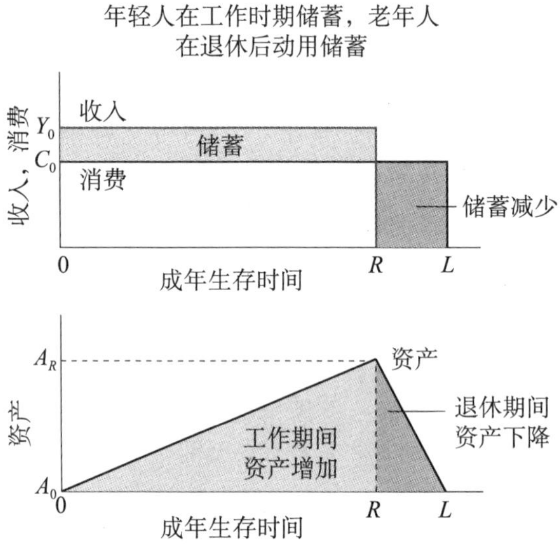

图 15—5　消费、储蓄和资产在生命周期假说下的表现

注：在生命周期假说下，特别关注的是生命的长度（L）和退休年龄（R）的直接关系。退休时期为 $L-R$。在上图中，个人一生中每一年的消费为常量（C_0）。退休之前每年获得 Y_0 的常量收入。在直到 R 的工作期间，收入超过消费，由浅灰色区域的储蓄显示。在退休期间消费超过零收入，并且储蓄最终减少为零，由深灰色区域显示。在下图中，灰线显示了资产从初始水平（A_0）增加到退休时的最高水平（A_R），在生命终结时资产则降为零。

无初始资产　当没有初始资产时，消费和收入之间是什么关系呢？整个生命周期的消费为每年 C_0，共 L 年，必须等于总收入，为每年 Y_0，共 R 年：

$$C_0 L = Y_0 R \text{ 或 } C_0 = (R/L) Y_0 \tag{15.7}$$

如图 15—5 所示，R 为 L 的 4/5，那么每一年的消费 C_0 也是每一年收入 Y_0 的 4/5。①

生命周期假说的简单版本能够解释储蓄和收入之间的正向关系，因为人均实际 GDP 的上升相对于退休者来说增加了在职者的储蓄和收入。储蓄率的长期恒定性可以由以下事实解释：如果将每一历史时期的人口都分为同样比例的工作和退休人口，并且每一代的每个人群都有相同的储蓄行为，那么长期储蓄率将会是恒定的。

生命周期假说与弗里德曼的恒久收入假说共同指出储蓄率在经济繁荣时期会上升，在衰退时期会下降。今天收入的暂时性增加会在其整个生命周期被消费。例如，设想一个人认为自己还有 40 年的生存时间，今年他的收入出乎意料地增加了 4 000 美元，并且预期以后不会再有。他的整个生命时期的消费将增加 4 000 美元，并且他今年的实际消费将增加其 1/40，大约 100 美元。在接下来的每一年，都会增加消费 100 美元，在整个 40 年的生存时期中将增加消费 4 000 美元。

这样，在预期为暂时的经济繁荣中，超出预期的 4 000 美元奖金将会导致当期消费仅增加 100 美元，额外的 3 900 美元将会被储蓄。短期消费倾向为 0.025，或 100/4 000。相反，如果预期 4 000 美元的收入增加将会在 40 年的每一年中持续得到，则 4 000 美元的额外收入将会在今年全部消费，其余的 39 年也是如此，这样储蓄率将不会增加。

资产的作用　莫迪利亚尼的理论认为资产作为消费行为的决定因素具有重要作用。假设一个人具有初始资产禀赋 A_1，他计划用这些资产在他的生命周期里增加消费而不是留给后代。则如图 15—6 所示，消费将会比收入水平 Y_0 高，储蓄将会减少，因为资产禀赋提供了更高的支付能力。现在整个生命周期的消费等于整个生命周期来自工作的收入加上可用资产：

$$C_1L=A_1+Y_0R \text{ 或 } C_1=A_1/L+(R/L)Y_0 \tag{15.8}$$

右边的表达式表明每一年的消费（C_1）不仅依赖于收入（Y_0），而且依赖于生命的每一年中的资产率。

图 15—6 过于简单，因为它假设初始资产禀赋是在工作生涯的最初时期得到的。然而实际上，资产价值的增加在其整个生命周期都会发生，所以人们会预期每年消费对资产价值变化的反应比方程（15.8）中假定的要大。莫迪利亚尼的经验研究已经估计出资产价值每增加 1 美元，年实际消费将增加 0.06 美元，这表明人们将用 15 年的时间花掉实际资产的增加量。

在第 8 章我们学习了当实际消费支出取决于实际资产或实际财富时经济的自我修正能力将增强。如果支出的减少会降低价格水平，那么实际财富水平将会上升，这帮助阻止了消费支出的下降。② 同样，如果支出的增加会提高价格水平，那么实际财富水平会下降，

---

① 当包含利息收入的讨论时，图 15—5 和方程（15.7）有一些简单方法。假设资产的名义利率是 i，总收入就等于实际工资收入（W/P）加上实际利息收入（rA）。这里，r 是实际利率。方程（15.7）就变成

$$C_0L\ \ (W/P)_0R+\sum_{t=0}^{L}rA_t$$

这样，在 R 时期，总收入逐渐增长，然后降为零，然而在退休期为正。为了反映这样一个事实，即消费取决于总收入，包括工资收入和资产的利息收入，正文的方程（15.7）中使用了符号 Y（实际总收入）而不是 W/P。官方对收入的定义夸大了 Y，因为它包含了来自资产的整个收入，包括名义报酬部分（$i-r$），需要它来维持实际资产价值不变。

② 回顾在第 8.8 节讨论的庇古或实际余额效应。

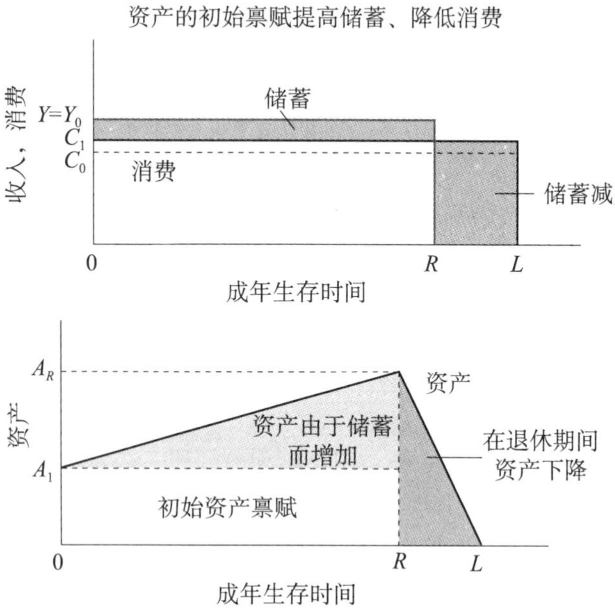

图 15—6 在有初始资产的生命周期假说下的消费、储蓄和资产

注：本图与图 15—5 是完全一致的，但是有一个初始资产 A_1，与之前的初始资产为零形成对比。如果我们同样假设在退休期间储蓄减少使所有资产减为零，则 A_1 的存在将可能带来更多的消费和更少的储蓄。这由上图中消费水平从 C_0 上升到 C_1 显示。下图所示的浅灰色区域显示了资产增加中归于储蓄的部分。

这抑制了最初对消费支出的激励。我们将在第 15.8 节回到实际财富和消费行为之间的关系。

因此，具有讽刺意味的是，莫迪利亚尼的生命周期假说支持规则的积极拥护者，尽管莫迪利亚尼是政策规则的严厉批评者。私人消费支出被稳定化，因为可支配收入的暂时性增加预期不会持续太长，对当期消费仅有微小的影响。并且，实际资产有稳定经济的作用，因为较高的价格会降低实际资产价值，并抑制消费支出。综上所述，生命周期的观点可以降低当期边际消费倾向，降低乘数，使经济不受未预期到的投资变化、净出口及其他类型支出的影响。

自测题 15—2

假设一个成年人正在做一个消费计划，预期还有 40 年的寿命，其中 30 年为工作时间，10 年为退休时间。

1. 如果工作期间的收入是 50 000 美元，初始资产禀赋为零，在工作期间和退休期间的年消费支出将分别是多少？

2. 工作期间的平均消费倾向（C/Y）是多少？

3. 现在，假设初始资产禀赋为 200 000 美元。在工作期间和退休期间的年消费支出将分别是多少？

4. 此时在工作期间的平均消费倾向是多少？

15.6 理性预期以及其他对简单前瞻型预期理论的修正

近年来消费行为已成为宏观经济学中最活跃的研究领域。许多关注点已经指向了家庭用更复杂的方法形成其对未来收入的预期的意义，而不是如方程（15.3）所示的简单适应性预期。理论的预期与现实消费的周期性表现的对比强调了一些其他因素的作用，这些因素不包含在纯粹的恒久收入假说或生命周期假说理论中，包括流动性约束、耐用消费品、遗产和不确定性。

□ 理性预期

回顾弗里德曼原始方程中的方程（15.3），恒久收入假说结合了适应性或试错学习方法来计算恒久收入。因此当实际收入增加时人们只是逐渐地向前修正他们对恒久收入的估计。尽管这提供了一种简便的估计家庭如何形成它们对未来收入的预期的方法，但是适应性预期假说太过于简单了。它的缺点包括机械地推断过去，并且没有明确考虑到除收入以外的其他变量对未来收入预期的作用。

理性预期（rational expectations）假说认为人们用更精细的方法形成他们对未来收入的预期。理性预期假说用所有可以得到的信息形成对未来事件的预期。这样理性预期暗示所有从过去可以收集到的，甚至是关于未来的可信公告的信息，像已经颁布但尚未生效的税收减免政策，都会用于形成恒久收入的估计。因此，只有新的信息可以改变已估计的恒久收入，这意味着只有未预期到的事件发生，消费才会改变。先前预期到的事件没有提供新信息，所以，不用修改恒久收入，消费也不会发生变化。

消费是过分波动还是过于平稳？ 有关恒久收入理性预期的经验研究的争论由来已久。所有情况都取决于消费者如何看待关于收入新信息的性质。如果当前收入的变化不提供关于未来收入变化的信息，那么对恒久收入的估计几乎不会改变，并且基于此次变化的边际消费倾向也将接近于零。[①] 然而我们的案例研究（第 15.2 节）显示出消费对于1974—1975 年、1980—1982 年、1990—1991 年和 2007—2009 年衰退中收入的下降有明显的反应。这一论证指出了实际消费对实际收入的变化反应过于强烈，也就是说，这与该理论的预言相比过于不稳定。[②]

然而，另一种可能是当期收入的改变很好地预期了未来收入的改变。例如，一个失去

① 在这种情况下，可以用具体的数学模型表示，其中，*MPC* 等于 $r/(1+r)$，这里 r 是实际利率。因此，*MPC* 取决于用来度量 r 的资产，位于 0 和 0.07 之间。这个结果是由 Andrew B. Abel 在极佳但数学高深的调查中发展的，见“Consumption and Investment,” in B. M. Friedman and F. Hahn, eds., *Handbook of Monetary Economics* (Amsterdam: Elsevier Science Publishers, 1990), pp. 725—778。

② 用理性预期方法来研究消费行为由 Robert E. Hall 提出，见“Stochastic Implications of the Life Cycle-Permanent Income Hypothesis: Theory and Evidence,” *Journal of Political Economy*, vol. 86 (December 1978), pp. 971—987。波动性过强的观点来自 Marjorie Flavin，见“The Adjustment of Consumption to Changing Expectations about Future Income,” *Journal of Political Economy*, vol. 89, (October 1981), pp. 974—1009。Hall 的关于消费的论文集是 *The Rational Consumer* (MIT Press, 1990)。

了高薪的工作者有足够的理由预期未来收入将会变低，而且这种情况可能持续许多年。在一个极端的例子中，如果估计的恒久收入对当期收入一美元变化的反应是一美元［即在方程（15.3）和方程（15.4）中 $j=1$］，则当期收入的边际消费倾向为 k（由于恒久收入的边际消费倾向是 k）。但是数据清楚地显示出消费比当期收入更为平稳。因此通过这种对比的方法，实际消费与预期理论相比过于平稳。[①]

目前对于消费周期性行为的争论尚未见分晓。然而，最初的结论，即消费过于不稳定，使我们认识到简单恒久收入假说和生命周期假说以及对这些理论更新的理性预期，省略了消费行为中的一些重要方面。直到这些问题被充分整合到理论中，消费是过于不稳定还是平稳的问题才会得以解决。

☞ 了解全球经济危机

家庭是会花费还是储蓄2008年的经济刺激计划所进行的支付?

全球经济危机的第一个标志在2006年美国房地产价格开始下降时逐渐明显，这使得美国房地产泡沫破裂。金融市场在2007年的夏末有了反应，此时市场参与者开始怀疑四年前一些为应对次级贷款发行的抵押贷款证券是否能保证其“3A”评级，或是否有低收入借款者不能偿还抵押贷款从而使证券失去价值。

由于畏惧衰退（回顾2007年12月），布什政府和国会在2008年2月通过了经济刺激法案（ESA），这是财政政策刺激的一个经典案例。总计1 000亿美元的财政刺激资金通过支票和电子转账方式转移给了1.3亿个美国家庭，这可谓一项丰功伟业。但是，户均支付是1 000亿美元/1.3亿个家庭，每户平均约合770美元。单身家庭得到的更少一些，而夫妇俩得到的更多一些。

任何财政刺激计划的关键问题都是乘数效应的大小。乘数的大小对于税收减免尤为重要，因为低税收的好处不仅使包含在GDP中的个人消费支出更多，而且他们会将钱存进银行或使用支票来偿还旧汽车消费贷款以及信用卡余额。

之前的学习已经关注过消费者对非耐用消费品和服务支出的反应。的确，对2008年经济刺激法案的研究发现，在获得支付后的最初三个月里仅有12%～30%的支出用于非耐用消费品和服务。然而，当花费在耐用品上时，包括新的车辆，经济刺激法案的影响将会更大。包括耐用消费品、非耐用消费品和服务的总消费支出构成了经济刺激法案支付的50%～90%。总的来说，由于经济刺激支付，总的消费支出在2008年第二季度增长了1.8%，第三季度增长了0.8。[a]

为了解释这些结果，我们需要回顾GDP数据的年增长率。如果2008年第二季度的消费支出是2.5万亿美元，经过4倍乘数作用后是10万亿美元。该研究的结果表明，消费支出增长了2.5万亿美元乘以2008年第二季度的1.8%（450亿美元）加上2.5万亿美元乘以2008年第三季度的0.8%。联邦支出的1 000亿美元中转变成家庭

① See Angus Deaton, “Life-Cycle Models of Consumption: Is the Evidence Consistent with the Theory?” in T. F. Bewley, ed., *Advances in Econometrics Fifth World Congress* (New York: Cambridge University Press, 1987), pp. 121—148.

支出的总共是650亿美元，这显示出边际消费倾向是0.65，未明显低于第3章例子中估计的0.75。

其他关于2008年经济刺激法案支出的研究发现了较小的影响。一项调查发现只有20%的受访者回应他们已经支出了ESA支付，其他人用于储蓄或者偿债。另外一个调查发现30%的人用于消费支出，18%进行储蓄，剩余的52%用于降低债务。[b]总的来说，税收返还如ESA支付提高实际GDP的作用不如将同样多的钱用于政府购买商品和服务的作用大，后者直接提高了实际GDP。如果政策制定者更偏好于个人支付，并且采取给失业者（通过扩大失业者的利益）或低收入家庭转移支付例如食品券津贴的方式，可能会产生更大的效果及更高的乘数效应。失业者和低收入家庭与从2008年ESA支付的全面退税中受益的中等收入家庭相比更可能会花掉政府的支付。

[a]See Jonathan A. Parker et al.,"Consumer Spending and the Economic Stimulus Payments of 2008," working paper, Northwestern University, September 2010.

[b]Matthew D. Shapiro and Joel Slemrod,"Did the 2008 Tax Rebates Stimulate Spending?" *American Economic Review Papers and Proceedings*, vol. 99 (May 2009), pp. 374—379.

□ 耐用消费品

恒久收入假说和生命周期假说都是基于维持几乎恒定水平的来自消费品和服务的满足感的愿望。如果恒久收入有所增加，人们不仅会增加在服务和非耐用消费品上的支出，他们也想增加来自耐用消费品的服务的愉悦感受。对于像剪发或甜甜圈这样的服务和非耐用消费品，享受仅发生在消费者支出时。而耐用消费品却不同。电视机在一瞬间被购买，而它会在以后的很多年产生享受的感觉。因此，恒久收入假说和生命周期假说表明，并不是耐用消费品的购买量保持恒久收入的一个固定比例，而是从耐用消费品中得到的服务流（享受）。消费者可以通过保持耐用消费品的库存为恒久收入的相同固定比例，来保持服务流为恒久收入的固定比例。

耐用消费品的本质是它可以提供多个时期的服务。例如一辆新车可以提供十年甚至更长时间的服务。像其他长期资产一样，耐用消费品的购买成本远大于它每一期提供的服务。例如一辆售价为25 000美元的新车每年仅会提供价值2 500美元的服务。因此，当一个家庭认为其较高的恒久收入能保证其每年消费额外的2 500美元汽车服务时，其最初支出增加25 000美元。结果，当耐用消费品库存量随着恒久收入的增加而成比例增加时，耐用消费品的支出会暂时激增。

由于耐用消费品的购买激增，当实际收入增加时，总消费占收入的比例也会增加，尽管恒久收入假说和生命周期假说预测当实际收入增加时消费占收入的比例会下降。恒久收入假说和生命周期假说都预测当耐用消费品被看做消费支出时，随着收入的增加储蓄率会下降，但是当耐用消费品被看做储蓄时，随着收入的增加储蓄率增加。意识到耐用消费品支出的顺周期性质，人们把对恒久收入假说和生命周期假说有效性的研究局限于排除耐用消费品的消费支出，即仅包含服务（理发）和非耐用消费品（甜甜圈）。

衰退期的耐用消费品支出的表现 恒久收入假说和生命周期假说都预测，在衰退中，当收入显示出暂时性的下降时，家庭应通过降低可支配收入的储蓄率（S/Y^D）来维持其消费支出。然而，如下表所示，战后时期的衰退数据指出在1953—1954年和2007—2009年的十次衰退中的高峰和低谷之间，储蓄率有轻微的增加。虽然储蓄率在前九次衰退中平均有所下降，但在2007—2009年时却急剧增加。这是由于在恒久收入假说中被忽略而在生命周期假说中却被强调的一个因素，即消费的财富效应。家庭财富在2008年由于股票市场冲击和房地产泡沫的破裂而急剧下降，因此消费者作出的反应是减少消费（见图15—1），增加储蓄。

在2007—2009年以及前九次衰退中，都有耐用消费品支出的下降。因此储蓄和耐用消费品支出的总和占可支配收入的比率［$(S+C^D)/Y^D$］在十次衰退中平均有所下降，如下表所示。

十次衰退的平均值	1953—1954年到2007—2009年		百分比
占可支配收入的比例	波峰	低谷	波峰到低谷的变化
个人储蓄	7.5	7.9	+0.4
耐用消费品支出	8.8	8.0	−0.8
个人储蓄和耐用消费品支出的和	16.4	15.9	−0.5

□ 流动性约束

简单生命周期假说假设整个生命周期的消费是恒定的，并且直到退休之前的劳动收入都是恒定的。然而实际上，劳动收入随着年龄的增长有所增加，在50多岁达到顶峰。为了在整个生命周期中达到一个恒定的消费水平，年轻人在他们的低收入期间要进行借款，并在之后的高收入期间偿还。但是银行一般不允许借给年轻人他们想要的全部，这意味着年轻人的消费支出受到**流动性约束**（liquidity constraint）的限制。流动性约束会使正在遭遇暂时性无钱之苦的人受到困扰；例如，银行不愿意借钱给一个在灾年后即将破产的农民，尽管天气在未来可能变好。

由于得不到贷款，消费不能高于当期收入的人们与恒久收入假说和生命周期假说理论预测的相比将有更高的边际消费倾向来应对收入的暂时改变。经济学家曾试图测度消费对当期收入变化过度敏感的重要性。达成的共识是消费服从流动性约束的家庭大约占到总收入的15%。这些家庭对于暂时收入的边际消费倾向大约是1。剩余未受到流动性约束的家庭的行为与生命周期假说所预测的大致相同：他们的暂时收入的边际消费倾向几乎为零。[①] 因此，流动性约束并没有普遍地严重削弱生命周期假说和恒久收入假说的含义，即短期边际消费倾向将远低于长期边际消费倾向。

① 据估计，受流动性约束的家庭占总收入的份额已经达到50%，见 John Y. Campbell and N. Gregory Mankiw, "Consumption, Income, and Interest Rates: Reinterpreting the Time Series Evidence," *NBER Macroeconomics Annual 1989* (Cambridge, MA: The MIT Press), pp. 185—216。

15.7 遗产和不确定性

在图 15—5 和图 15—6 中所述的生命周期假说都是假设个人在退休时全部消费掉他们的终生储蓄。他们的资产在生命结束的那一天减为零，没有给后代留下任何遗产。然而事实上，人们的确会留下遗产。据悉大约 80%的由美国家庭积累的资产转移给了其后代，而不是在退休年间消费。[①] 这个证据似乎否定了用一生的时间来描述消费者行为是合适的。

□ 遗产的作用

遗产的存在已经被解释为一个显著的财政政策理论的支撑，经常被称作巴罗-李嘉图等价原理。这一理论由哈佛大学的罗伯特·J·巴罗发展，所用的观点最初由 19 世纪早期英国经济学家大卫·李嘉图提出。[②] 人们期望留下遗产是因为他们关心他们的孩子。任何使他们的孩子境况变糟的事情都会使现代的成员增加储蓄，以给他们的孩子留下更多的遗产。这样的事件的一个基本例子是减税的赤字融资会提高后代必须缴纳的税收（支付为债务融资而发行的债券的本金和利息）。根据巴罗-李嘉图原理，这样的减税不会刺激消费，因为人们会储蓄所有减税后增加的收入，以增加他们的遗产。

巴罗-李嘉图原理由于与事实相矛盾而受到批评。更重要的是，美国家庭的储蓄率在里根 20 世纪 80 年代的减税中和布什 2001—2003 年的减税中根本没有提高，未如该理论预期的那样。事实上，正如我们将在图 15—7 中看到的那样，2006—2007 年的储蓄率降到了自大衰退之后的最低水平。大概仅仅遗产的存在并不能证实由该理论假设的行为方式——尤其是当前的家庭对减税作出的反应是拒绝提高消费。

□ 遗产的目的

如果对于每一个会改变他们后代的未来税负的当前事件，父母都不调整他们的遗产，那么为什么大部分个人储蓄最终以遗产的形式流向了他们的孩子？许多人认为中心问题是死亡年龄的不确定性。本杰明·富兰克林的观察发现，“在这个世界上没有什么是确定的，除了死亡和税负”，其忽略的事实是死亡的时间是相当不确定的。与图 15—5 和图 15—6 的假设不同，人们不会知道他们生命的长度。

基于这一解释，很多储蓄本质上是生命循环的，但是只用于一部分生命时期和并不是发生在每个人身上的医疗保健。许多人在有必要做昂贵的护理医疗以前就去世了，这样就

---

① Laurence J. Kotlikoff and Lawrence H. Summers, “The Role of Intergenerational Transfers in Aggregate Capital Accumulation,” *Journal of Political Economy*, vol. 89 (August 1981), pp. 706−732. 这一发现充满争议。关于这一发现的更详细的学术讨论，参见 Franco Modigliani, “The Role of Intergenerational Transfers and Life Cycle Saving in the Accumulation of Wealth,” 以及 Laurence J. Kotlikoff, “Intergenerational Transfers and Savings,” 分别载于 *Journal of Economic Perspectives*, vol. 2 (Spring 1988), pp. 15−40 and pp. 41−58。

② Robert J. Barro, “Are Government Bonds Net Wealth?” *Journal of Political Economy*, vol. 82 (November/December 1974), pp. 1095−1117.

有大量的财富“剩余”作为遗产给了孩子。通过这种解释，遗产主要是非自愿的，它的产生主要是由于在死亡之前家长们不愿失去对资产及生存条件的控制。

生命周期假说理论的含义 遗产主要为非自愿的解释使得生命周期假说的主要预测保持有效性。生命周期假说唯一需要调整的是相关的生命范围，因为大多数家庭将真实死亡年龄延伸到了可想象的死亡年龄。例如，一个 25 岁的人大约会有 50 年的预期寿命，75 岁是最可能的死亡年龄，然而，消费和储蓄的决定可能基于不太可能实现的 90 岁。

这个生命周期假说的修正版可能会如图 15—6 所描述的那样运行，除了延长了的生命时间（L^*，例如 90）取代了最有可能的生命时间（L，例如 75)。用 L^* 代替较短的 L 可能会预示相对于暂时收入变化会有一个更低的 MPC，并且来自股票市场的财富增加可能会在延长到 L^* 的期间消费掉。如果父母们不愿意搬出他们的家（或是不愿意把房子卖给他们的孩子并向他们支付房租），那么父母们由高房价挣得的收入可能不会在生命周期中被消费掉，而是会留下一大笔遗产。

□ 为何退休人员如此大幅度削减他们的消费?

回顾图 15—5，生命周期假说预测消费在人们工作期间和退休期间保持一个恒定的水平。但是越来越多的证据表明退休人员与收入和家庭特点相同的工作人群相比消费低得多。

人们在退休之后为什么会削减消费？第一，许多人对退休的反应是搬家，因为他们不再受工作地点限制，并且他们经常搬进小型公寓。第二，即使他们不搬家，很多人也已经还清了住房贷款。第三，退休人员可以除去之前与职位相关的消费，包括工作相关的服饰、交通需要的汽车和燃油费用、家庭以外的商业聚餐。第四，可能是一个小因素——退休人群有更多的闲暇时间来寻找物美价廉的东西，从而可以减少日常家庭必需品的消费。①

退休之后的消费下降是否与图 15—5 描述的稳定的退休后消费相矛盾，从而使生命周期假说无效呢？根本不会，因为退休之后的较低消费的所有原因已经在退休之前被家庭预期到。所有生命周期假说的预测，包括较高股票市场和房地产市场的财富对增加消费和减少储蓄的影响，以及工作期间家庭对暂时收入改变消费反应的缺乏，仍然对事先谋划退休消费的家庭有效，无论计划的消费是等于工作期间的消费还是低于工作期间的消费。

自测题 15—3

想象为了降低联邦财政赤字，政府制定一项政策，使由每个家庭支付的年个人所得税增加 1 000美元。税收的增加宣布为永久性的。下面的理论预期对消费的影响会是什么?

① 两篇论文对退休后消费的下降做了启发性的分析。See Michael Hurd and Susann Rohwedder, “Some Answers to the Retirement-Consumption Puzzle,” NBER Working Paper 12057, February 2006 and John Ameriks, Andrew Caplin, and John Leahy, “Retirement Consumption: Insights from a Survey,” NBER Working Paper 8735, January 2002.

1. 恒久收入假说。
2. 有确定生命时间的生命周期假说。
3. 把生命时间不确定解释为遗产来源的生命周期假说。
4. 巴罗-李嘉图等价原理。

☞ **国际视角**

为何一些国家的储蓄率如此之高?

在过去的几十年里虽然世界储蓄率一直保持相对稳定，但是各国之间的储蓄率却相差很大，并在很多国家内大幅波动。一般来说，工业化国家的储蓄率与发展中国家相比更低、更稳定。自1970年之后工业化国家的国民储蓄率平均为15%，但发展中国家的平均值超过25%。在单个的工业化国家，国民储蓄率在10%的范围内显著地变化。

生命周期模型和抚养比率

我们已经学习了消费和储蓄受以下因素的影响：生命周期的阶段、利率、财富以及未来收入的预期。生命周期模型表明储蓄率在刚刚开始工作的年轻人中和走出劳动力队伍的退休人员中相对低。工人们尤其是那些处于收入巅峰的人们有相当高的储蓄率。这意味着有较高抚养比率的国家，或者说有较高比例非劳动人口的国家会储蓄得较少。

在未来的几十年里，发达国家的抚养比率将增加（尤其是日本），随着生命预期不断增长以及出生潮那代人的退休，日本的退休人口将显著增加。相反，人口平均年龄降低的发展中国家的抚养比率预期将下降。在未来几十年，发展中国家的大批年轻人将从学生转变为工人，但是相对较少的人已达到退休年龄。

储蓄和经济增长

在第11章中我们学习了私人储蓄率的增长会暂时提高经济增长的速度。但是大多数因果关系走向了相反的方向，是从增长到储蓄而不是从储蓄到增长。经济的持续增长伴随着储蓄率的永久提升；事实上，年经济增长率每提高1%，私人储蓄率也会提高1%。

为什么较高的经济增长率会提高储蓄率呢？回顾图15—5上图，这显示了家庭的生命周期模式，即在工作期间储蓄，在退休期间将储蓄全部消费掉。如果一个国家没有经济增长，那么40岁工作人群的收入和70岁退休人群在30年前的收入没有不同。但是如果一个国家的经济增长很快，例如韩国，那么今天40岁工作人口的收入将比今天70岁退休人口30年前的收入高得多，所以工作人口的储蓄也将比今天动用储蓄的退休人员多得多，这些退休人员在30年前储蓄较少收入。

财政赤字和私人储蓄

是否增加的财政赤字导致了私人储蓄的增加？一些经济学家提出政府赤字的增加会造成私人储蓄的等量增加，以抵消与赤字增加相关的未来预期税负的增加。美国私人储蓄在2003—2007年较低，并伴随着较大的政府赤字，这为赤字不会促进私人储蓄提供了证据。

利率和消费信贷

较高的利率既能通过给人们提供较高的收入水平（一部分用于储蓄）增加储蓄，

也能由于退休而维持一个特定的储蓄，而不得不减少储蓄。在经济学文献中，关于哪一种影响更强烈并没有达成一致。在美国，20 世纪 90 年代的储蓄率比 80 年代的要低，部分原因是这一时期实际利率的下降。然而，正如我们将在本章后面看到的，美国储蓄率下降的最大原因是美国家庭从其所持有的股票市场权益和房屋所有权中挣得大量的资本利得。

前瞻型预期的消费者将提高他们的当前消费支出，这样会减少他们当期收入的相对储蓄，来响应他们预期未来收入的增加。消费者增加的支出小于他们的恒久收入或生命周期收入，并更多地增加储蓄的一个原因是不能根据预期未来收入借款。今天的大学生对这种现象很熟悉。一个经济学专业的学生毕业后会期望一个相对较高的收入，但是几乎没有金融机构愿意给今天的学生贷款，哪怕只贷给他们相当于未来预期收入的一小部分。同样，在消费信贷相对容易获得的美国的家庭储蓄率会很低；而在消费信贷难以获得的意大利储蓄率会比较高。

各个国家储蓄的差异

下面的柱状图显示了 2001—2010 年 7 个国家的储蓄率，上至德国的 10.6%，下至澳大利亚的 1.4%。如何解释这些差异呢？在本章我们探索了在一些国家家庭储蓄率不同的解释。生命周期假说理论认为有较快经济增长的国家会储蓄得更多，因为它们有更多的家庭处于高储蓄的工作阶段而不是退休阶段。

下图最显著的方面是美国和澳大利亚的低储蓄率。这两个国家的经验支持在股票和房地产市场的资本利得增加消费、降低储蓄的观点。这两个国家在 2007 年之前的十年享有着来自股票市场和房地产的可观利得，然而在高储蓄率国家例如德国和意大利，以股票和房地产资本所得的方式积累的家庭财富较少，所以德国和意大利的家庭需要通过抑制消费来增加储蓄。在本章接下来的部分我们将讨论其他考虑财富积累的美国家庭储蓄的测量方法。

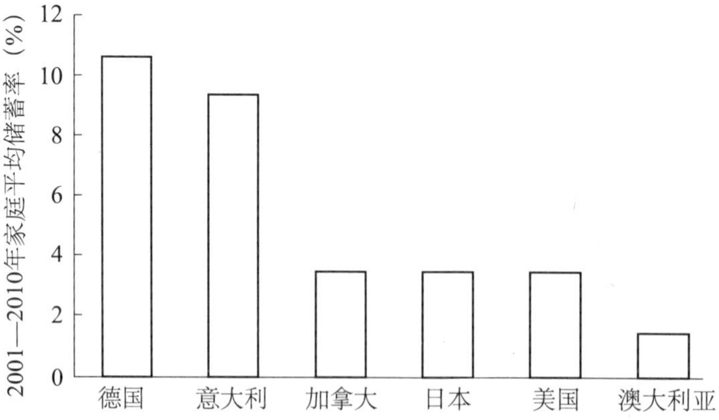

2001—2010 年家庭平均储蓄率

资料来源：*OECD Economic Outlook* 88，November 2010，Annex Table 23. 比率由 OECD 预测，可能与显示结果不同。

日本当前仅有3.5%的储蓄率，这在一个有高储蓄率历史的国家是令人吃惊的。储蓄率下降的部分直接原因是20世纪90年代日本经济的衰落。如恒久收入假说所表明的那样，家庭降低储蓄以应对其认为是暂时性的较高的失业或较低的收入。年轻的日本人由于买不起自己的房屋，正在搬去与自己的父母同住，这样由于他们无需为自己的房屋而进行储蓄，所以可以消费掉自己的全部收入。早先许多日本人都收到过半年一次的红利，他们将这些钱存入储蓄账户，然而经济的艰难使得公司大幅削减红利。最后，由于日本储蓄账户的利率有时会低于1%，人们没有了储蓄的激励。

15.8 案例研究：家庭资产的涨跌导致了家庭储蓄率的下降和上升吗？

在第3.4节“了解全球经济危机”专栏的曲线图中，我们已经看到家庭储蓄率，即家庭储蓄除以个人可支配收入，在20世纪80年代早期开始下降，在2007年之后开始增加。为简便起见，这个曲线图可以重新表述为图15—7。黑线描绘出了自1970年之后的个人储蓄率。该比率在最近的1984年高于10%，在1992年仍高于7%，然而在2005年降到几乎1.4%。为何在1984—2005年它下降得如此之多？之后在2009年储蓄率上升到5.9%。是什么促成了这样的变化？

本章的理论预测储蓄率下降和之后部分恢复的可能原因是什么？弗里德曼的恒久收入假说的预测与20世纪90年代的储蓄率下降相反，因为恒久收入假说预测，家庭认为20世纪90年代收入的迅速增加是短暂的，它们应该相应地增加储蓄率，然而事实上在90年代家庭削减了储蓄率。

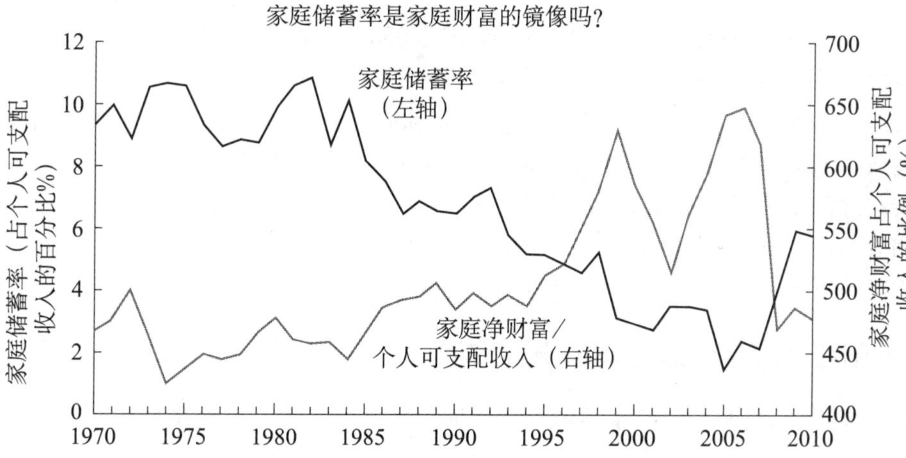

图15—7 1970—2010年家庭储蓄率和家庭净财富相对于个人可支配收入的比率

资料来源：Federal Reserve Board *Flow of Funds Accounts* and Bureau of Economic Analysis *NIPA Tables*.

莫迪利亚尼的生命周期假说比较成功地预测了储蓄率在 2005 年下降，并在 2005—2009 年增加的趋向。正如我们所学到的，莫迪利亚尼的理论使得消费不仅取决于生命周期的收入，还依赖于实际资产。允许消费者负债，消费不是取决于实际资产而是净财富（资产减去负债）。20 世纪 90 年代后期异常繁荣的股票市场创造的实际家庭财富的巨大增长潜在地提高了收入中消费所占的份额，因此，根据定义，减少了可支配收入中储蓄的份额。

□ 家庭净财富的激增和暴跌

解释家庭消费和储蓄行为的重要财富衡量方法是关于家庭净财富的一系列数据，由联邦调查局的统计人员汇编。[①] 图 15—7 显示了作为净财富和可支配收入比率的灰线与作为家庭储蓄率的黑线之间的对照，两条线呈明显的直接负相关关系。在 1974—1985 年间，低财富、高储蓄率；接下来是 1985—1989 年间，财富开始上升、储蓄率下降；之后是 1995—2000 年间，财富第二次大幅上升、储蓄率下降。负相关关系持续到 2000 年之后，随着 2003—2006 年财富的第三次上升，储蓄率在 2005 年达到了战后的最低点，之后是 2007—2009 年财富的暴跌和储蓄率的恢复。

是什么引发了家庭净财富的三次跳跃增长？前两次跳跃的显著原因是股票市场行为，这始于 1982 年 8 月持续了大约 20 年的长期繁荣，在 1981—1982 年的高失业率、高通货膨胀率和高利率时期处于低谷，结束于 2000 年中期。标准普尔指数在 1984—1989 年间由 160 点倍增至 335 点，之后 1994—2000 年间由 460 点增至 1 427 点，增加了 2 倍。[②]

□ 房产的资本利得和损失加强了家庭净财富与个人储蓄率之间的负相关关系

在 2000—2005 年间，个人储蓄率（图 15—7 中的黑线）和家庭实际财富相对于个人可支配收入的比率（灰线）的负相关关系比 2000 年之前要弱。图形显示了实际财富在 1999—2002 年的急剧下降只伴随着储蓄率的微弱恢复。2002—2006 年家庭净财富的大幅回升只造成了家庭储蓄率的微小下降，在 2005 年达到了它的最低点 1.4%。

在 2006 年之后家庭净财富从占可支配收入的 650%暴跌到 470%，下降了约 30%。这一下降是由于 2007—2009 年的金融危机导致股票市场崩溃，比 2000—2002 年更为严重，更为重要的是房地产市场泡沫的破裂。正如莫迪利亚尼的生命周期假说所预测的，净财富的暴跌造成了家庭储蓄率的强势恢复，由 2005 年的 1.4%上升到 2010 年的 5.8%。

在宏观经济学中很少有变量关系像图 15—7 中所描述的那样。到 2009—2010 年储蓄率已经回升到约 6%，这是 1992—1994 年的平均储蓄率。并且很明显，由图 15—7 中灰线所示的实际财富率在 2009—2010 年也基本恢复到 1992—1994 年的水平。

□ 金融和房产实际净财富各自的作用

对于 2000 年之后所发生的事情的进一步理解可见图 15—8，该图显示了全部家庭资产

---

① 数据可以在 www.econstats.com/fof/index.htm 上找到。图 15—7 和图 15—8 中的数据同样可以在该网站的表 B.100 中找到。数据不仅包含家庭，还包含非营利机构，如医院和大学。

② 标准普尔指数值是指每年每天收盘价格的平均值。

相对于可支配收入的比率，资产可被分为由深灰色区域所示的金融资产（包括不稳定的股票和股票共同基金）和包括家庭所有的房屋及公寓价值的“有形资产”。浅灰色区域代表的有形资产在 1998—2005 年由 211%增长到 305%，在 2005—2009 年从 305%下降到 212%。有形资产增长 45%使家庭遭受双重损失，诱惑家庭以房屋价值做抵押，从而借得款项，甚至于负债，之后这些有形资产的价值下降到 1998 年的水平。然而随着资产价值的下降，负债的价值却由合同锁定而不能下降。这导致了曾在第 5 章讨论过的普遍的赎回权丧失和抵押贷款“溺水”。

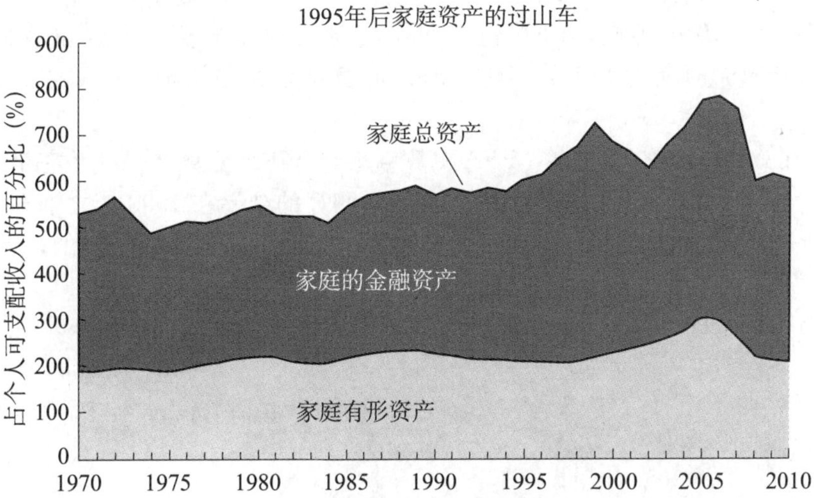

图 15—8　1970—2010 年家庭资产的组成部分占个人可支配收入的比率

注：浅灰色区域显示家庭有形资产，主要包括个人房屋的价值，占可支配收入的比率。这个比率在 20 世纪 70 年代末和 80 年代末，尤其是 2006 年暴跌前的 2000—2006 年上升。深灰色区域显示家庭金融资产，包括股票和股票互助基金的持有，占可支配收入的比率。该比率在 20 世纪 80 年代末，尤其是 1994—2000 年上升。由深灰色区域显示的总比例在 2000—2002 年急剧下降，并在 2002—2007 年得以恢复，之后在 2007—2009 年又再度大幅下降。

资料来源：Federal Reserve Board *Flow of Funds Accounts* and Bureau of Economic Analysis *NIPA Tables*.

15.9　为何官方的家庭储蓄数据是误导性的？

当我们说家庭储蓄率在 2010 年是 5.8%时，如图 15—7 所示，我们是指用国民收入和产出账户（NIPA，见第 2 章）来计算储蓄率，即为个人可支配收入减去消费支出再减去个人利息支付。然而，NIPA 测算方法低估了真实家庭储蓄率。NIPA 的储蓄概念的显著特点是来自股票、红利、房屋和其他资产的资本利得被排除在外，因为这些利得不反映来自当期物品和服务的收益。

NIPA 储蓄测量方法的第二个缺点是不包括耐用消费品的购买，尽管这些物品提供了未来的一系列收益，例如，使用一台大尺寸彩色电视机或一部手机在未来数年的收益。第三个缺点是通货膨胀影响家庭储蓄率的实际重要性。家庭收到的是来自公司的名义利息，并且名义利率随着通货膨胀率而上升。因此当通货膨胀加剧时，如1974—1982年那段时期，家庭储蓄由于名义利息所得而被高估，这只是对通货膨胀的补偿而不是真实收入。相反，如果通货膨胀如20世纪80年代早期那样下降，家庭储蓄被低估，因为家庭收到较低的名义收入而不是较低的实际收入。

□ 储蓄的其他测算方法

幸运的是，与NIPA储蓄率相比，可获得其他数据来源来提供更精确的家庭储蓄行为效果。图15—9显示了NIPA家庭储蓄率序列与“资金流量账户”（FFA）的储蓄率序列的比较。与NIPA不同，FFA包括耐用消费品的净投资。在这里我们发现，在1960—2010年整个时期的大多数年份，FFA测算结果大幅高于NIPA储蓄率，平均高出3.6%。

然而，在2000—2010年时期，FFA测算结果与NIPA测算结果几乎完全不同，这一时期的差距大约为1.2%。这意味着用FFA方法测算的结果在1990年之前开始下降，并且下降大于NIPA的测算结果。然而，两种测算结果的下降都是误导性的，因为FFA测算方法与NIPA一样排除了资本利得的影响。

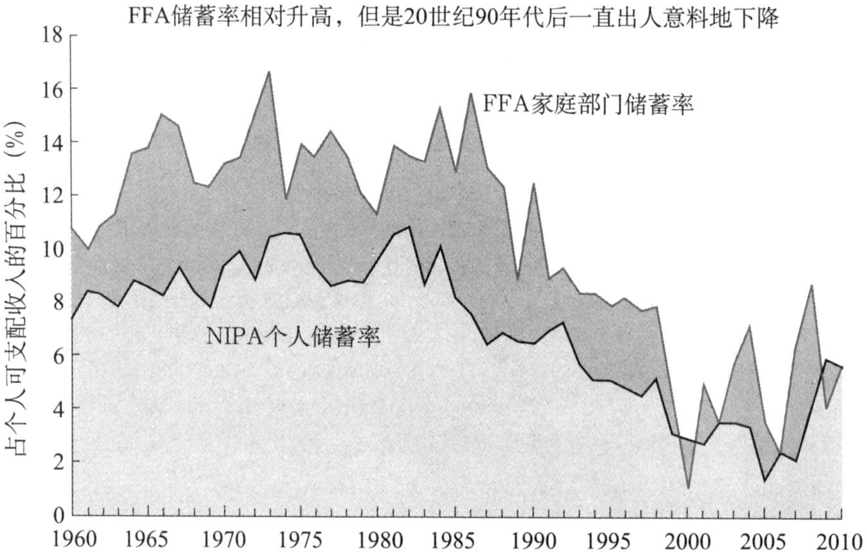

图15—9　1960—2010年NIPA和FFA的家庭储蓄率

注：黑线与图15—7相同，显示了NIPA对于个人储蓄率的测度。灰线显示了由联邦储备委员会编制的储蓄率。美联储的测算一般要高于NIPA的测算，因为包括了耐用消费品的购买。本图所描绘的测算都剔除了家庭净财富的资本损益的影响。

资料来源：Federal Reserve Board *Flow of Funds Accounts* and Bureau of Economic Analysis *NIPA Tables*.

图15—10显示了另外一种储蓄的测算结果，它是根据家庭财富（包括金融资产和房屋产权）增长相对于包含资本收益的总收入增长来定义的。很明显，这个调整造成了很大不同。首先，“包含收益的储蓄率”相对于FFA或NIPA测算是不稳定的。例如，它从1994年的6%跃升到1995年的37%，并从2005年的47%暴跌到2008年的−158%。其次，这种宽泛的测算与NIPA的含义相矛盾，即在2005—2006年间储蓄几乎消失。与包

含利得的储蓄率相反，在 1995 年之后比 1985 年之前要高得多。包含利得的储蓄率在 1996—2007 年平均为 24%，高于 1960—1985 年 16%的平均水平。相反，基于 FFA 概念的储蓄率在同样的间隔从 14%下降到 5%。因此，个人储蓄率下降完全是由于资本利得从 NIPA 和 FFA 家庭储蓄测算中被剔除。

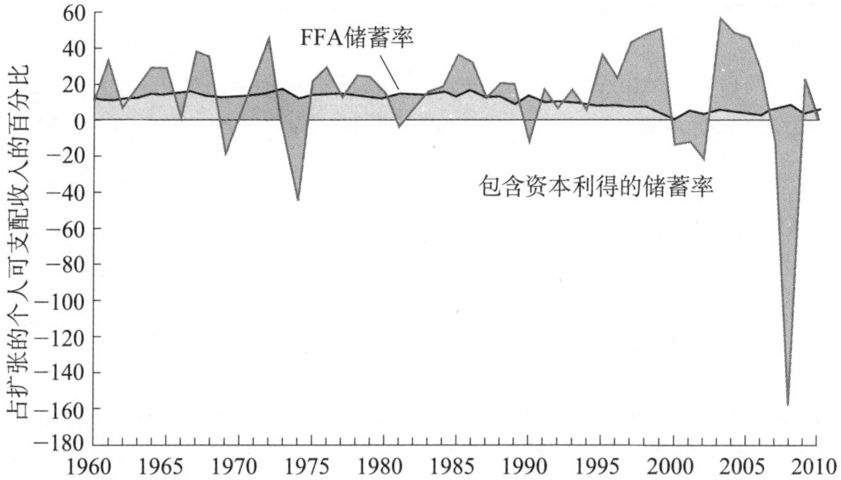

图 15—10　1976—2010 年资金流量账户和包含资本利得的储蓄率

注：美联储对于储蓄率的测算由黑线表示，与图 15—9 相同。不稳定的灰线测度了家庭净财富的变化率。当股票价格快速上升时，如在 1994—2000 年和 2003—2006 年时期，家庭净财富的变化相对于个人可支配收入有大幅的正向变化，但是当股票价格和房地产价值暴跌时，如 2007—2009 年时期，家庭净财富有大幅的负向变化，如图所示，在 2008 年的比例大约是−160%。

资料来源：Federal Reserve Board *Flow of Funds Accounts* and Bureau of Economic Analysis *NIPA Tables*.

15.10　结论：消费是否稳定经济？

如果所有消费支出都由非耐用消费品和服务组成，那么恒久收入假说和生命周期假说将强化这些人的理由：他们提倡政策规则，对私人经济离开政府是稳定的持乐观态度。消费仅仅对暂时性非消费支出的激增作出部分反应，所以经济的现实短期乘数将比第 3 章和第 4 章所计算的要小。

另一方面，经济具有先天不稳定性的理由被耐用消费品购买的顺周期影响加强，因为这种私人经济不稳定的来源可能需要通过反周期的政府政策来抵消。消费者支出不稳定波动的重要性可总结为个人储蓄率加耐用消费品支出占个人收入的比例的改变。这个比率在战后的数年里波动幅度很大。一部分波动可能反映了消费者信心的变化，这是 *IS* 曲线变化的主要来源。

本章的主要结论是家庭实际净财富和储蓄占个人可支配收入的比例之间强烈的负相关

关系。净财富的增长扩大了消费，部分是因为资产正在增加的消费者更容易获得新抵押和房屋净值贷款。而净财富的减少降低了消费以及借贷的能力。数以百万个家庭面临丧失抵押品赎回权的风险，其他数以百万的人发生“溺水”(抵押贷款金额大于下降了的房屋价值)。这些家庭通过削减消费和增加储蓄来应对实际净财富减少，正如莫迪利亚尼的生命周期假说理论所预测的那样。

房地产泡沫的破裂，以及股票市场财富实际价值降至20世纪90年代初期的水平，表明在未来许多年里，消费者支出将比收入增长慢得多。家庭资产的降低和遗留的高消费债务一起使2010年的家庭净财富与2005—2006年的顶峰水平相比减少了大约30%。这终结了图15—1所示的长期趋势，即1984—2000年消费支出以自然GDP的一个比例稳定地增长的趋势。

小结

1. 政策积极行动主义者与政策规则的支持者争论的主要领域集中在私人支出决策的稳定性上。弗里德曼的恒久收入假说和莫迪利亚尼的生命周期假说基于的假设是，个人维持一个固定消费模式比消费随实际收入上下波动时能达到更高的总效用水平。个体通过消费他们恒久收入或生命周期收入的一个固定部分来达到所要求的固定消费模式。

2. 如果所有的消费都由非耐用消费品和服务构成，那么恒久收入假说和生命周期假说都会强化政策规则支持者的理由，他们宣称没有政府干预的私人经济从根本上说是稳定的。消费对非耐用消费品支出的暂时波动部分地作出反应，所以经济的短期乘数会比第3章和第4章简单理论中的乘数要小。

3. 恒久收入假说和生命周期假说会调和可观察到的横截面数据中高收入者储蓄率的增加和可观察到的总储蓄率长期稳定性的冲突。

4. 这两个假说对财政政策有很重要的意义。例如，宣布税收变化是永久的，与宣布等量的暂时性税收变化相比会导致永久收入以及消费支出的较大变化。实施激进财政政策时引入暂时的税收变化可能由于抵消了储蓄率的变动而无效。

5. 近年来出现了许多恒久收入假说和生命周期假说的批评者。一大部分储蓄在退休期间将不会用于消费，而是遗留给了孩子。家庭或许会比它们需要的储蓄更多，因为它们不确定其成员生命终结的日期。人们在退休后削减消费支出，这与生命周期假说中整个生命周期中的稳定消费假设相冲突。流动性约束说明15%的收入可能由这样的家庭赚得，它们的短期边际消费倾向高于恒久收入假说和生命周期假说所暗示的水平。

6. 另一个解释所涉及的消费和储蓄行为的观点是，耐用消费品的支出应当被看做一种储蓄，而不是当期消费。较高收入增加的大部分会进入到储蓄，这说明被当作一种储蓄的耐用消费品支出对于暂时性的收入改变更具敏感性。因此恒久收入假说和生命周期假说会更有效，但是耐用消费品支出仍然是私人经济不稳定的一个来源。

7. 美国家庭储蓄率在1992—2007年期间的下降之谜部分源自这一时期股票市场的繁荣，还包括房地产价格的稳步增长。国民收入和产出账户的储蓄率排除了资本利得和通货膨胀，这就大大低估了20世纪90年代期间及更早时期的家庭财富。

8. 2007—2009年家庭储蓄率的大幅提高强化了生命周期假说理论，即储蓄与实际净财富反向变动。2007—2009年期间股票市场冲击和房地产泡沫的终结使得财富大幅下降。

关键术语

前瞻型预期	恒久收入假说	生命周期假说
横截面	时间序列	恒久收入
暂时收入	理性预期	流动性约束

问答题

1. 讨论 1960 年以来耐用消费品、非耐用消费品和服务的消费占自然 GDP 的比例如何发生变化。讨论这些消费占自然 GDP 的比例在衰退中如何以及为何变化。

2. 解释在 1960—2010 年耐用消费品、非耐用消费品和服务占总消费支出的名义比例与用实际变量计算的相反的结果的不同之处，以及导致不同的原因。

3. 1895—1980 年的储蓄率非常稳定。然而当我们考察横截面数据的时候会发现储蓄率会随着收入增加而提高。这两个观察应该如何调和？

4. 在恒久收入假说中为何要区分短期边际消费倾向和长期边际消费倾向？

5. 恒久收入是永久的吗？如果不是，是什么因素导致了它的变化？

6. 在生命周期假说中资产的存在如何影响消费和收入？

7. 在美国和其他工业化国家中，随着退休人口比例的上升，家庭储蓄率将会如何变化？能使储蓄率反向变化的方法是什么？

8. 在下面的每一种情况中，解释恒久收入是否会发生改变。如果恒久收入使用适应性预期或理性预期来计算，其初始的变化将是多少？

(a) 由于医疗保健消费的增加，Food-2-Go 公司削减了 10%的劳动力。为了维持产出，它需要留下的员工工作超过正常的工作时间。(回答被公司保留的以及被解雇的工人的两种情况。假设被解雇的工人找到了新的工作，但将比在该公司的薪水要少。)

(b) 一个大雪纷飞的冬天需要一个滑雪胜地提供超出正常时间的服务来满足旺盛的需求。

(c) 一个人得到了他期望已久的升迁，但是他在新职位上的工资却比他想象的要高得多。

9. 人们留下遗产（例如，在他们的生命周期中没有消费掉所有的收入）是否使生命周期假说失效？

10. 生命周期假说和恒久收入假说都预言暂时收入的边际消费倾向相当小（甚至可能为零）。然而，我们发现许多年轻的家庭会消费掉他们暂时收入的一个相当大的份额。这是否与两个假说相一致？

11. 恒久收入假说和生命周期假说表明耐用消费品支出应该区别于非耐用消费品和服务的支出。为什么？这个区别如何改变储蓄和消费行为？经济学家为何认为耐用消费品支出应当被看做储蓄而不是消费？

12. 讨论关于消费者对 2008 年经济刺激法案（ESA）反应的研究是否与恒久收入假说和生命周期假说理论相一致。用流动性约束概念去解释为何给失业者提供转移支付相对于全面的减税措施会有更高的乘数效应，如 ESA，它给个人提供的支付总量等同于对失业者提供的援助。

13. 解释为何经济的快速增长会导致储蓄率的提升。

14. 退休人群消费的下降是否使生命周期假说失效？解释退休人群与具有相同收入的人群相比为何会削减自己的消费。

15. 讨论国民收入和产出账户（NIPA）中个

人储蓄率在 20 世纪 90 年代的暴跌是否与恒久收入假说相一致。

16. NIPA 个人储蓄率在 1992—2005 年下降之后又回升。讨论这些变化是否与生命周期假说相一致。

17. 解释 NIPA 个人储蓄率为何不能精确地测算家庭储蓄率。

18. 对比 1985 年以来包含资本利得的储蓄率与资金流量账户（FFA）和 NIPA 中同期的个人储蓄率。

思考题

1. 假设消费和恒久收入如方程（15.2）和方程（15.3）所示。在这些方程中，令 $k=0.8$，$j=0.5$。假设 2010 年的实际收入与恒久收入相等，为 30 000 美元。

（a）如果 2011 年、2012 年和 2013 年的实际收入分别为 36 000 美元、45 000 美元和 30 000 美元，那么这三年的恒久收入将分别是多少？

（b）这三年的消费支出是多少？

（c）这三年每年的短期边际消费倾向是多少？

（d）用恒久收入和暂时收入的区别来解释在 2011 年为何短期边际消费倾向和长期边际消费倾向会有不同。

2. 给定下列关于收入、暂时收入和恒久收入的信息：

收入	暂时收入	恒久收入
6 000	0	4 500
6 880	−120	5 250
8 020	20	6 000
8 955	−45	6 750
10 200	200	7 500

（a）计算在每一个收入水平上的恒久收入总量。

（b）计算长期边际消费倾向 k。

（c）假设暂时收入的边际消费倾向为零，计算在收入水平为 6 000 美元、6 880 美元、8 020 美元、8 955 美元和 10 200 美元时的短期边际消费倾向。

（d）解释短期边际消费倾向与长期边际消费倾向有何不同。

3. 恒久收入的边际消费倾向为 0.9，暂时收入的边际消费倾向为 0.1。假设政府支出突然增加 2 000 亿美元以修复基础设施。该支出在一年内发生。该支出的增加由一次性税收来筹集资金。在增加政府支出之前，恒久收入为 9.6 万亿美元，暂时收入为零。

（a）计算在税收增加之前消费支出和私人储蓄的总量。

（b）给定税收增加仅持续一年，计算消费支出和私人储蓄的变化总量。

（c）计算由于政府支出和税收的共同增加导致的总需求的初始变化量。

4. 同样假设恒久收入的边际消费倾向为 0.9，暂时收入的边际消费倾向为 0.1。然而与一次性的税收增加不同，基础建设支出资金由十年期的债券方案筹集。税收在这十年中的每一年都要增加以保证在第十年收回全部的债券。恒久收入每一年的减少量等于当年税收增加量。为了能够偿还债务，需要增加的税收量是：第一年 153.3 亿美元，第二年 157.9 亿美元，第三年 162.6 亿美元，第四年 167.5 亿美元，第五年 172.5 亿美元，第六年 177.7 亿美元，第七年 183.0 亿美元，第八年 188.5 亿美元，第九年 194.2 亿美元，第十年 200.0 亿美元。（注意：假定债券被国内购买，这些是净税收增加。因此，纳税人的任何利息支出都被其得到的收入所抵消。）

（a）证实每一年税收增加的未来价值在第十年中是 200 亿美元，假设政府借款的实际利率为 3%。（提示：记住第一年的税收增量在第二年至第十年生息，第二年的税收增量在第三年至第十年生息，依此类推。）

（b）计算十年中每一年的消费支出和私人储蓄的总量，假设每一年的税收增加导致恒久收入的减少。

（c）计算由于税收增加而引发的消费支出和

私人储蓄的变化与实施财政政策之前相比十年中每一年的改变量。

(d) 计算由于税收和政府支出的变化而导致的总需求在十年中每一年的初始变化量。

(e) 计算因税收和政府支出变化导致的总需求改变的贴现值，假设政府借款的实际利率为3%。

(f) 解释为何当支出的增加通过永久性的税收增加来融资，而不是一次性的税收增加时，财政政策变化的扩张性影响很小，包括第一年以及十年中财政政策贴现值的影响。

(g) 暂时收入的边际消费倾向为何值时会使得一次性税收增加的贴现值与债务融资和用于偿债的税收的永久增加的贴现值相等？

5. 假设吉娜的消费决策与LCH相一致。在2011年吉娜25岁，预期在65岁之前都可赚取收入，并期望在85岁生命终结之前进行消费。

(a) 如果吉娜每年挣得3万美元，并希望每年消费同样的数量，那么她每年应该消费多少呢？

(b) 她的消费相对于收入的比率是多少？她的储蓄率是多少？

(c) 假设吉娜在2011年拥有的资产价值为120 000美元，此时 (a) 和 (b) 部分的答案将会是什么？

(d) 假设吉娜在2031年继承了4万美元的遗产，此时 (c) 的答案将会是什么？

6. 一个26岁的医学院研究生将会做7年的实习医生，每年挣得3万美元。在之后的30年里每年将会挣得250 000美元。在26岁时，她还有价值570 000美元的资产。

(a) 在不存在流动性约束的情况下，如果她的预期生命为83岁，她每年的消费会是多少？

(b) 由于股票市场的冲击，她的资产价值缩水为285 000美元。如果她的预期寿命为83岁，她每年的消费会是多少？

7. 假设吉姆在25岁时开始工作，在工作的40年里平均每年将挣得4万美元。他开始工作时继承了价值320 000美元的遗产。他的预期寿命为75岁。

(a) 吉姆平均每年消费多少？他每年的消费相对于收入的比率是多少？年储蓄率是多少？

(b) 假设现在吉姆预期自己可以活到85岁。如果吉姆不改变自己的退休年龄，计算此时他的年均消费、年均消费与年均收入的比率以及年均储蓄率。

8. 假设艾伦在22岁开始工作，在工作的43年中每年将挣得6万美元，并在开始工作时继承了价值300 000美元的遗产。他预期可活到82岁。

(a) 计算艾伦的年均消费、年均消费与年均收入的比率和他的年均储蓄率。

(b) 假设房价上升导致他的遗产价值为480 000美元。如果他不改变退休年龄，计算此时他的年消费、年消费与年收入的比率和年储蓄率。

(c) 假设他的遗产有如 (b) 部分的变化，并且他想提前退休，他此时维持如 (a) 部分中的年均消费，那么他何时可以退休？

自测题答案

自测题 15—1

1. 一个处于好年景的股票经纪人所获得的实际收入高于恒久收入，并且消费更少、储蓄更多。

2. 一个正在遭遇干旱的麦农的实际收入将低于恒久收入，此时将会消费更多、储蓄更少。

3. 当美国经济处于衰退中，大量人的收入将低于恒久收入，此时将会消费更多、储蓄更少。

4. 当美国经济处于较高实际GDP期间，大批人的收入将会高于永久收入，此时将会消费更少、储蓄更多。

自测题 15—2

1. 利用方程 (15.7) 的右边部分，如果 $A_1=0$，$R/L=30/40$，那么每年的消费支出将会是 (30/40) ×50 000美元，或者是工作和退休期间的37 500美元。

2. 工作期间的 C/Y 为 37 500/50 000，或0.75，且与 R/L 相等。

3. 在有初始资产200 000美元的情形下，

A_1/L=200 000/40=5 000。由方程（15.8）计算的在工作和退休期间的消费支出将会是 5 000+37 500=42 500。

4. 工作周期的 C/Y 为42 500/50 000=0.85。

自测题 15—3

1. 由于税收增加假设为永久性的，这将会降低1 000美元的恒久收入。每年的消费也将会下降 k 乘以 1 000 美元。

2. 根据方程（15.7）所述的生命周期假说，每年的 Y 将会下降 1 000 美元，每年的消费将会下降 R/L 乘以 1 000 美元。

3. 根据生命周期假说，由于生命周期 L 不确定，每年的消费将会以 R/L^* 乘以 1 000 美元的幅度下降。

4. 根据巴罗-李嘉图等价原理，消费不会变化，因为储蓄会随着税收的增加而下降（反映了预期未来较低的税收负担）。

第 16 章 投资行为经济学

不能永续存在的任何事物都必定会走向终结。

——Herbert Stein

如果消费者只购买非耐用消费品和服务，恒久收入假说和生命周期假说预测消费者的这种行为会稳定经济。一个起抵消作用的因素是耐用消费品购买的顺周期变动。尽管同恒久收入假说和生命周期假说一致，但是这种变动会倾向于加剧经济的繁荣和衰退。在本章我们发现企业固定投资也是顺周期波动的，因此消费者的耐用消费品购买和企业的投资支出都将不稳定性导入到个体经济的，这种不稳定性反过来支持了积极行动主义的逆周期财政货币政策。这些政策包括泰勒规则的货币政策——它通过变动利率来回应由投资变动造成的产出缺口变动。

私人投资在经历了过去二十年的疯狂波动后，其不稳定性又增加了新的原因。同1960—2010 年年均 3.2%的增长率相比，私人固定投资在 1996—2000 年间每年以一个更快的 9.1%的平均速度增长，十年之后在 2007—2009 年以每年 17.7%的速度暴跌。

16.1 投资和经济稳定性

在第 15 章我们发现个人消费行为的恒久收入假说和生命周期假说解释了在短期内总消费支出同其他形式支出的变化部分无关。但是其他类型的支出变化的根源是什么？2010年的名义 GDP 被细分为如下的主要支出形式。

个人消费支出	70.6%
国内私人投资总额	12.4%
政府购买	20.5%
净出口	−3.5%
	100%

我们已经在第 15 章学过消费支出，在第 6 章学过政府购买和财政政策的其他方面，

在第7章学过净出口，在本章我们集中学习个人投资。

我们回顾一个简单的理论，它解释了为什么相对其他形式的支出，投资支出可能有更显著的波动。根据恒久收入假说（上一章介绍消费支出时引入）可知，对恒久收入而言，家庭努力维持一个不变的耐用品消费比例。当恒久收入增加使得期望的耐用消费品存量增加时，这就产生了耐用消费品购买的激增。在本章我们将会看到在厂房、设备、存货和房屋上的投资受同样原则的鞭策，因此也会受激增的购买的影响。[①]

16.2 案例研究：投资的历史不稳定性

□ 总投资顺周期地大幅增减

我们从查阅1960年以来投资支出的历史记录开始，图16—1清晰地显示出投资支出比消费支出（图15—1）波动更大。图形中最上面的线是自然GDP中的国内私人总投资(GPDI)。以任何标准衡量，投资总额的波动都很大。

下面的表显示了自1960年以来GPDI份额的波动。

季度			份额变化（%）	
波峰	波谷	波峰	波峰到波谷	波谷到波峰
1960：Q1	1961：Q1	1969：Q4	−4.2	+2.8
1969：Q4	1970：Q4	1973：Q4	−1.7	+4.6
1973：Q4	1975：Q1	1980：Q1	−5.2	+5.4
1980：Q1	1980：Q3	1981：Q3	−3.3	+2.9
1981：Q3	1982：Q4	1990：Q3	−4.9	+1.5
1990：Q3	1991：Q1	2001：Q1	−1.7	+4.1
2001：Q1	2001：Q4	2007：Q4	−1.8	+0.6
2007：Q4	2009：Q2	——	−5.8	——

靠左的几个栏目显示的是每一次连续的经济周期波峰及波谷的日期。例如，我们可以看到，在1973—1975年的衰退中，GPDI下降超过自然GDP的5个百分点，然后在接下

① 例子：厂房和设备投资包括：

非居住性建筑物	设备
工厂	电脑
炼油厂	喷气式飞机
办公大楼	卡车
购物中心	条形码扫描器
私人医院	iPhone 和 iPad
旅馆	拖拉机

来1975—1980年的扩张期又以同样的数量反弹回来。在 1981—1982 年的衰退期，该比例也几乎下降了 5 个百分点，在 2007—2009 年几乎下降了 6 个百分点。在 1990—1991 年衰退期和 2001 年 GPDI 比例轻微下降，仅 1.7～1.8 个百分点，这也是我们先前在第 14.5 节讨论的经济大稳健时期的另一个特征。

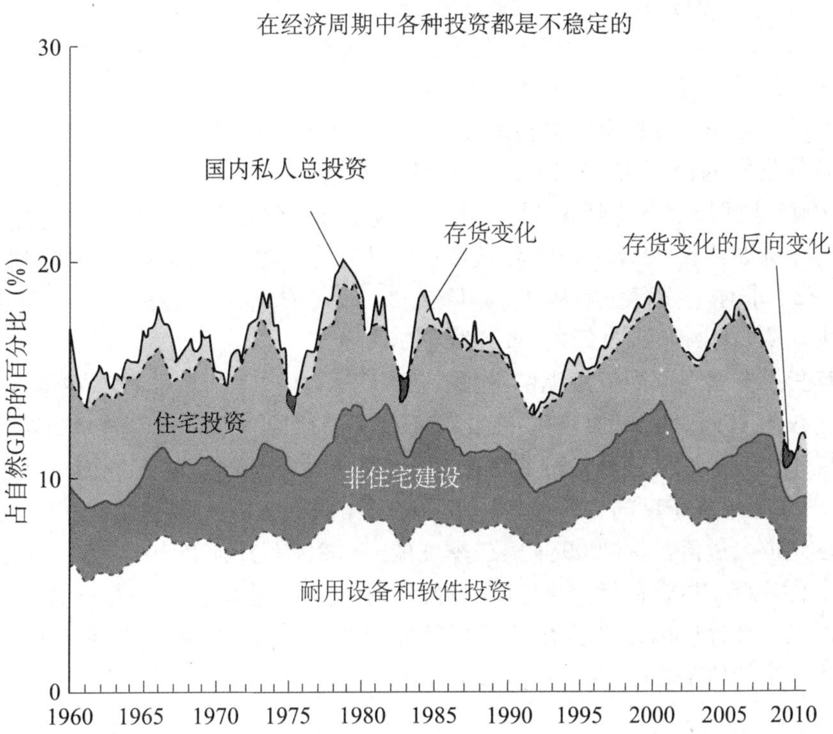

图 16—1　1960—2010 年实际国内私人总投资及其四个组成部分

注：阴影部分顶部的实线表示国内私人总投资，包括固定投资和存货变化，虚线表示排除存货变化的固定资产投资。图中上部给出了存货的正向变化以及存货的反向变化（比如在 2009 年），此时 GPDI 比固定投资的值低。此外，图中还标注出了住宅投资、非住宅建设以及设备和软件投资。我们注意到住宅投资区域在 2005—2006 年房地产泡沫的顶峰时期异常地高，然后在 2009—2010 年它以空前的速度跌至以前价值的一小部分。从 2006 年第一季度到 2009 年第二季度，GPDI 占 GDP 的比重由 18.2%下降到 10.2%，降幅达 44%。

资料来源：Bureau of Economic Analysis，*NIPA Tables*.

□ GPDI 组成部分的性质

GPDI 主要由两部分构成：固定资产投资和存货变化。固定资产投资进一步分为住宅投资和非住宅投资，非住宅投资分为非住宅建设和生产者的耐用设备投资。显然所有这四个主要部分造成了 GPDI 的高波动性。

仔细考究这四个部分，我们会注意到它们的几点不同之处：

（1）**住宅投资转变得更早**　在图 16－1 中给出了住宅投资的比例和非住宅投资的比例。当非住宅投资在 2008 年第二季度达到波峰时，住宅投资在 2005 年第四季度达到波峰，在过去十年住宅投资较早的波峰和随后的衰退都特别明显。在 2000 年前经济衰退后，住宅投资有拉动经济复苏的倾向，例如在 1982 年第四季度住宅投资的复苏比 GDP 的复苏早一个季度。相比之下，住宅投资比例在 2009—2010 年比较滞后并且在 2010 年第四季度比六个季度前的衰退低谷还要低。

（2）**非住宅建设变得不那么重要** 与 1990 年前相比，在过去的二十年中非住宅投资阴影部分的面积变得不那么重要。与三个六年的繁荣时段相比，在 1965—1969 年非住宅建设的比例为 4%，但是在 1995—1999 年间仅为 3%，在 2002—2007 年间也是 3%。非住宅建设在衰退后的复苏中可能会拖累经济中的其他部分。比如在 1991 年早期的经济达到谷底后非住宅建设又持续下降了两年多的时间。

（3）**耐用设备和软件投资变得更重要** 同上文提到的同样六年时段相比，我们发现耐用设备和软件投资的比例由 1965—1969 年的 6.9%上升到 1995—1999 年的 8.7%，随后在 2002—2007 年间局部下降到 8.0%。当然，设备和软件投资比例的下降相对建筑投资的变化是小的。例如，在 2006—2010 年从波峰到波谷住宅投资比例从 6.4%降到 2.1%，或者说降了 2/3。非住宅投资份额从 4.0%降到 2.5%，或说降了 38%。设备和软件投资份额降得更少，从 8.3%降到 6.7%，或说降了 19%。

（4）**存货投资呈现剧烈但短期的摇摆，变得不那么重要** 正如我们在第 3 章学到的，也正如我们在图 16—1 看到的，存货变化可正可负，存货的正向和负向变动对经济周期的调整起重要作用。也许最显著的转变是存货比例由 1982 年第四季度的－1.1%上升到仅五个季度后 1984 年第一季度的 1.9%，上升了 GDP 的 3%。这种转变在 2007—2009 年衰退期波谷后达到最大量值，从 2009 年第二季度的－1.2%上升到 2010 年第三季度的 0.8%，上升了 2 个百分点。尽管存货变化依旧对经济的稳定性有影响，但是在过去几年它的重要性在逐步减退，部分原因是电脑在管理存货补给“供应链”上的高效率。在 1995—2007 年存货变化的平均值是 20 世纪 60 年代均值的一半。

16.3 净投资的加速器假说

企业必须一直权衡它们的厂房面积和设备的数量是否合适。它们是否会因生产能力不足而不能生产来年能够售出的产品从而引起销量减少、消费者不满？或与预期的销量相比产能过剩，结果造成劳动成本和不必要的厂房、设备等的支出？投资的**加速器假说**（accelerator hypothesis）依赖一个简单的思路：企业尝试将资本存量（厂房和设备）与预期销量保持为一个固定的比例。

□ 估计预期销量

显然，企业关于厂房投资的一个关键决定因素是对销量的估计。表 16—1 给出了一个例子：一个假定的猛犸电力公司怎样估计预期销量和怎样决定合意的发电站存量？预期销量的估计值（Y^e）是通过用上一年现实销量和预期销量之差的一个比例 j 修正上一期的估计值（Y^e_{-1}）：

表 16—1　　以猛犸公司为例说明投资的加速器假说的应用

变量	时期					
	0	1	2	3	4	5
实际销量（Y）	10.0	12.0	12.0	12.0	12.0	12.0
预期销量（$Y^e=0.5Y_{-1}+0.5Y^e_{-1}$）	10.0	10.0	11.0	11.5	11.75	11.87
发电站的合意存量（$K^*=4Y^e$）	40.0	40.0	44.0	46.0	47.0	47.5
发电站的净投资（$I^n=K^*-K^*_{-1}$）	0.0	0.0	4.0	2.0	1.0	0.5
重置投资（$D=0.10K_{-1}$）	4.0	4.0	4.0	4.4	4.6	4.7
总投资（$I=I^n+D$）	4.0	4.0	8.0	6.4	5.6	5.2

注：所有数据的单位均为十亿美元。

$$Y^e=Y^e_{-1}+j(Y_{-1}-Y^e_{-1})$$
$$=jY_{-1}+(1-j)Y^e_{-1} \quad (16.1)$$

这个所谓的估计销量预期的适应性方法或误差修正（error-learning）方法实际同我们先前遇到的形成通货膨胀和恒久收入预期的方法是完全一样的。[①]

表 16－1 介绍了误差修正模型，假定 $j=0.5$，在第一阶段预期销量是 100 亿美元，但实际为 120 亿美元。第二阶段预期销量的修正可以由方程（16.1）计算得到：

$$Y^e=0.5(Y_{-1})+0.5(Y^e_{-1})$$
$$=0.5(12)+0.5(10)$$
$$=11$$

因此，在第二阶段预期销量是 110 亿美元，记录在第二行。但是这里犯了另一个错误，因为第二阶段现实销量是 120 亿美元而不是 110 亿美元。再次修正下一期的预期值，只要现实销量同预期销量不一样，预期值就会继续被修正。

□ 投资水平取决于销量的变化

加速器假说的下一步是假定一个公司合意的物质资本（厂房和设备）存量 K^* 是预期销量的倍数：

一般形式　　　　数例

$$K^*=v^*Y^e \qquad K^*=4.0Y^e \quad (16.2)$$

例如在表 16－1 中的电力公司总是希望它的资本量是预期销量的四倍。注意在表的第三行预期资本存量恰好是第二行预期销量的 4 倍。是什么决定了联系合意的资本量和预期销量的乘数 v^*？如我们所见，在计算 v^* 时，企业很注意利率和税率。它们选择的 v^* 值反映了关于政府政策和投资是否盈利的所有可得信息。

净投资（I^n）是每期资本存量的变化值。[②]

① 通货膨胀预期的形成是第 9.3 节的主题。恒久收入的估算在第 15.4 节讨论过。

② 这是另外一个与第 2 章等同的定义，即将净投资定义为总投资减去资本消耗折旧。

$$I^n = \Delta K = K - K_{-1} \tag{16.3}$$

在表 16—1 中我们假定在每一期电力公司总是能够迅速获得足够的资本来保持它的资本存量（K）等于其合意的资本存量（K^*）：

$$I^n = K - K_{-1} = K^* - K^*_{-1} \tag{16.4}$$

方程（16.4）揭示了每期净投资总等于合意资本存量的变化值，从方程（16.2）中得到合意资本存量是预期销量的 4 倍：

$$\begin{aligned} I^n &= K^* - K^*_{-1} \\ &= v^*(Y^e - Y^e_{-1}) = v^* \Delta Y^e \end{aligned} \tag{16.5}$$

加速器假说认为净投资水平（I^n）取决于预期产出的变化（ΔY^e）。当企业存在加速效应且预期产出增加时，净投资是正的。如果预期产出停止增长，净投资降至零。如果预期产出一直下降，当企业着手进行的总投资量少于其资本存量的折旧量时，净投资会变成负数。

增加重置投资　企业在厂房设备上的总支出不仅包括增加资本存量的净投资，还包括重置购买，后者即简单地替代一些已经耗尽或废弃的厂房设备。表 16—1 第五行假定以前每年资本存量的 10%需要替换。电力公司的总投资（I）是净投资（I^n）和重置投资（D）之和，写在表 16—1 的第六行，I 记录在第 2 章介绍的国民收入账户下。

图 16—2 阐明了表 16—1 电力公司的例子。实际销量位于上部，中间的之字形线表示总投资额，从 40 亿美元升到 80 亿美元，只有在第三期下降，随后降至起点水平。重置投资开始时是 40 亿美元，随着资本存量的增加逐渐增长。净投资是浅灰色的阴影区域，面积先增大后减小。总之，加速器理论揭示了即使当实际销量永久增加时，企业总投资如此不稳定，先增加后减少的原因。

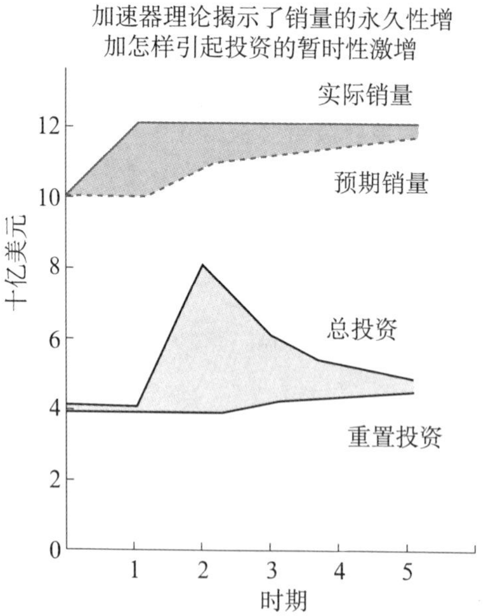

图 16—2　表 16—1 描述的电力公司的实际销量、预期销量、总投资、净投资和重置投资

注：在第 1 期实际销量增加，但是预期销量直到第 2 期才增加。随着电力公司对能够满足更高销量所需设备的购买，净投资在第 2 期激增。预期销量在第 3、4、5 期持续增长，但增长缓慢，所以净投资实际从第 2 期顶峰开始下降。

自测题 16—1

1. 总投资、净投资、重置投资中哪一个最稳定，哪一个最不稳定？

2. 磨损时间长的资本的总投资（如办公大楼）比磨损时间短的资本的投资（如电脑）更稳定还是更不稳定？

16.4 案例研究：简单的加速器和美国战后经济

据加速器假说得知，总投资（I）和 GDP（Y）的关系对整个经济和个体企业是一样的。在特殊情况下，通常设定预期销量总是等于上一时期的实际销量，因此 $j=1$，$Y^e=Y_{-1}$，进而 $\Delta Y^e=\Delta Y_{-1}$，所以我们可以重写方程（16.5）：

$$I^n=v^*\Delta Y_{-1} \tag{16.6}$$

净投资（I^n）等于上一年销量变化（ΔY_{-1}）的乘数。方程（16.6）是加速器理论最简单的形式，并由 J. M. 克拉克发明。他于 1917 年发现了货车车厢销量和以往铁路运输量变化间的关系。[①] 这个方程简洁地概括了个体经济内在的不稳定性。任何随机事件——出口激增、政府支出无规律变化、消费者对恒久收入估计的变动——都能改变实际销量的增长，暂时（但大幅地）在同方向上改变净投资水平。

□ 评估简单加速器

图 16—3 比较了自 1960 年以来美国经济中的实际非住宅性净投资（I^n）和实际产出变化（ΔY）。[②] 遗憾的是，方程（16.6）是一个过于简单的理论，不能完全解释美国的净投资变化。事实是净投资的波峰年份一般同实际 GDP 增长的波峰年份一致或滞后一年。

净投资的波谷年份一般也同实际 GDP 的增长年份一致，或者滞后一期，包括最近的 2007—2009 年。再者，1965—1974 年十年间净投资的高速增长引起 1961—1973 年十三年 GDP 的高速增长，后者的增长率在这期间很少跌破均值。[③] 最后，1986—1995 年实际 GDP 增长降至均值之下，同期净投资的水平也很低。总之，图 16—3 揭示了两者的曲线不完全吻合的关系。

从图 16—3 描绘的美国历史数据判断，方程（16.6）的简单加速器理论有三个主要的问题。

（1）净投资没有对产出的变化立即作出回应，如方程（16.6）所示，但是却显示出明显的滞后变化。这些滞后在某些时期能清晰地被观察到。

---

① J. M. Clark, "Business Acceleration and the Law of Demand," *Journal of Political Economy*, vol. 25 (March 1917), pp. 217—35.

② 为适应经济规模的稳定增长，I^n和 ΔY 都除以实际 GDP（Y）。因此描绘的现实变量是实际非住宅固定净投资与实际 GDP（I^n/Y）的比率，以及实际 GDP 以往四个季度的增长比率（$\Delta Y/Y$）。

③ 图 16—3 中 1960—2007 年平均实际 GDP 增长率为 3.25%，净投资与实际 GDP 平均比率为 3.51%。

(2) 然而，这些滞后长度不是统一的，净投资对实际 GDP 加速或减速增长的反应也没有统一的速度。这就好比汽车的引擎用不到一秒的时间对加速器变动作出反应，但却花费好几分钟对其他变化作出回应。

(3) 非住宅固定投资净额占实际 GDP 的比例（即 I^n/Y）同实际 GDP 的增长率（即 $\Delta Y/Y$）不存在一个长期稳定的关系。尽管 20 世纪 70 年代实际 GDP 的平均增长速度慢于 20 世纪 60 年代，但是净投资占 GDP 的比率却比 60 年代要高。再者，尽管 20 世纪 90 年代是投资的繁荣期，但是 I^n/Y 的平均水平实际比 1990 年前更低。净投资出现局部下降是因为健康的总投资率伴随着更高的电脑折旧率，因为电脑很容易变得过时。

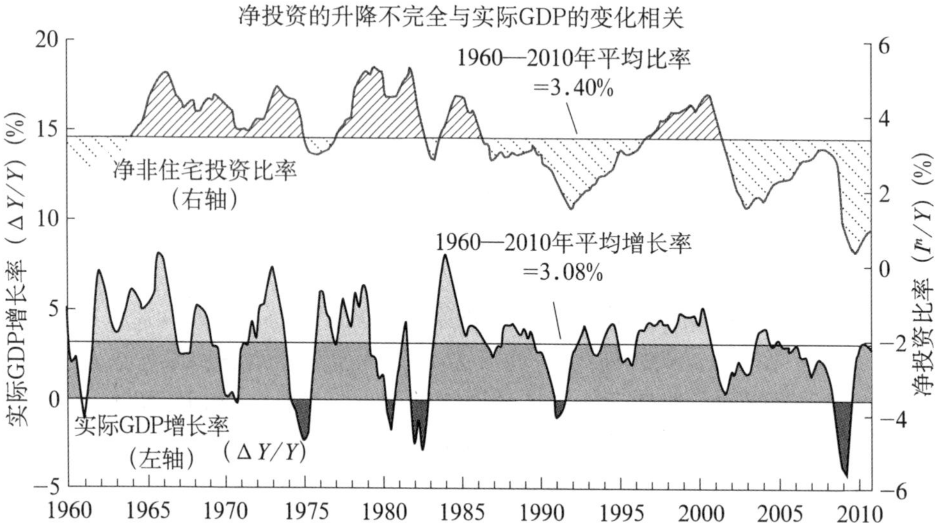

图 16—3　1960—2010 年美国经济中净投资比率和实际 GDP 增长率（$\Delta Y/Y$）间的关系

注：净投资比率（I^n/Y）同实际 GDP 增长率（$\Delta Y/Y$）间不存在完美无缺的联系。1965—1974 年净投资增长率在均值之上，而在 1963—1973 年实际 GDP 的增长率也在均值之上。净投资在 1991—1994 年、2001—2005 年、2009—2010 年降低，紧随的是与 1991 年、2000—2002 年、2008—2009 年实际 GDP 增长下滑相关联的衰退。一个难题是：为什么在 1980—1982 年尽管实际 GDP 增长率很低但净投资却在均值之上？

资料来源：Bureau of Economic Analysis，*NIPA Tables*.

年代	平均 $\Delta Y/Y$	平均 I^n/Y
20 世纪 60 年代	4.3	4.0
20 世纪 70 年代	3.2	4.2
20 世纪 80 年代	3.0	3.9
20 世纪 90 年代	3.0	2.9
21 世纪前十年	1.7	2.7

□ 战后投资行为的显著特征

除了与产出变化的关系，从图 16—3 中我们能够得到关于投资支出行为的一些结论。从图 16—3 中的净投资比率，我们能了解到什么？图形中能够体现出两大事实：

(1) 变化性。如我们早期看到的，总投资变化很大，净投资比率也同样如此。过去的三十年显示短期内净投资能拉升 GDP 三个百分点，比如在 2000 年第二季度到 2002 年第四季度和在 2007 年第四季度到 2009 年第四季度。这意味着对经济是一个很大的潜在冲击。

(2) 持久性。净投资比率不存在每年锯齿状的上下波动，通常连续几年相对较高或相对较低。1965—1974 年净投资的高水平阶段是这种趋势的一个很好例证：1965—1974 年每个季度的净投资率都超过 1960—2010 年的平均值。十年“大萧条”时期低投资的持久特征更明显：在 1931—1940 年的整个十年，净投资率是负的。

16.5 灵活加速器理论

□ 简单加速器的不足之处

方程 (16.6) 的简单加速器理论取决于一些限制性的或不切实际的假定。这个理论的一个更现实的版本是**灵活加速器理论** (flexible accelerator theory)，它放宽了一些假定条件。

(1) 简单加速器理论假定本期的预期产出等于上一期的实际产出。但是误差或适应性修订后假定预期产出部分取决于上一时期的实际产出，部分取决于上一时期的预期产出。

(2) 简单加速器理论假定期望的资本存量 (K^*) 等于预期产出的 (v^*) 倍数。但实际上，合意的资本产出比 (v^*) 可能变动很大，这取决于借贷成本、资本的税收和其他因素；我们在下一节将详细地介绍使 v^* 发生变化的因素。

(3) 简单加速器理论假定企业能够立即更换任何所期望的厂房和设备数量，使这一时期的实际资本 (K) 等于预期资本 (K^*)。然而，这些种类的资本需要相当长的时间才能建设起来。建筑物从设计到建成有时需要两三年时间。有些发电站甚至需要八年的时间才能完成。[①] 再者，投资过快成本会很高，因为提供资本品的企业会提高价格。此外，新办公楼的快速建设和设备迅速投入使用可能会打乱原有正常的经济活动。

因此，现实中净投资并不总是缩小期望的资本与上一年资本存量的缺口，更普遍的是它只是部分缩小了这个缺口。

□ 总投资的决定因素

总的来说，总投资和产出的关系至少取决于四大因素：

(1) 合意的资本与上期实际资本差额的一部分，可以在一个时期缩小。这部分越大，就会有越多的现期投资对上期产出的变化作出反应。

(2) 预期产出对上一时期估计实际产出误差的反应。误差越大，预期产出越高，因此有越多的投资会对上期实际产出未预期到的任何变化作出反应。

(3) 每年重置资本存量的比例。对磨损时间长的资本而言，比如办公大楼，每年只有

① 在另一个极端，今天企业在大城市开设的商店或许在一两天就可获得一些必要的设备——收银机、电脑、移动电话和家具。

一小部分存量被替换。相比之下，由于电脑设备贬值快，每年需要大量的投资来维持电脑资本存量的规模。没有强迫企业必须在固定时间内替换旧的资本。如果企业直到预期销量很大时才进行重置投资，那么总投资会比简单的加速器模型反应更强烈。①

（4）合意的资本同预期产出的比率（v^*）。投资对资本密集型行业（拥有较高的 v^*，比如电力公司、石油冶炼和化工业）预期产出变化的反应大于劳动密集型产业（拥有较低的 v^*，比如纺织业、服装业和理发店）。因此，资本密集型产业预期更快的增长会刺激更多的投资。

下一部分我们将讨论合意的资本产出比率的决定因素和政府能够影响 v^* 的政策工具。

☞

托宾 q：相对于加速器理论和新古典理论，它更好地解释了投资行为吗？

第 16.3 节和第 16.5 节的加速器理论以及第 16.6 节的新古典理论都定义了合意的资本存量水平 K^*，假定实际资本存量逐渐向合意的水平调整。q 理论由已故的诺贝尔奖得主詹姆斯·托宾首倡，他也曾在货币需求领域拥有突破性成就。托宾 q 理论中没有设定资本的期望值和独立的调整过程，而是将调整成本直接并入企业每期合意的投资利率的计算中。[a]

托宾的理论发展了凯恩斯的理论——购买新资本设备的吸引力取决于股票市场上资本的市场价值与购买资本的成本的比较。为了建立一个量化指标来反映市值同购买成本比率的变化，托宾将变量 q 定义为企业的股市价值与重置成本的比率。投资是 q 的增函数。

q 理论中如下关系是投资函数的一个例子：

$$\frac{I}{K}=j(q-1)+d \tag{16.7}$$

其中，I/K 是总投资与资本存量的比率；d 为重置投资与资本存量的比率。

用语言表述，当托宾 q 为单位 1 时，$I/K=d$。如果 $d=0.1$，$j=0.2$，则当 $q=1$ 时，I/K 会等于 0.1，当 $q=1.5$ 时，I/K 会提升到 0.2，当 $q=0.5$ 时，I/K 降至 0。

实际中，q 变动最重要的来源是企业股份在股市上价格的变化。例如在 1994—2000 年股价以每年 19%的速度变化，然而在 2007—2009 年以每年 18%的速度下降。在 2007—2009 年以每年 22%的速度下降。因为股票价值在 q 中是分子，所以如此的变化会引起 q 很大的变化。如我们以前所观察到的，股票市场会影响家庭的消费支出；更高的股价会增加家庭的财富进而增加消费。更高的股票价格也会增加企业投资的数量。因此托宾 q 提供了另一条渠道，通过该渠道股票市场的变化能影响总需求。

托宾 q 投资理论考虑了经济环境怎样影响企业对未来利润的预测。作为一种解释和预测企业投资支出的方式，除了其理论吸引力外，它还有实际魅力，因为它概述了关于未来盈利能力的水平和风险的预期，因此，没有必要开展估计预期值的高难度工作。托宾 q 理论认为我们只需观察股市和债市就能评价企业预期未来盈利能力，即 q 的分子。

---

① 证实重置投资顺周期反应的研究是 Martin S. Feldstein and David Foot，“The Other Half of Gross Investment: Replacement and Modernization Expenditures,” *The Review of Economics and Statistics*，vol. 53，no. 1（February 1971），pp. 49 - 58。

在第16.3节和第16.6节介绍的加速器模型和新古典模型的经验主义"赛马"模型（horse race）中，q值又如何呢？大量的研究测试三种模型在解释和预测固定投资支出方面的能力。[b]

相比较而言，经验模型在对设备投资支出方面（所谓的生产者的耐用设备方面）的解释和预测能力比对非住宅投资的解释和预测能力更强。例如Oliner、Rudebusch和Sichel的研究显示生产者耐用设备的投资支出很少被一些模型认真追踪。尽管投资q理论既有理论又有实际吸引力，但是加速器模型和新古典模型的解释和预测力都比以q理论为基础的模型更好，加速器模型和与新古典模型表现一样好。

这就是为什么我们这一章展现加速器模型和新古典模型的原因之一，但在实际中二者皆不是完胜者。(出现在更早时期的与Oliner、Rudebusch和Sichel的报告相类似的发现，在其他研究中已被检验。)

企业对建筑的投资被证实很难解释和预测。一般没有一个模型被证明有能力预测企业建筑支出的变动，尽管如此，加速器模型和新古典模型仍比q模型出色。有关所有模型的缺点的一个例证是它们无力预测或在事实发生之后解释20世纪80年代商业地产的剧增。企业对建筑投资的大变动意味着总需求会随时间大幅变化。它们没有预测到这些变化，这说明对决策者来说很难预先或及时采取行动来抵消这些大变动。[c]

a. 关于托宾q理论的大多数引用颇具技术性。最初的阐述，参见James Tobin，"A General Equilibrium Approach，to Monetary Theory，" *Journal of Money，Credit and Banking*，vol. 1（February 1969），pp. 15—29。最近的评价，参见Martin Lettau and Sydney Ludvigson，"Time-varying Risk Premia and the Cost of Capital：An Alternative Implication of the Q theory of Investment，" *Journal of Moenetary Economics*，vol. 49（2002），pp. 31—66。

b. 例如，参见Stephen Oliner，Glenn Rudebusch，and Daniel Sichel，"New and Old Models of Business Investment：A Comparison of Forecasting Performance，" *Jorunal of Money，Credit and Banking*，vol. 27（August 1995），pp. 806—26，以及该文献中的参考文献。

c. 关于2000—2002年的投资下降及其与股票市场及税收政策的关系的研究，参见Mihir A. Desai and Austan D. Goolsbee，"Investment，Overhang，and Tax Policy，" *Brookings Papers on Economic Activity*，no. 2（2004），pp. 285—355。也可参见Stacey Tevlin and Karl Whelan，"Explaining the Investment Boom of the 1990s，" *Journal of Money，Credit，and Banking*，vol. 35，2003（1），pp. 1—22。

16.6 投资行为的新古典理论

投资行为理论最主要的贡献之一是由哈佛大学的戴尔·乔根森于20世纪60年代初作出的。[①] 他的洞见是通过考察利润最大化企业的决策说明资本的使用成本可以从新古典微观经济理论导出，然后乔根森论证了税收政策在多大程度上影响了企业投资量。

① Dale Jorgenson，"Capital Theory and Investment Behavior，" *American Economic Review*，vol. 53（May 1963），pp. 247—57. 关于最近的投资理论的全面评述，参见Ricardo Caballero，"Aggregate Investment，" in J. B. Taylor and M. Woodford，eds.，*Handbook of Macroeconomics*（North Holland，1999），pp. 813—862。

□ 资本的使用成本

乔根森的理论假定只有有利可图时企业才进行投资。除非**资本的边际产出**（marginal product of capital）（*MPK*）大于等于**资本的使用成本**（use cost of capital）（u），否则企业不会投资。

一般形式	数例	
$MPK \geqslant u$	$MPK \geqslant 14$	(16.8)

边际产出和使用成本都可以以百分比形式表示。资本的边际产出是指每年增加一单位厂房或设备时增加的产出，再除以厂房或设备的成本。如果购买一件设备花费 10 万美元，企业每年能增产 14 万美元产值，那么 *MPK* 就是 14%。① 资本的使用成本是企业一段时间内使用一部分资金的成本，可以描述为其购置价格的一定比例。使用成本可能是 14%，它可能由 4%的实际利率和 10%的折旧率构成。②

方程（16.8）和公司盈利有什么关系？当 *MPK* 是 15%而使用成本为 14%时，新机器产生的额外收益就会超过成本，企业利润增加。另一方面，当 *MPK* 仅为 13%、使用成本依旧为 14%时，额外的收入不能补偿新增机器的成本，此时如果购买机器，企业的利润将下降。只有当使用成本降至 13%甚至更低时才会购买新机器。③

图 16—4 揭示了使用成本的减少对期望资本产出比的影响。递减的 *MPK* 意味着随着机器增加产出递减，*MPK* 曲线向下方倾斜。假定每个企业最初面对不变的使用成本 u_o，每个企业通过选择资本销量比率 v_0^* 的值来最大化自己的利润，在点 v_0^* 设备的边际收益等于成本即 $MPK=u_o$。为什么？在 E_0 左边资本量较小意味着放弃了一部分利润，它衡量了资本的边际销量和使用成本的差额。但是在 E_0 右边购买资本量较多会引起损失。资本的增加没有实现足够的 *MPK* 来支付其使用成本。

□ 税收刺激和投资行为

资本的使用成本不仅取决于资本的折旧率和借入资金购买设备必须支付的实际利率。如乔根森的引申，使用成本也取决于我们下一部分要讨论的税收体系的三个方面。因此财政政策和货币政策都会影响使用成本，货币政策通过改变实际利率，财政政策通过影响实际利率和改变税率及税制规则来影响使用成本。

我们用图 16—4 来说明旨在刺激投资的政府税收政策改变的影响。我们假定政府改变税率或者规则来减少使用成本。例如，公司利润税税率减半，这就减少了公司的使用成本。购买额外的资本会将合意的资本销量比率右移至 v_1^*。需要增加投资来将资本销量比率提升到新的更高的预期水平 v_1^*。使用成本的减少使利润增加成为可能。通过使用货币和财政政策能够改变资金的使用成本。

因此企业被诱使采取资本更密集的方法来生产产品，并且相反的情况也是正确的。比

① 同经济学的其他边际概念一样，一单位投入的边际产出衡量了增加一单位投入所增加的产出，前提是其他投入的数量保持不变。

② 折旧是使用成本的一部分，因为使用机器降低了机器的生产能力及其价值。

③ 此处的分析感觉很熟悉，在本书第 3.9 节，企业通过比较回报率和利率作出投资决策。如本节所学，使用成本除了包含利率外，还包含很多其他因素。

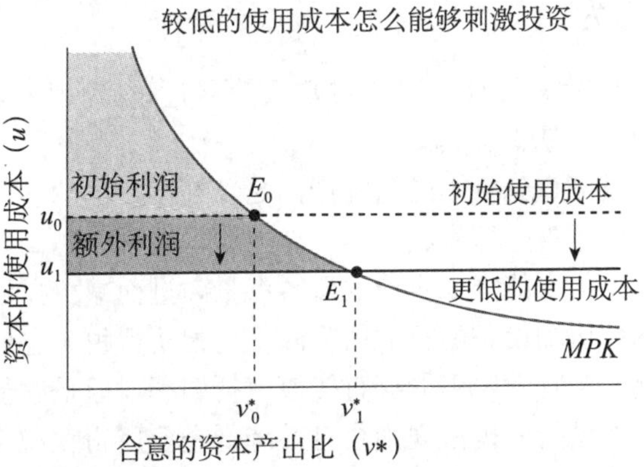

图 16—4 资本使用成本（u）的下调对合意的资本销量比率（v^*）的影响

注：起初经济位于点 E_0：企业的资本存量取得利润。如果使用成本从 u_0 降到 u_1，合意的资本销量比率将会提升至 u_1^*，经济将会从 E_0 移至 E_1，并获得额外的利润。

如工资率增加能引起企业以更多设备来替换工人，资本使用成本的增加能引起企业用劳动密集型生产技术来替代复杂的机器设备的使用。

16.7 使用成本和货币及财政政策的作用

政府决策者怎样影响资本使用成本（u）？资本的使用成本取决于很多因素，我们分两步介绍。首先，我们忽略税收效应。如果不存在税收，以给定价格购买的资本品对它的使用者产生三种成本：

（1）购买资本品的利息成本。如果借入资金，一定要支付名义利息。投资者失去利息，也就是用于购买金融资产可以获得的利息。

（2）物理折旧使每个资本品的生产能力降低，除此之外一些资本品还因过时而贬值。折旧率是资本品每年因物理磨损或贬值降低的百分比。①

（3）利率和折旧成本随着资本品价格的变化而调整。价格的迅速上升意味着二手资本品的出让价格有时高于新品的成本。这些价格的提高降低了使用成本，也说明实际利率（名义利率减去资本品价格变化率）很重要。相反，电脑价格的下降会提高使用成本。

决策制定者不能轻易改变资本品的相对价格，同样，他们也不能改变资本品的折旧率，但是他们能够影响实际利率。如我们在第 4 章所学，刺激性财政政策会提高实际利率，挤出投资。另一方面，刺激性货币政策会降低实际利率，增加投资。松的货币政策与紧的财政政策的混合会降低实际利率和使用成本，增加投资，如图 16—4 所示。

① “折旧”的定义在第 2 章曾给出。“折旧率”的定义在第 11 章有关索洛增长模型的正文中给出。

□ 税收和投资行为

到目前为止我们没有考虑税收。但是财政政策通过改变使用成本对投资有很大的影响。下面是财政政策的三大基本工具。

(1) 企业一直增加投资直到资本的边际产出足以补偿资本的使用成本。对企业收入征税，增加了使用成本的新要素，即税收成本。企业所得税税率越高，企业所面对的使用成本就越高。因此，高税率很可能降低企业的资本存量，进而减少投资。

(2) 企业通过扣除厂房和设备的折旧值来降低公司所得税。它们能够扣除的折旧量取决于税法及其执行状况。尽管政府不能够直接改变折旧率，但是它能够改变计算企业所得税的会计准则。例如，放松折旧税法规则会有效降低企业所得税税率。在 2010 年 12 月通过的财政政策的一揽子计划中重要的部分是一项暂时性法规，它允许企业在 2011 年扣除新资本投资 100%的成本。

(3) 在 1962—1986 年的大部分时间里，美国投资的大部分有资格享受税收抵免。这项抵免允许企业从它们的所得税中扣除设备价值的 10%。这自然降低了资本使用者的成本，增加了企业的利润。投资税收抵免政策在 1986 年撤销，但是如果政府想要刺激投资可以“还原”该政策。尽管普遍的投资税收抵免在 2010—2011 年没有生效，但是依然存在某些目标领域的税收抵免，例如历史建筑修复和风能、太阳能能源行业的投资领域。

这三种财政工具在稳定经济方面比只能通过改变政府支出和个人所得税税率控制经济的工具灵活了许多。例如，政府支出可被限制，提升个人所得税税率会放慢经济增长（经济中总需求过多）。同时，如果经济投资疲软或消费比重太大，任何与投资相关的财政工具都可以放宽实行。

经济学家研究称税收刺激的变化对投资至少有轻微的影响。然而，这些变化有很多局限性，对积极行动主义者的财政政策来说并非前景良好的工具。首先，国会对税收刺激的变化会进行长时间讨论。其次，税收立法的通过和其导致的投资支出之间具有时滞性。最后，我们还不能确定地估计出投资对税收刺激的反应。

自测题 16—2

1. 财政政策有多少工具潜在地影响资本的使用成本？
2. 如果政府想要刺激投资，它怎么改变这些工具？
3. 货币政策对使用成本也有影响吗？

16.8 企业信心和投机

□ 信心和灵活加速器模型

在第 3 章和第 4 章，当政府支出和货币供给位于给定水平时，我们使用企业信心和消费者信心这两个术语作为反映改变产出因素的一种方便、快捷的方法。在投资的灵活加速器理论中，企业信心可能通过三种方式影响投资支出：

(1) 投资取决于上一时期实际产出的增加部分，而该部分没有并入预期产出，因此也没有并入合意的资本和投资。当企业对未来缺乏信心时，它们可能会拒绝在下一季度或年份增加产出，相反，它们相信任何产出增加都是暂时的。

(2) 如果企业从事一个投资项目，资本的使用成本（u）包括必须归还的借入成本。如果企业悲观，它们可能低估资本品价格上升的程度，因此高估借入成本，这使得 u 值太高，合意的资本存量值太低。

(3) 可能最重要的是企业只能猜想新投资项目的边际产出。而预期的边际产出很重要。如果企业当前处在不景气的情形下，如 1930—1933 年和最近的 2009—2010 年，那么很多企业的资本比需要的多。某些现有资本可能没有被充分利用，随着它们的预期边际产出降至 0，未来资本投资可能会出现不盈利的情况。

□ 过度建设的周期性

在美国历史上某些时期企业的过度乐观导致过度建设，有很多未被充分利用的资本和继之而来的普遍悲观情绪的产生。这种情形在 1970 年、1990 年等多次发生，最显著的是 2007 年后。2001—2007 年房市泡沫和宽松的信用使得美国有 1 万亿美元的居民住房、公寓大厦、空置的办公大楼、商店和旅馆未被售出。

大萧条时期的投资和第二次世界大战

政治或经济的任何能引起企业信心下降的事件都能引起投资的急速下滑。在 20 世纪 30 年代的大萧条时期，企业信心的崩溃使得合意的资本存量值远低于实际资本存量，并且企业很悲观，它们没有重置折旧资本，导致净投资年年为负。投资暴跌的多重效应与 1929 年股票市场崩盘和随后的银行倒闭的共同作用，导致消费直线下滑、期望的资本存量减少和未来投资支出的下降。

20 世纪 30 年代的十年给数百万美国人带来了贫困和痛苦。如第 8.9 节的“国际视角”所示，大萧条对美国的影响比其他发达国家更深重。下面的图形显示了从 1929 年到 1950 年间的实际 GDP 和实际国内私人投资情况，二者皆以指数表示，假定 1929 年的值为 100，到 1933 年实际 GDP 比 1929 年下降了 27%。但是更糟糕的是 1929—1932 年间投资下降了 88%，1932 年投资值仅为 1929 年的 12%！

大萧条引人注意的方面不仅是经济剧烈下滑，还有它的持久性。因为自然实际 GDP 在 1929—1941 年间增长了 53%，产出比（实际 GDP/自然实际 GDP）仍然在 100%之下，直到 1941 年下半年。[a]投资在 1937 年恢复到 1929 年的水平，然后在 1940 年和 1941 年高涨，超过 1929 年的水平。1941 年后，政府强迫企业停止所有无助于战争进展的投资，所以，住宅、办公大楼、旅馆、非军事设备等的投资终止了。这解释了在 1942—1945 年间投资快速下滑的原因，也解释了战后 1946—1950 年间投资快速恢复到 1941 年水平之上的理由。

20世纪30年代大量未充分利用的资本给企业带来了一项收益。美国卷入第二次世界大战，最初在1940—1941年作为英国和苏联武器和原材料的出口商，在1941年珍珠岛战役之后成为一名羽翼丰满的战士，并且让那些未充分利用的工厂和设备重新运转。很多工厂加入进来，政府为许多新设备埋单，这些新设备交给诸如通用、福特和克莱斯勒等公司管理及运营。因为这是政府拥有、私人运营的资本（GOPO），所以不算是私人投资，图中黑线低估了第二次世界大战中实际发生的投资数额。一个私人运营资本的例子是福特在密歇根Willow Run市（在Ann Arbor附近）的工厂，它每天生产14架B-24轰炸机，因成为“世界上最大的密闭房间”而闻名。政府不仅为大型的新工厂提供资金支持，也为工厂的设备提供帮助，以至于美国机械工具（比如机床和钻床）的数量在1940—1945年翻了一倍。

总而言之，未充分利用的旧资本和新的私人运营资本帮助解释了美国在1 600万人被转移到军事领域的情形下如何能在1933—1944年间实现实际GDP翻番，美国经济转变为“民主的兵工厂”，因而也被称为“第二次世界大战中的奇迹”。[b]

1929—1950年不规则的投资路径

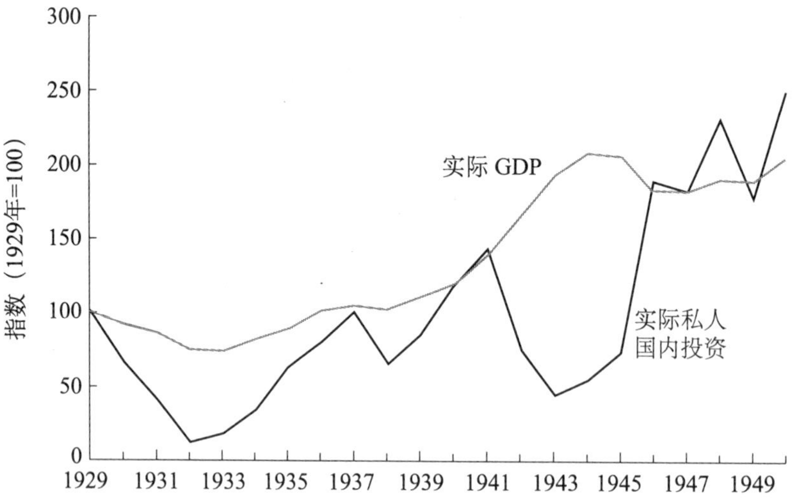

资料来源：Bureau of Economic Analysis *NIPA Tables*.

a. 自1900年以来每年的现实和自然实际GDP数据描绘在图1—6中。更多关于20世纪30—40年代之间现实和自然实际GDP的关系基于一套全新的季度数据，见Robert. J. Gordon和Robert Krenn的“The End of the Great Depression 1939—1941: Policy Contributions and Fiscal Multipliers,” NBER Working Paper 16380, September 2010。

b. 关于Willow Run工厂的更多内容见en. wikipedia. org/wiki/Willow _ Run和www. strategosinc. com/willow _ run. htm。

在决定投资额时，凯恩斯主要强调了企业信心的作用。在下面的段落中，他强调投资决策基于对每增加一单位资本的未来产量（或边际产出）的估计，估计也许会比猜想稍好一点。面对相同的信息和不确定性，当企业乐观时，它们会加紧对一些项目的投资；当它们感觉悲观时，会延后对一些项目的投资：

一个显著的事实是我们估算产量的知识基础具有极端的不稳定性。我们关于控制若干年后投资收益因素的知识通常极其欠缺，甚至经常微不足道。坦率地说，必须承认我们关于估算十年后铁路、铜矿、纺织厂、专利药品、横渡大西洋的班轮、伦敦城市建筑等这些领域投资收益状况的知识太少，有时甚至完全无知，也可以说我们估算五年之后状况的知识也同样贫乏。事实上，那些认真尝试做估算的人很少，以至于他们的行为不能影响市场。①

☞ **国际视角**

世界范围内的投资水平及不稳定性

多年以来美国的投资水平比日本和德国都低。从20世纪80年代中期到90年代早期，美国和日本及德国的投资差额在增大。下图显示了1980—2011年每年投资占GDP的比重。

然而，在1992—2000年美国的投资率从17.2%上升到20.8%，在2002—2006年间超过德国。日本继续保持领先，但是美日的差距从1991年的15%降至2001—2010年间的大约4%。

国民存款（个人存款和政府存款的和）总是等于国民投资。在1970—2000年美国的投资率相对较低，原因之一是美国国民储蓄率较低。在1980—1996年和2002—2011年大量的财政赤字意味着政府盈余是负值，国民储蓄很低。如下图所示，美国投资率高涨是依靠从国外大量借入资金而不是依靠国内储蓄。

企业通过很多方式为投资支出提供资金。在大多数国家，企业对设备与厂房投资资金的主要来源是未分配利润，也就是说，没有分红而是仍保留在企业内部的利润。尤其是在法国、意大利和日本，企业高度依赖银行贷款来购买厂房和设备。在德国、英国和美国企业较少依赖银行贷款，而是更多地依靠发行股票、长期债券和短期的商业票据获得资金来为投资支出融资。

在第15章我们学到消费者有时会面临流动性约束，这阻止他们借入能够用恒久收入偿还的所期望的全额资金。企业有时也会遇到流动性约束。年轻的企业就像年轻的家庭一样，很难根据长期前景借入资金。当规模更小的企业发现它们当前的利润下滑时可能会减少投资。

因此，对家庭和企业来说，在经济衰退期或银行提高贷款利率时，对借入资金从而支出的限制就越加严厉。

企业减少资金限制的一种方法就是和其他企业联合。韩国的很多企业属于财阀(chaebol)；意大利的企业常常为家族企业；日本的一些企业属于一个被称为keiretsu的企业集团；在加拿大和美国，很多企业由大型联合企业拥有；在日本和德国，银行家是一些企业董事会的成员。因为联盟中的其他公司未处在联合体的紧密联系层，当成员需要资金支持时，联合体很可能具有这个实力，也许是因为组织中的其他公司既能够为受资金限制的企业投资直接提供支持，也能够向其贷款人比如银行提供担保，或帮助其归还银行贷款。

① Keynes, *General Theory*, pp. 149—150.

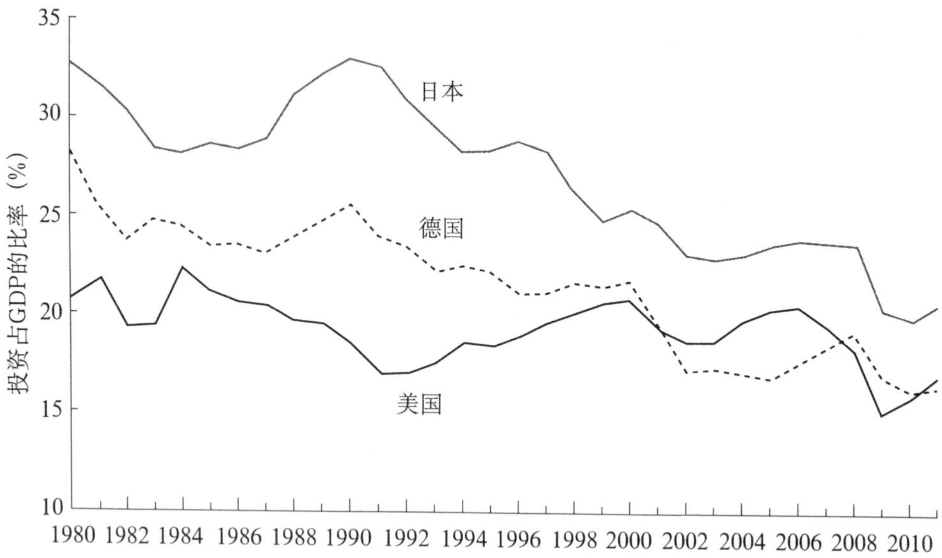

资料来源：IMF *World Economic Outlook Database*.

纵观本书，我们把企业信心（以及消费者信心）的变动看做是 *IS* 曲线和 *AD* 曲线发生重要且不可预测的变动的根源。

16.9 投资——产出和利率不稳定的源头

加速器理论解决了宏观经济学者间一个备受争议的悖论。在第 3 章我们已经了解到低利率导致高投资和高利率带来低投资。投资和利率的反向关系在这一章得到确认，因为低利率会降低资本的使用成本，进而提升合意的资本存量和总投资水平。

然而几乎在每一个国家，经济周期的一个最显著特征是企业投资和利率正相关。美国的企业投资是顺经济周期波动的，在产量高的年份达到波峰，在经济衰退期或之后不久降到波谷。但是，因为利率也是顺经济周期波动的，所以低利率年份通常伴随着低投资水平而不是高投资水平。

怎样解释投资和利率二者的正向关系？加速器理论提供了答案。图 16—6 重述了第 4 章的 *IS*-*LM* 模型。只要实际货币供给和实际货币需求函数是固定的，*LM* 曲线就保持不变。当实际利率固定时，无论何时投资购买发生变动，*IS* 曲线都会波动。

□ *IS* 曲线变动的原因

我们已经知道在给定利率水平下，很多因素能够使得总投资上升，从而 *IS* 曲线上移。这些因素包括：(1) 预期的产出增长率和销量。(2) 在以前过度建设时期，实际资本存量比当前期望的存量高。(3) 对寿命短的设备的需求变化。(4) 资本相对价格的变化。(5) 财政刺激政策的变化，它改变了资本的有效使用成本。在给定利率水平下，这些因素的任何一个变化都会改变投资，通过乘数效应，*IS* 曲线上移，总产出增加。

图 16—5 有两条 *IS* 曲线，IS_0 和 IS_1，两条 *IS* 曲线的移动反映了上一段我们所说的能引起总投资增加或减少的任何一个因素。投资和利率的正向关系在图 16—5 中通过 *IS* 曲线沿 LM_0 曲线移动得到解释。由于实际货币供给固定，LM_0 也固定。正向关系说明低产出对投资的消极影响，通过加速器，占据了低利率对投资刺激影响的主要部分，至少在短期是这样。

为什么利率和投资额有时正相关？

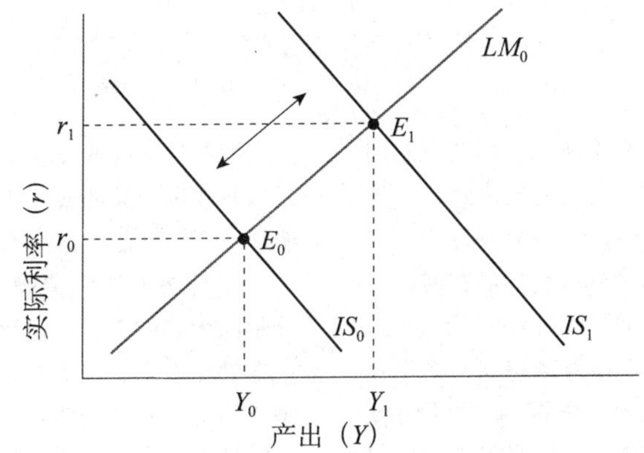

图 16—5　利率提高对产出的影响

注：企业信心或使用成本的变化（去掉由实际利率变动引起的部分）使得 *IS* 曲线在 IS_0 和 IS_1 之间变化。实际利率和投资同升同降。这一结论假定实际货币供给（它能固定 *LM* 曲线的位置）保持不变。

16.10　投资——不稳定的源头

在第 15 章我们总结了非耐用消费品和服务消费支出的相对稳定性。恒久收入假说和生命周期假说都认为耐用消费品和服务的支出波动幅度小于可支配收入。这种稳定性支持了遵循政策规则的案例。

但是本章倾向于相反的观点，支持政策积极行动主义者的主张，即私人经济包含不稳定性的根源。投资加速器理论概括了这个问题。任何能引起期望的资本存量永久增加的事件——不管是预期产出的增加还是资本的使用成本降低——只能引起投资支出短暂的增加。在这之后，当净投资下降时，经济的不稳定性通过第 3 章的乘数效应加剧。

□ 投资的波动性和泰勒规则

固定投资和净出口周期长的特点支撑了激进派的观点：私人支出不稳定。但是这本身并不意味着政策可以任意制定而不受约束。相反，在第 14 章学习的泰勒规则基于一个方程，当通胀率降到联邦政府目标值以下或当产出缺口为负值时，需要政府转向更宽松的货币政策。

因此，在泰勒规则下，联邦政府仍能够放宽政策对严重的投资下滑作出反应，如2000—2002年，尤其是2007—2009年发生的那样。涉及泰勒规则货币政策的一个悖论出现在2000年后的十年里。联邦政府在2002—2004年以罕见的幅度降低了利率，如图14—5所示。但是在2007—2010年联邦政府没有充分地降低利率，因为2008年后泰勒规则需要一个负的名义利率，然而负的名义利率是不可能的，因为联邦政府要服从一个我们称为“零利率底线”的普遍规则。

小结

1. 消费支出不稳定的主要原因是消费者对耐用消费品的支出，它对收入变化的反应强烈。这一章将私人投资支出视为不稳定的另一原因，它是较小经济冲击引发GDP大幅变化的潜在因素。

2. 简单的投资加速器原理依赖于以下观点：公司尝试将资本存量和预期销量维持在一个固定的比例，因此净投资水平——资本存量的变化——取决于预期产出的变化。加速器理论解释了为什么在对实际销量的永久增加作出反应时，大多数公司的总投资相对不稳定，起初增加然后减少。

3. 灵活加速器原理认为现实中的净投资通常仅贴近合意的与现实的资本存量缺口的一个比例。进一步说，合意的资本产出比会变动，通过强大的加速器效应改变投资。

4. 加速器理论认为任何能引起合意的资本存量永久性增加的事件——不管是预期产出增加还是资本的使用成本降低——只能引起投资支出短暂的增加。

5. 政府决策制定者能直接改变资本的使用成本。财政和货币政策能改变使用成本的要素之一即实际利率。税收政策通过改变企业所得税、折旧余额和投资税收抵免影响资本的使用成本。但是这些政策工具的使用不能消除投资支出的所有波动，因为大部分政策的实施存在时滞性。

6. 历史上商业建设投资支出波动很大，部分是因为它的资本产出比率比其他寿命短的物质资本的比率高。因为办公大楼从设计成熟到建成需要很长时间，商业地产支出的繁荣和衰退会持续很长时间。使用成本和预期产出的变化有助于解释这种波动，但是有些波动还是无法解释和预测。

7. 一些公司面临和家庭一样的资金约束。新成立的一些小规模的公司尤其受制于它们投资项目的规模。在世界上的其他国家，一些公司有时和其他公司或银行结成联盟，这有助于减少约束。

8. 尽管其他条件不变，利率越高投资越少，但投资支出需求的变化倾向于使投资和利率产生正相关关系。前者是*IS*曲线移动的结果，后者是沿着*IS*曲线滑动的结果。

9. 投资支出的不可预测性支撑了泰勒规则货币政策的观点，即对由投资变动引起的产出率变化作出回应。

关键术语

加速器假说　灵活加速器理论　资本的边际产出　资本的使用成本　折旧率

问答题

1. 用第 16.2 节案例研究中的数据解释自 1960 年来 GPDI 的四个要素占自然 GDP 的份额怎么变动，以及在整个经济周期中表现如何。

2. 区分总投资和净投资。总投资和净投资可以是负值吗？曾经出现过负值吗？

3. 假定经济产出在增加。简单加速器理论模型预测净投资也增长吗？

4. 讨论时滞在加速器理论中的作用。时滞的存在怎样改变加速器理论模型假定的结果？

5. 在概括投资支出行为时，净投资比率（I^n/Y）可以被描述为具有不稳定性及持续性特征。解释这些术语意味着什么。

6. 企业信心和消费者信心在投资决定中起重要作用。企业信心是怎么引进灵活加速器模型的？

7. 在给定的实际价位下购买的资本品给使用者带来三种成本，这些成本都是什么？其中哪一个受政策制定者的控制？

8. 能够被用来影响投资的三大财政工具是什么？根据加速器理论，这些工具的变化能导致投资率的永久提高吗？

9. 税收刺激作为积极行动主义财政工具之一，它的使用的限制因素是什么？

10. 假定经济产出比等于 100，货币政策制定者会对任何财政政策变化作出回应来阻止失业率或通胀率的上升。对下面财政政策的变化，资本的使用成本、资本与预期产出的合意比率、净投资水平会发生怎样的变化？最后，记住投资支出的任何变化都会移动 *IS* 曲线，影响总需求。

(a) 纵观全球，因为政局稳定，国防支出减少。

(b) 政府支出大规模减少的同时个人和企业所得税税率降低。

(c) 其他财政政策不变，投资税收抵免生效。

(d) 卫生保健支出增加，并且一部分用更高的烟草税来支付。

(e) 如果产出比低于 100，(a) ～ (d) 部分的答案会发生什么变化？

11. 经济中决定总投资和产出关系的主要因素是什么？简单概括一下所包含的关系。

12. 经济模型的两大功能是解释经济变量和预测它们的未来。运用托宾 q 模型包含的信息，讨论一下加速器模型、新古典模型、托宾 q 模型中的每一个如何更好地解释和预测企业建设支出。使用以规则为基础的政策或相机抉择政策稳定经济的含义分别是什么？

13. 运用灵活加速器和企业信心间的关系解释在大萧条时期为什么相对于实际 GDP，国内私人投资的下降幅度那么大。另外，解释在第二次世界大战期间为什么尽管实际国内私人投资下降，实际 GDP 却在上升。

14. 根据我们在第 3 章提出而在本章深化的理论，利率和投资负相关。然而，企业投资和利率都趋于顺周期波动，也就是说，它们在经济产出的高峰值达到它们的波峰。你能解释这个悖论吗？

15. 运用托宾 q 理论解释当旧房子价格下降时，新房子预期会有什么变化。

16. 投资支出的顺周期波动会降低经济的稳定性。假定投资税收抵免计划开始实施，给予的公司退税百分比与产出比负相关。这个计划是稳定了经济还是加剧了它的波动？分析一下理由。

17. 流动性约束的存在怎样影响投资的变动？相对于规模大一点的公司，为什么流动性对小公司的约束力更强？相对于德国和日本的公司，为什么流动性对美国公司的约束力更强？

18. 讨论本章描述的投资行为怎样强化或弱化了泰勒规则情形。

思考题

1. 这个问题使用表 16—1 中的例子。

(a) 当预期销量不再增加时经济达到均衡点。在这一点净投资是多少？总投资是多少？

(b) 假定由于实行新的投资税收抵免计划，合意的资本预期销量比率变为 5。在时期 1 至时期 5 净投资会各是多少？

(c) 当经济达到新的均衡点时，税收抵免对投资的最终影响是什么？

2. 这个问题也使用表 16—1 中的数据。

(a) 净投资保持 4 不变，时期 3、4、5 的预期销量会有什么变化？

(b) 为了实现净投资水平不变，时期 3、4、5 的实际销量会有什么变化？

(c) 为实现时期 3、4、5 的总投资每期稳定增长 20%，时期 2 至时期 4 的实际销量会怎么变化？

(d) (c) 部分中的实际销量以多少速率增长？

3. 这个问题也使用表 16—1 中的例子。灵活加速器模型认为净投资 I^n 等于合意的资本存量 K^* 与上一期资本存量 K_{-1} 缺口 f 的一部分。任何一期的资本存量都等于上一期的资本存量加上上一期的净投资。方程关系如下：

$$I^n = f(K^* - K_{-1})$$

$$K = K_{-1} + I^n_{-1}$$

(a) 假定 $f=0.5$，计算时期 1 至时期 5 资本存量、净投资、总投资的值。

(b) 用表 16—1 的例子和 (a) 部分的答案，讨论简单加速器模型和灵活加速器模型中净投资、总投资的不同。

4. 这个问题也使用表 16—1 中的数据和上一题的灵活加速器模型。假定 $f=0.5$。假设合意的资本预期销量的比率 v^* 取决于资本的使用成本 u，即 $v^* = 5.5 - 10u$。

(a) 假定实际利率等于 0.05，资本使用 10 年，所以折旧率等于 0.1。计算时期 1 至时期 5 的资本使用成本和合意资本存量。解释为什么时期 1 至时期 5 的资本存量、净投资、总投资的数额和问题 3 的答案一样。

(b) 假定在时期 1，实际利率降至 0.03，在时期2 至时期 5一直保持该水平不变。折旧率给定不变，计算时期 1 至时期 5 的资本使用成本、合意资本存量、实际资本存量、净投资和总投资。

(c) 假定实际利率等于 0.05，但是资本贬值很快，所以 $d=0.2$。计算时期 1 至时期 5 的资本使用成本、合意资本存量、实际资本存量、净投资和总投资。

(d) 使用 (b) 和 (c) 部分的答案讨论实际利率和折旧率变化对净投资和总投资的影响。

(e) 使用 (b) 部分的答案讨论怎么运用灵活加速器模型解释产出变化对货币政策变动存在时滞。

5. 这道题运用托宾 q 投资模型的知识。假定调整率 $j=0.2$，折旧率等于 0.1。AB 公司资本的替换价值等于 1 000 万美元，它未来 10 年股票的市场价值由下表给出（单位：百万美元）。

时期	1	2	3	4	5	6	7	8	9	10
市场价值	11	12	12	11	10	9	8	8	9	10

(a) 计算时期 1 至时期 10 AB 公司托宾 q 的值。

(b) 计算时期 1 至时期 10 AB 公司投资与资本存量的比率。

(c) 假定在时期 1 至时期 10 所有企业的托宾 q 值和投资存量比率都和 AB 公司一样。假设其他条件都一样，在时期 2 至时期 10 IS 曲线是怎么移动的？

(d) 给定 (c) 部分的答案，如果货币政策决策者遵循泰勒规则或者是防止通胀率和失业率上升的积极行动主义政策，它们在时期 2 至时期 10 会怎样改变利率？

自测题答案

自测题 16—1

1. 如本节那样，假设重置投资是上年资本存量的一个固定比率，重置投资最为稳定。取决于合意产出变化的净投资是最不稳定的。总投资是净投资和重置投资之和，稳定性居于二者之间。

2. 生命周期越长的资本，每年需要重置的资本比例越小；因此相对不稳定的净投资来说，较稳定的是重置投资。因此我们预测，对办公大楼的总投资和对电脑的总投资相比，前者稳定性差。

自测题 16—2

1. 三大潜在工具是企业所得税、折旧减免（depreciation deduction）值和投资税收抵免。

2. 如果政府想要刺激投资，它可以降低企业所得税税率、提高折旧减免值（通过让企业更早地计提折旧）或者提高投资税收抵免的百分比。如果没有投资税收抵免，如 1986 年后的美国，政府可以引进这样一个抵免体系。

3. 货币政策通过改变实际利率影响使用成本。

第 6 部分

宏观经济思想的演化

第 17 章

新古典宏观和新凯恩斯宏观经济学

这种萧条的主要原因是缺乏信心。如果信心可以恢复，并用它的魔杖点化所有产业，使它们继续生产并对其他各业商品产生需求，则这种萧条的大部分病症会立即消失。

——Alfred Marshall，1879

17.1 引言：新旧古典经济学和凯恩斯经济学

随着宏观经济的广泛发展，宏观经济学新理论的发展与旧理论的摒弃会经常发生。第8章介绍了古典经济学家的思想，它在20世纪30年代以前在宏观经济学中占主导地位；他们认为价格是灵活的，能够按照需要改变，以消除任何总需求的不足。我们描述这种方法时假定经济具有"强大的自我调节能力"，以价格灵活变动的方式自动纠正实际总需求过高或过低的趋向。

在20世纪30年代，大萧条这个灾难性的宏观经济事件带来了长达数十年的经济衰退，并伴随着两位数的失业率。大萧条使以灵活价格和自我纠正为基础的旧古典方法受到质疑。这一划时代的事件使经济学家、记者、政策制定者及局外人接受了凯恩斯革命，这次革命以约翰·梅纳德·凯恩斯的《就业、利息和货币通论》① 这本影响深远的书为基础。② 凯恩斯理论占据宏观经济学的主流地位并持续到20世纪60年代末。20世纪60年代末出现的严重的通货膨胀动摇了它的主导地位。以名义工资刚性为基础的凯恩斯理论几乎解释不了通货膨胀产生的原因。

□ 新古典宏观经济学与新凯恩斯经济学的比较

自20世纪70年代早期以来，宏观经济学由于对经济周期的两个基本的解释不同而分

---

① 英文原书中为《就业、利息和收入通论》，疑为笔误。

② 已故的 Harry Johnson 研究了凯恩斯革命成功的原因，为20世纪60年代货币主义的"反革命"提供了一组类似的原因。见他的文章"The Keynesian Revolution and the Monetarist Counter-Revolution," *American Economic Review*, vol. 61 (May 1971), pp. 1 - 14。

裂了。最早向旧凯恩斯正统理论挑战的是新古典理论，由已故的芝加哥大学的米尔顿·弗里德曼和哥伦比亚大学的埃德蒙·S·费尔普斯首创，接着芝加哥大学的小罗伯特·E·卢卡斯充分扩展了此理论。第一种理论的基本思想是家庭和企业缺乏作出经济决策所需的充分信息。后来，出现了第二代新古典宏观经济学，不再以不完全信息为基础，而是以技术和供给冲击为基础。第二代理论，即“实际经济周期模型”，主要由亚利桑那州立大学的爱德华·普雷斯科特开创。

所有新古典模型的共同之处是假设劳动力市场和产品市场的持续均衡。市场“出清”在某种意义上是指每个工人和企业在一定价格和工资水平下按自己的方式行事，在就业或生产期间，这些价格和工资水平被期望起主导作用。对弗里德曼、费尔普斯和卢卡斯来说，经济周期之所以出现是因为工人或企业虽然想自主行事，却建立在错误的信息基础上。与此相反，普雷斯科特认为经济周期出现的原因是在给定的劳动和资本投入量上因生产效率的不同产生了不同的实际 GDP。

新古典宏观理论和最近旨在部分纠正旧凯恩斯理论缺陷的一套论说形成了鲜明的对比。这些理论在“新凯恩斯”宏观的标题下汇聚在了一起。这些模型将在这一章的第 2 节得到检验，相对于古典的自我调节而言，它们接受了凯恩斯价格和工资变化不够灵活的观点。但它们超越了凯恩斯的理论，试图考察缓慢的价格和工资调整与工人的自利行为和企业利润最大化相一致的原因。新凯恩斯宏观经济学的含义和新古典宏观经济学存在明显的差别。因为如果价格和工资调整缓慢，无论什么原因，市场并非总处于出清状态；在现行的工资和价格水平下，工人有时不能得到他们想要的足够多的工作职位，企业也不能卖出它们希望生产的产品数量。

在过去的十年，宏观经济理论匆匆走过，并且大肆反对新古典宏观经济学。正如我们将要看到的，弗里德曼、卢卡斯和费尔普斯的理论所需的信息间隔时间很短而不能解释持续多年的经济周期。实际经济周期方法也遭到反对，因为它没有涉及需求的作用，更没有提到价格和通货膨胀，也没有对大萧条作出解释。新凯恩斯主义价格和工资刚性的解释或许有用或正确，但是它们没有宏观经济运行的完整模型。这种存在缺失的解释需要体现需求和供给冲击的作用、通货膨胀的解析，也需要财政和货币政策的作用。在本章最后一节，我们将简要介绍这两种混合模型，它们在某些方面代表新古典和新凯恩斯主义思想的融合。

17.2 不完全信息和“愚弄模型”

两个介绍新古典方法的相关理论中有一个是米尔顿·弗里德曼的“愚弄模型”，这个模型是 1967 年他在美国经济协会会长的就职演说上提出的。[①]

① Milton Friedman, “The Role of Monetary Policy,” *American Economic Review*, vol. 58 (March 1968), pp. 1 - 17.

□ 本质特征：市场出清和不完全信息

弗里德曼模型的第一个本质特征是市场连续出清；企业和工人的所有行为都是自主的。第二个本质特征是经济周期只有在工人错误预测价格水平的情况下才会发生，所以有“愚弄模型”的称号。弗里德曼模型的这个特征通常被称为“不完全信息”，是现在各种市场出清模型所具有的共同特征。

弗里德曼的愚弄模型是非对称的：企业通常了解当前的价格水平，而工人要通过很长的时间才会知道实际价格。经济开始时在现实实际 GDP（Y）和自然实际 GDP（Y^N）相等时处于均衡。首先考虑由货币或财政扩张引起的总需求增加的效应。企业愿意生产更多，因为高的总需求伴随着高物价（回顾图 8—6，经济从点 B 移动到点 C）。价格可能上升 10%，而名义工资上涨 5%，导致实际工资减少 5%，这致使企业雇用更多的工人。但是工人不知道价格上升了，他们根据预期价格水平不变的条件估计名义工资上涨了 5%。工人认为实际工资上涨了 5%，所以他们愿意工作更多。工人的预期错误使产出 Y 偏离 Y^N 成为可能；只有当工人被欺骗时经济周期才发生。

工人迟早会纠正任何预期错误，所以现实实际 GDP 不可能偏离自然实际 GDP 太久。因此，弗里德曼模型有时也被称作“自然率”模型，实际上，是弗里德曼自己提出了“自然实际 GDP”和“失业的自然率水平”这两个术语。通常，当遵循**自然率假说**（natural rate hypothesis）时我们用垂直的长期总供给曲线（如图 8—6 的 *LAS* 曲线）来描述模型。

□ 费尔普斯版本的愚弄模型

在弗里德曼的愚弄模型发表的同时，哥伦比亚大学的埃德蒙·S·费尔普斯以同样的思想提出了一个稍微不同的模型，对于自然率假说的提出，他应该得到与弗里德曼同样的声望。弗里德曼区分了聪明的企业和愚笨的工人，与此不同，在费尔普斯模型中，所有人都被同等程度地愚弄了。企业和工人都看到了行业中价格的上涨，从而生产更多产品，没有意识到其他经济体中的一般价格水平也上升了。费尔普斯发明了一个模型，在这个模型中企业被愚弄了，而工人没有。企业看到它们的产品价格上涨了，提出雇用更多的工人，但没有意识到经济中的其他企业也在经历着同样的价格上涨。

在另外一个模型中，工人与其他经济体信息隔绝。通常，当工人定期从一家企业退出并在另一家企业寻找高薪工作时，就会存在流动性失业（见第 10.9 节）。但是在企业自己提高工资的情况下，工人留在企业里而不是退出。这样，尽管经济中的所有其他企业在缺少信息情况下同时提高同量的工资，失业率还是降低了。工人被愚弄，致使流动性失业下降，宏观经济数据登记为失业率下降。[①]

□ 对弗里德曼和费尔普斯愚弄模型的批评

弗里德曼和费尔普斯认为工人在任何重要时期的预期都是错误的。他们是怎么证明的

---

① 费尔普斯的贡献体现在两篇重要论文中。参见“Phillips Curves, Expectations of Inflation and Optimal Unemployment over Time,” *Economica*, vol. 34 (August 1967), and “Money-Wage Dynamics and Labor-Market Equilibrium,” *Journal of Political Economy*, vol. 76 (August 1968, Part II)。

呢？弗里德曼的答案是企业比工人获得的信息更准确。企业有信息优势，因为企业只对一些为数不多的特殊产品的价格有浓厚的兴趣，并不断关注这些价格。另一方面，工人对他们购买的一系列产品的价格感兴趣，没有足够的时间仔细跟踪。当价格上涨时，工人没有及时注意到。

费尔普斯愚弄模型并没有假定企业比工人有特别的信息优势。每个人对总体经济中发生什么都是无知的。他们就像被搁浅在小岛上，完全与其他世界隔绝。三个批评直接有效地指向了弗里德曼和费尔普斯模型的不完全信息假设。第一，没有理由找到工人任何有别于常人的愚昧无知，像弗里德曼模型和费尔普斯的其中一个模型那样。工人和家庭购买许多物品，尤其是食物、汽油和药品，一周甚至一天购买一次，他们几乎能立刻发现物价总水平上升了。第二，政府每个月都要发布物价和工资水平的消息，并在电视新闻中重复播放。任何无知的时间都不会超过一个月，这个时间对解释长达多年的经济周期太短了。第三，如果实际 GDP 高涨期和经济活动的繁荣期总是伴随着总价格水平的上涨，工人和企业就会从过去的事件中学习并意识到任何一个当前繁荣期无疑伴随着更高的价格水平。

就工人和企业实际掌握的消息而言，宏观经济学中完全以无知和愚蠢为基础解释经济周期的模型是站不住脚的。总需求的任何变动都会使价格和工资水平立即上下波动，经济仍处在自然产出水平，不存在经济周期，如图 8—7 的古典自我修正模型。

17.3 卢卡斯模型和政策无效性命题

□ 理性预期假说

尽管有缺陷，弗里德曼和费尔普斯模型以及两个密切相关的市场出清和不完全信息的假设吸引了许多经济学家。其中最杰出的是小罗伯特·E·卢卡斯，他进一步发展了弗里德曼的模型，介绍了一种工人形成预期价格水平（P^e）的改进方法。他没有采取弗里德曼的不令人满意的假设，即工人只是渐渐地根据实际价格水平调整他们的预期价格水平（P^e），使自己被愚弄几周甚至几个月，卢卡斯介绍了**理性预期**（rational expectations）理论。**卢卡斯模型**（Lucas model）包含三个基本假设：市场出清、不完全信息和理性预期。[①]

当人们利用可得的数据进行最佳预测时，预期是理性的。认识到这些预期不总是正确的很重要，所以，个人和专业经济学家观察到的预测错误并不构成反对理性预期的证据。相反，理性预期理论主张人们并不总是连续犯同样的预测错误。

例如，弗里德曼-费尔普斯模型中的错误（愚弄）是不理性的。如果通过历史的观察

① Robert Lucas 并没有首创理性预期思想，而是因把它应用到宏观经济学而获得荣誉。原创思想被应用到宏观经济问题当中，参见 John Muth，"Rational Expectations and the Theory of Price Movements，" *Econometrica*，vol. 29 (July 1961)，pp. 315 - 335。Lucas 的创造性贡献见他的两篇文章。比较容易理解的一篇是 Robert E. Lucas，Jr.，"Some International Evidence on Output Inflation Tradeoffs，" *American Economic Review*，Vol. 63 (June 1973)，pp. 326 - 334。另一篇更有技术含量，它激发了一些假定的潜在微观经济行为。这篇文章是 "Expectations and the Neutrality of Money，" *Journal of Economic Theory*，vol. 4 (April 1972)，pp. 103 - 124。

发现任何就业的增加都伴随着实际工资的下降，工人就会得知将来任何额外就业的供应都会伴随着现实实际工资的下降，这些聪明的工人就会拒绝接受这样的工作。更一般地说，个人也不会一周接一周地犯相同的错误，尤其是当这些错误和历史上曾发生过的错误具有相似性时。错误应该是随机的，即和过去的预测错误没有关系。

卢卡斯模型和弗里德曼-费尔普斯模型一样，认为产出与“价格突变”正相关，价格突变是相对于预期价格水平（P^e）而言实际价格（P）的上涨。和费尔普斯模型一样，卢卡斯模型依赖对工人和企业同等适用的信息障碍。卢卡斯模型中的企业像生产小麦和谷物的小农场主，实际价格的提高引诱其生产更多。信息障碍阻止农场主得知经济体中价格已经普遍上涨，提高了他们的边际生产成本，没有给他们生产更多产品的激励。

自测题 17—1

根据弗里德曼-费尔普斯-卢卡斯产出决定理论回答下列问题：

1. 在现实实际 GDP（Y）小于自然实际 GDP（Y^N）的衰退经济中，需要价格突变吗？向哪个方向突变？

2. 在现实实际 GDP（Y）大于自然实际 GDP（Y^N）的繁荣经济中，需要价格突变吗？向哪个方向突变？

3. 当人们得知现实价格水平且价格突变消失时，产出缺口（$Y-Y^N$）会发生什么？

□ 政策无效性命题

理性预期概念表明个人用一切可获得的信息来形成预期，卢卡斯和他的同事由此得到了一个令人吃惊的预测。在政策无效的现代版本中，卢卡斯主张预期到的货币政策不能通过规则的或可预测的方式改变实际 GDP。卢卡斯在 20 世纪 70 年代早期发展的货币政策无效性主张［通常称作**政策无效性命题**（policy ineffectiveness proposition，PIP)］震惊了经济学界。[①]

PIP 可以理解为理性预期理论与 Y 偏离 Y^N 依赖价格突变（$P\neq P^e$）理论相结合的推论。中央银行（联储）只有找到造成价格突变的方法才能改变产出。然而，如果公众知道货币供应量增加会提高价格，那么无论联储何时提高货币供应量，实际的和预期的价格水平都会有等量的提高，价格突变将不会发生（$P=P^e$），产出仍停留在自然产出水平（$Y=Y^N$）。

总结：政策无效性命题仅仅陈述了完全预期到货币供应量的变化不会改变实际 GDP。它没有否认货币突变（货币供应量未预期到的变化）能改变实际 GDP。但是它暗含着美联储在创造货币突变时面临着一个重要的问题，因为美联储不能按照过去

① 尽管 Lucas 模型的基本思想为他赢得了声望，政策无效性命题是由 Thomas J. Sargent 和 Neil Wallace 在“‘Rational’ Expectations, the Optimal Monetary Instrument, and the Optimal Money Supply Rule”中提出的，发表在 *Journal of Political Economics*, vol. 83 (April 1975), pp. 241 - 254 上。

同样的方式应对经济事件。

□ 问题：信息的可及时获得

尽管在20世纪70年代恒久收入假说引起了主导宏观经济学的革命，在70年代末期恒久收入假说的一些缺陷被指出来。问题不在于卢卡斯对理性预期的贡献，而是在于传承自弗里德曼和费尔普斯的两个假设，即持续市场出清和不完全信息，它们使得当前现实价格对预期价格的偏离成为经济周期中实际GDP波动的唯一源泉。不完全信息假定暗含着如果我们对当前总价格水平有准确的信息，经济周期就会被消除。

弗里德曼、费尔普斯和卢卡斯模型的不完全信息假定受到广泛指责。总价格水平信息在一两个月的短期滞后中很容易获得。如果总价格水平信息容易获得，企业和工人为什么还要采取使其偏离劳动力市场均衡的行动呢？

17.4 实际经济周期模型

现在经济学家似乎广泛同意经济周期的不完全信息理论不是令人满意的，因为信息滞后太短了，以至于不能成为跨年度经济周期的似乎真实的来源。[①] 新古典经济学家转向另一种经济周期理论，这种理论仍然假定连续市场出清。它就是经济波动的**实际经济周期模型**［real business cycle（RBC）model］。

RBC模型假定经济周期的根源是实际（供给）冲击，而不是货币（需求）冲击。产出变动的主要源泉来自供给曲线的移动（长期或短期），而不是需求曲线。RBC理论说明了Y的波动完全由自然实际GDP（Y^N）引起。

引发经济周期以及解释术语“实际”经济周期模型的实际冲击是什么？这些冲击包括新生产技术、新产品、恶劣天气、原材料新来源以及原材料价格变化。回想一下卢卡斯的模型，它没有考虑到信息障碍时间太短暂了，以致不能解释实际经济周期的长期性和持久性。相反，RBC理论假定这些供给冲击具有高度持久性，这意味着良性冲击持续好几年，慢慢平稳减弱，然后被持续数年的不利冲击取代。虽然持久性削弱了卢卡斯的理论基础，但是RBC理论只是简单的假设而没有解释经济周期的持久性，记住这一点很重要。

在RBC模型中，经济体根据新古典的持续均衡假设对持久的供给冲击作出反应。企业在对不断变化的经济条件作出反应的价格和工资水平上生产其合意的产量，按所需雇用

① 例如，罗伯特·巴罗对卢卡斯的理论和恒久收入假说的发展作出了重要的贡献，他被前面章节中提出的问题所说服了，“这些论点的结论是新古典理论在解释货币在经济波动中的作用时做得不够好”，见 Robert Barro，“New Classicals and Keynesians, or the Good Guys and the Bad Guys,” *Schweiz, Zeitschrift für Volkswirtschaft und Statistik*, Heft 3, 1989。最近，卢卡斯承认“货币冲击不是那么重要，这是我不得不接受的观点，这无疑是对我观点的放弃”，见 John Cassidy，“The Decline of Economics,” *The New Yorker* (December 2, 1996), p. 55。

更多工人。工人在市场决定的实际工资水平上准确提供他们合意的劳动时间。[①] 第 8 章介绍的总供给曲线图全方位阐述了 RBC 模型。

□ RBC 模型的劳动力市场

图 17—1 中的上图显示了生产函数（F），它表明每个工人额外的产出量是多少。[①] 不利的供给冲击导致生产函数向下移动，例如，正常的曲线 F_0 移动到不利冲击下的曲线 F_1，意味着每个工人生产率的下降。在下图中，劳动需求曲线表明劳动的边际生产力，由于不利的供给冲击由 N_0^d 向下移动到 N_1^d。

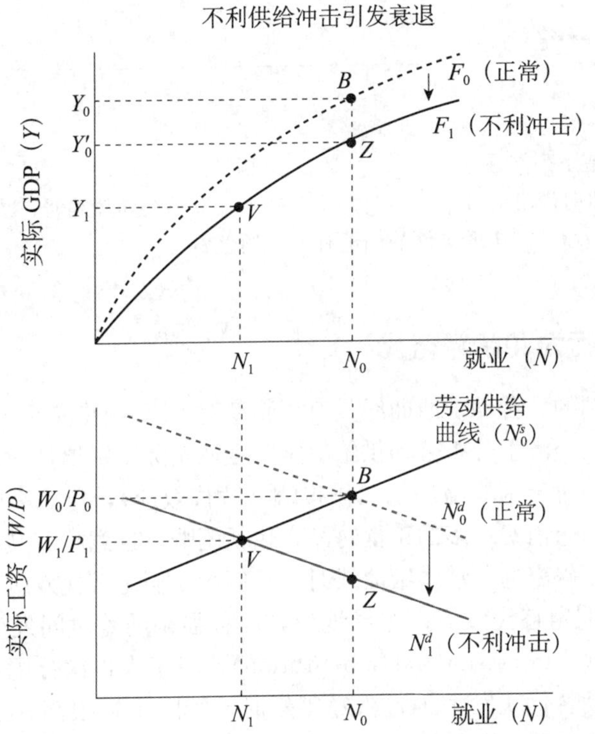

图 17—1　实际经济周期模型中不利供给冲击对产出和就业的影响

注：在图中，F_0 曲线是标准的生产函数。在下图中，N_0^d 是正常劳动需求曲线。供给的不利冲击，如影响谷物生长的恶劣天气，使生产函数向下移动到 F_1，劳动需求曲线向下移动到 N_1^d。在正常时期，经济在点 B 运行；在萧条时期，经济在点 V 运行。就业的减少量取决于劳动供给曲线的斜率；如果劳动供给曲线是垂直的而不是像 N 的正斜率，经济会运行于点 Z 而不是点 V。就业仍然不变，产出从 Y_0 移动到 Y_0'。

不利供给冲击对产出和就业的作用取决于劳动供给曲线的斜率。如果斜率是正的，如

① 在 RBC 理论的发展中，最有影响的两篇论文是 Finn E. Kydland 和 Edward C. Prescott 的 "Time to Build and Aggregate Fluctuations," *Econometrica*, vol. 50（November 1982），pp. 1345 - 70；还有 Robert G. King 和 Charles I. Plosser 的 "Money, Credit, and Prices in a Real Business Cycle," *American Economic Review*, vol. 74（June 1984），pp. 363 - 80。一个令人满意的阐述是 Bennett T. McCallum 的 "Real Business Cycle Models," in Robert J. Barro, ed., *Modern Business Cycle Theory*（Cambridge, MA: Harvard University Press, 1989）. pp. 16 - 50。技术性介绍较少的文献参见 Charles I. Plosser, "Understanding Real Business Cycles," *Journal of Economic Perspectives*, vol. 3（Summer 1989），pp. 51 - 77。

沿着曲线 N_0^d，低的实际工资导致工人提供更少的劳动（工作时间更少或者离开劳动力市场）。因为 RBC 模型中经济总是处于均衡状态，由于供给冲击，劳动需求量由点 B 移动到点 V。就业由 N_0 降到 N_1，产出由 Y_0 下降到 Y_1，见图 17—1 的下图。

劳动供给曲线的斜率不同导致结论不同。假定劳动供给曲线不是 N_0^S，而是在 N_0 上方通过点 Z 和点 B 的垂直线。经济的均衡点由于不利供给冲击将向下移动，从点 B 到点 Z。这个冲击不会对就业产生影响，在上图中，产出只是小幅下降，从 Y_0 移动到 Y_0'。因此 RBC 模型解释在现实经济衰退时就业量减少原因的能力依赖于劳动供给曲线的正斜率，如曲线 N_0^S 所示。

自测题 17—2

根据 RBC 理论回答下列问题：

1. 为什么经济扩张时产出增加？
2. 在经济扩张时，增加产出的事件的例子有哪些？
3. 在经济紧缩时，减少产出的事件的例子有哪些？

□ 劳动供给行为和跨期替代

正如我们所看到的，劳动供给曲线具有正斜率对 RBC 模型是至关重要的，如图 17—1 下图所示。传统微观经济学分析劳动供给决定时强调实际工资增加时的两个相互矛盾的效应。高的实际工资相对于闲暇增加了工作报酬（替代效应），但是高的实际工资同样增加了实际收入，使人们想消费更多的正常物品，包括闲暇，这意味着减少工作（收入效应）。在图 17—1 中绘制正斜率的劳动供给曲线时，我们简单假定替代效应大于收入效应。

RBC 理论不仅假定替代效应占主导地位，而且强调随着时间发生的特殊维度的替代效应，叫做**跨期替代**（intertemporal substitution）。当工人再次分配工作时间来回应实际工资的变化时，跨期替代就发生了。在好年景时，实际工资很高，工人选择工作更长时间。在年景不好时，实际工资很低，他们更愿享受更多闲暇。

学生在上大学时面临这样的选择。许多学生计划一个夏季到欧洲去旅行，同时计划在来年的夏季工作。大二学生在毕业以前剩下两个夏季，他或她选择哪个夏季到欧洲去旅行呢？显然，应该选择有最佳机会赚取相对较高工资的夏季去工作，而高薪稀缺时的那个夏季应该到欧洲旅行。这个例子强调了将跨期替代理论应用到现实世界中存在的问题——学生怎样预测未来哪个夏季可能提供更高薪的工作机会？

17.5 新古典宏观经济学：缺陷及其积极贡献

□ 评价实际经济周期模型

RBC 模型和第 8 章的常规 $AD-SAS$ 图形分析一致认为供给冲击导致经济周期。那么为什么 RBC 模型备受争议？对 RBC 模型的批评涉及其分析问题的独一无二的组成要素：强调技术冲击是经济周期的首要原因，但没有包含价格和货币因素，在经济周期发生时，RBC 也没解释劳动力市场发生了什么。

技术冲击的性质 批评集中在 RBC 模型对待技术冲击的两个方面。技术进步速度时快时慢，导致产出增长率周期变化，这似乎是可信的。这暗含着衰退是由于技术退步即“健忘”引起的，从而使得大多数批评难以置信。RBC 模型的捍卫者回应说即使人们实际上忘了怎样有效率地生产，还是存在着一些事件与技术退步有相同的作用。这些事件包括收成不好、油价冲击以及需要大量投资和更多工人来减少空气和水污染的政府管制。

或许更严重的指责是区分总量经济和个别行业。与第 4 章的 *IS*－*LM* 模型不同，RBC 模型没包含放大了冲击对经济影响的乘数效应。所以，要解释严重的衰退，模型就需要巨大的冲击。但是技术对于特定行业是独一无二的。例如，增加 Windows 桌面计算机速度的高度独特的技术创新对矿工的影响非常小。在行业水平上，人们认为技术冲击（有利的或不利的）随机发送，所以一些行业的良性冲击将会大幅抵消其他行业的恶性冲击。引起经济衰退的足够大的恶性冲击（考虑到它将会被其他行业的良性冲击部分抵消）在行业数据中很容易看到。然而 RBC 模型的支持者至今没能分辨出这些冲击，尤其是负面冲击，除了油价冲击外（见图 9—8）。

☞ **国际视角**

美国和日本的生产率波动

生产率是产出和投入之比，度量投入品使用的效率。劳动生产率是每单位劳动的产出。例如，我们在第 12 章所学的一个更广泛的概念叫做多要素生产率（MFP），它是每单位总投入的产出，投入不仅包括劳动，还包括资本、能源和进口材料。

顺周期的产出率冲击激起了对 RBC 模型的兴趣，顺周期指和经济周期方向相同。全要素生产率（即产出和总投入之比）的顺周期波动有多重要？下图显示了美国和日本的产出和投入增长率。当产出的增长快于投入的增长时，MFP 增长率是正的。当产出的增长慢于投入的增长时，MFP 增长率是负的。

在上图中，美国的数据显示，在繁荣期，产出的增长持续大于投入的增长（定义为劳动和资本投入增长的加权平均）。当产出增长强劲时，MFP 增长达到最大，如 1973 年、1976 年、1984 年、1998 年和 2003 年。在衰退时，有一些例子说明产出的增长比投入的增长下降快，使 MFP 增长降到零以下，如在 1974 年、1980 年、1982 年以及 1991 年。然而，衰退时的这种关系在 20 世纪 90 年代以后发生了改变。在 2001 年的衰退中，MFP 大幅为正，同样在 2007—2009 年的衰退中，稍微为正。

在下图中，日本的数据显示了明显的差别。首先，和美国相比，每年投入增长更加平缓，周期少，尤其是在 1975—1990 年。因为投入增长太平缓了，与美国相比，MFP 的顺周期性更加明显。但是日本的投入增长行为在 1990 年以后发生了改变。1992—1994 年、1998—1999 年以及 2001—2002 年发生了投入增长的大幅减少，和美国的投入行为更加相像。

第二个区别是日本的MFP增长在1976—1991年之间持续为正，而美国在这段时间的MFP增长极度不稳定，在1974年、1980年、1982年以及1991年为负增长。1990年以后，关系颠倒了。日本在1992—1994年、1998—1999年、2001年以及2009年经历了MFP负增长。相反，美国在1992—2010年的整个时间内除了一年外每年都经历着正的MFP增长。这种行为变化的显著标志是即使在2001年的轻微衰退以及2007—2009年的程度更深的衰退中，MFP也没有降低。

日本这种行为的变化部分反映了停滞不前和萧条的经济形势下"失去的十年"（现在几乎是20年）是日本20世纪80年代股票市场和房地产泡沫的产物。在1992—2010年间，和美国的3.0%相比，日本的实际GDP每年只增长0.8%。第4.9节的"国际视角"专栏中提供了日本20世纪90年代的政策两难处境和美国在2009—2010年政策难题的对比。

这里阐述的MFP增长顺周期行为和本章讨论的构成RBC模型基础的顺周期的技术冲击相一致。然而，观察到的顺周期行为也和其他理论相一致，如雇用和解雇工人是昂贵的，结果企业调整劳动投入只是部分对产出波动作出反应。它同样与被广泛认可的用于计算大部分MFP资本投入数据的缺陷相一致。数据反映了总资本存量，例如，要素中所有机器的价值不会随着这些机器在繁荣与衰退中使用的时间变化而调整。

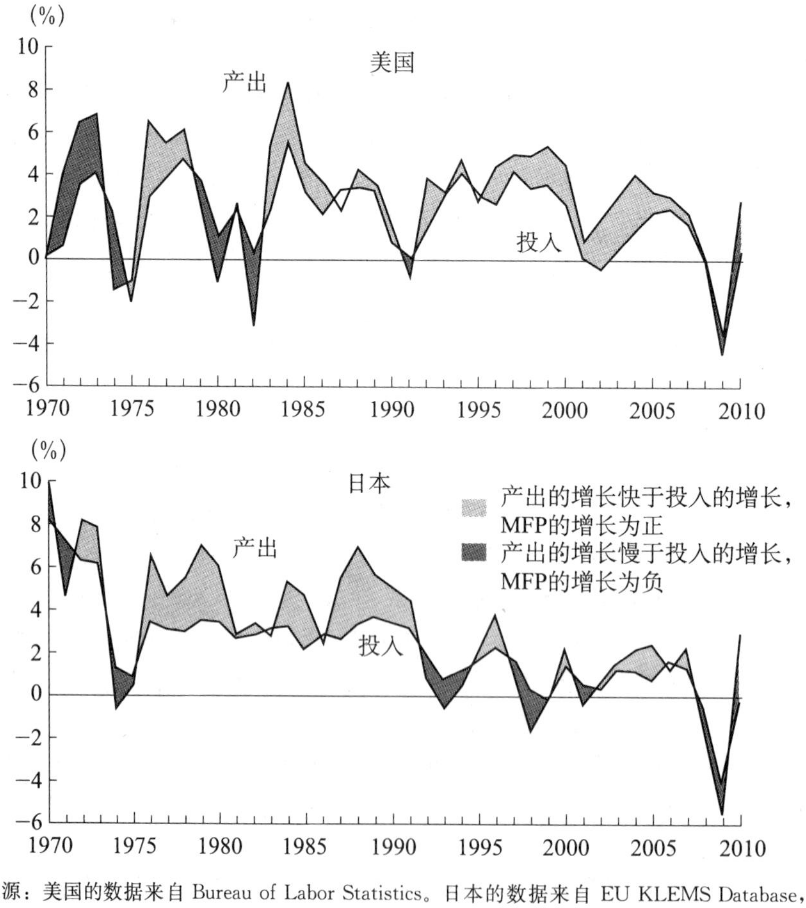

资料来源：美国的数据来自 Bureau of Labor Statistics。日本的数据来自 EU KLEMS Database，Groningen Growth and Development Center *Total Economy Database*，and OECD *Economic Outlook*。

基本的RBC模型建立在良性和不利供给冲击变换的基础上，每次冲击持续的时间大约等于美国经济周期的平均长度。但是它的含义引起了一个麻烦：如果经济周期发生，总供给曲线来回移动，而总需求曲线固定不变，价格就会在衰退时上涨，在繁荣时下降。经济周期和小麦市场很相似，在收成好的年份，产量增加，价格低，在收成不好时，产量低，价格高。

关键的问题是有时候价格和产出变化成正相关，如大萧条时期；有时候和产出变化成负相关，如20世纪70年代和80年代早期的供给冲击。这表明需求和供给冲击都会造成经济周期，而不是像第8章的 $AD-SAS$ 模型和第9章的通货膨胀—产出模型中那样仅由供给冲击引起。

☞ **全球经济危机聚焦**

2007—2009年危机和实际经济周期模型

20世纪30年代的大萧条对RBC模型的倡导者来说是个窘迫的事情，因为他们的理论迫使他们不得不把20世纪30年代的大规模失业解释为完全自愿的，把1929—1933年的产出大幅下降解释为灾难性的不良供给冲击，一个难以置信的“健忘”事件。2007—2009年的全球经济危机产生了1929—1933年经济活动紧缩时的同样问题。2007—2009年没有发生像20世纪70年代后石油冲击那样的提高价格水平和通货膨胀的不良供给冲击。相反，通货膨胀几乎降到零，在1929—1933年间价格水平实际上下降了。既然RBC模型认为经济衰退只是负面技术冲击的结果，2007—2009年的事件更是进一步提供了RBC理论的反证。如图12—5中美国的图形所示，生产率增长速度比2009—2010年的平均增长率快。在2009年，工作时间实际上比产出减少快，增加了生产率。同样，大萧条时期也没有发生技术退步，而是速度异常快的技术进步。[①] 大萧条和全球经济危机都是由大规模向下的需求冲击引起的，在一定程度上存在着相同的起源，即金融泡沫（1927—1929年的股票市场泡沫和2001—2006年的房地产泡沫）。

□ 新古典宏观的积极贡献

尽管有缺陷，新古典理论的卢卡斯模型和RBC模型仍然吸引了许多经济学家。新古典理论的吸引力在哪里呢?

理性预期：将微观和宏观经济学联系起来 理性预期假说吸引了众多经济学家，因为它要求人们不要重复犯错。的确，人们充分利用他们得到的信息来指导他们的经济行为。这种方法和人们在同一方向上重复持久犯错的假说相比，更具有吸引力。理性预期假说的另一个吸引人之处是它的微观基础。这意味着宏观经济学的理性预期假说和微观经济中基本的利润最大化和效用最大化假说相一致。

金融市场有效理论 新古典宏观经济学家发展的许多理论被成功地应用到各种市场

① See Alexander J. Field, “The Most Technologically Progressive Decade of the Century,” *American Economic Review*, vol. 93, no. 4 (September 2003), pp. 1399 - 1413. 也可见同一个作者的另一本书，*A Great Leap Forward: Great Depression and U. S. Economic Growth*. New Haven and London: Yale University Press, 2011。

中，在这些市场中，市场出清是个合理的假设。对金融市场而言更是如此，如股票市场、债券市场、外汇市场、农产品和原材料市场，如糖、黄金。有效市场理论包含理性预期假说。假设预期包含所有可得信息，暗含着随即时信息波动的股价能被人们了解，在股票市场上如果没有内部信息就没有盈利机会。

深入了解经济政策 经济体私人部门中的个体可进行理性预期这种思想有助于我们理解经济政策。尽管长期工资和价格合同阻碍了工资和价格的灵活性（这将在后面一章讨论），合同谈判人员仍可根据政府可能作出的决定，再根据充分信息签订合同。例如，怀疑政府在供给冲击之后容忍快速的通货膨胀的工资谈判者，在合同中就会要求进行生活费用调整。相反，如果政府过去在供给冲击后不允许快速通货膨胀的出现，如20世纪70年代联邦德国中央银行的情形，这将会增强工资谈判者的信心，生活费用调整就没有必要了。

作为卢卡斯信息障碍理论一部分的政策无效性命题意味着完全预期到的货币政策变化对产出没有任何影响。然而政策无效性命题在美国历史上似乎是无效的，更加温和可接受的命题是完全预期到的政策变化比没有预期到的作用更小。美国20世纪60年代追求的扩张性政策导致产出率在一些年份超过百分之百，但不是永久的。相反，在极端通货膨胀情形下，政府政策的根本变化似乎在没有明显降低产出的情况下遏制了通货膨胀。①

对经济研究的普遍影响 尽管新古典的经济周期理论受到众多质疑，这些理论引入的新分析技术对经济学家研究诸如消费、投资和汇率等变量的方式仍然产生了重大影响。对像阿根廷、巴西以及土耳其这些地方的极端通货膨胀的理解只是新古典经济学家引入的技术的一个贡献。预期到的政策变化和未预期到的政策变化之间的区别加深了对政策变化的了解。

17.6 新凯恩斯主义经济学的必备特征

□ 新旧凯恩斯主义理论的共同特征

形容词“新的”把现代发展的凯恩斯主义理论和在大萧条时期由凯恩斯本人及其追随者发展的旧凯恩斯主义理论区分开来，旧凯恩斯主义理论在第8.8节曾经涉及。

旧凯恩斯主义结合了总需求（以第4章的$IS-LM$模型为基础）和总供给（以固定名义工资这样大胆的假设为基础）变动理论。与古典和新古典的持续均衡和市场出清假设不同，凯恩斯理论假定市场不是连续出清的。因此，凯恩斯模型，无论新旧，都被称作非市场出清模型，意味着在需求和供给冲击后的一个相对短的时间里，价格来不及调整以使市场出清。如果缓慢的价格调整使经济恢复到自然产出的过程旷日持久，市场在几年之内都不会出清，如在1929—1941年、1980—1986年以及2007年以后。

① See Thomas J. Sargent, “The Ends of Four Big Inflations,” Chapter 3 in his *Rational Expectations and Inflation* (New York: Harper & Row, 1986).

凯恩斯主义经济学的诉求来源于萧条时期工人和企业幸福感的缺失。工人和企业并非自愿选择减少产出和工作时间。思考一个简单的试验就足够了。在2010—2011年的现实状况中，当失业率达到9%以上时，让自己回答以下问题。每个工人都能在当前的工资和价格水平下出售所有合意的劳动吗？每家企业都能在当日价格水平上出售所有合意的产出吗？每家企业都能在当日价格水平上拒绝客户吗？经济周期的历史被持续数年的萧条打断，在此期间，工人和企业不能在当前的工资和价格水平上售出意愿的劳动和产出。所以，新凯恩斯主义者认为，以市场非出清为基础的经济周期理论比新古典宏观经济学以连续市场出清为基础的理论更具现实性。

在新古典模型中，企业根据有关它们产品价格的信息决定产出，这些信息可以从类似于芝加哥交易所的拍卖市场获得。相反，凯恩斯非市场出清模型把价格和产出的作用完全颠倒。新凯恩斯主义企业根据自己的销量信息选择价格水平，这些信息可以通过观察顾客的订单量得到。

□ 新凯恩斯主义模型

那么新旧凯恩斯主义经济学的区别是什么呢？它们都假定价格调整缓慢。但是与假定名义工资刚性的旧凯恩斯模型不同，**新凯恩斯主义经济学**（new Keynesian economics）试图寻找解释工资和价格缓慢调整的微观基础。新凯恩斯主义借鉴（也有人认为是窃取）了新古典宏观经济学的理性预期概念。在传统微观经济学方面，新凯恩斯主义理论借鉴了企业利润最大化和工人福利或效用最大化的核心假设。新凯恩斯主义经济学的成就体现为阐明了在微观层面企业和工人怎样作出选择以使企业利润最大化和工人福利最大化，但是在宏观层面上会产生不利的社会后果。

新凯恩斯主义模型要具备两个必要的区分。第一个是劳动力市场的工资决定和产品市场的价格决定。第二个区分是**名义刚性**（nominal rigidity）和**实际刚性**（real rigidity）的区分。如果有什么东西阻碍了名义价格充分调整，即阻碍了名义价格（P）的变动与名义需求（$X=PY$）成比例的变动，那么市场就不会出清。第一组群的新凯恩斯主义理论把工资和价格刚性的原因解释为昂贵的价格调整成本。这组理论包括**菜单成本**（menu cost）和**交错合同**（staggered contracts），它们限制了价格和工资的灵活变动。这些要素解释了名义刚性，因为它们解决了名义价格调整的障碍。

新凯恩斯主义理论也解释了实际刚性。一种工资相对于另一种工资的刚性、工资相对于价格的刚性或者价格相对于价格的刚性。劳动力市场上解释实际刚性的理论包括效率工资模型，这个模型将在这一章的后面讨论。批评者注意到，实际刚性的理论不能解释名义刚性，因为没有什么能阻止个人按名义总需求调整名义价格，即自动按照X的变化同比例改变P，因此实际产出（Y）保持不变。我们对凯恩斯的缺乏充分调整的主张尤其感兴趣，它反过来表明实际刚性理论只是相对解释了价格和工资刚性。[①]

---

① 关于新凯恩斯主义宏观经济学可得文章的最佳来源是《经济展望杂志》（Winter 1993，vol. 7，no. 1）的一篇专题论文。David Romer介绍了本章讨论的一些模型；Bruce Greenwald和Joseph Stiglitz比较了新旧凯恩斯主义；James Tobin为旧凯恩斯主义模型提供了新见解；最后，Robert G. King在新凯恩斯主义理论和$IS-LM$模型之间提供了富有洞察力的桥梁。

17.7 为什么微弱的名义刚性有巨大的宏观作用?

新旧凯恩斯主义理论的基本观点是个别企业的决策并不总是与社会的最佳利益一致。旧凯恩斯主义模型认为需要刺激性财政政策来避免由于货币无效、自我调节失灵和固定工资综合导致的经济衰退。新凯恩斯主义模型并没有过分强调财政政策以反对货币政策。实际上，它表明了企业理性的利润最大化决策怎样对社会产生不利后果。

□ 垄断企业的价格决定

新古典和新凯恩斯主义理论从不同的角度看待企业行为。在新古典模型中，企业被认为是完全竞争的“价格接受者”，不能控制价格。这个理论可以描述生产物品的农民，这些产品在**拍卖市场**（auction market）上出售，如小麦和谷物在芝加哥交易所出售。这些农民决定生产多少，但是对价格没有控制力。然而，完全竞争假设并不适用于经济中大多数其他部门的企业。在不完全竞争描述的市场上卖家的数量太少以至于每个企业都是价格制定者而不是价格接受者。例如，制造业、航空公司以及许多其他企业能准确选择确定什么价格，但是它们不能控制出售的数量。

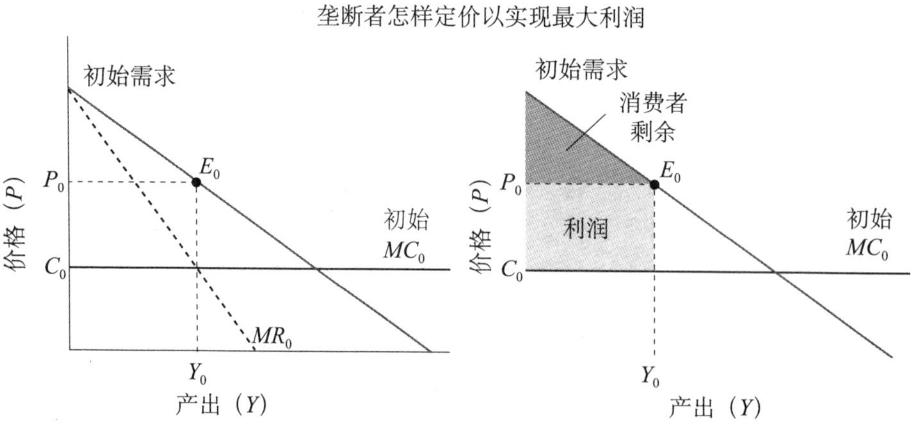

图 17—2 垄断企业的价格决定

注：在左图中，斜线是初始需求线，MR_0 线是初始的边际收益曲线。水平线是初始的边际成本曲线 MC_0。产出选择在 MR 等于 MC 处。价格（P_0）在点 E_0 处显示，即需求曲线和产量曲线的交点。在右图中，深灰色区域表示消费者剩余，指需求曲线以下、价格水平 P_0 以上的区域。利润是浅灰色矩形，即 Y_0 左边 P_0 和 C_0 之间的区域。

新凯恩斯主义理论假定小的菜单成本将阻止不完全竞争企业持续地改变其价格，表明菜单成本不能更多地解释价格刚性。为什么？看图 17—2 的左图，这里我们复习一下垄断企业定价的基础理论。[①] 图形非常简单，因为假定边际成本是常量，是水平的初始线

① 本节的阐述是如下一书的前半部分的简化形式：N. Gregory Mankiw, “Small Menu Costs and Large Business Cycles: A Macroeconomic Model of Monopoly,” *Quarterly Journal of Economics*, vol. 100 (May 1985), pp. 529-537。

MC_0。没有固定成本，所以边际成本和平均成本是一样的。产量 Y_0 是由边际收益曲线（MR_0）和边际成本曲线的交点决定的。价格在点 E_0 处决定，在那里选中的 Y_0 相交于初始的需求曲线。图 17—2 右图精确地显示了相同的情况，但是区分了表示企业利润区域和产品购买者享有的消费者剩余的区域。[①]

□ 企业对需求降低的反应

为了了解实际产出衰退怎样发生，我们考察产品需求下降的效应。图 17—3 的左图显示了需求下降，由初始的虚线向下移动到实线。为了避免衰退，企业必须和以前生产同样多的产出，即 Y_0，和新需求曲线相交于点 E_1。在点 E_1，利润最大化的企业为了选择不变的产出，边际成本必须降低 MC_0 和 MC_1 之间的量。低的平行实线被称为“必要的”，因为需要降低 MC 来避免衰退。

企业为了避免减少产出会将价格从 P_0 降低到 P_1 吗？如果有菜单成本或许不会降低，降低价格获得的利润可能不能弥补菜单成本。回想图 17—2 的右图，利润框是个长方形，位于 MC 线以上，右上角位于均衡点 E_0 或 E_1。比较两个利润框，把价格从 P_0 降低到 P_1，企业获得的利润标记为 B，失去的利润标记为 A。

小菜单成本能够导致大社会成本

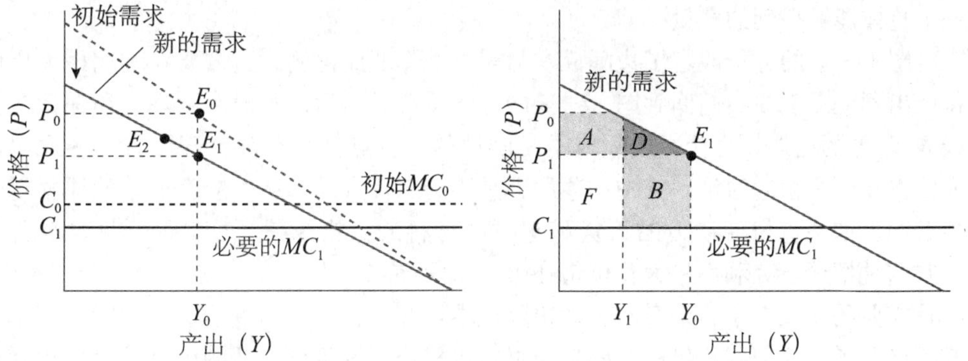

图 17—3　垄断企业面临需求下降的价格选择

注：在左图中需求的下降使需求曲线向下移动，从初始的需求曲线下降到新的需求曲线。为了使产出固定在 Y_0，价格必须从 P_0 降低到 P_1，边际成本必须降低到必要的 MC_1。为了决定是否将价格降低到利润最大化价格水平 P_1，企业权衡得到的利润（右图中区域 B 减去区域 A）和任何价格变动产生的菜单成本。如果不能把价格降低到 P_0 以下，产出水平从 Y_0 下降到 Y_1，社会损失为区域 $D+B$，它比区域 $B-A$ 大。

自测题 17—3

1. 为什么区域 A 衡量了利润损失？

2. 为什么区域 B 衡量了利润所得？

① 回顾：当需求曲线是直线时，边际收益曲线内移，它位于需求曲线和纵轴的中间位置。需求曲线表明每个购买者愿意为产出支付多少。在价格 P_0 处，任何愿意支付多于 P_0 价格的购买者都会有消费者剩余，反映了索要的价格低于愿意支付的价格。

3. 为什么区域 B 一定比区域 A 大？　　　　4. 区域 F 代表什么，它和区域 B 有什么不同？

尽管降低价格获得了利润，如果菜单成本 z 足够大，企业将选择不改变价格。如果得到的利润（$B-A$）大于 z，就会降低价格，相反就不降低。如图 17—3 所示，区域 B 减去区域 A 只占在低价（P_1）处获得的总利润的 23%。所以，菜单成本大于利润的 23%将会阻止企业降低价格。

但是如果企业决定不降低价格，社会就会损失更多。产出从 Y_0 降低到 Y_1，社会损失了消费者剩余区域 D 和利润区域 B，区域 $D+B$ 等于价格降到 P_1 后得到的总利润的 66%。因此，企业不降价的决定使社会的损失为企业自己损失的三倍。

□ 宏观经济外部性和边际成本刚性的影响

企业不降价的利润最大化决定导致的社会福利损失被称为**宏观经济外部性**（macro economic externality）。企业不用为强加给社会的决策支付成本，如同导致空气污染和水污染的企业不用为受害者支付成本。在空气和水污染的案例中，如果政府减少污染企业的产量，社会的福利就会增加，例如，对烟尘征税。同样，如果所有企业一起降低价格，社会状况就会好转。即使降低价格符合社会的最佳利益，如果政府做不到，就被称作**协调失灵**（coordination failure），因为不存在起指导作用的看不见的手来使企业产出恢复到社会作为一个整体能够得到的产量。

对图 17—3 的分析假定了边际成本与需求的降低成比例。这需要在利润最大化价格下维持产出不变。现在我们回到图 17—3 的左图，考虑边际成本没有下降，还保持在初始的虚线 MC_0 处的情形。为什么边际成本是刚性的，一点都没有降低呢？有许多原因，一部分原因将在本章稍后讨论。其中一些原因是固定工资合同和从供应商处采购原材料的固定价格合同。如果支付劳动力的工资和支付原材料的价格保持不变，MC 曲线也会保持固定。在这种情形下，利润最大化价格在 E_0，而不是 E_1。①

最重要的意义在于如果存在刚性边际成本，在解释为什么衰退会发生时，菜单成本一点都不必要了。任何阻止供应商降低原材料价格或延迟价格降低的因素都会使边际成本刚性，暗含着在图 17—3 中点 E_0 是企业的利润最大化点，而不是 E_1。

17.8　协调失灵和指数化

对新凯恩斯模型的讨论包含了各种各样的因素，这些因素可能阻止价格对名义 GDP 的变化作出即时调整，本身暗含着对实际 GDP 的反应。先不考虑菜单成本，图 17—3 中描述的价格对需求冲击的充分调整取决于边际成本的瞬时反应。在负面需求冲击之后，如果边际成本降低的程度小于边际收益，产出必须下降。有两个原因解释了为什么企业能理

① 为了简化图 17—3，没有显示边际收益曲线。为了把它画进来，找出纵轴和需求曲线与横轴交点的中点位置，然后画一条向上倾斜的线直到最左边；它与低的必要的 MC_1 曲线相交于 Y_0 正上方。点 E_2 位于边际收益曲线和较高的初始 MC_0 线交点的正上方。

性地预期到边际成本移动程度和边际收益不同。第一，边际收益能随着名义总需求而变化，边际成本不会。如果企业认为其成本取决于许多具体因素而不是感知到的名义总需求（例如，不稳定的供给条件、进口材料价格的变化、汇率变化造成的成本变化），这就会发生。第二，当名义总需求固定时，边际成本也会固定，局部的需求变动（例如，新法令禁止在餐馆和酒吧抽烟，为此减少了抽烟量）会减少边际收益，是边际成本和边际收益变化不一致的另一个原因。

□ 投入产出方法和对名义需求完全指数化的缺失

为了解释实际价格刚性，局部总量成本差别必须应用到许多不同企业购买其供给品的世界中。汽车制造商从一家企业购买车头灯，这家企业又从另一家企业购买灯丝，卖灯丝的这家企业又从另一家企业购买铜，最后这家企业可能用第一家汽车制造商制造的汽车运输铜矿石。投入产出模型强调了多重买卖关系的重要性；每个企业既是买者又是卖者。①当只有两个企业时，每个企业都向另一个企业供应产品，企业能够很容易地区分它们成本的局部及总量构成。但是如果成千上万的企业购买成千上万的产品，包含从许多家企业购买的材料，企业就不能区分它们的所有供应商的集合。尽力猜测需求曲线移动对所有供应商平均边际成本的作用而产生的信息问题是不能解决的，聪明的企业只需“等待下一封邮件”，即成本增加的消息，当价格上涨时把成本加上去。

投入产出理论对理解实际价格刚性和名义价格刚性作出了重要贡献。反对前面的实际刚性理论的标准论据是它们和名义灵活性相一致，名义灵活性可通过对名义需求指数化来完成。然而投入产出理论强调了归因于不确定供应商的一小部分企业成本有多高，另一部分不确定成本在不同的总需求条件下在国外产生。这种环境将会阻止企业考虑产品价格的名义需求指数化，因为所有的供应商都不采取相似的指数化会导致其破产。

没有任何信心保证供应商会采取任何总指数化方程，因为单独行动的单个供应商没有激励这样做。回报太少了，独自行动的代价是巨大的，因为企业的生存能力取决于价格和成本的关系，而不是价格和名义 GDP 的关系。没有任何个别企业有激励冒险引入名义 GDP 指数化，它会使企业脱离对价格成本关系必要的控制。

□ 协调失灵和夏令时

边际成本不能及时充分降低来回应名义需求，这反映了协调失灵。如果所有工人和企业一起将工资和价格削减到名义需求变化相同的程度，边际成本就会下降。但是每个企业都害怕最先行动，因为如果其他工人和企业都不行动，它将会损失。夏令时为面临协调失灵的政府干预提供了一个简单的例证。在夏季时，每个企业都希望早早开业，早早闭店，以便在傍晚时消遣，但是没有一家店铺这样做，因为每家店铺都希望和其他店铺的营业时间相同。通过简单地颁布时间法令，政府解决了单个商店协调行动失灵的难题。

---

① 投入产出方法由以下文献发展：Robert J. Gordon，“What Is New-Keynesian Economics?” *Journal of Economic Literature*，vol. 28 (September 1990)，see especially pp. 1150 - 52。投入产出模型的动态一般均衡参见 Kevin X. D. Huang and Zheng Liu，“Production Chains and General Equilibrium Aggregate Dynamics，” *Journal of Monetary Economics*，vol. 48 (2001)，pp. 437 - 62。

17.9 经济周期根源：长期劳动合同

长期劳动合同（long-term labor contracts）是企业面临的边际成本刚性的重要原因。就像垄断企业实现利润最大化时对社会强加社会成本，企业和工人签订长期劳动合同时也是这样。然后，如新凯恩斯模型所强调的，有充分的理由说明为什么企业和工人想要签订这样的合同。在这一节，我们学习长期劳动合同的特征。

□ 劳动合同的特点

在美国，除了少数例外外，正式的劳动合同是在工会部门协商的，这大概占了10%的劳动力。工会化程度高的行业包括大部分制造业（尤其是汽车、电子机械、橡胶以及钢铁），以及大部分建筑和交通行业（尤其是航空、铁路和卡车）。非工会化的行业包括快餐业和其他服务业、零售业、一部分制造业（尤其是服装纺织业）。

经济体中工会化部门的工资率远比10%这个数字所显示的意义重要得多，因为在工会化部门协商的工资率形成一种被非工会工人模仿（不是完全仿效）的模式。工会化部门为非工会化部门树立了工资模式的原因是非工会化企业（如三角洲航空公司）不希望它们的员工离职，加入到与之竞争的工会化企业中（如美国航空公司），也不希望转变成工会化企业，所以它们愿意支付和工会化企业相类似的工资。确实，在2010年，三角洲航空公司的乘务员和技师否决了工会化，因为他们觉得尽管他们身处非工会化企业中，但是他们的工资、福利和工会化航空公司一样好，甚至优于他们。

议定工资变化和生活成本协议 在劳动合同下协商的工资并非完全固定不变的。当进行新一轮合同协商时，工资就会改变。名义工资在签订劳动合同时就已经决定了，并持续到整个合同结束。在合同有效期内工资变动是允许的，但是在协商时已经提前定好了。有两种类型的变化是预先协商好的。第一，多年期合同中每年都会有议定的改变生效。第二，有时会存在提前设定名义工资的变化程度的**生活成本协议**（cost-of-living agreement，COLA），工资的变化程度被允许根据未来通货膨胀变化的百分点确定。例如，三年期的合同可能会具体规定工人每年将得到3.0%的名义工资上浮，加上这三年中每年的通货膨胀率。这样，如果实际通货膨胀率在一个特定的年份为零，工资增加幅度将会是3.0%。同理，如果实际通货膨胀率是10.0%，工资增加13.0%。若COLA合同为工人工资确定了一个固定的增加幅度加上全部的通货膨胀率，这种情形被称作“完全生活成本协议保护”，而固定的增加幅度加上一半的通货膨胀率叫做“半生活成本协议保护”。

COLA旨在保护工人维持其实际工资。没有COLA，实际工资将因通货膨胀而减少。下表显示了如果工人没有COLA保护，当通货膨胀率突然从零增加到10%时会急剧减少工人的实际工资。在COLA的保护下（名义工资变化等于3.0%加上通货膨胀率），实际工资不受通货膨胀影响。在半生活成本协议保护下，表格中的名义工资变化等于3.0%加上一半的通货膨胀率。

	COLA 保护的名义工资变化（%）			COLA 保护的实际工资变化（%）		
	全部	无	一半	全部	无	一半
零通货膨胀	3.0	3.0	3.0	3.0	3.0	3.0
10%通货膨胀	3.0	8.0	13.0	−7.0	−2.0	3.0

在这个例子中，每个实际工资变化的数字等于相应的名义工资变化的数字减去假定的通货膨胀。

自测题 17—4

在下面每种情形下，判断实际工资增长率是否是固定的，即不对通货膨胀率产生任何反应。

1. 没有 COLA 保护。
2. 半 COLA 保护。
3. 完全 COLA 保护。

17.10 凯恩斯模型演变成 DSGE 模型

和其他理论比较，新凯恩斯模型似乎解决了第 8 章和本章前半部分的经济周期理论的主要难题，即在没有如下假定的情形下，怎样解释观察到的经济周期：不存在产出波动（如新古典经济学所做的）、完全工资刚性假定（如旧凯恩斯模型所示）、不现实的企业和工人的愚昧假定（弗里德曼-费尔普斯模型），以及在容易获得价格和货币供给信息情况下不能对持续的失业作出解释（卢卡斯信息障碍模型）或者需要顺周期的实际工资变动和持续的劳动力市场均衡（实际经济周期模型）？

新凯恩斯模型中的工人和企业是理性的，签订长期协议对私人有利，但是宏观经济外部性将就业和产出损失强加给其他企业和工人。其他的理论未能为经济周期提供合理的解释，部分是因为它们在避免经济周期时没能区分私人利益（如签订合同）和集体利益。

□ 对新凯恩斯主义理论的批评

新凯恩斯模型受到了批评，因为它们对工资和价格刚性提出了过多的原因。其中的一些原因，如交错合同和价格合同受到了批评，因为在美国 20 世纪 30 年代和 40 年代工会产生以前，经济周期就非常普遍了。为了解释工会力量不那么强大的时代及行业的经济周期，必须依赖新凯恩斯主义的其他阐释，这种解释不依赖书面合同的签订。其中一些理论解释包括了投入产出理论，不必依赖工会组织的存在。

对新凯恩斯主义理论的检验还处在起步阶段。对于名义和实际刚性不同源泉的重要性还没有达成一致。工资和价格刚性程度在不同的国家和不同的历史阶段差别巨大。例如，第二次世界大战前，日本和法国的市场价格比英国和美国的更加灵活。阿根廷和巴西都经历了严重的通货膨胀，这些国家的价格明显比美国更加灵活。但是很少有研究涉及为什么上述陈述是正确的。

解释价格在一些国家比另一些国家更加灵活的原因可以和理性预期联系起来。当企业和工人预期政府热衷于通货膨胀政策时，他们更可能坚持完全生活成本协议保护，愿意花费更多的时间预测政府政策的变化。他们不乐意签订长期交错合同。

□ 建立综合新古典和新凯恩斯宏观经济学的新模型

在过去 15 年，大部分的宏观经济学研究都专注于建立一个相对简单的模型，这个模型以新古典的首要原则个人福利最大化和理性预期为基础，能够在单一模型中解释宏观经济行为的所有要素。但是这类模型也需包含价格和工资缓慢调整的假设，并考虑新凯恩斯模型的特点。构建这些模型的目的是解释“经济的一般均衡”，以代替“经济的局部均衡”，后者只解释了经济表现的一面，而没有解释经济中主要部分之间的相互关系。

例如，弗里德曼消费行为的恒久收入假说认为消费取决于恒久收入，而没有解释收入本身，因此被称为局部均衡模型。第 4 章中的 *IS*-*LM* 模型是一般均衡模型，但是假定价格是固定不变的，不能对通货膨胀的原因作出解释。第 9 章的 *SP*-*DG* 模型是一般均衡模型，在此模型中需求和供给冲击既能对产出又能对通货膨胀率产生影响，但是它没有解释需求冲击来自哪里，也没有包含货币政策在创造和抵消需求冲击时的作用。

这些新宏观模型被贴上了动态随机一般均衡（Dynamic Stochastic General Equilibrium，DSGE）的标签。其中的“动态”一词适用于时间过程明确化的任何模型，包括本书第 9 章关于通货膨胀的 *SP*-*DG* 模型。“随机”一词意味着任何包含随机变量的模型。“一般均衡”描述了解释整体经济行为的任何模型，替代了只解释局部经济行为的模型。

DSGE 模型通常只在经济学专业课中才教授，通常包含相对高深的数学。所以在此我们只提供简单轮廓，说明这些模型的主要组成部分以及它们和本书一些主要模型的关系。这些模型的最简单版本包括三个方程。[①] 第一个是第 15.6 节中消费的理性预期版本。它使消费取决于利率，有时候称 *IS* 方程为 DSGE 模型。第二个方程是第 9 章的菲利普斯曲线（*SP* 曲线），对通货膨胀的预期具有前瞻性，并且是理性的，现实通货膨胀只取决于未来预期的通货膨胀和产出或失业缺口。第三个方程是第 14.7 节介绍的泰勒规则，它允许短期利率对现实通货膨胀和联储通胀目标的偏离以及产出缺口作出反应。

基本的 DSGE 模型建立在通货膨胀和工资变化对需求和供给冲击逐步调整的基础上。通过阻止价格、工资迅速调整，能够使总产出、通货膨胀和利率对冲击再次产生实际的回应。制造经济周期的基本冲击包括对消费者偏好和技术的冲击（在消费函数中），以及当联储偏离特定的泰勒规则时发生的对货币政策的冲击。

最早的 DSGE 模型，为了尽可能简单地实现精确性，忽略了经济中的一些因素，而这些因素对过去经济周期的产生是至关重要的。如前面描述的 DSGE 的基本模型并没有为现期收入和现期消费找到直接的关系，因此当家庭由于失业而不得不减少支出时，排除了流

---

① 对 DSGE 模型三个核心方程的描述来自“玩具模型”，参见 Olivier J. Blanchard，“The State of Macro，” *Annual Review of Economics*，2009，vol. 1，pp. 209-28。这篇文章也可从 NBER Working Paper 14259，August 2008 获得。

动性约束。没有资产泡沫和消费者债务，所以没有关于2001—2006年美国房地产泡沫“残留物”（hangover）的解释，这场泡沫导致了2007—2009年的经济大衰退。投资方程的缺失导致不能引入过度投资的概念，这是一种不协调的投资热潮，如1927—1929年以及2001—2006年，建造了过多的居民住房、公寓、办公楼，而市场却不能完全吸纳。政府部门的缺失忽略了任何有关财政政策的讨论。

杰出的宏观经济学家清楚地意识到了这些缺陷，最近这些年正致力于建立能够包括投资部门、政府部门或金融部门的模型来重新模拟资产泡沫“残留物”的影响。基本的DSGE模型没有涉及失业问题，最近引入了清晰的劳动力市场模型。但是至少到目前为止，这些额外的因素在模型中一次只被加入一个，使最终的模型缺乏完整性，并且不能模拟历史上最重要的经济周期（包括大萧条、1973—1975年和1980—1982年的供给冲击导致的衰退、2007—2009年的全球经济危机）。①

小结

1. 最初，新古典宏观经济学试图建立一个以连续市场出清和不完全信息为基础的经济周期理论。其中一个理论是米尔顿·弗里德曼的愚弄模型。在这个模型中，工人被“愚弄”而提供额外的劳动，因为他们不能像企业一样掌握价格水平的即时完整信息。

2. 罗伯特·卢卡斯在弗里德曼-费尔普斯的连续市场出清和不完全信息假设中加入了理性预期。新古典宏观经济学模型的核心分析工具是决定产出的弗里德曼-费尔普斯-卢卡斯理论。这种理论把实际产出的经济周期归因于理性预期错误，也叫做“价格突变”。

3. 卢卡斯模型的重要意义是政策无效性命题。它表明货币政策既不能以一贯的、可预测的方式通过宣布的政策变化改变产出，也不能通过对过去活动作出反应的变化改变产出。

4. 第二代新古典理论是实际经济周期（RBC）模型，它认为产出周期是供给条件和技术不断变化（持续的）冲击的结果。就业周期是工人跨期替代的结果，工人在实际工资高的时期努力工作，在实际工资低的时期享受更多的闲暇。

5. RBC模型受到了批评，因为在行业层次上，除了20世纪70年代和80年代的石油价格冲击以外，还没有人确认一个特殊的技术冲击大到足以解释现实的衰退和萧条。两个缺乏现实性的关系也受到批评，即价格和产出的反向变动和实际工资的顺周期变化。

6. 新凯恩斯主义理论借鉴了旧凯恩斯主义理论对经济周期的解释，即价格不能充分调整来维持劳动力市场的持续出清。新凯恩斯模型进一步拓展了宏观经济中工资和价格刚性的解释，这种解释以理性预期和利润最大化为基础，由此与旧凯恩斯模型区分开来。

7. 小菜单成本使利润最大化企业有理由在面对需求变化时不调整价格，从而引起衰退这样巨大的社会成本。刚性边际成本意味着面对需求减少时，即使在没有菜单成本的情况下企业也将减少产出。

8. 刚性边际成本的一个根源在于长期劳动合同阻止名义工资率对需求变化作出及时调整。

① 或许引用最广的DSGE模型是Lawrence Christiano，Martin Eichenbaum，and Charles L. Evans，“Nominal Rigidities and the Dynamic Effects of a Shock to Monetary Policy，” *Journal of Political Economy*，2015，113（1），pp. 1-45。将金融危机的影响整合到严密模型框架中的是Robert E. Hall的一次有希望的尝试，见“The Long Slump，” *American Economic Review*，vol. 101（March 2011）。

9. 现代宏观经济理论试图将新古典和新凯恩斯理论融入到一种新的模型当中，它就是“动态随机一般均衡”(DSGE)。这些模型将新古典主义强调的完全理性预期和新凯恩斯主义强调的缓慢的工资和价格调整结合起来。到目前为止，它们能够模拟现实世界经济周期的一些特征，但是还没有成功地捕捉到2007—2009年全球经济危机的关键要素。

关键术语

自然率假说	跨期替代	交错合同
理性预期	非市场出清模型	拍卖市场
卢卡斯模型	新凯恩斯主义经济学	宏观经济外部性
政策无效性命题（PIP）	名义刚性	协调失灵
实际经济周期模型（RBC）	实际刚性	长期劳动合同
菜单成本	生活成本协议（COLA）	

问答题

1. 根据价格和工资变化错觉理论，弗里德曼-费尔普斯的“愚弄模型”有什么不同？劳动力市场怎样出清？

2. 解释弗里德曼-费尔普斯的“愚弄模型”怎样预测扩张的货币政策能在短期导致产出的增加，而卢卡斯模型表明这样的政策对实际产出没有影响。

3. 弗里德曼-费尔普斯模型和凯恩斯模型在哪些方面相似？在哪些方面不同？

4. 弗里德曼-费尔普斯模型和卢卡斯模型在哪些方面相似？在哪些方面不同？

5. 当企业需要扩大产出时，它既可雇用长期劳力，也可雇用临时工。如果企业雇用的是临时工，当它辞退工人时，不用支付遣散成本。而如果企业解雇其雇用的长期员工，就不得不支付这笔费用。另一方面，支付给临时工的工资高于支付给长期员工的工资。企业知道联储追随泰勒规则，同等对待通货膨胀率和产出率。鉴于企业有理性预期，讨论当经济高涨从而企业的销售量增加时，它在决定雇用临时工还是长期工时必须考虑什么因素？

6. 政策无效性命题（PIP）认为预期的货币政策不能以规则可预测到的方式改变实际产出。假设货币政策制定者不仅接受了政策无效性命题，而且有兴趣采取稳定经济的货币政策。解释这个政策制定者会有什么样的货币政策主张。

7. 解释为什么弗里德曼-费尔普斯模型和卢卡斯模型的批评者认为那些模型没有令人满意地解释经济周期。

8. 不利的供给冲击怎样影响产出函数？不利的需求冲击对劳动需求的影响是什么？

9. 解释在实际经济周期模型中，为什么价格和产出成反向关系。它和大萧条以及2007—2009年的全球经济危机时所发生的状况一致吗？根据RBC模型为经济危机提供的令人满意的解释，大萧条和2007—2009年的全球经济危机还呈现出什么其他问题？

10. 跨期替代是什么意思？在经济周期过程中，劳动供给曲线的斜率怎样和实际经济周期模型关联起来解释现实世界的工资率和就业率？

11. 讨论新古典宏观经济学对宏观经济的积极贡献。

12. 比较20世纪70年代以来美国和日本的投入增长率、产出增长率以及多要素增长率。

13. 原凯恩斯模型关于工资率的重要假设是什么？新凯恩斯模型在这个假设上的方法有什么不同？

14. 解释“古典和新古典企业选择产出，但是新凯恩斯主义企业选择价格”这句话。

15. 解释当总需求发生改变时，为什么在长期交错劳动合同下比在短期合同或统一到期合同下就业和产出的压力更大？

16. 什么是宏观经济外部性？长期协议怎样给经济带来宏观经济外部性？本章还确定了哪些宏观经济外部性的来源？

17. 原凯恩斯模型和新凯恩斯模型在哪些方面相似，在哪些方面不同？

18. 名义刚性和实际刚性的意思是什么？如果美国经济可以完全消除名义刚性，在经济周期过程中，它能解决产出和就业波动的问题吗？

19. 可能存在没有就业和产出波动的经济周期吗？如果有的话，哪个学派表明这种情况是常态？

20. 新凯恩斯模型、新古典模型和实际经济周期模型的相同点和不同点是什么？

21. 新凯恩斯模型依靠协调失灵的概念来解释为什么需求和供给冲击导致不合意的产出和就业波动。它对政府的稳定政策起到了什么作用？这是新古典模型同意的观点吗？为什么？

22. 解释动态随机一般均衡（DSGE）模型中每个词的意思。DSGE 模型中分别包含了新古典和新凯恩斯模型的哪些特征？

23. 解释本书以前讨论的哪部分材料反映在本章最后讨论的三个方程的 DSGE 模型中。对这个简单模型的哪些冲击解释了 2002—2004 年间的利率表现情况？

24. 为了能够充分解释导致 2007—2009 年全球经济危机和可能的应对危机的政策，讨论在本章最后曾经讨论过的 DSGE 模型的三个简单方程可能缺少的一些特征。

思考题

1. 下面给出 A 和 B 对价格水平的预测，以及未来十年的现实价格水平。刚开始时，价格是 100。

时期	1	2	3	4	5	6	7	8	9	10
A	102	104	106	109	112	116	119	122	122	127
B	103	103	106	112	114	118	120	121	126	126
现实水平	102	104	107	110	114	117	120	123	125	128

(a) 分别计算每个人预测的价格水平和现实价格水平之间的差额。

(b) 根据本章对理性预期的描述和 (a) 部分的答案，哪个人的预测最符合理性预期？

2. 假设总需求方程是 $Y=\$9\,000+M^S/P$，$M^S$ 是名义货币供给，P 是价格水平。初始时，名义货币供给是 3 000 美元。此外，假设企业和工人的预期是理性的。

(a) 当价格是 0.8、1.0、1.25 和 1.5 时，给定初始的名义货币供给量，计算总需求曲线上的点。

(b) 假设自然实际 GDP 等于 12 000 美元，短期供给曲线由下表给出，价格突变等于 $P-P^e$，P^e 是预期价格水平。

价格突变	−0.2	0.0	0.2	0.25	0.5
实际 GDP	11 900	12 000	12 100	12 125	12 250

给定初始预期价格是 1.0，解释为什么当价格等于 1.0、实际 GDP 等于 12 000 时，经济处于长期均衡。

(c) 假定实际汇率下降，结果总需求增加。同样假定实际汇率下降持续一段时间。由于实际汇率下降，新的总需求方程是 $Y=\$9\,600+M^S/P$。名义货币供给不变，当价格水平是 0.8、1.0、1.2、1.25 和 1.5 时，计算新的总需求曲线上的点。名义货币供给为初始水平。使用 (b) 部分中的表格，解释短期的均衡价格和均衡实际产出水平，考虑到价格突变包含在实际汇率下降中。

(d) 货币政策制定者有三种方式来应对实际汇率的下降：(i) 什么都不做，使名义货币供给保持原样；(ii) 改变货币供应量使价格水平回到 (b) 部分中的水平；(iii) 改变货币供给使价格维持在（c）部分答案的水平上。对于每一种情形，假定这正是政策制定者在过去所做的，也是企业和工人在应对实际汇率下降时希望政策制定者所做的。计算长期均衡价格水平以及政策制定者的每种对策下的预期价格水平。计算货币政策制定者要改变多少货币供应量才能使企业和工人的预期得以实现。

3. 假定实际汇率的下降不像问题 2 中那样持续很长时间，而是在初始价格改变之后暂时地下降，总需求回到初始水平。

（a）给定货币政策制定者、企业和工人都认识到实际汇率的下降是暂时的，给定问题 2（d）部分的三种政策措施，重新计算长期均衡价格水平和货币政策的制定者在每种反应下的预期价格水平。再次计算货币政策制定者要改变多少货币供应量才能使企业和工人的预期得以实现。

（b）比较问题 2 中（d）部分的答案和问题 3 中（a）部分的答案，解释它们为什么不同。

（c）在货币政策制定者、企业和工人试图决定实际汇率下降是暂时的还是持久的时，解释他们要分析的数据和因素是什么。最后假设货币政策的制定者能够比企业与工人更好地决定实际汇率的变化是暂时的还是持久的，工人清楚地了解这一点。给定问题 2（d）部分的答案和问题 3（a）部分的答案，解释货币政策制定者怎样决定实际汇率的变化是暂时的还是持久的，他们是否能够把他们的发现以信号的形式传递给企业和工人。

4. 假定总需求方程是 $Y=7\ 000+2\ 400/P$。在这个实际经济周期模型中，自然实际 GDP 方程是 $Y^N=9\ 000+$技术冲击。时期 1 至时期 6 的技术冲击由下面给出。

时期	1	2	3	4	5	6
技术冲击	−400	−80	0	1 000	400	0

（a）当价格等于 0.75、0.80、1.00、1.20、1.25 和 1.50 时，计算总需求曲线上的点。

（b）计算时期 1 至时期 6 的价格和实际 GDP。描述这个实际经济周期模型中的实际 GDP 和价格水平的周期活动。

5. 用图 17—2 和图 17—3 作为指导，假定决定价格的垄断企业没有固定成本，边际成本（MC_0）恒定为 3.00 美元，面临的初始需求曲线为 $P=10-0.1Y$。

（a）企业的边际收益曲线 MR_0 的方程是多少？（线性需求曲线 MR 的斜率是需求曲线的两倍。）

（b）企业生产多少产量才能使利润最大化？它会设定什么样的价格水平以保证其能够销售所有的产品？（提示：当 $MC_0=MR_0$ 时利润最大化。）

（c）在利润最大化价格水平下，企业的总收益、总成本、利润分别是多少？

（d）消费者剩余是多少？（提示：三角形的面积等于由其两边形成的矩形面积的一半。）

6. 现在假定问题 5 中描述的企业面临需求的下降，新的需求曲线是 $P=8-0.08Y$。

（a）企业的新边际收益（MR_1）曲线方程是什么？

（b）如果企业想要维持产出（Y_0）的初始水平，产出的边际成本必须发生什么变化？“必要的”边际成本（MR_1）是多少？（提示：设定 MR_1 中的 Y 等于 Y_0。）

（c）企业在新需求曲线的什么价格水平上能够销售初始的产出量？

（d）如果 MC 维持在 3.00 美元，不存在菜单成本，企业将选择什么样的产出水平来使利润最大化？它将设定什么样的价格？（提示：找到图 17—3 中与点 E_2 相联系的产量和价格。）

（e）如果企业维持初始价格，在给定新的低水平需求的情况下，它能够卖出的最大量是多少？（提示：找到图 17—3 中的 Y_1。）

（f）如果企业选择将原来的价格降低到和原来的产出相匹配的低价格水平，计算利润得失。（提示：计算图 17—3 中的面积 A 和面积 B，把它们应用到此问题上。）

（g）菜单成本的最大值是多少？在这个值上，我们期望企业维持原来的产出。（假定企业可以将边际成本降低到需要的水平。）

（h）如果菜单成本大于 22.00 美元，由于合同对投入品价格作出了规定，边际成本不能减少到 3 美元以下，企业会选择问题 6（d）部分中的解决方法来寻求利润最大化吗（也就是 $MC_0=MC_1$）？

自测题答案

自测题 17—1

1. 是，在衰退中，Y 降低到 Y^N 以下时，会存在价格突变。当价格水平出奇地低时，企业推断现在不是生产的有利时期（因为它们的产品得到令人不爽的低价）。所以，它们自愿减少产出。

2. 是，一定会有价格突变，价格水平会异常高。

3. 当价格突变不存在时，产出缺口也消失了。

自测题 17—2

1. RBC 理论认为经济扩张是良性供给冲击的结果，这种冲击使要素生产率大幅提高。当工人增加工作时间并在高实际工资下接受更多的工作时，就业增加，由于高产出，企业支付给工人更高的工资，使这个时期非常有吸引力，工人愿意付出更多的劳动努力。

2. 例子是新石油储备的发现。

3. 例子是减少农业产出的干旱，不利的能源供给冲击。

自测题 17—3

1 和 2. 如果价格是 P_0，利润是 P_0、新需求曲线和“必要的 MC_1”曲线所形成的面积，即矩形 A 和 F 的总和。如果价格是 P_1，利润是 P_1、新需求曲线和“必要的 MC_1”曲线所形成的面积，即矩形 F 和 B 的总和。因为 F 是两种情况下共有的，价格从 P_0 变动到 P_1 意味着失去矩形 A 的利润而得到矩形 B 的利润。

3. 为什么 B 大于 A？因为 E 是在新需求曲线和必要的 MC 曲线下使利润最大化的点。当在 E_1 而非 E_0（给定需求下降）生产时，总的利润一定更大，价格由 P_0 降低到 P_1 所得到的利润一定是正的。

4. F 代表当价格下降时在两种情形下得到的额外利润。

自测题 17—4

1. 如果没有 COLA 保护，实际工资的增长率将由于通货膨胀的增加而降低，尤其是当不利供给冲击导致快速通货膨胀时。

2. 在半 COLA 保护下，实际工资增长率比没有 COLA 保护时降低的程度小。

3. 在完全 COLA 保护下，实际工资增长率一点也不受通货膨胀影响。它使得名义工资的增长率完全和通货膨胀率保持一致。

第18章 结论：我们的立场

有人说，经验就像火车最后守车上面的一盏灯，只能照亮我们不准备去的地方。但是我们仔细研究过去是因为它是序幕的基础和慰藉。

——George F. Will

现在我们已经完成了学习宏观经济学理论的正式任务。通过“案例研究”以及“国际视角”、“全球经济危机聚焦”等专栏，我们发现宏观经济学是与现实世界联系紧密的一门学科。美国历史上的许多事件说明了宏观经济理论的重要主题。美国和其他国家之间经济现象的不同也有助于阐明理论，并指出了国家之间容易解释和不容易解释的不同点。例如，我们在第10章中了解到，为什么一些国家经常经历恶性通货膨胀——它们的政府容许货币供给的快速增长；这样的增长反过来又源于它们需要为大量的财政赤字融资。但是，解释欧洲的高失业情况为何从20世纪80年代初一直持续到现在是一个相对较难的话题；它为宏观经济学中悬而未决的问题提供了一个例证。

18.1 事件和思想的演变

事件与思想同时演变。[①] 本书的案例研究和专栏中的内容显示理论思想如何直接应用于历史事件的理解。但是这个过程也可能反向运行——一些历史事件的结果经常挑战和推翻理论，导致新理论的衍生。一些宏观经济学的核心思想，包括旧凯恩斯学派的、新古典的和新凯恩斯学派的都可以被理解为对现实事件的反应。在一些情形下，经济的演变帮助解决了不同学派思想的直接争论。在另一些情形下，一些事件的发生直到新的理论形成才能被理解。

在本章的其他部分我们将复习一些非常重要的导致思想变革的事件，从下一节的大萧条开始。在接下来的章节里我们将探讨第二次世界大战后时期，分两个阶段，1970年之前和1970年之后，并重点强调美国国内的经济现象。之后我们考察世界经济事件的影响，主要关

① 本章的标题和本章的分析部分是 Robert J. Gordon 的以下作品的升级版本，参见“Postwar Macroeconomics: The Evolution of Events and Ideas,” in Martin S. Feldstein, ed., *The American Economy in Transition* (Chicago: University of Chicago Press, 1980), pp. 101-162。

注固定和浮动汇率的支持者之间的争论。最后的两节总结我们所学到的，以及我们尚不清楚的——一系列遗留的宏观经济学谜题，它们是持续争论、意见存在分歧以及研究的焦点。

☞ **全球经济危机聚焦**

经济学能解释危机或者危机需要新的思想来解释吗?

除了一小部分世外高人似的经济学家外，起始于 2007 年的全球经济危机并没有被提前预测到。这是一个极大的意外，因为在 2007 年的多年里，宏观经济学辩论一直是以寻求 1984 年后“大稳健”的来源为主导。货币政策因为征服通胀以及使经济相对于 1984 年前维持了二十年的稳定增长而受到赞美。这一时期，经济极少出现频繁而剧烈的波动。

在本章我们关注事件和思想之间的相互作用。像追溯到大萧条时期的场景一样，我们将要对全球经济危机提出同样的问题。哪一个现有的理论模型有助于解释此次事件？或者什么理论被推翻了？该事件的哪些方面又要求宏观经济学中全部或部分新理论的产生？

18.2　1923—1947 年思想对事件的反应

美国宏观经济历史上最重要且未预期到的事件是 20 世纪 30 年代的大萧条，包括 1929—1933 年的大紧缩，之后微弱的复苏并没有使失业率降到 10%以下，直到第二次世界大战爆发。图 18—1 描绘了宏观经济核心变量的活动，我们以 1923 年作为开端，目的是为了将高度不稳定的 20 世纪 30 年代、20 世纪 40 年代和平稳的 20 世纪 20 年代作比较。

□ 20 世纪 20 年代和 30 年代的经济表现

图 18—1 中的四个图形使得我们可以在一页中看到十个宏观经济变量的表现。第一个图描述了名义 GDP 增长和货币量 M1 增长，阴影部分显示了 M1 流通速度的变化。第二个图显示了名义 GDP 增长和通货膨胀率，阴影部分表明了实际 GDP 增长。第三个图描述了产出率和失业率，最底下的图显示了长期和短期利率。

在大萧条之前，宏观经济学的主导思想是旧古典学派方法，它基于货币数量理论，该理论强调私人经济的自我修正能力和倾向用货币供给变化来影响价格水平而不是产出水平。平稳的 1923—1929 年时期似乎与旧古典学派理论一致。如图 18—1 所示，通货膨胀率几乎为零，失业保持在 5%以下，产出率接近 100%。名义 GDP 和实际 GDP 增长率几乎不变，在 2007 年有轻微的衰退。

在 20 世纪 30 年代一切都发生了变化。在 1930—1933 年间，所有变量的增长都变成了负向的，包括货币供给量 M1、名义和实际 GDP 以及价格水平。产出比降低到 67%，失业率上升到 25%。如第四幅图所示，由于破产的增加导致投资者躲避金融公司，公司债券利率在 1929—1932 年大幅上升。

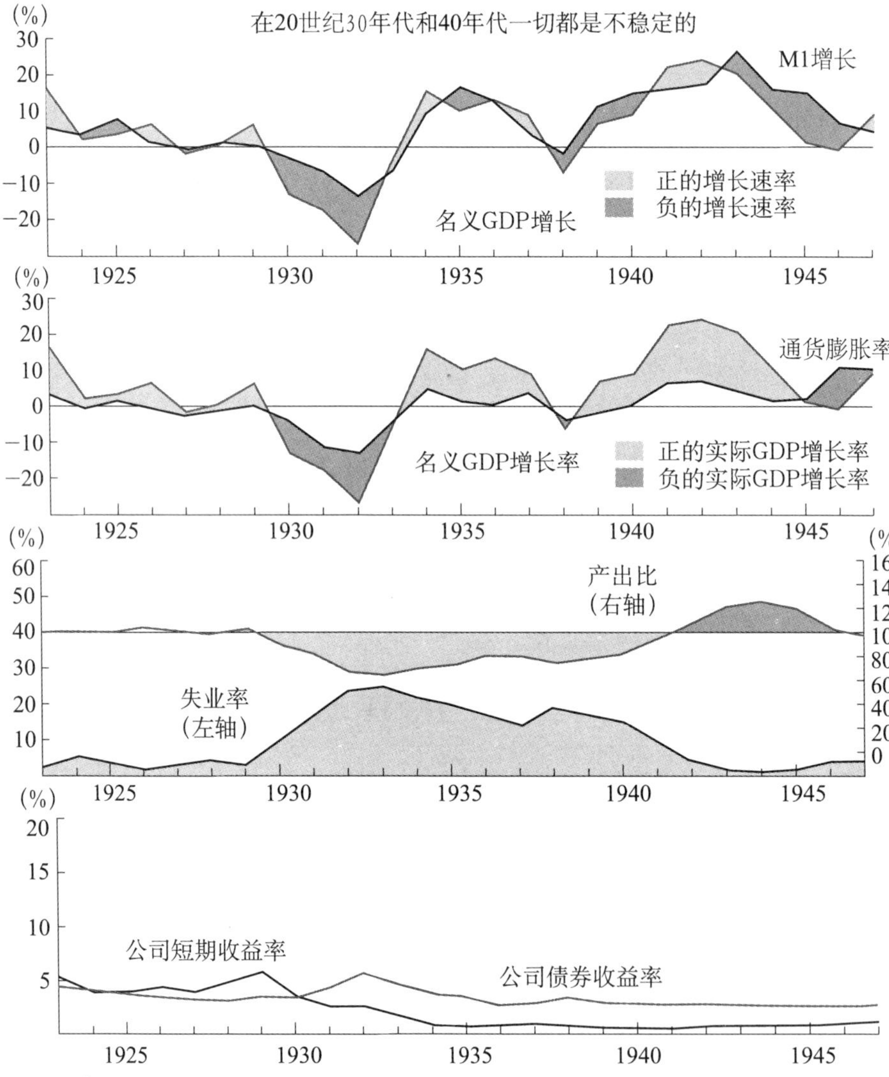

图 18—1　关键宏观经济变量，1923—1947 年

注：这些年度数据显示了名义和实际 GDP、M1 和 GDP 平减指数的增长率，并显示了产出率、失业率和长期利率以及短期利率。最为显著的特点是 1929—1933 年所有变量的下降，1933—1937 年的微弱复苏，1938 年的衰退，以及从 1940 年开始，由于战争支出，经济开始起飞。持续的失业和低产出率是大萧条的主要特征。

大萧条最为显著的事实不是它的严重程度而是它的持久性。失业率在 1940 年仍高于 10%。[①] 尽管实际 GDP 的增长速度在 1933—1937 年的恢复中很快，但这种增长仅足以将

① 关于 20 世纪 30 年代后五年失业率是否被夸大存在着持续不断的争论，因为把接受政府援助计划的工人作为失业者而不是就业者。对官方统计的最初的批评见 Michael Darby "Three and a Half Million U. S. Employees Have Been Mislaid: Or, An Explanation of Unemployment, 1934—41," *Journal of Political Economy*, vol. 84 (February 1976), pp. 1 - 16。对这个争论给予温和评价的是 Robert Margo，见 "Interwar Unemployment in the United States: Evidence from the 1940 Census Sample," in Barry Eichengreen and T. J. Hatton, eds., *Interwar Unemployment in International Perspective* (Dordrecht, Boston, and London. Kluwer Academic Publishers, 1988), pp. 325 - 52。

产出率提升到84%，远远低于100%的正常水平。尽管短期利率很低，但是在1938年的衰退中又经历了较大的挫折。

□ 凯恩斯革命

事件导致了思想的演变。大萧条扼杀了旧古典学派方法，激发了约翰·梅纳德·凯恩斯发展他的《就业、利息和货币通论》，并促进了几乎全球范围对于凯恩斯革命的认同。这使古典思想过时，即货币供给下降主要会降低价格水平，因为在1929—1933年，产出下降太多，恢复太慢。同时也使货币数量论思想过时，它认为流通速度是稳定的，因为它主要取决于交易惯例和技术；1923—1933年的经济衰退由流通速度下降和货币供给的下降造成，如图18—1的第一个图所示。

凯恩斯革命的基础是总需求概念。因为价格水平是固定的（也就是说，不够灵活以应对名义GDP的变化），总需求的任何变化都将导致产出和就业的改变。与旧古典学派仅强调货币供给不同，凯恩斯学派强调其他能导致总需求变化的因素，包括财政政策和消费者信心。

旧凯恩斯学派的思想深受20世纪30年代后期的经济表现影响，那时，凯恩斯的通论在全美的学术研讨会上被热烈讨论和接受。正如图18—1所示，在1939年和1940年货币供给大幅增加，然而货币流通速度的增长速度仍然为负，且失业仍保持在高位。短期利率接近于零，以至于不能降低短期利率来刺激未来的经济。这导致下面的说法，即货币政策像是“推绳子”或是“马不喝水强按头”。唯一的答案是财政刺激政策，20世纪40年代中期国防支出的增加使经济迅速恢复，它巩固了这一代经济学家的财政政策的权威。[①]

□ 第二次世界大战

宏观经济学家经常略去他们对第二次世界大战经济事件的分析，因为政府管制扭曲了经济的正常运行。产出增加并且失业接近于零，然而却没有通货膨胀，造成这种格局的因素只能是严格的价格管制法规。到1944年，政府支出已上升到GDP总量的一半，使得*IS*曲线大幅向右移动，而利率却没有提高，因为政府要求美联储“钉住”长期政府债券利率，印刷货币用以购买政府发行的任何债券，以弥补大量的财政赤字。在1946—1947年的战后时期，价格管制被取消，通货膨胀大幅上升（从而降低了在战争期间购买政府债券者的实际财富），但是利率保持稳定，因为美联储维持协议，直到1951年都继续钉住政府长期债券利率。

总结：战前的大事件是大萧条。这个大事件酿成了一个新的思想：凯恩斯革命。它强调总需求、价格刚性和财政政策。第二次世界大战期间的经济表现似乎支持了凯恩斯革命的主要内容。

---

① 第二次世界大战后的经济刺激在珍珠港事件很久以前就开始，刚开始是由于国外的军用品购买和对生产军用品工厂的投资。1939年9月欧洲战争开始后不久，出口和国内投资开始增长，尤其是在1940年6月法国沦陷后。在1940年9月，美国开始引入征兵制。在1940年11月，有40万名建筑工人为140万名新入伍士兵建造军用帐篷。关于第二次世界大战经济的季度数据，以及1940—1941年政府国防支出的广泛影响的例子和财政乘数的估计，见Robert J. Gordon和Robert Krenn的“The End of the Great Depression 1939—1941: Policy Contributions and Fiscal Multipliers,” NBER Working Paper 16380, September 2010。

18.3 1947—1969 年思想对事件的反应

现在我们回到美国战后经济。图 18—2 显示了战后的第一个阶段即 1948—1969 年的宏观经济行为。这四个图与图 18—1 相一致，但是上面三个图的纵坐标刻度被压缩，反映了较低的波动性。

□ 20 世纪 50 年代的经济和新的思想反应

回过头来看 20 世纪 50 年代的经济表现，发现要比它当时实际发生的好得多。1950—1953 年朝鲜战争带来的经济影响占主导地位，包括 1950—1951 年通货膨胀的短暂上扬和 1951—1953 年的低失业情形。1950—1953 年政府支出的巨大增加和随后在 1953—1954 年的下降致使 *IS* 曲线大幅移动和名义 GDP 的增长高度不稳定，如图 18—2 上面的两个图所示。回顾起来，1953—1954 年的衰退是非常温和的，展示了宽松货币政策的潜能。短期利率的微小下降（联邦基金利率）足以产生房屋和汽车的购买潮，使得 1955 年成为不平凡的一年。随着朝鲜战争和新一轮大衰退威胁的远离，美国生意人和消费者立即置办房屋和耐用消费品来匹配他们新提高的对于“永久收入”的估计。

短期菲利普斯曲线的取舍关系在 1956—1957 年变得明显了，那时尽管失业仍高于朝鲜战争时期的水平，通货膨胀却提高了。[①] 作为回应，美联储使利率缓慢上升，这最终阻止了繁荣并带来了 1957—1958 年的急剧衰退。失业达到战后的最高水平。经过短暂的复苏之后，经济在 1960—1961 年又立即进入了另一个衰退。

主要的思想变化涉及总供给曲线。与 20 世纪 30 年代或 1949 年的衰退不同，在 1953—1954 年和 1957—1958 年的衰退中价格完全没有下降。正当美国的经济学家困扰于价格的刚性时，在 1958 年，A. W. 菲利普斯发表了基于英国的历史数据的关于菲利普斯曲线的著名论文。

□ 20 世纪 60 年代的经济和一系列新思想的反应

在 20 世纪 90 年代之前，美国经济历史上最长的经济扩张发生在 1961—1969 年，如图 18—2 的第三个图中长期较低的失业和较高的产出率所示。该阶段早期的经济扩张是由于宽松的货币政策，之后是大规模的财政刺激，包括 1964—1965 年的减免税收和始于 1965 年的用于越南战争的支出增加。虽然失业降低到朝鲜战争以来的最低水平，通货膨胀却稳步加速。

20 世纪 60 年代的经济争论有三大新思想占主导地位：怀特·海勒的新经济学、米尔顿·弗里德曼的货币主义学派，以及反映了米尔顿·弗里德曼和埃德蒙·S·费尔普斯影响力的自然失业率假说。

在这些思想中，新经济学产生得最早，但很快就失宠了。在 1961 年初，肯尼迪总统

---

① 实际上在朝鲜战争时期也存在价格控制，只是比第二次世界大战期间严格的价格控制更温和。

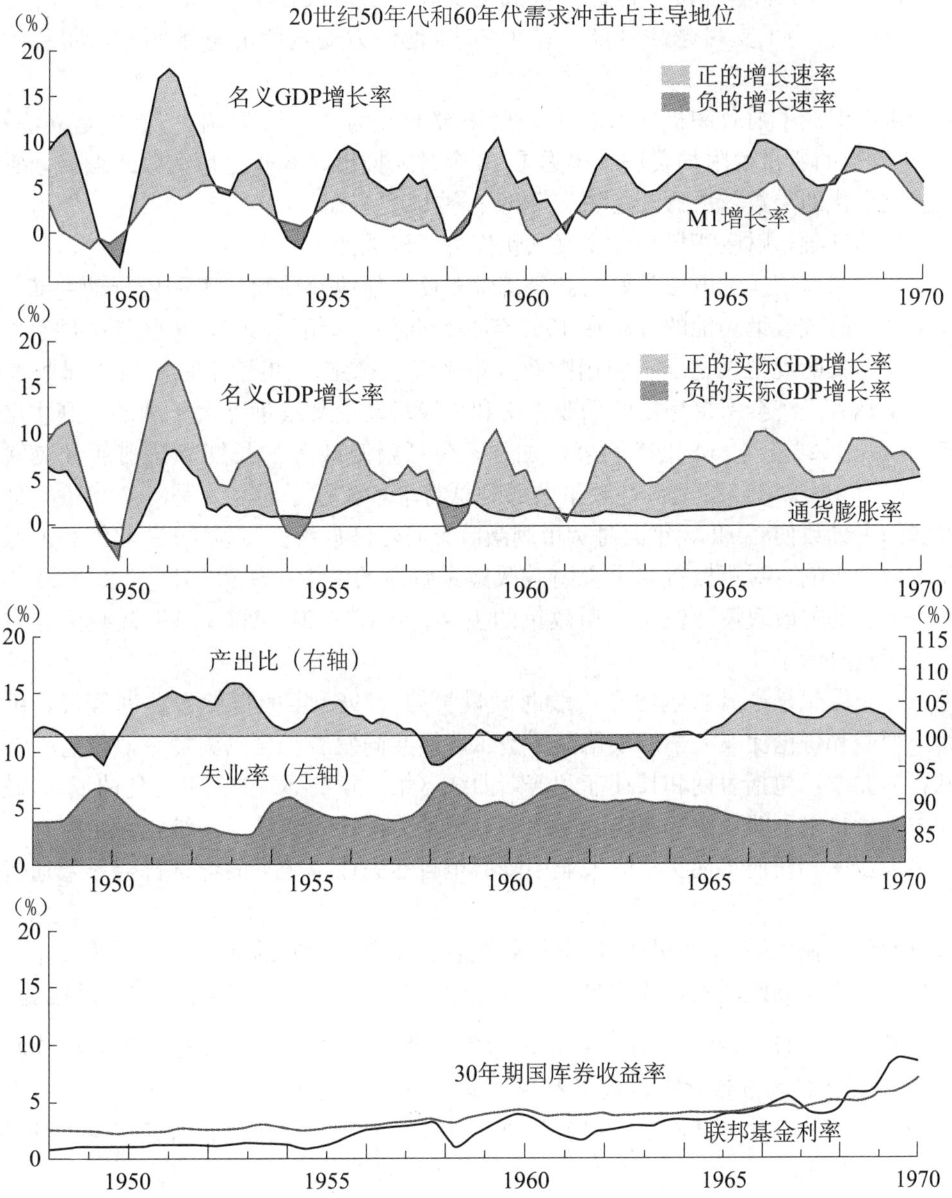

图 18—2 1948—1969 年关键宏观经济变量

注：这些变量与图 18—1 中的相同。最为显著的是 1949 年、1953—1954 年、1957—1958 年和 1960—1961 年的衰退。名义和实际 GDP 变化与流通速度的变化的相关性比与货币供给变化的相关性更大。1965 年之后通货膨胀率和利率都有上升趋势。

刚举行就职典礼，那时经济正处于衰退中，失业率大概为 7%。确信货币刺激是个微弱的工具，肯尼迪的主要经济顾问（包括怀特·海勒、阿瑟·奥肯以及后来获得诺贝尔奖的罗伯特·索洛和詹姆斯·托宾）认为一种新型的财政积极行动主义政策是必要的，包括改变个人所得税。[1] 为了刺激经济，他们建议减免税收，该建议在1964年被执行（以及1965年的第二阶段）。为了支付越战开支，在1966年他们力劝约翰逊总统颁布所得税附加费法令。

两个事件促成了财政积极主义失宠，后来被嘲笑为“财政微调”。首先是立法滞后，于1968年颁布的所得税附加费法令推迟了18个月才推出。其次是恒久收入假说，它预言暂时性税收变化的乘数效应很小，并且该预言被证实。在1969—1970年间，作为旧凯恩斯学派思想的基础，财政积极行动主义很快失去了权威性。

米尔顿·弗里德曼的方法正好与新经济学相反；他偏爱规则甚于积极行动主义，偏爱货币政策甚于财政政策。他的方法在1968年被命名为“货币主义”，主张货币供给以一个稳定的速率增长的规则，完全不使用财政政策来实现稳定。如我们在第14.2节所学，该方法反映了私人经济会保持稳定的乐观主义和积极行动主义政策弊大于利的悲观主义。弗里德曼的悲观由20世纪60年代的事件加强，包括财政政策的长期立法滞后和美联储在1964—1965年和1968年的适应性政策，那时总需求增长过于迅猛。另一个事件，即所得税附加费的失灵致使在1968年面对货币刺激政策时经济放缓，以及1969年终止通胀的货币紧缩政策的影响，对积极行动主义财政政策是致命的一击，使得在接下来的30年里积极行动主义者的财政政策让位于货币政策的主导。仅在2001—2003年财政政策才作为对抗衰退的工具复活了。

第三个新思想是最具影响力和持续时间最长的：1968年的自然失业率假说，由米尔顿·弗里德曼和哥伦比亚大学的埃德蒙·费尔普斯共同发展。自然失业率假说进一步发展了菲利普斯曲线，包括短期和长期菲利普斯曲线（第9章的*SP*曲线和*LP*曲线）。政策积极行动主义者再也不能任意选择失业率水平，劳动力市场的微观经济结构注定存在一个特定的自然失业率。任何将现实实际失业率降低至自然失业率之下的尝试都会导致通货膨胀的加剧。

可以看到，在1968年弗里德曼-费尔普斯假说发表时加速的通货膨胀的确发生了。接下来的事件的影响如此强烈，使得自然失业率假说在1970—1971年之前被广泛接受。

> 总结：1947—1969年的大事件是总需求的不稳定，部分原因是朝鲜战争和越南战争，1964年之后通过货币政策和财政政策对经济的过度刺激以及接下来的通货膨胀加速。这些事件孕育出了一些新的思想，包括菲利普斯曲线、新经济学、货币主义和自然率假说。

18.4 1970—2010年思想对事件的反应

我们对1970年后宏观经济学事件和思想的总结基于图18—3，该图的安排与图18—2

[1] 肯尼迪的顾问把早期财政稳定的尝试视为特殊事件，而不是财政政策积极行动主义的代表。1950—1951年税收的大幅增加虽然成功了，但被认为是与朝鲜战争有关的特殊事件，1954年税收减少代表战时税收临时增加的终结，而不是深思熟虑的稳定政策方案。

类似。

□ 1971—1982 年经济行为

图 18—3 显示了自 1970 年之后所有的经济现象开始恶化。图中尤为明显的是 1974—1975 年和 1980—1981 年的两个通货膨胀的峰值，以及 1975 年、1982—1983 年和 2009—2010 年的失业率的三个峰值。联邦基金利率在 1974 年和 1982—1983 年也出现了两次峰值。

在 20 世纪 70 年代，财政政策仍然失宠。具有讽刺意味的是，1975 年早期一个相当迅速的财政刺激，与 1966—1968 年相比有更短的立法时滞，帮助结束了 1974—1975 年的衰退。货币政策在 1975—1979 年发挥了消极作用，容许 M1 快速增长，这进一步使通货膨胀加速。然而在 1979 年 10 月，美联储改变了政策，并采用了接近于货币规则的政策（尽管是钉住银行储备而不是货币供给）。美联储向以货币为基础的目标转变解释了利率在 1979—1982 年的不稳定性；美联储在此三年中放弃了任何平滑利率的尝试。

□ 思想对事件的反应

在 20 世纪 70 年代两个主要思想得以发展：卢卡斯的新古典宏观经济学以及通货膨胀调整的供给冲击分析。在第 17.3 节中我们已经看到卢卡斯模型把市场出清、不完全信息和理性预期结合起来，代表了弗里德曼-费尔普斯自然失业率假说的进一步发展。该方法的核心是市场出清，这与凯恩斯经济学派正好相反（基于价格刚性和非市场出清）。

一个宏观事件，例如 1973—1975 年的食品和石油价格的激增，在支持新古典宏观经济学方面发挥着重要作用。图 18—3 的第二个和第三个图清楚地显示了（也见图 9—13），在 20 世纪 70 年代中期，通货膨胀和失业成正相关关系，而不是负相关关系。食品和石油价格冲击似乎给菲利普斯曲线又一个致命的打击，菲利普斯曲线假设通货膨胀和失业之间存在负相关关系，弗里德曼和费尔普斯也将它的一般现象降低到短期现象。现在纽约大学的卢卡斯和托马斯·萨金特认为，这个正相关关系显示了不仅短期菲利普斯曲线而且整个凯恩斯经济学都该废弃了："关于经济周期当代学生所面临的任务是整理那个被称作'凯恩斯革命'的极其智慧事件的废墟……"①

20 世纪 70 年代的第二个思想观念是将供给冲击整合入菲利普斯曲线的分析，如第 9 章所述。该方法结合了自然失业率假说（以垂直的菲利普斯曲线形式）以及供给和需求冲击并重的短期分析。在短期，需求刺激会导致通货膨胀提高和失业下降，如 1965—1969 年和1987—1990年。一个不利的供给冲击会导致通货膨胀和失业同时上升，如 1974—1975 年和 1980—1981 年。需求和供给冲击同等重要地影响宏观经济变量的观念使得凯恩斯主义经济学派复兴。

□ 1982—1991 年经济行为

在经过了一切都倾向于恶化的十年（1972—1982 年）之后，在 20 世纪 80 年代的剩余

① Robert E. Lucas, Jr., and Thomas J. Sargent, "After Keynesian Macroeconomics," in *After the Phillips Curve: Persistence of High Inflation and High Unemployment* (Boston: Federal Reserve Bank of Boston, 1978), pp. 49-50.

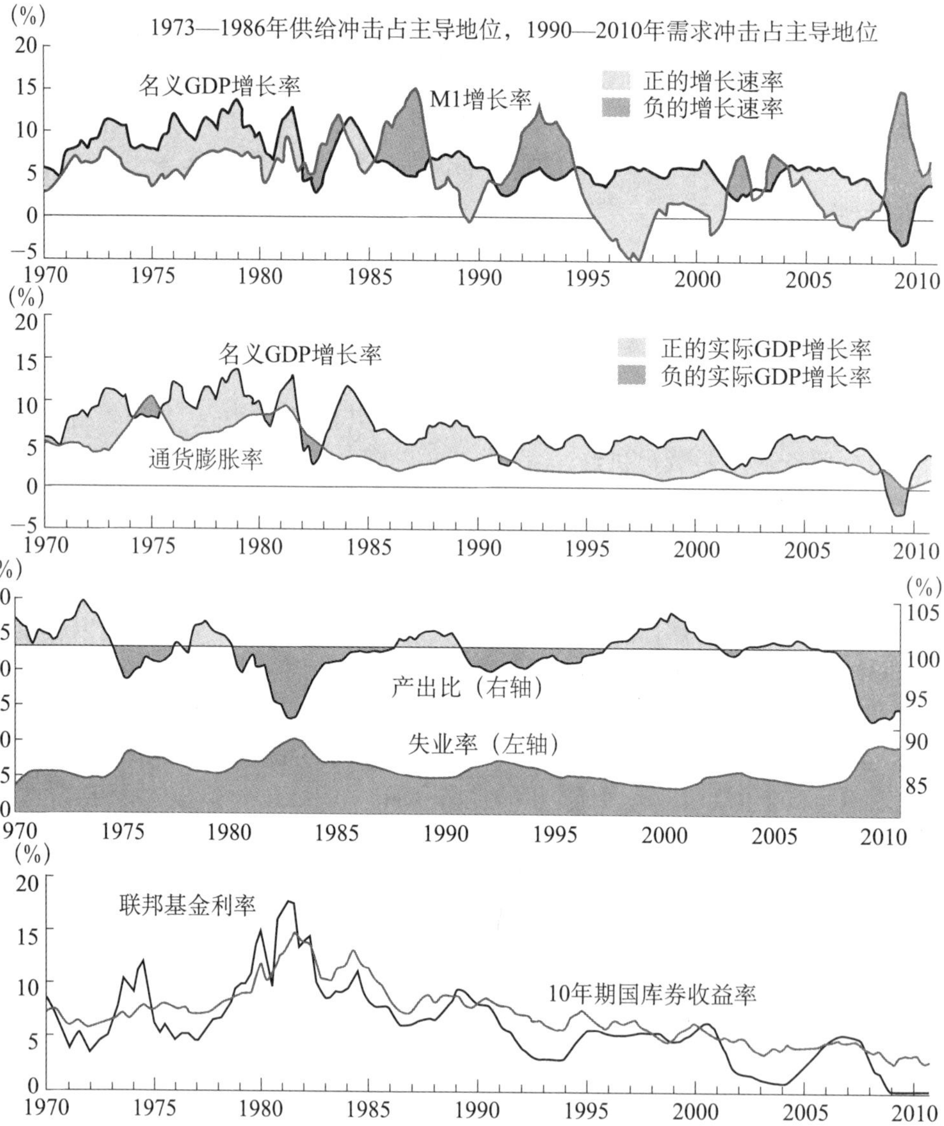

图 18—3　1970—2010 年关键宏观经济变量

注：本图复制了图 18—2 的格式。明显的正相关关系是第二个图的通货膨胀率和第三个图的失业率，很大程度上是由于 1973—1974 年、1979—1981 年和 1997—1999 年的供给冲击。本图显示了 20 世纪 70 年代中期和 80 年代初的通货膨胀、失业和利率的双峰难题，以及 1998 年低通货膨胀和失业的双谷现象。2009 年之后全球经济危机的影响是显而易见的，包括第一个图的名义 GDP 和流通速度的急剧下降、第二个图的实际 GDP 和通货膨胀的急剧下降，以及第三个图中产出比的下降和失业率的上升。

几年一切又有向好发展的趋势。失业率从 1982 年末的 10.5%降低到了 1989 年初的 5.0%。通货膨胀率从 1981 年的两位数降到了 1986 年中期的 3%。长期和短期利率也从 1981 年初的顶峰开始下降（见图 18—3 最下面的图）。

财政政策在 20 世纪 80 年代和 90 年代愈加不受到人们的关注。1981—1983 年里根时代的减税导致持续 15 年的自然就业不足。解决赤字问题的政治僵局使得政策制定者无法讨论短期财政政策的改变。20 世纪 60 年代末的事件增大了对于当时的积极行动主义财政政策的怀疑态度。

正如我们所看到的，从 1979 年到 1982 年的货币政策试图钉住货币增长而放弃任何稳定利率的尝试，导致利率处于史无前例的高水平和不稳定阶段。1979—1982 年的高利率的一个重要产物是“沃尔克反通货膨胀”，这使得美国从 20 世纪 70 年代末和 80 年代初两位数的通货膨胀率降低到一个适度的通货膨胀率，并在 1984 年之后保持在 5%以下。

然而，在 1982 年 8 月，由于 1981—1982 年的严重衰退，美联储放弃了对于货币主义的短暂青睐。这意味着短期利率将不再保持在高位；短期利率迅速下降，股市行情迅速上涨。在 1982—2000 年，美联储在回应通货膨胀和产出率时似乎遵循了泰勒规则，如第 14.7 节所述。[①]

□ 20 世纪 80 年代和 90 年代初期的新思想

实际经济周期（RBC）理论（第 17.4 节）并不是对这些事件的直接反应。但是，20 世纪 80 年代初它的引入比 1973—1982 年具有更大的可接受性，那时，与需求冲击相比，供给冲击似乎成为经济周期的主导来源。关于 RBC 的主要争论不是关于供给冲击的现实性，而是其假设只有供给冲击重要而需求冲击不重要的片面性。

从 20 世纪 90 年代开始，两个支流出现在宏观经济学中，尽管它们还没有发展成为“理论”。首先是关于双赤字的辩论（第 7 章），这反映了一种信条：财政政策现在对长期经济增长率和缓慢的产出增长率的影响大于对经济周期的影响。激起双赤字理论的事件是在 1982—1996 年的几乎每个年份里，伴随着经常账户赤字的财政赤字的持久存在。

20 世纪 80 年代末和 90 年代初的另一个新思想是美联储实施的货币政策中货币总量（M1）的作用遭受质疑。如图 18—3 的第一个图所示，1980 年之后 M1 的增长率和名义 GDP 的增长率之间几乎没有关联。当 M1 的增长超过了名义 GDP 的增长时，紧接着流通速度的增长率为负。包括 1985—1988 年、1992—1995 年，尤其是 2008—2009 年流通速度的较大下降。M1 增长的轻微回转并没有使经济不稳定；相反，名义 GDP 的增长率比 M1 更为稳定，尤其是在 1985—2005 年间。

□ 1991—2007 年的经济行为

20 世纪 90 年代的经济扩张开始于 1991 年 3 月。这次扩张至少在四个方面不同寻常。第一，早期的扩张非常微弱。就业在第一年几乎没有增长，因此被冠以“无就业的复苏”。

此次扩张的第二个不寻常方面是通货膨胀的表现。通货膨胀并没有像 1987—1990 年那样有所提高，而是在 1993—1998 年又轻微地减速。尽管一些经济学家在之前已经认为自然失业率在 6%或之上，在 1994 年末当失业率低于 6%时并没有出现通货膨胀的加速。如第 9.10 节所述，有利的供给冲击使得通货膨胀在 1998 年有所下降。

---

① 关于 20 世纪 80 年代和 90 年代货币政策变化的可读性强且综合性的文献，并广泛参考了其他相关著作的文献是 Marvin Goodfriend 的 “Monetary Policy Comes of Age: A 20th Century Odyssey,” *Federal Reserve Bank of Richmond Economic Quarterly*, vol. 83/1 (Winter 1997), pp. 1 - 22。对货币政策最近的评估是 Benjamin F. Friedman, “What We Still Don't Know about Monetary Policy,” *Brookings Papers on Economic Activity*, no. 2 (2007), pp. 49 - 71。

有利的供给冲击之一是1995年之后生产率增长的复苏，结束了之前1973—1995年期间的生产率缓慢增长的悲凉记录。生产率增长的复苏构成了此次复苏的第三个不同方面。生产率增长复苏的基本原因是互联网的发明和在电脑、软件和电信等方面高科技投资的激增。快速的生产率增长使得通货膨胀处于低位，但是却产生了新的问题，即这样的快速增长可以持续多久。

此次扩张及紧接着的2001年衰退和复苏的第四个不同寻常的方面是货币政策的表现。与泰勒规则的假设性预测相比（第14.7节），1994—2007年的货币政策有三点显著的不同。第一是联邦基金利率在1994年从3%激增到6%，这是因为20世纪80年代末美联储为避免通货膨胀的加剧进行了“先发制人的打击”。第二是美联储对于2001年衰退的反应，当时在一年多的时间里，将联邦基金利率从6.5%降低至1%，将利率远远降低到泰勒规则所要求的标准之下。第三个不同点是美联储在1998—2000年并没有提高利率，那时，处于高点6.5%的利率实际上与1994年末的6.0%几乎相同。如果美联储在1998—2000年间提高利率，高科技投资的兴盛以及股票市场泡沫的破裂将更加温和，接下来的衰退不会那么严重。

表面上，2001年衰退之后的2002—2007年的扩张显示了经济显著稳定的时期。此次衰退如此温和以至于实际GDP与上一年同期相比并没有负向增长。2004—2007年实际GDP的增长也是极其稳定的，这段时期的产出比也是如此，重复了1991—1992年时期的状况。2001—2003年的负向就业增长重复了先前的“无就业复苏”情况，但是2003年之后就业以强劲的趋势增长。2003—2007年创造了800万个新增就业岗位，并且2006—2007年的失业率保持在5%以下。

☞ **全球经济危机聚焦**

白蚁正在一点点吞噬2003—2007年的繁荣

从表面上看，2003—2007年的宏观经济环境似乎是良性的，如图18—3的第三个图所示，在2006—2007年产出比接近100%，失业率低于5%。然而，如我们在第3章所学到的，房地产泡沫被消费者债务的过度膨胀所加剧，过于宽松的财政政策使得储蓄率降到接近于零，并使得消费与个人可支配收入相比迅速增长。直到2006年这个泡沫才被刺破，房屋丧失赎回权的数量每月都在创新纪录，许多借款者不能进行抵押贷款，房价开始暴跌。

到2007年12月，2001—2007年经济周期扩张的官方高峰月，繁荣的基础正在迅速瓦解。相对低的失业率也是有欺骗性的，许多年轻人已经离开了劳动力队伍，大部分原因是由于找工作日渐困难。2007年12月的劳动力是250万人，如果劳动参与率还保持在1999—2000年的水平，这个劳动力数量是比较低的。

□ 1991—2007年的新思想

关于美国国内经济的最大疑问是在先前部分援引的产出比增长的复苏。正如经济学家对1973—1995年的产出比增长放缓的原因无法达成一致，他们也无法统一解释1995年之后的复苏以及接下来2001—2004年产出比的强劲增长。因此产出比增长的表现并没有铸就任何宏大的新思想，尽管它会激励经济学家参考其他国家的经验以寻求解释，例如，欧洲没有达到美国的生产率成就。

第二个大的困惑是在20世纪90年代末的扩张中为何通货膨胀一直保持在低位，尽管当时失业率已经降到了3.9%，这是自20世纪60年代以来达到的最低点。为何菲利普斯曲线的负向关系不复存在？为何一再创出新低的失业率无法引发预期通货膨胀的加剧？用什么来解释此次平和的“金发姑娘经济”（Goldilocks economy），既不过热也不过冷，而是恰如其分？

“金发姑娘经济”难题衍生了一个新的理论——自然失业率会有规律地变化，被称作NAIRU（非加速通货膨胀率的失业率）。20世纪90年代末的宏观经济研究集中于所谓的随时间变化的NAIRU或TV-NAIRU，一个完全旨在解释实证困惑而不包含理论内容的思想。[①] 对20世纪90年代末对TV-NAIRU下降的解释依赖于特定的经济事实，包括在监狱中青少年比例的下降和青年男子比例的上升。这导致了一个对于温和经济的更具讽刺意味的解释，“我们将许多失业者送进了监狱”[②]。

形成于20世纪80年代末并传播于90年代的一个新的重要思想是把通货膨胀目标的优先性作为中央银行的最优规则。通货膨胀目标在90年代被英格兰银行和欧洲中央银行所采用。通货膨胀目标是泰勒规则的一种特殊形式，短期利率的设置完全是为了将通货膨胀保持在一个既定的目标水平。当通货膨胀超过目标水平时，实际利率会上升；当通货膨胀低于目标水平时，实际利率会下降。基于通货膨胀目标，产出比与100%偏差的权重为零。

最后，短期财政稳定政策的旧思想在2001—2010年的十年里开始复苏。正如我们已经看到的，在2001年的衰退中，为了刺激经济而采用了税收返还政策以及2003年颁布的减税政策。在2008年2月，国会和总统就一个大规模的财政刺激计划达成一致，它的颁布速度非常快，甚至在不清楚是否存在衰退前就颁布了。此次迅速的行动似乎颠覆了自20世纪60年代以来所秉持的传统信仰，即财政政策的立法滞后是如此之长以至于无法作出任何实际的行动。

□ 2007—2009年的全球经济危机：主要原因总结

我们在整本书，尤其是第5章，学习了关于全球经济危机和由此导致的深度衰退的原因，这次衰退造成了自大萧条之后美国劳动力市场的最糟糕状况。现在我们已经熟悉了是哪些因素导致了全球经济危机。在平民和中小企业活动领域，主要包括借款超过自身偿还能力的借款人，它和以下系统一起发挥作用，即贷款抵押经纪人通过使易受骗的借款人背负更多抵押债务来创造出更多的费用而增加自己的收入。在华尔街，参与者包括促使更多抵押贷款经纪人挖掘更多低收入“次级”申请人的银行、将这些抵押贷款债务包装成“抵押债券”的银行和非银行金融机构，以及给予这些风险债券不切实际的高评级的华尔街信用评级机构。

---

① 参见Robert J. Gordon, “The Time-Varying NAIRU and Its Implications for Economic Policy,” *Journal of Economic Perspectives*, vol. 11 (February 1997), pp. 11-32，以及关于自然失业率讨论的其他文章。

② See Lawrence F. Katz and Alan B. Krueger, “The High-Pressure U. S. Labor Market of the 1990s,” *Brookings Papers on Economic Activity*, vol. 30, no. 1 (1999), pp. 1-65.

本书已经对比了四种不同的资产泡沫以及它们为何以不同的方式告终。1927—1929年的股票市场泡沫结束于大萧条，比不稳定的货币政策造成了更加严重的衰退。1987—1989年，日本股票市场和房地产市场泡沫使得经济经历了两个“失去的十年”，经济增长停滞并且通货紧缩。1996—2000年的美国股票市场泡沫导致了经济轻微的衰退，与美国的大萧条以及战后的其他衰退相比，真是微不足道。最后，2001—2006年美国房地产市场泡沫直到2011年初本书出版时还在延续，造成了大批的人丧失了抵押品赎回权和大量未售出的房屋。

上述四个场景除了1996—2000年的股票市场泡沫都造成了极端可怕的宏观经济后果。此次与其他时期有什么不同吗？答案很简单——只有这个场景不是基于过度杠杆化，所谓杠杆化指金融公司的资产与它们的权益资本的比率。整个战后时期都存在严格管制，以阻止过量的杠杆作用——购买股票要求50%的预付款（1927—1929年要求10%）。许多个人通过共同基金购买股票，购买股票要求100%的预付款。

相比之下，其他三次泡沫都有过多增加的杠杆作用。非银行金融机构间的杠杆作用的大小，从20世纪90年代末的12∶1增长到2005—2006年的33∶1。住宅抵押贷款的预付款要求也稳步下降。杠杆的总量越高，随着资产价格下降利润会更快地变为损失或负资产。泡沫越大，造成的债务越多，金融系统所需的用来清理由此造成的混乱的时间就越长。

□ 全球经济危机如何改变经济思想?

毫无疑问，经济危机对于思想的最重要贡献是对基于连续市场出清的宏观经济模型的质疑，尤其是实际经济周期（RBC）模型。美国从2009年中期到2011年初经历的持续的9.5%～10%的失业率情况与凯恩斯模型相一致。在凯恩斯模型中，工人们在当前工资水平下无法找到足够的工作，在当前的价格水平下工厂也无法拥有足够的消费者。工作不足是因为消费者没有购买足够的商品，而消费者不能购买足够的商品是因为工作不足。

追溯到1927—1929年及之前的泡沫情况，与房地产之类的资产泡沫对应的价格泡沫是借款者用日益增多的债务拖累自己的一种狂热。这些借款者相信一个古老的神话——价格只会上升而绝不会下降。当泡沫不可避免地破裂、价格开始下降时，负债累累的借款者才发现他们资产的价值已经降到了银行贷款水平之下。他们已经“溺水”了，并面临着抵押品赎回权的取消，或在一些情形下脱离了他们的抵押品。

2011年房地产市场持续萧条的原因很简单。每一次抵押品赎回权的取消都增加了一个单位的房屋供给，但是并没有提高房屋需求，因为由于丧失抵押品赎回权而失去房屋的人的信用也遭受了损失，因此他们几年之内都无法借贷。

泡沫造成过多供给和过多债务的事实并不是一个新思想，而且的确很难看到全球经济危机的演变创造出任何新的思想观念，而是旧的思想观念的重复。2001—2006年的房地产泡沫演变包含与1927—1929年的股票市场泡沫相同的金融创新和管制失灵。金融危机使经济中存在过多的债务，阻止经济衰退后的复苏。这是一个非常古老的思想观念，如今被马里兰州立大学的卡门·M·莱因哈特和哈佛大学的肯尼斯·S·罗格夫重新提及。[1]

---

① Carmen M. Reinhart and Kenneth S. Rogoff, *This Time Is Different: Eight Centuries of Financial Folly*. Princeton University Press, 2009.

的确，一旦我们接受了金融过剩和崩溃的周期对物产和服务的实际需求造成重大影响的观念，金融泡沫和危机就成为第 4 章中 *IS* 曲线和第 8 章中总需求曲线向左和向右移动的另一个来源。三十年前的宏观经济理论把经济周期归因于需求和供给冲击，并发展了这些冲击为何要花费一定的时间才能产生有充分影响的理论，包括消费的恒久收入假说、投资加速器理论，以及有关货币和财政政策的长期多变的滞后期的理论。

总之，本书所回顾的宏观经济理论并没有抛弃或颠覆我们对全球经济危机原因和结果的理解。我们的理论核心是 *IS*－*LM* 模型，当价格可变时就演变成了 *AD*－*SAS* 模型。经济周期是由一系列需求和供给冲击引起的，并且这些冲击在不同的时代会存在相当大的差异。例如，我们在本章的前面学到，1948—1968 年总需求冲击的最主要来源是政府军事支出的不稳定性。1973—1986 年经济周期的主要原因是总供给冲击。

大萧条和全球经济危机的原因是由金融部门引发的另一种类型的总需求冲击。1927—1929 年和 2001—2006 年的资产泡沫由于在泡沫期间造成了大量的债务而产生了严重的后果。1927—1929 年的余波，即大萧条是灾难性的，因为它伴随着全球范围的缺乏存款保险的货币紧缩政策。2001—2006 年的余波，即全球经济危机更为严重，但是在量级上与大萧条相比更小，因为货币和财政政策都高度宽松，存款保险制度避免了存款人去银行挤兑，而且由于政府部门的大尺度干预使得自动稳定机制更为有力。

总结：1971—2010 年时期的重要事件是 1974—1975 年和 1979—1981 年两次不利的供给冲击，它造成了通货膨胀、失业和利率的两次高峰，以及 2007—2009 年的全球经济危机，这导致产出和就业的暴跌并造成了自大萧条以来最恶劣的劳动力市场状况。货币政策的变化从对 20 世纪 70 年代供给冲击的适应到 1979—1982 年的沃尔克反通货膨胀，再到泰勒规则，逐渐从强调通货膨胀目标转移到强调产出比的稳定。由这些事件引起的新思想包括实际经济周期理论、双赤字的关注、货币总量的质疑、短期财政刺激政策的复兴。全球经济危机并没有导致重要新理论的诞生，而只是一些旧的思想观念的复兴，即资产泡沫和过多的杠杆会对实体经济产生长时间的不利结果。

18.5 世界经济中思想对事件的反应

在 20 世纪 30 年代和 60 年代中期，美国实际上是一个封闭的经济体。1965 年的名义进出口占 GDP 的比率不到 5%。然而截至 2010 年，对外贸易已经变得非常重要，其中名义出口占 GDP 的比率为 12.5%，名义进口占 GDP 的比率为 16.3%。在其他大多数国家，贸易甚至占了更大的 GDP 比例。

□ 世界经济和美国经济之间的相互影响

在第二次世界大战中盟军胜利之后，美国在世界经济中脱颖而出。它的人均 GDP 远超其他国家。美国和世界之间的相互联系主要是美国的援助计划，例如马歇尔计划（1948—1953 年）。影响美国的世界事件主要包括一些政治事件，例如，朝鲜战争在

1950—1954 年动摇了美国经济。

我们已经讲述了 20 世纪 60 年代的一个产物是过于宽松的财政政策和货币政策，这造成了美国经济 20 世纪 70 年代之后的高通货膨胀率，如果在不同的政策环境下，通货膨胀率就不会这么高。20 世纪 60 年代的另一个遗赠是布雷顿森林体系固定汇率的崩溃，它是美国向其他国家输出通货膨胀的工具。

□ 国际事件生发新思想：草更绿了

20 世纪 60 年代末的世界经济的简单总结方法是“篱笆那边的草更绿”。这涉及固定汇率体系（布雷顿森林体系）崩溃之后对于浮动汇率制的广泛热情，然后是对回到固定汇率的渴望，因为在 1973 年人们发现浮动汇率比预期的更加不稳定、更具有破坏性。

浮动汇率预期能够使每个国家达到货币政策独立，并选择各自想要的通货膨胀率。然而，汇率具有高度不稳定性，对实体经济具有很大的破坏性，其中最为显著的事实是美元在 1980—1985 年升值了 50%，在 1985—1987 年又贬值了相同份额。升值摧毁了美国农场和工厂的出口市场。毫无疑问，商业、工作和生活都被汇率的不稳定性扰乱了。

自 20 世纪 70 年代末以来，经济学家和政治家就一直在寻找部分或全部回到固定汇率的方法。最显著的例子是欧洲货币体系，它实现了欧洲范围内通货膨胀率的趋同。这使所有人都大感惊奇。然而，一些欧洲国家与其他国家相比仍然具有较高的失业率，这导致了一场辩论，即统一的欧洲货币（欧元）是否剥夺了单个国家通过货币贬值来刺激经济的自由，例如英国、意大利和其他国家在 1992 年的所为。

自 1999 年以来，欧元区国家的汇率和其他国家保持固定。正如我们在第 7 章中所学的三难困境，这些国家已经完全失去了使用国内货币政策的能力，并且失去了在产出增长缓慢及产出比是 100%时刺激经济的能力。由于受欧盟成员身份的影响导致经济“残障”的两个例子是希腊和爱尔兰，在 2010 年它们的金融市场坍塌之后都需要接受援助，尽管当时失业状况严重，却不得不采取严厉的财政紧缩政策。

在 1991—2010 年，美国的国际经济学中主导性的问题是与亚洲国家的竞争以及对自由贸易的期望，尤其是与中国和其他东亚国家的关系。贸易政策的问题包括相对价格，属于微观经济范畴，但是与宏观经济又有不可避免的相互重叠。例如，一个贸易赤字巨大的国家面临两种选择：汇率贬值或减少进口的贸易保护主义措施。众所周知，美元被中国和日本的中央银行似乎无限的购买支撑着，它们买进美元以避免它们本国的货币升值。这些国家的中央银行（包括亚洲的其他银行）未来购买成千上万亿美元的意愿是国际宏观经济中隐约可见的难题。

然而，当一个国家面临经常账户赤字时并非只有货币贬值和贸易保护两种选择，正如我们在本书的开始学习的魔术方程所示（也叫做漏出—注入恒等式），经常账户平衡表与国内储蓄和投资以及政府预算是相联系的。经常账户赤字的改善可通过增加国民储蓄尤其是降低政府预算赤字的措施来实现。

总结：影响美国经济的主要国际事件是 20 世纪 70 年代初向浮动汇率的转变，80 年代美元增值和贬值所造成的混乱，以及 1995—2002 年的进一步升值和 2002—2010 年的贬值。未预期到的汇率的不稳定性和贸易模式所引发的混乱导致许多观察者对于回归固定汇率的诉求，就像欧洲所采用的欧元一样。

18.6　宏观谜题：未解决的问题和争论

在经济学家们的学术研究论文中，经常以未解决的问题或未来研究议程部分作为结束。本书正文也以重温六个问题作为结束语，这六个问题的争论在宏观经济学中仍然是最开放和活跃的话题。

□ 全球经济危机的出路

最严重的全球经济危机结束于2010年，然而总需求依旧疲软。美国家庭丧失抵押品赎回权的数字在进一步攀升，消费者债务继续阻碍消费支出和住宅建设的迅速恢复，如之前经济扩张早期阶段发生的那样。并且劳动力市场指标依旧惨淡，美国失业率在2010年末仍然高于9%，长期失业情况的影响比大萧条以来的任何时候都要严重。

2011—2012年最重要的经济难题是货币政策和财政政策如何能够最好地化解房地产泡沫和金融危机的遗毒。短期利率低于零使货币政策失去作用，并且美联储不能直接控制期限溢价和风险溢价。由于对政府赤字进一步增加的恐惧，以及奥巴马财政刺激对经济造成微弱推动的广泛共识，进一步的财政政策刺激受到阻碍。经济学家们早已明白，财政刺激如果以支出增加尤其是创造就业的政策措施而不是以减税的形式呈现，会有更大的乘数效应。

本书的理论提出了两种财政刺激的方法。第一，平衡预算乘数理论显示，政府支出和税收同时增加相同的数量对总需求有正的影响。第二，如果较高的政府支出增大了财政赤字，因此而导致的债务支付可以由美联储购买，这样债务仍然保持在政府内部；当期和未来的纳税人不需要支付未来利息。当本书出版时，政策制定者最好的“退出策略”仍然处在激烈的争论中。

□ 贫穷国家如何能够达到经济增长?

如我们在第12章所学，许多障碍使得低收入国家无法加入人均收入水平高的富裕国家。这些抑制贫穷国家的障碍不是物质和人力资本投资这么简单的问题，这些在第11章中已经强调过。许多贫穷的国家仍然贫穷是因为它们的地理位置不利，它们的政府是腐败的，它们的法律体系并不能保护人民的财产权利，并且它们并不鼓励对外贸易。阻止经济增长的基本障碍是政治的，而不是单纯的经济问题。中国、印度、巴西和其他之前贫穷的国家实现了经济的快速增长，这提高了对政治体系、制度和地理在阻碍依旧贫穷的国家发展时的相对作用的关注。

□ 生产率增长为何会有潮落潮涨?

几年以前，美国经济由于缓慢的生产率增长而忧虑，而欧洲人对他们的生产率增长为何没能复制美国1995年之后生产率的重振感到不解。欧洲的失败提出了高科技投资对美国1995年后复兴的作用问题，因为欧洲的公司同美国的公司一样使用相同类型的电脑和软件。美国未来生活水平的增长和对福利计划（社会保险、医疗保险和医疗补助计划）的支付能力依赖于生产率未来实现快速的增长。然而一些预兆却不令人鼓舞，如我们在图 12—5 中所看到的。在 1995—2004 年的强劲增长之后，2005—2008 年的生产率增长就极其缓慢了。在 2009 年生产率增长的跃升似乎是乐观主义的一个理由，但是另一个解释认为这是金融恐慌的伴生物，这使得许多公司在遇到与以前类似的产出下降时会更大幅度地削减成本。专家认为，美国未来二十年的生产率增长会有较大的不确定性。

□ 自然失业率为何下降?

在 1996—2000 年美国经历了“金发姑娘经济”，其间实际收入持续增长，达到了自 1973 年以来的最低失业率，以及相对低的通货膨胀。尽管失业率很低，但是通货膨胀并没有加剧，这导致经济学家和美联储的官员推测自 20 世纪 80 年代末以来自然失业率大幅下降。但是自然失业率在 1990 年之后为什么会下降？他们提出了许多建议，其中包括工会势力弱小、工人害怕失去工作的忧虑、移民对工作职位的竞争、美元的强势、通过进口和全球竞争运作的市场和国外工人的竞争。互联网的发明和工作搜寻网站的开发减少了失业者找寻新工作的时间和费用。

□ 通货膨胀目标与泰勒规则

在过去的二十年里，对于货币政策的分析已经从“规则与积极行动主义的对决”转变为对可选择规则的优点的讨论。盯住通货膨胀率的规则已经成为争论的标准出发点，并且已经被英格兰银行和欧洲中央银行采用。泰勒规则是盯住通货膨胀率和产出比。在第 14 章第 7 节的分析中我们已经知道美联储采用泰勒规则，而不仅仅盯住通货膨胀。自 1990 年以来，确实减少了对通货膨胀的关注，增加了对稳定产出比的关注。在应对 2007—2009 年的全球经济危机时，美联储依旧关注下降的产出比，并采用了极度扩张的政策，但这并没有与它控制通货膨胀的次级目标相冲突，因为通货膨胀低于它的目标值并且未来仍会下降。英格兰银行和欧洲中央银行同样采用了扩张的政策，表明当产出比下降非常严重时，可以抛弃盯住通货膨胀的目标。

□ 各个国家的不同

比较宏观经济学的科学只是陈述各个国家不同之处的开始。为何生产率增长率在 2001 年后在美国加速而在欧洲却放缓？为什么意大利和法国公民的储蓄如此之多？为何西班牙的失业率如此之高？为何德国的失业率在 2005—2010 年下降？为什么一些国家例如阿根廷和巴西在经历了一段高通胀后会进入经济稳定期，而其他国家尽管采取相同的政策却不能有相同的转变？这些问题将会在宏观经济学家的争辩中持续数年。

□ 结束语

在本章我们已经学习了事件和思想的演变。许多重要的经济思想是因事件而产生，因经济行为与以前的经济理论不相容而发生改变。本书所讨论的每一个理论在某种程度上都是对变化的宏观经济行为的反应。

本书强调了美国并不能独善其身。如果仅适用于一个国家而不能解释其他国家发生的事件以及不同国家行为的差异，宏观经济学将会毫无意义。本书的“国际视角”专栏向读者介绍了美国和其他发达国家在宏观经济行为方面的重要区别。其中一些不同能够被我们的理论所解释，另一些却不能。对于这些不同点的潜心研究揭示了其中一些不同可以被宏观经济学理论所解释，另一些则需要微观经济学理论知识和研究机构的全面理解。

当我们结束本书的时候，有一件事是确定的。尽管有许多事情我们不理解，却有很多事情我们已经理解。最为显著的是，我们理解了导致大萧条和2007—2009年全球经济危机的许多原因及其潜在治理方法。我们也明白了为何一些先前的贫穷国家正在实现快速的经济进步，而另一些国家依旧贫穷的重要原因。本书的任何读者现在都有资格担任宏观经济学大众媒体讨论的即时评论员，任何读者现在都能够仔细分析几乎每天出现的关于经济的许多误导性的新闻评述，并且能够识别出真正有资格称为宏观谜题的反映了遗留困惑的评述。

☞ **国际视角**

美国和欧洲的宏观经济学有何不同？

欧洲的经济总量比美国的还要大，但是每一个个体都比较小。欧洲和美国的宏观经济学有五个重要的不同点：（1）更加强调宏观经济问题；（2）欧洲高持续失业率的困惑；（3）欧洲复制美国重振生产率增长的失败；（4）货币政策和财政政策的不利作用；（5）凯恩斯学派的统治力逐渐增强。

国际关注点

因为像比利时和荷兰这样的国家的对外贸易占到GDP的一半以上，很自然，阐释不同经济之间相互影响的国际问题在欧洲的宏观经济学中起着较大作用，而国家层面的稳定政策问题的作用相对小一些。在20世纪90年代，欧洲的宏观经济学中占主导地位的是在欧洲是否要推行统一货币的争论。1994年的《马斯特里赫特条约》对1999年新加入欧洲共同货币的国家设定了最高通货膨胀率准则以及容许的赤字占GDP的比率、负债占GDP的比率。彻底转换为欧元是从2002年开始的，那时欧元取代了法国法郎和德国马克。

失业困惑的反转

在2007年之前的二十多年，欧洲已经在羡慕美国达到了极低的失业率。然而这种羡慕在2008—2010年转变了方向，那时美国的失业率比欧洲高得多，尽管它们的产出比下降很相似。如我们在第10章的“了解全球经济危机”专栏中学到的，美国的公司倾向于将重点放在削减成本和裁员来确保它们的利润，然而欧洲的公司却倾向于通过削减员工的周工时来留住员工，并通过政府补助来维持员工的工资。德国在2010年的失业率比2007年的要低，而美国在2010年的失业率是2007年的两倍。欧洲整体控制失业率的成就掩盖了个别国家间成效的较大差异，2010年的失业率从荷兰的3.5%到西班牙的20%，西班牙的收入靠大量低收入工人支撑，他们在欧洲的体制下原本能生活得更好。

生产率增长的困惑

欧洲钦佩美国自1995年以来的生产率增长。欧洲没有享有过同类的复兴，实际上，自2000年以来欧洲的生产率增长比20世纪90年代初还低。欧洲的生产率从1995年相当于美国生产率水平的88%下降到2009年的78%。对此的解释集中在有助于解释欧洲高失业的类似因素，包括过多的管制。例如，多亏沃尔玛和家得宝这样的大型连锁公司，美国的零售业生产率才得以快速提高，而欧洲的管制使得同类公司的创立更加困难，部分是由于土地的不足和对土地使用的管制。

货币政策和财政政策的角色转变

在1970—2001年间，美国政府忽略了短期财政稳定政策，而偏好于使用货币政策来制服经济周期。财政政策作为刺激工具而出现，开始是2001年、2003年和2008年的布什减税措施，然后是2009—2010年奥巴马的财政刺激措施。在欧洲，货币政策和财政政策由于欧洲统一货币欧元的使用而大为不同，这剥夺了欧元区国家独立行使货币政策的能力。这使得财政政策成为唯一可用的工具，但是自1994年之后，当这些国家努力降低赤字以达到加入欧元区的马斯特里赫特标准时，财政政策受到了限制。在2010年由于成员国希腊和爱尔兰违反了《马斯特里赫特条约》中的赤字和负债标准而使欧元遭遇了信任危机。一些批评家认为欧元存在着根本的缺陷，因为它试图将统一货币与未统一的联邦财政系统结合起来。财政政策决策基于国家层面，而在2010年欧元的存亡依赖于财政赤字较低国家的意愿以及更负责任的旨在解救希腊、爱尔兰乃至未来其他国家的政策。

凯恩斯主义的观点

如我们在第17章中所学，新古典宏观经济学包括卢卡斯的最初版本（结合了市场出清、不完全信息和理性预期）以及实际经济周期版本（结合了排除需求冲击的市场出清，完全依靠供给冲击来解释经济周期）。近几十年欧洲宏观经济学的显著不同是对新古典经济学缺乏兴趣，而完全依赖基于商品和服务价格刚性的凯恩斯主义的方法。这种差异的原因并不完全清晰可见；可能是由于欧洲自1980年起持续的失业状况使得欧洲的宏观经济学家无暇顾及新古典的方法。也许差异是来自政治因素，因为美国的新古典经济学家与许多欧洲国家相比在政治上更加保守。又或者答案很简单：卢卡斯、普雷斯科特等新古典宏观经济学的发明者生活在美国，而凯恩斯生活在大西洋的另一边！

小结

1. 正如现实生活事件孕育了理论一样，有时现实事件也会使一些理论过时，激发新理论的产生。本书所讨论的许多重要理论都是由对一些惊人事件的理解而衍生的。

2. 两次战争之间的大事件是大萧条。此次事件酿成了一种新的思想，即凯恩斯革命。该思想强调总需求、价格刚性和财政政策。

3.1947—1969 年的大事件是总需求的不稳定，部分原因是朝鲜战争和越南战争、1964 年之后货币政策和财政政策对于经济的过度刺激，以及接下来的通货膨胀的加速。由这些事件产生了一些新的思想，包括菲利普斯曲线、新经济学、货币主义和自然率假说。

4.1970—2010 年时期的主要事件是 1974—1975 年和 1979—1981 年的两次供给冲击，这导致了两次通货膨胀、失业和利率的高峰，以及 2007—2009 年的全球经济危机（造成了自大萧条后最糟糕的劳动力市场）。包括实际经济周期理论的新理论由这些事件所产生，它关注双赤字，认为自然失业率随时间变化。一个旧的思想由于此次全球经济危机而复兴，即过度杠杆化会导致资产泡沫，以及资产泡沫的破裂会造成多年的严重后遗症。

5. 影响美国经济的主要国际事件是 20 世纪 70 年代初向浮动汇率的转变，以及 80 年代由美元的上下浮动而导致的混乱。汇率未预期到的不稳定性和贸易模式导致的混乱使得一些观察家期望回到固定汇率制度。

6. 平均失业水平包括摩擦性失业和结构性失业。失业周期、通货膨胀的不稳定性和利率反映了需求冲击、供给冲击和通货膨胀惯性的联合影响。

7. 当下讨论最激烈的宏观经济难题包括美国在全球经济危机后采取的复兴措施，以及贫穷国家依旧贫穷而其他国家迅速增长的原因。其他问题包括不同时代不同国家生产率增长起落的原因，自然失业率改变的原因，通货膨胀目标和泰勒规则的货币政策的优点，以及不同国家经济行为多方面不同的原因。

问答题

1. 解释 1923—1929 年时期如何与旧古典方法保持一致，以及如何与 1930—1933 年不一致。

2.20 世纪 30 年代末的经济如何加强旧凯恩斯学派的观点？

3. 第二次世界大战的经济行为如何支持凯恩斯革命的主要内容？

4. 解释大萧条和第二次世界大战怎样改变经济学家对于宏观经济政策的看法。

5. 什么事件导致 20 世纪 60 年代财政积极行动主义失宠？

6. 解释 20 世纪 60 年代末的事件如何使货币主义成为宏观经济政策的一种方法。

7. 解释 20 世纪 60 年代末的事件如何引起自然率假说以及如何改变经济学家对于失业和通货膨胀直接负相关的看法。

8. 什么导致了 1974—1975 年和 1980—1982 年的两次失业和通货膨胀的高峰？什么样的理论创新可以解释这两个高峰？

9. 为什么 1982 年之后失业率和通货膨胀率会下降？

10. 讨论使货币政策中货币总量作用失信的事件。

11.20 世纪 90 年代末的“金发姑娘经济”意味着什么？如何解释它的主要特点？

12. 泰勒规则和通货膨胀目标的思想在 20 世纪 80 年代得以发展。通货膨胀目标是泰勒规则的一种特殊形式。根据是否要盯住通货膨胀或产出比或对这两者的加权平均，评价美联储在 1994—2007 年的货币政策行为。

13. 解释 1996—2000 年的股票市场泡沫与 1927—1929 年的股票市场泡沫、1987—1989 年日本股票市场及房地产市场的泡沫和 2001—2006 年美国房地产市场泡沫的不同。

14. 解释什么旧的思想可被重新用来解释 2007—2009 年的全球经济危机。

15. 讨论自 1929 年之后的美国经济事件为什么证明了任何经济理论的成立都必须考虑需求和供给冲击。

16. 讨论美国的宏观经济政策与欧洲的有何不同。

17. 在回到固定汇率过程中，什么事件导致了利息的提高？

18. 为什么对货币政策和财政政策怎样才能更好地用于拯救2007—2009年的全球经济危机这一话题存在着争论？

19. 在美国国内和国际范围内，讨论与长期经济增长有关的悬而未决的问题和争论。

术语表

加速器假说（Accelerator hypothesis）（16.3）* 主张净投资水平取决于预期产出变化的理论。

适应性政策（Accommodating policy）（9.9）政府或中央银行在供给冲击发生后为维持原有的产出比并提高名义 GDP 的增长而实施的政策。

现实实际 GDP（Actual real GDP）（1.3）纠正了任何价格变化的总产出值。

现实实际利率（Actual real interest rate）（10.3）名义利率减去现实通货膨胀率。

适应性预期（Adaptive expectation）（9.6）基于上一期现实数值的平均数对下一期经济数值的预测。

总量（Aggregate）（1.2）作为一个整体的经济量值的总量。

总需求（Aggregate demand）（3.1）以当前价格（名义）表示的合意的支出总量。

总需求（*AD*）曲线［Aggregate demand (*AD*) curve］（8.1）表示货币市场与商品市场同时达到均衡时的价格水平与实际产出的各种不同组合的曲线。

总供给（Aggregate supply）（3.2）在任何给定的价格水平上，企业愿意生产的产品数量。

升值（Appreciation）（7.3）一国货币相对于他国货币币值的上升。当美元能够购买更多单位的外国货币如欧元时，美元可以被说成相对于外国货币升值。

拍卖市场（Auction market）（17.7）职业交易员买进或卖出商品或金融证券的集中场所。

自动稳定器（Automatic stabilization）（第 3 章的附录及 6.4）当收入提高或下降时，税收变化对政府预算赤字或盈余的影响。

自发量值（Autonomous magnitude）（3.3）与收入水平无关的量值。

后顾型预期（Backward-looking expectations）（9.6）仅基于经济变量过去表现出的信息对下一期数值进行的预测。

国际收支平衡表（Balance of payments）（7.2）一国国际贸易的记录，包括资产（源自出口和资产的销售）和负债（源自进口和对资产的购买）。

银行挤兑（Bank run）（5.3）当银行的顾客惧怕银行将要破产时，为避免损失，顾客尽可能快地进入银行提取货币的现象。

泡沫（Bubble）（5.4）资产价格相对于其基本值持续大幅上涨。所谓基本值是指挤掉了大多数或全部初始价格所得的崩溃后的价格。

预算线（Budget line）（6.4）表示在不同的实际收入水平上政府的预算盈余或赤字的曲线。

经济周期（Business cycles）（1.4）在许多经济活动中同时发生的扩张，继之以相似的普遍的衰退和复苏。

资本账户（Capital account）（7.2）国际收支平衡表中记录资本流动的部分。包括国内居民对外国资产的买卖和外国居民对本国资产的买卖。

封闭经济（Closed economy）（1.8）不与任何其他国家存在着物品、服务和金融资产交易的国家。

* 括号中的数字表示术语在文中出现的章节。

“冷火鸡”政策（Cold turkey）（9.7）采取一种突如其来的、永久的减缓 GDP 增长的反通货膨胀的方法。

恒定增长率规则（CGRR）（Constant growth rate rule）（14.3）与政策积极行动主义者倡导的可变增长率相反的货币供给以固定百分比增长的规则。

消费支出（Consumption expenditure）（2.2）家庭为满足自身需要而购买的物品和劳务。

紧缩性货币政策（Contractionary monetary policy）（4.5）对降低 GDP 和提高利率产生影响的政府货币政策。

协调失灵（Coordination failure）（17.7）因为缺乏私人激励或规避对形成社会成本的行为进行的惩罚，企业忽视集体行动的结果。

核心通货膨胀率（Core inflation rate）（9.9）所有产品与劳务但不包括食品和能源的通货膨胀率。

生活成本协议（Cost-of-living agreement（COLA））（17.9）为应对价格水平的提高所提供的工资率自动增长的合同。

反周期变量（Countercyclical variable）（8.6）在经济周期期间与实际 GDP 作反向移动的变量。

可信度（Credibility）（10.6）家庭和企业对已经颁布的货币或财政政策实际执行和保持原样的相信程度。

横截面（Cross-section）（15.3）在单一时期被观察到的众多单位（如家庭、企业、城市或国家）的数据。

挤出效应（Crowding out effect）（4.6）因为政府支出的增加和税率的下降造成的私人支出的一个或多个构成部分的降低。

经常账户（Current account）（7.2）包括出口、进口、投资收入和对外国以及从外国而来的转移支付的国际收支平衡表中的一部分。

周期性赤字（Cyclical deficit）（6.4）现实政府预算赤字超出结构性赤字的数量。

周期性盈余（Cyclical surplus）（6.4）现实政府预算盈余超出结构性盈余的数量。

周期性失业（Cyclical unemployment）（10.7）现实失业率与自然失业率之差。

需求型通货膨胀（Demand inflation）（9.8）由名义 GDP 增长的永久性加速造成的价格水平的持续提高。

需求冲击（Demand shock）（3.1，9.1）未预期的企业和消费者乐观情绪的变化、净出口的变化和政府支出或税率的变化。

折旧（固定资本的消费）（Depreciation（consumption of fixed capital））（2.3）因过时和资本磨损而导致的资本存量的耗费部分。

（货币的）贬值（Depreciation（of currency））（7.3）一国货币的价值相对于其他国家的货币下降。当美元能够购买的外国货币比如英镑更少时，美元被说成相对于外国货币贬值。

折旧率（Depreciation rate）（16.7）因物理磨损和过时而导致的资本品价值每年下降的百分比。

币值调低（Devaluation）（7.6）在固定汇率制下，以外国货币表示的一国币值的下降。

贴现率（Discount rate）（13.4）当存款机构借入储备时，联储要求的利率。

斟酌使用（相机抉择）的财政政策（Discretionary fiscal policy）（6.4）为影响实际产出和失业率，政府对税率和政府支出所作出的深思熟虑的选择。

斟酌使用（相机抉择）的政策（Discretionary policy）（14.3）将每一次宏观经济活动都看成唯一事件的方法。对每一次事件的反应都作出一种不同的尝试。

反通货膨胀（Disinflation）（9.7）通货膨胀率标志性的减速。

国内收入（Domestic income）（2.6）是国内生产要素的所得。被计算为国内生产净值减去企业间接税，间接税是对企业的销售活动所征的税收。

动态乘数（Dynamic multiplier）（14.4）给定政策工具的变化之后，几个时期内的每一次产出提高的数量。

经济增长（Economic growth）（1.4，11.2）研究自然实际 GDP 在 10 年或更长时间持续增长的原因和结果的经济学，它是宏观经济学的主要领域。

内生变量（Endogenous variable）（3.2）被一种经济理论解释的变量。

均衡（Equilibrium）（3.4）经济没有变化压力的一种存在状态。

均衡实际工资率（Equilibrium real wage rate）（8.5）劳动力供给曲线与劳动力需求曲线相交时

的实际工资率，因此不存在实际工资变化的压力。

净资产（Equity）（5.3）经济单位的资产与负债之差。与净财富相同。

外生变量（Exogenous variable）（3.2）经济理论不会试图解释的行为并且被假定为既定值的相关变量。

扩张性的货币政策（Expansionary monetary policy）（4.5）能够降低利率和提高 GDP 的政府货币政策。

附加预期的菲利普斯曲线（*SP* 曲线）（Expectations-augmented Phillips curve）（*SP* curve）（9.2）将通货膨胀率与产出比（或失业率）联系起来的曲线。当预期通货膨胀率变动时，其位置会发生改变。

预期效应（Expectations effect）（8.8）当消费者预期价格水平将来下降时，由推迟购买引起的总需求下降。

预期通货膨胀率（Expected rate of inflation）（9.2）被预料到的未来发生的通货膨胀率。

预期实际利率（Expected real interest rate）（10.3）名义利率减去预期的通货膨胀率。

出口（Exports）（2.4）一国生产出来的被卖到外国的产品和服务。

干预性政策（Extinguishing policy）（9.9）在供给冲击发生以后，为保持原有的通货膨胀率，政府和银行降低名义 GDP 增长的尝试。

额外便利服务（Extra convenience services）（10.3）通过持有额外一单位货币代替债券提供的服务。

要素投入（Factor inputs）（11.3）直接生产实际 GDP 的经济元素。

反馈规则（Feedback rule）（14.3）它是一种稳定政策规则，为响应现实的或预测的目标变量如通货膨胀或就业的变动，货币变量如货币供给或利率的系统性变化。

最终物品（Final goods）（2.3）最终产品的一部分。

最终产品（Final products）（2.3）所有通过市场销售但非再售的当期生产出的物品与劳务。与国内生产总值一样。

金融中介（Financial intermediaries）（5.3）它是一种金融机构，比如银行。它从储蓄者那里得到资金，并且将其贷放出去。

金融市场（Financial market）（5.3）证券和金融工具被买进或卖出的有组织的场所。

财政政策（Fiscal policy）（1.7）为影响目标变量，政府对政府支出和税率的巧妙运用。

费雪效应（Fisher effect）（10.3）预期通货膨胀率一个百分点的增加将使名义实际利率提高一个百分点。实际利率保持不变。

费雪方程（Fisher equation）（10.3）名义利率等于预期通货膨胀率加上实际利率的表述。

固定汇率制（Fixed exchange rate system）（7.6）外汇汇率在长期内固定不变的体制。

固定投资（Fixed investment）（2.4）企业购买的不再准备出售的最终产品。

灵活加速器理论（Flexible accelerator theory）（7.6）允许销售预期和资本存量逐步调整的投资理论，它也允许最优资本产出比的变化。

浮动汇率制（Flexible exchange rate system）（7.6）外汇汇率每天自由变动，在一国货币的需求量与供给量之间建立一种均衡制度。

流量值（Flow magnitude）（2.2）经济单位在每个时间单位内以一个特殊的比率从一个变为另一个的经济量值。

汇率（Foreign exchange rate）（7.6）一单位本国货币所能够交换到的其他国家货币的数量。

外汇储备（Foreign exchange reserve）（7.6）在固定汇率体制下，为应对特定国家货币的需求和供给的变化，一国政府所持有的外国货币的数量。这种储备也被用于浮动汇率制下的干预。

前瞻型预期（Forward-looking expectation）（9.6，15.1）使用经济模型框定一个经济变量与另一个经济变量之间的关系，并且预期经济变量未来的活动。

GDP 平减指数（GDP deflator）（2.7）经济的总价格指数，被定义为名义 GDP 与加权实际 GDP 之间的比率。

GDP 缺口（GDP gap）（1.3）现实实际 GDP 与自然实际 GDP 百分比的差额。

一般均衡（General equilibrium）（4.4）经济中所有市场同时发生均衡的情形。

全球经济危机（Global economic crisis）（1.1）起始于 2007 年，在世界大多数国家同时发生的不景气经济活动的危机。

政府预算约束（Government budget constraint）

（10.5）对政府支出的三种融资来源——税收、债券创造和货币创造的限制。

总值（Gross）（2.3）包括资本消费津贴的经济总量。

总债务（Gross debt）（6.5）公共债务总量，政府持有的内外债务。

国内生产总值（Gross domestic product）（GDP）（1.3）在一特定时期，当前生产并在市场销售的产品与劳务的价值总量。

国民生产总值（Gross national product，GNP）（2.3）美国公民提供的劳动力与资本生产出的产品与劳务的价值总量。无论生产是否发生在美国境内。

直线降落（Helicopter drop）（6.8）对货币与财政政策扩张组合的一种形象描述。财政刺激制造了大量的财政赤字，政府不得不售卖债券，但不是将这些债券卖给私人部门，而是卖给美联储，联储的资产与负债增加，但是公债的净值并没有增加。

高能货币（High-powered money）（13.3）储蓄机构外部持有的现金和内部持有的准备金的总和，等同于基础货币。

家庭财富（Household wealth）（3.3）家庭资产的价值总量。包括房屋、汽车和金融资产比如股票、债券和银行账户的市场价值减去所有负债，如抵押和信用卡债务、汽车贷款和其他贷款。

人力资本（Human capital）（11.7）一般对于人或社会而言，教育可能带来的额外所得的价值。

恶性通货膨胀（Hyperinflation）（10.1）一种十分迅速的通货膨胀。有时被定义为经历一年以上的、月通货膨胀率高于22%、年通货膨胀率高于1 000%的通货膨胀。

进口（Imports）（2.4）在一个国家内部消费，但在其他国家生产的商品。

收入政策（Incomes policy）（10.6）政策制定者通过说服或法律规则调节工资和其他收入的一种尝试。

指数化债券（Indexed bond）（10.4）支付固定实际利率的债券；其名义利率等于实际利率加上通货膨胀率。

引致性消费（Induced consumption）（3.3）收入变化导致的消费支出部分。

引致性储蓄（Induced saving）（3.4）收入变化带来的储蓄部分。

通货膨胀（Inflation）（9.1）包括大多数商品的价格总水平的持续上扬。

通货膨胀差（Inflation differential）（7.5）国外的通货膨胀减去国内的通货膨胀。

通货膨胀率（Inflation rate）（1.1）经济中平均价格水平增长的百分比。

通货膨胀税（Inflation tax）（10.5）政府从通货膨胀中得到的收入。但从家庭视角看，等同于铸币税（通货膨胀率乘以实际高能货币）。

基础设施（Infrastructure）（12.1）造福于总体社会的一种资本类型，包括高速公路、机场、火车、航道、港口、电话网络和输电网络。

注入（Injection）（2.5）非消费支出。

利率差（Interest rate differential）（7.9）美国平均利率减去外国平均利率。

中间产品（Intermediate goods）（2.3）被其购买者以目前形态或以改变了的形态重新出售的产品。

跨期替代（Intertemporal substitution）（17.4）工人在实际工资较高时工作更多，在实际工资较低时工作更少。或者在价格较高时，生产者提高产出；在价格较低时，生产者降低产出。

干预（Intervention）（7.6）在浮动汇率制下，为避免外汇汇率不合意的变化，国内或国外的中央银行买卖一国货币的现象。

存货投资（Inventory investment）（2.4）原材料、零部件和企业生产出的产品存量的所有变化。

***IS*曲线**（*IS* curve）（3.9）使商品市场处于均衡状态的收入与利率的各种组合。在*IS*曲线上的任何一点，商品的需求等于其供给。

凯恩斯效应（Keynes effect）（8.8）利息降低引起的对总需求的刺激。

劳动生产率（Labor productivity）（12.2）每工时所能生产的实际GDP或产出。

大型开放经济（Large open economy）（7.9）能够影响国内利率的经济。

漏出（Leakage）（2.5）流向税收或储蓄而不是对消费品的购买的收入部分。

杠杆作用（Leverage）（5.3）金融机构的负债与股权资本之间的比率。当银行允许在一定的股权资本下进行更多的贷款时，杠杆化程度就会增强。

生命周期假说（Life-cycle hypothesis）（LCH）（15.1）家庭当前消费基于全部一生所获收入和财富的一种推测。

流动性约束（Liquidity constraint）（15.6）即使家庭有丰厚的未来收入来偿还贷款，家庭也不能获得想要的全部贷款。

流动性陷阱（Liquidity trap）（4.7）中央银行失去降低利率的能力的情形。

***LM* 曲线**（*LM* curve）（4.3）货币市场处于均衡状态时，收入与利率的各种组合形成的曲线。在这条曲线上，货币的需求等于货币的供给。

长期总供给曲线（long-run aggregate supply（LAS）curve）（8.1）处于自然实际 GDP 水平上的一条垂直线。它表明当名义工资能够对价格水平的任何变动进行充分调整时企业愿意生产的数量。

长期均衡（Long-run equilibrium）（8.6）劳动力投入处于自愿供给与需求位于均衡实际工资率上的情形。

长期劳动合同（Long-term labor contracts）（17.9）企业和工人之间确定一年或更长时间的名义工资率的协议。

卢卡斯模型（Lucas model）（17.3）基于市场出清、不完全信息和理性预期三个假设基础上的模型。

M1（13.2）一种货币供给的定义，仅包括现金、交易账户和旅行支票。

M2（13.2）一种货币供给的定义，包括 M1、储蓄存款、货币市场存款账户、小额定期存款和货币市场共同基金。

宏观经济外部性（Macroeconomic externality）（17.7）个别经济机构作出决策时所带来的社会成本。

宏观经济学（Macroeconomics）（1.1）研究主要总量或总体经济活动的经济学。

魔术方程（Magic equation）（2.5）私人储蓄加上净税收在定义上等于私人国内投资、政府购买和净出口之和。

边际漏出率（Marginal leakage rate）（第 3 章附录）收入中的纳税和储蓄而不是用于消费支出的部分。

资本的边际产出（Marginal product of capital）（16.6）企业增加额外的资本所能带来的额外的产出。

边际消费倾向（Marginal propensity to consume）（3.3）由可支配收入的变化引致的消费支出的变化。

边际储蓄倾向（Marginal propensity to save）（3.3）由可支配收入的变化引致的储蓄变化。

菜单成本（Menu cost）（10.3，17.6）与价格变动相关的任何支出。包括印刷新菜单的成本和新目录的编配。

不匹配失业（Mismatch unemployment）（10.7）结构性失业。它是自然失业率两个构成部分之一。（另一种是流动性失业或摩擦性失业），它发生于劳动力的居住地和技能不能满足职位空缺对驻地与技能的需要。

货币主义（Monetarism）（14.3）反对积极行动主义或斟酌使用的货币政策，赞同高能货币或货币供给的增长率按固定规则进行。

货币无效（Monetary impotence）（8.8）实际 GDP 对实际货币供给反应的失灵。

货币政策（Monetary policy）（1.7）为影响目标变量，货币供给或利率以及两者同时发生变化。

货币乘数（Money multiplier）（13.3）货币供给与高能货币的比率（M/H）。货币供给的每一种不同定义都有各自的乘数，比如 $M1/H$、$M2/H$。

货币乘数冲击（Money-multiplier shock）（13.4）引发货币乘数改变的任何活动。如相对于存款而言货币公共需求的变动或不同法定准备金要求的变动。

货币供给（Money supply）（4.2）现金与支票账户。包括银行与储蓄机构的支票账户。

多要素生产率（Multifactor productivity）（11.5）每工时的产出增长率减去其他生产要素的增长每工时对产出所作的贡献。特别是资本，有时也包括能源、原材料或其他生产要素。

乘数（Multiplier）（3.5）产出变动与引发其变动的自发性支出变化之间的比率，或 1 除以边际储蓄倾向。

乘数不确定性（Multiplier uncertainty）（14.4）企业缺乏关于政策工具变化引起的产出变化的知识。

国民收入与产出账户（National Income and Product Accounts）（2.3）是记录 GDP 及其构成部分的美国政府的官方经济核算体系。

国民储蓄（National saving）（7.2）私人储蓄（家庭与企业）与政府储蓄（政府的预算盈余）之和。

自然就业盈余或赤字［（Natural employment surplus）（NES）or deficit（NED）］（6.4）在自然实际 GDP 水平上的政府预算盈余或赤字。

自然率假说（Nature rate hypothesis）（17.2）名义总需求的变动不会对实际 GDP 产生长期影响的一种假说。

自然失业率（Nature rate of unemployment）（1.3）通货膨胀率不变即既不加速也不减速时的失业水平。

自然实际 GDP（Natural real（GDP））（1.3）通货膨胀率不变，既无加速也无减速倾向时的实际 GDP 水平。

净值（Net）（2.3）排除资本消费津贴的经济总量。

净债务（Net debt）（6.5）公共债务总量减去政府持有的内部债务，包括联储持有的政府债券、社会保障和医疗信托基金。

国内生产净值（Net domestic product）（NDP）（2.3）GDP 减去折旧。

净出口（Net export）（2.4）出口减去进口。

对外净投资（Net foreign investment）（2.4）等于出口减去进口。当净出口为负值时，被称为“外国净借款”。

净国际投资头寸（Net international investment position）（7.2）一国公民所拥有的外国净资产与外国公民拥有的本国资产的差额。

中性政策（Neutral policy）（9.9）供给冲击发生时，为保持不变的名义 GDP，以便产出比的下降等于通货膨胀率的上升，政府与中央银行作出的尝试。

新凯恩斯主义经济学（New Keynesian economics）（17.6）解释价格与工资刚性和企业与工人的利己相一致的一种经济学方法，所有这些理论都假定理性预期。

名义的（Nominal）（2.7）修饰以当前价格计算的任何经济量值的形容词。

名义锚（Nominal anchor）（14.8）确定名义变量增长率界限的规则。例如高能货币、货币供给、价格水平或名义 GDP，以避免通货膨胀无限加速。

名义 GDP（Nominal GDP）（2.7）以当前价格计算的国内生产总值。

名义利率（Nominal interest rate）（10.3）金融机构实际收取的和债券的持有者赚取的市场利率。

名义刚性（Nominal rigidity）（17.6）由于一些原因，名义价格水平灵活性被限制的一种因素。例如菜单成本和交错合同，这些因素会使企业在变动名义价格或工资水平时花费成本。

非市场出清模型（Non-market-clearing model）（17.6）工人和企业不会持续处于各自的需求曲线与供给曲线上，而是由价格的逐步调整推离这些曲线。

奥肯定律（Okun's law）（9.11）产出比与现实失业率和平均失业率之间的缺口存在的有规则的负向联系。

开放经济（Open economy）（1.8）存在进出口与资本流入或流出的经济。

公开市场操作（Open-market operation）（13.4）联储为改变高能货币对政府债券进行的买卖。

产出比（Output ratio）（9.1）现实实际 GDP 与自然实际 GDP 之比。

参数（Parameter）（3.4）在特定的分析中已给定或已知的值。

完全资本流动（Perfect capital mobility）（7.9）这种情形发生于投资者将外国金融资产作为国内资产的完全替代品，以及投资者对国内外资产的利差持续地作出反应，通过资产的充分流动消除利差之时。

恒久收入（Permanent income）（15.4）在未来的年份里，人们期望得到的年均收入。

恒久收入假说（Permanent income hypothesis）（PIH）（15.1）消费支出依赖于人们预期得到的长期平均（或恒久）收入的一种推测。

个人可支配收入（Personal disposable income）（2.6）个人收入减去个人所得税的支付。

个人收入（Personal income）（2.6）家庭从所有来源取得的收入，例如所得与转移支付。

个人储蓄（Personal saving）（2.4）既不用于

消费也不用于交税的收入部分。

庇古效应或实际余额效应（Pigou effect or real balance effect）（8.8）通过实际货币供给增加而非降低利率进行的对总需求的直接刺激。

政策积极行动主义（Policy activism）（14.1）积极利用财政和货币政策以抵消私人支出部门的变化。

政策可信度（Policy credibility）（14.1）公众相信政策制定者将在实际中执行已经宣布的政策。

政策无效性命题（Policy ineffectiveness proposition）（PIP）（17.3）货币政策的预测变化不能影响实际产出的一种主张。

政策工具（Policy instruments）（1.7，14.2）政府政策的制定者能够直接掌控、用于影响目标变量的元素。

政策混合（Policy mix）（4.9）在给定的情况下，财政与货币政策影响的组合。

政策规则（Policy rule）（14.1）政策规则如短期利率、中间变量如货币供给或目标变量如通货膨胀或失业组成的固定路径。也指政策工具对目标变量既定变化的特定反应。

私人投资（Private investment）（2.4）增加到一国产生收益的有形资产存量上的或替代旧的、磨损的有形资产的最终产品部分。

生产函数（Production function）（11.3）表示给定的生产要素投入能够生产多少产出的几何或代数关系。

生产率（Productivity）（1.1）每小时的总产出。

公共债务（Public debt）（6.5）政府发行的债券和其他负债（也被称为“证券”）的总量。这些证券不仅为私人家庭和公司、外国投资者持有，也被一些政府机构持有。财政赤字会增加债务，财政盈余会减少债务。

购买力平价理论［Purchasing power parity（PPP）theory］（7.5）同种商品的价格在所有的国家都应该相同的理论，差别仅仅由运输成本和进口关税产生。

量化宽松（Quantitative easing）（5.7）中央银行购买资产的打算并不追随短期利率（当短期利率为零时），只是为了增加银行储备时所发生的状况。

货币数量论（Quantity theory of money）（8.7）当流通速度由支付惯例比如是使用现金还是支票决定时，现实产出倾向于稳步增长的理论。货币供给变化的结果主要影响价格水平，对流通速度或产出产生少许影响或不产生影响。

理性预期（Rational expectation）（15.6，17.3）基于过去的经济表现以及将来政府政策的目前可得信息对未来经济量值的预测。

实际余额效应（庇古效应）（Real balance effect）（Pigou effect）（8.8）通过货币供给增加对总需求的直接刺激，无需利率的下降。

实际经济周期模型（Real business cycle（RBC）model）（17.4）将产出和就业的波动归结为技术和供给冲击的解释。

实际汇率（Real exchange rate）（7.5）经过一国与其贸易伙伴通货膨胀率之差调整的两国之间的平均名义外汇汇率。

实际货币余额（Real money balance）（4.2）总的货币供给量除以价格水平。

实际刚性（Real rigidity）（17.6）使企业难以改变实际工资、相对工资和相对价格的因素。

再分配效应（Redistribution effect）（8.8）通过价格下降对收入从高支出的债权人向低支出的储蓄者进行再分配引起的总需求的下降。

法定准备金（Required reserve）（13.4）联邦储备规则要求存款机构持有的准备金。

准备金要求（Reserve requirement）（13.4）一种规则，仅适用于交易账户。要求作为准备金持有的存款的最低比例。

残差，余值（Residual）（11.5）有时用于多要素生产率的一种标签。

币值调高（Revaluation）（7.6）在固定汇率制下，用他国货币表示的一国货币币值的增加。

刚性规则（Rigid rule）（14.3）在货币供给恒定增长率规则中，将关键政策工具设定为固定值的一种政策规则。

刚性工资（Rigid wages）（8.8）名义工资在总量上调整以维持劳动力市场处于均衡状态的机制失灵。

风险（Risk）（5.3）一定投资或贷款不能带来预期回报，可能导致部分或全部投资额的损失。

风险溢价（Risk premium）（5.6）拥有同样期限的公司债券与无风险国库券的利率之差。

牺牲率（Sacrifice ratio）（9.7）在反通货膨胀

期间，产出的累积损失除以通货膨胀率的永久下降值。

证券化（Securitization）（5.5）将许多不同的债务工具例如抵押贷款结合进成百上千种个人合同池的过程。然后将以这个池子为基础的金融工具卖给投资者，比如快速抵押贷款证券。

铸币税（Seignorage）（10.5）政府从通货膨胀中获取的收入。等于通货膨胀率乘以高能货币，等同于通货膨胀税。

自我调节能力（Self-correcting forces）（8.7）在一些情况下，灵活的价格有稳定实际 GDP 的作用。

鞋底成本（Shoes-leather cost）（10.3）通货膨胀提高利率时所发生的成本。包括人们在付息银行账户中存入更多的资金，较少地持有现金。

短期总供给曲线［（Short-run aggregate supply）（*SAS*）curve］（8.1）假定名义工资率不变，企业在各种不同的价格水平下愿意生产的产出总量曲线。

短期均衡（Short-run equilibrium）（8.6）总需求曲线与短期总供给曲线的交点。

短期菲利普斯曲线［Short-run Phillips（SP）curve］（9.2）给定预期的通货膨胀率，联系实际 GDP 与可达通货膨胀率的曲线。

小型开放经济（Small open economy）（7.9）一个资本完全流动、无法保持与国外不同的利率的经济。

索洛余值（Solow's residual）（11.5）多要素生产率的增长。等同于残差或余值。

稳定政策（Stabilization policy）（1.7）寻求影响总需求水平的任何政策。

交错合同（Staggered contracts）（17.6）对于不同的企业和工人群体，工资合同具有不同的终止期限。

生活水平（Standard of living）（12.2）人口中，每人的实际 GDP 或人均产出水平。

稳态（Steady state）（11.3）产出与资本投入按照统一比率增长的情形，这意味着一个固定的产出与资本投入比。

存量（Stock）（2.2）在特定时点上，一定的经济单位所占有的经济量值。

结构性赤字（Structure deficit）（6.4）经济运行于自然实际 GDP 水平时政府的预算赤字。

结构性盈余（Structure surplus）（6.4）经济运行于自然实际 GDP 水平时政府的预算盈余。

次级抵押贷款市场（Subprime mortgage market）（5.5）借贷者拥有低收入、不稳定的就业状况和不良信用记录的市场。

供给型通货膨胀（Supply inflation）（9.8）价格的提升根源于经营成本的增长而非直接关系到名义 GDP 增长的加速。

供给冲击（Supply shock）（9.1）由商品如石油价格的急剧变化引起的冲击。

目标变量（Target variable）（1.7，14.2）为社会所关注的经济总量的值——社会目标。

泰勒规则（Taylor rule）（14.7）作为现实通货膨胀偏离合意通货膨胀以及实际 GDP 偏离自然实际 GDP 的反应，要求中央银行使实际短期利率值偏离其合意的长期值。

期限溢价（Term premium）（5.6）在长期内，长期债券利率与短期联邦基金利率的平均差。

时间不一致（Time inconsistency）（14.6）在政策已被宣布、私人决策者已经作出反应后，政策制定者偏离政策的行为。

时间序列（Time series）（15.3）覆盖一个或多个衡量期的跨时数据。

劳动力总量（Total labor force）（2.8）就业者、军人和失业者的公民总量。

转移支付（Transfer payment）（2.3）没有产品和服务产出作为回报的支付。

暂时收入（Transitory income）（15.4）现实收入与恒久收入之差，它不会被预期再次产生。

三难困境（Trilemma）（7.1）任何国家持久保持以下三种状态都是不可能的：（1）国内独立的货币政策；（2）固定汇率制度；（3）资本在国与国之间的自由流动。

流动性失业（摩擦性失业）（Turnover unemployment）（fractional unemployment）（10.7）自然失业率的两个构成因素之一（其他一个是不匹配或结构性失业），它发生于工作搜寻的正常过程。

未预期通货膨胀（Unanticipated inflation）（10.3）现实通货膨胀率（p）不同于预期通货膨胀率（p^e）的状况。

失业者（Unemployed）（2.8）短期内被解雇或没有工作但采取一定行动寻找工作的人。

失业缺口（Unemployment gap）（1.3）现实失业率与自然失业率之差。

失业率（Unemployment rate）（1.1，2.8）没有工作但正积极寻找工作的人数除以劳动力中就业与失业人数之和的百分比。

非意愿的存货投资（Unintended inventory investment）（3.4）当计划支出小于收入时，企业被迫积压的产品数量。

资本的使用成本（User cost of capital）（16.6）在特定时期内，企业使用一项资本的成本。

增值（Value added）（2.3）在生产过程的特定阶段发生的劳动力和资本服务的价值。

工资指数化（生活成本协议）（Wage indexation）（cost-of-living agreements）（10.6）价格水平提高时，工资率自动提高的机制。

译后记

译者看过不少宏观经济学的书，也采用其中的一部分充当过中级宏观经济学的教材。由西方引进的教材大多具有深入浅出、篇幅宏大、案例和资料新颖、见解独到的特点，可以说各领风骚。如果能够参照阅读、相互印证，其中自有“三味”。但是在我看到的所有中级宏观经济学教科书中，戈登的这本教材可谓“三味”兼备。其内容布局并无新奇之处，但是读入正文便觉天地开阔。其内容之丰富、思路之清晰、分析之深入、资料之充实均令人赞叹与回味，读后有如沐春风的感觉。这也是我愿意接手翻译这本书的原因。

全书以2007—2009年全球经济危机为主线，使宏观经济分析紧紧地围绕着世界经济中最新发生的重大现实问题，前后贯穿、布局紧凑，并将20世纪30年代的大萧条与之进行对照分析，清晰地解释了经济危机发生的原因以及与之相关的争议话题。最后作者将落脚点放在目前两大经济学派对现实宏观问题的争论上，突出了经济学发展的新进展以及重大理论课题，前后呼应、浑然一体。本书适宜做经济学专业或其他财经专业研究生教材之用。不但如此，也值得从事经济学教学与研究的人员一读。相信会给各类人带来不同的感受。

在本书的翻译过程中可以发现，作者是一位治学严谨、思维缜密的人，所以作者对每个问题的表达字斟句酌、精益求精。因此，作者词句精练、旁征博引、用词独到，有相对独立的术语系统。这都给翻译工作带来了一定困难，再加上译者水平的局限，难免出现纰漏甚至错译，望读者谅解并指正不足。

在本书的译中及译后，东北财经大学经济学院的研究生王菲、赵亮亮、牟影影和许娟同学在资料的查证和译文的校对中做了大量工作，在此谨致谢忱！

译者

经济科学译丛						
序号	书名	作者	Author	单价	出版年份	ISBN
1	宏观经济学(第十二版)	罗伯特·J·戈登	Robert J. Gordon	75.00	2016	978-7-300-21978-3
2	经济学(微观部分)	达龙·阿西莫格鲁等	Daron Acemoglu	59.00	2016	978-7-300-21786-4
3	经济学(宏观部分)	达龙·阿西莫格鲁等	Daron Acemoglu	45.00	2016	978-7-300-21886-1
4	动态最优化基础	蒋中一	Alpha C. Chiang	42.00	2015	978-7-300-22068-0
5	城市经济学	布伦丹·奥弗莱厄蒂	Brendan O'Flaherty	69.80	2015	978-7-300-22067-3
6	管理经济学:理论、应用与案例(第八版)	布鲁斯·艾伦等	Bruce Allen	79.8	2015	978-7-300-21991-2
7	经济政策:理论与实践	阿格尼丝·贝纳西-奎里等	Agnès Bénassy-Quéré	79.8	2015	978-7-300-21921-9
8	微观经济分析(第三版)	哈尔·R·范里安	Hal R. Varian	68.00	2015	978-7-300-21536-5
9	财政学(第十版)	哈维·S·罗森等	Harvey S. Rosen	68.00	2015	978-7-300-21754-3
10	经学数学(第三版)	迈克尔·霍伊等	Michael Hoy	88.00	2015	978-7-300-21674-4
11	发展经济学(第九版)	A. P. 瑟尔沃	A. P. Thirlwall	69.80	2015	978-7-300-21193-0
12	宏观经济学(第五版)	斯蒂芬·D·威廉森	Stephen D. Williamson	69.00	2015	978-7-300-21169-5
13	资源经济学(第三版)	约翰·C·伯格斯特罗姆等	John C. Bergstrom	58.00	2015	978-7-300-20742-1
14	应用中级宏观经济学	凯文·D·胡佛	Kevin D. Hoover	78.00	2015	978-7-300-21000-1
15	计量经济学导论:现代观点(第五版)	杰弗里·M·伍德里奇	Jeffrey M. Wooldridge	99.00	2015	978-7-300-20815-2
16	现代时间序列分析导论(第二版)	约根·沃特斯等	Jürgen Wolters	39.80	2015	978-7-300-20625-7
17	空间计量经济学——从横截面数据到空间面板	J·保罗·埃尔霍斯特	J. Paul Elhorst	32.00	2015	978-7-300-21024-7
18	国际经济学原理	肯尼思·A·赖纳特	Kenneth A. Reinert	58.00	2015	978-7-300-20830-5
19	经济写作(第二版)	迪尔德丽·N·麦克洛斯基	Deirdre N. McCloskey	39.80	2015	978-7-300-20914-2
20	计量经济学方法与应用(第五版)	巴蒂·H·巴尔塔基	Badi H. Baltagi	58.00	2015	978-7-300-20584-7
21	战略经济学(第五版)	戴维·贝赞可等	David Besanko	78.00	2015	978-7-300-20679-0
22	博弈论导论	史蒂文·泰迪里斯	Steven Tadelis	58.00	2015	978-7-300-19993-1
23	社会问题经济学(第二十版)	安塞尔·M·夏普等	Ansel M. Sharp	49.00	2015	978-7-300-20279-2
24	博弈论:矛盾冲突分析	罗杰·B·迈尔森	Roger B. Myerson	58.00	2015	978-7-300-20212-9
25	时间序列分析	詹姆斯·D·汉密尔顿	James D. Hamilton	118.00	2015	978-7-300-20213-6
26	经济问题与政策(第五版)	杰奎琳·默里·布鲁克斯	Jacqueline Murray Brux	58.00	2014	978-7-300-17799-1
27	微观经济理论	安德鲁·马斯-克莱尔等	Andreu Mas-Collel	148.00	2014	978-7-300-19986-3
28	产业组织:理论与实践(第四版)	唐·E·瓦尔德曼等	Don E. Waldman	75.00	2014	978-7-300-19722-7
29	公司金融理论	让·梯若尔	Jean Tirole	128.00	2014	978-7-300-20178-8
30	经济学精要(第三版)	R·格伦·哈伯德等	R. Glenn Hubbard	85.00	2014	978-7-300-19362-5
31	公共部门经济学	理查德·W·特里西	Richard W. Tresch	49.00	2014	978-7-300-18442-5
32	计量经济学原理(第六版)	彼得·肯尼迪	Peter Kennedy	69.80	2014	978-7-300-19342-7
33	统计学:在经济中的应用	玛格丽特·刘易斯	Margaret Lewis	45.00	2014	978-7-300-19082-2
34	产业组织:现代理论与实践(第四版)	林恩·佩波尔等	Lynne Pepall	88.00	2014	978-7-300-19166-9
35	计量经济学导论(第三版)	詹姆斯·H·斯托克等	James H. Stock	69.00	2014	978-7-300-18467-8
36	发展经济学导论(第四版)	秋山裕	秋山裕	39.80	2014	978-7-300-19127-0
37	中级微观经济学(第六版)	杰弗里·M·佩罗夫	Jeffrey M. Perloff	89.00	2014	978-7-300-18441-8
38	平狄克《微观经济学》(第八版)学习指导	乔纳森·汉密尔顿等	Jonathan Hamilton	32.00	2014	978-7-300-18970-3
39	微观银行经济学(第二版)	哈维尔·弗雷克斯等	Xavier Freixas	48.00	2014	978-7-300-18940-6
40	施米托夫论出口贸易——国际贸易法律与实务(第11版)	克利夫·M·施米托夫等	Clive M. Schmitthoff	168.00	2014	978-7-300-18425-8
41	曼昆版《宏观经济学》习题集	南希·A·加纳科波罗斯等	Nancy A. Jianakoplos	32.00	2013	978-7-300-18245-2
42	微观经济学思维	玛莎·L·奥尔尼	Martha L. Olney	29.80	2013	978-7-300-17280-4
43	宏观经济学思维	玛莎·L·奥尔尼	Martha L. Olney	39.80	2013	978-7-300-17279-8
44	计量经济学原理与实践	达摩达尔·N·古扎拉蒂	Damodar N. Gujarati	49.80	2013	978-7-300-18169-1
45	现代战略分析案例集	罗伯特·M·格兰特	Robert M. Grant	48.00	2013	978-7-300-16038-2
46	高级国际贸易:理论与实证	罗伯特·C·芬斯特拉	Robert C. Feenstra	59.00	2013	978-7-300-17157-9
47	经济学简史——处理沉闷科学的巧妙方法(第二版)	E·雷·坎特伯里	E. Ray Canterbery	58.00	2013	978-7-300-17571-3

经济科学译丛

序号	书名	作者	Author	单价	出版年份	ISBN
47	微观经济学(第八版)	罗伯特·S·平狄克等	Robert S. Pindyck	79.00	2013	978-7-300-17133-3
48	克鲁格曼《微观经济学(第二版)》学习手册	伊丽莎白·索耶·凯利	Elizabeth Sawyer Kelly	58.00	2013	978-7-300-17002-2
49	克鲁格曼《宏观经济学(第二版)》学习手册	伊丽莎白·索耶·凯利	Elizabeth Sawyer Kelly	36.00	2013	978-7-300-17024-4
50	管理经济学(第四版)	方博亮等	Ivan Png	80.00	2013	978-7-300-17000-8
51	微观经济学原理(第五版)	巴德、帕金	Bade, Parkin	65.00	2013	978-7-300-16930-9
52	宏观经济学原理(第五版)	巴德、帕金	Bade, Parkin	63.00	2013	978-7-300-16929-3
53	环境经济学	彼得·伯克等	Peter Berck	55.00	2013	978-7-300-16538-7
54	高级微观经济理论	杰弗里·杰里	Geoffrey A. Jehle	69.00	2012	978-7-300-16613-1
55	多恩布什《宏观经济学(第十版)》学习指导	鲁迪格·多恩布什等	Rudiger Dornbusch	29.00	2012	978-7-300-16030-6
56	高级宏观经济学导论:增长与经济周期(第二版)	彼得·伯奇·索伦森等	Peter Birch Sørensen	95.00	2012	978-7-300-15871-6
57	宏观经济学:政策与实践	弗雷德里克·S·米什金	Frederic S. Mishkin	69.00	2012	978-7-300-16443-4
58	宏观经济学(第二版)	保罗·克鲁格曼	Paul Krugman	45.00	2012	978-7-300-15029-1
59	微观经济学(第二版)	保罗·克鲁格曼	Paul Krugman	69.80	2012	978-7-300-14835-9
60	微观经济学(第十一版)	埃德温·曼斯费尔德	Edwin Mansfield	88.00	2012	978-7-300-15050-5
61	《计量经济学基础》(第五版)学生习题解答手册	达摩达尔·N·古扎拉蒂等	Damodar N. Gujarati	23.00	2012	978-7-300-15091-8
62	国际宏观经济学	罗伯特·C·芬斯特拉等	Feenstra, Taylor	64.00	2011	978-7-300-14795-6
63	卫生经济学(第六版)	舍曼·富兰德等	Sherman Folland	79.00	2011	978-7-300-14645-4
64	宏观经济学(第七版)	安德鲁·B·亚伯等	Andrew B. Abel	78.00	2011	978-7-300-14223-4
65	现代劳动经济学:理论与公共政策(第十版)	罗纳德·G·伊兰伯格等	Ronald G. Ehrenberg	69.00	2011	978-7-300-14482-5
66	宏观经济学(第七版)	N·格里高利·曼昆	N. Gregory Mankiw	65.00	2011	978-7-300-14018-6
67	环境与自然资源经济学(第八版)	汤姆·蒂坦伯格等	Tom Tietenberg	69.00	2011	978-7-300-14810-0
68	宏观经济学:理论与政策(第九版)	理查德·T·弗罗恩	Richard T. Froyen	55.00	2011	978-7-300-14108-4
69	经济学原理(第四版)	威廉·博伊斯等	William Boyes	59.00	2011	978-7-300-13518-2
70	计量经济学基础(第五版)(上下册)	达摩达尔·N·古扎拉蒂	Damodar N. Gujarati	99.00	2011	978-7-300-13693-6
71	计量经济分析(第六版)(上下册)	威廉·H·格林	William H. Greene	128.00	2011	978-7-300-12779-8
72	国际经济学:理论与政策(第八版)(上册国际贸易部分)	保罗·R·克鲁格曼等	Paul R. Krugman	36.00	2011	978-7-300-13102-3
73	国际经济学:理论与政策(第八版)(下册国际金融部分)	保罗·R·克鲁格曼等	Paul R. Krugman	49.00	2011	978-7-300-13101-6
74	国际贸易	罗伯特·C·芬斯特拉等	Robert C. Feenstra	49.00	2011	978-7-300-13704-9
75	经济增长(第二版)	戴维·N·韦尔	David N. Weil	63.00	2011	978-7-300-12778-1
76	投资科学	戴维·G·卢恩伯格	David G. Luenberger	58.00	2011	978-7-300-14747-5
77	宏观经济学(第十版)	鲁迪格·多恩布什等	Rudiger Dornbusch	60.00	2010	978-7-300-11528-3
78	宏观经济学(第三版)	斯蒂芬·D·威廉森	Stephen D. Williamson	65.00	2010	978-7-300-11133-9
79	计量经济学导论(第四版)	杰弗里·M·伍德里奇	Jeffrey M. Wooldridge	95.00	2010	978-7-300-12319-6
80	货币金融学(第九版)	弗雷德里克·S·米什金等	Frederic S. Mishkin	79.00	2010	978-7-300-12926-6
81	金融学(第二版)	兹维·博迪等	Zvi Bodie	59.00	2010	978-7-300-11134-6
82	国际经济学(第三版)	W·查尔斯·索耶等	W. Charles Sawyer	58.00	2010	978-7-300-12150-5
83	博弈论	朱·弗登博格等	Drew Fudenberg	68.00	2010	978-7-300-11785-0
84	投资学精要(第七版)(上下册)	兹维·博迪等	Zvi Bodie	99.00	2010	978-7-300-12417-9
85	财政学(第八版)	哈维·S·罗森等	Harvey S. Rosen	63.00	2009	978-7-300-11092-9

经济科学译库

序号	书名	作者	Author	单价	出版年份	ISBN
1	克鲁格曼经济学原理(第二版)	保罗·克鲁格曼等	Paul Krugman	65.00	2013	978-7-300-17409-9
2	国际经济学(第13版)	罗伯特·J·凯伯等	Robert J. Carbaugh	68.00	2013	978-7-300-16931-6
3	货币政策:目标、机构、策略和工具	彼得·博芬格	Peter Bofinger	55.00	2013	978-7-300-17166-1
4	MBA 微观经济学(第二版)	理查德·B·麦肯齐等	Richard B. McKenzie	55.00	2013	978-7-300-17003-9

经济科学译库

序号	书名	作者	Author	单价	出版年份	ISBN
5	激励理论:动机与信息经济学	唐纳德·E·坎贝尔	Donald E. Campbell	69.80	2013	978-7-300-17025-1
6	微观经济学:价格理论观点(第八版)	斯蒂文·E·兰德斯博格	Steven E. Landsburg	78.00	2013	978-7-300-15885-3
7	经济数学与金融数学	迈克尔·哈里森等	Michael Harrison	65.00	2012	978-7-300-16689-6
8	策略博弈(第三版)	阿维纳什·迪克西特等	Avinash Dixit	72.00	2012	978-7-300-16033-7
9	高级宏观经济学基础	本·J·海德拉等	Ben J. Heijdra	78.00	2012	978-7-300-14836-6
10	行为经济学	尼克·威尔金森	Nick Wilkinson	58.00	2012	978-7-300-16150-1
11	金融风险管理师考试手册(第六版)	菲利普·乔瑞	Philippe Jorion	168.00	2012	978-7-300-14837-3
12	服务经济学	简·欧文·詹森	Jan Owen Jansson	42.00	2012	978-7-300-15886-0
13	统计学:在经济和管理中的应用(第八版)	杰拉德·凯勒	Gerald Keller	98.00	2012	978-7-300-16609-4
14	面板数据分析(第二版)	萧政	Cheng Hsiao	45.00	2012	978-7-300-16708-4
15	中级微观经济学:理论与应用(第10版)	沃尔特·尼科尔森等	Walter Nicholson	85.00	2012	978-7-300-16400-7
16	经济学中的数学	卡尔·P·西蒙等	Carl P. Simon	65.00	2012	978-7-300-16449-6
17	社会网络分析:方法与应用	斯坦利·沃瑟曼等	Stanley Wasserman	78.00	2012	978-7-300-15030-7
18	用 Stata 学计量经济学	克里斯托弗·F·鲍姆	Christopher F. Baum	65.00	2012	978-7-300-16293-5
19	美国经济史(第10版)	加里·沃尔顿等	Gary M. Walton	78.00	2011	978-7-300-14529-7
20	增长经济学	菲利普·阿格因	Philippe Aghion	58.00	2011	978-7-300-14208-1
21	经济地理学:区域和国家一体化	皮埃尔-菲利普·库姆斯等	Pierre-Philippe Combes	42.00	2011	978-7-300-13702-5
22	社会与经济网络	马修·O·杰克逊	Matthew O. Jackson	58.00	2011	978-7-300-13707-0
23	环境经济学	查尔斯·D·科尔斯塔德	Charles D. Kolstad	53.00	2011	978-7-300-13173-3
24	空间经济学——城市、区域与国际贸易	保罗·克鲁格曼等	Paul Krugman	42.00	2011	978-7-300-13037-8
25	国际贸易理论:对偶和一般均衡方法	阿维纳什·迪克西特等	Avinash Dixit	45.00	2011	978-7-300-13098-9
26	契约经济学:理论和应用	埃里克·布鲁索等	Eric Brousseau	68.00	2011	978-7-300-13223-5
27	反垄断与管制经济学(第四版)	W·基普·维斯库斯等	W. Kip Viscusi	89.00	2010	978-7-300-12615-9
28	拍卖理论	维佳·克里斯纳等	Vijay Krishna	42.00	2010	978-7-300-12664-7
29	计量经济学指南(第五版)	皮特·肯尼迪	Peter Kennedy	65.00	2010	978-7-300-12333-2
30	管理者宏观经济学	迈克尔·K·伊万斯等	Michael K. Evans	68.00	2010	978-7-300-12262-5
31	利息与价格——货币政策理论基础	迈克尔·伍德福德	Michael Woodford	68.00	2010	978-7-300-11661-7
32	理解资本主义:竞争、统制与变革(第三版)	塞缪尔·鲍尔斯等	Samuel Bowles	66.00	2010	978-7-300-11596-2
33	递归宏观经济理论(第二版)	萨金特等	Thomas J. Sargent	79.00	2010	978-7-300-11595-5
34	剑桥美国经济史(第一卷):殖民地时期	斯坦利·L·恩格尔曼等	Stanley L. Engerman	48.00	2008	978-7-300-08254-7
35	剑桥美国经济史(第二卷):漫长的19世纪	斯坦利·L·恩格尔曼等	Stanley L. Engerman	88.00	2008	978-7-300-09394-9
36	剑桥美国经济史(第三卷):20世纪	斯坦利·L·恩格尔曼等	Stanley L. Engerman	98.00	2008	978-7-300-09395-6
37	横截面与面板数据的经济计量分析	J.M.伍德里奇	Jeffrey M. Wooldridge	68.00	2007	978-7-300-08090-1

金融学译丛

序号	书名	作者	Author	单价	出版年份	ISBN
1	投资学基础(第三版)	戈登·J·亚历山大等	Gordon J. Alexander	79.00	2015	978-7-300-20274-7
2	金融风险管理(第二版)	彼德·F·克里斯托弗森	Peter F. Christoffersen	46.00	2015	978-7-300-21210-4
3	风险管理与保险管理(第十二版)	乔治·E·瑞达等	George E. Rejda	95.00	2015	978-7-300-21486-3
4	个人理财(第五版)	杰夫·马杜拉	Jeff Madura	69.00	2015	978-7-300-20583-0
5	企业价值评估	罗伯特·A·G·蒙克斯等	Robert A. G. Monks	58.00	2015	978-7-300-20582-3
6	基于 Excel 的金融学原理(第二版)	西蒙·本尼卡	Simon Benninga	79.00	2014	978-7-300-18899-7
7	金融工程学原理(第二版)	萨利赫·N·内夫特奇	Salih N. Neftci	88.00	2014	978-7-300-19348-9
8	投资学导论(第十版)	赫伯特·B·梅奥	Herbert B. Mayo	69.00	2014	978-7-300-18971-0
9	国际金融市场导论(第六版)	斯蒂芬·瓦尔德斯等	Stephen Valdez	59.80	2014	978-7-300-18896-6

金融学译丛						
序号	书名	作者	Author	单价	出版年份	ISBN
10	金融数学:金融工程引论(第二版)	马雷克·凯宾斯基等	Marek Capinski	42.00	2014	978-7-300-17650-5
11	财务管理(第二版)	雷蒙德·布鲁克斯	Raymond Brooks	69.00	2014	978-7-300-19085-3
12	期货与期权市场导论(第七版)	约翰·C·赫尔	John C. Hull	69.00	2014	978-7-300-18994-2
13	固定收益证券手册(第七版)	弗兰克·J·法博齐	Frank J. Fabozzi	188.00	2014	978-7-300-17001-5
14	国际金融:理论与实务	皮特·塞尔居	Piet Sercu	88.00	2014	978-7-300-18413-5
15	金融市场与金融机构(第7版)	弗雷德里克·S·米什金 斯坦利·G·埃金斯	Frederic S. Mishkin Stanley G. Eakins	79.00	2013	978-7-300-18129-5
16	货币、银行和金融体系	R·格伦·哈伯德等	R. Glenn Hubbard	75.00	2013	978-7-300-17856-1
17	并购创造价值(第二版)	萨德·苏达斯纳	Sudi Sudarsanam	89.00	2013	978-7-300-17473-0
18	个人理财——理财技能培养方法(第三版)	杰克·R·卡普尔等	Jack R. Kapoor	66.00	2013	978-7-300-16687-2
19	国际财务管理	吉尔特·贝克特	Geert Bekaert	95.00	2012	978-7-300-16031-3
20	金融理论与公司政策(第四版)	托马斯·科普兰等	Thomas Copeland	69.00	2012	978-7-300-15822-8
21	应用公司财务(第三版)	阿斯沃思·达摩达兰	Aswath Damodaran	88.00	2012	978-7-300-16034-4
22	资本市场:机构与工具(第四版)	弗兰克·J·法博齐	Frank J. Fabozzi	85.00	2011	978-7-300-13828-2
23	衍生品市场(第二版)	罗伯特·L·麦克唐纳	Robert L. McDonald	98.00	2011	978-7-300-13130-6
24	债券市场:分析与策略(第七版)	弗兰克·J·法博齐	Frank J. Fabozzi	89.00	2011	978-7-300-13081-1
25	跨国金融原理(第三版)	迈克尔·H·莫菲特等	Michael H. Moffett	78.00	2011	978-7-300-12781-1
26	风险管理与保险原理(第十版)	乔治·E·瑞达	George E. Rejda	95.00	2010	978-7-300-12739-2
27	兼并、收购和公司重组(第四版)	帕特里克·A·高根	Patrick A. Gaughan	69.00	2010	978-7-300-12465-0
28	个人理财(第四版)	阿瑟·J·基翁	Athur J. Keown	79.00	2010	978-7-300-11787-4
29	统计与金融	戴维·鲁珀特	David Ruppert	48.00	2010	978-7-300-11547-4
30	国际投资(第六版)	布鲁诺·索尔尼克等	Bruno Solnik	62.00	2010	978-7-300-11289-3
31	财务报表分析(第三版)	马丁·弗里德森	Martin Fridson	35.00	2010	978-7-300-11290-9

Authorized translation from the English language edition, entitled Macroeconomics, 12th Edition, 9780138014919 by Robert J. Gordon, published by Pearson Education, Inc, publishing as Addison-Wesley, Copyright © 2012, 2009, 2006, 2003, 2000 by Pearson Education, Inc.

图书在版编目（CIP）数据

宏观经济学：第12版/（美）戈登（Gordon，R.J.）著；姜广东译．—北京：中国人民大学出版社，2016.1
（经济科学译丛）
ISBN 978-7-300-21978-3

Ⅰ.①宏… Ⅱ.①戈…②姜… Ⅲ.①宏观经济学-高等学校-教材 Ⅳ.①F015

中国版本图书馆CIP数据核字（2015）第236803号

"十一五"国家重点图书出版规划项目
经济科学译丛
宏观经济学（第十二版）
罗伯特·J·戈登 著
姜广东 译
张 军 校
Hongguan Jingjixue

出版发行	中国人民大学出版社		
社　　址	北京中关村大街31号	**邮政编码**	100080
电　　话	010－62511242（总编室）		010－62511770（质管部）
	010－82501766（邮购部）		010－62514148（门市部）
	010－62515195（发行公司）		010－62515275（盗版举报）
网　　址	http://www.crup.com.cn		
	http://www.ttrnet.com（人大教研网）		
经　　销	新华书店		
印　　刷	涿州市星河印刷有限公司		
规　　格	185mm×260mm　16开本	**版　　次**	2016年1月第1版
印　　张	36.25 插页2	**印　　次**	2016年1月第1次印刷
字　　数	849 000	**定　　价**	75.00元

PEARSON ALWAYS LEARNING

为了确保您及时有效地申请培生整体教学资源，请您务必完整填写如下表格，加盖学院的公章后传真给我们，我们将会在2～3个工作日内为您处理。

需要申请的资源（请在您需要的项目后划"√"）：

□ 教师手册、PPT、题库、试卷生成器等常规教辅资源

□ MyLab 学科在线教学作业系统

□ CourseConnect 整体教学方案解决平台

请填写所需教辅的开课信息：

采用教材			□ 中文版 □ 英文版 □ 双语版
作　者		出版社	
版　次		ISBN	
课程时间	始于　年　月　日	学生人数	
	止于　年　月　日	学生年级	□ 专科 □本科 1/2 年级 □ 研究生 □ 本科 3/4 年级

请填写您的个人信息：

学　校			
院系/专业			
姓　名		职　称	□ 助教 □ 讲师 □ 副教授 □ 教授
通信地址/邮编			
手　机	电　话		
传　真			
official email（必填）(eg：XXX@ruc. edu. cn)		email (eg：XXX@163. com)	
是否愿意接受我们定期的新书讯息通知：　□ 是　□ 否			

系 / 院主任：________（签字）

（系 / 院办公室章）

____年____月____日

100013　北京市东城区北三环东路 36 号环球贸易中心 D 座 1208 室

电话：(8610) 57355169

传真：(8610) 58257961

Please send this form to：Service. CN@pearson. com

Website：www. pearsonhighered. com/educator